中国藏学年鉴

2012

《中国藏学年鉴》编辑委员会 编

中国藏学出版社

图书在版编目（CIP）数据

中国藏学年鉴．2012：汉、藏／《中国藏学年鉴》编辑委员会编．— 北京：中国藏学出版社，2014.5
ISBN 978-7-80253-700-2

Ⅰ．①中… Ⅱ．①中… Ⅲ．①藏学－中国－2012－年鉴－汉语、藏语 Ⅳ．① K281.4-54

中国版本图书馆 CIP 数据核字（2014）第 074318 号

责任编辑／永 红　杜冰梅
藏文审校／南加才让
封面设计／李建雄

ISBN 978-7-80253-700-2
9 787802 537002 >

中国藏学年鉴 2012　　《中国藏学年鉴》编辑委员会／编

出版发行	中国藏学出版社
印　　刷	中国电影出版社印刷厂
开　　本	787 × 1092mm　1/16
印　　张	29.75
字　　数	518 千字
印　　次	2014 年 5 月第 1 版第 1 次印刷
书　　号	ISBN 978-80253-700-2/K · 380
定　　价	54.00 元

图书若有质量问题，请与本社联系
E-mail:dfhw64892902@126.com　电话：010-64892902

2 月，中国藏学研究中心出访团访问印度阿格拉大学。

3 月，中国藏学研究中心召开 2012 年科研课题评审会。

3 月 30 日至 4 月 30 日，云南民族大学藏族文化研究协会与云南师范大学、云南大学、云南财经大学、云南艺术学院四所高校联合举办的香格里拉文化艺术节。

5 月，张云研究员在美国罗约拉大学演讲。

5 月 15 日，由西北民族大学美术学院、西藏大学艺术学院美术系共同主办，西北民族大学唐卡艺术协会策展的首届高校唐卡艺术展开展。

5 月 19 日下午，青藏高原民族研究基地揭牌仪式在青海民族大学逸夫楼外举行。

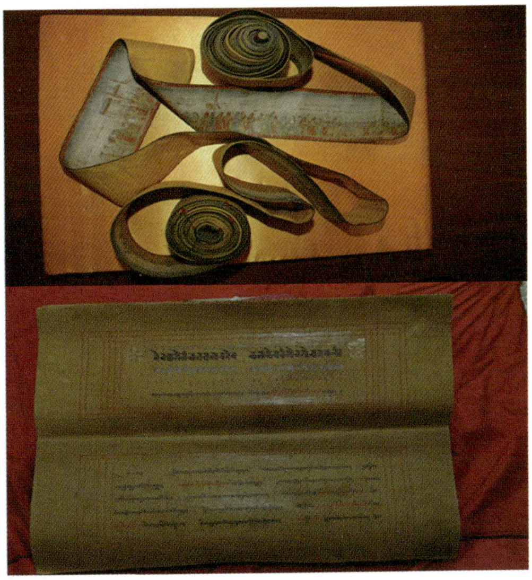

5 月 26 日，经西藏自治区档案局（馆）抢救现存的 22 件“元代西藏官方档案”，成功入选“世界记忆”亚太地区名录。

5 月 31，中国藏学研究中心和黄淮学院合作共建的黄淮学院“西藏社会语言研究所”揭牌仪式在黄淮学院图书馆多功能厅举行。

6 月 16 日，西藏大学举行《西藏大学学报》汉文版百期刊庆座谈会。

6月24日上午，拉萨市加强和创新社会管理实践与研究交流研讨会开幕。

6月，云南民族大学藏学研究团队成员在调研中。

7月2日，中国藏学研究中心文化交流团出访台湾，在台湾中台禅寺座谈。图为副总干事洛桑灵智多杰代表中国藏学研究中心向惟觉大和尚赠送图书。

7月2日，中国藏学研究中心文化交流团访问台湾中国文化大学，访问团与吴万益校长（右四）、林冠群教授（右三）座谈合影。

7月7日，《格萨尔王传》（8部）汉译本系列丛书研讨会暨青海省发布会在青海民族大学举行。

7月15至16日，第八届全国因明学术研讨会暨虞愚先生贵州大学讲学七十周年纪念会在贵州大学召开。

7月，中国藏学研究中心藏医药研究所同志在田野调查中。

8月，中国藏学研究中心游洛屏书记率团访问澳大利亚。

8 月 5 日，中国藏学研究中心举行聘请特邀研究员仪式。

8 月，中国藏学研究中心科研人员在甘南玛曲阿万仓湿地（黄河玛曲草原）调研。

8 月，张云研究员在悉尼大学演讲。

8月2日，第五届北京（国际）藏学研讨会在中国藏学研究中心召开。图为中国西藏文化保护与发展协会斯塔副会长致辞。

分组会议

分组会议

分组会议

学者交流

大会闭幕式现场

9月3日，第三届国际青年藏学家研讨会在日本神户召开。

9月5日至11日，中国藏学研究中心宗教研究所所长李德成与莱比锡大学印度学与中亚研究系主任签订合作备忘录。

9月7日，中国藏学研究中心代表团访问莱比锡孔子学院。

9 月 10 日，由文化部、西藏自治区人民政府联合主办的 2012 中国西藏唐卡艺术展在国家博物馆开幕。

9 月 19 日晚，第十届全国少数民族文学创作“骏马奖”颁奖典礼在国家大剧院音乐厅举行。

9 月 21 日，第二届汉藏佛学学术研讨会暨觉囊佛教文化论坛在中国人民大学国学馆举行。

9 月 24 日，中国藏学家、活佛代表团访问俄罗斯。

9 月 24 日，西藏自治区政府新闻办公室举行新闻发布会，介绍贝叶经保护和研究工作成果。

10月2日，“2012格萨尔故里行——全国格萨尔学术论坛”在四川康定举行。

10月19日至25日，中国藏学家代表团出访阿根廷。

10月22日至24日，第五届西藏考古与艺术国际学术讨论会在北京举行。

10月29日至11月1日，由青海藏族研究会主办的“青海都兰吐蕃文化全国学术论坛”在青海西宁召开。

10月，中国藏学研究中心社会经济所旦增伦珠研究员在西藏昌都嘎玛乡调研。

10月，中国藏学研究中心科研人员在云南迪庆德钦县召开座谈会。

11 月 5 日至 11 日，“2012 波兰 · 中国西藏文化周”在华沙开幕。

11 月 27 日，大型重点资料性丛书《中国西北宗教文献》由甘肃省民族出版社正式出版。

11 月 28 日，第三届全国藏语术语标准化工作委员会第一次会议在中国藏学研究中心召开。

11月19日至12月2日，第三届全国藏医药高级研修班在北京藏医院开班。

11月4日，西藏唐卡研究课题结项会议在中国藏学研究中心召开。

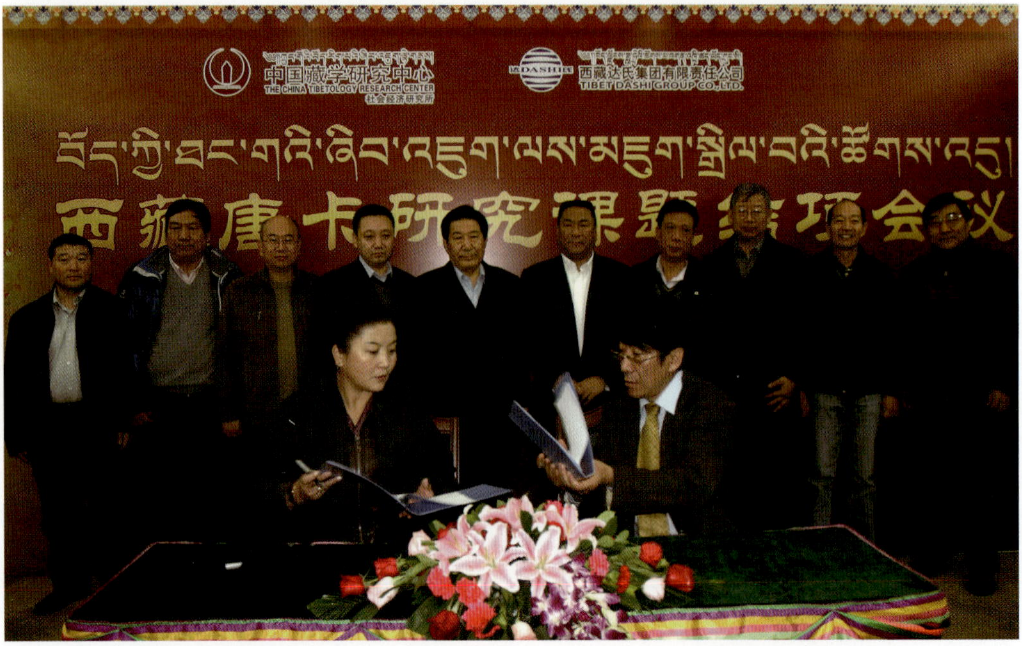

12月1日至2日，2012年藏传佛教教义阐释研讨会在中国藏学研究中心召开。

12月18日，中国藏学研究中心藏医药研究所与北京市卫生局临床药学研究所在中国藏学研究中心举行藏药研发项目合作签署仪式。

12 月 21 日，中国藏学出版社召开《现代中国藏学文库》出版 10 周年座谈会。

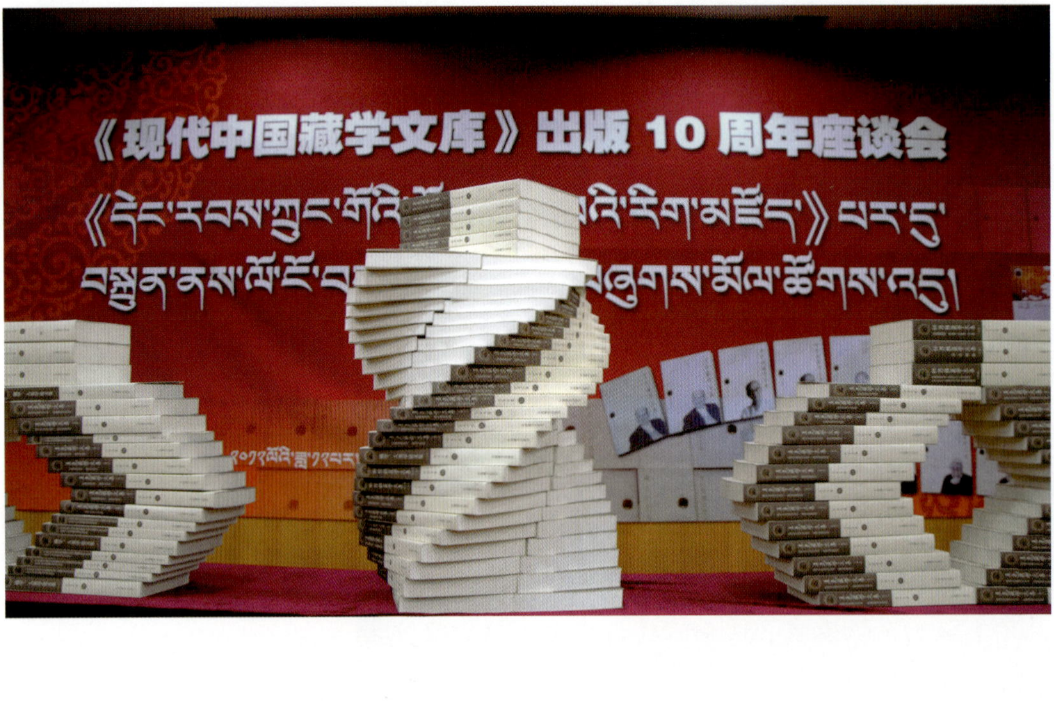

前　言

藏学是以藏族社会的历史、现状和未来发展为研究对象，以哲学社会科学为主体、同时兼及自然科学部分领域的一门理论性和应用性较强的学科。

中国藏学源远流长。据可靠的文献记载，至少在1000多年前，藏、汉等民族学者就开始记录、研究藏族地区的社会、历史、文化等现象。反映藏族历史文化发生、发展过程的藏、汉、蒙古、满等文字的文献浩如烟海，构成了传统藏学的巨大宝库，为中国现代藏学奠定了基础。

近代以来，随着西方列强对中国的侵略，有识之士认识到祖国边疆危机四伏。19世纪的边政研究和20世纪抗日战争期间学者对西部边疆的研究促进了藏学的发展，充分体现了中国藏学的爱国主义传统和藏学工作者的拳拳爱国之心。

中国藏学经过漫长的发展历程，到20世纪中叶，以中华人民共和国的建立和西藏的和平解放为时代标志，走上了以马克思主义为指导的发展道路，形成了有别于传统藏学和国外藏学的现代中国藏学。新中国藏学事业大体上可以分为三个阶段。一是奠基、起步阶段，从1949年新中国成立到1965年“文化大革命”前的17年。在和平解放西藏的过程中，藏学工作者对西藏的历史和现实进行了广泛、深入的调查研究，为中央正确决策及时提供了重要参考依据。以后，无论是在执行和维护《十七条协议》的8年，还是在平息叛乱和民主改革的3年，以及在巩固民主改革成果、社会全面发展的5年时间里，藏学研究都为正确认识西藏、建设西藏发挥了作用。在四省藏区的革命和建设过程中，藏学研究也为正确认识这些地区社会实际，为党和政府制定正确的方针政策起到了应有作用。在这个时期，党和国家对传统藏学研究人员进行了马克思主义理论教育，成立了民族院校，开办了各种培训班，培养了大量以马克思主义为指导、掌握现代科学方法的藏学工作专门人才，建立起一支包括各民族人员在内的稳定的藏学工作者队伍，为藏学事业发展打下了良好基础。二是遭受严重挫折阶段，即“文化大革命”的10年。在这一时期，中国藏学事业和全国其他事业一样，受到了严重干扰和破坏。尽管如此，在极其困难的条件下，由于广大藏学工作者的努力，藏学研究还是为西藏的革命和建设事业作出了一定贡献。三是全面发展、繁荣阶段，从1978年年底改革开放以来。随着党的实事求是思想路线的重新确立，中国社会主义建设事业焕发了勃勃生机，进入了全面发展新时期。藏学事业也进入了全面发展、繁荣时期。专门研究机构相继成立，专业书刊大量出版，研究队伍不断壮大，研究领域得到广泛拓展，对外交流日益频繁，科研成果层出不穷。中国藏学充满生机和活力。

新中国成立60多年来，中国藏学事业的发展和所取得成就主要表现为以下几个方面：1. 创立了以马克思主义为指导的中国现代藏学；2. 建立了比较系统、完备的藏学研究、出版和人才培养体系；3. 藏学研究队伍不断发展壮大；4. 科研、出版工作硕果累累；5. 国内外学术交流日益频繁。

西方对西藏的最早记录可以追溯到古代罗马时期，欧洲人对西藏和藏区的实地考察始于17世纪天主教传教士的活动。国外藏学界公认的西方近代藏学的创始人是18世纪到19世纪初的匈牙利人乔玛。他的《藏文词典》和《藏文语法》是国外藏学的奠基之作。从那以后，西方几次兴起了藏学热，至今对藏族社会和文化的研究依然持续不断。

中国藏学研究中心成立于1986年5月20日，是全国唯一的国家级综合性藏学学术机构。以为维护祖国统一、增强民族团结服务，为西藏与四省藏区的发展稳定服务为宗旨，肩负着牵头协调全国藏学、开展研究工作、培养藏学人才、掌握研究动态的职责。现有社会经济研究所、历史研究所、宗教研究所、当代研究所和藏医药研究所等5个研究所，和图书资料馆、中国藏学出版社、中国藏学杂志社、西藏文化博物馆、中国藏学网、藏文大藏经对勘局、北京藏医院等业务部门与单位，形成了集研究、出版、资料、网络、展示、医疗功能于一体的载体和平台。20多年来，中国藏学研究中心围绕探索藏族社会发展的客观规律，围绕探索藏传佛教与社会主义社会发展相适应的规律，围绕西藏及其他藏区经济社会发展中的重大理论和实际问题，围绕保护和发展藏族优秀传统文化，围绕西藏社会制度的发展变迁，围绕西藏的对外开放，开展工作，取得了喜人成绩。

全面、准确、及时记录和反映藏学研究发展状况，是藏学学科建设的需要，也是对藏学专家学者的要求。藏学界一直企盼编撰出版《中国藏学年鉴》。藏学学科的综合性、藏学与其他专门学科的交叉性特点则显示出这是一项颇为艰难的工作。2010年，乘着中央第五次西藏工作座谈会的东风，中国藏学研究中心知难而上，启动这项有利于藏学学科发展的工程，开始编撰2009年《中国藏学年鉴》，并以特稿的形式，把1949年至2008年的我国藏学研究内容陆续收入以后各年度的年鉴之中。在中央统战部和有关部门、地方关心、支持下，在全国各藏学机构、专家学者的支持、帮助下，通过编委会和编辑部全体同仁的共同努力，于2011年完成了《中国藏学年鉴2009》的编撰、出版工作，2012年完成了《中国藏学年鉴2010》的编撰、出版工作，并于同年8月召开的第五届北京（国际）藏学研讨会上首发。2013年完成了《中国藏学年鉴2011》的编撰、出版工作。

2013年6月，《中国藏学年鉴》编委会启动了《中国藏学年鉴2012》的编撰工作，在科研办的统一协调和领导下，经过各方的积极努力，现在，这本《中国藏学年鉴2012》即将出版，《中国藏学年鉴2013》也已经开始编撰。

衷心希望越来越多的藏学机构、专家学者参与到《中国藏学年鉴》的编撰出版工作中来，共同推动我国藏学事业的进一步发展繁荣。

《中国藏学年鉴》编辑委员会

2014年1月

目　录

◆ 研究综述 ◆

◆ 学界动态 ◆

◆ 社会科学基金 ◆

◆ 论著索引 ◆

研究综述

哲学宗教

汉文部分

2012 年哲学宗教领域的研究成果收获颇丰，更多学者致力于在社会主义理论和社会实践上探索藏传佛教与社会主义社会相适应的路径和方法，宗教历史和宗教社会学研究仍然是最受青睐的理论研究范畴（因篇幅所限本文未介绍宗教社会学领域的成果），相较去年，宗教仪轨和教义尤其是密教与宗教比较研究有很大进展。

一、现实问题的研究

如何与社会主义社会相适应是藏传佛教所遇到的重大课题，2012 年针对相关问题的研究可以归纳为理论问题研究和具体问题研究两个部分，从研究成果看，这两方面都很丰富，研究进一步深入化、具体化，理论与实际的结合更加紧密。

（一）藏传佛教与社会主义社会相适应的理论问题研究

在专著方面，主要成果集中于中国藏学研究中心的教义阐释研究。由郑堆主编的《藏传佛教教义阐释（试讲本）》是第一本对藏传佛教教义进行符合时代发展和文明进步要求的新阐释的著作。阐释围绕爱国思想、道德建设、清规戒律、和谐进步四个主题展开，以《般若经》等藏传佛教传统典籍作为基础，选择历史上具有重大影响力的各教派高僧大德的论述和解释，结合现代社会思潮，针对社会和僧团中的具体问题，对藏传佛教的经典、戒律、修行方法等进行阐述。意在为教义阐释工作摸索经验，起到示范作用，以便为今后藏传佛教界全面开展此项工作提供支持与帮助。随后，《藏传佛教教义阐释研究文集》（第一辑）出版，学者们从不同角度进一步深入挖掘藏传佛教教义中的有关积极思想。

2012 年各学术期刊发表的研究论文主要从社会主义哲学、藏传佛教教义阐释和西藏宗教文化的革新等方面探讨了藏传佛教与社会主义社会相适应的各种问题。

向龙飞《关于藏传佛教政教合一制度历史命运的几点哲学分析》（《西藏发展论坛》第4 期）一文以马克思主义哲学为视角，以历史唯物主义研究为方法，分析了藏传佛教政教合一制度的形成、发展和灭亡的原因，指出西藏历史上政教合一制度存在的偶然性、其消亡的必然性及其在宗教上的非正当性。

李燕、孙颖《藏传佛教与社会主义意识形态的调试与共存》（《辽宁行政学院学报》第8 期）将藏传佛教与社会主义意识形态的适应问题与时代发展相结合，在指出两者相适应必要性的同时把握其适应的可能性，并提出引导藏传佛教与社会主义意识形态相适应的战略对策，以巩固马克思主义在藏区意识形态领域的指导地位。

才华加《藏传佛教政治功能的当代变化及价值预设》（《青海师范大学学报》哲社版第6 期）认为，作为制度化的政治功能式微以后，藏传佛教的寺院影响力、活佛与僧团的权威优势、传统制度及习规等都发生了弱化、单一化等变化。同时，随着藏传佛教自身自觉不自觉地进行着调适和改造，寺庙和僧侣成为化解民间纠纷、辅助政府行政的重要力量，表明其与政治的联系并不可能中断，应当从中挖掘有益于现代民主社会的价值资源。

郑堆《藏传佛教和谐思想在建构和谐社会方面的作用》（《中国藏学》第3 期）一文提出，社会主义和谐社会的基本特征是民主法治、公平正义、诚信友爱、充满活力、人与自然和谐相处，藏传佛教的众生平等观念、五戒十善等清规戒律和四摄六度等修行法门都蕴含着人我、人人和人天和谐的思想，使藏传佛教在建构社会主义和谐社会中能够发挥积极的作用。《挖掘藏传佛教进步思想为构建和谐社会发挥作用》（《中国宗教》第8 期）一文认为，藏传佛教传播和发展过程是不断适应时代和文化要求的过程，在当今社会，藏传佛教能够促进人际和谐、促成良好的道德风尚、改善人与自然的关系，有助于社会主义和谐社会的建立。

李德成《爱国守法与爱教守戒——藏传佛教教义阐释工作的两个主题》（《中国宗教》第3期）认为爱国和爱教是藏传佛教的优良传统，爱国守法、爱教守戒是爱国爱教的基本要求和具体体现，二者有深刻的内在关联，教义阐释应当积极挖掘藏传佛教弘扬爱国守法、爱教守戒的思想。

刘瑞军《阐释当前藏传佛教政策的文化价值》（《呼伦贝尔学院学报》第2期）认为藏传佛教文化与宗教政策和文化政策存在着密切的关系，文章梳理了新中国成立后藏传佛教与我国文化政策的发展及其之间的关联，指出藏传佛教政策在做好宗教事务、保持宗教主体精神以及正确对待信教群众的生活习俗等方面具有重要的文化意义。

罗桑开珠《论社会主义时期藏传佛教社会地位的变迁》（《西北民族大学学报》哲社版第6期）分析研究了藏传佛教社会地位的形成及变迁的历史原因，认为从封建社会到社会主义社会，藏传佛教中神权与人权的地位和关系、藏传佛教的教育体系和在社会中的经济地位都发生了巨大变化，社会主义制度比政教合一制度更有利于西藏社会的发展。

张宏伟《藏传佛教对藏区社会稳定的影响及对策》（《西北民族大学学报》哲社版第6期）认为藏传佛教对藏民族有着深层次和全方位的影响，它对藏区社会稳定的作用是双重性的。从消极面来看，藏传佛教在一定程度和范围内对藏区经济社会的发展等有不利的影响；从积极面来看，藏传佛教具有社会规范、社会整合和对信众的心理调适功能。为规避负面作用，应增强以家国意识为核心的现代意识体系宣传，消弭狭隘民族意识的不利影响；壮大藏传佛教爱国宗教力量，发挥爱国宗教人士的作用；引导和发挥宗教界人士紧跟时代发展，对一些明显不适于社会和宗教发展的教义作出合理的阐释，并在宗教实践中加以推行。

星全成《班禅系统的爱国传统述略》（《青海民族大学学报》社科版第1期）叙述了藏传佛教格鲁派的著名活佛传承之一班禅额尔德尼系统自从建立以来与历代中央政府保持密切的联系，在抵御外国侵略、维护祖国统一、反对“藏独”、促进藏区社会稳定等方面作出的积极贡献。

郎维伟《二元视角下的西藏特点及其问题分析》（《西南民族大学学报》人文社科版第12期）立足于西藏内部和外部环境的二元视角，分析了西藏的地理环境、民族构成和历史传统对西藏治理的影响，分析了西藏是我国的安全屏障却受到境外敌对势力的干扰和破坏这一实际问题，这是西藏社会在较长时期都将存在一对主要矛盾和特殊矛盾的原因所在，认为这是西藏治理的出发点和现实基础。

（二）藏传佛教与现代社会相适应的具体问题研究

在藏区社会转型过程中，藏传佛教面临着如何适应新的社会制度、经济模式和管理方式等众多具体问题。这一部分研究属于跨学科研究，研究者采用经济学、社会学、管理学等研究方法，探索藏区宗教与社会文化的互动、寺庙经济与寺庙管理等问题。

王存河所著《宗教与少数民族现代化》（民族出版社）一书，采用质性与量化相结合的研究方法，从宏观和微观两个角度入手，研究了 20 世纪 50 年代以来以伊斯兰教、佛教（藏传和南传佛教）和西南少数民族原始宗教为主的宗教与西部少数民族现代化进程的相互影响。研究从西部少数民族宗教信仰的基本情况开始，涉及现代社会宗教价值观在西藏人民生活中的地位和影响力，阐述了宗教对西部少数民族社会行为的调控作用及其限度、宗教经济伦理对西部少数民族经济生活的现实影响、宗教群体与宗教组织在现代化进程中的改变等。

格藏才让《从寺院经济活动看中心寺院体制与边缘社会间的关系———以青海东那寺和四川鱼托寺为例》（《西藏民族学院学报》哲科版第 6 期）一文以藏传佛教的格绒供奉为切入点，从“格绒供奉表”的形成和寺院对中心寺院体制结构的模仿两个方面讨论中心寺院与边缘社会间的关系。研究发现，虽然藏传佛教寺院的经济支柱发生了巨大变化，但藏区传统的民众—寺院—活佛体制并未被动摇。

达宝次仁《藏传佛教传统寺院内部管理模式及特征》（《西藏研究》第 3 期）以格鲁、萨迦、噶举三派为例，分析比较了藏传佛教传统寺院的不同管理模式，认为这些诞生于政教合一制度下的寺院管理制度应当加以改革以适应新型社会主义社会，在遵循政教分离的原则下注入现代管理理念，在扬弃传统管理模式的基础上重构寺庙内部管理模式。

鲁顺元《文化圈边缘藏传佛教寺院经济的兴与衰》（《青海社会科学》第 6 期）以塔尔寺和广惠寺为例，对比分析了二者自建成后寺院经济的特点。自 1958 年宗教改革之后，两寺采取了不同的经济发展模式，形成了一兴一衰两种不同的经济现状。文章进一步分析了这两种寺院经济兴衰的成因。

王亚欣《潜在需求市场细分的藏传佛教文化旅游体验研究》（《青海民族

研究》2012 年第 1 期）以具有潜在需求细分的藏传佛教文化旅游市场为目标，对藏区旅游消费者现实需要进行了调研，依据“市场细分”和“潜在需求”理论对调研数据进行了分析，依据旅游体验的思想，对藏传佛教文化旅游体验活动项目进行了设计，提出了藏传佛教寻宗探祖游、藏传佛教文化修学游、藏传佛教医疗保健游、藏传佛教艺术观赏游、藏传佛教节庆游等高端、专项旅游活动的设想。

杨泽明《试论藏区现代化发展与藏传佛教文化的关系》（《甘肃高师学报》第 6 期）以甘肃藏区为例，分析了藏传佛教文化影响对藏区现代化的作用。文章认为藏区现代化发展是历史的必然，宗教的长期性决定了藏传佛教文化在长时间内会对藏区产生多元影响。分析了藏区环境与现代化发展的矛盾特征及藏传佛教文化的积极作用和消极作用，提出了正确解决稳定与发展，传统与现代的双重关系，是藏区实施可持续发展战略的重要途径。

何启林《对加强和改进藏传佛教寺院社会管理工作的思考》（《攀登》第 1 期）论述了青海在加强藏传佛教寺院社会管理工作中的主要方法及其成效，并针对青海藏传佛教寺院管理工作中存在的一些问题提出了对策建议。

刘江荣《藏传佛教寺院经济的现代特征——基于青海省扎毛村的调查》（《社会科学论坛》第 10 期）以马克思主义劳动社会观为视角，对青海扎毛村三座藏传佛教寺庙的经济功能进行了研究，认为在过去的政教合一体制下，藏传佛教寺庙最大限度地占有剩余价值，随着与社会主义社会相适应的进程，现代的藏传佛教寺庙神圣性经济收入可观，而且带动了周边世俗性经济尤其是旅游业的发展，并承担着文化辅助和社会调适的职能。

李广斌《青海藏传佛教寺院社会管理创新研究》（《攀登》第 5 期）总结了青海藏传佛教寺院社会管理创新的主要成就，分析了寺院社会管理仍然存在的六个问题，提出了寺院社会管理创新的建议，认为寺庙管理中应当进一步提高认识，增强反渗透、反分裂斗争的意识，提高依法管理藏传佛教事务的水平，健全寺院内部管理制度，加大寺院基础设施建设力度，提高对寺院的公共服务水平。

二、学术问题研究

（一）藏传佛教研究

1. 文献研究与翻译

布楚、尖仁色所著的《琉璃明镜：藏文大藏经之源流特点版本暨对勘出版》（中国藏学出版社），较全面地介绍了藏文《大藏经》的历史来源和内容，包括藏文《大藏经》中佛语部的产生背景及过程、显密佛语经典与其论典在印度产生的情况、佛教显密经典与其论典的藏译以及藏文《大藏经》各种手抄本和刻印本的产生、藏文《大藏经》的内容和分类等，对勘藏文《大藏经》的出版概况以及藏文《大藏经》的特点，并介绍了未编入藏文《大藏经》中的《前译宁玛密续》与《前译佛语密续》等其他前译密续之经典和论典以及苯教《大藏经》的简况。

藏文大藏经目录之一的《旁唐目录》形成于吐蕃王朝时期，是当今藏文大藏经的形成基础，也是研究佛教初传吐蕃的重要依据。徐丽华著《藏文旁唐目录研究》（民族出版社）采用文献学方法对西藏博物馆藏《玛旁唐》文本进行研究，该书首先论述了《旁唐目录》形成的历史背景、编撰依据和方法、基本内容，第二章介绍了《玛旁唐》的藏文原文和汉文译文，第三章分析了其学术价值，第四章概述了藏文大藏经的版本和目录。

张润平、苏航、罗炤编著的《西天佛子源流录：文献与初步研究》（中国社会科学出版社）收录了针对《金刚乘起信庄严宝鬘西天佛子源流录》（沙迦室哩所著）和《后氏家谱》的研究论文。《西天佛子源流录》是明代藏族高僧班丹扎释的传记，记载了班丹扎释的身世和主要经历，其中包括有关明代中央政府与西藏地方的政治和文化关系的记载。《文献与初步研究》刊布了甘肃岷县后氏族人所藏该书两个抄本的图版，还附有《后氏家谱》和大崇教寺汉藏文碑的图版和录文，为班丹扎释研究提供了大量的宝贵资料。

《韩镜清翻译手稿》（甘肃民族出版社）自2010年以来陆续出版，2012年完成了全部五辑六册的内容，基本包括了韩镜清先生所有重要的藏汉或梵汉译著，分别有：抉择能量论、成他相续论、观相属颂、因相轮抉择、观三时颂、入瑜伽论、入瑜伽教授、转有论、无生宝藏颂、诤论正理论、正理滴点论、解能量论、辩法法性论（两稿）、辩中边论释、集量论、集量论解说。

孙鹏浩著《有关帕当巴桑杰的汉文密教文献四篇》（《西域历史语言研究集刊》第5辑）采用文献学和历史学相结合的方法，选取黑水城文献和《大乘要道密集》中的四篇汉文文本（《四字空行母记文卷上》《甘露中流中有身要门》《无生上师出现感应功德颂》《大手印金璎珞要门》）进行研究，探索帕当巴桑杰的传教足迹，认为帕当巴桑杰的教法在西夏时已经在汉文化圈中流传，说明了藏传佛教传播之早、之广、之深。

2. 宗教历史与传播

2012年，学术界对历史人物、事件、传播影响和文化交融的研究仍旧占藏传佛教研究的绝大部分，现仅介绍其中重要的论文和专著。

拉巴平措著《大慈法王释迦也失》（中国藏学出版社）研究了手写本大慈法王释迦也失传记，对大慈法王的相关文献、生平、业绩、遗像和文物等进行了考证和研究，编译、注释了与大慈法王相关的八篇传记，并附上传记手抄本的复印件和藏文转录、拉丁文转写等第一手资料。

王维强著《没有主人的法座：甘丹赤巴述评》（中国藏学出版社）研究了格鲁派僧职甘丹赤巴的来历、延续和作用。此研究以丰富翔实的藏、汉文资料为基础，通过归纳和分析，探讨甘丹赤巴这一藏传佛教格鲁派中特别的僧职的产生过程及其后来的延续情况，并结合宗教学和社会学的考察方法，研究甘丹赤巴这一僧职在格鲁派最高领导层中的地位和作用，以及甘丹赤巴的选任方式、在格鲁派中的影响等，并结合史料记载，分析其深层的原因和动力。对于研究西藏的政教合一制度以及中央政府和西藏地方的关系具有深刻的意义。

顿拉著《藏传佛教僧官制度研究》（西藏人民出版社）以拉萨传召大法会和哲蚌寺措钦协敖为例，对藏传佛教的协敖制度进行了研究。此研究采用社会学、历史学的研究方法，在深入民间走访相关人物，广泛搜集第一手资料的基础上，探索了协敖制度的主要内涵、发展历程和拉萨传召大法会的产生、发展、主要活动、社会意义等，为相关研究提供了丰富的参考文献；在此基础上探析了与协敖制度有深刻渊源的西藏传统法律、政教合一制度等特殊的历史文化现象。

《中国藏学》S2期集中刊登了国内藏汉学者对根敦群培的研究，内容涉及根敦群培的传记、作品目录、著作汉译以及对其诗词、历史观和主要论著的阐释研究。

胡日查等著《藏传佛教在蒙古地区的传播研究》（民族出版社）利用了较多学界尚未发掘的清代蒙古文寺庙档案和资料，从历史学视角探究了不同时期藏传佛教在蒙古人尤其是内蒙古地区的蒙古人中的传播过程。时间跨度涉及800年前的初次传播到20世纪前半期的演变，空间范围为从古代蒙古人居住的所有地区到近代以来的内蒙古地区，首次系统地探讨了蒙元时期藏传佛教在蒙古地区的首次传播、北元后期的再度传播、清朝时期的畸形发展、近代历史上的逐渐衰退以及新中国成立后的内蒙古地区藏传佛教传播状况等问题，重点阐明了宗教与政治、宗教与社会之间的错综复杂的关系。

丁柏峰《藏传佛教在滇西北的传播及对玛丽马萨文化的影响》（《西南边疆民族研究》第10辑）论述了藏传佛教随着滇西北藏族聚居区的形成逐步传播流布到滇西北各个少数民族中，对其习俗文化和历史发展产生了重要影响。文章以纳西族和玛丽马萨人的宗教生活为例，说明藏传佛教是其信仰体系中不可替代的重要部分。

班班多杰《佛教在藏地与汉地本土化历史之再考察》（《中国社会科学》第12期）考察了佛教在藏地和汉地的传播经历了与各地本土文化不同的互动和影响，认为佛教与藏本土文化“由苯入佛，融苯归佛，反客为主”和与汉族本土文化“由儒入佛，融佛归儒，客随主便”有一定的可比性。藏传佛教强调佛教的出世关切，经历了从苯教安乐地界、苦难地界、天神境界到佛教密宗的即身成佛再到显宗的三士道的转换过程，可概括为素朴的神秘境域与精巧的超验形而上学。汉地佛教则注重佛教的现实关怀，经历了从禅宗到宋明道学再到人间佛教以至居士化佛教的演变轨迹，可称为祛魅化过程和脱脂化现象。赵改萍《论民国时期藏传佛教在五台山的传播》（《宗教学研究》第4期）论述了民国时期藏传佛教在五台山的传播背景和概况、僧俗弘法活动，认为此一时期藏传佛教在五台山的传播与清朝前期相比有所衰落，但未中断，分析总结了其传播的特征以及对藏汉佛教的深远影响。

袁爱中《社会转型视野下的西藏宗教传播功能的双重性研究》（《西藏民族学院学报》哲社版第6期）认为藏传佛教在现代社会的传播表现出了五个方面的双重功能，具体是：宗教传播密切了人与神的关系，虚拟的精神世界却麻醉了、泯灭了、失却了民众对现实世界的生活激情；宗教传播有助于社会整合、社会控制，超稳定的社会结构导致社会发展的停滞、有碍社会的变革；西藏宗教传播促进了西藏社会、经济、文化发展，但却造成了发展的同质化、单一化；西藏宗教的传播增加了民族的认同感，但同时造成了民族认同与国家认同既冲突又一致的矛盾状态；西藏宗教传播有助于社会稳定、和谐、统一，但也会引发社会动荡、冲突、分裂的危机。

杨铭编《国外敦煌学藏学研究——翻译与评述》（兰州大学出版社）收录了21篇国内外对敦煌、吐蕃的研究论文，包括日本、英国、美国、匈牙利和挪威等国家著名藏学研究者的著作，主要内容包括国外关于敦煌藏文文献、国内外有关英藏敦煌、和田等地出土古藏文写本的研究，国内外关于敦煌藏文卷子中 Lhobal 的研究，吐蕃统治下的敦煌［（日）藤枝晃］、吐蕃万户制度研究，吐蕃史研究略史［（日）山口瑞凤］、有关敦煌的藏文文书［（英）托马斯］、《英国图书馆藏斯坦因收集品中的新疆出土古藏文写本》导言、《贤者喜宴》所载的吐蕃纪年研究［（匈）乌瑞］、苯教历史编年研究［（挪威）克瓦尔内］等。

3. 仪轨教法

在仪轨教法的研究中，教界的讲经释经著作主要有《十一世班禅之经师讲经译著：入菩萨行论释》《宁玛派四部宗义释》（敦珠法王造；谈锡永、许锡恩译；谈锡永释）、智敏法师《菩提道次第广论讲记》和《菩提道次第广论集注（卷1—卷13）》等。后者引用汉传《俱舍论》《瑜伽师地论》和藏传《现观庄严论》《略论释》等二十余种权威经论著作，结合藏汉佛教教义取长补短讲解、注释广论。

2012年学术界对藏传佛教仪轨教法的研究增加了许多宗教比较与对话的著作，集中在藏汉佛教的比较研究领域和藏传佛教与道教的相互比较。

专著有乔银锁、魏东、徐东明著《藏汉佛教哲学思想比较研究》（上海古籍出版社），从形成与发展、宇宙观、因果报应论、缘起论与中观思想、心性论、修行实践论等方面对比了藏传佛教和汉传佛教的哲学思想，并将藏密与唐密、藏密与禅宗进行了对比，分析、归纳出藏汉佛教哲学的基本特点以及两者的共性和差异，探讨了差异形成的原因，揭示了两者间的异同及各自的面向，以呈现两大佛教系统的丰富性，究明两者间各自发展的逻辑特点与规律，从而为认识理解藏汉佛教文化提供一种方法论的思路与学术基础，并为现代社会背景下各民族文化间的交流互动与共同发展提供历史的经验与思路。

2012年《因明》（郑堆、光泉主编）出版第六辑，收录了中日学者汉、藏、蒙古文文章共43篇。除了对虞愚等因明学家的思想生平进行总结评述以外，论文涉及因明学译著、因明学术语和义理辨析、因明学名家名著研究、相关研究历史和综述等诸多领域。

另有尹邦志著《宗喀巴大师对“支那堪布遗教”的批判》（《社会科学研究》第3期）和《太虚大师为支那堪布翻案》（《宗教学研究》第2期）。两文从藏、汉佛教的不同视角解读公元8世纪末期在拉萨发生的吐蕃宗论。前文阐释了宗喀巴大师对藏传佛教中攀附汉僧摩诃衍行为的批判，认为“支那堪布”在宗喀巴大师的著作中只是一个修辞符号，他的批判除了超越自己修行过程中所受教法的影响外，主要是清理同时代藏传佛教中种种“不如法”的势力，这一批判反映了印藏佛教传统中班智达和瑜伽士修行路线的矛盾，有合理性，也有片面性。但对于导正佛法，有不可磨灭的贡献。后文解读了太虚大师对吐蕃宗论的理性抉择，认为西藏所传支那和尚，并不足以成为中国禅宗的代表，其所立的宗也并不是宗喀巴大师当时的所破，摩诃衍退出西藏的原因是禅宗与当时当地的机缘不合。

喻长海《汉藏传佛教对二谛的不同看法》（《西藏研究》第2期）以吉藏和宗喀巴的思想为例，分析比较了二者对龙树中观学说中二谛思想的发展阐扬，认为二者对世俗和胜义二谛既有根本的共同认识也有差异，吉藏的二谛理论归结为有得、无得二谛，宗喀巴的二谛观则是依言、离言二谛，并分析了这两种二谛观的来源和影响。

李吉著《汉藏佛教如来藏思想探究》（《西北民族大学学报》哲社版第3期）考察了汉传佛教天台、华严、三论、唯识、禅宗、密宗以及藏传佛教宁玛、萨迦、噶举、觉囊诸派的如来藏思想，探究汉藏两地如来藏思想的特点及其内在联系，认为“涅槃佛性说”与“心性佛性说”是汉传如来藏思想的特色，藏传佛教如来藏思想的特色则是他空见。

丁常春《道教内丹学与藏传佛教噶举派性命论之比较》（《中华文化论坛》第2期）从道教内丹学与藏传佛教噶举派都主张成仙成佛不离性命这一共同点出发，从性命内涵论与性命工夫论两个方面对两者性命论思想作比较分析，揭示了两者对性命内涵的理解迥异，修行方法也有很大差异，道教内丹性命双修工夫的实质就是使纯阳之元神与道合一；噶举派性命工夫实质就是证佛之法、报、化三身，从而使身心均获得解脱。

加央平措著《藏汉签谱〈箭卦签诗预言〉与〈仙姑洞灵签〉之比较》（《中国藏学》第1期）对西藏拉萨功德林寺白度母殿藏文签谱《箭卦签诗预言》和雁荡山仙姑洞汉文签谱《仙姑洞灵签》进行了比较，发现两者使用了类似的典故和签诗，这体现出藏汉文化相互通融、同住共存的文化现象。

关于藏传佛教教义的研究，研究难度较大的密教方面有集中的论文面世。

吕建福主编的《密教的思想与密法》（中国社会科学出版社）收录了24篇中日学者关于汉传、藏传和日本密教的论文，其中与藏密相关的有5篇。

《父母二续心性“光明”论》（陈兵）解析了藏传佛教的父母二续密法对心性（光明）的根、道、果三位解释和修行方法；《〈时轮根本经〉的宇宙和谐思想》（许得存）论述了藏文本《时轮根本经》的世界观，将其概括为和谐；《大手印觉域法之境地与基本思想》（德吉卓玛）论述了觉域派大手印的修持方法和思想基础；《密教护法神吉祥天女在青藏高原民族间信仰中的流变》（鄂崇荣）探讨了吉祥天女信仰的内容、发展流变及其原因；《〈胜乐根本续〉及其注疏研究》（李南）用文献学方法研究了胜乐根本续的不同文本和注疏。

另外，麻天祥的《六字真言浅释——兼论饶宗颐先生对“吽”的考察》（《中国政法大学学报》第6期）通过回顾田野实物、佛教文献和民间故事，总结和分析了饶宗颐、季羡林的相关研究，对藏传佛教的六字真言进行了释义。认为从佛教密咒学界、教界对“六字真言”等的不同诠释取向，对于学者来说，重要的是文字及其后面的意义，有意义才有意思；对于信众来说，并不需要它的意义，有了意义就失去了意思，没有意义才有意思。对意义的追求和对意义的排拒，这两种态度共同推动了文化的自觉与传承。

李南《略论〈喜金刚本续〉》（《南亚研究》第4期）对于此部经典的重要内容，包括独具特色的喜金刚禅修法门以及该经所体现的哲学思想予以评述，介绍了汉译本的译者，并且就第五品中梵汉藏不同版本的一些偈颂进行比对，提出了初步的看法。

班班多杰《根敦群培〈中观甚深精要论〉一文的现代阐释》（《中国藏学》S2期）以反思批判的态度和深思明辨的方式探究了《中观甚深精要论》的本体论、认识论、真理论、价值论、境界论、语言哲学等一系列的佛教哲学的核心问题，用现代哲学的视角对其中所蕴含的哲学思想及理论思维的经验教训作了梳理和概括，试图在佛教古典哲学与现代哲学之间找到最佳的契合点，呈现出根敦群培佛教哲学思想的基本性格、整体面貌及现代意义。

才华加《藏传佛教生死流转图及其功能解读》（《青海师范大学学报》哲社版第3期）解析了生死流转图的名称及来源，分析了此图集中体现的藏传佛教“苦集灭道”的四谛思想，认为此图具有因果教育、文化传播和艺术审美等功能。

刘朝霞《萨班道次第思想略论》（《宗教学研究》第1期）对萨班《显明佛陀密意》的道次第思想进行研究，归结出萨班对修证次第的严格建构：以具大乘种性为基础，以菩提心贯彻始终，以六度万行为大乘行（行菩提心）的内容，以五道十地为层级，以人法二无我的般若观慧为行持眼目，而以福德智慧资粮的圆满为明心见性之前提，反对错乱修习，反对以认识自心为修行之全部，认为大手印为密教不共显教的特殊法门，当以六度和密咒为基础，尤其指出了错乱修习可能带来的严重后果。

丁小平、傅映兰《萨迦派“轮回涅槃无二”思想研究》（《世界宗教研究》第1期）认为“轮回涅槃无二”这一藏传佛教萨迦派最具特色的不二见是依据基、道、果三者无别的义理而展开，即认为生死的本性即涅槃，无生死之外的涅槃，从心性论的角度则表述为“明空无二”。文章认为这种思想以大乘唯识学和中观学为基础，在修行实践的方法上有其特色。

2012年关于仪轨教法的研究中出现了数篇硕士学位论文，主要有《大圆满龙钦心滴前行法研究》（王克琬，中央民族大学）、《隆钦绕降大师的小五明著作及文献价值研究》（烈热，青海师范大学）、《十七世纪尖扎地区藏传佛教文献研究》（多杰，青海师范大学）、《藏传佛教图像学经典〈成就法鬘〉之〈圣真实名成就法〉研究》（郝一川，首都师范大学）、《论毗卢遮那及其对藏传佛教的贡献》（完麻加，中央民族大学）、《大乘佛教经典〈金光明经〉之思想内容研究》（乌达牧骑，内蒙古大学）、《道次第传承谱系研究》（韩封三祝，吉林大学）等。

4. 文学与艺术

敦煌研究院编、樊锦诗主编的论文集《敦煌吐蕃统治时期石窟与藏传佛教艺术研究》（甘肃教育出版社）是“2010敦煌论坛：吐蕃期敦煌石窟艺术研究国际学术研讨会”的最终成果，共收录论文38篇。内容涉及对敦煌吐蕃石窟艺术样式的研究、社会政治背景探讨、造像思想研究、吐蕃密教文献研究、石窟经变画与图像专题研究、密教尊像研究、西藏考古与艺术研究、毗沙门天王像研究、莫高窟第465窟研究等多个领域，这是目前为止学术界有关吐蕃统治时期敦煌石窟与敦煌藏传佛教专题研究的第一本论著。

比较重要的学术论文有：郭重曦《法本无相——藏传佛教绘画艺术中的审美文化内涵》（《西北民族大学学报》哲社版第2期）以《绘画度量经》为例，认为藏传佛教绘画体现了原生宗教文化的历史积淀，其艺术实践是藏传佛教思想体系下严谨的艺术操作。土旦才让《传承与超越—藏传佛教美术的当代发展》（《青海师范大学民族师范学院学报》第1期）总结厘清了新中国成立以来的藏传佛教美术发展，认为藏传佛教美术的当代发展以传统美术为根基和资源，以现代美术为参照和营养，借用新材料、新工艺、新思想的影响，寻找新的艺术形式和表现手法，在美术作品题材、技巧、审美各方面都尝试获得新内容。田联韬《藏传佛教诵经音乐研究》（《民族艺术研究》第1期）对诵经音乐的使用、与经文和手印的关系、类别和形态特征等进行了分析，认为诵经音乐配合着丰富的经文内容，较多地保留着来自古印度佛教艺术形式的传统。

5. 民间习俗与文化

才贝著《阿尼玛卿山神研究》（民族出版社）立足于文献资料和田野调查，在历史与宗教人类学的理论框架内，从阿尼玛卿雪山的自然状貌、社会情境和主要住民的风俗习惯入手，研究阿尼玛卿山神家族系列的内容及其形成发展和传播，以及山神信仰者的朝圣和宗教仪式，继而联系相关神话、史诗等资料挖掘山神的象征意义。论著通过深入研究阿尼玛卿山神的形成过程、形态发展、文化特点等，认为阿尼玛卿在自然感知角度具有三个层面，在文化符号角度显示了祖先、英雄等意义，在自然和人类社会以及两者之间都具有相应的功能和作用。

张海云著《贡本与贡本措周——塔尔寺与塔尔寺六族供施关系演变研究》采用田野考察和历史文献学研究方法，对塔尔寺和分布在塔尔寺周围的六大藏蒙部落之间供施关系的演变进行了研究。供施关系具体体现在塔尔寺和六族之间的政教关系与经济关系上，1958年后，六族不再承担对塔尔寺的宗教、经济义务，塔尔寺也不再享有对六族的政教、经济权力。文章立足于历史研究和权力互动的视角解释文化现象背后复杂的动因，在权力网络中分析塔尔寺与塔尔寺六族在政教、经济方面权力资本的转移，分析现代情境中的六族与塔尔寺的互动情状。

英加布的论文《当代藏族山神信仰的复活与变异》（《西南民族大学学报》人文社科版第5期）以甘肃省肃南裕固族自治县祁丰藏族乡的“祁连山·格萨尔·东纳拉孜”为例，调查分析多民族聚居区藏族民间宗教信仰与社会文化的复活与变异，透视新兴山神共祭活动在民间表述本土文化情结、记忆共同历史、强化民族身份和文化认同以及民间村社整合中扮演的重要角色。札细·米玛次仁《藏传佛教班丹拉姆护法神信仰研究》（《西藏研究》第2期）研究了班丹拉姆护法神的来源、历史、分布和节日，厘清了其护法神信仰体系的形成和发展脉络，认为护法神不仅作为一种膜拜的神祇而存在，同时也渗透到了世俗的现实生活当中，这些神灵究其根本来源最终都是取决于人们现实生活的特定需要而存在并随之发展变化。

（二）苯教与其他宗教研究

兰州大学西北少数民族研究中心编纂的《甘肃宕昌藏族家藏古藏文苯教文献》（全30册，甘肃文化出版社）整理汇集了分藏于甘肃宕昌藏民家中秘不外传的重要苯教典籍，共31函，547部，内容涉及苯教法师祈祷经文、禳灾防祸时的咒文、苯教祭祀史料及古象雄时期藏族先民社会生活、民情风俗等。其出版不仅弥补了苯教文献严重缺失的不足，而且因典籍文字多采用极为少见的“合成字”，并包含有大量神秘的苯教图符，而具有极高的研究价值。

华锐·东智的论文《苯教在藏区遗存的原因分析》（西北民族大学学报》哲社版第1期）分析了苯教在式微后仍旧影响藏族文化和藏民生活的七个原因，包括苯教的参政史使其获得了人民的认可，苯教的神灵体系仍然活跃，藏族人民对其抱有浓厚的宗教情感，苯教教义适应广大民众的生活实际，藏传佛教对苯教的妥协滋长了苯教文化的延续和发展，民间苯教信仰者起到了主要传承作用，藏传佛教在藏区某些地方的传播弱势等。

陈立健《白水江流域民间苯教的信仰方式及仪式象征》通过对白水江流域民间苯教的信仰方式、信仰形态及法事活动进行田野调查，探讨了当地苯教的信仰特征及影响。

拉巴次仁等《西藏日喀则地区苯教寺庙历史及周边群众信仰特征分析》（《西藏大学学报》社科版第3期）通过对西藏日喀则地区苯教寺庙历史概貌及现状的调查，分析了当地的苯教信仰特征，认为苯教自身的开放性、包容性和原始性，致使苯教寺庙周边信教群众的信仰具有多元性、多样性和复杂性特征。

徐法言《走出“佛苯之争”的迷思——论第二次金川战役前金川地区苯教与藏传佛教格鲁派的关系》（《社会科学研究》第3期）认为过去研究者大都将黄、苯二者放在竞争与敌对的格局中考察第二次金川战役后清廷在金川地区实施的“废苯兴黄”政策，本文注意到战前金川地区格鲁派与苯教有频繁的交流，从其相互影响乃至和谐融洽的一面分析第二次金川战役前格鲁派与苯教的关系，为解释当地的宗教历史现象提供了新的视角。

诺日才让《论苯教大圆满法》（《西藏研究》第4期）论述了苯教大圆满法的教义、传承、发展，其在现代社会中传播的现状、原因及其对现代社会的价值意义等。

杨晓纯《拉萨世居穆斯林节日中的藏族文化元素》（《中国藏学》第4期）

以开斋节为例，使用田野调查法，对这一时空中拉萨世居穆斯林所表现出的藏族文化现象进行较详细的记录和研究，总结了藏族文化与穆斯林文化并存的特殊风俗习惯，分析了这些文化现象的影响因素。

贾学锋《异域与本土———国内外有关裕固族萨满教的几篇典型文献述评》(《河西学院学报》第6期）回顾了19世纪以来国内外学者有关裕固族萨满教研究的典型文献，简要评述其基本内容、主要观点、研究方法，并就其中存在的问题进行了分析。

藏文部分

2012年藏文宗教哲学类的研究成果非常丰硕，在去年整理出版的的基础上进一步加大了古籍整理的力度，尤其在大藏经整理和苯教文献整理方面开创了文献整理的新篇章。因明研究方面也不甘落后，独树一帜，成果丰硕。在论文发表方面可谓是百花齐放、百家争鸣。

一、藏传佛教研究

（一）藏传佛教文献的出版与研究

本年度整理和出版了一些具有极高文献价值的古籍和手写珍品。

在旷世之作《大藏经》的整理方面，中国藏学出版社出版了两部具有时代意义和开创意义的图书，一是现代著名佛学家法尊法师译著《阿毗达磨大毗婆沙论》（1册—10册）的手写印影本，其中包含《阿毗达磨发智论》和《阿毗达磨大毗婆沙论》两部大论，也是一切有部宗之根本论，在历史上藏译的《阿毗大磨俱舍论》中缺少这两部根本论，1945年—1959年大译师法尊法师从汉文大藏经中的译本翻译成藏文，却由于种种原因使译稿失散多年，最后土登尼玛仁波切历经十多年的搜寻和收集而整理出版。此书的出版不仅填补了《大藏经》中没有《阿毗达磨大毗婆沙论》藏译本的空白，也丰富了《大藏经》中俱舍论方面的文献，更是给国内外藏学专家提供了具有极高参考价值的文献资料。

此外，中国藏学研究中心《大藏经》对勘局整理的五部大论之一的般若部以及其他支派的般若经典《甘珠尔·般若部》(1—16 卷)，这是全国哲学社会科学“七五”规划的国家重点科研项目《中华大藏经·藏文部分》即《大藏经·甘珠尔·丹珠尔》中的丹珠尔部分的整理对勘工作完成之后，继续推动这一伟大工程的工作，由于德格版字迹印刷清晰，错字少，版本完整，为大众认同，因此《甘珠尔·般若部》以德格版为底本，其余永乐版、理唐版、北京版、那塘版、库热版、拉萨雪版则作为辅助对勘本，进而校勘完成的，也对研究佛学文献注入了新的血液，并为整理完成《甘珠尔》藏文部分开创了良好的开端。

中国藏学出版社继续出版了与百慈藏文古籍研究室合作的《先哲遗书：玛尔巴文集》，同时还出版了由藏布楚和尖仁色著的藏文大藏经之源流、特点、版本暨对勘出版等情况的介绍性书籍《琉璃明镜》，文集方面重点出版了《宗喀巴文集》(全 18 册)、西藏色昭佛教古籍编委会整理的《慧宝丛书——杰尊确吉坚赞文集》（全 14 册）以及《第四世夏玛尔·确吉扎巴文集》（1—6 卷)。而传记方面有达汉·洛桑赤烈南杰著的《第十一世达赖喇嘛凯珠嘉措、第十二世达赖喇嘛成烈嘉措传》和江洋嘉措著的《拉莫雍增上师传（上下)》。西藏人民出版社也重点整理和出版了《莲花生大士传丛书》和《莲花生大士传丛书本生传汇编》，以及《大成就者罗嘎上师自传》都是具有较大影响的佛教人物传记。其次有两篇有关传记的论文值得一提，就是木雅久美曲吉坚参的《历代木雅活佛传》(《西藏佛教》第 2 期）和山南落桑益西的《至尊欧朱白玛传》(《西藏佛教》第 2 期)。

另外，这一年对后藏地区宗教史研究和整理方面也有所突破，比如西藏藏文古籍出版社整理出版的《协噶史籍·若吉本德上师宗派论》是一本稀有的手写珍本，其内容为上师若吉本所著的宗教源流和历史上历代罗达家族的历史、罗达·司徒仁钦的丰功伟绩十三记、协嘎寺讲经院的发展历史以及寺院的法会仪轨等等。还有此次出版的《后藏乃宁寺教史》，参考了著名藏学家 Gene. Smith 以法国巴黎国家图书馆收藏的藏文母本转写的拉丁文和乃宁寺的木刻版进行的互补校勘，其中内容包括佛祖的诞生、吐蕃历代国王世系、乃宁寺的形成以及乃宁寺历代上师的介绍等。

由民族出版社整理出版了藏族十明文化传世经典丛书——觉囊派系列丛书《觉囊阿旺罗珠扎巴文集汇编》（91—100)，阿旺罗珠扎巴是我国藏族著名学者，其文集（91）的内容主要包括佛教历史、人物传记等，涵盖了藏族历史文化和佛学知识等方面。其文集（92）、（93）的内容主要包括觉囊派佛教历史发展演绎、显宗史与密宗史深化过程，详述了自佛教文化诞生，以及传入雪域高原至今各学派学说的不同与相同之处。其文集（94）的主要内容讲述觉囊派传承金刚持佛所授密咒教义的内容及其实践等要义。此外还有佛门弟子初学十轮金刚修密之方法等内容。其文集（97）的内容包括二十一度母颂释难、四曼陀罗供、内曼陀罗供，外曼陀罗供等仪轨。其文集（99）的内容包括佛教历史、地方史志、散文诗颂、道歌等的汇编，藏传佛教历代师徒辗转授受等方面的常识，藏族历史文化和佛学知识等内容。其文集（100）的内容包括大乘长静、大乘布萨、聚众说戒仪式，或在家身、或出家身，面向具备别解脱律仪僧伽或佛像前，发菩提心以为等起，三复认可随学过诸佛菩萨行状，以长善净罪的仪轨等较深的佛事内容。因此此文集不仅具有很高的学术参考价值，而且为研究觉囊派的学者提供了丰富的资料。

民族出版社在文献整理方面还出版了《普觉·阿旺强巴文集》，普觉·阿旺强巴为藏族近代历史上最为著名的学者之一，他是第八世达赖喇嘛、第六世班禅大师的老师，堪称学富五明、精通三藏、德高望重的一代宗师。他一生著作颇多。包括大小五明以及历史文化等。由民族出版社出版的《水晶石——噶举教法史》则讲述了历辈噶举派产生、发展及其壮大的过程，噶玛巴世系历辈活佛的历传及业绩等。这也是本年度唯一一本有关噶举派的著作。此外，民族出版社出版的《历代格荣文集》，介绍了两代宁玛派格荣活佛对青海黄南格荣周边地区历史的研究及两位作者多年讲经传法、勤学苦修、自我升华的个人经历和该派的修法仪轨等。

这一年度由郎木赛赤·洛藏南杰龙仁桑盖整理、四川民族出版社出版的《朗木赛赤·洛桑坚参桑盖全集》问世，该书共有六本，是学富五车的第五十三台甘丹赤巴的文集，其版本是对郎木寺的木刻本、合作寺的木刻本、拉卜楞寺藏书馆的原文、塔尔寺的原文等进行了比较对勘、补充、整理的一本文集，从内容上整合了郎木赛赤·洛桑坚参桑盖的八函著作，具有很高的学术价值和资料价值。还有四川民族出版社出版的《龙热领巴文选》，分上下两本。

另外，本年度有两篇研究文献方面的论文，由岩尾一史、山姆夏尔克和多吉顿珠所译的《英藏敦煌文献中发现的〈巴协〉残卷研究》（《西藏大学学报》第4期）是通过分析英国国家博物馆新发现的《巴协》残卷的文献内容和语言特点等等，确定了《巴协》文献出现的时间为赞布时期，从而提出了

《巴协》的原文在8世纪流传到敦煌的这一事实。

在还克加和更尕易写的《西藏文伏藏文献的研究价值》(《西藏大学学报》第1期)中谈到藏族伏藏是藏族历史、医学、文学、民俗、地理学、心理学等方面研究的重要资料，因此研究伏藏文献具有重要的意义和价值。

(二) 藏传佛教教义研究

在藏传佛教教义方面，青海民族出版社继续出版了格鲁派般若文献丛书中的《波罗多文集(4)》，这是一本由第四世班禅索南扎巴撰写的关于探讨《现观庄严论》的书籍，也是历史上非常有名的佛教经典，此文献出版不仅具有整合格鲁派经典的意义，而且具有藏传佛教教义的研究价值。由青海民族出版社出版的当代佛学大师嘉嘉·西饶加措所著的《善说金珠释论》，是一本关于认识和研究佛学理论的重要文献资料，其中对藏传佛教的个别经典做了进一步的注释，进而加以阐释并提出个人独特的观点。

由中国藏学出版社出版的郑堆主编的《藏传佛教教义阐释研究文集》是一本具有知识性、专业性、学术性和实用性，在当今刚刚起步的藏传佛教教义阐释研究领域很有新意的一本文集。

本年度藏传佛教教义研究方面觉囊派的图书占一定的数量，由民族出版社出版的觉囊派大堪布更噶华尔丹嘉措的文集，受到了学术界和信众的追捧，其中有《般若经注释》《中观他空见》。后者对藏传佛教觉囊派《他空见》观点作了详尽的解释和阐述，同时还介绍了宁玛派、萨迦派、格鲁派等其他藏传佛教派的中观观点。《律经起因概论》对藏传佛教《律经》的形成、制戒、戒律起因及案例、条例等进行了全面概述。《佛教律经概论》比较详细地介绍了藏传佛教《律经》中所讲的各项戒律条例。其次民族出版社还出版了经典教义方面的图书《律海详实(修订版)》，该书属于藏传佛教五部大论之一《律经》类。书中比较详细地阐述了僧人等佛教弟子受戒、守戒条例等相关知识。

本年度藏传佛教教义研究方面的学术论文数量颇多，内容也丰富多彩，具体如下：

更尕的《印藏佛法经典中的诸神新探》(《中国藏学》第4期)中区分了古代藏族所崇拜的各种神灵与佛教进入西藏发展后的护法神的不同之处，不仅论述了藏传佛教护法神是源自印度、西藏本地和汉地等地域，而且更进一步地说明了护法神的不同的手印和坐法的象征意义。

更登三旦的《谈谈藏传佛教中的平等和谐思想》(《中国藏学》第4期)

是根据西北民族大学的藏族大学生发起对佛教中的和谐思想问题的讨论，将本民族的习俗、般若经的思想、发心、父母的慈爱以及男女关系等与佛教教义相联系，从而阐述佛教中和谐平等的思想。

仁青才让的《和尚摩诃衍之顿门思想研究》（《中国藏学》第2期）中，提出了关于和尚摩诃衍为了证明不思不观理论而引的《八十种经根据论》经典是否存在的质疑，同时通过藏族文献和经典论证摩诃衍的“无念”以及弃施舍等方便形式的观点。

米玛次仁的论文《藏传佛教护法神白哈尔考证》（《中国藏学》第2期）论述了藏传佛教护法神白哈尔王的渊源、如何成为藏传佛教的护法神以及格鲁派的护法神，并对白哈尔王的名称、塑像的特点、化身、不同的名字、白哈尔相关的法会等参考相关文献进行了考证。

由周拉写的论文《依据拉喇嘛意西沃及大译师仁青桑布生平事迹考证藏传佛教“上律”开始传承的年代》（《中国藏学》第3期）中对拉喇嘛意西沃创建阿里托林寺和从阿里三围收两百孩童为出家人，以及大译师仁青桑布赴天竺和克什米尔深造，并聘请印度、尼泊尔的班智达到阿里等事件分析，从而考证印度北部的班智达达摩巴拉进藏的时间在水龙年公元1003年至土羊年公元1019年之间，也就是“上律”开始传承的年代。

丹增曲扎的论文《浅谈宗喀巴大师空性观的形成与发展》（《西藏研究》第1期）中谈到空性的概念和观点到认同此观点的诸位学者，尤其指出宗喀巴大师如何在当时的社会情形下及时更正了一些错误的空性观。

仁青吉写的《略探藏传佛教中的二谛研究概况》（《西藏研究》第2期）中从佛教二谛发展来源、目前研究的现状、前瞻以及研究的意义几个方面论述了二谛对佛教尤其是中观思想发展的重要作用。

热萨·旦增曲扎《试析佛教“缘起”含义演变过程》（《西藏研究》第3期）阐述了“缘起”在佛教中是非常重要的术语，其重要的原因在于这一术语不是一成不变的，而是在佛教思想发展的同时“缘起”的本意也在不断地拓展。通过这样的分析，一方面我们会了解到其意义的发展历程，另一方面可以成为研究佛教发展史的一把钥匙。

次仁顿珠的论文《邪密禁令探讨》（《西藏大学学报》第1期），通过对拉喇嘛益西沃和他的侄子希瓦沃对佛教后弘期阿里地区的一些宗教人士利用不正法的密教既违反戒律做法又持有邪密观点进行否定和批判的分析，同时搜集一些现有的文献资料来证明大译师仁钦桑布反对邪密的思想以及简述。

显密经典中对缘起因既“相违可得因”的描述是“诸实有法，谛实不成，以是缘起故”，相关这一概念探讨的论文有更登桑木旦《“相违可得因”初探》（《西藏研究》第3期），其中根据经典的引用把缘起因分为有为法缘起因和四无为缘起因。有关禅宗思想的研究有洛桑达杰《敦煌藏文文献 P. T116 摩诃衍禅宗思想研究》（《西藏研究》第3期），落桑尊珠的《论心性之根本》（《西藏佛教》第2期）是一篇关于探讨四谛的偈颂体。而江罗的《佛法僧篇之二十问答》（《西藏佛教》第2期）是一篇关于藏传佛教教义问答方面的文章。此外涉及历史文化的论文有白玛的《藏传佛教各大教派德法帽之源及其象征内涵》（《西藏佛教》第2期）。有关佛教中四依法方面的论文有华克加《佛教四依法的不同解释探析》（《攀登》第2期）。联系当前的社会制度与佛学相结合而撰写的论文有羊忠尤的《佛教的谛实性与社会和谐》（《攀登》第2期），其中论述了谛实性的含义和范畴，从而点出佛教中其教义的特别之处，从众生平等方面与社会和谐相适应。关于介绍和论述噶当派祖师仲敦巴的经典之作《誓言集》的教义及对其中深奥的佛教名相进行解释方面的文章有丹增多杰的论文《浅析仲敦巴之经典著作誓言集》（《攀登》第3期）。周泽加在《藏传佛教尼姑渊源考》（《攀登》第4期）中阐述了藏区尼姑和尼姑寺院产生的历史，以及关于女活佛的来历。更藏多吉的《藏传佛教经典文献宗喀巴传十七颂与十五圣行之比较》（《安多研究》第七集）对格西西绕嘉措1950年著的宗喀巴传《十七颂》与上师洛桑华儿旦1920年至1923年期间著的宗喀巴传《十五圣行》中谈到两位作者从出闻思修三慧、讲经辩论著书即智者三事、观修行三藏方面对宗喀巴的功业进行了赞颂是相同的写法，从而得出藏族撰写传记或赞颂集框架和手法是一样的，这种写作手法起源于印度的结论。对于根敦群培大师以及其著作的研究以往都是热点，本年度由更藏发表的《藏学大师根敦群培龙树中观论探析》（《攀登》第4期）中对根敦群培的教义理论的认识误区做了澄清，而且提出大师运用现代的科学理论方法对古代哲学论著批判的态度，以及进一步加深和扩展了龙树中观论的研究。

本年度唯一一篇讨论有关婆罗门教的论文，由万么项杰写的《〈奥义书〉评析》（《西藏大学学报》第3期）对《奥义书》产生的年代及相关内容、其折射出的教义提出了自己的看法，甚至提出因明学产生于《奥义书》的观点。

（三）藏传因明学研究

本年度因明学领域的专著和论文成果丰硕，民族出版社出版了因明方面的

6 本图书，其中之一是堪布更噶华尔丹嘉措著的《摄类学注释》，该书对至尊赞门巴大师所著的《摄类学》作了比较详细的注解，也是《摄类学》为初学法相理论者必修之读本。其中之二是《量理窍门因明宝鬘论》，该书中对藏传佛教五部大论之一《量论》作了详尽的解释，是佛教因明学要典，其中主要对人类认识规律、认识方法、思维逻辑、推理规则、语义哲学等进行了很好的阐述。其中之三是《因明学词解》，该书中收录藏传因明学名词术语近 3000 条，对每个词语的概念、定义和运用，以及疑难之处等方面都作了解释。其中之四是《玉囊·阿旺旦增因明论文集》，该书收录了关于作者发表过的《藏传因明发展、特点及其现状》《关于九句因和因三相的逻辑问题探讨》《陈那新因明学说》等藏汉文因明学方面的论文 23 篇。其中之五是《因明学概论》，该书主要介绍了藏传因明学的四大内容，包括：小因明学，中因明学，认识与被认识，心和心支，逻辑推理学等。还有一本是《因明学入门》，该书是藏传因明学概论性著作，讲述了概念、范畴、因理、辩论等综合知识。民族出版社出版的《因明入正理论释》对藏译本古印度因明学名著《因明入正理论》做了翔实的注解。西藏古籍出版社整理和出版了第七世噶玛巴曲扎嘉措著的《因明学汇集》（上下）。

研究因明方面的论文也不少，其中次多的《浅谈陈那大师著〈集量论〉中的遣余与量果》（《中国藏学》第 4 期），论述了遣余与量果的本质和类别。仁青卓玛的论文《浅析量学中“缘”之性相》（《安多研究》第七集）根据《俱舍论》论述了因明学中“缘”的类别、定义以及缘与因之间的区分。旦巴次仁的《略论因明学的遣余分类》（《西藏大学学报》第 4 期），通过对因明学中遣余分类的分析，阐述了宗喀巴的两位弟子以及尊者根敦朱巴等学者对遣余分类的不同看法，进一步论述了为何对这一概念产生歧义的原因。干木滚的《略析中观与因明学的关系》（《西藏大学学报》第 1 期），论述了中观与因明学关系的原因以及摄类学，通过摄类学了解中观，中观中“无我”的逻辑与因明中“论式”的相同之处，并提出了中观与因明学方面学习研究的重要性。加央平措的《觉囊派因明学起源及现状探讨》（《西藏大学学报》第 1 期）以觉囊派壤塘寺为例，探讨了觉囊派因明学传承的历史、现状、特点以及前瞻等。在藏区各个法相院学习五部大论依靠的是辩论，在进行有关哲学方面的辩论时，会有特殊的动作，对这些辩论的动作加以阐释和介绍的论文有次旺南木加《略述藏传因明口头辩论之特征》（《西藏大学学报》第 2 期），隆子桑珠的《议〈因明理藏学〉的研究范畴》（《西藏大学学报》第 2 期）是一篇关于萨迦班智达所著的《量理宝藏论》的要义和内容的论文，分 11 个章节概括性地论述了知之镜、知之心、详细总别相、成立量四种形式。

（四）藏传佛教寺院与现实研究

2012 年度，在藏传佛教寺庙管理方面的重点图书有豆格才让和吉太加编写的《藏传佛教寺庙管理制度研究》，由中国藏学出版社出版，其书研究方法新颖，研究系统周密，具有一定的学术价值和现实意义。木雅·曲吉坚参的《略谈历代清朝皇帝指定的西藏宗教管理机构》（《西藏佛教》第 1 期）收集了清朝不同时期西藏宗教的相关制度和机构。达哇才让的论文《拉莫德乾寺的社会功能研究》（《中国藏学》第 1 期）以现代人类学和社会学的视野从三个方面论证了拉莫德乾寺的社会功能，即教育发展和保护文化的功能、保护生态环境的功能、促进社会安全与和谐的功能。由斗改才让和丹增曲扎合著的论文《元朝时期藏传佛教格鲁派在蒙古地区的发展及其社会背景》（《攀登》第 1 期）论述了元朝时期格鲁派在发展过程中遇到其他地方政府和教派的挤压，及其与之相对抗的困难，通过与元朝政府的联盟与支持，格鲁派的政权得到了加强，巩固了在西藏各教派中的地位。西绕丹尔代的论文《格鲁派僧人学经制度》（《青海民族大学学报》第 3 期）阐述了格鲁派僧人从普通班级到甘丹赤巴法座的整个过程以及相关的制度，格鲁派的学经模式，从而得出格鲁派僧人要获得甘丹赤巴法座需要 50 多年历程的结论。

另寺院志方面的著书有西藏人民出版社出版的《甘丹寺简介》，而其他介绍寺庙的论文则集中在《西藏佛教》的期刊中，部分文章如下：边巴次仁《吉祥之地丽隆寺历史》（《西藏佛教》第 1 期）、土旦嘉措《白吉寺史略》（《西藏佛教》第 1 期）、拉懂扎西多吉《日喀则地区定日县白拉懂寺简史》（《西藏佛教》第 1 期）、仓朱曲久《日喀则南木林县请岗寺历史》（《西藏佛教》第 2 期）、才旺罗布《羊卓达龙塔尔林曲德寺简史》（《西藏佛教》第 2 期）、丹增坚才《墨竹贡卡县龙雪扎托寺简史》（《西藏佛教》第 2 期）等等。

（五）宗教艺术

由佐钦大圆满寺密续伏藏保护中心的旦增·龙多尼玛、土多朗嘉和伍金仁真主编的《藏传佛教坛城度量彩绘图集》，是一本藏传佛教宁玛派六大主寺之一佐钦大圆满寺的专业学者们历经两年完成的研究成果，包含 60 余副藏密坛城的图释。画册中分宁玛密续坛城图、佐钦寺伏藏法会坛城、隆钦心髓坛城、八大尸陀林坛城、四业任运坛城等非常精美的佛教图画。

由四川民族出版社出版的《藏传佛教造像集萃》，100幅收集造像是由藏族著名学者多识仁波切利用闲暇时间在电脑上绘制而成的。所画图像包括释尊、文殊、莲花生、宗喀巴、空行等。每幅图片均结合不同的身色、标识、姿态，赋予一定的意境，并配以精炼、准确的文字说明，融藏传佛教文化与现代电脑绘画技术为一体，既是一部了解藏传佛教神明系统的读物，也是一部极具珍藏性、趣味性、欣赏性的画集。宗教艺术方面的书籍还有西藏古籍整理出版社出版的《密宗的服饰与法器》，为密宗学习和研究者提供了图文并茂的参考资料。

二、苯教和民间宗教研究

（一）苯教研究

本年度苯教研究的成果是整个宗教哲学领域的突出点，不仅在资料整理的数量上突出，论文研究方面的亮点也不少。西藏古籍出版社出版的《苯教史料汇编》收录和整理了至今未出版的历史文献，是非常稀有的珍本和孤本，此汇编包括两方面的内容，一是历史古籍精选，其次是苯教常识表格汇编。历史古籍精选中有手抄本詹巴南喀的苯教史籍《札巴岭扎》，此史籍是通过挪威奥斯陆大学收藏的手抄本和丹贝尼玛活佛借用的手抄本以及那曲文化局诺尔扎先生提供的手抄本三种手抄本相互校勘而整理出的。不仅详细记载了苯教上弘期的历史，而且叙述了公元8世纪佛教传入西藏后与苯教发生冲突的缘由，等等。该书中还包括了那曲地区历算院阿加医生提供的手抄本伏藏《集经》即《雍仲苯教集经宝石续》《原始苯教目录全传》，以及具有象雄语与藏语对照词典性质的《词汇对照明灯》和《苯教原始教历表》。

为深入搜集整理散藏于甘肃、青海、四川三省的藏族民间苯教文献，展示源远流长的苯教文明，由洛桑灵智多杰主编的《甘肃青海四川民间古藏文苯教文献》由甘肃文化出版社出版。全套文献包括甘肃、青海、四川等地的苯教资料，共发现80余函、1500余部，分为60册，于2012年全彩影印出版。全套文献多采用传统的梵箧装保存，内容主要涉及远古时期藏族苯教信仰、天文、历算、医学、习俗等，迄今历千余年，是研究古代藏族苯教信仰及社会生活的第一手资料。《甘肃青海四川民间古藏文苯教文献》对于研究古代藏族语言文字、宗教信仰、医药天文、书法艺术等具有极高的价值，获得国内外藏学届一致好评。

以上两部文献的整理与出版为苯教研究提供了极为丰富的新资料。由四川民族出版社整理和出版的苯教文献《泽尔青旦贝坚赞文集》，分为上、中、下三册，是近代苯教有名学者的著作，该书的内容包括苯教教义教理、天文历算、诗歌书信等。

除了文献资料的整理和出版，研究苯教方面的论文数量也相当可观。

据历史文献记载有三个或四个詹巴南喀，分别是伊朗的和象雄的以及达波的，才让太的《詹巴南卡与苯教新派的起源》（《中国藏学》第4期）中提到的生于达波的詹巴南喀（753— ）是赤松德赞时期的人，先是苯教教主，其后学习佛经而成为精通苯佛的大学者，不仅在佛教方面有突出贡献，被列为君臣二十五人之一，而且在苯教方面也被认为是苯教大师，尤其在苯教的继承和发展以及弘扬方面起到了无可代替的作用。诺布才让的《从苯教发祥地沃莫隆仁试析象雄世界形成论对藏族的影响》（《西藏研究》第1期）通过很多学者对苯教的起源地沃莫隆的各种确认的分析来阐述个人的观点，同时谈到藏族民间的《世间歌》受到苯教的影响，从而更进一步地论述《俱舍论》与《世间库源》之间的关系。东主才让的论文《也谈苯教文化相关的部分术语及其含义》（《西藏研究》第2期）再次谈到苯的术语，其相关的世间苯和雍仲苯的术语和区分，“笃苯”“恰苯”“觉苯”三个不同时期的定义，和苯教九乘五库、十二智者、苯教经典、苯教伏藏等的意义，以及苯教文化相关一些含义与其深厚的文化意义，在民俗方面佛苯不区分等特殊意义，此论文内容丰富，系统和全面地介绍了苯教文化，具有一定的学术价值。雍仲加《略谈苯教南伏藏派九次第乘的安立法》（《西藏佛教》第1期）、米擦悟·丹增朗杰的《略论藏族苯教跳神舞》（《西藏大学学报》第4期）中谈到苯教跳神的起源，并分析了雍仲苯教的下经院茹拉雍仲林的廿九朵马大法会的跳神舞。米悟擦·丹增朗杰的《略谈苯教寺院的各层执事及职责》（《西藏大学学报》第1期），谈到苯教寺院是如何安排堪布与上师、纠察师、领颂师的情况，以及他们所做的功业，甚至谈到了寺院的经济管理方面。由扎巴写的论文《佛教传入后苯教神话的发展模式》（《青海民族大学学报》第3期）论述了在藏传佛教传入西藏的初期，佛教神话与苯教神话没有高低之分而两教和谐相处的关系，其次文章中提出佛教的在西藏稳定根基之后，虽然佛苯神话中世界形成的传说相同，但居住于四大洲和八中洲的佛教神却被苯教神所代替的观点。周毛吉的《苯波后嗣顿巴考》(《青海民族大学学报》第3期)简述了笨波后嗣顿巴本人诞辰及其功业。

(二)民间宗教研究

在民间宗教方面的论文有更藏加的《论风马文化的起源及其象征意义》(《中国藏学》第2期)和南拉杰的《格萨尔史诗中的苯教占卜与招福仪轨》(《西藏研究》第1期)。

由索加本写的《佛教与民间格萨尔信仰中的朵马供法比较研究》(《中国藏学》第4期),班玛多杰的《藏族谜语形成及特点》(《西藏研究》第1期)细述了古代德吴即谜语的三种分类,从而谈到德吴具有民族特点、广泛应用的特点、促进思考能力的特点等,并以此说明德吴不仅仅是谜语,还对国王治理国家起到了辅助作用。由旦正加写的有关藏地文昌信仰的论文《文昌信仰在藏地渊源考》(《攀登》第3期)以17世纪的焚香祭祀文献作为根据,通过几年的实地考察,收集的传说、仪式文、问香祭祀的仪式、民俗习惯、采访资料等综合起来,最后论证了安多藏区信仰的神山域拉就是贵德地方的文昌信仰,从而断言贵德是文昌信仰的发源地。关于民间宗教方面的论文有仁青写的《青海尖扎多加地区民间宗教祭礼考略》(《攀登》第3期),通过对青海尖扎多加地区民间宗教的考证,论述了祭礼所遵循的规则、服饰、发音、说文等有关术语和相关内容。索加本在《格萨尔王中的宗教原型研究》(《青海民族大学学报》第3期)中论述了什么是宗教原型的概念,格萨尔诗史中充分体现出显密次第理论的宗教原型,以及因果报应和堕入地狱的思想是表现故事的原型,最后提出藏族史诗都以因果报应和恶人堕入地狱为故事主题的观点。

梵文研究

2012年梵文研究平稳推进，研究成果质量较高。梵文写本研究、梵汉对勘研究、哲学文献研究、梵文文学研究等各个领域都有成果问世，同时也有相关学术会议召开。

一、梵文写本研究

中国藏学研究中心李学竹博士在《中国藏学》（英文版第1期）上整理发表了 Madhyamakāvatāra-kārikā 一文。根据保存在布达拉宫的梵文写本整理校勘了月称《入中论》第六章第1—97偈（全章节共226偈）。这一章占《入中论》偈颂全文的三分之二，记录了月称关于二谛的论述以及他对于唯识学派的批判。这是该文献的第一个梵文本。对于研究中观哲学有很重要的学术价值。

德国莱比锡大学的艾利·弗兰克教授和褚俊杰教授在《中国藏学》（英文版第1期）上联名发表了 Rare Manuscripts of Works by Jitāri 一文。在西藏自治区保留有两个抄有胜敌（Jitāri，约940年—980年）作品的写本，该文对其中的一个作了初步的报告。目前学术界对胜敌作品的了解很不够，至今整理发表的胜敌的作品只有7部。文中发布了写本题跋中所录20部胜敌短篇作品的题名以及其中一部（Sāmānyanirākṛti）的全文转写本。

日本高野山大学加纳和雄教授在《中国藏学》（英文版第1期）上发表了 Eight Folios from a Sanksrit Manuscript of the Mahāyānasūtrālaṃkārabhāṣya from Ngor Monastery：Diplomatic and Critical Editions on X. 9-XI. 3——Studies of Göttingen

Xc14/57（1）一文。该文基于保存在西藏俄尔寺的一部八页的《大乘经庄严论》写本对该文献第十章第9偈至第十一章第3偈的现行梵文本提出了修正。

北京大学南亚学系的萨尔吉博士在东京的国际蒙古文化研究出版协会乌云毕力格主编的《蒙古学问题与争论》第八期（2012）上发表了论文《〈诸佛菩萨妙相名号经咒〉兰札体梵文序跋转写释读研究》一文。

二、梵汉对勘研究

作为国家社科基金重大委托项目“梵文研究及人才队伍建设”支持的《梵汉佛经对勘丛书》，本年度的阶段性成果有黄宝生研究员译注的近百万字的《梵汉对勘神通游戏》，年末由中国社会科学出版社出版。《神通游戏》是叙事性佛经，属于说一切有部，是一部内容和形式相一致的佛陀传记，讲述了佛陀从下凡到转法轮的觉悟故事。现代汉译之外，选取《方广大庄严经》作为对勘古译。作为对勘的成果，译注者在导言里，对佛陀传记的源流、该经和印度史诗及往世书的影响和关联、古代汉译的沿革进行了探讨。

北京大学东方文化研究中心的陈明教授在中华书局出版的《欧亚学刊》第十辑（2012）上发表了《梵汉本〈破僧事〉词语劄记》一文。本文利用吉尔吉特出土的梵本《破僧事》，与义净的汉译本对勘，对“侍卫（心上人）”“报（亲昵的身体接触动作或行为）”“游喜/娱乐/系会（指男女间的亲密行为）”等八组词汇的意义进行分析、解释，指明了这些汉译词汇是如何从原文转移过来。他还在《敦煌学辑刊》2012年第4期上发表了《蕤伏灵善——丝路出土残片的药名溯源》一文，认为大谷4363号“药方书断片”中的“蕤伏灵善”一词，为印度梵语眼药名Sauvīraka-ajana的音译，为理解古今中外医学文化交流提供了一个例证。

中国社会科学院梵文研究中心的姜南博士在《语言研究》（第1期）上发表了《汉译佛经等比标记“如……等/许”探源》一文，探讨了这种语言用法的梵文源头。

三、哲学文献研究

在印度正统哲学方面，中国社会科学院哲学研究所的孙晶研究员在《浙江树人大学学报》（人文社科版第3期）上发表《乔荼波陀的“不生说”》一文，探讨了吠檀多哲学的佛教化问题，揭示了吠檀多哲学与佛教哲学的融合与对立。乔荼波陀在他的《圣教论》中，为了宣说梵我同一的不二论观点，提出了“不生说”的哲学观点，这一观点与佛教的不生理论既有相同之处也有区别。此外，沈阳师范大学哲学与政治学院李馨宇与孙晶研究员合作的论文《〈薄伽梵歌〉的伦理道德观解析》发表在《人文杂志》（第2期）上，探讨了《薄伽梵歌》所包含的印度古代正统哲学思想，及其丰富的伦理道德的说教，将其伦理道德思想理论做了整理和归纳，并分析了它们在社会发展过程中所产生的作用。

同属于中国社会科学院哲学研究所的何欢欢博士也在《哲学研究》（第2期）上发表了《“瓶空”与“虚空”——试论清辩对吠檀多派哲学的批判》一文，探讨了古印度阐释抽象哲理时最常用到的两个譬喻意象“瓶”（ghaṭa）和“空”（虚空、空间，ākāśa），以及“瓶”和“空”随着论述主题的不同，分别形象地阐释或佐证不同观点的现象。她还在《西藏研究》136期（2012）上发表了《关于〈中观心论〉及其藏译古注〈思择焰〉的研究》，指出二书阐释了清辩对中观思想的独特理解，描述并批判了小乘部派佛教、大乘瑜伽行派以及数论、胜论、吠檀多、弥曼差等“外道”的主要理论。本文在详细介绍《中观心论》《思择焰》的梵、藏文本的同时，对其主要思想内容、研究现状等进行较为详尽的叙述，并以两论对数论派、胜论派、吠檀多派的记述与批判为例展示其独特的学术价值。此外，何欢欢博士的博士学位论文《〈中观心论〉及其古注〈思择炎〉对外道思想的批判》2012年10月被评为“2012年北京市优秀博士学位论文”。

四、梵文文学研究

北京大学南亚学系当时在读博士生于怀瑾在《徐州师范大学学报》（哲社版第2期）上发表了论文《浅析迦梨陀娑〈鸠摩罗出世〉前八章的诗律结构》，着眼于韵律上的结构特点，并以之与迦氏的另外几部诗作进行比较分析，揭示其内在的逻辑和发展轨迹。她还在《徐州工程学院学报（社科版）》第1期上发表了《梵语诗歌韵律发展述略》一文，简要分析了古代梵语诗歌在“吠陀时期”“史诗时期”“古典梵语文学时期”三个阶段的诗律特征，并尝试说明其历史成因，指出迦梨陀娑等杰出诗人的成就正是继承了这些诗歌传统和艺术积淀的结果。

五、其他相关成果

本年末，中国社会科学院梵文研究中心首席专家黄宝生先生作为中国社会科学院学部委员，在他的从心之年总结自己大半生的治学经验，汇集历年学术成果，出版了个人文集《梵学论集》，由中国社会科学出版社出版。

《梵学论集》以《跋涉在梵学之路》代序开篇，定义了“梵学”的范畴，回顾了自己的梵学因缘，引出并概括了自己各个学术时期的工作和成果。此后，正文按照时间顺序排列，以《古印度故事的框架结构》《印度古代神话发达的原因》《〈管锥编〉与佛经》等早期研究论文开始，继而收录《印度戏剧的起源》《禅和韵》《在梵语诗学烛照下——读冯至〈十四行集〉》《佛经翻译文质论》等印度诗学论文，接着是两篇对业师治学精神的致敬之作，此后是三篇对自己十年磨一剑的翻译工作的总结文章《〈故事海选〉译本序》、大史诗《摩诃婆罗多》的译后记和前言。再后来是《神话和历史》《宗教和理性》《语言和文学》三篇比较中印古代文化传统的论文，最后是《梵语诗学论著汇编》《梵汉对勘〈入菩提行论〉》等六部翻译著作的导言和《梵汉佛经对勘丛书》的总序。

这本自选集是一位梵学学者大半生的学术足迹，也是他的人生轨迹。这些文章悉心地传授着梵学研究的方法，它们秉承历史文献学的传统，在对原典进行大量阅读、翻译的基础上，总结心得和经验，养成独到的眼光，发为一家之言，积累为文学、文化与思想的比较研究。

复旦大学文史研究院的刘震博士在《历史研究》（第 2 期）上发表了论文《“菩萨苦行”文献与苦行观念在印度佛教史中的演变》，通过对照和分析巴利文、梵文、汉文、藏文佛经的文句发现，佛经文献的禅定术语、三个关键譬喻的位置和模式化句式，都随着时代的推移而发生了变化；发现菩萨苦行从备受推崇到为人轻视。指出如果以文献学的研究方法来重新检视许多历史观念，或许能产生一部新的佛教史或佛教思想史。

中国社会科学院世界宗教研究所的周广荣博士为 2011 年苏州会议写的《梵学与佛学研讨会综述》发表在《哲学动态》（第 1 期）上。

六、学术研讨会

8 月，北京中国藏学研究中心举行了第五届北京（国际）藏学研讨会，就学者近年来在藏学领域的最新研究成果进行了交流和讨论。其中梵文组共有 25 人参会，来自国内外的学者在会上发表了各自对梵文文献研究方面的最新成果，展示了当代国际梵文研究的最高水平。

11 月，在台北举行了“第二届梵学与佛学研讨会：经典、语言、哲学与文学”，两岸三地学者与会，就相关论题进行了富有建设性的研讨。

政治法律

汉文部分

一、政治研究

2012年中国藏学政治领域的研究与往年相比呈现几个特点。一是对中央治藏、安藏、富藏的制度设计、政策制定的研究更加具体、细致，研究方法更加多样，研究对象更多集中于具体的政策与制度环境、体系和绩效，而不是单纯的宏观描述。二是对历史上治藏制度和政策的考察更加深入。由于涉藏历史研究发展带来新材料、新观点，对历史上特别是清朝和民国两个历史时期中央政府治理西藏和西藏自我管理的研究逐渐增多，对于一些具体涉藏政策和技术性问题进行研究的成果也开始涌现。三是对于国际关系与“西藏问题”之间关系的研究呈现极大发展态势，不仅研究问题类别增多，而且方法、视角多样。四是传统的诠释类研究仍是主流，实证类研究虽开始出现并增多，但比例仍然较低。

（一）政治制度研究

与往年大致类似，对于西藏与四省藏区政治制度的研究主要分为两大类。第一类是历史上中央王朝为治理西藏而建立的政治和行政制度，特别是与西藏自然和文化特点相结合而形成的制度的研究。由于史料发掘的便利性，这一类研究更多是关于清朝时期西藏和其他藏区的基本政治制度和行政体制。第二类是新中国成立以来中国共产党治藏安藏的基本政治制度和具体制度安排的研究。随着实践的发展和学科本身的进步，对具体制度安排及其政治绩效的研究近几年来呈现逐渐增多、质量愈益提高的态势。

李凤珍的《清朝乾隆时期西藏地方政教合一制与中央集权》（《西藏民族学院学报》哲社版第5期）从中央整体制度安排的角度对旧西藏的政教合一体制进行了分析，重点对政教合一制度自身的运作、发展逻辑以及在中央行政权力干预、影响下的变化及最终成型进行论述。文章从统治权的层面分析政教合一制度内僧俗两大系统的构成和权力的实施，以及僧俗官吏的特点，认为清中央集权解决政教合一制度内僧俗权力之争，以削弱控制宗教的俗官势力，扩大达赖与驻藏大臣的职权，加强清朝对西藏的直接管理，完善政教合一制。从这个意义上看，西藏的政教合一体制虽然植根于西藏独特的社会文化环境，但从制度生成的角度看却与中央统一的制度安排有着密不可分的联系。

周伟洲的《清代西藏的地方行政建制研究》（《中国边疆史地研究》第4期）分析了清代西藏地方行政体制的整体状况、层级特点及严格，指出清代西藏的地方行政建制是在西藏历史长期发展过程中逐渐形成和完善的，具有自己独特的民族和地方特色，而且与西藏地方政治、经济和文化发展，与西藏高原的地理环境等均密切相关，这一制度既具有西藏政教合一制的特征，又有复杂多样的地域特点。文章重点对作为西藏地方行政基本单位的宗谿设置、地方行政的基层组织谿卡、部落以及一些特殊的行政区划如萨迦法王辖区等进行研究；论述了清朝中央政府对西藏地方行政体制进行的一些改革措施，并指出这些改革是基于清朝中央政府在边疆少数民族地区采取“因俗而治”的方针。

王茂侠的《边疆民族地区发展和稳定的特殊工作机制——以五次中央西藏工作座谈会为中心》（《民族研究》第6期）将五次西藏工作座谈会置于中央治理边疆民族地区宏观制度框架的范畴内进行研究，提出西藏工作座谈会不仅仅是“会议”，更是一个治理边疆民族地区的特殊工作机制，具有研究对象特殊、突破现有体制安排、“地方—全局”双重性质叠合等特点。文章从西藏工作座谈会的产生及功能定位、会议主题、决策与工作实施等角度对这一特殊工作机制进行了全面论述，并进一步提出，中央西藏工作座谈会战略规划明晰，组织动员能力强大，能够解决边疆民族地区深层的、复杂的问题。

赵金华、何卫勇的《关于西藏妇女参政议政问题的思考》（《西藏发展论坛》第5期）从西藏妇女参政议政这一反映民主政治、民族区域自治等众多制度安排的子课题入手，分析了西藏妇女参政议政的现状，提出西藏妇女干部队伍不断壮大，素质和形象有了新的变化和提升；论述了西藏妇女参政议政中存在的问题，包括妇女在管理和决策机构中人数和作用较小、参政结构不合理、妇女参政议政意识不强、素质有待进一步改善等；并对提升西藏妇女参政议政水平提出了一些思考，指出应进一步加强妇女参政议政的法制建设、提高全社会对妇女参政议政的认识、提升妇女参政意识及能力素质等。

王小彬的《也谈西藏和平解放与“一国两制”》（《西藏研究》第2期）对国际国内一些人所主张的西藏和平解放后存在一段时间“一国两制”历史的观点进行了反驳。文章认为，这种观点混淆了“两制并存”与“一国两制”两个不同的概念，实际上一段时间内的“两制并存”与较长时间段的“一国两制”具有完全不同的内涵，不可能划等号。把“暂时维持现状不变”的现实断定为西藏实践过“一国两制”的政策，此种观点值得商榷。所谓“一国两制”政策在西藏招致失败或终止更是子虚乌有。和平解放后，西藏社会政治制度也并非“原封未动”，同解放前相比，尤其是同《十七条协议》的有关条文相比，西藏的社会制度或社会性质已经部分地发生了质变。而达赖集团所谓的“一国两制”，其实质和要害则是“两国两制”。

王娟丽、王跃的《西藏民族区域自治地方政府治理创新的概念框架》（《西藏大学学报》社科版第2期）以治理理论为核心，提出地方政府治理创新的动因，主要包括外部环境与内部需求两方面的观点，并据此提出西藏民族区域自治地方政府治理创新的动因主要包括实现科学发展的需要、提高党和政府执政能力的需要、内部问题“逼迫”和各族群众多元化的需求、降低行政成本的需要、维护西藏稳定的政治使命。根据这些内外部压力和需求，文章提出一整套分析地方政府治理创新的概念框架，大致包含了治理理念创新、治理主体创新、治理内容创新、治理方式创新等。

（二）治藏政策研究

关于治藏政策的研究一直以来是藏学政治研究中的重要部分，这部分研究主要涵盖三方面内容。第一是中国共产党的西藏工作思想与政策研究，这类研究从过去专注于最高决策层宏观治藏政策的研究转为更为多元化的研究，其中对一些具体政策领域，例如经济政策、宗教政策、干部政策的研究逐渐增多。第二是关于中央在某个特定时期涉藏政策的历史考察，其中尤以新中国成立初期的治藏政策及其贯彻执行为重点。第三是历史上中央政权对西藏和其他藏区治理政策和活动的研究，而清朝和民国时期治藏政策的研究占据了相当大的部分。

杨明洪、安七一的《几代中共中央领导集体关于西藏经济发展问题的方略》(《民族学刊》第9期)回顾了四代中央领导集体关于西藏经济发展的方略，提出第一代领导集体对西藏发展的方略主要包括对西藏经济发展提供帮助、废除残暴的封建农奴制、实行有别于内地的新民主主义政策、加快西藏现代化发展；第二代领导集体对于西藏发展的方略主要包括政治问题要从经济的角度来解决、发展经济方略经历了从休养生息到大力发展再到提出西藏发展走在现代化前列的三次提升、倡导“全国支援西藏”；第三代领导集体对于西藏发展的方略主要包括治理方略上经历了从加快发展到跨越式发展的提升、扩大全国援藏的范围和完善援藏方式；以胡锦涛为总书记的新一代领导集体对于西藏发展的方略主要包括提出走有中国特色、西藏特点的发展路子、将跨越式发展纳入科学发展轨道、推动西藏的经济体制改革、加大对口援藏的力度。

杜江的《中国共产党西藏干部政策历史回顾》(《西藏大学学报》社科版第2期)将中国共产党在西藏的干部政策纳入西藏工作的整体框架进行考察。文章从干部比例政策、干部进出藏政策、培养使用政策、引进与留人政策、基层组织与政权建设政策、统战干部政策等方面论述了西藏干部政策的广泛内涵和历史演进。文章据此得出结论认为，中国共产党西藏干部政策不断走向制度化、规范化、科学化和精细化，中国共产党西藏干部政策体系逐渐形成和完善，科学发展和人本理念越来越广泛而深入地融入干部政策的方方面面。

车辚的《周恩来关于西藏工作的思想与实践》(《党的文献》第5期)对周恩来在新中国成立后，在西藏的和平解放、民主改革、社会发展、政权建设等方面作出的巨大贡献和实施的具体政策进行了回顾和分析，具体包括在和平解放西藏和实施民主改革过程中，确保国家对西藏主权的完整性和西藏社会的稳定性；在藏汉民族团结方面，提出藏族与汉族、藏族与其他少数民族以及藏族内部都要实现平等相待的民族政策；在施政策略上，体现出中央政府的极大包容，包括宗教上宽容、文化上扶持、经济上倾斜、技术上援助等；在政权结构上，坚持民族区域自治的基本政治制度，主张通过大量培养使用藏族等少数民族干部和做好藏区民族、宗教上层人士的统战工作来保证藏民族在政治、经济、文化等方面行使自治权利。

张保均的《新形势下中央关于新疆和西藏民族地区治理方略之比较》(《“当代世界社会主义的理论与实践——民族、民生、民主”中国科学社会主义学会当代世界社会主义专业委员会2012年会及学术研讨会论文集》)对中央治理新疆和西藏的政策进行了比较，论述了两者之间的一致性和差异性。根据对一致性和差异性的比较，文章认为从宏观层面上来说，新形势下中央关于新疆和西藏民族地区治理方略的一致性大于差异性，值得研究的共性或普遍性问题较多。改革开放以来，中央通过西藏工作座谈会等形式，对西藏的关心和援助要早于新疆，因而所总结的治理西藏的经验较多，这对于新形势下中央关于新疆民族地区治理方略的发展和完善，具有借鉴意义。

赵睿的《西藏和平解放初期陈云对西藏经济工作的贡献》（《文史博览》理论第 2 期）对陈云在西藏和平解放初期参与并主持西藏经济建设的历程、措施和意义进行了论述。和平解放初期，陈云主要从六个方面入手，发展西藏社会经济，包括增调物资、平抑市场、稳定物价；稳定旧藏币、回笼银元、收兑藏钞；发展西藏对外贸易、打破帝国主义封锁禁运；节约财政开支、重点关注外汇问题；建立国营贸易机构、允许合法自由经营、恢复发展商业；坚持农场军垦、重视基础设施建设。文章还论述了陈云对发展西藏经济的政策对当前也有着很强的指导意义，包括应加大中央对西藏的扶持和开发力度，实现民族发展和民族繁荣；注重经济发展的同时，防止外来干涉势力和“藏独”势力的破坏和颠覆；践行科学发展观，注重民生建设，构建和谐西藏。

徐百永的《国民政府对西藏教育政策的实践与思考》（《中国藏学》第 2 期）论述了国民政府为发展西藏的近代教育制定和实施的很多政策，包括协调专门机构、拨发教育经费、编印教材、发展教育事业等。这些政策的一个核心考虑是推动统一民族国家的构建。这些政策初衷在于通过发展教育的方式，提高蒙藏人民的知识水平，乃至促使其形成统一的国族文化。这些政策对于挽救在藏汉人的民族意识、推动汉藏文化交流、抵制英国的文化渗透等发挥了较为积极的作用。但由于当时西藏地方与中央政府关系的隔阂局面，国民政府制定的这些法令绝大部分都成为一纸空文。文章还认为，国民政府治藏教育政策的终极目的在于通过教育统一蒙藏人员的语言和意志，进而谋求建立稳固的中华民族的民族国家，因此边疆教育政策中渗透着浓厚的同化色彩，自然难以达到预期效果。

（三）反分裂与社会稳定研究

反分裂与社会稳定问题研究一直以来都是涉藏政治研究的重点领域。与以往主要以批判性文章为主不同，近年来从历史和理论层面进行探讨，特别是对于制造分裂和社会不稳定因素的根源性思考，对于从全局和长远的角度分析反分裂和促进社会稳定问题的研究越来越多。

朱晓明的《关于“西藏自古是中国一部分”研究的历史与现状》（《红旗文摘》第4期）对三种描述西藏与内地和中央政权的说法进行了分析，即“西藏是中国一部分”“元朝时期西藏成为中国一部分”“西藏自古是中国一部分”。文章提出，在西藏历史地位问题上，我们可以用两句话来表述：一是西藏自古以来是中国的一部分；二是中央政府自元朝开始对西藏正式行使行政管辖。这样的表述是我们维护祖国统一、反对分裂的立论基础、逻辑起点，对于夯实维护稳定的思想政治基础，具有十分重要和深远的意义。从学术研究的角度看，它将有效地指导和把握有关学术活动的正确方向。

黄林的《依法加强反分裂斗争，推进西藏的长治久安》（《学理论》第18期）对通过立法的手段加强和规范反分裂斗争进行了论述。文章分析了西藏反分裂地方立法的依据，包括宪法性法律依据、立法程序法依据、刑事立法依据、《西藏自治区立法条例》等。文章还论述了西藏反分裂地方立法应设置的基本内容，包括反分裂工作的原则和任务、突出对“藏独”分裂势力的依法严厉打击、反分裂工作的保障措施。文章进一步指出，为保障这些法律执行，应提高西藏自治区各族人民的法律素养，特别是普及宪法学习宣传活动、深入学习宣传社会主义法律体系和国家基本法律、深入开展社会主义法制理念教育、大力加强法制文化建设。

（四）涉藏外事研究

2012年涉藏外事研究在具体研究问题方面出现了极大的多元化态势，不仅包括一直以来学界关注的中外涉藏交涉、国外涉藏政策机制、国际涉藏舆论传播和西方人的西藏观等问题，还包括中国人对“西藏问题”国际化的认知、“西藏问题”作为中国外交干扰因素等过去探讨相对较少的问题。

戴超武的《中国和印度关于西藏币制改革的交涉及影响（1959—1962）》（《中共党史研究》第5期）从中印关系的整体背景出发，对西藏币制及藏币改革这一具体经济管理问题及其对中印关系的影响进行了分析。文章指出，中国政府在解放军进藏前后，考虑到西藏特殊的政治经济状况，决定在藏区继续流通藏钞、藏币、银元和印度卢比。在1959年西藏平叛和民主改革之前，中印两国在藏印贸易以及货币流通上的矛盾，尚未影响到中印关系和藏印经济关系的主要方面。作为平叛后中央在西藏实行民主改革的一项重要工作是在藏区进行币制改革，收兑藏钞、藏币，禁止外币主要是印度卢比的流通，禁止金银出境。这一举措对藏印贸易产生了直接的影响，成为西藏平叛后中印外交斗争的一个主要内容。中印两国就有关习惯贸易问题、兑换时间和兑换率以及银元外流等问题进行的交涉，对中印关系的发展产生了重大影响。通过币制改革，藏印贸易的传统模式基本宣告结束。更为重要的是，中国通过币制改革，以及迫使印度撤销其驻藏商务代表处，达到了清除印度在西藏的政治和经济影响的目的。

张旗的《美国外交决策的政治与西藏政策——分析框架与案例研究》（《世界经济与政治论坛》第1期）对美国的西藏政策决策框架和过程进行了分析。文章将众多影响美国西藏政策决策的因素概括为总统及行政部门、国会、社会文化因素三个直接变量。根据这三个直接变量，文章尝试建立一个较为完整的涉藏政策决策与互动框架，其中决策与互动的动力来源于总统、行政部门的政治现实主义与国会的道德理想主义之间的理念与立场冲突，具体则是总统与行政部门总体上倾向于从战略角度、中美关系大局、经贸利益等现实主义问题出发制定西藏政策，而国会则更多从人权、宗教、民族等视角出发设置涉藏议程。此外，党派政治也成了总统与国会在西藏政策决策问题上分歧的重要动力。总统与国会依据不同的立场在美国政治制度体系内进行沟通、协调、斗争、妥协等互动行为，构成涉藏政策的决策框架，而社会文化因素则构成了宏观的政治文化环境。文章最后以对华贸易最惠国待遇与西藏问题挂钩为例，对这一政策框架进行了解释和验证。

程早霞、李晔的《1950年美国媒体对马克南入藏事件的报道剖析》（《当代中国史研究》第2期）对发生于20世纪40年代末的美国中情局特工马克南入藏事件及美国媒体对这一事件的报道进行了历史的还原和背后动因分析。1949年新中国成立前夕，以美国国务院驻中国迪化领事馆副领事身份为掩护的中情局间谍马克南在中国新疆从事秘密谍报活动，并于新中国成立前夕率一行五人队伍自中国新疆秘密入藏。但《纽约时报》等美国媒体却矢口否认马克南的间谍身份，并指责“中国的宣传机器在制造美国特务案例”。文章认为，美国媒体对马克南入藏事件的报道是历史真实与谎言的混合体，其报道内容的缺失，直接影响了美国民众对事实真相的全面了解和客观判断，对今日美国人“西藏观”的形成产生了消极的影响。

周德仓的《安娜·路易斯·斯特朗1959年西藏采访报道的对外传播意义解读》（《西藏大学学报》社科版第1期）以安娜·路易斯·斯特朗在1959年西藏平叛后入藏采访这一事件和《百万农奴站起来》这一经典著作的写作为

中心，研究了深化涉藏对外传播的一些规律。文章认为，《百万农奴站起来》之所以能成为经典，与其开阔深厚的历史眼光、政治记者的坦率和勇气、对人物作为新闻主角的良好把握、卓越的新闻传播职业素养有着密不可分的关系。文章进一步指出，《百万农奴站起来》不仅是一本新闻传播的经典，更是西藏对外传播的教科书，对西藏对外传播具有多方面的启迪意义，包括准确的历史感是西藏对外传播的关键、现代传播观念和策略是西藏对外传播效果的基本保障、人物传播的方式对西藏对外传播具有特殊价值、从“宏观习惯”走向“细节真实”、提升传播者名望和传播自信等。

后东升的《美国当代社会西藏观探析及应对策略》（《佳木斯大学社会科学学报》第6期）对美国社会的西藏观进行了剖析。文章认为美国社会普通民众对西藏的观念较为偏执，突出表现在对“西藏”范畴的理解错误、对西藏民族意识倾向的误读、对西藏经济发展策略的误读、对藏传佛教的盲目崇拜以及错误理解、对我国在西藏实行惠民政策的错误理解。文章认为，产生这种西藏观的原因在于美国民众对西藏历史的陌生、“静态”西藏观与变化的西藏之间的矛盾、中美两大民族历史境遇和心态的不同以及文化差异、中美民众对于“宗教信仰自由”内涵的理解有所不同、藏传佛教对美国民众的影响。文章进一步提出应采取一些措施，矫正美国社会偏执的西藏观，包括加强与美国民众的文化交流、借助境外媒体加强对西藏问题的宣传力度、改变宣传方式、加快西藏地区的经济建设等。

符银香的《清末民初〈东方杂志〉中英西藏交涉重点报道初探》（《西藏民族学院学报》哲社版第2期）以清末民初《东方杂志》关于中英西藏交涉的新闻报道为研究对象，运用质性研究中的历史分析以及文献分析的方法，分析近代报刊对于时局和公共话语空间的影响，并还原中英西藏交涉问题的历史真相。文章认为，在内外交困、危机重重的清末民初，《东方杂志》适时发挥了传播信息、监察时局、开启民智和引导舆论的重要作用。它对中英西藏交涉问题及藏事发展态势的关注亦多于其他同期同类刊物。通过梳理《东方杂志》中英西藏交涉重点报道，更加全面地勾画出当时发生的一些历史大事，将其置于百年中英西藏交涉史中重点考察和分析，使我们能够对清末民初的重大政治事件得到一个更清晰的认识，并且透过这些报道力求看到对于涉藏问题从历史叙述和新闻报道这两个不同维度进行研究的联系和区别，察知近代报刊舆论对时局的影响和国人对政府及英帝国主义侵略西藏的政治态度，进一步阐明西藏自古以来是中国不可分割的一部分。

关培凤的《清末民初西藏“独立”活动在中印边界东段争端形成中的影响》(《武汉大学学报》人文科学版第5期)从历史的角度分析“藏独”活动对促进中印边界争端僵局形成所造成的影响。文章认为，清末及民国时期西藏上层亲英分子进行的“独立”活动是英国的殖民侵略、清政府简单粗暴的治藏方式和中国政局长期动荡共同作用的结果。西藏“独立”活动不仅直接导致了“麦克马洪线”的出台，也导致西藏在对英国乃至后来新独立的印度的领土交涉中失败，更对中国中央政府与英国和印度的交涉造成了显见的束缚和羁绊，使中央政府的交涉无法取得积极效果，中印边界东段争端最终成为中国与印度之间的重大历史遗留问题。这段历史给我们提供了重要的启示，即要妥善处理民族关系，必须始终坚持正确的民族和宗教政策；保持国内政局稳定、政治清明是压倒一切的大事；辛亥革命后至新中国成立前的西藏“独立”活动，从来都是少数亲英的西藏上层分子所为，并不能代表广大西藏人民的利益和愿望。

二、法律研究

2012年涉藏法律问题研究仍然主要集中在传统法制、现代法制建设和民间习惯法三大领域，其中尤以民间习惯法研究分量最重。相对于其他藏学领域，涉藏法律研究仍是较弱的环节，突出表现在许多涉藏法律研究仅仅是政治研究、文化研究的延伸。但近年来围绕藏族习惯法的研究无论视角还是方法都越来越多样化，整体上提升了涉藏法律研究的水平。

(一) 传统法制研究

传统法制研究在藏学法律研究中属于相对比较薄弱的环节，主要是对历史上存在于藏区的一些基本法律体系和法律文化进行探讨，其中研究西藏和其他藏区自身特性对官方法律制度安排进行影响和塑造的成果越来越占据重要地位。

马青连、方慧的《清代西藏地区的法律适用特点考察》(《思想战线》第3期)集中对清代西藏在各类法律事件中适用法律的不同和特点进行了考察。文章首先对国家法和藏区固有法的不同适用情况进行了论述，并提出在清代西藏地区发生的刑事案件的管辖权基本上是收归国家的，在法律的适用上也是极力推进国家法的运用；而清代西藏地区民事案件、轻微刑事案件和涉及宗教案件的法律适用主要是固有法，表现出极大的灵活性。关于西藏法律事件的终审权问题，文章认为发生在西藏地区的重大政治性案件的终审权肯定是收归中央的，重大的宗教案件往往是由理藩院亲自审理报皇帝裁决，这也表明终审权已经收归中央；就西藏地区发生的所有民事案件及一般的藏民之间的刑事案件的终审权是没有收归中央的。基于对不同法律适用问题的研究，文章提出，清代西藏地区的法律适用上表现出多元化特点，清政府在案件的审理中较好地处理了国家法与固有法的冲突。

牛绿花的《试论藏族盟誓的特点》（《西南边疆民族研究》第10辑）对藏族民间历史上的盟誓的特性、功能以及与官方法之间的关系进行了论述。文章认为，藏族盟誓具有很强的宗教适应性和依附性，表现在盟誓依附于宗教而产生、发展和变迁，盟誓订立契约的神圣性、裁断纠纷的公正性等依赖于神灵信仰。重大盟誓活动和起誓神判需由高僧大德参与主持，在寺庙等宗教场所中进行并需要一定的宗教仪式。从功能的角度看，藏族盟誓体现了社会控制手段的多元一体性。藏族盟誓发挥作用的前提是宗教信仰，是对神灵的笃信，但它也以盟约设定了当事人的权利、义务和违约责任的承担，因而具有法的属性，体现出了社会控制手段的宗教、道德、习惯法、法律的多元一体性。文章还提出，尽管产生并活跃于民间，藏族盟誓与官方法具有密不可分的联系，突出表现在盟誓对官方法的渗透和补充。

（二）现代法制建设研究

西藏和四省藏区现代法制建设研究主要集中在以下三个领域：第一是藏族传统文化与现代法律体系相适应的问题；第二是一些具体领域的法制化进程推进问题；第三是普法宣传教育成果调研问题。

王玉青的《西藏非物质文化遗产传承的法制化研究——基于高等教育传承的视角》（《河北民族师范学院学报》第3期）对西藏通过立法和法制化手段对非物质文化遗产进行保护的现状和存在的问题进行了研究。文章指出，目前西藏非物质文化遗产的高等教育传承存在着一些突出的问题，包括西藏“非遗”进大学课堂，主要限于与非物质文化遗产项目联系较紧密的专业；缺乏学校统一的组织领导；不仅缺乏非物质文化遗产教材，而且教师缺乏西藏“非遗”知识，缺乏对西藏“非遗”的认知；缺失的西藏“非遗”高等教育传承法是影响西藏“非遗”高等教育传承的障碍。为此，应尽快出台《西藏自治区非物质文化遗产保护条例》《西藏自治区非物质文化遗产高等教育传承条例》和区级以上各种具体“非遗”项目的高等教育传承条例，加快“非遗”传承的法制化进程。

潘建生的《西藏社会管理法治化路径探讨》（《西藏发展论坛》第5期）对推进西藏社会管理的法制水平、构建西藏维护稳定法制基础的现状、问题、路径进行了研究。文章对推动西藏社会管理法治化存在的问题进行了剖析，指出改革开放和社会转型期西藏社会流动人员日益增多，亟待加强相关民族立法和法治化管理；深化改革进程中因利益关系引发的社会矛盾日益增多，成为西藏社会管理创新法治化面临的难题；新世纪新阶段西藏社会管理立法滞后，管理方式陈旧单一，法治化水平低；作为西藏社会管理法治化重要方面的西藏宗教事务依法管理也面临诸多问题。为进一步推进社会管理法治化水平，应加强西藏社会管理创新的立法建设；依法深入开展西藏社会矛盾纠纷排查调处工作，构建法治化科学化的利益协调机制、矛盾调处机制、权益保障机制；着力提高依法管理西藏宗教事务的能力和水平，不断促进西藏宗教关系和谐及与社会的和谐。

张谦元、梁海燕的《甘南藏族地区公民法律意识问卷调查报告》（《西部法学评论》第4期）从公民对法律的学习情况及对一些法律问题的认识为切入点，通过问卷调查的方式，对甘南藏区的公民法律意识进行了研究。调查显示，甘南藏区已进行了较好的法律普及活动，公民对一些重要法律的了解程度较高。多数调查对象对宪法及相关法律知识、公民权利义务的知晓度较高，并具有较强的参政意愿，法制意识和维权意识已有相当基础。通过调查，文章得出如下结论：大多数调查对象对法律的地位和作用具有较高认同度和理解、调查对象中的大多数都具有良好的守法意识和维权意识、调查对象对国家法律具有较高的相信程度。调查还反映出现阶段存在的一些问题，如法律的普及还有待深入、公民法律实践的制度性平台需要进一步打造、行政机关与司法机关存在的一些问题也影响着公民法律意识的培养和提高、藏族习惯法在藏区还存在较大的影响和作用。为此，文章在最后指出，应创新普法形式，细化深化普法；着力推进法治政府建设；改革司法体制机制，通过优良的司法平台促进公民法律意识的提升；大力发展民族地区的教育文化事业，为公民法律意识的提高搭建基础性平台；大力发展民族地区经济，为公民法律意识的培育创造现代化的经济条件；重视吸收藏族习惯法中的有益成分。

（三）民间习惯法研究

藏族民间习惯法研究一直以来都是藏学法律研究的重头。这类研究主要包括两方面，一是对藏族习惯法渊源的研究，特别是从自然、历史和文化的角度对习惯法的产生根源进行研究；二是对藏族习惯法与现代司法体系的配适问题进行研究，其中对藏族习惯法是否有助于现代法律体系在藏区贯彻的争论正在增多。除此以外，对于藏族习惯法从法理学角度进行研究的成果也在不断增加。

李春斌的《法律地理：藏族婚姻习惯法的空间向度》（《原生态民族文化学刊》第2期）从地理的角度对藏族婚姻习惯法进行了剖析。根据对西藏农村进行的田野调查并结合法律地理的相关理论，论述了藏区地理状况对当地法律制度，特别是婚姻习惯法产生的影响。文章认为，在传统乡土社会中藏族同胞的婚姻习惯法代代传承，在某种程度上说，正是适应当地地理环境的产物，是一种重要的生存智慧和生存策略。也正因为如此，此种婚姻形式只要不违背藏族传统的伦理道德，就会受到舆论的赞扬。文章最后得出结论，藏族婚姻习惯法是适应青藏高原特殊地理环境的产物，它不属于任何婚姻进化形态，单线婚姻进化论无法解释藏族婚姻习惯法。应当尊重文化多样性，在对话和相互沟通的基础上促进婚姻文明的互补。

王丹屏的《构建西藏化解刑事纠纷的第一道防线——刑事和解制度的变通》（《西藏民族学院学报》哲社版第6期）对新形势下西藏传统习惯法与现代刑事法律之间的协调问题进行了探讨。文章指出，在经济转轨、社会转型背景下，西藏地区刑事纠纷呈现出一些新动态、新规律，表现为多以争夺生产资料、生活资源为主，突发性强，多发生在部落之间，本部落邻居和亲友成员之间，民刑事纠纷混杂，刑事纠纷显性化，等等。西藏传统的“赔命价”以及由此引申的“赔身价”“赔奸价”“赔盗价”等习惯法对于解决民间调解和经济赔偿问题发挥着重要的作用，但却与现代司法体系存在巨大矛盾。为此，文章强调应将国家法中的刑事和解制度引入西藏刑事司法中，规范和引导藏族习惯法中“民间调解、经济赔偿解决刑事纠纷”的做法，建立多元化矛盾纠纷化解机制，对及时化解社会矛盾、促进社会和解、减少社会对抗、促进西藏长治久安具有重要作用。

索南才让的《试谈藏族习惯法的概念及性质》（《西南民族大学学报》人文社科版第12期）对藏族传统习惯法的内涵、渊源和属性进行了广泛描述。

文章认为，藏族传统习惯法是藏区历代地方政权以及各部落加以确认或制定，并通过地方政权或部落组织赋予其强制力，保证在本地区或本部落实施并靠宗教组织、部落组织或盟誓约定方式调解内外关系的具有法律效力的社会规范。藏族传统习惯法中既有宗教信仰、政治经济、文化教育、伦理道德、乡规民约、风俗习惯等诸多成分，又有吐蕃和西藏地方政府时期所颁行的法律政令及其遗留。同时，藏族社会深受藏传佛教的基本行为规范和法度等影响，以致藏族传统习惯法的核心机制和原则直接来源于藏传佛教，因此，藏族传统习惯法的性质不仅是宗教，还是一种生活方式、社会制度和一种独特的文化传统。

曾丽容的《近三十年来国内藏族习惯法研究综述》(《西藏民族学院学报》哲社版第5期) 对20世纪80年代以来兴起的对藏族习惯法的研究成果和观点进行了大致的梳理和总结。文章回顾了30年来对藏族习惯法研究的历程，归纳了大致的研究问题，包括藏族习惯法与国家制定法之间的关系、刑法与“赔命价”“赔血价”的问题、藏族习惯法的回潮与转型问题，并对藏族习惯法研究的整体情况和存在的问题进行了评价，具体包括缺乏基础性研究、存在研究方法的欠缺、研究力度分配不均、藏族习惯法与其他民族习惯法的比较研究不足。文章最后指出，当前一些学者中存在过分看重习惯法的倾向，事实上“赔命价”等习惯法无论对加害者还是受害者都没有益处，而且在实践中排除政府的参与，导致宗教、宗族传统势力的抬头。因此对藏族习惯法的研究不能过于强调区域性、独特性而不顾现代社会发展的方向和趋势，而应看得更宽更远。

藏文部分

纵观本年度国内藏学界相继出版和发表的数十篇关于政治法律学科的藏文出版物，内容上基本涵盖了政治法律学科研究的方方面面。既有对中国共产党西藏工作理论与实践的归纳总结，也有关于西藏和四省藏区民主政治发展的研究，还有些成果对藏族传统习惯法和新形势下民主法制建设等问题进行了广泛研究。

一、关于西藏与四省藏区政治问题研究

西藏和四省藏区自解放以来，全面进入社会主义民主政治发展的道路。从历史和现实角度看，民族区域自治制度作为我国基本政治制度之一，成为推动我国民族地区政治发展问题的制度保证。在民族区域自治制度的制度框架下，西藏和四省藏区逐步建立起具有民族和区域特色的民主政治制度，为社会稳定和政治发展提供了制度保障，社会主义民主政治制度形成并有了长期发展，实现了以藏族人民为主的各族人民当家作主和广泛参与国家事务的政治权利。一直以来，藏学界十分关注这一领域的学术理论探讨，2012 年藏学界藏文成果中也不乏这方面的研究，其中包括有关传统藏族政治文化形态和历代中央政府治藏政策的研究，也有当代党和国家政策文件和重要领导同志的讲话，还包括专家学者有关理论成果。

（一）藏族传统政治文化和历代中央政府治藏政策研究

有关藏族传统政治文化的研究呈现逐年增长趋势，有的成果从史学理论对藏族历史上出现过的制度文化进行了考证，有的则通过对比的方式，对历代中央政府对西藏与四省藏区的治理情况做了描述。其中，对吐蕃时期和元朝、清朝中央政府的相关治藏政策的研究在理论架构和事实论证各个方面已经达到了较高的研究水准。2012 年藏文类成果中具有代表性的有道帷才让加的《原西藏地方政府时期地方执政北道总管及其全总档案研究》（《中国藏学》第 3 期）。文章依据西藏自治区档案馆馆藏历史文献，从清朝西藏地方政府的职官体系，简要分析了北道总管这一官职的发展历程和执政北道制度以及各北道的历史文献内容。以文献对比的方法分别对历史政治事件和具体制度形态进行了阐述，对今后此类研究具有较高的借鉴意义。

（二）党和国家重要政策文件和领导同志讲话翻译

党和国家重要政策文件和领导讲话内容的藏文翻译属于中国藏学藏文成果的重要内容。这些成果不仅可以为藏族民众学习中央有关精神和了解党情国事提供有效辅助作用，还能将藏学界凝聚到党和国家的大政方针上来，有利于开展具有针对性和前瞻性学术研究。重要政策文件的翻译有：中国民族语文翻译局翻译、民族出版社出版的《政府工作报告》（第十一届全国人民代表大会）、

《中国共产党章程》《十八大报告辅导读本》《中共党史少数民族人物传》（一至四卷）等。主要领导同志的讲话有：习近平同志在中央党校春季学期第二批学员开学典礼上的讲话《坚持实事求是的思想路线》（《攀登》第3期）、胡锦涛同志在党的十八大上的讲话《坚定不移沿着中国特色社会主义道路前进》（民族出版社）。

（三）当代西藏与四省藏区政治发展研究

2012年藏文类成果继续从中国共产党西藏工作的实践历程和西藏与四省藏区民主政治发展的不同视角探讨了西藏与四省藏区的政治发展问题。对党和国家治藏政策的实践历程进行了梳理，归纳了治藏政策的各种经验，从而提升了有关中国共产党西藏政策研究的理论深度和学术视野。

牛治富的《论中国共产党领导下西藏的四大跨越》（《中国藏学》第1期）对60年来西藏的社会政治发生的四大跨越进行了高度概括。文章指出，在中国共产党的领导下，西藏实现了四大跨越：即社会形态的跨越，由封建农奴制社会跨越到新民主主义社会，进而跨越到社会主义社会；由农奴主专制走向人民民主专政，由典型的神权政治走向民主法治，实现了国家政治形态的统一；由自然经济向商品经济、市场经济，个体经济向集体经济，农业经济向现代工业经济的跨越，实现了经济形态的连续跨越；由以藏传佛教为核心的神学意识形态到以马克思主义为核心和指导的人类先进文化意识形态的跨越，实现了意识形态指导思想的跨越。

贺新元的《以毛泽东为核心的第一代领导集体对中央"援藏机制"的理论贡献与积极探索》（《西藏研究》第4期）提到：追溯西藏和平解放以来的历史，其发展从来没有离开过中央关心和全国支援。为了使西藏各族人民同全国人民一起走上共同富裕的现代化道路，经和平解放、民主改革，特别是到改革开放之后中央先后召开了五次西藏工作座谈会，中央从西藏实际出发，在持续不断的支援西藏工作中，不断调整和完善对西藏的政策，制定和实行了一系列推动西藏现代化发展和促进西藏人民幸福的重大措施。在探索、调整与完善的发展演进中，援藏政策与援藏工作不断走向规范化、科学化、机制化与制度化，最后形成了在民族区域自治制度下如何促进西藏发展与稳定的一套"援藏机制"。

文宏的《中国共产党执政合法性建设的总体回顾与基本经验》（《攀登》第3期）指出：中国共产党成立以来，非常重视执政合法性资源建设。党对自身执政合法性的建设，经历了曲折的发展过程，积累了丰富经验，主要表现为：善于将主流意识形态与时代背景相结合，确保意识形态领域的先进性；把人民群众的根本利益作为出发点，通过提升执政绩效赢得民众拥护；不断扩充党的阶级基础和群众基础，确保拥有广泛的组织力量支撑；强化党的自身制度建设，不断摸索和开发体制内合法资源。

豆改本的《高举旗帜、与时俱进，推动青海藏区跨越式发展》（《攀登》第4期）对十八大报告内容作了相关解读，在本年度藏文类成果中较具典型性。文章指出：党的十八大报告中明确指出了今后中国走什么方向、举什么旗帜、走什么道路、实现什么目标，并且把“科学发展观”作为党的指导思想写入党章。因此，更要把握时机，与时俱进，推动青海藏区各项事业的跨越式发展。另有马继军的《论宗教信仰的宪法准则》（《攀登》第4期）根据我国《宪法》中对宗教信仰的规定，精练地概括和表明了国家在宗教信仰上的准则，并且从宗教信仰自有原则、政教分离原则、独立自主自办的原则、依法管理宗教事务原则上阐述了《宪法》中有关宗教信仰的原则问题。

二、关于西藏与四省藏区民主法治建设研究

关于西藏和四省藏区民主法治建设研究在藏文类成果中已有长期形成的研究习惯和特点，主要可以归纳为两个方面，即有关藏族传统法律文化的研究和中华人民共和国各类法律文件的藏文翻译。体现了对法律文本的研究同现实生活需要相结合的研究现状。

本年度有些成果探讨了吐蕃时期法律文化形态和藏族习惯法的起源等方面的内容。主要有索南才让的《吐蕃政治与法律体系的主要特征研究》（《西藏大学学报》第2期）根据吐蕃时期的碑文和敦煌古文献，阐述了吐蕃时期统治者重视将藏传佛教教义融入各类政治和法律形态当中，并加以规定和执行，依此给民众以若干特殊权利，这在一定程度上成为巩固和维护赞普统治的主要原因。尼玛次仁的《试探吐蕃时期法律渊源》（《西藏研究》第3期）一文从吐蕃时期法律的概念和社会形态方面，论证了吐蕃时期法律主要源自古代藏族社会中的民间信仰和誓言，以及赞普的指令等文化形态。俄毛娇的《试论松赞干布时期制定的道德规范法》（《中国藏学》第3期）在简要回顾松赞干布以前藏族社会中奉行的道德规范的基础上，分析了松赞干布是如何将《十善法》和《十六善法》定为道德规范的标准，及其对藏族原有道德规范产生影响的

内容和性质等方面。拉华才让和关却三智的《试论藏族习惯法起源》指出：藏族习惯法是藏族法律文化的重要组成部分，也是藏族民众在长期生活经验中积累和总结的文化结晶。有关藏族习惯法的研究对法律和历史研究具有重要参考价值。文章用史料和观点论证了藏族习惯法起源于古代社会末期阶级形态初步萌芽时期。以上文章根据较为翔实的文献追根溯源，对今后研究藏族早期历史文化和传统法律形态具有较强的理论意义。

本年度同时出版了大量关于法律文件的藏文版。这些文件大多由国家民族语文翻译局翻译、民族出版社出版发行。主要有《中华人民共和国法律汇编》《中华人民共和国刑事诉讼法》《中华人民共和国刑事诉讼法解释》《中华人民共和国未成年人保护法》等等。

三、简评

根据 2012 年中国藏学政治法律藏文类成果的总体情况，可以说在选题视角和理论方法等方面确有新意和突破，特别是有关中国共产党西藏政策实践与藏族传统法律文化形态的研究，在一定程度上对以往的研究做了很好的总结和归纳，在一些具体问题上做了一些补充，这在理论研究上是值得肯定的。同时，也存在需要改进的若干问题。其一，描述性研究过多，缺少实证定量性研究。比如，在研究西藏与四省藏区民主政治发展的成果中，大多数只是从宏观层面进行理论描述，而对解放以来取得的微观事实方面的实证性研究很少。其二，选题过于集中，扎堆现象明显。绝大多数集中于传统政治文化的研究，而没有对当前西藏与四省藏区民主法治建设中的具体问题进行研究的成果。其三，较多于理论探讨，有待以现实社会为研究导向。

经济社会

2012年是深入贯彻落实党中央、国务院第五次西藏工作座谈会重要精神，扎实建设推进“十二五”规划的关键之年。面对新的发展形势，中国藏学经济社会领域的研究在敏感捕捉新的学术热点、积极探寻新的研究视野、准确运用新的理论方法之基础上，通过继续深化理论联系实际的基本研究方向，涌现出了许多思路新颖、理论扎实、服务实际的研究成果。应该说，2012年也是中国藏学经济社会领域研究成果进一步取得丰收的一年。本年度有近200篇（部）以汉文发表、出版的论文和专著，下面将从“经济研究”与“社会研究”两个方面分别对上述研究成果进行简要概述。

一、经济研究

作为中国藏学研究的重点领域之一，2012年经济研究成果超过130篇（部），研究内容涉及农牧业、生产要素和企业发展、金融与财政、公共产品和交通、城乡居民生活现状、经济发展回顾、经济转型与跨越式发展、旅游业、特色产业以及边境贸易等问题。

（一）农牧业研究

农牧业作为西藏国民经济的重要支柱型产业，是学者们长期以来坚持关注的传统研究领域。2012年农牧业研究主要集中在环境保护与农牧业发展、农牧业发展现状及趋势研究以及地区农牧业发展与管理等方面。

沈开艳、徐美芳的《气候变化条件下的西藏特色农业跨越式发展研究》

（《西藏大学学报》社科版第 2 期）一文，认为应对气候变化是促进西藏特色农业发展的重要措施之一，为进一步提升西藏特色农业适应气候变化能力，应提高农户非农业收入水平，完善对口支援模式并积极探索巨灾保险机制。

李文才等人的《农牧户家庭种植业生产经营行为影响因素分析——以西藏典型县（市）为例》（《安徽农业科学》第 11 期）一文，通过对西藏 3 县（市）204 个数据样本分析，认为“外出打工人员数量”“家庭劳动力数量”等家庭禀赋因素对于家庭总播种面积具有正向影响，理论上预测的内部因素禀赋效应成立；“粮食均价”与“是否出售”这两个因素的乘积具有显著的影响作用，证实外部因素中价格的替代效应大于收入效应。

白玲等人的《西藏那曲地区草地畜牧业现状调查及其发展趋势分析》（《西藏大学学报》自然科学版第 2 期）一文，认为西藏那曲地区仍然是“自给自足”型的初级草地畜牧业生产水平，建议扩大母畜的饲养比例，通过新技术提高母畜的繁殖率和产奶量，以提高当地牧民生产和生活水平，达到增产增收的目的。

何龙娟、詹慧龙的《城乡协调发展下青藏地区农业农村发展研究》（《安徽农业科学》第 21 期）一文，从产业结构、劳动力结构、农业生产效率的角度研究了农业农村发展在城乡协调发展进程中所呈现出的新态势，认为青藏地区农业农村发展要建立区域非均衡模式，重视生态保护，加强农村基础设施建设，推进工业化、城镇化、农业产业化三步同化。

龚大鑫等人的《牧户对退耕还草工程的行为响应及其影响因素研究——以高寒牧区玛曲为例》（《中国沙漠》第 4 期）一文，通过最优尺度回归模型分析，认为牧户的受教育程度、家庭收入水平、牧户从政府保护草原的政策中的获益程度和草地退化认知程度对牧户参与退牧还草工程的响应程度有显著正向影响，而户主的年龄、家庭规模和草场面积有显著负向影响。因此，只有把牧户的经济发展与退牧还草工程紧密相连，才能保证退牧还草的持续性。

迟玉花和尼珍的《甘肃藏区半农半牧业经济研究》（《西北师范大学学报》社科版第 4 期）一文，认为半农半牧经济方式给当地人们带来了实际利益，但也具有明显的局限性，采取联合发展的形式是甘肃藏区半农半牧业经济可持续发展的出路。

刘斌的《阿坝州牧区草原畜牧业可持续发展对策研究》（《草业与畜牧》第 10 期）一文，认为加强对草原资源保护和合理利用，维护高寒草原生态平衡，实现资源的永续利用，加快草业建设步伐，努力提高草原综合承载能力，是实现牧区畜牧业可持续发展战略的重要前提和有力保障。

盛国滨的《青海牧区人草畜和谐发展与社会稳定研究——以海南藏族自治州为例》(《西北民族大学学报》哲社版第2期)一文，针对青海牧区草原生态退化，人、草、畜矛盾突出，牧民持续增收困难等问题，建议海南藏族自治州转变草原畜牧业发展方式，增加牧民收入，实现“生态、经济、社会、民族”四大系统协调可持续发展。

(二) 旅游业研究

旅游业是藏区重点支持和发展的产业，2012年相关研究重点探讨了旅游市场的发展如何与传统宗教文化、高原生态环境相互结合、和谐发展这一主题，同时也研究了如何加强旅游业规划、建设、管理以及区域化统筹发展等重要议题。

柳应华、宗刚的《西藏旅游业的富民强区贡献及其区域差异》(《中国藏学》第4期)一文，认为过去20年中，西藏旅游业发展起到了显著的强区功能，但是旅游业的富民功能却并没有明显地显现出来，并没有成为促进西藏农牧民人均纯收入和基本收入增长的显著推动因素，而且旅游业对西藏7个地市的富民强区功能也存在较大差异。文章结合目前西藏旅游业的现实，对未来应当做好的工作提出了看法和建议。

罗许伍、胡海燕的《面向旅游目的地建设的西藏游客满意度研究》(《西藏大学学报》社科版第2期)一文，在分析旅游目的地构成要素的基础上，提炼出旅游目的地建设的主要内容，构建了游客满意度的测评指标体系，运用模糊综合评价法对西藏游客满意度进行评价，得出游客满意度的等级序列，提出西藏在建设重要的世界旅游目的地过程中提升游客满意度的策略。

郑乐平的《西藏入境旅游现状研究》(《西南民族大学学报》社科版第10期)一文，从西藏旅游的现状分析出发，对西藏入境游的发展历史、特色资源、存在问题和制约因素进行了剖析，提出通过在西藏优质旅游资源可持续性开发和满足境外游客需求之间进行战略平衡，最终使西藏入境旅游成为个性鲜明、独具魅力的高品位国际旅游品牌。

刘小芳的《提高公共关系意识 促进西藏旅游业的发展》(《西藏民族学院学报》哲社版第2期)一文，分析了公共关系意识薄弱对西藏旅游业发展造成的不利影响，对如何提高公共关系意识、促进西藏旅游业发展提出了思考。

钟高峥等人的《西藏旅游产业发展与经济增长的相关性研究》(《经济地

理》第11期）一文，通过实证分析认为西藏旅游总收入、旅游外汇收入与地区生产总值之间均存在着长期协整关系；西藏旅游总收入与地区生产总值之间互为格兰杰原因，西藏地区生产总值不是旅游外汇收入的格兰杰原因。

耿香玲的《西藏旅游发展中的负外部效应及其内化研究》（《西藏大学学报》社科版第1期）一文，认为减少西藏旅游外部效应的对策包括政府运用税收、补贴、押金、保证金等经济手段实现旅游企业外部成本内部化；合理界定旅游资源产权，防止“公地悲剧”发生；建立民族生态博物馆，实行民族文化“前台、帷幕、后台”开发与保护模式；对旅游项目进行综合成本—收益分析，追求旅游综合效益最大化。

田祥利等人的《突发事件对西藏入境旅游影响评估与响应机制研究》（《资源开发与市场》第4期）一文，通过构建BP神经网络模型，利用西藏2005—2010年月入境旅游人次统计数据，评估2008年拉萨“3·14”突发事件对西藏入境旅游的影响，提出构建突发事件响应机制的建议。

王亚欣的《潜在需求市场细分的藏传佛教文化旅游体验研究》（《青海民族研究》第1期）一文，依据“市场细分”和“潜在需求”理论对藏区旅游消费者需求进行分析，提出藏传佛教寻宗探祖游、藏传佛教文化修学游、藏传佛教医疗保健游、藏传佛教艺术观赏游、藏传佛教节庆游等高端、专项旅游活动的设想。

陈娅玲、孟来果在《“唐蕃古道”文化线路之开发初探》（《西藏民族学院学报》哲社版第5期）一文，分析了“唐蕃古道”的价值特性，对其线路遗存及景观进行了梳理和分析，提出了保护与开发的对策建议，为未来世界文化线路遗产的申请作了初步探索。

阳宁东的《民族文化与旅游发展演进互动研究——以九寨沟旅游表演为例》（《西南民族大学学报》社科版第4期）一文，揭示出民族文化与旅游发展演进的互动关系，指出旅游发展演进为民族文化的复制、再造、建构、消解等现象提供了平台，文化的重新生成又反映了民族文化的价值化及其功能的转化，促进了当地旅游的发展和演进。

杨建翠的《民族地区旅游推动城镇化发展研究——九寨沟县旅游城镇形成机制分析》（《西南民族大学学报》人文社科版第4期）一文，认为旅游业的集聚、扩散效应和产业联动效应在九寨沟推进了城镇空间扩张和经济水平提升，为经济社会落后、但旅游资源丰富的广大西部民族地区，推行以旅游业为主导推动城镇化发展的新型城镇化路径提供可靠的依据和科学论证。

刘润等人的《藏区大尺度同质景观格局背景下风景道的建构研究——以甘南藏族自治州为例》(《开发研究》第1期)一文，认为风景道是促进藏区旅游发展的有效模式，从结构体系、沿线景观、沿线设施及管理与保障四个方面对甘南藏族自治州风景道的构建进行了系统研究。

(三) 生产要素与企业发展研究

生产要素通常包括劳动力、土地、资本和企业家才能四大类，2012年，此类研究中学者们较为关注人口发展、生产要素与经济发展、国企发展等方面。

王娜的《西藏人口现状与人口再生产转型分析》(《西藏发展论坛》第4期)一文认为，和平解放后特别是1965年自治区成立以来，西藏医疗卫生条件极大改善，人口规模迅速扩大，人口素质大幅度提高。西藏人口正在加速实现由“高出生、高死亡、低自然增长”的传统型模式向“高出生、低死亡、高自然增长”的现代型模式转变，是西藏历史上人口发展最快的重要阶段。

毕彦祯等人的《西藏人口发展对经济增长的影响研究》(《旅游纵览》行业版第1期)一文，针对目前西藏人口经济发展中存在的问题，提出应采取加快西藏地区经济建设的步伐、提高人口素质、大力发展民族教育、加强对在职人员的培训等措施，协调发展西藏地区教育、人口和经济。

杨涛的《西藏藏族就业地位的调查研究——基于三个企业的调研》(《中国藏学》第4期)一文，采用2011年对拉萨市和林芝地区三个旅游相关企业就业情况的调查访谈，从企业中藏族就业数量和职务等级的视角，全面调查分析和探讨了西藏藏族的就业地位和就业状况。

罗科的《西藏民营经济发展问题及对策研究》(《安徽农业科学》第3期)一文，总结出制约西藏民营经济发展的五个主要因素，并提出改善生态环境，转变经济发展方式；落实法律法规和优惠政策，完善配套政策；加大金融支持力度，促进民营经济发展；提高民营经济从业人员素质，培养企业家队伍的对策建议。

周喜革的《近二十年西藏国有企业发展研究综述》(《西藏科技》第9期)一文，回顾了二十年来有关学者对西藏国有企业的经营管理、战略管理、人力资源管理、物流管理、创新与可持续发展等领域进行的积极探索，认为近十年的研究力度明显加强，成绩显著，但在研究方法和内容上还存在一些值得商榷的问题。

（四）区域经济研究

庄万禄、张毅的《西藏那曲地区“十二五”能源发展战略的调查与思考》（《西南民族大学学报》社科版第8期）一文，认为那曲地区“十二五”能源发展战略应以水电开发为重点、优化结构、增大总量，彻底消除经济发展的能源瓶颈，并提出水电开发必须遵循留有余地、保持生态流量原则，低坝多级、保护优质草场原则，让位文物、保护文化遗产原则等多项建议。

李国政的《一般与特殊：西藏现代工业发展的演化逻辑》（《长春理工大学学报》社科版第9期）一文，认为西藏现代工业发展兼具一般性与特殊性，前者表现在发展背景、发展规模、发展互动等方面，后者表现在历史起点、工业结构以及整体发展程度等方面。因此，必须基于西藏现代工业发展的两重性来认识西藏工业化道路。

扎西的《西藏门巴族经济发展状况及转变经济发展方式研究》（《西藏大学学报》社科版第3期）一文，梳理了门巴族聚居地的自然条件和从业状况，从农村融资面临的困难，资金总量不足，农牧业产业化、商品化程度不高等方面分析了门巴族经济发展面临的困难，提出改革金融体制、调整产业结构、加强教育投入等方面的具体措施。

蒋远胜、李彩凤的《中国十大藏族自治州经济社会发展分析和评价》（《西南民族大学学报》社科版第2期）一文，认为十大藏族自治州的经济发展略滞后于毗邻地区，但个别指标如城镇居民可支配收入平均高于毗邻地区；十州的经济社会发展水平差异很大；四川甘孜、阿坝仅次于青海海西，云南迪庆排第四位，青海六州经济社会发展水平差异很大，甘肃甘南排名靠后。文章还分析了发展差异的原因并针对各州发展提出了建议。

曹阳、马德君的《市场经济中的藏区经济社会发展：主流实践与理论诠释》（《青海民族研究》第2期）一文，对青海省海南藏族自治州农牧民专业合作社的研究发现，市场经济的发展对其产生影响的同时，农牧民家庭经营并没有被专业合作社所取代，反而更加巩固，农户小资产所有者身份也得到加强。文章认为相对于农牧民的经济机会、政治自由、社会条件、透明性保证以及防护性保障而言，市场经济中的藏区经济社会发展中的主流实践存在更全面的诠释可能。

翟岁显、孙爱存的《论海拔与经济的关系——兼论“海拔效应”对青藏高原地区经济开发的启示》（《青海民族研究》第2期）一文，通过样本回归分析，证明海拔与经济之间存在显著的线性负相关关系，文中称之为“海拔效应”；并从地理学、生物学和经济学等不同学科角度对“海拔效应”进行了解释。

沈茂英的《西南生态脆弱民族地区的发展环境约束与发展路径选择探析——以四川藏区为例》（《西藏研究》第4期）一文，认为四川藏区发展路径必须以重要生态功能区与生态脆弱区为基础，以国家特殊贫困区为背景，选择制度许可且符合区域特色的发展路径。

建红英的《多维视角下藏区城镇化进程的问题及对策研究——以四川阿坝州为个案分析》（《西南民族大学学报》社科版第10期）一文，从人口流动、空间转移、产业转型等多个层面对藏区城镇化进程中的历史、现象、本质、问题、对策进行了考察。

（五）财政与金融研究

陈爱东的《保障改善民生 促进社会经济稳定发展——西藏十七大以来的财政成就综述》（《西藏民族学院学报》哲社版第5期）一文，认为近年来西藏财政积极支持经济发展，完成了公共财政的巨大转变，基本满足了西藏人民对公共服务及公共产品的需求并逐步使其均等化，同时财政体制更加公平、公开、透明，有效保障了西藏的政权建设和社会的稳定发展。

次成、王锡刚的《金融促进民族特色产业发展的辩证思考——以西藏昌都为例》（《西南金融》第6期）一文，运用全面、发展和联系的观点，就如何拓宽融资渠道，更好地利用特殊优惠金融政策支持特色产业的发展进行了思考。

曲波的《民族地区融资主体建设研究——以青海省玉树藏族自治州为例》（《青海社会科学》第4期）一文，通过分析玉树州“十二五”融资主体建设环境，着眼制度创新手段的运用，从融资平台建设、中小企业融资担保体系建设和区域金融市场建设方面，提出加强融资主体建设的措施。

中国人民银行甘孜中心支行课题组刘建康的《贫困地区货币政策执行效果——以四川省甘孜藏族自治州为例》（《中国金融》第22期）一文，以甘孜州为例，分析了货币政策和产业政策在西部贫困地区发挥的协调效应，探索贫弱条件下西部地区提高政策执行效果的有效途径。

（六）产业发展与经济转型研究

毛阳海等人的《西藏经济结构转型研究》（东南大学出版社）一书，主要研究了西藏的产业结构、所有制结构、区域结构（含城乡结构）三大经济结构的变迁、现状、未来转型的目标和路径，也涉及经济结构转型的环境资源条件和政策保障问题。该书较有创新意义的观点包括：1. 在西藏坚持按比较优势原则确立发展战略更为可行和更为有利，需要发展集比较优势和竞争优势于一身的特色经济。2. 西藏产业结构演进的产值比重排序是由“一二三”演进到“三一二”，进而到“三二一”，属于逆向演变或迂回演变。3. 西藏目前的产业结构的形态特征是产业产值结构已经演进到较高层次的按“三二一”排列的扁平化“J”型结构，产业就业结构则仍属于层次较低的“凹”型反“J”型结构；从内部特征看，则具有“输血型”、消费型、传统型特征。4. 走适度的新型工业化道路是西藏产业结构高度化可行的路径选择。5. 西藏经济结构已经由非典型过渡到典型的二元经济结构，等等。

张艳红的《西藏经济现代化研究》（民族出版社）一书，从八个方面分析研究了西藏经济的现代化问题，分别为：1. 导论。2. 20 世纪初西藏经济现代化的尝试。3. 20 世纪 50 年代以来西藏经济现代化启动的背景、过程及曲折。4. 改革开放以来西藏经济现代化的加速发展。5. 西藏经济现代化造成的冲击以及国内外对西藏经济现代化的模糊认识。6. 分别从经济增长、经济进步和经济转型三个方面对西藏经典经济现代化、第二次经济现代化和综合经济现代化进行评价。7. 西藏经济现代化的道路选择问题。8. 结论认为经济现代化是西藏实现经济社会和谐发展的必由之路，西藏如何把后发劣势变为后发优势，把资源优势变为竞争优势，走上工业化的道路以及如何针对西藏各地区实际情况选择适合发展的模式是需要进一步研究的问题。

房灵敏等人的《当前西藏产业结构存在的问题及原因分析》（《西藏大学学报》社科版第 1 期）一文，针对西藏三次产业结构存在的主要问题，提出社会经济体制发展基础薄弱而市场化程度低下，高原地理特征、气候条件和资源禀赋制约，人口相对稀少、分散加上受教育程度相对低是产业发展相对滞缓的原因。

房灵敏等人的《区域分工视角中的西藏产业发展和结构演化分析》（《中国藏学》第 1 期）一文，认为西藏与我国其他省区的区域分工程度和水平是影响西藏产业结构的重要因素，是近年来西藏三次产业产值结构演化为 J 型结构的主要原因。因此，西藏产业结构政策必须要从我国整体经济的全局视角或区域分工视角来制定设计。

杨涛、柳应华的《西藏产业互动的经济增长效应研究》(《西藏研究》第1期）一文，认为西藏产业结构虽然呈现出类似于欧美国家的“三二一”格局，但是由于产业互动水平较低，因此产业系统的产出效率较低，对经济增长的促进作用有限。因此，除了要注重调整产业结构的比例关系之外，更重要的是要以产业互动作为西藏产业发展的战略选择。

沈开艳、徐美芳的《西藏经济跨越式发展的制约因素及对策研究》（《上海经济研究》第5期）一文，分析了西藏经济跨越式发展的制约因素和亟待解决的矛盾，并从加强西藏同胞的教育和培训、发展西藏特色农牧业、加强西藏流通体系建设和深化西藏行政管理体制改革等角度提出对策建议。

魏小文的《西藏第三产业跨越式发展的人力资源开发思路探析》（《中国市场》第6期）一文，在分析西藏第三产业跨越式发展对人力资源开发基本要求的基础上，提出了人力资源开发对策，认为应树立人才意识，加大教育投资，正确对待西藏人才的来源并建立科学的人才竞争、评价、激励、流动机制。

张孝德在《关于三江源生态经济发展的若干思考》（《攀登》第3期）一文中，就三江源的生态经济发展提出了建立三江源生态经济研究所，成立生态经济管理委员会，建立三江源生态财富统计、测算与核算体系，建立三江源生态经济免税区等七条建议。

（七）城乡居民收入与消费研究

魏小文、朱新林的《环境资源视角下西藏农牧民反贫困研究》（《技术经济与管理研究》第2期）一文，通过研究西藏环境资源与农牧民贫困关系，认为恶劣的环境条件是导致西藏农牧民贫困的重要原因，文章还对如何在保护生态环境基础上将西藏丰富的资源优势转化为现实的经济优势，实现农牧民的脱贫致富提出对策和建议。

程越的《促进西藏农牧民增收问题研究》（《中国藏学》第3期）一文，认为为促进农牧民增收，应用好用活国家的强农惠农政策；稳定提高农牧业生产水平；加强对虫草资源的保护和宣传；以优势矿产和水力资源开发为龙头发展第二产业，在第二产业发展过程中积极吸纳本地农牧民就业；以文化旅游产业为龙头发展第三产业，推动城镇化建设；提高农牧民素质，夯实农牧民增收的人才基础。

魏小文、陈朴的《西藏居民消费影响因素的实证分析》(《西藏研究》第4期) 一文，认为从长期来看，城乡居民持久收入对消费起着决定性作用，社会保障对消费有很强的促进作用，物价的上升对消费有抑制作用，名义利率的变动对居民消费的影响具有不确定性。因此，应该增加城乡居民特别是低收入群体的收入，扩大社会保障覆盖范围和提高社会保障水平，防止市场供应脱销断档、物价过快上涨，不断发展金融市场，促进西藏居民消费。

罗绒战堆的《一次合作研究对西藏农牧民生计的影响》(《中国藏学》第4期) 一文，通过比较政府颁布的相关规定与自身合作研究成果所提具体建议，重点阐述了合作研究成果对当地政府决策所产生的影响，尤其是后来对虫草产区农牧民的收入、生产方式、生活方式乃至西藏农牧区收入格局所产生的深刻影响。

王淑婕、顾锡军的《区域发展视野下的青海藏区扶贫开发困境与解策》(《青海社会科学》第3期) 一文，结合青海藏区贫困现状的多维分析，探讨了影响青海藏区扶贫开发进程的现实困境，并在此基础上，从提升区域自我发展能力的层面提出了关于加快藏区扶贫开发的思考与建议。

张国毅等人的《青海藏族聚居区农牧民最低生活保障资金筹集问题研究》(《攀登》第2期) 一文，认为要解决资金短缺问题，需拓宽低保资金的渠道和来源，增加获取低保资金的手段和方式，为青海藏族聚居区农牧民最低生活保障制度的顺利实施提供资金保障。

赵晓霞、杨丽萍的《新世纪藏区扶贫政策目标达成研究——以四川省甘孜藏族自治州为例》(《农村经济》第2期) 一文，通过对甘孜藏族自治州扶贫政策执行的结果与扶贫政策目标进行对比，评判甘孜藏族自治州扶贫政策的优劣以及目标达成现状。

(八) 回顾与总结

王启龙、阴海燕的《新中国藏区经济研究成果考述》(《西藏民族学院学报》哲社版第3、4期) 一文总结出，新中国成立以来，藏区经济相关研究得到高度重视，成果累累。文章从五个时间段分别对新中国藏学在经济领域研究成果作了简要概述和总结。

毛光远的《20世纪80年代以来西藏及甘青川滇藏区近代经济研究述论》(《兰州商学院学报》第4期) 一文，从档案资料汇编、学术专著和公开发表论文等三个方面，对30年来国内学术界对中国西藏及甘青川滇藏区近代经济史汉文研究文献给予了系统归纳总结。

李国政的《国家主导视野下的西藏现代工业的演进逻辑、轨迹与经验教训》（《当代经济管理》第8期）一文，认为西藏现代工业的演进动力有着内外因的双重作用，其中外因大于内因。西藏现代工业演进是在国家主导下进行的，大体上可以分为初步发展时期、加速发展时期、改革转轨时期以及深化发展时期四个阶段。文章还总结了半个世纪以来西藏现代工业发展的经验教训。

（九）特色产业

唐剑、贾秀兰的《中国藏医药产业发展问题研究》（《贵州民族研究》第2期）一文，认为藏医药产业面临的主要问题为企业缺乏规模竞争优势，整体经济效益差；经营方式粗放，资源环境破坏严重；藏药制剂和使用标准不规范，市场监管水平不高等方面，需要通过构建企业战略联盟，强化产业竞争优势；建立藏药材培植基地，实现资源的规模化经营；构建现代营销模式，打造优秀藏药品牌；建立健全内外部约束机制，实现资源开发与生态环境保护的双赢等多种途径推动中国藏医药产业科学发展。

张翼的《社保基金投资新方向——开发西藏新能源光伏产业模式的问题研究》（《湖北经济学院学报》社科版第10期）一文，从思考多个角度问题出发，提出了以社保基金投资西藏新能源光伏产业，并展示了这种新社保基金投资模式的发展前景。

李元元的《扩大的市场——基于对青海黄南藏族自治州“唐卡”市场的分析》（《青海民族研究》第3期）一文，以黄南藏族自治州唐卡市场分析为个案，对西方经济学理念中的市场提出质疑，认为“市场”是一个包含经济资本、政治资本、文化资本、社会资本与象征资本运行和相互转化的“扩大的市场”。

李丽的《试析青海藏医药产业开发模式及其问题》（《中央民族大学学报》哲社版第1期）一文，就青海藏医药产业的开发模式和经验作了简要分析，对产业开发中所存在的问题提出一些对策和建议。

二、社会研究

2012年中国藏学之社会研究，有70余篇部的研究成果发表或出版，数量上约与往年持平。研究内容上除长期受关注的社会变迁与制度转型研究、民族与宗教研究、素质提高与妇女发展、社区研究、区域发展研究等主题依然广受关注以外，社会管理与社会稳定研究愈加受到学者的重视。总体来说，该年度研究成果方法更加规范，研究水平逐渐提高。

（一）社会变迁与制度转型研究

张虎生、陈映婕的《现代变迁与民族经验——西藏社会个案》（《西藏研究》第1期）一文，认为西藏社会正在由一个传统宗教型社会转变为一个现代开放式的经济型社会，由现代化引起的系列变迁（物质生活、制度文化与精神传统）是一场史无前例的文化体验，也是一类不可重复的民族经验。现代变革促使西藏社会及时地进行文化自觉，并对当下诸多社会共同面临的发展命题提供自身独特的丰富经验与实践之道。

郎维伟、赵树彬的《藏北牧民公民权和政治权的人类学考察——以那曲牧区村落社会为例》（《西藏研究》第1期）一文，认为村民自治是牧民享有公民权和政治权的一个重要生活场景。村民委员会选举、村民自治组织的权威性与村落社会成员的社会规范三者互动所构成的村民政治生活图景，是牧民公民权和政治权在微观层面的真实反映。

王亚妮的《刑事和解在西藏地区的适用——以西藏刑事习惯法“以赔代罚”理念为切入点》（《西藏民族学院学报》哲社版第3期）一文，西藏在刑事习惯方面具有相当的民族特色，其民族习惯法一定程度上体现了恢复性司法的理念，某些刑罚替代措施体现了刑罚的轻缓化、社会化发展方向，其民族刑事习惯中的“以赔代罚”也与刑事和解制度理念契合。

汪丹的《白马藏族生计变迁的自主性研究》（《西藏民族学院学报》哲社版第3期）一文，认为白马藏族社会生活发展与变迁与人们自主性不断发育释放的过程相契合，这一变迁历程同时与国家政策、市场力量及当地社会和传统文化相互交织。

耿静的《藏族居民居住格局变化与城市民族关系的社会性——以“5·12”大地震后四川都江堰市为例》（《中国藏学》第2期）一文，分析了都江堰市藏族居民在“5·12”地震前后居住格局的变化及民族关系，认为地震前后该市民族关系的和谐因素具有差异性，震前具有更多民族性，震后更具社会性特征。

凌立、曾义的《藏区文化差异与和谐社会构建——以康巴藏区及甘孜藏族自治州为例》（《中央民族大学学报》哲社版第 5 期）一文，认为承认、理解和包容少数民族文化才能增强少数民族个体对本民族文化的认同，进而上升到对中华民族文化的认同。公共文化服务体系建设是藏区民族文化繁荣发展的基础，是提升民族素质向现代公民素质转化的必要条件，也是构建藏区和谐社会的重要平台。

（二）民族与宗教研究

刘志扬等人的《藏彝走廊里的白马藏族——习俗、信仰与社会》（民族出版社）一书，运用民族志的写作方法，从生态环境与历史、自然与外部空间、内部空间与文化内涵、从农牧兼营到多种经营的生计模式，婚姻家庭及变迁、神灵与神格体系、教育发展与现状、社会交换、民俗医疗观念与实践、饮食文化与社会交换、民族旅游及其“麦当劳化”共十一个部分详细记录描述了白马藏族的风俗习惯、宗教信仰与社会发展。

王玉琴的《雅砻江中下游地区的族群互动与认同——以九龙“里汝”藏族为中心的考察》（民族出版社）一书，采用民族学与历史学研究方法，探讨了九龙“里汝”与其他族群之间的互动、认同与区分。研究显示，“藏”与“非藏”的主观认识是“里汝”区别自身与汉、彝的主要依据；“里汝”处理与汉、彝的族际关系时，存在明显的族别与地域性差异；在某些区域，“里汝”与汉、彝的文化糅合程度则相当高；但在婚姻与宗教层面，“里汝”的族群认同则较为复杂。

徐黎丽、李超的《拉萨市藏、回、汉商人经济关系探析》（《中南民族大学学报》社科版第 1 期）一文，以拉萨市冲赛康批发市场、赛鑫商场、八廓街的多民族商人商品交易为切入点，研究多民族商人商品交易背后经济交往关系及其对边疆民族社会的重大影响。

刘俊波的《错巴卓——多续藏族“三重空间”的体现》（《西藏民族学院学报》哲社版第 6 期）一文，认为多续藏族的重要节日“错巴卓”，不仅展示了多续藏族独具特色的民族文化，同时还是其地理空间、社会空间和历史空间的重要体现。

洲塔、刘嘉尧的《青海阿柔藏族部落社会组织结构考述》（《西藏大学学报》社科版第 1 期）一文，阿柔部落经过几千年的迁徙和发展演变，由最初的氏族部落发展为后来青海地区著名的大部落，由最初结构简单、分布地域狭小的部落经历了历史上不同王朝的更替以及几次大规模的迁徙而形成如今的分布状态，部落组织形式也经历了几次大变化。

刘军的《西宁市汉族、回族、藏族儿童自我意识的比较研究》（《青海民族大学学报》社科版第2期）一文，认为西宁市儿童的自我意识水平逐年提高；不同民族儿童的自我意识水平存在一定差异，但并不显著；西宁市儿童的自我意识总得分明显低于全国城市常模水平（P0.05）；女生的自我意识高于男生（P0.05）。

唐仲山的《同仁县年都乎村村落山神信仰与村落民俗的民族志》（《人类学评论》第21辑）一文，认为作为一项区域民俗事项，“於菟”系列民俗仪式与其发生的时空及人文是密不可分的。特定的边缘（地理边缘、文化边缘和族际边缘）属性决定了区域内文化的多元属性，从而对区域民俗的产生和延续产生了广泛而深远的影响。

才贝的《一个藏族牧村的日常表达——一项来自青海省贵德县都秀村的人类学考察》（《人类学评论》第21辑）一文，通过对牧民日常生活的考察，认为对于牧民来说，牲畜和信仰是生活的两个重心，构建了牧民的社会结构和文化身份，同时构成了村落社会的一套完整的生活与意义体系。

陈焱的《民族文化中宗教和谐与整合的隐喻——以四川硗碛嘉绒藏族乡为研究个案》（《世界宗教文化》第3期）一文，以四川硗碛藏族乡为研究个案，考察了硗碛藏族锅庄舞、丧葬仪式中蕴含的和谐宗教思想，认为宗教的和谐思想是促进社会整合的有利资源。

马尚林的《略论藏彝走廊中的回藏和谐民族关系研究》（《西南民族大学学报》社科版第7期）一文，通过对藏彝走廊中回族与藏族和谐民族关系研究状况的介绍，提出研究该问题的内容设想和研究的重要意义，认为回藏关系是我国西部地区历史悠久、交往密切和具有代表性与独特性的重要族际关系。

魏乐平的《试论滇西北一个藏族村庄的环境与生计》（《西藏大学学报》社科版第1期）一文，运用碧罗雪山东麓茨中村的田野调查材料，以一个藏族村庄为据点，展现了当地人半农半牧、跑马帮、开客栈、从事渔猎、手工等传统生存策略。

（三）人口与健康研究

班觉的《太阳下的日子——西藏农区典型婚姻的人类学研究》（中国藏学出版社）一书，主要考察了西藏农业地区一妻多夫制婚姻的现状。研究发现，尽管一妻多夫制婚姻不合乎现代人的婚姻观和国家的婚姻法，但家庭责任承包制改革政策实施以后，它仍在西藏某些地区存在，并被村民视为能够给家庭带来经济优势的有效策略。在改革开放背景下，随着生产体制的变革，一妻多夫制婚姻重新成为一些农村地区婚姻选择的一种形式，引起了人们对其存在意义的认识和研究。

王建伟的《西藏人口红利研究述评》（《西藏民族学院学报》哲社版第1期）一文，认为西藏人口红利问题研究尚处于起步阶段，今后应进一步关注兑现“西藏人口红利”的前提、基础、作用机制、政策及其对西藏经济增长的影响研究。

郑洲的《西藏农牧区村级公共服务制度创新研究——基于扶贫综合开发的视角》（《民族学刊》第1期）一文，以扎囊县德吉新村村级公共服务为研究对象，考察了政府通过扶贫综合开发进而在推动农牧区村级公共服务制度创新方面取得的初步成效，提出推进西藏农牧区村级公共服务中心建设，完善西藏农牧区村级公共服务供给制度，创新西藏农牧区村级公共服务需求制度等对策。

郎维伟、张朴的《藏北牧区村落社会的人口和家庭特征及其生育意愿——以那曲县达村和宗村为例》（《西藏研究》第4期）一文，认为藏北牧民家庭规模呈扩张态势，人口的增长快于家庭的分化，大家庭比例增加成为必然结果。核心家庭和主干家庭是藏北牧民主要的家庭类型，单身家庭、联合家庭和其他家庭类型也同时存在。牧民期望多子女的意愿还具有普遍性，但少生优生的观念已在悄然兴起。

旦增顿珠等人的《山南地区农牧区医疗制度建设与问题研究》（《西藏大学学报》自然科学版第2期）一文，认为政府在资金筹集及其管理协调方面的大力支持和参与，是广大农牧区新型农村合作医疗制度在短时间内得以开展并取得显著成效的重要因素。加强西藏农牧区医疗卫生队伍建设，进一步完善西藏广大农牧区医疗制度以及改善农牧区医疗卫生条件，对于促进西藏农牧区医疗制度的长期稳定和社会和谐具有重要意义。

耿亚军的《和谐社会背景下藏族大学生民族与文化认同实证调查研究》（《西南民族大学学报》社科版第6期）一文，运用调查问卷并结合个别访谈方法，对藏族大学生的宗教、语言、身份、风俗等四个方面的认同状况进行研究。认为藏族大学生所体现出来的民族认同与文化认同特点，反映了藏族文化融合与社会现代化进程中个体的心理变化特点。

焦克源、冯彩丽的《藏区农牧民医疗救助体系运行效果评价及其指标设计——以甘肃省甘南藏族自治州为例》（《内蒙古社会科学》第1期）一文，运用层次分析方式，选择具有藏区典型特征的甘肃甘南藏族自治州为研究对象，采用鱼骨图来表述藏区农牧民医疗救助体系运行效果，并以此为依据设计评价指标，以期能够更好地保障该体系的良好运行。

（四）人口素质提高与妇女发展

王春英的《谈古代藏族人的创造力——原动力的利用和发挥》（《中国藏学》第3期）一文，认为古代藏族人民通过对自然界的观察和体验认识到除人力外还有畜力、热力、水力等，并在发挥人力的基础上卓有成效地利用了这些原动力，为藏族科技的发展作出了重要贡献。

贡保草的《30年来藏族女性研究概略》（《北方民族大学学报》哲社版第4期）一文，对1978—2008年藏族女性研究的汉文学术论文从研究内容、方法、理论、对象、特点等方面进行回顾与梳理。

朱敏兰的《青海藏族、蒙古族青年跨文化适应力的对比研究》（《柴达木开发研究》第2期）一文，对青海藏族、蒙古族青年跨文化适应力的研究，显示藏族、蒙古族青年的跨文化适应力总体上存在特别显著差异，其中中学生在各维度上差异特别显著，大学生有差异但不显著；男性有差异但不显著，女性在各维度上有特别显著差异。

李少惠、张丹的《甘南藏区农牧民公共文化需求及其特征分析》（《甘肃社会科学》第5期）一文，认为甘南藏区独特的地域文化和民族社会构成决定了农牧民的文化需求结构谱系和文化利益取向，只有将关注点落在甘南藏区农牧民群众的文化需求层次结构上，才能更好地实现文化供给与文化需求的有效对接。

（五）社区研究

郝文渊等人的《城市化进程中藏族社区的变迁——以拉萨热巴村为例》（《边疆经济与文化》第8期）一文，认为藏族地区的社会变迁是全方位的，而且在很大程度上归因于多民族间的融合，藏族地区的社会变迁可以看成是内外动因合力作用的结果，国家体制政策作为外部动因是一种重要的力量和主要驱动力。

韦仁忠的《“二元社区”到“敦睦他者”——三江源生态移民的社会融合解读》（《西藏大学学报》社科版第4期）一文，从社会、心理、文化等方面分析认为三江源生态移民的总体融入水平还不高，还需政府、社会以及移民自身三方面共同努力，只有这样，移民才能从“二元社区”完全过渡到“敦睦他者”，并逐步走向“同质认同”。

李元元、刘生琰的《“小地方”的力量：市场化与社区建构——以青海黄南藏族自治州吾屯社区为例》（《青海社会科学》第3期）一文，认为吾屯社区通过主动建构的方式使社区自身的乡土性格与文化传统在市场化力量面前得以延展，并成为推动唐卡艺术产业化的重要力量。

（六）区域发展研究

刘世庆等人的《高原牧区发展研究——长江上游川西北例证》（社会科学文献出版社）一书，对该地区畜牧业、旅游业、资源开发、生态补偿等方面的协调发展进行了分析，提出运用“五个跨越、五个交换、六个化”的发展思路及“特色一、二、三产业打通＋引领后现代生活方式的城镇和村庄构建”的新模式，使长江上游川西北地区摘掉“贫困”帽子，实现真正“富饶”。

徐平的《西藏农牧民文化认同现状探析——基于西藏农牧区两个村落的调查群》（《西南民族大学学报》社科版第9期）一文，认为农牧民群体对本民族和中华民族的文化认同程度都较高，但文化认同与社会发展存在隐性断裂，农牧民群体对本民族文化和中华文化的认同也存在异构。应该在重视西藏民族文化建设的基础上，采取相应措施巩固和强化西藏农牧民群体对中华文化的高度认同。

白玛措的《人类学视野中的西藏牧区亲系组织及互惠关系——以西藏那曲为实例》（《中国藏学》第1期）一文，通过对那曲牧民的调查，展现牧民社区中的亲系组织及其互惠关系，进一步论证了牧民社区在如何延续和保留着影响这一行为背后的文化功能。

苏发祥、才贝的《论藏族牧民定居化模式及其特点——以甘肃省玛曲县、青海省果洛州为个案》（《中南民族大学学报》社科版第4期）一文，认为牧民定居是新世纪以来政府在藏族牧区推行的主要惠民政策之一，但定居的方式、规模等各地的情况不尽相同。甘肃省玛曲县和青海省果洛州大武镇的扶贫、定居、移民三种不同牧民定居模式，各具特点。

黄茂的《藏族“戎亢”的建筑文化内涵及公共空间意义——以甘肃省甘南藏族自治州夏河县麻当乡为例》（《西南民族大学学报》社科版第4期）一文，分析了“戎亢”的建筑文化内涵及公共空间意义，认为“戎亢”是当地藏族群众举行日常宗教活动、节日聚会、解决纠纷的场所。目前，麻当乡“戎亢”处于新旧建筑形式交融并存时期。

仇任前的《论舟曲藏族的民间组织及其社会功能——以武坪村为例》（《湖北民族学院学报》哲社版第1期）一文，通过对“册俄”（部落）、“杂俄部”（宗族）、“比古把”（兄弟会）三类民间组织的特征、关系的研究，探寻其在藏族农村传统社会及现代社会中发挥的功能。

石凡涛的《三江源自然保护区生态保护与建设总体规划农牧工程投资标准的调查研究》（《安徽农业科学》第20期）一文，在三江源自然保护区生态保护和建设总体规划现行的农牧工程投资标准深入调查基础上，对工程投资标准进行了分析研究，对三江源自然保护区制定合理的区域保护和经济开发决策、保护和恢复草地资源效用具有重大的意义。

包振宇的《游牧民定居与住宅权保障问题研究》（《青海民族研究》第4期）一文，认为应在游牧民定居工程中进一步加强对游牧民住宅和土地占有权的法律保障，提高政府补助标准，保障住宅的可负担性，健全定居点的服务功能，提升物质设备和基础服务设施的可获得性，完善牧民定居点的统筹规划，防止出现居住和社会区隔，贯彻参与式发展理念，切实保障游牧民对于定居工程的参与权。

格藏才让的《从寺院经济活动看中心寺院体制与边缘社会间的关系——以青海东那寺和四川鱼托寺为例》（《西藏民族学院学报》哲社版第6期）一文，从两个方面讨论中心寺院与边缘社会间的关系，其一是作为文化符号的“格绒供奉表”的形成；其二是寺院对中心寺院体制结构的模仿。说明虽然藏传佛教寺院的经济支柱发生了巨大变化，但藏区传统的民众—寺院—活佛体制并未被动摇。

（七）社会管理与社会稳定研究

徐平、张群的《西部大开发与西藏农牧区的稳定和发展》（中国藏学出版社）一书，回顾了西藏农牧区经济社会的发展历程，总结其取得的成就和存在的问题。在西藏江孜县、藏北那曲县、拉萨市郊选择三个不同类型的农牧区典型进行了深入细致的社区调查，以拉孜县农民艺术团为例探讨西藏文化产业发展的途径和问题，以甘丹寺为例探讨藏传佛教对西藏农牧区社会发展的影响和作用。在典型个案调研的基础上，提出了培植内源动力，富民为本，尊重传统文化，发展文化产业；注重社会转型，加强基层社会和经合组织；加大基础投入，重在软件建设；筑牢反分裂的堤坝，增强国家认同等观点，并以农牧区问卷数据，表达农牧民的切身感受和对未来的愿望。

马戎、旦增伦珠的《2008 年夏季拉萨、日喀则、泽当三城市流动人口问卷调查结果分析综述》（《中国藏学》第 3 期）一文，以课题组 2008 年 7 月在西藏拉萨、日喀则、泽当三城市对流动人口的问卷调查数据为基本依据，从流动人口的基本特征、就业、收入、婚姻、居住时间和条件等方面揭示了流动人口的生活状态，对流动人口工作中需要关注的问题及如何解决，提出了建议。

杨明洪、唐冬梅的《基于综合模糊评价法的西藏农牧区公共服务评价——以西藏日喀则地区秋窝乡三村为例》（《财经科学》第 12 期）一文，认为尽管西藏农牧区公共服务提供决策是“自上而下”，但农牧民的满意度仍然比较高，同时，对不同类型和不同项目的公共服务的满意度有较大的差异，而这些方面显示出改进的突破口。

刘颖、徐平的《拉萨市居民对西藏经济发展和社会稳定的看法——基于拉萨市 127 份居民问卷的分析》（《中国藏学》第 3 期）一文，认为近九成的拉萨居民表示了解西藏经济发展和社会稳定政策而且有自己独到的看法，从问卷分析可以看出城市居民对相关政策和效果有着积极的评价。

来仪的《西藏藏族人口东向流动现实意义探微》（《西南民族大学学报》社科版第 9 期）一文，认为一方面长期以来全国从人力、物力、财力等方面给予大力支援和帮助，另一方面内地各省为西藏提供了巨大的国内市场，提供了多种多样的发展机会和条件，吸引和推动着西藏藏族人口自发地东向流动。

郑洲的《西藏人口东向流动与民族关系再构建研究》（《民族学刊》第 4 期）一文，认为西藏人口东向流动具有明显的积极效应，对构建和谐民族关系发挥了重要作用，因此，中央政府和西藏自治区地方各级政府应该为西藏人口东向流动积极创造条件。

李健的《人口流动、族群结构与族际关系——关于西藏山南地区泽当镇的实证调查研究》（《中国藏学》第 2 期）一文，认为由于人口的流动，泽当镇逐渐形成了一种新的族群结构；同时，流动人口在个人特征方面存在一定的结构性差异，这种差异有其内在的原因，而非因为族群身份所致。调查还发现，泽当镇总体的族际关系较为和睦，但各族对族群关系的评价也存在一定差异。

仁真洛色、黄维忠的《从在内地的藏族流动人口状况看汉藏民族关系——以成都市藏族流动人口状况为例》（《中国藏学》第 2 期）一文，认为汉藏民族“双向或多向自主流动”的趋势已不可逆转。相当数量的西藏和其他四省藏区的藏族民众移居或到汉族聚居的内地大城市谋生，一方面充分体现了中国特色社会主义制度下各民族群众自由迁徙权利的充分保障，更重要的是体现了藏族民众对国家赋予的公民权利的认同，对与汉族等其他民族的跨区域性的和谐共存抱有相当信心，体现了当前汉藏民族关系的融洽度。

窦存芳的《成都武侯区民族街藏族流动人口生活状况调查报告》（《中国藏学》第2期）一文，以问卷和访谈的方式对民族街藏族流动人口的居住地点、社会经济活动、宗教信仰、社会交往等方面进行了分析，认为藏族流动人口更多依靠原有社会关系融入城市，如制定有利于藏族流动人口融入城市的政策法规，会更有利于汉藏民族关系的发展，有助于民族宗教工作的开展。

拉毛才让的《社会工作专业模式介入三江源生态移民社会保障体系的思考》（《青海师范大学学报》哲社版第3期）一文，简要分析了当前三江源地区社会保障的现状以及建立社会保障的必要性和紧迫性，并提出运用社会工作专业方法介入三江源生态移民社会保障服务的实践，探索三江源生态移民社会保障服务新模式。

生态环境

青藏高原是中国重要的生态安全屏障，长期以来其面临的生态环境及其保护问题就受到学术界的高度重视。在2012年，国内研究人员在青藏高原生态环境议题上的研究成果，主要集中在三江源地区生态环境保护、青藏高原生态安全屏障建设、生态环境保护的财税政策、生态环境的承载力恢复力和健康水平、气候变化对草地湖泊生态环境的影响、草地与湿地的生态环境保护等六个领域。综述如下：

一、三江源生态环境保护和试验区建设

三江源地处青藏高原腹地，位于青海省南部，是长江、黄河、澜沧江的发源地。近几年，随着三江源国家级生态保护和建设项目的实施，三江源生态地位越来越受到国内外的关注。2012年，国内研究成果主要集中在三江源地区草地生态系统功能、三江源生态保护的长效机制、三江源生态保护规划与试验区建设等领域。

（一）三江源草地生态系统功能

石凡涛、马仁萍在《三江源地区草地生态系统功能分析》（《草业与畜牧》第8期）一文中，对三江源地区草地生态系统功能进行了分析。文章认为三江源草地生态系统功能体现在六个方面：1. 提供生物量功能。三江源地区光能资源丰富，太阳辐射强，牧草生长旺盛，营养丰富，具有“三高一低”特点，即粗蛋白高、粗脂肪高、无氮浸出物高、粗纤维低，是三江源地区发展草食家

畜、生产畜产品及畜产品开发的物质基础。2. 碳蓄积和氧释放功能。三江源地区各类型草地每年所固定二氧化碳和释放氧气的量，每年至少可固碳7936.63万吨，释放氧气5839.92万吨。3. 空气调节功能。草原对空气的调节作用可以分为气温调节、空气湿度调节和空气质量调节。4. 土壤养分保持及防风固沙功能。草原具有良好的改良土壤及培养土壤肥力功能。5. 土壤水分保持功能。江河源头草原的退化、湿地的锐减，将直接影响长江、黄河等母亲河流的水源供给。6. 人文信息服务功能。人们通过欣赏草原景色，感受草原文化，陶冶情操，净化心灵，体验人与自然和谐相处的朴素人生观和社会价值观，获得非物质利益。

（二）三江源地区生态保护的长效机制

三江源地区保障是一项长期工程，必须要有长效机制。对此，郑易生在其论文《“顶天立地”与三江源生态保护长效机制》（《攀登》第3期）中，提出从草原的生态健康与牧民的长期利益出发，三江源地区保护真正的问题是能否建立长效机制。文章进一步提出长效机制就是“顶天立地”。“顶天”就是尊重科学。生态系统的变化是缓慢的，非线性的，原因和结果不是简单的一一对应，而且有不确定性。面对这样一个对象，我们要用符合生态规律的思想去面对。“立地”就是尊重多数农牧民的感觉，尊重他们的经验，尊重他们的权利与利益。只有当农牧民成为保护三江源的主力军而不是被动的、边缘化的角色时，长效机制才有希望。

（三）三江源地区生态保护规划与试验区建设

为加快三江源地区生态环境保护与建设，2011年11月，国务院审议通过了《青海三江源国家生态保护综合试验区总体方案》，决定建立青海三江源国家生态保护综合试验区。

李晓南在其论文《三江源生态保护与建设展望》（《攀登》第3期）中，对保护规划与试验区建设的目标进行了总结，指出到2015年植被的平均盖度要提高到15%—20%，生态环境恶化的趋势初步得到遏制，城乡居民收入和公共服务能力得到大幅度提高；到2020年植被的平均盖度要提高到25%—30%，生态系统步入良性循环，城乡居民收入接近或达到本省平均水平，基本公共服务能力接近或达到全国平均水平，全面实现建设小康社会的奋斗目标。

从2011年试验区项目实施至今，实施情况如何，效果如何，引起了各界的关注和研究，主要研究成果如下：

推进三江源地区二期规划的实施是当前试验区建设的重要任务。对此，桑杰在其论文《关于三江源国家生态保护综合试验区建设的调研报告》（《攀登》第3期）中，进行了专门阐述。文章通过对海南州同德县，果洛、玉树州部分县及林场的调研，指出三江源自然保护区工作在取得成效的同时，也存在功能区划不尽合理、资源利用上矛盾突出、生态补偿机制尚未健全等亟须解决的问题，尤其是国家支持藏区跨越发展的一系列政策和玉树灾后重建规划的出台，迫切要求通过对保护区规划的优化调整，实施更科学的管理。对此，作者提出三个方面的政策措施：第一，建议国家尽快批准实施二期规划。二期规划是试验区建设的主体规划，要进一步加强同国家有关部委的沟通与衔接，争取国家尽快批准实施规划。第二，建议国家建立规范长效的三江源生态补偿机制。把三江源生态补偿机制、国家草原生态保护补助奖励机制和森林湿地生态效益补偿试点有机结合起来，与探索创新社会力量参与和碳交易等新型补偿方式结合起来，力争在建立生态补偿机制上取得实质性突破。第三，支持生态移民后续产业发展。后续产业是三江源生态移民实现“搬得出、稳得住、能致富”的重要支撑，解决好生态移民长远生计问题是巩固生态保护建设成果的重要举措。建议国家进一步加大对生态移民后续产业发展的投入，大力扶持发展生态畜牧业，强化生态移民的技能培训，加大对特色种养业畜产品加工、生态旅游业的扶持力度，积极帮助生态移民发展二三产业，确保生态移民有稳定的收入来源，有效巩固生态保护及其建设的成果。第四，切实加大财政均衡性转移支付力度。充分考虑试验区支出成本差异，切实提高财政对三江源地区转移支付系数，进一步加大对城乡居民最低生活保障、基本养老、社会救助、教育、医疗、就业等基本公共服务方面的支持，提高基层政权运转的经费保障水平。

展开国际合作是深入推进三江源地区生态环境保护的重要途径。对此，张莉在其论文《三江源保护与国际合作——贡献与展望》（《攀登》第3期）中，对三江源地区保护中的国际合作和贡献进行了分析。文章指出国际合作推进了三江源地区的生态环境保护，具体体现在四个方面：第一，通过科学考察，初步掌握了青海湖流域世界濒危野生动物栖息地及其种群分布、数量、变化趋势，为监测和保护工作奠定了科学基础。第二，通过多种形式的宣传培训以及为社区开展保护行动提供的小额赠款，提高了项目区群众的保护意识，促进了当地社区参与保护的积极性，提高了保护的有效性和可持续性，同时也使社区的生产生活条件得到了改善，弘扬了青海藏区传统的生态文化。第三，通过引入新的保护机制，推动了社区保护行为与政府保护工作的结合，进一步改善了青海湖流域濒危珍稀野生动物栖息地生存环境，为其种群数量不断增加提供了条件。第四，探索了生态补偿机制新途径。以小额赠款和协议保护的方式对以社区为主导的保护实践提供资金支持，改变了生物多样性保护单一依靠国家投入，缺乏社会参与的传统方法，弥补了政府保护投入的不足，从而使生态保护效率更高、保护效果更持续。

编制并实施科学合理的二期规划是推进三江源地区生态环境保护的重要保障。张贺全等主编的《青海三江源生态保护和建设工程规划研究》（青海人民出版社），对青海三江源生态保护经验进行了总结，并对未来建设工程的详细规划进行了阐述。

二、生态安全问题和屏障建设

青藏高原素有“世界屋脊”和“地球第三极”之称，是我国和亚洲的“江河源”、我国水资源安全的战略基地。但是其脆弱的生态系统，对全球变化和人类干预响应十分敏感，其发展趋势备受全球关注。2012 年，国内学者从文献总结、人口影响和田野调查等角度对青藏高原的生态安全和屏障建设进行了研究。

（一）从文献总结和宏观角度对青藏高原生态安全的研究

孙鸿烈、郑度、姚檀栋、张镱锂等在《青藏高原国家生态安全屏障保护与建设》（《地理学报》第 1 期）一文中，从五个方面对青藏高原生态安全议题进行了系统分析。第一，青藏高原国家生态安全屏障的主要功能包括水源涵养、生物多样性保护、水土保持和碳源汇等四个功能。第二，在全球变化和人类活动综合影响下，青藏高原生态系统的不稳定性威胁加大，资源环境压力加重，冰川退缩，生物多样性受到威胁，土地退化显著，水土流失加重，自然灾害频发。第三，从基础研究，气候变暖对区域生态与环境影响评估与区域对策，生态建设与环境保护规划与项目实施，生态建设效应的监测与评估等四个方面，对青藏高原国家生态安全屏障保护与建设进展进行了梳理总结。第四，针对高原生态安全屏障保护与建设的理论和技术体系尚未完全形成，多学科综合研究、技术集成、过程监测和效应评价等还十分欠缺的实际困难，提出加强青藏高原国家生态安全屏障建设的政策建议。建议加强科学与支撑技术研究，增强气候变化应对能力，系统开展青藏高原国家生态安全屏障保护和建设关键技术研究与示范，全面部署生态屏障功能变化监测系统的建设，综合评估生态安全屏障保护与建设效果。

（二）从人口和实地调查角度对青藏高原生态安全的研究

2012 年，还有一些成果从人口和更为微观的实地调查视角进行了研究。

洁安娜姆在其论文《西藏生态屏障保护与人口问题分析》（《西藏发展论坛》第 5 期）中，从人口角度来研究西藏生态安全问题。文章指出人口的数量、素质及其结构，对西藏生态屏障功能的增强与减弱有至关重要的影响。与"老龄化"及"性别比持续升高"等内地省市普遍存在的人口问题相比，人口增长过快、分布不均，素质不适应现代化需求是西藏人口问题的特点，而人口素质偏低是西藏生态保护与人口问题的瓶颈。鉴于此，提出保护西藏传统文化是建设西藏生态屏障的道德基础；将援藏项目重点转移到教育和医疗保障为人们转变传统的生活方式提供技能和体质保障；开发以传统农畜产品生产、加工及销售一条龙产业带，转移农村剩余劳动力是建设西藏生态屏障的物质基础。

张广裕在其论文《甘肃省生态环境建设问题调查研究——以河西地区和甘南州为例》（《社科纵横》第 12 期）中，从 618 份问卷调查的微观角度，考察了甘南藏族自治州和以西北干旱区内陆河流域生态环境为主的河西地区的生态安全问题。文章得出如下结论：第一，甘肃省生态环境建设状况的总体判断，48.9% 的被调查者依然认为甘肃省的生态环境与过去几年相比仍然在退化。第二，沙尘暴、水土流失和水污染是甘肃省最主要的生态环境问题。第三，人为因素是环境退化的主要因素。这些人为因素包括乱垦草地、超载放牧、人口增加和生产方式变迁。第四，43% 的被调查者认为民众的环保意识是制约生态环境建设和修复的最主要因素。文章最后基于以上问卷结果，提出保护和建设甘肃省生态的对策：继续贯彻实施《全国生态环境保护纲要》，建立生态补偿机制，提高自然保护区的建设质量。

三、生态环境保护的财政税收政策

财政政策是促进生态环境的有效制度安排，应该着手构建西藏绿色财政体系，发挥财政政策效应，确保西藏生态屏障建设战略目标的实现。2012 年，青藏高原生态环境保护的财政税收政策的研究，主要涉及既有政策的总结归纳，未来财税政策体系的构建，财政税收政策的市场化工具等领域。

（一）西藏既有财税政策的总结归纳与未来财税政策的体系设计

陈爱东、唐静在他们的论文《构建西藏绿色财政体系的设想——基于促进西藏生态安全屏障建设的视角》（《西藏民族学院学报》哲社版第4期）中，通过对西藏财政厅和税务局资料的归纳总结，认为目前西藏生态环境建设的财税支持政策，主要体现在以下五个方面。第一，建立了财政直接补助、生态建设补偿制度。第二，节水环保税收优惠政策。第三，节能环保税收优惠政策。第四，垃圾、剩余物质等处理环保税收优惠政策。第五，基础设施建设环保税收优惠政策。提出了西藏绿色财政制度体系的初步设想。第一，西藏绿色财政体系的核心就是建立与西藏生态建设相适应的具有西藏特色的生态财政调控制度，通过预算、会计核算、转移支付、税收、补贴、财政投资等具体的财政政策手段，将西藏的生态保护置入西藏的经济社会活动之中，在各级政府牢牢树立生态西藏、绿色GDP的财富理念。第二，西藏绿色财政制度的结构框架。收入方面：生态税（费）设计，基于横向的西藏生态补偿的转移支付制度设计。会计核算方面：推行绿色会计核算体系。GDP考核方面：对各级政府进行绿色GDP考核。环保资金的监督和效果考核体系方面：设计有效的环保资金的支出效果评价体系以及监督使用机制。国有资本运作管理方面：促进特色产业集团的形成，国有资本入股环保企业，推行国资证券化等。财政政策调控方面：实行环境经济社会一体化的生态调控制度，把环境保护有机地置入财政调控体系的各个环节。

（二）西藏生态环境保护的补偿政策及市场化工具

资金是生态环境保护的重要物质基础，因此如何形成补偿政策是学术研究的重点。

沈宏益、潘焕学在他们的论文《西藏生态保护与补偿体系的构建》（《西藏大学学报》社科版第1期）中，对补偿体系构建议题进行了研究。文章依据构建生态补偿体系的有关理论，提出西藏生态保护与补偿体系的构建应围绕“谁来补？补什么？补多少？如何补？”等方面开展。第一，补偿原则应当有公平性原则、效率性原则、可持续性原则和政府、社会与市场互补原则。第二，补偿主体立足“谁保护、谁受益，谁破坏、谁付费，谁受益、谁补偿”的宗旨，生态补偿的主体（即补偿资金的提供方）主要包括政府、企业、公民、社会组织和其他地区。第三，生态补偿的客体是生态保护与建设工作共同所指向的对象，主要包括土壤保护、流域保护、湿地保护和森林草地保护。第四，生态补偿对象主要有生态环境的建设与保护者，生态功能区内的居民和组织，合同的一方当事人，生态保护区。第五，结合西藏经济社会发展的特点，其生态补偿应当综合生态资源价值确定基础，并采用合理的方法来确定生态补偿标准。

王晓芳、刘佩珊、王大海在《西藏环境质量动态评价及环境政策市场化工具选择》（《西藏大学学报》社科版第 4 期）一文中，对生态环境保护市场化工具的选择进行了研究。文章通过分析历史数据，对西藏生态环境质量进行了动态分析评价，并据此提出了西藏环境政策市场化工具的选择。认为西藏地区在环境保护过程中应该继续保持以政府管制为主体的环境治理模式的状态，加强市场化工具的选择和应用。进一步分析了三种市场化工具在西藏的适用可能和设计构想。第一，排污收费工具，建议政府改变目前单一因子排放最高的收费标准，按照污染单位对污染物排放的总量进行征收。第二，排污权交易工具，从产业发展来看，虽然西藏地区不是工业发达、环境污染比较严重的地区，二产也不是西藏地区发展重点，但是西藏地区生态环境脆弱。因此，在低碳经济的理念指导下，排污权交易工具是西藏地区目前环境保护政策的首选工具。第三，绿色信贷工具，鉴于西藏生产力水平低，经济发展起点低，地方政府财政自给率低，建议加强企业发展绿色信贷金融政策支持。

四、生态环境的承载力、恢复力和健康评价

生态环境对自然变化与人类活动有一定的承受能力，但是超过这种承受能力则会带来生态灾难。因此，正确评价生态环境的承载力、恢复能力以及健康情况，是人类活动开发利用自然时需要关注的议题。在众多人类活动中，放牧和旅游是重要的人类活动。

（一）牧区、旅游和土地承载力的研究

承载力评价是近年来研究生态环境承载人类活动能力的经典方法，涉及指标设计、评价方法等要素。目前仍在研究青藏高原生态环境保护领域得到广泛应用。

朱晓丽等在他们的论文《基于生态安全的高寒牧区生态承载力评价》

（《草业科学》第2期）中，基于生态安全理论，以甘南藏族自治州 ETM 和 TM 遥感影像及统计年鉴数据为依据，应用生态安全评价模型 PSR（压力—状态—响应），选取平均植被覆盖度、人均耕地面积、放牧超载率等22个指标，通过基于加速遗传算法的层次分析法（AGA - AHP）获得各指标权重，采用状态空间法定量研究2000年、2004年、2008年年甘南州各县（市）生态承载力状况。结果表明：在2000年、2004年、2008年，玛曲县、迭部县、舟曲县、临潭县、合作市生态承载力都处于超载状态；夏河县2000年和2004年处于超载状态，而2008年处于可载状态，生态承载能力上升；卓尼县2000年生态承载力评价值为1.0810，而2004年和2008年分别为0.9348、0.9243，生态承载能力上升；碌曲县2000年和2008年生态承载能力都处于超载状态，2004年处于可载状态。

蒋贵彦等在《青海省玉树地区生态旅游环境承载力研究》（《青海环境》第2期）中，以玉树藏族自治州为研究对象，以区内县域为评价单元，构建该地区生态旅游环境的承载力的综合评价指标体系，并对玉树藏族自治州6县域生态旅游环境承载力进行分析评价。结果表明，在玉树州大部分地区旅游发展不能走传统大众旅游的路线，旅游开发需要严格按照生态旅游标准进行，在生态保护的基础上开展旅游活动，实现加强生态保护和生态旅游活动的良性互动。

苏杭森、杨小林、王忠斌在他们的论文《西藏林芝工布江达自然保护区生态旅游地土地生态承载力变化分析》（《四川林勘设计》第4期）中，运用生态足迹理论，分析评价工布江达生态旅游区所在的西藏林芝地区的土地生态承载力及其变化。结果表明：2011年研究区的建设地和水域的生态承载力均属盈余，而草地、林地和耕地出现生态赤字，其中草地的生态赤字最多。结果与研究区域经济发展、消费水平以及消费结构的实际相一致。生态承载力从生态盈余到生态赤字表明，研究区域土地利用对生态环境的压力不断增加，需要加强生态保护。

（二）旅游社会和生态恢复力的研究

人类赖以生存的环境并不仅仅是机械的物理系统，也不仅仅是单一的自然生态系统，而是与人类相互联系、相互作用、相互影响的自然、经济、文化的综合复杂系统。为此，国外一些学者提出了“社会—生态系统”概念，倡导对社会—生态系统的恢复力进行研究。这种对恢复力的研究，在青藏高原生态环境保护领域具有创新性。

陈娅玲、杨新军在他们的论文《西藏旅游社会—生态系统恢复力研究》（《西北大学学报》自然科学版第5期）中，对西藏七区（市）旅游社会—生态系统的脆弱性及恢复力进行了（半）定量测度。研究表明：西藏七区（市）旅游社会—生态系统的恢复力差异明显，各区域系统在其适应性循环中处于不同阶段。有鉴于此，西藏各区域旅游社会—生态系统要获得动态均衡实现长效发展，需要采取如下政策措施：科学规划、动态管理，适时调控旅游压力；启动系统自组织力，增强应对突发事件的能力；完善系统多样性，激发系统要素学习能力。

（三）河流健康的评价研究

青藏高原是河流众多的地区，河流健康程度如何，是生态环境质量的一个重要体现。

李朝霞、岳彩云的《西藏河流健康评价体系与标准》（《兰州大学学报》自然科学版第6期），在定义西藏河流健康的基础上，构建了河流生态系统健康评价指标体系。此指标体系包括河流水文形态、河岸带、水体理化性质、水生物和社会经济功能5个一级指标和20个二级指标。进而根据不同区域西藏河流的特点，将河流生态系统健康评价标准划分为藏东南河流、藏中南河流、藏西北河流和藏东北河流四种。最后将建立的河流健康综合评价模型运用于林芝地区的巴河的评价，结果显示巴河健康水平为中等程度。

五、气候变化对草地湖泊生态环境的影响

气候变化是青藏高原生态环境变化的一个重要影响因素，它对草地和湖泊生态环境的好坏具有重要作用。

姜永见等的论文《青藏高原近40年来气候变化特征及湖泊环境响应》（《地理科学》第12期），以青藏高原52个气象台站1971年—2008年的逐月气温、降水资料为基础，采用因子分析、气候趋势分析、气候突变分析等方法，对高原内部不同区域的气候变化特征进行研究，并讨论了高原湖泊环境对气候变化的响应。结果表明：青藏高原各区域年平均气温整体持续上升，柴达木地区增温尤为显著，年平均气温增长率达0.49℃/10a；1987年和1998年各区域气温普遍由低向高突变，1998年以来增温尤为显著。年可利用降水的变

化特征存在区域差异，柴达木地区、藏北南羌塘高原东部地区整体增湿。除藏东地区，青藏高原其他地区气候条件于20世纪末21世纪初由暖干向暖湿转变，受其影响，以青海湖、鄂陵湖、冬给措纳、兹格塘错为代表的高原大型湖泊表现出水位上升、湖水离子浓度减小的特征，反映了气候暖湿条件下湖泊水量的增加。

西藏自治区农牧科学院主编的《西藏高原草地畜牧业应对气候与全球变化研讨会论文集》（西藏人民出版社2012年），是2010年由德国国际继续教育与发展协会、尼泊尔国际山地综合发展中心和中国西藏自治区农牧科学院共同举办的“西藏高原草地畜牧业应对气候变化与经济全球化学术研讨会”的论文集，收集了来自国内外畜牧业和生态环境保护领域的专家、学者及自治区有关人士，共同交流高原草地畜牧业的研究成果，探讨了西藏畜牧业的发展前景。

六、草原和湿地的生态问题及其保护

除了上述研究成果之外，还有一些研究成果分散于对草原和湿地生态问题及其保护的研究。

（一）对草原生态环境问题和保护的研究

对草原生态环境问题的研究成果具有共性，通常草原面临着草场退化的问题，其成因也可归结为自然与人类活动两类因素，例如放牧过度。

孙磊等在他们的论文《不同恢复措施对西藏安多高寒退化草地植被的影响》（《草地学报》第4期）中，为探讨不同恢复措施条件对草地植被特征、地下生物量、地下种子库以及多样性等方面的影响，选择了西藏安多典型退化草地进行围栏，并选用细茎冰草、垂穗披碱草、无芒雀麦和冷地早熟禾4种牧草，在围栏内进行免耕补播的试验研究。结果表明：经过免耕补播和围栏封育后，草地植物高度、盖度、产量均有不同程度的提高；植物多样性有少量增加，植被优势种差异较显著；植物群落地下生物量变化幅度较大，特别是经过围栏和补播的草地，其0厘米—10厘米地下生物量增加明显；此外，土壤种子库测定表明，围栏和补播试验地种子总数明显高于围栏外，增加的种子数主要分布在0厘米—5厘米的土层中。

郦丹珲的论文《黄河上游玛曲县退化草地现状、成因及保护对策》（《草业与畜牧》第11期)，在分析玛曲草地退化现状及成因的基础上，提出治理草地退化的对策建议。作者认为引起草地退化的主要成因涉及过度放牧、滥采乱挖、鼠虫危害严重。因此，必须从完善草地管理制度；围栏封育，杜绝超载放牧；采用综合治理措施恢复已退化的草地；草地鼠虫害及毒杂草防治等角度来保护草原。

杨秀全、龙兴发在《甘孜州草地生态环境现状及可持续发展对策》(《草业与畜牧》第5期)一文中，认为目前甘孜州草地生态环境面临诸多问题，包括草地退化严重，干旱日趋明显；草地生产力下降；草地水土流失严重；草地超载过牧，人草畜矛盾加剧；鼠虫危害突出等问题。有鉴于此，提出强调草地管理原则是治理与保护、建设与管理并重；强化草地生态保护与建设意识，依法保护草地生态；提高科技含量，加大畜牧业实用技术的推广，实现草地生态良性循环。

柴发喜在其论文《玛曲重要水源补给区的生态功能恢复策略》(《草业科学》第5期)中，指出玛曲草原是黄河重要水源补给区，但面临区载畜量过度、草地退化、土地沙漠化、湿地萎缩以及水源涵养和补水功能衰退等问题。因此，提出减畜、养草、补树的植被恢复模式，通过水源地生态环境修复工程和畜牧业生产投资的加大等综合措施来恢复玛曲草原区的水源补给功能。

(二) 对湿地生态环境问题和保护的研究

董昭林、张天双的《若尔盖湿地资源概况及保护利用措施》(《草业与畜牧》第7期)，认为近几十年来，气候变暖和人为开沟排水等因素使湿地水位下降；分散粗放的传统畜牧业生产经营方式，造成湿地和天然草原严重退化，草畜矛盾问题日趋突出。旅游发展缺乏合理规划，广大牧民群众参与湿地生态保护的积极性和主动性没有得到充分调动，“以湿养湿”的机制还没有建立，湿地旅游带动生态保护的作用还未显现。有鉴于此，提出如下对策与措施：建立健全综合协调机制；建立完善长效投融资机制；建立完善生态补偿长效机制；通过禁牧封育、减畜育草、灭鼠治虫、补播草种等综合技术措施，使退化草地植被尽快得到恢复；调整产业结构，优化区域布局，走“以农养牧、以牧促农”道路，促进种植业和畜牧业良性互动，拉动农牧区经济互补。

文化教育

汉文部分

一、文化

2012年度的藏族文化研究呈现出以下几个突出特点：首先，传统文化研究与民俗文化研究成果较丰硕，这说明藏族文化研究中，传统文化和民俗文化仍是该研究领域的热点，也说明藏学界对保护藏族传统文化的重视。其次，对现代文化的研究亦很重视，成果也较多，其中不乏有深度的文章，说明学界在重视藏族传统文化的同时，对现代文化亦很重视。此外，非物质文化遗产和文化传播等领域的研究成果也较多，下面按研究涉及的相关领域予以分别介绍。

（一）传统文化研究

本年度有关藏族传统文化的研究仍是热门，内容丰富，其中不乏一些有深度的文章。代表性的研究论述有孙林的《青海隆务河流域六月会中的宗教仪式与族群认同——以同仁县尕沙日与日合德村为例》（《青海民族大学学报》社科版第2期），石硕的《青藏高原碉楼的起源与苯教文化》（《民族研究》第5期），邓宏烈的《羌族宗教信仰与藏文化的关系考察研究》（《青海民族研究》，第1期），权新宇、蒲向明的《白马藏族的白马老爷信仰及其地域文化认同功能探析》（《青海民族研究》第3期），才旦曲珍、贡觉《有关天葬及天葬师的研究综述》的（《中国藏学》第4期），尕藏吉的《卓仓多元文化圈探析》（《青海民族大学学报》社科版第3期），韩正康的《多续藏族文化保护的可行性研究》（《四川民族学院学报》第3期），贡保扎西、琼措的《论藏族传统道德思想及其社会作用》（《西南民族大学学报》人文社科版第6期），贡保扎西的《藏族传统文化中的象征符号及其和谐理念》（《四川省社会主义学院学报》第1期），同美的《藏汉文化视野中的绝地天通思想——以古藏语“木给（dmuskas）”与古汉语“建木”为例》（《民族学刊》第2期），拉先的《村落与信仰仪式——循化县道帏“拉则”调查研究》的（《西藏大学学报》社科版第4期），扎曲的《从象征寓意解析“西藏五色文化”》的（《西藏艺术研究》第2期），白赛藏草的《简述藏族口述传统及其特点》（《西藏民族学院学报》哲社版第4期），仓姆拉的《拉萨地区藏族民间手工艺品的传承与创新》（《西藏艺术研究》第3期）等。

孙林的《青海隆务河流域六月会中的宗教仪式与族群认同——以同仁县尕沙日与日合德村为例》一文以青海省黄南藏族自治州同仁县隆务河流域的土族村落尕沙日、藏族村落日德村的六月会为主，同时以四合吉、浪加、苏和日等藏族与土族村落的田野调查材料为补充，对各个村落六月会中如何通过宗教仪式，整合社群关系，加强族群认同等问题进行了比较，同时，就各个族群村落的宗教信仰如何产生相互的影响及彼此的文化认同意识等问题进行了分析。石硕的《青藏高原碉楼的起源与苯教文化》一文从青藏高原碉楼含义同“琼鸟”（khyung）密切相关的史实出发，对藏族地区苯教中“琼鸟”观念的来历、性质及其传播情况进行了探讨。指出“琼鸟”观念源自古印度的“Garuda”，它与苯教的“卵生”观念相依存，也是象雄琼氏部落的重要神鸟。“琼鸟”信仰伴随雍仲苯教的形成逐渐由象雄传往藏区各地，尤其是经藏北传播到藏东地区，今碉楼密集的嘉绒地区传说中正是将其苯教、琼鸟和土司来源地指向象雄及西藏琼部。此外，碉楼分布还与苯教呈明显对应关系。因此，青藏高原碉楼的起源与苯教有关，苯教中的“琼鸟”信仰及“天神”崇拜观念应是碉楼产生的重要文化基础。邓宏烈的《羌族宗教信仰与藏文化的关系考察研究》一文对羌族原始宗教信仰中的藏文化因子，羌族天神信仰与藏族民间宗教信仰的渊源，羌族和藏族有关人类起源传说的相似与区分，羌族原始宗教信仰与佛教文化的糅合等方面对羌族宗教信仰与藏文化的关系作了较为深入的考察分析。

权新宇、蒲向明的《白马藏族的白马老爷信仰及其地域文化认同功能探析》一文认为，作为白马藏族共同信奉的白马老爷神祇，其原生形态为有形的山，此生形态为部族英雄。实际上，这两种形态均为神话学上的想象，这种想象实际上是基于生存的关照。如果说神山是白马先民对人与自然关系的现实主义思考，那么部族英雄则是白马先民对政治拉锯战的生存状态的考虑。在村落语境中民众基于物质或精神的诉求进而对白马老爷进行了多重形式的文化展演（祭祀），不仅满足了民众的现实性需求，也形成了以白马老爷神祇为中心的跨地域信仰圈，与此同时也建构了白马人的族群边界和社会记忆。

尕藏吉的《卓仓多元文化圈探析》一文认为，卓仓地区位于青海东部湟水流域，以独特的自然环境和人文环境构成了一个独立的自然地理单元。历史上，世代生活在这里的各族先民共同创造了独特的文化，不仅形成了卓仓多元文化圈，而且也成为安多藏族的一个特殊支系。

韩正康的《多续藏族文化保护的可行性研究》一文认为多续藏族是藏民族独特的一支，保留了远古藏族的语言和古老苯教的内容，其独特性使其成为藏族文化生态圈中重要的一环，本文对多续藏族艰难的文化生存样态作了简单介绍，并对保护多续文化的可行性提出自己的看法。

贡保扎西、琼措的《论藏族传统道德思想及其社会作用》一文认为藏民族有着丰富的伦理道德思想，有许多优秀的伦理道德规范，作为藏族传统文化的重要组成部分，藏族传统道德反映着藏民族的文化心理和价值趋向，作为社会规范和行为准则，藏族传统道德作用于藏民族和藏族社会，对藏民族个体内在心理和行为的和谐一致，对藏民族的人际和谐、人与自然的和谐共处，以及对藏族社会的和谐稳定起到了重要作用。本文就藏族传统道德及其社会作用做了初步的分析和研究，旨在挖掘藏民族优秀的伦理道德思想，辅助于社会主义道德建设，为构建藏区社会主义和谐社会服务。

贡保扎西的《藏族传统文化中的象征符号及其和谐理念》一文认为藏族传统文化中有许多的象征符号，它们有的以符号的形式体现，有的则以器物的形式存在。其中许多象征符号的外在形式和内在含义表现了对和谐理念的认识，以及这种认识对藏族社会历史文化的极大影响。

同美的《藏汉文化视野中的绝地天通思想——以古藏语“木给（dmuskas）”与古汉语“建木”为例》一文认为，古藏语“木给（dmu-skas）”是指通天之梯，古汉语“建木”是指通天之树，古汉语“建木”是古藏语“木给”的译音。“木给”与“建木”反映的是藏汉古文化视野中的早期原始的绝地天通思想。在藏汉民族古文化视野下，这种绝地天通思想在后来的藏族社会发展进程中大致经历了巫觋管理阶段、人人为巫阶段、政教合一阶段、前三者合题阶段等几个发展阶段，但是，在各自文化视野里每个阶段及其表现形式又略有不同。藏族历史上大大小小形形色色的这样或那样的教派以及各种活佛系统产生发展之历史，其实说到底就是藏传佛教文化视野下绝地天通、天人合一思想的一部演绎历史。

才旦曲珍、贡觉的《有关天葬及天葬师的研究综述》一文对国内外关于天葬及天葬师的研究状况及成果进行了梳理和综述，认为学术界对天葬的起源等问题的讨论已较为充分，但比较缺乏对现代语境中的天葬的深入研究，对天葬师的研究十分有限，且存在偏颇之嫌，有必要进一步对天葬师的生存状况进行深入了解及探讨。

拉先的《村落与信仰仪式——循化县道帏“拉则”调查研究》一文通过实地调查，以道帏乡各村落共同祭祀大型“拉则”为个案，对“拉则”的传源、变迁、功能、祭祀流程、祭祀规模以及与各村落社会组织之间的同构关系进行了阐释研究。提出“拉则”是以自然崇拜为基础，以部落组织为纽带，以区域村落为载体举行的祭祀仪式。并从其文化功能来审视，在一个大的区域内有助于各村落之间的统一、整合，提升社会一体化的内聚力；由于“拉则”祭祀仪式具有心理调适和情感慰藉功能，所以从某种程度上也有助于社会和谐稳定，规范个人行为，具有较明显的社会控制功能。

扎曲的《从象征寓意解析“西藏五色文化”》一文认为，“西藏五色文化”，即蓝白红绿黄所象征的文化意义。它频繁出现在各种场合，象征寓意内容涉及原始苯教、佛教和藏医药学等方面，其中五色的联用性尤为突显。鉴于藏族色彩学的独特内涵和符号联用美感，作者从文化的人性意义上将五色的“象征寓意”作为该论述的基调，结合早期苯教和佛教在西藏色彩文化形成中的不同催化成分进行尝试整理，从五色联用的文化历程中就其不同的符号内涵来作为解读五色一体化艺术的内部审美代码。

白赛藏草的《简述藏族口述传统及其特点》一文认为，近年来，口述史在藏学界兴起，然而在具体的运用中似乎还有一些误解。其实口述史、口述历史和口述传统各自有着独特的范畴和特点。本文简单地梳理了上述三者的定义，并在此基础上认为藏族的口述传统主要有四个，即“仲”“德乌”、《格萨尔》以及宁玛派教义的口头传承。这四个口述传统在实践过程中体现了几个共同的特点：再创造、开发智力以及家在这几个传承中是一个至关重要的中转站。

仓姆拉的《拉萨地区藏族民间手工艺品的传承与创新》一文认为，藏族民间手工艺是藏族文化艺术体系的重要组成部分，是民族智慧的宝贵结晶，藏族民间手工艺深受佛教文化和民俗文化的影响。拉萨地区藏族民间手工艺在传承发展上主要有两大平台：教育机构和生产单位，它们为民间手工艺制作行业提供智力支持、把握市场方向，藏族民间手工艺品正依靠着自身的独特魅力，从传统的土壤中挖掘出创新的资源，获得蓬勃发展的生机。

（二）现代文化研究

青藏高原的主体民族——藏族的生态审美意识在各民族中独树一帜。在高原严酷的自然环境中藏族不仅形成了自身独特的自然审美观，还以其生态的智慧和对宗教生态观的领悟，始终保持了与自然的和谐关系，形成了独具特色的生态审美意识。李景隆的《论藏族的自然生态审美意识》（《青海民族研究》第2期）一文通过对藏族的生态审美意识及其成因的探讨，旨在为当前的生态保护工作和生态美学研究提供一些有益的参考。

冯作辉的《民族地区幼儿园传承民族文化的策略研究——以白马藏族为例》（《四川民族学院学报》第1期）一文从白马藏区幼儿园传承白马文化的角度来研究白马藏区幼儿园如何通过培养师资、建设园本课程的策略，以及学校、社会、家庭相互补充，共同形成一个完整的教育架构来有效促进白马藏族传统文化的传承。

赵大军的《探究藏民族的视觉审美心理》（《四川民族学院学报》第1期）一文认为，世代繁衍生息在青藏高原上的藏民族具有悠久的历史文化传统和绮丽的艺术表现形式，他们在高原独特的自然地理风貌、人文道德伦理和宗教神灵崇拜的共同作用和制导之下形成并发展了本民族特点的视觉审美心理，探究藏民族的视觉审美心理可以使我们能够更深入地了解和体察藏民族的文化艺术和精神内涵。

西藏有着丰富灿烂而独具特色的民族文化和强烈的文化需求，随着中共十七届六中全会的召开以及西藏“三产大发展”战略的实施，文化产业必将迎来更加广阔的发展空间与舞台。沈宏益、毛阳海的《西藏文化产业发展的战略意义与对策思考》（《西藏民族学院学报》哲社版第1期）一文针对西藏文化产业发展的战略意义、现状与问题，提出了发展西藏文化产业的一些建议与对策，为西藏文化产业发展提供了现实参考。

钱磊的《甘南藏族自治州的藏汉文化交流与传播》（《延边党校学报》第1期）一文在厘清民族、文化和传播等概念的基础上，以甘南藏族自治州为考察对象，从积极和消极两个方面来分析藏汉民族文化传播的现状。本文还展望了藏汉民族文化传播的前景，对工业化背景下的民族文化如何在传统与现代中博弈，作出了一点思考。

索南旺杰的《文化生态保护区建设中的地方范本——以热贡文化生态保护实验区为例》（《青海社会科学》第3期）一文认为，“文化生态保护”已然成为推进我国文化繁荣发展的重要理念，因此推动“文化生态保护实验区”建设就自然成为目前我国发展区域文化的重要手段。然而文化生态保护区的建设无论在理论还是在实践层面都面临着诸多问题，除了国家在政策、资金上的大力扶持外，文化生态保护实验区项目的整体推进还需要一个个鲜活的地方范本，而热贡作为多元文化共存、多种宗教信仰共生的特殊区域，无疑有着推进“文化生态保护实验区”最理想的文化土壤。

（三）民俗方面的研究

郎润芳、贾海娥的《藏族祝赞词》（《西藏研究》第2期）一文对藏族祝赞词进行了研究。文章认为，从古至今藏族民众在喜庆的集会上祝颂，在生和死的仪式上祝颂，在出征打仗时祝颂，在凯旋归来时祝颂……祝赞词广泛地存在于藏族社会生活的各个方面，是藏族人民在长期的生产中创造的富有高原特色的精神财富。藏族祝赞词与藏族信仰、民俗、仪式、节日等关系密切。随着时代的变迁和文化的发展，藏族祝赞词的内容越来越丰富，形式越来越简洁。祝赞词的吟诵表达了藏族人民乃至全人类的共同心愿：希望生活幸福美满，万事吉祥。

耿英春的《青海安多藏族服饰民俗文化功能刍议》（《青海民族研究》第3期）一文将服饰作为一种符号，从民族社会学的角度，对青海安多藏族服饰文化的族徽标识功能、身份标志功能、礼俗规范功能、祈福求吉功能及装饰审美功能等进行阐释，以此来揭示安多藏族服饰深厚的文化意义。

生杰卓玛的《藏族婚姻中嫁妆和聘礼的民族学解读——以青海河湟地区为例》（《青海民族大学学报》社科版第2期）一文通过对青海河湟地区藏族婚姻中嫁妆和聘礼习俗的实地调查，运用民族学的研究方法，就其存在的差异性进行了分析。

朱雅雯、朱普选的《青藏高原丧葬类型及空间特征》（《青海民族大学学报》社科版第2期）一文认为青藏高原由于地域辽阔，自然地理条件复杂多样，各地社会经济发展水平极不平衡，再加上民族构成的多元性，人们的观念有着很大的差别，从而导致丧葬形式的复杂多样。但就主体葬式的空间分布来看，大体可以分为两个区域：一是以卫藏地区为核心的天葬区；二是以青藏高原周边地区为主的混合葬区。青藏高原各地不同的葬式，是各民族在长期的历史发展过程中，受各自生活的环境条件、民族习惯、思想观念等因素的影响所形成的。

夏吾交巴、东周加的《藏族葬礼的起源探析》（《四川民族学院学报》第2期）一文以鲜为人知的藏文资料及田野资料，对藏族天葬、水葬、土葬、火葬等丧葬方式的起源进行了探讨。

王瑜的《藏族山神崇拜习俗浅析——以四川省甘孜州新龙县为例》（《四川民族学院学报》第2期）一文简要地叙述了新龙藏区山神崇拜习俗的历史渊源，并对当地藏民在日常生活中最为普遍的“煨桑”仪式及“十三”年节中的“拉泽”仪式祭拜山神的活动进行了介绍。

李锦的《山神信仰：社会结合的地域性纽带——以四川省宝兴县硗碛藏族乡为例》（《民族研究》第2期）一文通过对四川省宝兴县硗碛藏族乡的田野调查，揭示了硗碛山神的总体特征，总结了硗碛山神信仰的地域性特点，指出祭祀山神的仪式，即祭山会在当地社会结合中发挥着地域性纽带的重要作用。

常丽霞、崔明德的《藏族山神崇拜及其象征——基于拉卜楞地区一份山神祭祀煨桑颂词的释读》（《中南民族大学学报》人文社科版第4期）一文将广泛流传于拉卜楞地区的一份山神祭祀煨桑颂词所蕴含的拉卜楞地区藏族强化族源认同、凝聚部落内聚力、象征民间地方权威等诸多文化内容做了详细的介绍，并从人类学的视角，结合山神祭祀仪轨，阐释山神崇拜祭文所表达的文化象征，以及对追溯并解释藏族部落民族文化的历史变迁所具有的重要意义。

青藏高原独特的高寒地理环境孕育了独具藏族风格的服饰文化，由于藏民族所处的地域不同，其文化、人文、历史也有所差异，这种差异表现在民族服装上，尤其是藏靴上。沈飏的《藏靴的美学意蕴及其地域特征》（《西藏民族学院学报》哲社版第3期）正是一篇拟从藏靴的历史、分类与制作等方面来浅析藏靴的美学意蕴及其相关的地域特征的文章。

边巴琼达的《藏族民俗器物的分类与定名分析——以西藏博物馆民俗厅展品为例》（《西藏大学学报》社科版第1期）一文以西藏博物馆民俗文化展厅的民俗器物为研究对象，揭示民俗器物定名的科学规律，展现藏族民俗器物在每一段历史生活中的价值，为进一步对藏族民俗器物进行分类与定名提供依据。

冀文正、李跃平的《20世纪50—60年代西藏墨脱县珞巴族老照片与民风民俗》(《民族学刊》第2期)。珞巴族属于我国28个人口较少民族之一，主要分布于我国藏东南的珞瑜地区，那里山高谷深、交通闭塞，长期以来很少进入外界的视野。文章作者冀文正同志曾在墨脱工作了16年，他拍摄于20世纪五六十年代的珞巴族生活景观图片，记录了当时尚处在原始社会末期珞巴族的民风民俗及信仰“万物有灵”的原始宗教祭祀活动，十分珍贵；图片所表现的内容，具有极高的民族学、人类学和历史学研究价值。这些老照片的展示，能够使外界了解珞巴族的过去，关注他们的现状，也有助于珞巴族在未来更好地发展。

徐铭的《扎巴藏族母系制走婚习俗研究——〈扎巴藏族——21世纪人类学母系制社会田野调查〉关于婚姻的解读》(《民族学刊》第3期)。扎巴藏族的母系制走婚习俗，历史文献包括当代的道孚县志都无记载。冯敏《扎巴藏族——21世纪人类学母系制社会田野调查》一书的“婚姻”部分首次运用人类学方法详细考察了扎巴藏族母系制走婚习俗与父系制初期的婚姻家庭形态，并讨论其对人类婚姻体系演进史的意义、对偶婚比走婚进步的意义以及母系制婚姻存在做了解释。透过该书的材料可以发现，扎巴藏族婚姻的变异与男女分工及社会经济状况、国家的婚姻法和计划生育政策紧密相关。并提出了面临村寨搬迁的扎巴藏族的妥善安置，以及可能影响如母系制婚姻家庭的人伦关系关注。

阿旺贡觉、普布多吉、贡布多加、扎西达瓦的《察瓦龙民俗文化综览》(《西藏研究》第5期)。西藏东南的察瓦龙地处滇藏交界的卡瓦格博神山脚下，是怒江边上的古道重镇，现为西藏自治区林芝地区察隅县的一个乡，境内居住着藏族、怒族、独龙族和傈僳族等多个少数民族。由于所处地理环境及多民族间长期文化交流的关系，形成了独具特色的区域文化，呈现出多元共融、和谐发展的文化景象，促进了当地社会稳定发展。文中介绍了察瓦龙的历史文化概况、马帮生涯、建筑文化、宗教信仰、民俗风情等，体现出历代汉藏友好交往、文化互融的真实历史。

才旦曲珍的《生死轮回中的转换——试析藏族丧葬习俗的仪式过程》(《西藏大学学报》社科版第4期)一文指出，藏族的丧葬习俗是在藏区地方性文化的时空中，按仪式顺序依次展演分离—过渡—聚合的全部过程，充分反映了藏民族对待死亡的智慧，其最终目的都是为了在死亡打破平衡后，通过仪式的净化，得到新的平衡，使生者的生活能够继续。

杨菊的《六月会祭祀仪式研究》(《西藏艺术研究》第2期)一文认为，

六月会是青藏高原东麓热贡地区藏族和土族村落共同参加的最盛大的宗教性节日，每年农历六月十七日至二十五日在隆务河流域的藏族和土族村落次第举行，是青藏高原安多藏族和土族人民特有的文化现象。本文在田野调查的基础上，运用人类学的仪式理论，对六月会的主要祭祀仪式、祭祀仪式的过程和祭祀仪式的功能等进行了考察与研究。

张虎生、陈映婕的《体制·家庭·空间：拉萨转经习俗的传承机制》（《青海社会科学》第4期）一文认为，尽管伴随着传统宗教整体式微的现代化变迁，西藏民间社会盛行的转经习俗仍然保持着较强的传承能力，尤其在圣地拉萨体现得更为鲜明与典型。神权时代“政教合一”体制的强大惯性、以家庭为基本单位的内部传承和承载着日常化展演仪式的转经空间，成为转经习俗发生横向与纵向传承的重要机制，其中既具有民俗传承的普通共性，也呈现出西藏社会宗教生存与发展的独特性。

罗桑开珠的《论藏族房屋建筑的发展历程及特点》（《青海民族大学学报》社科版第3期）一文着重研究不同历史时期的藏族房屋建筑及其文化特点，将藏族房屋建筑发展历史划分为史前、吐蕃王朝、政教合一和社会主义四个时期，并对每个时期藏族建筑的文化内涵进行了分析。

拉毛、卓玛的《青海湖祭海空间文化研究》（《青海师范大学学报》哲社版第5期）一文认为，作为中国最大的内陆咸水湖，青海湖以其美丽的湖光山色，喧闹的鸟岛，丰富的古代文化遗存，辽阔的天然牧场，独特的民族风情，古老的寺院加上久远迷人的神话传说，充满神奇梦幻般的色彩。盛大的祭海活动更是青海湖文化中最具有神秘色彩而又多元并现的非物质文化遗产。

作为平武白马道士手中的法器，“巴色”在各种祭祀活动中都发挥着不可替代的作用。“巴色”何以如此重要，冯作辉在《平武白马藏区祭祀用“巴色”法杖研究》（《四川民族学院学报》第5期）一文中拟从“巴色”的渊源形成、发展演变、图纹的象征意义以及造型特点几方面来加以探讨。

李玉琴的《四川藏区两个特殊年节的比较研究——对新龙“十三”节和丹巴“香古”年的调查分析》（《西南民族大学学报》人文社科版第7期）一文认为，四川新龙县的“十三”节与丹巴县的“香古”年不同于藏区通行的藏历年，是带有鲜明地域特色的传统年节。文章从两个村落节俗的实地调查发现：两个地方性年节因两个地域的、历史的和民族文化发展背景的不同而自成体系，但是，两地节俗又具有不少相似或相同的文化现象。两个年节皆源于古老的祭祀祈福习俗，至今节日的宗教性和原生性特点仍很突出；年节祭祀中都保留了许多早期宗教的文化内容；欢庆娱乐活动丰富。“十三”节与“香古”年反映了两地藏族具有共同的民族文化心理特征。

（四）非物质文化遗产研究

非物质文化遗产的最大特点是不脱离民族特殊的生活生产方式，是民族个性、民族审美习惯的“活”的显现。它依托于人本身而存在，以声音、形象和技艺为表现手段，并以身口相传作为文化链而得以延续，是“活”的文化及其传统中最脆弱的部分。因此对于非物质文化遗产传承的过程来说，人的传承就显得尤为重要。本年度有关非物质文化遗产方面的文章有崔素洁、狄方耀的《挖掘非物质文化遗产的经济价值推进西藏文化产业大繁荣大发展——以藏戏为例》（《西藏民族学院学报》哲社版第1期）一文认为，以藏戏为重要内容的西藏非物质文化遗产历史悠久、内涵丰富、特色鲜明，不仅具有极高的文化欣赏价值，而且也具有极大的市场开发潜力。文章以中共十七届六中全会通过的《中共中央关于深化文化体制改革，推动社会主义文化大发展大繁荣若干重大问题的决定》为指导方针，以科学发展观为指导思想，以推动西藏社会主义文化产业持续健康发展为最终目的，梳理和分析了以藏戏为重要内容的西藏文化产业面临的环境、存在的问题，并提出了建议。

杨昆的《从非物质文化遗产视角看唐卡的保护——基于“原真性”和“完整性”原则》（《西藏民族学院学报》哲社版第3期），从非物质文化遗产的视角，运用“原真性”和“完整性”原则，分析得出唐卡保护应该涵盖其精神内涵、支持环境、制作工艺和表现形式四个部分，形成唐卡保护的基本框架。

（五）文化传播研究

近年来，随着信息化程度的越来越高，有关西藏信息和传播方面的文章越来越多，越来越有深度。如李炜的《提升西藏网络媒体传播力与文化影响力的策略探析》（《西藏民族学院学报》哲社版第2期）文章认为，西藏网络媒体虽然诞生于西藏经济社会全面发展的背景之下，却一直深受地理环境、人力资源和受众群体等因素的困扰。承载着丰富民族信息和文化元素的西藏网络媒体如何在未来提升传播力与文化影响力。作者尝试提出了继续推进信息化建设，重视新闻发声，大力发展藏语网络媒体，培养新媒体传播人才，善用新媒体传播形式等具体策略。

赵海静的《联豫新政对西藏地方出版印刷事业的影响》（《西藏民族学院学报》哲社版第3期）一文介绍了清末联豫在西藏地方推行新政，其中，为开发民智，创办了西藏第一份报纸——《西藏白话报》，并设立译书局。第一次将近代化的石印技术传入西藏地方，且由印度购买印刷器械，对西藏地方出版印刷事业的发展有重要的影响。

常凌翀的《媒介融合视野下西藏文化产业的创意发展路径》（《西藏大学学报》社科版第2期）一文认为，媒介融合技术使各种文化资源获得了最大限度的整合与利用，文化创意产业的价值链得以不断延伸和拓展。在底子薄、基础差、发展迟缓滞后的不利条件和形势下，西藏文化产业要实现通过5年发展，使文化产业增加值占全区生产总值的3%以上。文章提出实施西藏文化产业精品内容战略，走“差异化”发展道路；使艺术与高科技联姻，打造西藏文化创意产业集群和文化产业园区；把发展西藏文化产业和解决民生问题结合起来，把文化工程做成惠民工程；加强西藏文化产业创意人才的开发和培训，是实现文化产业发展的有效路径。

李子、孔繁秀的《西藏农家书屋工程建设现状调查与对策研究》（《西藏发展论坛》第1期）一文通过问卷、网络、报刊、电话等多种方式对西藏农家书屋工程建设现状和实施过程中出现的具体问题进行了调研分析，并提出相关解决对策，期望对未来工程建设有所启示与借鉴。

王清江的《西藏民族广播受众分布特点及传播效果分析》（《西藏发展论坛》第1期）一文通过对西藏民族广播受众分布特点及传播效果进行专项调查研究，分析相关调研数据，探索西藏民族广播的特点及民族广播跨越式发展的对策，旨在为西藏民族广播进一步做大做强提供决策参考。

袁爱中的《西藏宗教文化传播偏向问题研究》（《青海民族大学学报》社科版第1期）一文认为，西藏宗教文化的形成与发展受到传播的影响，但宗教又对传播具有深远的影响，甚至造成传播的偏向。在西藏，宗教是传统文化的灵魂。西藏的宗教造就了传播主体、传播内容、传播观念、传播符号、效果的偏向，这种偏向带来深远的社会、经济、政治、文化、心理的影响。

卓尕措的《我国佛教寺院图书馆发展初探》（《攀登》第4期）一文就我国佛教寺院图书馆发展状况作一简要论述，从中窥探港澳台与大陆、沿海与内陆、汉传佛教与藏传佛教寺院图书馆发展中存在的不平衡性。并通过比较对藏传佛教寺院图书馆建设提出一些建议。

王缙的《西藏地区民族报刊百年发展轨迹与媒介传播品质》（《四川民族

学院学报》第3期）一文认为，西藏报刊历史始于20世纪初，至今已有百年历史，不同时期有着不同的出版状况和特点。西藏地区民族报刊具有鲜明的媒介品质：政治传播为本；宣传民族政策，实现民族平等；传递信息，实现内外沟通；尊重历史，传播民族文化；普及现代科技，促进生产力发展。

郝刚的《西藏地区图书馆教育的现状与思考》（《西藏民族学院学报》哲社版第4期）一文分析了西藏地区图书馆教育发展的现状，并对西藏地区图书馆教育进一步发展提出了几点建议。

二、教育

本年度藏学教育领域的研究成果多集中于现代教育等方面。

郝世亮的《“三包”政策背景下西藏牧区家庭对待子女入学教育的态度及行动的社会学透析——以西藏阿里地区P县H乡为例》（《西藏民族学院学报》哲社版第6期）一文以阿里地区一典型牧业乡为研究对象，运用社会学理论探讨牧区家庭对待子女入学教育的态度和行为的影响因素。通过研究发现，学校教育历史的缺失、传统家庭教育的拓展影响以及教育示范作用不强等一系列因素对牧区家庭教育态度和行为带来消极影响，并以此提出相应对策。

洛桑曲尼的《拉萨市中小学艺术教育现状及发展思路》（《西藏大学学报》社科版第3期）一文以拉萨市六所中小学艺术课教学为研究对象，通过调查发现各学校存在艺术师资不足、课程开发和重视程度不够、教师科研能力和工作待遇有待提高等亟待解决的问题。文章根据国家有关中小学艺术教育的政策和规定，结合西藏教育的现状，提出了办学者应转变教育观念、教学者应提高科研能力和拓展教学思路、教育管理部门应鼓励开展地方特色和民族特色的艺术课程教学等发展对策。

邢俊利、李雪莲的《西藏学前教育的发展现状、问题与对策》（《西藏大学学报》社科版第4期）一文利用对西藏自治区教育厅、拉萨市各县（区）教体局及10余所区、市、县幼儿园的调研数据，分析了西藏学前教育的现状和存在的问题。并从大力发展普惠性幼儿园、加强幼教师资队伍培养和建设、完善西藏幼儿双语教材编写、完善政府职能和成立学前教育专管部门等方面提出了发展策略。

罗布卓玛、洛桑的《在西藏中小学体育教学中引入远程教育的研究》（《西藏大学学报》自然科学版第2期）一文主要运用文献综述和归纳演绎等研究方法，在概述远程教育在体育中的应用的基础上，针对西藏中小学体育师资缺乏的现状，提出了在西藏中小学体育教学中引入远程教育的思路，并就具体的实施步骤、操作细节和注意事项进行了探讨。

肖杰华的《青海民族地区双语教育的多元重构与文化反思——以藏族地区数学教育为例》（《青海民族研究》第3期）一文在问卷调查的基础上，从社会微观视角出发，以青海藏区多元文化场域的双语教育与区域发展的社会重构为主题，探析了新时期青海民族地区社会文化的多样性、区域文化的互动性、民族文化在区域利益层面的博弈性等多重社会文化样态及影响因素。着重指出：青海民族地区双语教育的拓展与推进基于多元民族文化场域中异质文化间的并存共生、良性互动与包容共享，民族地区双语教育不能忽视文化发展的多元性与多样性，共享、包容与尊重是双语教育最终取得发展的动力根源所在。

范春林的《藏、汉族儿童规则意识形成的比较及其对教育的启示》（《四川师范大学学报》社科版第6期）认为，儿童规则意识与遵守规则习惯的形成，是儿童社会性发展的基本内容，也是儿童社会化成功的标志之一。人的发展生态学理论认为，个体的发展是个体与其成长的生态环境交互作用的结果。本研究选取小学四、五、六年级四川藏区学生349名、汉族地区学生541名，通过问卷测查，发现藏族儿童规则意识总体得分和规则情感、规则意向得分显著高于内地汉族儿童，汉族儿童规则认知得分显著高于藏族儿童。为理解儿童规则意识的特点与其社会文化生态的关系，文章以人的发展生态学理论为基础，具体分析了藏、汉族儿童所处的独特的区域性宏观环境与微观环境的差异及其对藏、汉族儿童规则意识的不同影响，并依据研究结果，提出了儿童规则意识的教育策略。

西藏和平解放60年以来，基础教育发展与改革硕果累累。西藏基础教育办学成效显著，并不断完善和提高“三包”政策与标准。西藏基础教育由于地缘环境与历史进程的原因，目前也面临着一些突出问题。江卫华、仁青扎西、苏肖萌的《西藏基础教育发展现状与前景综述》（《教育与教学研究》第9期）在发现与分析现存问题的基础上，结合西藏“十二五”期间的目标与任务提出了相应对策与措施，包括促进学前“双语”教育事业发展，加强农牧区试点工作；加强中小学校本课程建设，扩展多元文化教育维度；加强义务教育经费与师资力量投入，提高义务教育保障水平等，以此促进基础教育并取得长足进步。

蔡红梅、李子华的《青海藏区民族特色学前教育发展路径研究》（《教育评论》第4期）认为，青海藏区学前教育发展面临着自然条件恶劣、经济支持能力薄弱、社会文化环境复杂和教育发展基础差等特殊的困境。基于我国民族教育发展的经验总结和藏区学前教育事业发展的重大意义，青海藏区在发展学前教育时，应将国家的指导、扶持发展与地方的自主、主动发展相结合，构建与现代教育相融合的、具有地域适切性和民族适切性的发展路径。

另外还有德倩旺姆的《藏族寺院教育与现当代学校体系中的藏文化教育比较研究》（《中国藏学》第4期）一文认为，藏族寺院教育是以苯教的九乘理论结构和佛教的十明结构教育体制及其知识体系为根基发展起来的，并在寺院教育及其学位晋升制度中得到进一步的发展和完善。近代兴起的现代学校教育体制及其知识体系是以当代教育体制及其现代知识结构为框架发展起来的。目前的藏族教育中两者兼而有之，各有所长，形成重叠互补的局面。这种教育体制及其知识体系的重叠、更新、演变和发展已经和必将对藏民族的未来和发展产生深远的影响。

本年度，有关文化、教育方面的论著不多，下面简要介绍其中几本：

王丽萍著《滇藏茶马古道：文化遗产廊道视野下的考察》（中国社会科学出版社）一书以“运用文化遗产廊道理念和方法对滇藏茶马古道这一跨区域大型线状文化遗产进行整体保护”为中心，整理了在“面”状或“线”状层面上古道所集聚与展示的遗产要素，基于对其遗产整体价值的认识，进一步探讨了滇藏茶马古道文化遗产廊道的内部格局、保护层次、保护项目和推进此文化遗产廊道顺利构建的保障措施，以期为我国诸多大型线形遗产保护提供经验借鉴。

李健胜、赵妾贞、俄琼卓玛著《儒学在青藏地区的传播与影响》（人民出版社）主要研究历史上儒学在青藏地区传播的主要条件、方式及其影响。全书共分五章，前三章分别探讨儒学在河西、洮岷、河湟、川西及滇西北的传播，根据不同区域的具体情况，探讨河西儒学对青藏地区的影响，汉族移民对河湟地区人文生态变迁的作用，改土归流与川西、滇西北人文生态变迁的关系等，并在此基础上研究儒学在上述地区传播的具体方面及历史影响。第四章主要研究世居青藏地区各民族文化与儒学之间的关系，考察儒学对青藏地区各民族文化的影响。第五章主要探讨儒学对青藏地区各民族国家认同、文化认同意识的作用与影响。

凌立等编著的《康巴藏族民俗文化》（四川人民出版社）是第一部研究并反映康巴藏族习俗文化的专著。其特点是以研究康巴藏族习俗文化为契机，对该地区藏族在长期生产生活中产生、发展和积淀下来的民族习俗文化进行了一次全面系统的搜集、整理，在研究的基础上尽量呈现康巴藏族习俗文化的原生态。运用系统分析和比较分析的方法，把康巴藏族习俗文化分成15大类：即康巴藏族的服饰、岁时节日、饮食、生产经营、居住与建筑、人生历程、传统体育、民间文艺、社会组织、民间信仰、交通运输、礼仪与禁忌、家族及姓氏、土司制度、吉祥民俗等。《康巴藏族民俗文化》把康巴藏族习俗文化横向编排，以考察康巴藏族习俗文化从多个方面表现出的不同点与共同点，从整体与部分的相互联系、相互作用的关系中揭示康巴藏族习俗文化的特征与发展规律。

宗喀·漾正冈布、英加布、才干等著《安多却达》（甘肃民族出版社）一书是第一部全面反映吐蕃（Bod）马文化的系统著述。全书共分为七个部分。本书图文并茂，藏、汉文对照，选用了一百多幅照片穿插其间，特别是不丹新王加冕典礼所用河曲马、都兰吐蕃墓出土文物、青海湖地区岩画等照片都弥足珍贵。

藏文部分

2012年中国藏学界对藏族文化教育的研究成果丰硕，有几十余篇论文在各类学术期刊和学报上发表，这些论著主要集中在藏族的传统文化、民俗文化、现代文化、基础教育、高等教育、传统教育等方面。其中不乏视野开阔、学术见解独到的文章和著述。现对上述成果做简要概述。

一、文化

（一）传统文化研究

藏族传统文化方面本年度的主要研究成果有：

更藏加的《论风马文化的起源及其象征意义》（《中国藏学》第2期）一文主要从风马的起源上指出风马上的动物为各个氏族的图腾（totem），各氏族在长期的部落生活过程中进行战争与博弈，通过相互征服而形成了风马。在后来的历史发展中风马被赋予藏传佛教的内涵，跟宗教祭祀中的本主等相联系，产生了宗教寓意。继而随着宗教的发展，变成日常生活中人们习以为常的习俗。这一论点不管在方法和理论上都具有一定的说服力。

东主才让的《也谈苯教文化相关的部分术语及其含义》（《西藏研究》第2期）一文主要以与苯教文化相关的术语为切入点，解读了与苯教名称相联系的个别术语及其衍生出的其他术语，比如："苯巴""苯加""博"。在对这些术语进行解释的同时，把"苯"所赋予文化的含义也作了论证，比如："恰苯""朵苯""举苯"等术语的含义。文章还把苯教的九乘理论和十二智者一一展开分析，进而指出与苯教文化相联系的术语特点。

曲卓嘎的《试论藏族历算中的"八卦"与藏民族生活习俗之间的关系》（《西藏研究》第2期）一文主要以藏族历算中的"八卦"为视角，从历史上考证"八卦"的由来，并且结合藏族的实际，用历史学、文献学等理论，通过比较、举证研究，说明"八卦"是从汉地传入藏地的这一论点。多杰群智的《略谈藏族伏藏文化》（《西藏研究》第3期）一文以藏族伏藏文献为切入点，对伏藏的含义、伏藏的起源、伏藏的撰写和形态以及伏藏所含的文化意义加以详细的分析研究。马克奥登菲尔著、娘吉加翻译的《关于青藏高原新石器时代文化形成问题的思考》（《青海民族大学学报》第4期）是一篇介绍并研究新石器出现的时间、青藏高原的原始气候、青藏高原的新石器种类及选择性的文章，该文应用比较、分析、总结的方法，研究分析了新石器文化现象。

改玛本的《谈藏族传统文化中的师徒情结》（《西藏大学学报》第2期）一文主要从传统文化方面入手，探讨了藏族传统的拜师制度。拉巴次旦的《藏族传统文化中的"龙"之比较研究》（《西藏大大学学报》第3期）一文主要对"龙""鲁""纳嘎"等的藏族文化含义中的"龙"进行了分析，着重研究了这些术语及其相互联系。

旦正加的《论藏族民间信仰中的"央"观念的变化及其文化特征》（《青海师范大学学报》第1期）一文主要介绍了"央"的含义并对其文化含义做了进一步的研究。元旦的《苯教古籍中的"ཁྱུང"及其文化内涵研究》（《青海师范大学学报》第2期）一文主要从苯教的文献入手，探讨了藏族文化与"ཁྱུང"之间的联系。

尕藏的《藏族丧葬文化浅议》（《群文天地》第4期）一文主要从五个方面分析了藏族丧葬这一文化内涵。第一，火葬及仪轨。第二，石葬与土葬及仪轨。第三，天葬及仪轨。第四，塔葬及仪轨。第五，水葬及仪轨等。格桑平措的《吐蕃时期邬都赞对藏文化发展的影响》（《攀登》第1期）一文主要从邬都赞的历史入手，并从论述了邬都赞的功过。

（二）民俗文化研究

1. 节日、信仰、禁忌方面的研究

南措的《青海湖西边牧民节日文化述略》（《群文天地》第1期）一文主要围绕藏族的婚庆庆典仪式，对从婚姻习俗的传统到结婚的整个过程做了系统的研究。旦正黄加的《浅析工布地区的射箭歌》（《群文天地》第2期）一文主要对工布地区射箭起源及射箭歌的形成进行了研究。卓改措的《藏族放生习俗述略》（《群文天地》第2期）一文主要从藏族的放生习俗入手，从四个方面研究放生习俗的历史由来。一为放生的含义；二为放生的裨益与杀生的罪恶；三为放生对环境保护的作用；四为放生唤醒人心向善等。旦正加的《论尖扎嘎吾村的文昌跳神及文化特征》（《群文天地》第2期）一文通过整个藏区的跳神习俗窥探其历史由来和发展形式，再以安多尖扎嘎吾村的跳神习俗作为案例进一步加以研究，论证了跳神习俗的起源、传承、内容等。

2. 服饰、纹像方面的研究

齐目才让的《甘南卓尼藏族"缇提玛"服饰文化》（《群文天地》第1期）一文主要介绍并研究卓尼藏族"缇提玛"服饰的历史起源、社会背景和自然环境。叶旦才让的《藏族服饰皮袄》（《群文天地》第3期）一文主要以藏族的皮袄服饰为主线，从六个方面探讨了藏族服饰文化的内涵。一为皮袄这个词的来源。二为皮袄的发展历史。三为穿皮袄的习俗及皮袄的分类。四为穿皮袄的其他民族。五为裁缝皮袄的过程。六为皮袄的特点等。增太加的《浅谈藏族生活器具小糌粑袋》（《群文天地》第4期）一文主要以藏族的小糌粑袋为主线，从五个方面探讨了小糌粑袋的文化价值及对藏民族生活的影响。一为藏族的饮食与小糌粑袋之间的联系。二为小糌粑袋的认识、发展及现状。三为做小糌粑袋的工艺及特点。四为小糌粑袋的用途。五为小糌粑袋的文化价值等。

（二）现代文化研究

西藏和平解放60年来，经过了民主改革和有中国特色社会主义的建设，

藏族经济社会发生了翻天覆地的变化。随着改革开放的不断深化，藏族的传统优秀文化通过民族区域自治制度得到了充分尊重和保护，并随着现代化的发展，增添了符合社会和时代进步的新内容，逐步向现代化过渡。尽管在现代化转向上经历了很多曲折，但在党中央的关心和全国人民的支援下，经过艰苦奋斗，使广大藏区的现代化取得了巨大的成果。经济发展实现了重大飞跃，城市化水平不断提高，对外开放成效显著，环境保护与经济发展协调，教育、科技和医疗卫生事业迅速发展，优秀传统文化得到发掘、保护和创新，藏民族传统得到尊重和科学继承，人民生活质量大大提高。在这一过程中，藏族文化得到了充分的保护和发扬光大，不断增添新的内容，积极主动地寻求与现代社会的接轨，无论其外延还是内涵都发生了重大变化。因而，在现代化条件下，转换藏族传统文化的内在机制，增强其生命力，以适应现代社会对文化的要求，成为藏族文化发展的历史必然。本年度的研究有：

叶旦才让的《藏族素食文化述略》（《群文天地》第 3 期）一文主要以藏族的素食为主线，从三个方面探讨了藏族素食的由来及文化内涵。其一为牛奶类的素食，介绍了牛奶的性质、分类、用途等。二为酸奶类的素食，介绍了酸奶的性质、分类、酿酸奶的过程、酸奶的用途等。三为酥油类的素食，从酥油的用途、对日常生活的影响等方面做系统分析。兰措卓玛的《公共文化设施对外开放的几点建议》（《群文天地》第 2 期）一文以国家的有关政策法律为视角，借鉴内地等的公共文化设施的免费对外开放的法规，对藏区的各个公共文化设施免费开放问题做了细致的研究。内容分三个部分：一为公共文化设施的免费开放所带来的服务意义。二为公共文化设施免费开放的方法述略。三为基层文化建设服务有待提高等。多杰措的《如何开发文化馆站的建议》（《群文天地》第 2 期）一文从建馆的自然环境、所需资金、人的认识改变以及馆建制度等四方面探讨了文化馆站的开放方面存在的弊端。

二、教育

（一）基础教育研究

关却尖赞、龙智多杰的《藏族品行教育发展的历程》（《青海师范大学学报》第 1 期）一文主要从道德、环境保护、身心健康三方面探讨藏族的品行教育。旦正多杰的《优化化学实验教学 培养学生学习的兴趣》（《青海师范大学学报》第1期）一文讲述了在实验教学中应考虑教学的条件及允许范围，利用学生的兴趣爱好，对化学实验进行合理的安排。仓决的《藏语文教学过程中应注意教法改进》（《西藏教育》第6期）一文主要以教学教法为主线，对中小学生的教学课上应注意的事项进行详细的探讨。并提出自己的见解：一为教师尽量用新观点来教学；二为小学教师在推荐图书时应因人而异；三为分析课文时应用多种方法；四为对基础差的学生加以指导等。拉巴的《作业布置中容易忽视的几个问题》（《西藏教育》第6期）一文通过学生课外作业的完成情况从三方面分析了影响学生学习的动力。一为老师布置的作业多。二为作业的重复性严重。三为作业的内容偏离课本。四为老师和学生间的互动缺乏等。索朗群培的《论五省区初中藏语文教材中语法学观点》（《西藏研究》第1期）一文对五省区的藏语教材《藏语文》中的语法知识上存在的问题提出了改进建议。格桑益西、边巴的《不同时期使用西藏教学用语及其缘由分析》（《西藏研究》第1期）一文，通过有关教育文献和自治区相关教育政策大背景下，不同时期出现的教学用语及其在发展中的作用做了进一步分析，从而探讨了以藏语教学为主的教学模式、藏汉双语的教学模式、双语教学模式的成果以及双语教学模式的实践作用。吾金旦达的《浅谈新课改视域下的藏区藏语文教学法》（《青海民族大学学报》第4期）一文主要以高中藏语文为视角，分析了藏语文教材的时代性、民族性。达瓦扎西的《课后反思是新课程改革的新要求》（《西藏教育》第6期）一文主要从课后写感言为主线，从三方面探讨了课后作业的重要性。其一为把上课的内容记录到日记。二为记录课上的不足点。三为记录思考性的东西等。

（二）高等教育研究

公保扎西的《从知识分类角度对现代民族高校建立藏学学科的几点思考》（《西藏研究》第3期）一文分析了现代民族高校的学科建设、藏学研究机制等特点，并且指出了以下七个问题：一为常识性的藏学学科建设滞后。二为经验性的知识储备严重缺乏。三为史诗和传说方面的藏学学科建设有待提高。四为科学知识方面的学科甚少。五为哲学知识方面的学科须建设。六为艺术知识方面有待完整。七为宗教知识方面的学科有待提高等。同时提出五个方面的解决思路。一为藏学学科的教学内容须改革。二为以现代藏学发展的眼光来建设藏学学科。三为藏学学科的结构须改变。四为学科群体的结合。五为学科水平的提高等。

语 言 文 字

汉文部分

2012 年度藏语文的研究成果与去年相比数量上略有减少，但质量都很高，主要包含藏语文本体研究、藏语言文字研究史、社会语言学和计算语言学以及实验语音学诸多领域。伴随着信息化建设的发展以及国家对民族语言文字科学处理的重视，藏语计算语言学和实验语音学得到学界同行的关注，相应的研究成果在本年度的论著中占据很大的比重。2012 年度藏语文研究成果中不乏研究手段先进、学术观点新颖的学术论著，下面根据研究领域和研究方法分别论述。

一、本体研究

汉语和藏语是汉藏语系内最重要的两种语言。长期以来，藏语文研究学者有着从事跨语言研究的传统，2012 年关于汉藏语和藏语文本体语音方面的研究成果主要有：王双成的专著《藏语安多方言语音研究》[上海文艺出版（集团）有限公司中西书局]、崔金明的《试析汉藏语比较对上古音的价值》（《西北民族大学学报》哲社版第 4 期）、李琴的《试析上古汉语 * sP – 类复声母的演变》（《民族语文》第 3 期）与《试析李方桂邪母上古音构拟的“同一标准双重构拟”问题》（《汉字文化》第 1 期）以及邓凤民的《汉语比较标记和差比句语序类型》（《汉语学习》第 2 期）、仁增旺姆的《藏语存在动词的地理分布调查》（《中央民族大学学报》哲社版第6期）等。

王双成的《藏语安多方言语音研究》一书共分8章，总计32节。第一章绪论部分，介绍了藏语在汉藏语系语言研究中的地位以及藏语安多方言语音研究的意义，并对书中的材料来源以及所使用的符号系统予以说明。第二章介绍了藏族的语言和文字。与以往研究不同的是，作者在本章不仅对藏族的语言和文字进行了介绍，还回顾了国内外学术界对藏语史的历史分期以及藏语方言的研究情况，并对藏文的起源、文字构造以及藏文发展史进行了介绍。第三章介绍了安多方言的特点以及内部分区。作者认为学界以往对藏语安多方言的划分存在不足，安多方言内部词汇和语法的一致性很高，方言土语的划分应该以语音特征为主要参照，同时考虑词汇和语法方面的差异。作者提出了安多藏语次方言划分的依据和标准，并将藏语安多方言分为北部牧区话、北部农区话、南部牧区话和南部农区话4个次方言，此分类在学术界尚属首次。第四章介绍了各个次方言的语音系统，并讨论了安多方言音节结构的特点。第五章介绍安多方言声母主要特点以及特定类型声母的演变特征，通过比较探求古藏语声母sr－的来源以及古藏语－r－的音变问题。本章作者结合现代语音学理论，运用实验手段，对安多方言的小舌音和送气擦音的特点及其历史来源进行了讨论。作者在运用大量文献证据的同时，采用实验语音的手段通过相关参数的比对，多角度分析论证藏语安多方言不同类型声母的特点及其历史来源，并预测了声母的演化轨迹。第六章介绍安多方言韵母主要特点。首先，古藏语的5个元音在安多方言中发生了高化、低化、后化、央化以及舌尖化等一系列音变。其次，对于安多藏语复元音的语音特征，作者用实验手段证明了安多藏语语音系统中有真性复元音，真性复元音源于音节缩减。韵尾的演变在安多方言内部呈现出不平衡的状态，作者对古藏语不同类型的韵尾在今安多方言内部的演变特征进行了研究。语流音变是影响语音发展的一个要素。安多方言的语流音变主要表现为语音同化、音节合并和语音换位。第七章介绍玛多话的声调。作者在实验的基础上认为藏语玛多话的声调分为高调和低调。第八章介绍了藏语方言的语音类型。作者重点讨论了藏语方言的共时语音类型和历史音变类型。作者对藏语方言的塞音、擦音、鼻音、近音以及复辅音和元音的语音类型进行了研究。藏语安多方言的研究与卫藏方言相比，相对薄弱，本研究对于丰富和发展藏语语言研究，了解藏语方言的语音面貌、语音类型特征、方言间的共性和差异具有很重要的参考价值，对于推进藏语语音史的研究意义重大。从方法论角度讲，本研究是目前学术界综合运用多种方法即共时描写与历时比较并用、传统文献与现代实验语音软件分析相结合的方法，堪称学界研究藏语方言的典范之作。

崔金明在《试析汉藏比较对上古音研究的价值》一文中认为，上古音研究的方法根据使用材料的不同可分为“以汉观汉”和“以番观汉”，而汉藏比较就是“以番观汉”中极为重要的一种方法，它弥补了“内部比较法”的不足，随着汉藏比较材料的不断增多，“汉藏比较”应该利用老材料，挖掘新材料，结合科学的方法，使它为上古音的研究作出更大的贡献。李琴在《试析上古汉语 * sP - 类复声母的演变》和《试析李方桂邪母上古音构拟的“同一标准双重构拟”问题》两文通过对汉语上古音通转材料、民族语言的语音演变情况和汉藏语同源词比较等材料分析，可以推论上古汉语 * sP - 类复声母的字，在塞擦音产生之前主要与擦音心母谐声。之后 * sP - 的 s 词头慢慢弱化并最终失去，受短元音复化影响，这类字中古时大多演变为三等唇音字，并具有重纽四等特征，并对李方桂先生的邪母上古音构拟提出了自己的看法。

语法方面的研究成果主要有邓凤民的《汉语比较标记和差比句语序类型》，在汉藏语背景下讨论汉语比较标记和汉语差比句的语序类型。通过与汉藏语系非汉语比较标记对比，提出汉语比较标记的动词性质及其语法化程度决定着汉语的差比表达格局，同时制约着汉藏语系其他语言对汉语比较标记的借用和接受程度。对某一具体词类的分析也是藏语语法研究关注的问题。仁增旺姆在《藏语存在动词的地理分布调查》一文中，对 12 种藏语的存在动词词形的分布情况进行了研究，其中有 5 种只在书面语中使用，有 7 种在各地方言口语中使用。不同的存在动词词形具有一定的地域分布特点，同时显示出不同地区的语音特点。藏语存在动词的整体特点与藏族社会的发展历史及藏语分布地域的广阔有着密切的关系。作者认为那些只保存在书面语中，在现代藏语口语中已找不到使用范例的存在动词词形，应该就是在社会统一过程中逐渐失去竞争力的词语。

二、藏语言文字研究史

涉及藏语言文字研究史的成果主要有完玛冷智、多杰东智、周毛草等的专著《藏语言文字研究史》（社会科学文献出版社）和尹蔚彬的论文《近十年来我国汉藏语比较研究的特点及意义》（《中国藏学》第 2 期）。

完玛冷智等著的《藏语言文字研究史》分前言和四个章节，共五部分。第一章介绍藏族和藏语的基本情况，第二章介绍古代藏语言文字研究。主要从古代藏文文字研究、文法研究、古代语音研究、正字学、辞书编纂、术语规范，以及梵语声明学几个方面说明。第三章是现代藏语言文字研究，书中介绍了现代藏文研究，现代藏语文法、语法，现代藏语语音、词汇以及现代藏文正字学、辞书编纂、现代藏语方言和藏语言文字规划等多方面的综合内容。第四章将藏语言文字研究进行了历史分期，并对苯教文法进行了研究，作者在第四章末尾对藏语文字研究的发展趋势进行了预测。该书以一千多年来的藏文文献为研究对象，以历代藏族学者关于语言学及语音学的普遍性解释为线索，以书面规范语言为主要指向的传统文法学理论为主，较为全面地梳理和探讨了藏传语言学的历时研究。作者认为，从语言学科的研究轨迹看，藏传语言学有自己独特的历史和传统，有适合自己语言实用规则的学科理论和研究方法，这些方法和理论以本土学者的探索和研究为主线，继承和发展了对古印度语言学家的研究成果。可以说，《藏语言文字研究史》是有关藏语言文字研究史的首部综合论著，填补了藏语言文字研究史的学术空白。

尹蔚彬的《近十年来我国汉藏语比较研究的特点及意义》一文从同源词研究、语音比较研究、语法比较研究、理论与方法探索、汉藏语同源词研究数据库的建设以及汉藏语比较研究的意义等6个方面对学术界近十年来汉藏语比较研究的成果进行了梳理，作者尤其对汉藏语同源词数据库的建设以及汉藏语比较研究的意义提出了自己的主张。文章认为21世纪第一个10年间我国汉藏语比较研究取得了长足的进步，学术成果丰硕，但汉藏语研究也还存在薄弱环节，认为对现有研究成果的总结与回顾有助于把握中国藏语文研究发展的动向，将对今后的藏语文研究工作起到指导和借鉴作用。

三、社会语言学

社会语言学主要围绕国家语言发展战略、语言使用状况调查与语言规划、语言的民族认同与国家认同、语言文字传播、语言接触与语言关系等问题展开研讨，关注社会语言生活中的热点和难点问题，语言使用和双语教育也一直是我国社会语言学关注的焦点。

（一）语言使用情况

2012年度涉及语言使用情况的论著主要有：李永斌的《论西藏媒体语言

对汉藏双语使用的影响》（《西藏民族学院学报》哲社版第3期），刘宏宇、李琰等的《北京藏族知识分子城市社区语言调查》（《西北民族大学学报》哲社版第3期）。

李永斌在《论西藏媒体语言对汉藏双语使用的影响》一文中就西藏的媒体语言对藏族居民的影响进行了探讨，认为媒体语言对藏族居民的影响以藏语为主，汉藏双语使用的情况在农村和城镇程度不一，藏族居民接受汉藏双语媒体影响状况和自身语言水平与需求相一致，西藏媒体使用汉藏双语。刘宏宇、李琰等的《北京藏族知识分子城市社区语言调查》一文对北京市三个单位社区藏族高级知识分子语言使用情况进行了调查分析，认为藏族母语在家庭中还有着很强的地位和功能，在一定的工作环境和居住环境中藏语依然保持优势，在职业妇女和北京出生并生活的第三代中语言变异较为明显。

（二）双语教学

双语教学一直是藏区教育研究的热点。相关的研究成果有：李波的《教育优先发展背景下的西藏双语教育策略研究》（《中国藏学》第2期）、巴桑卓玛的《西藏基础教育阶段双语教学现状与发展对策研究》（《吉林省教育学院学报》上旬第1期）、丰伟的《青海藏汉双语教育实践浅探》（《柴达木开发研究》第1期）、次仁多杰的《浅谈初中藏文新课改下的教学方法》（《科教导刊》中旬刊第2期）、朱红的《西藏高校制订语言类课程规划的几点思考——以西藏民族学院为例》（《西藏教育》第6期）等。

李波在《教育优先发展背景下的西藏双语教育策略研究》一文中认为，西藏实行的双语教育政策虽然已经取得了良好的效果，但在教学模式的选择和实施策略上还存在诸多问题，如何从实际出发确定适宜的教学模式，更好地把掌握两种语言与文化适应问题结合起来，为学生的成材打下一个良好的语言发展基础，还需深入探究。文章在比较分析西藏双语教学模式的基础上，探讨西藏双语教育应采取的基本策略，期望为更好地实施双语教育提供参考。朱红在《西藏高校制订语言类课程规划的几点思考——以西藏民族学院为例》一文中对我国藏区语言类课程规划提出了自己的看法。巴桑卓玛在《西藏基础教育阶段双语教学现状与发展对策研究》一文中，根据实地调查和大量统计资料，分析西藏“双语”教学的基本情况，主要涉及民族语言分布与使用情况、双语教学的制度、双语教学的基本模式、双语师资等，并对其进行了探讨，为推动西藏基础教育阶段双语教学的不断发展和完善提供了很多宝贵建议。大扎西在

《西藏中等职业学校藏文教学探讨》一文中通过从学生实际出发、与汉语文进行比照、注重课堂教学效果及着重于语言的理解与运用等五个方面，对西藏中等职业学校的藏文教学进行了探讨。次仁多杰在《浅谈初中藏文新课改下的教学方法》一文中就初中藏文教学方法进行了探讨。

四、计算语言学与实验语音学

（一）计算语言学

计算语言学近年来在我国呈蒸蒸日上的态势，突出表现在公开发表的科研成果数量多、质量逐步提升上。伴随着国家对民族语言文字信息化处理的重视，全国各地尤其是民族类院校藏语文信息化处理获得国家立项的科研项目和重点实验室基础建设同比增长比较多，国家和各个科研院所也加大在这方面的投入。我国藏文信息处理起步较晚，标准化建设尚待进一步完善，藏文信息技术研发单位各自为营，缺乏交流和合作。更重要的是我国藏文编码还没有完全遵循藏文国际编码集，大家经常是根据各自的需要设计扩充编码集，可以说我国藏文信息处理的技术与国际先进水平还存在差距。为了推动国内藏语文信息化建设，应该加大对国际标准小字符集技术的深入研究，根据国内信息化需要研制藏文大字符集国家标准，尽快统一国内藏文编码，编码多样化导致藏文网络传播与交流出现了杂乱无章的局面，严重制约了藏文信息化研究的进程。因此对于不同藏文编码之间的转换研究就显得十分必要，2012 年度有多篇论文涉及藏文编码转换的研究成果公开发表，主要有：邢超等的《藏文文本编码方案的识别算法》（《信息网络安全》第 12 期）。

藏语文标准研究包括两个研究领域：一是藏语文字使用的规范标准，二是藏语文信息处理所用的规范标准。藏语计算语言学研究内容包括藏语文的拉丁转写规范、分词规范、词类规范、语料库规范、语言知识的表述规范等。

藏文字符识别研究是藏文文本信息化的一项基础研究，对于藏文输入、文献信息化、语料库建设等方面产生了重要影响。字符识别研究包括印刷体字符识别和手写体字符识别，印刷体字符识别又涉及雕刻版字符识别。江荻、周学文、龙从军等人的《藏文识别原理与应用》（商务印书馆）是一部介绍文字识别原理和技术、藏文字形结构和统计特征、藏文识别技术和应用的书籍，也是目前中国第一部有关藏文识别的专著，对关心藏文识别或文字识别技术的读者有重要的参考价值。该书共有七章，第一章绪论介绍了藏文识别研究的背景、技术以及研究现状。第二章介绍了藏文的字形和结构特征。第三章介绍了藏文编码简史和字体。第四章介绍了 OCR 理论和方法。第五章介绍了不同语言环境下 OCR 的实现。第六章介绍了藏文识别预处理。第七章介绍了藏文印刷体的识别。第八章介绍了藏文识别后的处理。该部著作总结了藏文文字识别的基本理论方法与软件开发的情况，是藏文文字识别研究的集成作品，对推动我国少数民族文字研究和信息化研究有积极的作用。关于藏语文识别的文章还有：李永忠等的《藏文印刷体字符识别技术研究》（《南京大学学报》自然科学版第 1 期）、小普桑等的《藏文笔迹的分析与鉴定》（《西藏科技》第 4 期）、赵冬香等的《BP 神经网络在脱机手写吾美藏文识别系统中的应用》（《贵州科学》第 2 期）、赵栋材的《基于 BP 网络的木刻藏文经书文字识别研究》（《微处理机》第 5 期）、才让洛加等的《识别现代藏文基字的算法设计与实现》（《西藏科技》第 5 期）等，这些论文关注藏文文字识别中的某类具体问题，探讨识别的策略，推动了藏语文字识别研究的不断深化。

语料库建设对语言信息处理意义重大，因此反映语料库加工方法技术以及基于语料库的语言研究文章也比较多，包括才藏太的《藏文语料库深加工方法研究》（《计算机工程与应用》第 26 期）等都是针对整个语料库的结构组织、标注方法等的研究；力毛措的《藏语语料库管理系统中读写数据粒度问题的研究》（《青海师范大学学报》自然科学版第 2 期）等则对语料库加工过程中的具体细节问题进行了讨论。

与标注语料库建设密切关联的是分词与词性标注技术研究。2012 年度藏语分词技术取得了丰硕的成果，不但体现在发表文章的数量上，也体现在分词方法革新和分词软件开发方面。

对藏语分词方法进行研究的论文主要有：陈朝阳等的《基于 Dijkstra 算法的藏语分词研究》（《数字通信》第 6 期）；反映基于规则分词系统开发的文章有刘汇丹等的《SegT：一个实用的藏文分词系统》（《中文信息学报》第 1 期）、才华等的《Unicode 藏文分词系统的设计》（《西藏科技》第 7 期）、赵栋材的《基于虚词切分的藏文分词系统的设计与实现》（《西藏大学学报》自然科学版第 2 期）。基于规则的藏语分词研究面临诸多问题，分词的精度有待进一步提高，为此一些研究者尝试把统计方法引入到藏语分词研究中。首先把统计技术引入藏语分词的是史晓东、卢亚军等，他们在《央金藏文分词系统》（《中文信息学报》第 4 期）一文中介绍了把汉语分词系统 Segtag 的技术移植到藏语分词中，主要采用隐马尔科夫模型，将分词和标注一体化处理，获得了不错的效果。羊毛卓玛和欧珠等的《一种改进的藏文分词交集型歧义消解方法》(《西藏科技》第1期)、巴桑杰布等的《藏文分词系统中紧缩格识别和藏字复原的算法研究》(《西藏科技》第2期)、羊毛卓玛等的《藏文自动分词中未登录词处理方法研究》(《计算机工程》第17期) 等。

语料库的词性标注研究的成果不是太多，其原因主要在于分词的精确度不高限制了词性标注研究的推进。语料库词性标注研究所采用的技术方法以统计模型为主，主要成果有：扎西多杰等的《基于HMM藏文词性标注的研究与实现》(《计算机光盘软件与应用》第12期)。词性标注细节研究，包括标注词典，具体某些现象的标注研究，如扎西加等的《藏文文本分词赋码一体化研究》(《西藏大学学报》自然科学版第1期)。但是总体上来看，藏语词性标注研究还存在很多问题，标注的精确度还不高。

资源建设还包括知识库建构和双语语料加工。知识库建设方面也取得了一定的成果，才让三智等的《面向信息处理的藏语虚词知识库构建研究》(《西北民族大学学报》自然科学版第2期) 等都试图通过建立语法知识库来解决藏语计算处理中所需要的资源。但是语法信息知识库的构建是一项艰苦而持久的工作，当前藏语知识库建设的水平还较低、规模不大，还需要继续加大研究的力度。

双语语料库建设难度要比建立单语种语料库难度大，尤其是词级单位对齐的语料库在语言信息处理中起关键作用，涉及这方面研究的文章也比较多，主要有才让卓玛等的《基于语料库的藏语高频词抽取研究》(《计算机工程》第15期)、曹晖等的《藏文报纸词语统计研究》(《西北民族大学学报》自然科学版第3期)。马拉毛草等《基于语料库的藏语形容词统计研究》(《西北民族大学学报》哲社版第6期)、祁坤钰的《基于语料库的藏语名词分类与统计研究》(《西北民族大学学报》自然科学版第3期)，这些文章的特点在于关注藏语新词新语、网络词汇，在研究方法上以基于语料库的统计方法为主。

文本信息处理是近几年藏语计算处理的核心研究领域，龙从军在《当前藏语信息处理的几个关键问题》(《科研与信息化》第4期) 概述了当前藏语文本信息处理的几个基本问题以及对策。文本处理包括文本知识自动发现，自动分类、知识抽取、校对、检索等内容。

边界的识别问题，对于句法研究意义重大。相关的成果有徐涛等的《统计与规则相结合的藏文句子自动断句方法》(《云南大学学报》自然科学版第6

期）、才藏太的《基于最大熵分类器的藏文句子边界自动识别方法研究》（《计算机工程与科学》第6期）、马伟珍等的《藏语句子边界识别方法》（《西藏大学学报》自然科学版第2期），上述成果的特点在于把统计手段融入句子识别研究中，规则和统计方法的融合，提高了藏语句子识别的精确度。

关于文本自动校对的研究主要有刘文香的《现代藏文文本校对设计方案研究》（《西藏大学学报》自然科学版第2期）、关白、才科扎西的《现代藏文音节字自动校对研究》（《计算机工程与应用》第29期）等。藏语计算语言学还包括特定应用软件的开发，如卓嘎等的《基于Flash的藏文字母打字游戏的设计与实现》（《西藏大学学报》自然科学版第2期）、高红梅等的《藏文网页爬虫设计与实现》（《信息与电脑》理论版第9期）。

应用藏语文软件的开发也是基于计算语言学发展起来的。相关的研究成果有：戴玉刚、刘战东的《藏文Flv播放器的设计与实现》一文利用Flex技术，开发了一款藏文Flv播放器，该播放器实现了藏文字体在播放器界面上正常显示和视频文件的正常播放。实验结果表明，利用Flex技术开发的藏文Flv播放器能够给用户带来更丰富、体验性更强的用户界面。

孟祥和、何向真、曹晖的《基于民族文字的在线虚拟键盘实现技术》以在线藏文虚拟键盘为例，描述了在线民族文字虚拟键盘的实现技术，并在字符编码、键盘布局、浏览器兼容等方面进行了详细阐述。在线民族文字虚拟键盘为用户提供一个与国家标准键盘布局相对应的民族文字虚拟键盘，其具有直观、形象、易操作的特点。民族文字的在线虚拟键盘技术的实现，改善了B/S模式下民族文字输入不便的问题。

（二）实验语音学

与计算语言学相比，2012年度实验语音学的研究成果不是很多，代表性的有：李冠宇、孟猛的《藏语拉萨话大词表连续语音识别声学模型研究》（《计算机工程》第5期），于洪志、高璐等的《藏语机读音标SAMPA_ST的设计》（《中文信息学报》第4期），范俊军的《基于调查字表词表注音的汉藏语言音系处理系统》（《语言文字应用》第2期）等。

李冠宇、孟猛在《藏语拉萨话大词表连续语音识别声学模型研究》一文中，根据藏语的特点，提出藏语拉萨话大词表连续语音识别声学模型，利用高层次的藏语语言知识减少模式匹配的模糊性。以音素和声韵母为声学建模单元，在HTK平台上建立上下文相关的连续隐马尔可夫声学模型，以实现藏语拉萨话特定人大词表连续语音识别。实验结果表明，在最优情况下，该模型词错误率只有7.8%。于洪志、高璐等的《藏语机读音标SAMPA_ST的设计》一文选取具有代表意义的藏语卫藏方言的拉萨话、安多方言的夏河话以及康方言的德格话进行语言调查；整理归纳藏语三大方言音系，包括单辅音、复辅音、单元音、复合元音和辅音韵尾，以及三大方言声调；依照SAMPA的规则建立适合于藏语三大方言的机读音标，并设计了SAMPA_ST的自动标注系统，实现文音转换功能，为语音的韵律特征分析和语音工程的研究提供依据。范俊军在《基于调查字表词表注音的汉藏语言音系处理系统》一文中认为：计算机对语言调查表记音文本语料的音标校对、音系整理、编制同音字汇表和音节词素表，关键是从音标字符串中准确地切分音节、声母、韵母、声调。正向扫描最小数字字符匹配，可用于切分出音节字符串和声调数字串；正向扫描最小元音字符匹配，可用于切分声母和韵母。在此基础上，从字表和词表中随机提取例字例词，可快速生成音系表、同音字汇、音节词素表，从而大大提高语言田野调查的语料整理效率。

以上是对2012年度藏语文研究的初步总结，鉴于刊载藏语文研究的期刊种类比较繁杂，如有遗漏还请方家海涵。

藏文部分

2012年中国藏学界对藏语言文字的研究较上一年的研究成果少，出版的相关图书和发表的论文不多。2012年的研究归纳起来有四个方面的特点：首先，研究的内容广泛，在上一年的基础上，既有对藏语文的历史及发展的历时研究，也有对藏语文的语法学、方言学、语音学、文字学、现代藏语的口语和书面语等方面的共时研究。对吐蕃时期的语言特点、语法研究和敦煌文献的语法研究取得了很大的成果。其次，理论创新凸显，既有在《三十颂》《音势论》等著名古藏文文法典籍的基础上，结合比较学的方法对藏汉语法结构和理论研究，又有对现在藏语文的使用规范和未来发展方面的研究，如：术语规范、方言规范等。再次，研究方法多样，大多数学者在研究藏语文的过程中运用文献比较学、列举法、对照法、社会语言学对藏文的结构学、历史学、字源学进行研究，取得了优秀的成果。最后，藏语文翻译理论研究深入，而且论文较多。随着我国社会经济的发展，对藏语言文字的规范化和统一化的要求不断提高，对此专家学者对藏语言文字的翻译理论研究更显深化，并且水平大幅提高。下面按相关领域分别予以介绍。

一、藏语言文字的文法研究

藏语言文字的文法研究，受到印度语言文字研究传统的影响。所谓的文法，包括语法、语音、文字和正字法等内容。2012 年，有关藏语言文字的文法研究的成果有数十篇，比上一年的研究成果少。对于藏语言文字本身的文法结构特点，结合现代语言文字学的研究理论和方法途径，从不同的理论视角和方法对藏语言文字的语法、语音、文字、词汇等方面进行了深入的研究。

（一）语法研究

传统的古藏文语法指对文法的研究，据传，藏文传统的文法书原有八种，但传世的只有《授记根本三十颂》（简称“三十颂”）和《性入门》（也称“字性缀联法”）两种，成为后世文法研究的滥觞。从根本上说，《性入门》是从字性和缀联的角度对《三十颂》的注释、疏证和补充。藏文的语法有非常严密的语法结构和规则，这种结构和规则的影响，使千百年来很多术语和有关观念至今未变。

2012 年有关藏文语法的研究有几篇研究论文，其中，普琼的《考述古藏文“འ”字（三）——“འ”为基字组成的组词体系及其历史演变》（《西藏研究》第 2 期）一文是作者在 2011 年写的《考述古藏文“v”字》——古藏文“v”字的字形源流及古体“v、b、w”三字之间的音形结构关系（《西藏研究》2011 年第3 期）和《考述古藏文“v”字（二）——试析古藏文前后加字“v”的用法》（《西藏研究》2011 年第 4 期）之续。文章在上一年研究的基础上，对古藏文，包括吐蕃时期的碑文、钟鼎文、敦煌文献等文献里出现的基字“འ”及由此形成的“འི”“འིས”“འིམ”“འང”及其应用进行梳理，而且在传统的语法研究上加以区别和总结，对于本年度来说这篇论文的成果比较明显。嘉央扎西的《“ཆ”与“ཆེན”之不同用法分析》（《西藏研究》第 2 期）

主要是围绕“ཚ”与“ཚེན”在应用方面的差异用例子等形式进行仔细分析，解决了长久以来在语法上出现的通病，并在语法基础上规范了藏文写作，也在现代藏语的语法上进行着重说明，并对藏文的实际运用起到一定的作用。华毛的《藏文动词的结构与应用分析》（《西藏大学学报》第1期）一文从三方面对藏文的动词进行了研究：一是动词的含义、动词的变革、动词中的敬语特点；二是动词的应用，比如对动词的过去式、进行式、未来式进行归纳与总结；三是对动词的作用进行研究。除此之外，次仁多吉的《简析藏语语法中修饰词的含义及其应用》（《西藏大学学报》第3期）一文对藏文语法中修饰词的含义及其在现代藏语中的应用规范通过举例、比较、文献学等多种方法进行研究。扎林洛桑的《藏文中存在的部分不规范名词解析》（《西藏研究》第4期）一文主要从现代藏语的实际出发，指出在文化与信息等各方面的相互交流和影响下，很多藏语名词翻译得不规范、不标准、不准确。至此，作者对从汉藏语交流中出现的比较汉语化的名词，进行梳理、分析，在加以总结的同时提出了对策建议。

（二）语音研究

通过方言比较，构拟藏文创制时期语音系统，或使用文献资料探讨特定时期和地点的语音问题，但大多数古代藏语的语音研究都包含在语音的历史演变研究中，如：声调、复辅音声母和韵母的相关研究，这些研究既是对古代藏语语音的研究，也是对现代藏语语音的研究。藏文是在一定的藏语基础上创造的，所以现在藏语的语音与藏文有严格的对应关系。但有一些藏文声母的读音与现代藏语的发音不一致，在同一话语中的语音也不一致，这种不规则的现象引起对藏语语音的研究。本年度对藏语语音的研究有更登措的《安多和卫藏方言语音差异比较》（《青海民族大学学报》第4期）。文章主要探讨了安多语的区域范围、字性和缀联上的主要特点及未来发展，在确定安多藏语使用范围的同时，用宏观的方法把安多农民和牧民使用的语言区分开来，再从语音上把握安多语的多种特性，而且从国际音标的表达上进行细致分类，是一篇有创新的文章。才昂闹日的《拉卜楞方言中下加字（ra）的语音变化研究》（《西藏大学学报》第3期）一文中对安多拉卜楞地区的下加字（ra）的语音特点及在其语境中下加字的发音和不发音等方面进行研究，并举例说明下加字（ra）的发音在该地区的变化，比如：（bla bran）（sbrel）（sbrin pa）等，并说明原因，具有很高的价值。

（三）文字学研究

传统的藏文文字学包含在藏文文法研究当中，近人的研究，都是从现代文字学的理论吸收国内外优秀的研究成果出发，突破了传统的研究框架，进行了独立的创新研究。就研究内容来说实际上包括三个方面的内容：第一，藏文的历史学及考证藏文的创制年代和创制者。第二，藏文的结构学，即研究藏文的字母符号和结构规则，也就是研究文字制度。第三，藏文的字源学，即研究藏文是自源文字还是借源文字。无论是传统研究还是现代研究，重点在于藏文的历史学和词源学。因为藏文作为拼音文字，在结构上比较整齐，规则比较严谨简明，传统的研究者除了在所谓的“基字”和“字性”等方面有些不同的方法和解释外，没有太大的分歧。所以藏文的研究主要指在历史学和词源学上的研究。本年度这方面的研究有达瓦次仁的《藏族语言文字学发展初考》（《西藏研究》第2期）。文章是在萨迦班智达及萨迦文献、藏族史籍等的基础上，对藏学大师恰白·次旦平措的《藏族语言文字学发展初考》进行解读与分析，并在理论基础上补充自己的见解，如果从文字学的角度去审视这篇论文，特点突出。

二、藏语言文字的翻译理论与应用研究

在西藏，传统的翻译理论是指不以西方“现代语言学”为方法论的翻译理论研究，其具体又可以分为“发生期”“发展期”“成熟期”和“转型期”。这四个时期分别见证了西藏的几大翻译高潮，即吐蕃赞普松赞干布至赤松德赞，再到赤热巴巾的佛经翻译，佛教后弘期到17世纪、18世纪的佛经翻译，再到当代科技和新科学的翻译等，但是随着20世纪初西方翻译理论传入我国，我国的翻译理论体系也发生了巨大的变化。伴随着我国翻译体系的发展，对藏语言文字的翻译也提出了更高的要求，主张从翻译的本体性研究中走出来，开始翻译的主体性研究，强调文本结构与意义的转换、文本自身的“内向性忠实”等。本年度对藏语文翻译的研究成果较多，下面从藏语言文字翻译理论研究和翻译应用研究两方面进行综述。

（一）藏语言的翻译理论研究

西藏的翻译研究经过古代的发展形成了基本的理论雏形。和平解放以后，

在翻译实践广泛开展的背景下，翻译理论研究也不断拓展、深化，表现出两条较为清晰的主线：翻译“科学性”的萌生与翻译“艺术性”的确立。因此，翻译学在西藏开始逐渐具备较为完整的轮廓。本年度基本上围绕以上的关注点，展开相关研究。

次仁顿珠的《浅谈汉藏名词术语翻译》（《西藏研究》第3期）一文着重在现代藏语的翻译问题上，包括术语翻译的统一问题、语法问题、翻译的规范问题、翻译理论等进行细致的判断与总结，改正了翻译中存在的一些错误信息，也规范了现代藏语。

黄毛草《〈格萨尔〉汉译本中存在的若干翻译问题》（《西藏研究》第3期）一文从翻译的角度去审视和窥探其译本中存在的问题，并从四个方面加以论述：一是由于对藏文语境的不熟悉而引起的问题；二是对汉文语境的掌握不够引起的翻译矛盾；三是乱翻译而引起的问题；四是翻译时失去了应有的韵律，从而影响了史诗的美感等问题。在此基础上加以纠正和总结，提出翻译一定要在母语非常好的情况下，对其他民族的语言文字的应用才能更加如鱼得水，才能达到翻译的水准，并归纳出藏汉翻译上注意的要点，是一篇值得一读的文章。

除此之外，华锐桑杰的《汉藏翻译概要》（《中国藏学》第1期）一文是总结性成果，不仅对汉藏翻译的历史有很深的研究，而且有翻译理论的研究，包括名词翻译。比如：名词翻译时，做到寓意须相通；抓住民族语言特色；已固定的名词不宜再加修改；藏汉两种文字在名词上性质不一等。句子翻译。比如：藏文动词放在后面，汉文动词放在前面等，而且引用藏汉对照的翻译用表格的形式等一一展开分析，在理论层面上加以总结归纳，提出鲜明的观点。《〈声明要领二卷〉与〈正字学智者生处〉两书所提翻译标准之比较》（《中国藏学》第3期）一文是通过藏文翻译理论《声明要领二卷》与《正字学智者生处》两书关于翻译理论的阐述进行对比，从而在理论的高度提倡现代藏语的翻译规范及应注意的问题。

仁增的《藏汉翻译中褒贬词的译法》（《青海民族大学学报》第1期）一文是一篇有创新性的文章，随着藏汉文化的交流与共进，很多词语在翻译上存在很大的差异，尤其是褒贬词的差异，有的翻译是风马牛不相及，极不规范，而且影响文化交流。此文从三个方面论述了褒贬词翻译时的有关注意事项。还有一篇文章《汉藏翻译中的多义词翻译研究》（《攀登》第1期）也是从小方面分析，汉语多义词翻译时需要注意它的多层意思，而藏语的多义词也相应地了解或加深多义层面的理解。提出多义词翻译时应掌握三种方法：其一是对原稿有一定的理解；其二在理解的基础上复原；其三在不同的语境中的翻译。还有一篇文章值得我们细读，那就是尕藏加的《论诗歌翻译的模糊性》（《青海民族大学学报》第1期）。不管是学术性翻译、文学翻译，还是宗教翻译都是在一定的语言环境下，通过对文字及文字背后的文化的理解，对所翻译的语种得心应手才能较准确，而又不失优雅地进行翻译，如对其翻译的文化背景等了解甚少，不可能准确又完美地翻译出来，所以本文对诗歌翻译的准确性和规范性提出了自己的见解，提出诗歌等文学作品的翻译，一定要立足于其文学本真的美和爱。

才项多杰的《论翻译的归化与异化》（《青海民族大学学报》第3期）一文是藏语言文字研究方面有突破性的成果，翻译的归化与异化可谓是百家争鸣的话题，历来关心翻译的学者都在这两方面存在过争议，而文章作者通过这些争议，着重在其含义、关系、应用上加以研究，提出自己独特的见解。增毛的《地名翻译技巧之我见》（《青海民族大学学报》第4期）一文是不多见的一篇好文章。作者对藏语言、历史、宗教，以及地名进行学科式归纳，将在地名翻译中存在的问题及解决办法一并解析出来。格桑的《藏汉翻译直译法》（《攀登》第2期）一文主要从藏汉翻译专家对直译的探讨、直译的利弊、直译的方法等方面进行探讨，从而对直译的实际应用做了前沿性的总结。

（二）藏语言文字翻译的应用研究

随着西藏社会的转型和人们日常生活的改善，翻译工作日渐成为社会生活的重要内容。近来这方面的论文有巴桑的《藏汉新闻翻译现状及对策研究》（《西藏大学学报》第4期）值得一看。随着社会的转型与经济的转轨，西藏各方面发展很快，很多新鲜事物的翻译及规范有待继续加以研究，不管是新闻还是电视剧本的翻译，都需要规范和标准。对于这些出现的问题，作者提出以下三方面的解决办法：一是按照新闻的语境将原稿的意思弄明白。二是按照新闻的语境将相关术语标准化。三是按照新闻的语境句型翻译标准化。华多加的《略述汉藏公文翻译中藏译文的汉语化问题》（《攀登》第1期）一文从实际出发，从对现在藏文公文翻译弊端的认识，对藏文本身的公文格式或专用术语不用或丢弃等问题提出自己鲜明的见解，富有一定的启发性。王海瑛的《汉藏科技术语翻译问题探讨》（《攀登》第2期）一文主要探讨了藏汉科技术语的必要性、科技翻译的特点、不足，并提出自己的见解。才让拉毛的《对藏汉对照词典中词素相同实词译法的质疑》（《攀登》第 2 期）一文富有学术性和实际性。《藏汉对照词典》作为翻译的必备工具书，其翻译的内容广泛、准确而规范。而在实际的应用中很多语素的翻译却在现实生活或写作应用上存在很多问题，作者通过系统的分析、严谨的梳理、客观的总结，提出修改的意见及建议。旦正措的《关于藏语电视新闻翻译工作的基本要求》（《攀登》第 3 期）一文主要从新闻从事者的角度去探讨和分析，作为引用藏汉双语的新闻工作者，在什么样的条件或要求下做新闻翻译，作者从三方面加以总结：一是准确地翻译新闻题目；二是准确地翻译敬语；三是准确地翻译地名和国名等，并通过举例加以说明，值得一读。东智才让的《如何提升影视翻译须注意的几个问题》（《攀登》第 4 期）一文主要从影视翻译者的角度分析新闻工作者的业务要求和翻译的要求，提出影视翻译者需要具备编辑能力、翻译能力、知识水准等基本能力，这样才能避免在影视节目中出错，等等。

文学艺术

汉文部分

一、文学研究

2012年度藏族文学研究，从发表的汉文论文来看，古典文学方面主要关注敦煌文献中的古典诗歌、中世纪传记文学《米拉日巴传》和“格言故事诗”、新近重新流行开来的《仓央嘉措情歌》；近现代文学中对于大诗人根敦群培诗歌的关注也成为本年度的一个亮点，当代汉文创作中著名作家阿来、次仁罗布、龙仁青以及格央等一批女作家也受到了热评；藏戏和民间歌曲音乐特别是后者的研究突破了以往民间文学研究的局限性；同时，《格萨尔》史诗一如既往仍是关注热点。

（一）古典文学研究

古典文学方面的汉文研究论文，近年来不知何因正在逐年减少。因此，本文并没有按一般文学史断代法对其进行更加细致的划分，仅将20世纪以前的文学著作统统划归这个范围。本年度有几篇论文值得推介。

任小波的《吐蕃盟歌的文学情味与政治意趣》（《中国藏学》第2期）是一篇探讨吐蕃王朝时期“盟歌”文学的不错的小论文。该论文通过分析P. T. 1287中266行—272行与435行—446行之间的两首答问形式的君臣“盟誓歌”，指出藏族古典文学中，善于运用“禽鸟”“骏马”等比喻手法来曲折表达君臣之间的关系以及以此传达一种特殊的文学效果与隐含的政治关系。除此，难能可贵的是，作者在前辈翻译成果的基础上，尝试对原文进行翻译与解释。还需要加强对原文理解中的注释与说明，比如 bya bang 为何译为“鸡”，而不译作“渡鸦”（根据《东嘎藏学大词典》）等等。

万么项杰《论〈五卷书〉与〈萨迦格言〉的关系》（《西藏研究》第 4 期）一文详细介绍了《五卷书》的结构体例，其中的故事与谚语分布情况以及编著者的目的，即“治理国家的智慧”等，进而介绍了该著作对《萨迦格言》的影响。作者指出尽管至今尚未能在藏族文献中看到《五卷书》的全文翻译，但如《萨迦格言》等藏族后期文献中采用《五卷书》的内容却比比皆是。期中的原因何在，作者特别援引了两者之间相似的 15 则故事作为例证，并分析了其中典型的几个例子，进而指出其可能的影响路径是与萨迦班智达通晓梵文及诵读过诸多梵文经典等等有关。并推断，《五卷书》不仅在内容上而且在创作风格方面等影响着藏族文学。宋珂君的《〈米拉日巴传〉的三种汉译本及其研究述评》（《明清小说研究》第 2 期）一文介绍了近年来关于《米拉日巴传》作为一部小说研究的部分成果，并将三种汉文译本进行了比较，认为：“与刘立千译本追求严谨的学术性、王沂暖译本追求文学性阅读的简洁生动特征相比”，“张澄基译本，重视《米拉日巴传》作为佛教高僧传记的宗教性特质，以流畅通俗、阐明佛教修行大意为翻译原则，其译本在国内外爱好佛教文化人士中流传甚广”。

本年度对于《仓央嘉措情歌》的研究有所升温。荣立宇的《仓央嘉措诗歌在汉语文化圈中的早期译介》（《北方民族大学学报》第 6 期）一文详细介绍了四种汉文翻译及翻译者及翻译特点等情况。作者认为最早的于道泉译本“以其严谨的学术性著称，然而却在译诗的文采诗意方面为人诟病”。而谙熟藏汉文的“刘家驹的译文呈现出鲜明的民歌特色，句子长短不一，错落有致，语言也颇口语化，但基本保持了藏族谐体民歌每首四句的体式”。不懂藏文而长于七言古诗文的“曾缄译诗充分利用了古体诗歌言简意赅的传统优势以一联两句的极为经济的篇幅就将源诗的全部意义纳入进来”，创造了“不负如来不负卿”的佳句。同样擅长于五言古诗的“刘希武译诗在内容方面与源诗可谓是亦步亦趋，在译诗的忠实性方面比曾缄译本靠近源诗很多”。总之，上个世纪在北京与四川两地进行的翻译采用了多种手法，“直接翻译与间接翻译、忠实性翻译与创意性翻译、古诗体翻译与民歌体翻译等”，这为后来此情歌集在汉文化圈中的广泛传播打下了基础。柏云飞的《浅析两首仓央嘉措诗歌的法语翻译》（《法国研究》第3期）一文介绍了《仓央嘉措情歌》中的两首诗即《在那东山顶上》与《印度东方的孔雀》的法文翻译中文化意境的缺失问题。作者指出前首诗的翻译中，通晓藏文的大卫·妮尔（Alexandra David – Néel）翻译的诗集（*Poésiesérotiquesattribuées au sixièmeDalaï-lama.* By TsangyangGyatso, in *Textestibétainsinédits.* Paris：Pygmalion, 1977）与 ZénoBianu 从英文转译过来的诗集（*L'Abeille turquoise – Chants d'amour du VI dalaï-lama.* By Tsangyang Gyatso. Paris：Editions du Seuil, 1996）中，尽管两者忠实原文并进行了文学提炼，但均落入了"归化式"的翻译，特别是对于"ma skyes a ma"（慈母般少女）一词理解上的文化差异与困惑，造成了翻译中审美意境的缺失。后一首的翻译中也同样受到了这种文化现象差异的影响。

（二）现当代作家文学

本年度现当代文学研究中，关注的焦点依然是使用汉文创作的几位作家的作品。但特别要提到的是，对于现代著名作家根敦群培作品的介绍成为年度研究的亮点。唐纳德·小洛佩兹著、杜永彬译《根敦群培诗词研究》（《中国藏学》S2期）一文中，比较详细全面地分析、介绍了编者所辑录与翻译（藏译英）的根敦群培的104首诗歌的格律、风格、语言修辞及内容特色等，并将这些诗歌依据其内容特色分成了六类："一位没有弟子的上师的教言""一位不知名的圣人的哀叹""世界之道""藏王之歌""关于欲望的箴言"及"英文作品"。作者还概括介绍了他对西藏诗歌发展的三个阶段性特色即前佛教时期的民歌特色、佛教传入前期的瑜伽歌特色以及《诗镜》译介以来的印度诗学特色等的认识。并在介绍根敦群培生平经历与诗歌创作之路的同时，指出作为西藏诗人中汲取印度诗学理论及传统诗歌特点而开辟新的诗歌创作道路中做出伟大贡献的，正是这位近代最伟大的诗人根敦群培。

本年度对于作家阿来作品的研究依旧成为一个热点，但从研究特色来看令人耳目一新的成果并不多。梁海的《阿来文学年谱》（《东吴学术》第6期）一文，详细介绍了作家自1959年出生至2012年的简略创作经历，网罗了其创作与发表的几乎所有的作品情况以及重要的评论与研究活动等，为作家阿来及其作品研究提供了一份重要的学术资料。刘耀辉的《浅析〈尘埃落定〉中比喻喻体的选择》（《小说评论》S1期）一文将其小说中使用的比喻进行了分类研究，并尝试解释了作家使用这种比喻的文化与社会背景。作者列举了小说的

4 种比喻喻体："喻体的动物化""意象化""陌生化"与"粗鄙化"，指出这种特殊的喻体例如"动物化"中使用动物来比喻人的行为，不仅在审美上突破了世俗概念，而且也贴近营造了主人公的形象等，特别要说明的是这种比喻喻体的使用是经过作者精心打造的效果，而非随意安排。最后作者依据作家的身份认同、复杂的职业经历与文化背景等方面尝试阐释了这些特殊比喻喻体可能的"来源"。

胡垚的《阿来作品中的路意象》（《时代文学》第 5 期）是一篇短篇评论，作者从阿来小说、诗歌中"路"的意象出发，剖析了作品中"路"所反映出的"精神层面""人生历程""文化对比"等方面的种种审美含义。指出这种意象"充分折射出藏族当代作家在面对西方思潮、现代文化、他民族文化等多重文化的冲击下，在调适社会关系、文化认同、传统承继等方面的困境和探索，尤其对阿来这个以汉文写作的藏族作家而言，还存在着不断在藏族传统与汉文化的边缘徘徊、犹疑的痛苦境地"。此外杨华轲的《论〈尘埃落定〉中多重并置的叙事视角》（《时代文学》第 3 期）一文分析了该小说的三种叙事视角即"傻子的第一人称""智者视角"和"作者全知视角"的主次相辅及交错运用特点。作者认为正是通过这种特殊的叙事视角，小说"成功地将一个民族的历史史诗呈现在我们面前"，完成了作家对于本民族历史文化的反思和批判，创造了一个"想象的诗意的氛围"世界。

徐琴的《论藏族作家格央的小说创作》（《西藏民族学院学报》第 3 期），从小说人物、思想内涵与叙事风格三方面分析了女作家格央的几部小说。作者指出格央小说的主人公大多为现世的情感所困，经受着生活之冰火煎熬，却顽强地寻求着心灵解脱和幸福生活的女性形象。其作品内容思想上洋溢着藏传佛教的宽容、忍耐。正是由于具有"宗教的悲悯情怀及人世的温暖，使得苦难的现世不再冰冷"。其小说所营造的那种雍容典雅的风格，"来自于格央个人的独特气质"、作品中的民族文化意蕴、人物的高雅灵魂以及独特的语言风格。吕岩的《藏族女性作家书写主体的构建》（《西藏民族学院学报》第 3 期）一文，分析了新时期成长起来的一批藏族女作家作品的写作特色。作者从她们作品的汉藏双语混用的创作特色、作品中展现的藏族女性的觉醒意识以及藏族女性作家对于时代变迁、自身社会地位敏锐把握的叙事视角三个方面，分析了藏族女性作家作品所展现的独特的文学魅力，进而指出这种女性书写成为藏族文学的一种代表性特色。

段怀清的《民族叙事中的现实感与时代感——论龙仁青的近期小说创作》

(《民族文学研究》第5期) 评论了2010年以来龙仁青发表的几篇小说的思想内涵与叙事风格。作者认为，龙仁青“近年来的”小说创作思想发生了一些“转移”，即小说在背景上由描述牧区转到了都市，在心理上由描述传统文化心理转到了现代文化心理，在生活层面从关注宗教性转到了世俗性。但作者认为虽然其小说有这种写作题材的转移，但其叙事风格特别是其叙事中不紧不慢的语言节奏却一如既往，并未发生较大转变，因此不能看做是创作上的“转型”。作者认为，龙仁青的小说“揭示了当下世俗生活、物质生活以及都市生活中人的空心化、物质化、利益化倾向”，关注了藏民族在当代生活中的困境，思考着怎样“更深入全面地理解民族历史与未来走向，理解生活与人”的诸多问题。李娜的《浅析嘎代才让诗歌的意象美》(《文学界》第12期) 评论了嘎代才让诗歌中“自然”“社会”和“人物”等中所呈现的典型意象特点。作者认为“意象是诗人的审美情感与具体表象构成的审美契合，是诗人将现实生活转化为艺术形象不可缺少的中间环节”。比如嘎代才让诗歌中有关“自然”类意象中，典型的“土地”这一意象“凝聚着诗人对正在消逝的家园最深沉的爱和眷恋”；而“草原”和“马”的意象，“在他的诗歌中是相互依存的，诗人心中的草原上奔驰着骏马，或者说这骏马就是他自己”。

(三) 藏戏与民间文学

本年度关于藏戏方面的研究论文发表了不少，其中值得推介的有三篇论文。田联韬的《藏戏剧种分类研究》(《歌海》第2期) 在总结前人研究的基础上，对流传于整个藏区的藏戏类型做出了全面总结。作者认为中国藏戏系统的总体结构框架由1个总系统、3个类别和11个剧种组成。在藏戏这一总系统名下，“三大类别是卫藏方言区藏戏、康方言区藏戏、安多方言区藏戏；11个剧种是白面具藏戏、蓝面具藏戏、门巴戏、昌都藏戏、康巴藏传藏戏（包括巴塘藏戏、甘孜藏戏、理塘藏戏、道孚藏戏)、德格藏戏、木雅藏戏、嘉绒藏戏、拉卜楞藏戏（包括阿坝藏戏、色达藏戏、果洛藏戏)、黄南藏戏、华锐藏戏”。这种总结是一种整体研究的尝试，为藏戏展开深入研究搭建了平台与基础，学者们可以对其进行进一步的补充与修正。

桑吉东智《从仪式到艺术：以“雄”为核心的阿吉拉姆》(《中国藏学》第2期) 讨论了藏戏剧本及核心表演内容的来源问题。作者肯定了前人关于“雄”作为藏戏剧本文学作品来自早期歌颂佛陀生平的翻译文学《如意藤》的内容。在此基础上展开进一步分析，指出作为藏戏核心表演内容的“雄”可能的起源与受印度早期“看图说话”影响的喇嘛嘛呢讲唱之间有密切关系。正是受到喇嘛嘛呢的影响，8 个藏戏的剧本及表演内容被作家创作出来，藏戏表演也因此从中逐渐诞生。朵札·格桑德吉的《阿吉拉姆藏戏的宗教学思考》（《西北民族大学学报》第 3 期）则从比较具体的方面即藏戏中的宗教内容进行了探讨。作者认为尽管藏戏吸收了各种藏族原始文化，特别是受到苯教、佛教仪式剧（羌姆）等内容的影响，但真正对藏戏发生巨大影响的是佛教文化。特别是 14、15 世纪以来受到佛教文化的强烈影响，直接催生了藏戏，给其“注入了一股生命活力”且将其发扬光大并“提升了艺术的审美价值”。反过来“扎根于藏传佛教思想氛围中的藏戏艺术也为藏传佛教的发展做出了重要贡献”，藏戏也为佛教的传承与传播发挥了较大的作用，“起到了在藏族社会和藏传佛教之间整合宗教与文化的作用”。特别是通过雪顿节文化的兴起及藏戏在其中发挥的作用的考察，可以看到二者的这种密切关系。

此外，蒲向明的《陇南白马藏族傩舞戏表演内容论》（《吉林艺术学院学报》第 6 期）详细介绍了“池哥昼”（跳面具）等白马藏族中传承的几种古老面具舞蹈仪式。尽管此剧是以仪式剧为主的信仰表达，但正如作者指出的，这种年节期间的重要表演活动也从某种程度上反映了一定的戏剧文化成分。

本年度对于藏族民间文学的研究论文主要集中在民歌音乐和民间故事方面。首先我们关注一篇关于藏族神话方面的论文。范卫平的《〈天问〉是楚民族问歌体创世史诗——从藏族〈世巴问答歌〉看〈天问〉的文体性质》（《中央民族大学学报》第 5 期）一文中，尽管作者关注的是《天问》的内涵、形成及著者等问题，但作为文中重要参考内容的《世巴问答歌》作者也作了比较详细的介绍。特别是作者将自己跟随苯教师学唱《世巴问答歌》的经历以及所掌握的卓尼地区的《世巴问答歌》情形进行了简略介绍与分析。这对我们了解主要传承于安多地区的这一古老的神话创世诗歌有了一定的地方差异性的认识。

尽管我们知道民歌音乐论文主要讨论民族音乐乐理方面的问题，但从中也能窥探到民歌语言艺术方面的某些特点（比如地域方言文化等）。马成富的《四川阿坝州风格迥异的藏族民间歌曲》（《西藏艺术研究》第 3 期）介绍了阿坝州位处三种生活状态的藏族的民歌乐曲特征。作者指出以畜牧为主生活在草原上的安多“草地藏族”，从他们喜欢演唱的“情歌”“颂歌”和“悲歌”的乐曲上来看，具有节奏自由，连音多，装饰音、倚音、颤音多，音高低起伏大（除了节奏较强的《格萨尔》史诗等外），调式转换和变化少等特征；从内容上来看，歌颂他们的生产生活、自然环境以及亲朋友人为主，多采用比兴手法等。而作为藏区四大农业区（即嘉尔木墨尔多山系的热带农区＝嘉尔木绒或嘉绒、南方热带农区＝南部的洛察瓦绒、西方工布农区＝西部的弩工布绒、北方阿达农区＝北部的羌阿达绒）之一的“嘉绒藏族”，他们以农业为主、牧业为辅，其歌曲以大小锅庄歌舞为主。大锅庄歌舞舞步齐整庄重、歌词严肃，多为重大节日、正式场合以及为贵人表演；小锅庄舞曲节奏欢快轻松，多由青年人自由表演。而位于阿坝州更东部与北部的“白马藏族”，他们的民歌包括鲁（对歌）、火圈歌、敬酒歌、欢庆歌、火圈舞歌、助兴歌、赞歌等多种。作者指出白马藏族的民歌除了具有自己的民歌特色外，还受到了其他民族民歌的影响，比如陕西的信天游、四川民歌等，但值得引起重视的是白马藏族民歌还保留着古老的单乐句民歌唱腔形式，这是民歌的活化石。此外，白马藏族的酒歌占据了其歌曲的绝大部分，锅庄舞曲也具有自己的特色。

章小燕的《错那县勒乡门巴族民间音乐探析》（《西藏艺术研究》第 2 期）一文通过作者亲自调查错那县勒布地区四个门巴族乡（吉巴、贡日、麻玛和勒）中流传的民歌和藏戏，分析了这些民间音乐的特点。作者认为分属于民歌系列的萨玛（sā ma）、酒歌（chang glu）、牧歌（‘brog glu）各有自己的特色。萨玛（某些地区专指酒歌）中既有谐体民歌（三顿六音节）又有鲁体民歌（四顿七、八音节）的特色，因此它更接近自由体民歌。酒歌则是典型的谐体民歌。比较难判断的是牧歌，由于它虽以鲁体民歌的音节为主，却又夹杂着不规则的音顿与音节（尤其保留着谐体民歌的节奏），因此可能是当地传统演唱方式的一种保留。藏戏则以谐体民歌为主，加之于自由体民歌特色。总之，作者推断当地的民间音乐既有本地方文化传统，也可能受到了他文化的影响。此外，应秀文的《青海玉树藏族民歌音乐特点研究》（《青海民族大学学报》第 3 期）分析了玉树地区多种民歌种类如卓（歌舞曲）、伊（歌舞曲）、群结（祝酒歌）、拉勒（山歌）、拉依（情歌）、格毛（打卦情歌）、列依（劳动歌）和拜咏（嘛呢调）等的音乐特点，指出了它们在音阶、调式、旋律、唱腔、节拍以及曲体结构等方面的独特性。比如就“曲体结构”而言，作者指出“玉树藏族民歌多为曲式规模较小的一部曲式和单二部曲式”，“以两个乐句或三个乐句组成的一部曲式为基本结构，两个乐句构成的一部曲式如称多县民歌《那佳境心愿山顶上》、玉树县民歌《岭国·格萨尔》《祝愿舞》等”。这对于我们了解民歌以及史诗《格萨尔》的诗句与诗行的构成有重要意义。

陈然、王强的《康巴藏族与嘉绒藏族民歌艺术初探》（《大舞台》第 8 期）

通过比较康巴藏族与嘉绒藏族的锅庄歌、弦子歌、山歌、情歌等方面的音乐特点与歌词内容，指出从歌词表达的内容上稍有偏重各自的生产生活（牧业与农业）的差异外，其他则如赞美家乡、雪山、亲人等等以及表达手法方面二者几乎完全一致。二者均以鲁体民歌和谐体民歌作为其民歌基础。袁艳的《凉山州尔苏藏族民歌特征研究》（《西昌学院学报》自然科学版第1期）介绍了居住于横断山脉褶皱中以畜牧、狩猎和农耕为生，讲说古藏语的尔苏藏族（现居住于四川凉山州的甘洛、越西、冕宁、木里，甘孜州的九龙，雅安市的石棉、汉源等7县）的民歌特点。作者通过考察尔苏藏族的“狩猎歌”“酒歌”“情歌”和“出嫁歌”的特点，指出其民歌以五声调式为主、一段式结构、音节不等、节拍多为2/4和4/4拍、音调悠长、潇洒豪放、节奏自由等具有古朴典型的藏族民歌特征，但也可以看到其他民族如彝族民歌的影响特征。

我们再来看本年度值得推介的两篇讨论藏族民间故事的论文。斧原孝守著，赵月梅译《藏族故事与〈桃太郎〉的源流——以“黍团子”与“三个伙伴”为例》（《民间文化论坛》第1期）讨论了ATU二一〇型故事在东亚的传承与分布情况。作者指出这个类型的故事在欧洲故事中至少在阿尔奈分类时代占据着20%左右，因此是非常普及的一则故事。但是在亚洲它并没有如此广泛的影响。作者以《桃太郎》的故事为基石，将这类故事称为“英雄型”故事。但是随着作者在中国境内各民族特别是以藏族为主的流传区内此类故事的讲述特点的辨析，发现此类型故事更加接近日本的《猿蟹合战》故事。特别明显的特征在于主人公的“英雄行为”开始弱化，而“以赠送食物为前提，建立伙伴关系”中的“黍团子”情节发挥着重要作用。因此，作者认为“黍团子”情节是此类故事的重要组成元素。由此，从中国境内此类型的分布来看，显然在中国内陆如河北省等地流传的此类故事受到了他民族的影响，而且也可看到此类故事在东亚地区具有庞大的流动带。

林继富、向君旭的《经典形象的民族差异性——汉藏“灰姑娘”形象比较研究》（《民族文学研究》第3期）列举了9篇（汉族6篇分布于甘肃、广西和广东，藏族3篇来自西藏门巴地区）“灰姑娘型”故事进行故事主体比较分析。具体来讲，作者从主人公本身、亲属关系、助手、难题、意中人身份等几个方面对两个民族传承的此类故事进行了比较分析。最终，作者指出两者有相似之处如主人公的身份、美貌、母亲的帮助等等，但二者也有本质上的差别，汉族灰姑娘重视道德品行且世俗社会影响较重，而藏族灰姑娘则受到佛教及宗教社会影响强。进而认为这个类型不论汉藏社会中能够流传不息的原因主要与故事讲述的生活性与情感因素分不开。

（四）《格萨尔》史诗研究

本年度，从出版著作与发表论文数量来看，《格萨尔》史诗的研究相对趋于平缓，总计发表论文50多篇。从研究兴趣点来看，主要关注《格萨尔》史诗的学术史、《格萨尔》史诗中的古代藏族文化、《格萨尔》的本质特点、《格萨尔》与其他民族史诗之比较、《格萨尔》史诗之翻译、《格萨尔》史诗之传承与保护、音乐文化等方面。

贾芝的《中国史诗〈格萨尔〉发掘名世的回顾》（《西北民族研究》第4期）一文，根据作者亲身经历《格萨尔》史诗的发掘过程，详细记录了自1958年开始至2001年为止，自己与这部史诗的深厚渊源关系。这些珍贵的资料为《格萨尔》史诗的学术史研究打下了坚实的基础。特别是如1958年8月，主持制定《"中国歌谣丛书"和"中国民间故事丛书"编选出版计划》中明确规定由青海省负责《格萨尔》工作。1978年6月24日，在《光明日报》发表文章，声讨"四人帮"摧残藏族史诗《格萨尔》，为给《格萨尔》平反大声疾呼。1979年第2期《民间文学》上以编辑部名义发表《为藏族史诗〈格萨尔〉平反》，5月28日《人民日报》以原标题摘载。1979年8月8日，以中国社科院少数民族文学研究所和中国民间文艺研究会名义向中宣部递交了《关于抢救藏族史诗〈格萨尔〉的报告》，提出成立《格萨尔》工作领导小组的建议等等内容在《格萨尔》学术史上起到了决定性作用，在《格萨尔》学的建设中具有里程碑式的价值。

降边嘉措《谈〈格萨尔〉汉文版的翻译工作》（《民族翻译》第4期）一文从《格萨尔》史诗在世界文学史上的价值以及多年来我国学者、领导对《格萨尔》史诗翻译问题的大力支持与呼吁等方面，介绍了《格萨尔》史诗汉译本的必要性与迫切性及其意义与价值。作者进而借用郭沫若关于文学翻译的观点，强调《格萨尔》汉译本翻译工作必须经历两个过程："译出意思"与"诗化"。过去的汉译资料本乃至至今通行的大部分汉译本，只解决了第一个过程，还没有达到第二个过程，即"诗化"的过程。因此，就如将一杯茅台酒变成了一杯白开水，甚至其中还夹杂了许多杂质。这样的翻译工作有损于原著的价值。

杨恩洪的论文《〈格萨尔〉口头传承与民族文化保护》（《青海社会科学》第1期）讨论了史诗作为非物质文化遗产的保护与传承问题。作者在文中总结我国《格萨尔》抢救保护的两次重大行动：一次是上世纪50年代；一次是上世纪80年代。作者认为正是通过这两次重大抢救保护活动，我国的《格萨尔》史诗取得了重要成绩。从作者个人参与上世纪80年代的抢救行动出发，总结了我国《格萨尔》史诗取得重要成绩的关键在于得到了政府的大力支持，没有政府的大力支持，就不可能取得如此重大的成绩。但是作者也反思了我国《格萨尔》抢救保护工作中存在的问题，比如过去对于史诗认识的不足导致了对艺人文本搜集的忽视，也有对于艺人的过分“宠爱”而使他们成为国家干部后，反而令其艺术凋零。考虑到这些教训，作者认为目前恰逢《格萨尔》史诗列入联合国非物质文化遗产如此难得的保护机遇时，应该纠正我们的认识，做好进一步的保护与传承工作。比如完善保护机制与措施，特别要加强艺人与文化空间的保护。

陈岗龙的《〈蛮三旺〉与格萨尔史诗》（《西北民族大学学报》第6期）一文介绍了清末民初徐珂编撰的《清稗类钞》中记载的“西藏神话”《蛮三旺》。作者通过《蛮三旺》的叙事结构、情节母题和《格萨尔》史诗进行比较研究，指出《蛮三旺》不是关公的传说，而是格萨尔降魔救妻史诗故事的结论。这为我们进一步认识《格萨尔》史诗在汉文化中的传承情况提供了最新鲜的材料。李连荣的《祖先之歌——论艺人昂仁〈格萨尔〉史诗结构》（《2012格萨尔故里行全国格萨尔学术论坛论文集》，大众文艺出版社，2012年12月）介绍了《格萨尔》史诗的“安多型”与“康区型”的几种传承类型，进而论证了昂仁艺人的《格萨尔》史诗是以前者为基础，积极吸收后者后进而发展演变的特点。

朝戈金、冯文开的论文《史诗认同功能论析》（《民俗研究》第5期）关注劳里·航柯的史诗认同理论及后来的发展情况，特别运用多民族史诗传统对这一理论进行了实际运用与验证分析。作者认为《格萨尔》史诗也辉映着这一理论。《格萨尔》同样表现出了两种现象：一方面具有从部落的、地方的向跨区域发展为“超级故事”的特点；另一方面也具有信仰弱化、面向娱乐化发展的特点。这正是认同理论功能的体现。

本年度《格萨尔》的研究领域有所扩展，主要反映在开展了《格萨尔》史诗与他民族史诗之间的比较研究。比如扎西吉《〈格萨尔〉与〈玛纳斯〉比较研究初探》（《伊犁师范学院学报》第1期）、丹增诺布《〈卡勒瓦拉〉与〈格萨尔〉之比较研究》（《内蒙古民族大学学报》第3期）。这些研究虽然是初步的，但从藏文文本出发进行比较，是这些研究成绩的可贵之处所在。此外，罗文明、郭郁列的论文《比喻：〈伊利亚特〉与〈格萨尔〉的共性修辞》(《西藏研究》第2期)，从一般文学修辞中的“比喻”出发，比较了两种民族史诗在运用“明喻”和“博喻”的相似与不同之处。一定程度上，这种比较对于认识两部民族史诗的特点具有重要意义。

另外，本年度，关于《格萨尔》史诗的翻译问题的探讨也成为关注的一个亮点。王景迁、蒋盼、于静的论文《文化解读与史诗英译——以藏族英雄史诗〈格萨尔〉国外英文译本为研究中心》(《烟台大学学报》第3期)，依据国外的翻译理论和国内的翻译理论，分析了几种《格萨尔》史诗英译本的特点，特别是大卫·尼尔译本和罗宾译本。作者认为在理解他民族文化内核的基础上，进行分析性理解并借用本民族中的概念翻译，才能达到一定的翻译水平。

除此，本年度召开了几次相关《格萨尔》史诗的学术研讨会，如在西宁举办“《格萨尔》与国际史诗研讨会”(7月)，在康定举办“全国《格萨尔》论坛”(9月)，在北京举办“史诗研究国际峰会”(11月)等，这些会议上发表的《格萨尔》史诗的研究报告，学科视角上具有一定的前瞻性。

(五) 小结

总之，本年度藏族文学的研究从多方面、多角度、多学科展开了深入探讨，特别值得肯定的是一批掌握了藏文、汉文乃至外文又具有一定研究方法的年轻学者取得了一定的成绩，并茁壮成长，这对我国今后的藏族文学研究来说，是一件值得欣喜的事情。另外一方面，一批老学者仍然肩负重担，一如既往地关心着这个学科发展的命运。

二、艺术研究

2012年藏族艺术类论文共计70余篇，图书近30部，较往年有所增加。其中，美术类论著数量最多，占艺术类论著总体的半数以上，其次为音乐与舞蹈等类。

(一) 美术

藏族美术门类丰富，可按其特点，分为绘画、雕塑、工艺及建筑四个类别，下文将就此四个门类，对2012年度藏族美术类论著成果加以评述。

1. 绘画

藏族绘画为藏族宗教艺术的重要组成部分，也是藏传佛教美术史学者的研究重点。藏族绘画按其材质和表现形式，可以分为岩画、壁画、唐卡等。

西藏岩画是中国岩画分布最密集的地区之一，主要集中在藏北和藏西的游牧地区，新近发现的一处位于西藏西南地区日喀则吉隆县的它日普岩画不仅填补了吉隆县境内没有岩画的空白，同时也扩展了西藏岩画分布空间的范围。赤培·巴桑次仁和桑果的《西藏吉隆县它日普岩画初探》（《西藏艺术研究》第3期）即是对这一岩画遗迹的探讨与分析，该文不仅从艺术风格上对该处岩画遗迹进行断代和地域特征评析，将其断定在距今3200年之前至距今2000年之间，也即西藏金属时代早期；而且从内容题材方面对岩画中出现的人物、雍仲符号、鹰、树、女性生殖器进行一一阐释，揭示其深层次的意义，作者突出对其中的猎马及马崇拜文化加以解读，立意尤新。

熊文彬、哈比布、夏格旺堆的《西藏山南贡嘎寺主殿集会大殿〈如意藤〉壁画初探》（《中国藏学》第2期）是对贡嘎寺中学者关注较少的集会大殿《如意藤》壁画的研究，对壁画作品的成因、分布、内容、年代、风格等方面作了一一阐述，论证十分详尽。作者根据每一画面的藏文题记，对其内容加以辨识，并将其与《宗本·贡噶南杰传》及13世纪《如意藤菩萨本生》藏译本的记述进行比较。文章另一突破是对壁画年代的断定上，作者依据《宗本·贡噶南杰传》《卫藏圣迹志》藏文文献的记载及实地殿内建筑与壁画风格的考察，推断出殿内《如意藤》壁画可以分为两个时期，一为建寺之初，一为20世纪20年代改修大殿之后所绘。贡嘎寺创建于15世纪，其壁画是由钦孜画派创始人钦孜莫及其弟子所画，也是现存唯一一处钦孜画派壁画的真迹，因此该项研究显得十分重要。

李钢的《“女千总内附”壁画的发现与初步研究》（《中国藏学》第4期）一文是以云南省迪庆州寿国寺的一铺“女千总内附”壁画为研究对象，主要从“女千总内附”历史事件的背景、壁画内容辨识、壁画绘制时间及风格特征等方面切入，其中对背景的分析与壁绘年代的断定均较为凿实，征引了多部地方志文献，而在壁画人物辨识方面，主要辨识了明觉、曲尼、则那、拔隆四位活佛，绘画风格探讨上缺乏较为严谨的分析。2012年藏族绘画艺术类著作中还有部分关于绘制技法的实践性探索，如索南东智编绘的《唐卡绘画技法》（青海民族出版社）、王小维的《浅析西藏传统壁画的制作技法》（《美术教育研究》第23期）。

与以往相同，2012 年涉藏类的美术史学者对于汉藏艺术交流依然十分热衷，其关注点不仅聚焦在汉藏文化交融的河西地区，同时也延伸到在元代的江南腹地。赖天兵的《元代杭州永福寺、〈普宁藏〉扉画与杨琏真伽及其肖像》（《中国藏学》第 1 期）试图通过元明文献，来证明杭州灵隐永福寺即是元初江淮诸路释教都总摄所的治所，进而证实元代《普宁藏》扉画中带有“总统永福大师”题款的僧人为江南释教都总统杨琏真伽，并将其与永福寺西北飞来峰的杨琏真伽造像作进一步比较。文章中涉及的杨琏真伽造像、江淮诸路释教都总摄所治所、《普宁藏》图像问题均是元代汉藏佛教及艺术交流中的重要议题。但其些许论证还有待进一步推进，例如对永福寺与杨琏真伽号永福之间联系的论证，作者仅引用了明人周楫《西湖二集》中关于杨琏真伽曾住于该寺的记载，稍显不足。

王玲秀的《炳灵寺第 3 窟石塔壁画创作背景及内涵探析》（《西藏研究》第 5 期）一文系从明代内地汉藏佛教及其艺术融合的角度对炳灵寺第 3 窟中心石塔上的文殊、普贤、观音三大士壁画进行分析和阐释，尽管在图像分析、立论观点、文献材料方面存在较为明显的不足和疏漏，但其通过对两则窟室壁画题记的解读来判定窟室壁画的绘制年代的方法却是值得肯定的，两则题记分别题写在石塔壁面和洞窟壁面的题记，前者为发愿文，提及了发心“秘画”的信众姓氏与壁绘时间“嘉靖＊年/月二十＊”，后者为游人题记：“西宁卫/弘□佳/法宁大佛寺普嫦/嘉靖十年到”，为前一发愿文的时代确定了下限，因此洞窟的时间可以确定为嘉靖元年至嘉靖十年（1522 年—1532 年）之间。该文的不足之处主要表现在对石塔西壁水月观音图的分析上，图像中未能见到明显的藏传佛教元素，但作者却将其与藏传佛教图像及信仰联系在一起，并找出八思巴侄子达尼钦桑波贝被流放时，潜心于普陀山修法的材料作为例证，以说明普陀山观音信仰对藏传佛教的渗透，有些牵强。

作为早期汉藏交流典范的吐蕃时期敦煌石窟艺术，2012 年仍然为学者所关注，并有这一专题的论著《敦煌吐蕃统治时期石窟与藏传佛教艺术研究》（甘肃教育出版社）出版。该书由樊锦诗主编，其内容不仅涉及对敦煌吐蕃石窟艺术样式、社会政治背景、造像思想、吐蕃密教文献等重要问题的研究和探讨，而且还包涵了对石窟经变画、密教尊像、西藏考古与艺术、毗沙门天王像、莫高窟第 465 窟等多个热点专题问题的研究。邱忠鸣的《吐蕃时期敦煌石窟壁画中的屏障画探究》（《民族艺术》第 1 期）将吐蕃占领时期敦煌壁画中具有典型特征的屏障画作为研究对象，主要从形制寓意、形制来源以及雇主兴趣等角度分别对其进行阐述，试图说明屏障画是将墓葬壁画与卷轴画联系起来的重要一环，突出其重要性。作者运用了较为前沿的艺术理论，如空间“重构”、视觉转译等，丰富和拓展了学界对这一命题的认识。

2012 年出版的唐卡艺术类论著，呈现出不同于以往以传统艺术史方法研究为主的特点，艺术人类学视角的唐卡艺术研究著作有所增多。刘冬梅的《造像的法度与创造力——西藏昌都嘎玛乡唐卡画师的艺术实践》（民族出版社）通过对西藏昌都嘎玛乡唐卡画师所做的扎实而详细的田野民族志调查，剖析唐卡绘制法则与唐卡画师们具有创造力的文化艺术实践之间的关系，材料丰富而翔实，同时也为西藏艺术史学者的研究提供了第一手资料。

彭兆荣的《热贡唐卡考察录》（民族出版社）同样是以人类学常用的田野调查的方法，对青海唐卡艺术主要创作地之一的吾屯等地的唐卡渊源和流变，不同唐卡谱系的传承等方面进行调查，并就寺院唐卡与民间唐卡的相互影响，传统唐卡与艺术唐卡的对撞以及对唐卡艺术未来的发展等问题提出了自己的观点。

此外，还有由四川博物院、四川大学博物馆科研规划与研发创新中心编著的《格萨尔唐卡研究：四川博物院、四川大学博物馆、法国吉美博物馆珍藏》（汉英对照），首次刊布了四川博物院藏 11 幅整套《格萨尔》唐卡，该套唐卡是世界上唯一一套完整的《格萨尔画传》唐卡，绘制精美，保存完好，且每幅画面均有详细的藏文题记。此外还对四川大学博物馆、法国吉美博物馆、西南民族大学博物馆和私人收藏家收藏的格萨尔唐卡进行了综合研究。本书分为概述、图录和专题研究三个部分。专题研究部分共收录阿米·海勒（Amy Heller）、杰夫·瓦特（Jeff Watt）、石泰安等学者的论文三篇，分别从格萨尔图像来源、11 幅格萨尔唐卡图像内容辨识等角度加以论述。

2. 雕塑

塑像是藏传佛教造像中的重要组成部分，是壁画之外另一个受到美术史学者青睐的主题，两者在艺术特征上往往具有互通性，因而具有共同的地域和时代特征。2012 年藏族雕塑艺术类著作依然是以宗教塑像为主体，但不同于以往偏重艺术风格流派研究的是，也出现了以造像历史源流为主要议题的文章。

陈楠的《拉萨大昭寺觉卧佛像考》（《中国藏学》第 2 期）一文即是以藏汉历史文献记载为据，对现供奉于拉萨大昭寺觉卧佛，也即释迦牟尼佛的相关历史背景加以梳理的文章，该文主要考述了佛像铸造缘起、传入汉地、随文成公主入蕃、安放供养以及经历法难浩劫等重要相关历史事件，尤其是结合《西藏王统记》等藏汉文献对于释迦牟尼佛像由印度传入汉地的时间和经过给予了精彩的论证，另外还结合藏、汉、蒙古语的语音关系，考辨了“大昭寺”“小昭寺”的语源。

白日・洛桑扎西的《聂塘寺早期彩塑造像风格讨论》（《西藏大学学报》社科版第3期）是继作者前一篇《艾旺寺造像艺术风格再探》（《中国藏学》2011年第1期）之后再次以探讨后弘期藏传佛教塑像中的印、藏、汉三种艺术风格融合问题的专题文章，此次是以后弘期的重要寺院聂塘寺无量寿佛殿中三佛八菩萨二金刚塑像为研究对象，通过风格比对、分析，认为其中的三佛六菩萨为典型的印度帕拉王朝风格，另两尊菩萨，也即文殊菩萨和普贤菩萨，应是早期藏式风格，而金刚力士则遵循了中原汉式风格艺术特征；三种风格并存的特征依然是延续自吐蕃时期桑耶寺造像中即已开始的传统，只是在艺术水准上已然式微。在风格判断中，尤其是在分析文殊、普贤二位菩萨的藏式风格时，未能提供充分而又令人信服的证据来证明其为藏式风格。

3. 工艺

白日・洛桑扎西的《简论藏族传统金属雕刻艺术及其工艺》（《西藏民族学院学报》哲社版第5期）对藏族传统金属雕刻艺术的发展历程、工艺的主要种类和加工流程做了系统的梳理和阐述，并对各个时期的藏族金属雕刻艺术特征作了细致的分析。作为藏族学者，作者通过在民间金铜造像作坊的实地考察而获取了较为珍贵的第一手资料，并能将其与藏文历史文献相结合加以总结，这一点难能可贵。

张卫峰的《嘎玛藏族首饰的技艺特色》（《广东海洋大学学报》第5期）以汉藏文化交汇的西藏昌都嘎玛乡的藏族首饰为研究对象，从审美元素、工艺特色两方面分别对其进行论述，其中对工艺中的贵金属加工工艺的介绍尤为详尽。

边巴琼达的《十三世达赖喇嘛时期中原传统艺术对西藏吉祥图案的影响——以罗布林卡金色颇章和格桑德吉颇章为例》（《西藏研究》第4期）选取清末十三世达赖喇嘛期间这一时间段，对此时修建的罗布林卡金色颇章和格桑德吉颇章壁画及建筑装饰中鲜明的中原汉地艺术元素的图案纹样进行了考察，尤其是对汉地习见的八仙图、福寿三多图纹饰以及与十三世达赖进京经历密切相关的五台山图和颐和园全景图的论述，突出了这一时期汉地艺术对西藏吉祥图案、民族文化影响和渗透的深入程度。

2012年藏族工艺美术类著作还有：着重介绍新时期藏族木刻版画的孙涛

的《藏族祥巴木刻的制作及艺术特点》(《大舞台》第4期),袁凯铮、李晓岑、叶星生的《西藏铜佛像传统制作工艺调查》(《江西理工大学学报》第4期),杨桂香的《青海黄南同仁地区建筑门饰雕刻艺术审美探析》(《青海民族研究》第2期),等等。

4. 建筑

2012年关于藏族建筑的研究仍以古建筑,尤其是寺院和民俗建筑方面为重点,只是论著主要以图书形式出现,而论文较少。此类著作主要有:石硕等著的《青藏高原碉楼研究》(中国社会科学出版社)、罗桑开珠主编的《明轮藏式建筑研究论文集》(中国藏学出版社)和张鹏举主编的《内蒙古藏传佛教建筑》(中国建筑工业出版社)。《青藏高原碉楼研究》是在田野调查基础上,依据建筑材质、平面形制、内部构造及建筑特征的不同,首次提出青藏高原碉楼存在两个大的区系类型:即横断山区系类型和喜马拉雅区系类型。这两大区系类型的分布,前者以川西高原即东部藏区为中心,后者则以西藏雅鲁藏布江以南地区为中心。这两大区系类型的划分,是《青藏高原碉楼研究》对青藏高原碉楼整体认识上的一个重要突破,它反映了青藏高原碉楼发展进程中在不同区域有着不同的演变轨迹、特点及地方传统。

张鹏举主编的《内蒙古藏传佛教建筑》是一部关于内蒙古藏传佛教建筑的学术专论和资料汇集。该书内容分为三部分:第一部分是综述,系统论述了内蒙古地域藏传佛教建筑形态的影响因素、发展的历史分期以及一般的共性特征等,是本书的阅读背景;第二部分是召庙建筑的档案资料,对全区范围内重要历史遗存的召庙及其建筑进行了逻辑整理和系统归档,主要内容包括召庙简介、历史沿革、保存状况、建筑做法、技术档案、测绘图纸及现状照片等,是本书的主体内容;第三部分为相关附录,内容包括现存其他召庙的档案简表、小同历史时期召庙数量列表以及召庙不同名称的汉、蒙古、藏文对照表,是本书的补充内容。

5. 其他

此外,还有几部包含了藏族绘画、雕塑、工艺、建筑等多个门类的研究性展览图录和论文集出版,均是本年度十分优秀的藏族艺术著作,值得推介。

首先是熊文彬与张春燕主编的《2012年的追寻——西藏文化博物馆根敦群培生平学术展》(中国藏学出版社)一书,该书为2012年10月在中国藏学研究中心西藏文化博物馆举办的“藏族人文主义先驱学术大师——根敦群培

(1903—1951 年) 生平学术展”的展览图录。该书内容分为四部分：第一部分为导论，收录了两篇总括性文章，分别对根敦群培历史功绩和生平学术加以总结和梳理；第二部分为展品图录，主要是针对根敦群培生前遗物、遗作和现存的 27 幅绘画作品而撰写的研究性解说文字，涉及文物共计 49 件，根敦群培的 6 本日记本及其绘制的 27 幅绘画作品等部分文物为国内首次公开出版，因而十分珍贵；第三部分为专题研究，也即针对部分具有重要文物和学术价值的展品以及专就根敦群培人文思想和生平经历所撰写的研究论文，共计 3 篇；第四部分为实地考察，也即对展览筹备过程的记述。

一西、格勒、达瓦扎巴主编的《海外回流西藏文物精粹》(文物出版社) 是作为 2012 年 7 月至 9 月间在拉萨西藏博物馆举办的“海外回流西藏文物展”的展品图录出版的，此次展览共展出 5 世纪—19 世纪金铜佛像、法器、唐卡等藏传佛教文物 101 件 (套)，是西藏历史上第一次集中的文物回流展览。《海外回流西藏文物精粹》一书则是从展览中精选出 93 件 (套) 加以着重介绍，该书作者团队强大，诸多国内外西藏艺术史研究领域的知名学者受邀撰写文物的图录说明，因而保证了该图录的水准。

熊文彬翻译的《西藏艺术 (1981—1997 年 ORIENTATIONS 文萃)》(文物出版社) 收录的是香港《东方艺术》杂志 *Orientations* 于 1981 年—1997 年间发表的西方学者有关西藏艺术研究的重要成果。内容主要包括两大部分：一是西方学者自 20 世纪 80 年代以来对西方各大博物馆中收藏的作者对论文集所收艺术品的研究；二是西方学者从 20 世纪以来对中国西藏及其他藏区的艺术遗迹所进行的田野调查的成果。本书作者大多为西方西藏艺术研究的知名学者，因此这些研究成果基本反映了西方学者在 1981 年—1997 年间对于西藏艺术研究的主要面貌和趋势。论文中对于西方各大博物馆藏品与印度、尼泊尔区域有关西藏艺术独树一帜的研究，填补了中国学者对于这一领域的空白，对于全面、综合了解、认识和研究西藏艺术的发展历史无疑具有十分重要的学术价值。

另外，还有部分佛教著作中也包含了相应的藏传佛教艺术的研究文章，如李翎所著的《佛教与图像论稿续编》(文物出版社) 是一部探讨佛教图像的研究文集，其中涉及藏传佛教绘塑艺术的有：摩利支天信仰与图像、擦擦与善业泥考辨、却英多杰与石莲寺、擦擦与善业泥考辨等。

(二) 音乐

2012 年藏族音乐的研究突破以往以宗教音乐及民歌为主的局面，开始有更多学者将视角投向藏族乐器、音乐史料等新的领域，出版了几部优秀的著作成果。

觉嘎编著的《论藏族传统乐器——扎念（藏汉文对照）》（中国藏学出版社）主要从形制构造、音响特性、演奏技术、风格流派和传承脉络五个方面介绍广泛流传于西藏的民间乐器——扎念。其中，前四个部分重点是对扎念乐器本体的考察研究，而第五个部分则是对扎念乐器历史的考证分析。

桑德诺瓦、巩海蒂编著的《云南藏传佛教音乐文化》（宗教文化出版社）是作者近10年来对中国云南省藏传佛教及其音乐调查、研究的综合与总结或者说是阶段性成果。该著作以音乐理论为研究依据，同时也结合了宗教音乐本身所具有的仪式感和地域特殊性，将整部著作划分成修供音声，法事仪轨（金刚萨埵修供仪轨、妙欲云烟荟供仪轨、普巴金刚祈请简轨），俱生乐，缘起乐，羌姆舞，音声形态（音阶、调式、旋律、节拍、节奏、速度、曲式结构、音乐织体、词律结构、词曲关系、乐谱类别）等部分，最后还讨论了藏传佛教音乐在纳西族、普米族、怒族、藏族聚居区的传承、变化及其所具有的共性。

嘉雍群培、袁静芳主编的《藏文佛经中的音乐史料》（宗教文化出版社）以《律经》《华严经》《宝积经》《经部》《续部》《旧续部》《无垢光经》七部经书为研究对象，对藏文佛经的音乐记载进行深入研究，拓展了藏传佛教甚至整个佛教音乐研究的文献范畴，具有较高的学术价值。

马毅、包天天的《尔苏藏族民歌研究》（《音乐时空》理论版第2期）从方言入手，对地处藏彝走廊东部的尔苏藏族民歌的特点及其表演方式加以研究，并根据其民歌的内容和曲调，还将尔苏藏族民歌分为情歌、山歌、婚嫁歌、苦歌以及丧歌五种形式。

应秀文的《青海玉树藏族民歌音乐特点研究》（《青海民族大学学报》社科版第3期）从作曲技术角度出发，从音阶与调式、旋法特征、唱腔与衬词、节拍与节奏、曲体结构等五个方面对青海玉树藏族民歌进行比较性研究，总结出青海玉树藏族民歌旋律上所具有的艺术特色，具有一定的理论价值。

孔祥馥的《试析河湟“花儿”语言中蕴涵的民俗文化现象》（《青海民族大学学报》社科版第3期）亦是结合青海河湟“花儿”山歌的语言中富有典型性的民俗文化词汇，来探讨其“花儿”中所蕴涵的饮食、服饰、气象、节气及生产等民俗文化方面的特征，其中不乏带有历史文化印记和表现汉藏民族文化交汇的民歌词汇，但作者在结论中试图以此说明语言与文化之间存在的必然联系，这一点稍显单薄。

银卓玛《藏族“拉伊”曲调的变异性之微观研究》(《中央音乐学院学报》第2期)通过对青海黄南、海北、海西等不同藏区的田野调查和采谱分析，发现藏族情歌“拉伊”在不同地域的流传过程中其曲调及唱词发生了变异，就此从微观的层次对同一曲调的“拉伊”在不同歌者中产生的变异性加以观察，进而总结出一定的变异规律及其原因。其变异共性主要体现在不同歌者在母版曲调基础之上的即兴“喉颤”装饰、“节奏变化”“转换调式”“曲式变化”或“速度变化”等；其变异原因也与“拉伊”在安多地区的流传主要是靠记忆传承有关。本文所采取的实地调查和深入细致的剖析微观问题的方法值得借鉴。

佛教仪式音乐成为近几年的研究热点，2012年学者们仍然做着不同的尝试，其中申波的《松赞林寺“迎佛节”仪式音乐考察》(《内蒙古大学艺术学院学报》第2期)一篇较为深入，该文主要是通过对香格里拉松赞林寺“迎佛节”仪式的考察，透视其音乐与仪式的关系，并以个体观察的立场，描述了仪式音乐与仪式信仰“有效性”的互动关系，他指出：念（经）、唱（歌）、奏（乐）作为一种结构表述系统，在“迎佛节”仪式中，不仅构成了文化陈述的重要途径，更构成了藏民族群体重要的心理体验与情感记忆；同时，仪式音乐作为一种文化象征所指的符号标志，也成了藏民族社会公共领域独特历史表述的重要载体。

（三）藏戏与舞蹈

曹娅丽的《藏族仪式剧与宗教祭祀仪式之关系——安多地区藏族“米拉羌姆”仪式戏剧分析》(《四川戏剧》第3期)一文将安多地区藏族祭祀仪式中“米拉羌姆”的戏剧叙事作为研究对象，从人类学仪式理论揭示藏族仪式戏剧发生的神秘意蕴，梳理祭祀仪式早期传承线索和仪式剧历史演化脉络，探寻藏族仪式剧同宗教信仰及其祭祀仪式传统的内在关联，从而对戏剧、舞蹈、仪式等的表述价值和地位给予新的诠释，并将这些不同的表述提高到族群记忆的层面。

拉巴卓玛的《探析藏东热巴歌舞与苯教文化之间关系》(《西藏艺术研究》第2期)从热巴歌舞的流传分布地区、热巴艺术创始人、服饰道具、热巴舞蹈、表演形式与演变等方面来探寻热巴舞与苯教文化之间的联系，进一步从文化的视角对热巴歌舞艺术的历史渊源进行阐述。热巴歌舞是藏东康区极富代表性的歌舞艺术，流传范围广，影响深远。

2012 年的艺术研究主要呈现以下特点：从数量和比重来看，美术研究依然是藏族艺术研究中的大宗，出现了在展览带动下研究出版的优秀图录以及多篇优秀的个案研究文章；而音乐、舞蹈等艺术研究的论著在研究方法上则更为灵活，不仅能够运用考据和考古学方法对古代遗存加以研究，同时也不乏人类学方法研究的成果。

藏文部分

2012 年，藏族文学研究在文学原理、文学思潮、美学范畴等方面形成了鲜明的特色，出版和发表了不少相关的专著和论文。藏族艺术研究在音乐、绘画、藏戏等方面出现了一些较高价值的论文、专著和译作。值得一提的是，出现了与影视相关的文章和对现状分析的作品。但在建筑艺术、舞蹈艺术等方面研究成果相对较少。

一、文学

（一）总论

扎巴（བཀྲ་རྫ།）的《苯教神话研究》（བོན་གྱི་ལྷ་རབས་ལ་དཔྱད་པ། 青海民族出版社）将藏族神话的发展分为“物活论”“有灵论”“人格化”“佛苯融合”四个阶段。同时，依据文献资料，提出了藏族神话存在两大神系的学术观点，即以藏王祖先的传说为蓝本的恰氏神系和以苯教祖师祖先的业绩为蓝本的穆氏神系。

诺布旺丹（ནོར་བུ་དབང་ལྡན།）的《藏族神话与史诗》（སྒྲུང་རྒྱུད་དང་གླིང་སྒྲུང་རིག་པའི་རྣམ་བཤད། 民族出版社）一书探讨了“仲”的定义、类型、功能及其演进历程。作者同时还对“格萨尔仲”的语义、格萨尔史诗的起源及形成的社会与人文语境、格萨尔史诗佛教化、不同格萨尔艺人的特点及格萨尔史诗在当代所面临的困境等内容进行了论述。

高尔巴桑（དཀའ་བ་པ་སངས།）的《藏族寓言评析》（གཞིབ་བསྡུར་གྱི་ལམ་ནས་བོད་ཀྱི་དཔེ་ཆོས་རྩོམ་ཡིག་ལ་འཇུག་པ། 民族出版社）一书论述了藏族寓言的概念、起源，并以《喻法论 · 聚宝》（དཔེ་ཆོས་རིན་ཆེན་སྤུངས་པ།）一书为分界点，将藏族寓言文学分为三个历史阶段，分别阐述了各历史阶段藏族寓言文学发展的特点。

完德卡（བན་དེ་མཁར།）的《加布青德卓研究》（སྐྱབས་ཆེན་བདེ་སྒྲོལ་ཞིབ་འཇུག 青海民族出版社）一书则立足于藏族当代作家加布青德卓的人生轨迹和工作历程，

从作家生活看作品，从作品分析作家，对加布青德卓及其各类体裁作品进行了深入的探讨。

（二）文学理论研究

益西热旦（ཡེ་ཤེས་རབ་བརྟན།）与罗布次仁（ནོར་བུ་ཚེ་རིང་།）合著的《浅谈与文学作品相关的两个问题》（རྩོམ་རིག་གི་བརྩམས་བྱ་གཉིས་དང་འབྲེལ་བའི་གནད་དོན་གཉིས་ལ་དཔྱད་པའི་གཏམ།《西藏研究》第 3 期）一文对文学作品优劣标准的划分进行了论述，对鲁迅提出的诗歌最早产生于劳动的说法提出了质疑，并阐释了此种说法的弊端。

次仁（ཚེ་རིང་།）在其文章《刍析〈智者入门〉的八种修辞风格》（མཁས་འཇུག་ལས་བསྟན་པའི་ཉམས་བརྒྱད་ཀྱི་སྐོར་ཙུང་ཟད་གླེང་བ།《西藏大学学报》第 2 期）中，对萨班名著《智者入门》第二篇的修辞部分做了诠释，谈到了喜悦、讥笑、优美等八种修辞的含义、特征、相互搭配等相关内容。才让加（ཚེ་རིང་སྐྱབས།）的《初探直叙修饰法》（རང་བཞིན་བརྗོད་པའི་རྒྱན་ལ་གསར་དུ་དཔྱད་པ།《西藏艺术研究》第 1 期）一文则对《诗镜》中提到的直叙修饰法的概念、例句、文学价值三方面做了探讨。作者指出：从概念上看，直叙与修饰并不能并列构成一种修辞，直叙是一种不修饰的文体；从《诗镜》中的例句看，直序属于记叙文或说明文的体式，而非修辞类诗歌；从文学价值方面看，直叙修饰法是文学的入门手法，也是文学初习者的必修课，其价值远大于《诗镜》中所说的仅作为修辞的价值。

旦巴益西（བསྟན་པ་ཡེ་ཤེས།）的《略谈神话与史诗关系》（ཉེ་སྔོང་དང་ལོ་རྒྱུས་སྙན་རྩོམ་གྱི་ཁྱད་པར་དང་འབྲེལ་བའི་སྐོར་མདོ་ཙམ་གླེང་བ།《西藏研究》第 1 期）一文将史诗分为广义和狭义两类，探讨了神话与英雄史诗的异同，并从产生的时间、内容和人物形象三个方面阐释了二者的不同。作者在论述神话与英雄史诗的相同点时，指出了英雄史诗是以神话为基础受神话影响产生的的观点。论述二者的区别时，作者指出，从时间上，神话产生于古代氏族部落时期，而英雄史诗则产生于古代社会向奴隶社会过渡的时期。从内容上，神话表现古代时期人们对自然环境和自然界的各种现象，以及各种社会现象的认识过程的一种统一的观点和思想。而英雄史诗则表现在民族形成与迁徙，小国与其他民族之间的战争时出现的英雄民族与英雄历史人物的功绩。从人物形象而言，神话中的人物通常为主宰命运的神灵，其在现实生活中是无根基的。而史诗中的人物主要是半神格化的形象，即在现实人物基础上将其神格化的一种形象。

切样让智（ཆོས་དབྱིངས་རང་གྲོལ།）的《藏族影射文学的形式及其特点》（བོད་ཀྱི

བསྟུས་བརྗོད་རྩོམ་རིག་གི་བྱུང་འཕེལ་དང་དེའི་སྒྲུ་རྩལ་ཁྱད་ཆོས་སྐོར་རགས་ཙམ་གླེང་བ།《攀登》第 2 期）对影射文学做了追溯后作者不仅认为古代的第吾（ལྡེའུ）就是一种影射文学，而且将该文学体例划分为物体（རྫས）、口传（ངག）、文字（ཡི་གེ）等三类，并做了阐述。

万德卡（བན་དེ་མཁར།）的《论文学批评方式——社会学批评》（སྤྱི་ཚོགས་རིག་པའི་རྩོམ་རིག་སྐྱོན་བརྗོད་ཐབས་ཀྱི་ཞིབ་དཔྱོད།《攀登》第 2 期）一文，比照了的斯达尔夫人（法国）、别林斯基（苏联）、车尔尼雪夫斯基（苏联）、卢卡奇等作家对文学与社会之间关系的观点，并对后来产生的文学社会学评论方式进行了阐释。

（三）古典文学研究

万玛项欠（ཀ་ཐུག་པད་མ་དབང་རྒྱལ།）在《〈五卷书〉与藏族文学》（ལུགས་ཆེན་པོའི་གཏམ་རྒྱུད་ལྔ་པ་ཞེས་བྱ་བའི་བསྟན་བཅོས་དང་བོད་ཀྱི་རྩོམ་རིག་བར་གྱི་འབྲེལ་བ་བཤད་པ།《中国藏学》第 1 期）一文中，从《五卷书》书名的藏文翻译、篇章结构、思想内容出发，说明了古代七大印度文学名著藏译本与《五卷书》有着千丝万缕的联系。在论述藏族文学与《五卷书》时，作者从《萨迦格言》中的故事素材出发，论证与印度古典文学《五卷书》对藏族文学的影响，罗列了《萨迦格言》与《五卷书》中相似的“狐假虎威”“兔子制服狮子”等 15 篇故事，阐明了萨班借用《五卷书》里的故事，撰写了藏族格言之先河——《萨迦格言》。其后，作者说明了西藏各大教派的文学人士仿效萨班创作了很多格言集，在这些格言集中，也含有《五卷书》的故事基因。作者进而例举了 19 世纪问世的《普贤上师言教》一书所引用的《五卷书》的故事素材，进一步说明了《五卷书》对藏族文学的影响不仅限于格言，对于其他创作亦有所影响。

扎巴（བཀྲ་ཧྲ།）《论苯教神话的史料价值》（བོན་གྱི་ལྷ་རབས་ཀྱི་ལོ་རྒྱུས་རིན་ཐང་ལ་དཔྱད་པ།《中国藏学》第 3 期）一文通过分析《世间总堆》（སྲིད་པ་སྤྱི་མདོས）等古代苯教文献，阐述了当时藏族社会的氏族生活以及对周边民族的认识状况。通过分析敦煌文献中洛与阿（ལྕོ་རྫེ་གས）两大臣子姓名及苯教神话故事的描述，揭示了两大臣子姓氏的由来和苯教血祭的历史事件和特点。

丹增顿珠（བསྟན་འཛིན་དོན་གྲུབ།）在他的《解析〈兄弟教诲经〉的艺术特征》（ཕུ་ནུའི་མདོ་ཡི་སྒྲུ་རྩལ་ཁྱད་ཆོས་ལ་དཔྱད་པ།《西藏大学学报》第 2 期）一文中，对敦煌文献《兄弟教诲经》的艺术特征做了论述，指出了该作品背景简明、主题突出、内容与语言相辅相成等艺术特点。托嘉·完玛加（ཐོ་རྒྱའི་པད་མ་རྒྱལ།）在《略谈夏嘎巴“古尔鲁”的艺术特征》（ཞབས་དཀར་ཚོགས་དྲུག་རང་གྲོལ་གྱི་མགུར་གླུའི་སྒྲུ་རྩལ་ཁྱད་ཆོས་སྐོར་ཙུང་ཟད་གླེང་བ།《西藏艺术研究》第 1 期）一文中，作者从格律诗的体例分析入手，阐述了夏嘎巴道歌语言的描写特点及与《萨迦格言》和安多民歌之间的关系。扎西（བཀྲ་ཤིས།）与罗布卓玛（ནོར་བུ་སྒྲོལ་མ།）的《试析敦煌古藏文文献中的书函》（ཏུན་ཧོང་བོད་ཡིག་ཡིག་རྙིང་ཁྲོད་ཀྱི་འཕྲིན་ཡིག་ལ་དཔྱད་པ།《西藏研究》第 2 期）一文，对 P. T. 1189 、P. T. 1131 和 P. T. 1201 三篇书信做了解读，对其译本、内容、语法结构、意义、基字的互换、后置字的互换、特殊的虚词、缩略词与叠加字的书写形式等做了分析。

拉专措（ལྷ་སྒྲོན་མཚོ།）的《仓央嘉措道歌所表现的主人公性格特征》（ཚངས་དབྱངས་རྒྱ་མཚོའི་མགུར་གླུ་དང་འབྲེལ་ཏེ་ཁོང་ཉིད་ཀྱི་མི་གཤིས་ལ་དཔྱད་པ།《攀登》第 1 期）一文，作者从仓央嘉措的人格特点出发，揭示其内心冲突以及最终在道歌中的表现形式。克钻（མཁས་བཙུན།）的《宗喀巴大师之文学作品〈智者言教〉刍议》（བླ་ན་མེད་པའི་རིན་པོ་ཆེ་གསུམ་གྱི་གཏམ་གྱི་སྐྱོར་བ་ཞེས་བྱ་བར་བལྟ་ཀློག་བྱ་ཚུལ་ཙུང་ཟད་གླེང་བ།《西藏大学学报第 3 期》）与热贡·多杰加（རེབ་གོང་བ་རྡོ་རྗེ་རྒྱལ།）的《〈念无常之道歌〉诠释》（མི་རྟག་དྲན་པའི་གསུང་མགུར་གྱི་ཚིག་འགྲེལ་གསེར་གྱི་ཐང་མ།《藏族教育》第 4 期）两文，分别对《智者言教》与《念无常之道歌》两部藏族古典文学作品的内容做了诠释。

（四）现代文学研究

果美·多杰仁青（སྒོ་མེ་རྡོ་རྗེ་རིན་ཆེན།）的《藏族当代文学发展态势》（དེང་རབས་བོད་ཀྱི་རྩོམ་རིག་འཕེལ་ཕྱོགས་སྐོར་ལ་ལྟ་ཚུལ་རགས་ཙམ་བརྗོད་པ།《章恰尔》第 2 期）一文，分析了藏族当代文学的现状，提出了存在的问题。强调母语文学创作的重要性，指出母语文学创作的表现形式应多样化，现代藏族文学的价值在于扩大视野，广泛地吸收与借鉴。

刀吉仁青（ཨ་རྫོར།）的《论藏族当代诗歌的思想精神》（བོད་ཀྱི་སྙན་ངག་གསར་པའི་བསམ་བློའི་ཐད་ཀྱི་བསམ་གཞིག་ཁ་ཤས།《岗尖梅朵》第 2 期至 4 期）分析了 20 世纪 80 年代后藏族诗歌的思想特征。作者认为此时的藏族诗歌受到中国新诗潮流的影响，一部分藏族知识分子吸取中国新诗创作风格，改革旧体诗歌。从这一时代诗歌内涵、表现形式、思想内容和精神方法来看，产生了两派：一派是以端智嘉为代表的“呼唤派”；另一派是以江瀑为代表的“悲观孤独派”。他们的创作丰富了这个时代的藏族诗歌。80 年代的藏族新诗因承载了当时社会发展和民族觉醒的重任而获得藏族人民的同情和承认。80 年代后的藏族诗歌更倾向于表现诗人复杂而冲突的内心世界，表现人性的错综复杂。

夏吾才旦（ཞ་བོ་ཚེ་བརྟན།）的《才旦夏茸文学的批判思想》（ཚེ་ཏན་ཞབས་དྲུང་གི་རྩོམ་རིག་དགག་བཞག་བསམ་བློར་ཙུང་ཟད་དཔྱད་པ།《西藏大学学报》第 2 期）一文，通过对才旦夏茸所著《诗学通论》的分析，指出在“文革”时期，才旦夏茸不畏艰辛以文学的方式对弘扬藏族文化所作的努力。智纳巴·仁增旦周（སྤྲེལ་ནག་པ་རིག་འཛིན་གྲགས་ལྡན།）的《略论藏族当代著名作家端智嘉的家境对文学创作的影响》（དེང་རྩོམ་མཁན་པོ་དོན་གྲུབ་རྒྱལ་གྱི་ཁྱིམ་ཚང་གིས་ཁོང་གི་གསར་རྩོམ་ལ་ཐེབས་པའི་ཤུགས་རྐྱེན་སྐོར་རགས་ཙམ་གླེང་བ།《西藏大学学报》第 2 期）一文，对《仁卓研究》一书中提到的端智嘉的出生日期和出生地提出质疑，并表明了自己的观点。并对端智嘉的人生经历对其文学创作的深远影响进行了详细的论述。拉巴群培（ལྷག་པ་ཆོས་འཕེལ།）的《谈次仁顿珠和他的小说》（བོད་ཀྱི་དེང་རབས་བརྩམས་སྒྲུང་ཐུང་འབྲིང་ལས་ཚེ་རིང་དོན་གྲུབ་དང་ཁོང་གི་བརྩམས་སྒྲུང་གསར་རྩོམ་སྐོར།《西藏大学学报》第 4 期）对次仁顿珠的人生经历和主要作品做简要论述的同时对其代表作《热洛》做了分析，指出了热洛悲剧性格的典型性。郑堆（དཔྲ་འདུལ།）在《试述长篇小说〈紫青稞〉的文学创作思想》（དཔེ་གཞི་འཚོལ་སྣེགས་བྱ་རྒྱུ་ནི་བརྩམས་སྒྲུང་གི་སྒྱུ་རྩལ་འཚོལ་སྣེགས་ཀྱི་བརྒྱུད་རིམ་གལ་ཆེན་ཞིག་ཡིན།——བརྩམས་སྒྲུང་རིང་གྲས《འབྲུ་སྨྱུག་པོ་》ལ་དཔྱད་པ།《西藏大学学报》第 2 期）一文中，指出小说中所呈现的正是真实存在的西藏，小说中刻画的人物所表现出来的内心世界，表现了传统与现代思想的碰撞。才智（ཚེ་གྲུབ།）的《评拉先加的小说〈随风飘曳〉》（དུས་ཚོད་དང་རླུང་། ——སྒྲུང་གཏམ《རླུང་ལ་བཙོལ་བ་》ཞེས་པར་དཔྱད་པ།《章恰尔》第 3 期）一文对藏族作家拉先加的短篇小说《随风飘曳》中的故事格局、情节叙述、人物塑造等方面做了论述。指出了该小说中时空重组与想象空间的建构、倒叙手法的运用、细节描写等对展现人物内心世界和表达文章寓意方面意义深刻。

增宝当周（བཙན་པོ་དོན་འགྲུབ།）在其文章《浅谈〈雪后阳光〉的艺术特点》（སྒྲུང་འབྲིང་《ཁ་ཤུལ་གྱི་ཉི་མ་》ཡི་ཁྱད་ཆོས་ལ་ཐུང་དཔྱད་པ།《达赛尔》第 2 期）中，对西藏著名作家扎西班典的代表性中篇小说《雪后阳光》进行了评述。认为这篇小说在叙事方面具有创新性，小说的叙事视角从第一人称到第三人称的转换、从限制性视角到全知性视角的转换对文本认知起到的作用很大。小说情节结构的编排新颖，情节的交叉叙述、故事时间与叙事时间的拆分重组极具美学价值。小说中对人物形象的分析，注重人物内心伦理道德的展现及其形成的社会因素等。该作者撰写的《评述以都市生活为背景的藏族小说中的知识分子形象》（གྲོང་ཁྱེར་འཚོ་བ་མཚོན་པའི་སྒྲུང་གཏམ་ཁྲོད་ཀྱི་ཤེས་ཡོན་པའི་སྣང་བརྙན།——དུས་རབས་ཉེར་གཅིག་པའི་སྒྲུང་གཏམ་འགའ་གཞིར་བཟུང་ནས་གླེང་བ།《章恰尔》第 4 期）一文，通过分析新世纪以来发表的十余篇与城市主题相关的藏文小说，阐述了藏文小说中知识分子的理想建构与破灭之间的矛盾、现实境遇与怀乡情怀、双重身份意识等内容。

（五）民间文学与《格萨尔》研究

索朗次仁（བསོད་ནམས་ཚེ་རིང་།）在其文章《藏族谚语的思想与艺术特征考》(བོད་ཀྱི་གཏམ་དཔེའི་བསམ་བློའི་ནང་དོན་དང་སྒྱུ་རྩལ་ཁྱད་ཆོས་ལ་ཅུང་ཟད་དཔྱད་པ།《西藏大学学报》第2期）中对藏族谚语的格律特点、修辞特点等做了阐述。同时从社会谚语与自然谚语两个层面出发，指出藏族谚语中的审美趋向及所表现出的为人之道、学习方法和日常道德等思想内容。东周加（དོན་གྲུབ་རྒྱལ།）的《藏族民间文学中有关饮食文化的阐述》（བོད་ཀྱི་དམངས་ཁྲོད་རྩོམ་རིག་ལས་བཟའ་བཏུང་སྐོར་གྱི་བཤད་པ་འགའ་རགས་ཙམ་གླེང་བ།《攀登》第1期）论述了藏族民间文学作品中的饮食文化。

杨毛吉（གཡང་མོ་སྐྱིད།）的《浅谈藏族民间文学口传性》（བོད་ཀྱི་དམངས་ཁྲོད་རྩོམ་རིག་གི་ངག་ཐོག་རང་བཞིན་ལ་དཔྱད་པ།《攀登》第4期）一文对民间文学口口相传的特点做了论述。作者指出，民间文学口口相传具有三个特点：1. 方言多样化；2. 传播速度快和分布地域广；3. 留存时间长。

卓泽加（སྒྲོལ་རྗེ་རྒྱལ།）的《论藏族创世文学》（བོད་ཀྱི་ངག་རྒྱུན་རྩོམ་རིག་ལས"སྲིད་པའི"རིམ་འགྱུར་དང་མཚན་དོན་སྐོར་ལ་ཐོག་མར་དཔྱད་པ།《群众文艺》第2期）一文，作者从他对“世”(སྲིད) 的理解出发，将“世”分为：与自然有关的初期“世”、半神半人的中期“世”、经验丰富的末期“世”三种类型。作者认为“世”不仅在藏族民间文学中占有重要的地位，而且不同时期所表现出的内容也有所不同，其主要原因与人类思维的变化有关，它标志着祖辈对自然的认识。

南拉杰（སློན་ལྷུག་གནམ་ལྷ་རྒྱལ།）的《〈格萨尔〉史诗中的苯教占卜与招福仪轨》（གེ་སར་སྒྲུང་ལས་བྱུང་བའི་བོན་གྱི་ཇུ་ཐིག་གི་མོ་དང་གཡང་སྒྲུབ་ཀྱི་ཆོ་གའི་སྐོར་གླེང་བ།《西藏研究》第1期）一文对《格萨尔》史诗中反映的苯教占卜仪轨和招福仪轨做了论述。作者指出，格萨尔史诗中有苯教的结绳占卜、石子占卜、梦境占卜等三种占卜形式。在论及《格萨尔》史诗中的招福仪轨时，作者认为这是在古代物质生活与生产水平低下时，人们表现出对物质的需求与理想化的一种仪式，同时它也是氏族部落之间相互争夺财产的具体表现。

甲央齐珍（འཇམ་དབྱངས་ཆོས་སྒྲོན།）的《岭国大将年查阿丹及城堡考析》（གླིང་གི་དཔའ་ཐུལ་དཔའ་བོ་མི་འགྱུར་ཉ་ཚ་ཨ་བརྟན་དང་ཁོང་གི་མཁར་རྫོང་སྐོར་གྱི་བཤད་རྒྱུན་མི་འདྲ་བ་རགས་ཙམ་གླེང་བ།《西藏大学学报》第1期）一文通过实地考察与文献实证，指出了年查阿丹的姓名由来。同时提出了年查阿丹是晁同（ཁྲོ་ཐུང་།）九子之第五子的观点，并说明年查阿丹的城堡位于崴尔寺（དཔེ་ཡར་དགོན།）后山顶。

多杰才让（རྡོ་རྗེ་ཚེ་རིང་།）的《从〈格萨尔〉史诗略谈藏族原始信仰》(གེ་སར་སྒྲུང་དང་སྦྲེལ་ནས་བོད་ཀྱི་གདོད་མའི་ལྷའི་དད་མོས་བྱུང་འཕེལ་སྐོར་ལ་དཔྱད་པ།《西藏研究》第4期）

结合《格萨尔》史诗中神灵的出现、神灵的居住地、祭祀方式等方面对藏族原始信仰做了论述。该文指出了神灵的出现顺序、神灵的类型与形状、祭祀方式的种类等。神灵的出现顺序为：先显现高山森林平原等外部世界后，依次从卵中生出了神鬼人等生灵。神灵有天神、地神、门神、灶神、战神等多种类型。神灵的形状也大不相同，有人身马面像、人身禽面像等多为人身动物面像类。神灵的祭祀方式有血祭与白祭两种。

曼秀·仁青道吉（སྨན་ཤུལ་རིན་ཆེན་རྡོ་རྗེ།）的《〈格萨尔〉诞生部版本部析——兼议〈贵德分章本〉部分原文》（གེ་སར་སྒྲུང་ལས་《འཁྲུངས་སྐོར་》ཞེས་པའི་དཔར་གཞི་གསེད་བཀྲོལ།——ཁྲི་ཀའི་ལེའུ་མའི་མ་ཡིག་ཁག་གཅིག་ཀྱང་ཞོགས་སུ་དཔྱད་པ།）一文，通过解读西北民族大学所藏格萨尔诞生部中的四部版本，指出了该四部版本不符合格萨尔古籍版的标准，并通过对《贵德分章本》的部分汉藏文进行对照，提出了《格萨尔》诞生部版本中包含的《贵德分章本》为格萨尔版本研究提供了一个契机的观点。

拉布杰巴桑（གཙང་པ་རབ་རྒྱས་པ་སངས།）的《〈格萨尔〉史诗中超同与部分人物间的比较研究》（གླིང་སྒྲུང་ལས་ཁྲོ་ཐུང་དང་གླིང་སྒྲུང་མི་སྣ་ཁ་ཤས་བར་གྱི་གཤིབ་བསྡུར།《西藏艺术研究》第1期）一文，从晁同（超同）与格萨尔、吉本、嘉察、米琼四个人物的比较研究出发，对四个人物的性格与特点做了分析，进而突出了晁同的性格特点。

仁增（པད་མ་ལུང་རིག་འཛིན།）的《桑珠说唱本中的岭氏家族流变考述》（སྒྲུང་མཁན་བསམ་གྲུབ་ཀྱི་འཆད་ཀྱེར་གནང་བའི་《གླིང་སྒྲུང་》གི་ཚོགས་ལས་མཚོན་པའི་གླིང་གི་མི་རྒྱུད་འཕེལ་ཚུལ་ལ་དཔྱད་པ།《西藏艺术研究》第1期）以格萨尔艺人桑珠的说唱本为例，讲述了岭氏家族与其他姓氏联姻而出现的氏族拓展现象。在文章中作者指出了由董（སྟོང་།）氏出现了岭（གླིང་།）氏之后，其分别与嘎（སྐ།）氏、达（དར།）氏、丹（འདན།）氏、德荣（སྟག་རོང་།）氏、嘉（རྒྱ།）氏相结合构成了岭氏大小中三族的观点。

官却扎西（སེ་ཀུ་དཀོན་མཆོག་བཀྲ་ཤིས།）的《格萨尔人物名称的文化现象》（གླིང་སྒྲུང་གི་མི་སྣའི་མིང་འདོགས་ཚུལ་སྐོར་མདོ་ཙམ་གླེང་བ།《西藏艺术研究》第2期）对《格萨尔》史诗中的人物名称做了分析，指出了十种人物名称所反映出来的文化现象。同一作者的《结合〈格萨尔王传〉谈藏族生态保护意识》（གེ་སར་སྒྲུང་དང་འབྲེལ་ཏེ་བོད་ཀྱི་སྐྱེ་ཁམས་སྲུང་འཛིན་གྱི་སྐོར་ལ་རགས་ཙམ་དཔྱད་པ།《攀登》第4期）一文，从崇拜、祭祀、行善、法规等四个方面分析了《格萨尔》史诗中所反映的藏族传统思想中的生态保护意识。作者指出“拉”（ལྷ།）的崇拜、行善除恶的行为方式拉近了人与自然的关系，祭祀神灵中的禁忌制约了人们对生态破坏的行为，地方性规章制度的建立对保护生态起了重要作用。

二、艺术

（一）总论

娘吉加（སྙིང་ལྷགས་རྒྱལ།）与尼夏（འདར་དགོན་ཉི་ཤར།）翻译了王家鹏的《故宫藏传佛教造像概论》（པེ་ཅིང་གོང་མའི་ཕོ་བྲང་དུ་ཉར་བའི་བོད་བརྒྱུད་ནང་བསྟན་གྱི་སྐུ་བརྙན་སྤྱི་བཤད། 西藏大学学报第1期）一书。而侃本塔（མཁའ་འབུམ་ཐར།）的《热贡艺术发展现状分析》（རེབ་གོང་སྒྱུ་རྩལ་གྱི་གནས་བབ་རོབ་ཙམ་གླེང་བ།《攀登》第3期）一文，分析了热贡艺术中堆绣唐卡艺术的现状、产品特点、市场地位。作者阐明了以下三个观点：1. 对热贡艺术而言，当今唐卡画工们对传统文化的不甚了解是一个潜在的危机。2. 随着现代技术的发展，一些传统手艺日渐消失。如印制机械的出现，使画师们不再按传统工艺去绘制唐卡，而是为了利益最大化去追求速度，忽视绘制质量。3. 传统工艺与现代实践不能很好地结合。4. 除了培养艺术家之外，还要挖掘艺术产品。不仅要加强培养，还要提供好的服务、提高产品竞争力、创造良好的市场环境。米悟擦・丹增朗杰（མིའུ་ཚ་བསྟན་འཛིན་རྣམ་རྒྱལ།）的《略谈藏族苯教跳神舞》（བོན་གྱི་གྲྭ་སའི་འཆམ་གྱི་སྐོར་མདོ་ཙམ་གླེང་བ།《西藏大学学报》第4期）一文，以苯教寺院热勒雍仲林寺为例，对寺院羌姆的日常安排行程、类型与特点做了分析。

（二）音乐

尤拉太（ཡུལ་ལྷ་ཐར།）的《浅谈安多民歌“拉伊”》（ཨ་མདོའི་ལ་གཞས་སྐོར་མདོ་ཙམ་གླེང་བ།《西藏艺术研究》第2期）一文，论述了传统拉伊的分类、与现代拉伊的区别、拉伊的禁忌文化表现方式等内容。作者认为，从内容而言，传统拉伊由开头、相伴、相爱、相思、离别、背信、结尾等七种类型组成。与现代拉伊的区别是：传统拉伊中本体与喻体分开，前面是喻体，后面是本体。内容多为男女情歌。现代拉伊没有对本体、喻体进行区分的严格限制。内容上除了男女情歌之外，还出现了辩论等，旋律也因地理位置的差异出现了快慢急缓的区别。如以农区的拉伊呈现出先慢后快的特点，牧区则表现出先急后缓的特点。

益西曲批（ཡེ་ཤེས་ཆོས་འཕེལ།）在其文章《长江和澜沧江下游的康巴歌谣》（མི་ལོང་དང་སྒྲོན་མེ།——འབྲི་ཟླ་སྨད་ཀྱི་ཁམས་གཞས་གླེང་བ།《群众文艺》第2期）中，以四川省巴塘县、西藏昌都地区马康县、云南德庆县三个康巴藏族地区的歌谣为对象，对流行于这些地方的康巴歌谣从歌词、旋律、舞姿、乐器、内在含义，即它反映的现实特征与生活乐趣等五个方面进行了阐述。

加拉（རྒྱལ་ལགས།）的《略谈堆谐的艺术形式及其伴奏乐器的种类》（སྟོད་གཞས་ཀྱི་སྒྱུ་རྩལ་གྱི་རྣམ་པ་དང་དེའི་རམ་འདེགས་རོལ་མོ་ལག་གི་སྐོར་ཆེ་ལོང་ཙམ་དཔྱད་པ།《雪域文化》第3期）一文将堆谐的结构分为两大类，指出了各自的特点，又将伴奏乐器分为六种类型分别进行了描述。

平措云丹（ཕུན་ཚོགས་ཡོན་ཏན།）《浅谈达隆噶举派"古尔鲁"音乐》（དཔལ་ལྡན་བཀའ་བརྒྱུད་མགུར་མཆོ་ལས་འཕྲོས་ཏེ་སྟག་ལུང་མགུར་ཚོགས་ཀྱི་སྐོར་རགས་ཙམ་གླེང་བ།《西藏艺术研究》第1期）一文，对噶举道歌的历史发展轨迹以及乐谱做了论述，指出了道歌发音与音准和藏族语言密切相关的特点。卓玛次仁（སྒྲོལ་མ་ཚེ་རིང་།）的《初探楚布寺的十六种汉式乐器》（མཚུར་ཕུ་དགོན་གྱི་རྒྱ་རོལ་བཅུ་དྲུག་ལ་ཐོག་མའི་དཔྱད་པ།《雪域文化》第1期）一文，作者通过梳理噶玛噶举活佛到蒙古与汉地的历史，阐述了楚布寺中供奉的护法神中有汉式风格，其祭拜仪式中包括十六种汉式乐器，与藏族地区的供奉存在差异性的观点。

（三）绘画

扎拉·达娃桑布（དགྲ་ལྷ་ཟླ་བ་བཟང་པོ།）的《松赞干布故里甲玛沟首次发现的岩画考》（བཙན་པོ་སྲོང་བཙན་སྒམ་པོའི་འཁྲུངས་ཡུལ་རྒྱ་མ་ཁུལ་ནས་གསར་དུ་རྙེད་པའི་བྲག་བརྐོས་རི་མོའི་སྐོར་ལ་ཐོག་མར་དཔྱད་པ།《西藏艺术研究》第2期）一文，通过对新发现的石刻进行的实地考察与分析，从图案学的角度，得出这些石刻出现于不同时期的结论。格桑次仁（སྐལ་བཟང་ཚེ་རིང་།）的《刍议藏族美术嘎赤派》（སྨར་བྲིས་ཀྱི་སྒྱུ་རྩལ་ཁྱད་ཆོས་ལ་རགས་ཙམ་དཔྱད་པ།《西藏大学学报》第3期）一文指出嘎赤画派的画法中具有印度西部画的特点，背景艺术上有汉地的特点，颜色采用上具有藏族本地特点的观点。孜强·边巴旺堆（བརྩེ་བྱང་སྤེན་པ་དབང་འདུས།）在《刍议勉塘巴钦布勉拉顿珠与勉塘派》（སྨན་ཐང་ཆེན་པོ་སྨན་བླ་དོན་གྲུབ་དང་སྨན་ལུགས་ཀྱི་ཁྱད་ཆོས་ལ་རགས་ཙམ་དཔྱད་པ།《西藏大学学报》第2期）一文中，主要从三个方面进行了考证和论述：1. 考证了《勉拉顿珠拉杰传》中描写的勉拉顿珠的生卒年；2. 从其学画经历出发，对其功绩做了简要论述；3. 通过作者亲自考察过的扎什伦布寺几幅壁画的特点进行论述，指出背景与头顶幕布的画法与现代勉塘派的差异性及创新性。罗布斯塔（ནོར་བུ་སྲི་ཐར།）的《勉萨派绘画源流考拨》（སྨན་གསར་ལུགས་ཀྱི་རི་མོའི་བྱུང་ཚུལ་ལ་དཔྱད་པ།《西藏研究》第2期）一文对勉萨派的创始人确央嘉措的生平进行了论述，指出了该派的画法特点与传播地域。

拉巴平措（ལྷག་པ་ཕུན་ཚོགས།）的《再议藏传佛教图案——"圣僧图"》（སྟོན་བརྟན་དམ་པ་ཞེས་པའི་ལྷེབས་རིས་ལ་གསར་དུ་དཔྱད་པ།《西藏大学学报》第2期）一文，通过

比较不同版本的圣僧图，阐释其所代表的各种寓意，指出该图产生的时间及创作者。作者认为，该画不是产生于通常认为的藏传佛教前弘期，也并非萨迦班智达贡噶坚赞所作。从画的寓意及图像来看，这幅画应该是朗达玛灭佛时产生的，并说明它的创作者应该是灭法时期的秘密信教者。吴坚（ཨོ་རྒྱན།）的《略谈“十相自在”的渊源及其艺术特征》（བོད་ཀྱི་ནང་ཆོས་མཛེས་རིས་ལས་འཕྲོས་ཏེ་རྣམ་བཅུ་དབང་ལྡན་གྱི་བྱུང་འཕེལ་དང་སྒྱུ་རྩལ་ཁྱད་ཆོས་སོགས་ཀྱི་སྐོར་རགས་ཙམ་གླེང་བ།《西藏艺术研究》第 1 期）一文，对十相自在中梵文字体的读法、寓意等内容作了论述。阐明了其寓意与五行、外在世界与内在世界、佛教与神像之间的关系。

（四）藏戏

多杰东智（ཚེས་པ་རྡོ་རྗེ་དོན་གྲུབ།）的《安多甘南藏戏的演出范围及其社会影响》（མདོ་སྨད་ཀན་ལྷོའི་བོད་ཀྱི་རྣམ་ཐར་ཟློས་གར་གྱི་འཁྲབ་སྟོན་ཁྱབ་ཁོངས་དང་དེའི་སྤྱི་ཚོགས་ཕན་ནུས་སྐོར་གླེང་བ།《西藏艺术研究》第 2 期）从考述甘南藏戏的渊源开始，论述了甘南藏戏的时空分布格局以及地域特点，阐明甘南藏戏对藏文化的发展、佛教文化传播和推动社会和谐起到了非常重要的作用。作者认为，虽统称为甘南藏戏，但各个不同县的农牧地区在演出时间、表演内容等多个方面都有着各自的特点。

仁青扎西（རིན་ཆེན་བཀྲ་ཤིས།）的《略谈现代藏戏的起源及艺术特点》（དེང་རབས་བོད་ཀྱི་ཟློས་གར་གྱི་བྱུང་བ་དང་ཁྱད་ཆོས་མདོ་ཙམ་གླེང་བ།《中国藏学》第 1 期）一文通过藏族传统戏剧与现代藏族歌舞剧与话剧的比较，详尽阐述了现代藏戏的发展与特点。作者主要通过比较黄南藏戏团的《意悦仙女》与传统藏戏《诺桑王子》情节，结合现代戏剧《霍岭大战》的故事素材与传统史诗《格萨尔王》中《赛马称王》与《霍岭大战》的结构编排等方面，阐述了传统戏剧素材的现代运用。文章还阐述了《阿古顿巴》《塞久与华吉》等现代戏剧中所表现出的不屈不挠的精神、对爱情的执著追求等思想主题以及现代戏剧的地域特点、语言风格等。

甲央齐珍（འཇམ་དབྱངས་ཆོས་སྒྲོན།）的《刍议德格竹庆“格萨尔”藏戏》（སྡེ་དགེ་རྫོགས་ཆེན་གྱི་གེ་སར་གར་འཆམ་སྐོར་ལ་དཔྱད་པ།《西藏艺术研究》第 1 期），在实地调查的基础上，结合访谈材料，论述了德格竹庆寺的“格萨尔”藏戏的渊源、发展状况。作者指出该藏戏于 1870 年由宁玛派禅定寺第五世活佛土登却吉多杰所创，是佛教与《格萨尔》史诗相结合产生的一部极具特色的藏戏。该戏剧创立之后，逐渐传播到禅定寺的其他属寺和青海玉树、西藏昌都等地，规模日益宏大。现在由色达格萨尔藏戏团搬上了舞台进行演出。

杰啦（རྒྱལ་ལགས།）的《试析藏族传统歌剧的艺术特征》（བོད་ཀྱི་རྒྱན་སྲོལ་ཨ་ལྕེ་ལྷ་

མོའི་རྣམ་ཐར་གྱི་སྙན་ཚལ་ཁྱད་ཆོས་ལ་རགས་ཙམ་དཔྱད་པ། 《西藏大学学报》第 3 期）对藏语中“那木太”的概念及其演变形式，阿杰拉姆旋律的概念、十种种类，藏族传统歌剧的形式、特点等进行了论述。作者认为藏族传统歌剧多为九格律诗，但也存在六格律诗的情况。

（五）其他

玉扎·索次（གཡུ་གྲ་བསོད་ཚེ།）的《从桑耶寺创建与维修的历史看山南卓舞的起源和发展》（དཔལ་བསམ་ཡས་གཙུག་ལག་ཁང་གི་གསར་བཞེངས་ཉམས་གསོའི་ལོ་རྒྱུས་ལས་འགྲོས་ཏེ་ལྷོ་ཁའི་བྲོ་གཞུང་གི་བྱུང་འཕེལ་སྐོར་གླེང་བ། 《西藏艺术研究》第 2 期）一文，对卓舞的种类和表现内容、卓舞与桑耶寺的修建过程做了论述。作者认为贡布地区的卓舞在向卫藏地区传播的过程中进一步得到完善。依据民间流传的莲花生大师用卓舞降伏鬼怪的故事，论述卓舞与桑耶寺的修建过程，阐明卓舞是表现桑耶寺建寺过程的一种舞蹈。

谢雄·索朗（བཞད་གཞུང་བསོད་ནམས།）的《评介与“十三”数字有关的藏族传统大型歌舞》（གྲངས་བཅུ་གསུམ་དང་འབྲེལ་ཡོད་བོད་ཀྱི་རྒྱུན་སྲོལ་གླུ་གར་ཆེ་གྲས་མདོ་ཙམ་གླེང་བ། 《西藏艺术研究》第 1 期）一文，从苯教十三天层的观念以及苯教中对“十三”这一数字的吉祥寓意出发，结合苯教文献对一些大型歌舞的内容、形式所作的论述，阐述了《十三悦歌》与《十三大歌》之由来，进而提出了苯教的价值观、世界观、审美观制约着藏族大型歌舞形式结构的观点。

华毛措（དཔའ་མོ་མཚོ།）的《藏族传统舞蹈的“屈伸”（བཀུག་བསྐུམ）姿势及其形成》（བོད་ཀྱི་དམངས་ཁྲོད་ཞབས་བྲོའི་“བཀུག་བསྐུམ་” སྟངས་སྟབས་ཀྱི་གྲུབ་ཚུལ་ལ་རགས་ཙམ་དཔྱད་པ། 《西藏大学学报》第 4 期）一文，主要从地理环境、气候特点、藏族服饰等方面论述了传统舞蹈“屈伸”姿势的形成。罗旦（ནོར་བརྟན།）与桑嘎卓玛（བསམ་དཀའ་སྒྲོལ་མ།）的《论西藏阿里普兰县“郭尔孜”（གོ་རྩེད）舞的艺术形式》（བོད་ལྟོངས་མངའ་རིས་ས་ཁུལ་སྤུ་ཧྲེང་རྫོང་གི་གོ་རྩེད་སྐོར་ལ་རགས་ཙམ་དཔྱད་པ། 《西藏大学学报》第 4 期）一文，对“郭尔孜”舞的历史背景及艺术特点作了简略的论述。

次珍（ཚེ་སྒྲོན།）的《后藏地区仲孜达果米果的“百”（བད）之探讨》（གཙང་ཁུལ་འབྲོང་རྩེ་ རྟ་གོ་མི་གོ་དང་བད་གཞས་སྐོར་གྱི་ཐོག་མའི་དཔྱད་པ། 《西藏大学学报》第 4 期）一文对后藏地区的仲孜达果米果做了论述。作者通过对 རྟ་རྒོད་མི་རྒོད། རྟ་མགོ་མི་མགོ། རྟ་གོས་མི་གོས། རྟ་གོ་མི་གོ 等四个词汇的比较，指出其正确的词汇应该是རྟ་གོ་མི་གོ。接着又指出久降（ལྗགས་རྐྱང་།）的歌词特点与百（བད།）的音乐特征，说明达果米果中的百由古代吐蕃前期出现的一种祭拜战胜的仪式演变而来，是一种对人们有着激励作用的艺术形式的观点。

洛桑扎西（དཔལ་རི་བ་བློ་བཟང་བཀྲ་ཤིས།）的《略谈早期藏族雕塑艺术》（སྔ་རབས་བོད་ཀྱི་འཛིམ་བརྐོས་སྒྱུ་རྩལ་སྐོར་རགས་ཙམ་གླེང་བ།《雪域文化》第3期）一文将藏族早期雕塑划分为远古时期雕塑、赞普时期雕塑、分裂割据时期雕塑三个阶段，主要以佛像为主线对其历史背景进行了简要描述。

班玛更珠（པད་མ་ཀུན་གྲོལ།）的《电影中的藏族历史》（གློག་བརྙན་ནང་གི་བོད་ཀྱི་ལོ་རྒྱུས།《中国西藏》第7、9期）与《电影中的藏族文化》（གློག་བརྙན་ནང་གི་བོད་ཀྱི་རིག་གནས།《中国西藏》第11期）两篇文章，以现代影视作品为分析对象，论述了影视作品中所表现的藏族文化与藏族历史内容。在前一篇文章中，作者通过《松赞干布》《月圆凉州》《农奴》《红河谷》等作品，论述了这些作品所反映的每一时期的历史内容。在后一篇文章中，作者指出了高原农牧生活决定的物质文化、政教合一与部落制度为特色的藏族制度文化、佛教与苯教为核心的精神文化三个方面在影视作品中的展现。

历史考古地理文献

汉文部分

2012年，历史、考古、地理、文献方面的研究无论在数量上还是质量上都有了一定的提升，其中一些传统优势领域进一步向纵深发展，而相对薄弱的领域也逐步得到加强。

一、历史

历史是藏学研究领域中的强势学科之一，每年都有数量可观的论著问世，尽管质量参差不齐，但就整体而言一直以来都保持着较高的水准。下面按不同历史时段对2012年度藏学研究中的历史研究做一个简要的回顾。

（一）总论

本年度选题时间跨度较长的总论性历史研究论著，基本包括地方史志、家族史、活佛传承、人物研究等4个方面。

地方史志　和往年一样，本年度又有一批地方史志得以出版，其中包括中国藏学出版社出版的《那曲地区志》（那曲地区地方志编纂委员会编）、《林周县志》（林周县地方志编纂委员会编）、《申扎县志》（申扎县地方志编纂委员会编）、《错那县志》（错那县地方志编纂委员会编著）、《西藏自治区志·文物志》（《西藏自治区志·文物志》编纂委员会编）、《西藏自治区志·共青团志》(《西藏自治区志·共青团志》编纂委员会编)等。另外还有王昱主编的《青海简史》(修订版，青海人民出版社)，玉树县地方志编纂委员会编的《玉树县志》(青海民族出版社)等。

家族史 这方面具有代表性的研究成果包括吐蕃赞普后裔史和西藏贵族家族史。关于吐蕃赞普后裔史，有学者专门研究了吐蕃赞普后裔在门隅地区的统治及其王统。门隅地方自古以来是中国不可分割的一部分，但是1947年刚获得民族独立后的印度新领导人，秉承英帝国主义的侵略衣钵，打着“麦线”的旗帜，从1951年以后就趁解放军抗美援朝、进军西藏无暇顾及之机，派出军队强行驱赶西藏噶厦在当地的行政官员，逐步蚕食、抢占“门隅”及察隅、珞隅等我国西藏南部边缘广大地区。巴桑罗布的《吐蕃赞普后裔在门隅的繁衍与承袭》(《中国藏学》第1期)一文根据藏文古籍《门隅宗教源流——君民世系起源明灯》的记载，指出吐蕃崩溃以后近400年的分离割据时期，乃至在此之后的相当长历史时期内，门隅地方都由吐蕃赞普之后裔统治。文章较为详细地介绍了吐蕃赞普赤热巴巾之子藏玛流落到门隅以及建筑王宫塞堡的过程，其后梳理了从藏玛长子弥赖旺秋传出的康巴王王系和从次子通列金传出的弥森巴王王系的王统传承，并对其后的康巴王系支系德让宗王系进行了介绍。文章通过缕清吐蕃赞普后裔在门隅的繁衍和承袭，用不可辩驳的史实回击了侵略者的阴谋。

吞巴家族是西藏历史上显赫的贵族家庭之一，吐蕃时期的著名贤臣、藏文创制者吞米·桑布扎就出生于这个家族。达瓦次仁的《吞巴家族历史考》(《中国藏学》第4期)一文对这个家族的历史进行了梳理，指出“吞”是吐蕃一个古老的姓氏，早在吐蕃第二十四代赞普多日隆赞时期就出任大臣。经过仔细分析，可以认定吞米·桑布扎出生于年地方。吞米·桑布扎之后，该家族逐渐扩散至门隅、尼木等地，15世纪后分成两支，即雅嘉巴家族和尼木吞巴家族。雅嘉巴家族势力在帕竹地方政权时期达到顶峰，到第悉藏巴时期便走向没落，而吞巴家族至18世纪已经成为西藏地方政府中的显赫贵族家庭之一，其政治地位一直延续到西藏和平解放时期。

活佛传承 活佛传承，包括历辈活佛的事迹研究都是藏族历史研究的重要内容之一，比如历代达赖喇嘛和班禅额尔德尼等。本年度关于这方面的研究有星全成的《班禅系统与中央政府关系发展分期及特点》(《青海民族研究》第3期)和土呷的《西藏昌都帕巴拉活佛与帕巴拉呼图克图名称沿革考释》(《中国藏学》第1期)等。《班禅系统与中央政府关系发展分期及特点》一文分期对 17 世纪中期以来班禅系统与中央政府之间的关系及其特点进行了分析，认为三个多世纪以来，二者的关系尽管一度出现挫折，并呈现出一定的功利性，但合作和发展一直是主流。同时，在长期的交往中，二者关系发展呈现出许多特点。《西藏昌都帕巴拉活佛与帕巴拉呼图克图名称沿革考释》一文则对西藏昌都帕巴拉活佛名称的含义和来历、帕巴拉活佛世系的形成、帕巴拉呼图克图活佛世系的正式确立的过程进行了梳理，同时清晰地勾勒出昌都帕巴拉从“活佛”到“那门汗”（诺门罕）再到“呼图克图”职衔的大致沿革。

人物研究　这一方面的成果主要有王维强的《没有主人的法座：甘丹赤巴述评》（中国藏学出版社），本书从格鲁派政教系统结构、甘丹赤巴及其由来、甘丹赤巴在格鲁派政教系统中的宗教作用和政治作为、甘丹赤巴对藏族文化的贡献、从甘丹赤巴转世出的活佛系统、历任甘丹赤巴简略生平等几个方面对西藏政教史上有重要地位的甘丹赤巴进行了全面的研究，有助于读者系统地了解甘丹赤巴制度的形成和发展，了解宗喀巴创立的格鲁派、了解藏传佛教、了解西藏的政教合一制度、了解中央政府和西藏地方的关系。

（二）吐蕃

本年度关于吐蕃史研究的论文较多，主要涉及吐蕃的政治、军事、制度以及与周边民族的关系等，以下仅以吐蕃政治和社会研究、历代赞普及相关问题研究、吐蕃与周边民族关系研究三个方面择要进行介绍。

吐蕃政治和社会研究　林冠群在《唐代吐蕃众相制度研究》（《中国藏学》第 1 期）一文中以敦煌古藏文卷子《吐蕃大事纪年》和吐蕃碑刻铭文为主要史料，指出吐蕃中央职官系统中的相制用的是众相制。文章梳理了见于文献中的吐蕃历年众相任职情况，认为众相制的推动与实施，对吐蕃王朝影响极其深远，包括确保了悉补野氏政权的祚命，稳定了当时吐蕃的政局，阻绝了臣下太阿倒持的现象，赞普重新站上了国家最高领导者的位置，也使得赞普王室手中多了操控吐蕃政治与吐蕃氏族生态的利器。作者最后认为，吐蕃成功地师法唐朝的众相体制，且深得众相制的精髓，由此可以确认唐蕃文化关系的密切程度。

杨铭的《再论吐蕃小邦制的演变及其外来影响》（《青海民族研究》第 2 期）一文认为，吐蕃王朝建立之前的小邦经达日年赞、囊日松赞和松赞干布等赞普的兼并，逐渐成为吐蕃王朝的一部分，只有吐谷浑、工布和娘布仍然保持了小邦的称号。汇入吐蕃的小邦，逐渐演变为吐蕃地方的实体政权并一直延续到吐蕃王朝末期。文章还指出，吐蕃王朝建立前后的小邦制与我国历史上西北诸族实行的“小王制”在称号、规模、与王朝中央政权的关系等方面均有一定的相似性，其形成应该和西北诸族，特别是吐谷浑小王制的影响有一定的关系。

林冠群的《吐蕃“尚”“论”与“尚论”考释——吐蕃的社会身份分类与官僚集团的衔称》(《中央民族大学学报》第6期)一文对吐蕃历史上“尚”“论”两词的含义进行了研究，指出“尚”“论”本有区别，但是特殊情况下文献中将“尚”“论”两字连用，使得汉文史料以及学界对其产生了歧义。涉及这个主题的还有黄辛建的《韦·悉诺逻恭禄获罪遣：吐蕃贵族论与尚的政治博弈》(《西藏大学学报》第3期)。该文以公元728年吐蕃大论韦·悉诺逻恭禄“获罪遣”为界点，对公元728年以前与以后吐蕃贵族的政治格局进行了对比和分析，认为以此事件为分水岭，吐蕃外戚“尚”取代“论”正式崛起。

另外，朱悦梅的《吐蕃王朝人口研究》(《中国藏学》第1期)一文认为，由于文献记载的缺失，对吐蕃王朝时期人口数量的统计与计算，只能在数据不完整与信息零散的情况下，从不同角度来对计算进行推导。文章通过对藏文典籍与古藏文文献所载有关人口信息的分析，从藏文史籍中均匀分布的理想式数据记载、对早期部落邦国及其人口的尽可能的统计法计算、兵丁与人口数量关系等角度，进行了尝试性的考论后认为，吐蕃王朝时期，分布在青藏高原内部的吐蕃本土地区人口，大致应在350万左右。

历代赞普及相关问题研究 林冠群的《“赞普”释义——吐蕃统治者称号意义之商榷》(《中山大学学报》第5期)一文较为深入地探讨了吐蕃统治者之称号“赞普”的实际含义，认为“赞普”含有“神人合一”的意义，反映出其受“天命论”的影响，亦呈现大唐文明对吐蕃政治思维与官制的影响力。

吐蕃与周边民族关系研究 杨铭的《唐代吐蕃与西北民族关系史研究》(兰州大学出版社)一书较为全面地对吐蕃与西北民族之间的关系进行了研究，包括吐蕃与羊同、苏毗、多弥、白兰、党项诸羌、吐谷浑、勃律等青藏高原各民族的关系；吐蕃与突厥、突骑施、沙陀、回纥、鄯善、于阗等天山南北诸族的关系；吐蕃与通颊、南山、嗢末、粟特、汉人等河西走廊各民族的关系等。另外，该书第四编对吐蕃与西北的地理交通；吐蕃与西北诸族的联姻与政治交流；吐蕃与西北诸族的经济、文化交流；西北诸族的“吐蕃化”及其历史影响；吐蕃与西北民族交往的历史作用等做了专论。

朱悦梅的《从出土文献看唐代吐蕃占领西域后的管理制度》(《敦煌研究》

第2期）一文认为，吐蕃占领西域后实行的管理制度是在其本土实行的部落制军事建制的基础上建立的，其基本特征是生产、行政、军事三位一体，表现在西域军事占领区就是军事、民事与羁縻三种管理体系。作者认为，由于吐蕃进入西域军事力量的来源本身就很复杂，使得其在西域的军事管理模式与本土相比有所变化，但这种制度的本质仍然是为了获得更大的利益

（三）宋

2012年关于宋代藏族史研究的成果相对较少，不过与以往稍有不同的是，本年度宋代藏族史研究的主题除了唃厮啰政权和茶马互市外，关于阿里的研究也值得注意。

古格次仁加布的《略论十世纪中叶象雄王国的衰亡》（《中国藏学》第2期）一文根据15世纪班智达扎巴坚赞所著的《太阳氏王统记》等藏文史料，梳理了象雄王国及其下属五氏族的衰落及吐蕃赞普后裔吉德尼玛衮征服象雄王国的历程。10世纪初，象雄出现过有名的五氏族，分别为莽额蔡萨格辞、莫额、金额董杰擦、庶额布德协朵格擦、鲁穆额夏协泽。当五氏族面临衰微时，千户鲁巴协的5个兄弟入赘到五氏族，逐渐成为六氏族。象雄王国经过传承前11代和后6代左右后，于公元10世纪中叶，末代国王被杀，五氏族纷纷投降，并最终被吐蕃王室后裔取代。

黄博在《三围分立：11世纪前后阿里王朝的政治格局与政权分化》（《中国藏学》第4期）一文中认为，10世纪—12世纪阿里王朝分化成古格、普兰和拉达克三个部分其实并不是传承自吉德尼玛衮分封三子，通过对《拉达克王统记》和《阿里王统记》等史料的对比研究可以发现，在古格王泽德在世时阿里王朝仍有可能是统一的，真正的分化在泽德被害之后。文章认为，泽德被害，其后阿里政权被王室中的非嫡亲近支的旺德篡夺，阿里王朝产生了首次分裂，初步形成古格、普兰和拉达克三足鼎立的局面。

关于宋代吐蕃社会与对外交流，陈武强在《北宋后期吐蕃内附族帐考》（《西藏研究》第2期）一文中对北宋后期（1068年—1127年）吐蕃内附部落及其内附原因和方式、内附后居地、政府对其政策等问题进行了考述，认为是北宋政府大力招抚的民族政策促成了吐蕃部落的内附，而这些部落的内附，促进了藏汉经济文化交流以及西北边疆的开发，在藏汉民族关系史上产生了深远影响。同作者与才旺贡布的《宋代茶马互市的法律规制》（《西藏大学学报》第1期）一文从榷茶博马，茶马司的设置与职官管理法规，市场、价格即禁私

诸法等几个方面对宋代茶马互市的法律规制进行了介绍，认为宋代茶马互市的诸多规制及其日臻完整，不仅促进了茶马贸易逐渐步入法制化轨道，而且为宋朝与周边少数民族的茶马互市提供了强有力的制度支持。西北、西南沿边茶马互市的繁荣和市场的扩大，也带动了当地畜牧业、茶业和其他商品的交换，对推动少数民族地区开发和社会经济发展产生了深远的影响。

涉及宋代唃斯啰政权研究的有齐德舜的《〈宋史·阿里骨传〉笺证》（《西藏研究》第2期）。该文根据文献资料对《宋史·阿里骨传》做了笺证。阿里骨是河湟吐蕃政权的第三任赞普，为董毡养子。文章认为，阿里骨作为非唃斯啰家族的人物却登赞普之位并长期执政，说明其具有超常的个人能力，而阿里骨当政时期也是唃斯啰政权由盛转衰的转折点。

（四）元明清

1. 元

本年度元朝藏史研究主要围绕当时元中央在藏区的行政机构设置以及社会经济展开。

武沐在《元代吐蕃等处宣慰司都元帅府的机构设置》（《青海民族研究》第3期）一文对元朝在藏区建立的三大宣慰司都元帅府之一吐蕃等处宣慰司都元帅府的设置及其机构进行了研究。文章认为，吐蕃等处宣慰司都元帅府的机构设置包括“掌军民之务”的宣慰司系统、都元帅府所属的军事系统、吐蕃等处宣慰司兼管的万户府、招讨使司系统、管理藏传佛教和汉传佛教的宗教系统等五个部分。元代吐蕃等处宣慰司都元帅府的管理体系的特点，就在于其吐蕃等处宣慰司与都元帅府两大系统都兼有一定的军政职能，同时又管辖着相应的行政与军事机构，只是前者侧重于行政，而后者更偏重于军事防务而已。

刘建丽的《元朝陇南吐蕃的行政机构与社会经济》（《西藏研究》第2期）一文认为，元朝统一全国后，陇南地区分属陕西、甘肃两行省与宣政院管辖，当地为吐蕃重要聚居地之一，故元中央王朝在这里设置宣政院所属的吐蕃等处宣慰司都元帅府的属下机构，包括脱思麻路军民万户府、西夏中兴河州等处军民总管府；洮州元帅府、十八族元帅府、积石州元帅府、礼店文州蒙古汉军西番军民元帅府等；吐蕃等处招讨使司及附属机构等。由于元朝重视发展生产，陇南吐蕃地区的农、牧、商、手工业等都有一定程度的发展。

杨惠玲的《论宋元时期藏区内部民族市场》（《中国边疆史地研究》第1期）一文对宋元时期藏区内部民族市场的分布、商人和市场特点进行了介绍，认为当时的市场分布、繁荣程度、商人的市场竞争力等极不均衡，但当时藏区内部市场的兴起、商业城镇的出现对藏区社会的发展还是起到了一定的作用。

2. 明

近几年来明代藏史研究一改往年相对薄弱的状态，无论在数量上还是质量上都逐渐得到加强。本年度这一时期的研究，主要体现在人物和机构设置两个方面。

人物研究方面，首推拉巴平措的《大慈法王释迦也失》（中国藏学出版社）。这部著作根据汉藏文史料，特别是藏文古籍中多篇关于大慈法王的传记，对明代受封大慈法王的藏传佛教格鲁派高僧释迦也失的生平和历史功绩做了全面的分析和研究。释迦也失是格鲁派祖师宗喀巴大师的弟子，色拉寺的创建者。释迦也失作为宗喀巴大师的亲定代表，曾奉永乐、宣德皇帝之诏先后两次到内地传法，受封“大慈法王”。全书分上篇“大慈法王考”（包括文献考、生平考、业绩考、遗像考、文物考）、中篇“《大慈法王传汇编》译注”（包括由8篇藏文传记组成的《传记汇编》的汉文译注、藏汉合璧历史文献以及索引）、下篇“附录”（包括《传记汇编》原件复印件和藏文、拉丁文转录，大慈法王及宗喀巴大师大事年表）等三部分。作者评价释迦也失为到内地传播格鲁派教法第一人、受到明朝廷册封的格鲁派第一人、为格鲁派创建密宗道场的第一人、为各民族交往而献身的第一位高僧大德。

嘉益·切排和双宝的《阿升喇嘛考》（《青海民族研究》第1期）一文对为藏传佛教格鲁派早期传入蒙古地区作出重大贡献的阿升喇嘛及其相关事迹进行了考证。阿升喇嘛，是锡勒图库伦札萨克喇嘛旗历史上首任札萨克达喇嘛，早年频繁来往于蒙藏地区间。文章认为，虽然阿升喇嘛在库伦定居不过短短几年时间，但是他早年说服阿勒坦汗信奉格鲁派，晚年又借助后金皇太极的大力扶持，置曼珠希礼库伦，为藏传佛教再次传入蒙古地区及其发展作出了重大贡献。

齐德舜的《〈陇右土司辑录·赵土司〉初探——兼明清时期唃厮啰家族后裔史迹稽考》（《西藏民族学院学报》第2期）根据甘肃省图书馆所藏的《陇右土司辑录》（手抄本），以笺证的方式对明清时期被称为“五土之首”的唃厮啰家族（赵土司）进行了初步研究。

关于机构设置于藏史研究方面，有邹立波的《明代川西北的卫所、边政与边地社会》（《西藏大学学报》第1期）和任小波的《明代西番馆职司与史事述考》（《西藏大学学报》第3期）。《明代川西北的卫所、边政与边地社会》

一文认为，明代的卫所具有封闭式军事移民组织的性质，其职能重在军事防御，但是在以安抚为主的治边政策和文官系统层层监管下，卫所除了肩负军事防御职责外，还兼管与藏羌事务相关的具体行政职权，比如守御归附者及遣送、收捕之责，参与管理招抚归附、纳土赋、朝贡事宜，监管与笼络各方政教势力，招绥藏羌各部等，与当地社会的关系变得更为综合、多元。更为重要的是，由于明廷无法应对和解决庞大的卫所的供给，卫所戍军自发地加强与藏羌各部的经济联系，从而在一定程度上促进了明代川西北的族际互动。《明代西番馆职司与史事述考》一文则根据明清两代递刻的《四译馆则》中关于明代北京四夷馆的纪事以及相关史料，对当时四夷馆所辖西番馆的“属官职名”、职司与史事做了考察。

3. 清

本年度清代藏史研究一如既往地保持了高水平，特别是几部有分量的专著得以出版，加深了清代藏史研究的厚度。

邓锐龄的《清前期治藏政策探赜》（中国藏学出版社）一书收入《岳钟琪与西藏问题》《1750 年珠尔默特那木札勒事件的再思考》《第一次廓藏战争（1788—1789）中的议和潜流》《乾隆朝第二次廓尔喀之役（1791—1792）》《清代驻藏大臣色楞额》等 9 篇研究清前期西藏历史的学术论文，以及《中国古典小说中所见藏事的痕迹》《回忆藏学家柳陞祺先生》《石泰安：〈西藏的文明·跋〉》《古代西藏史研究·总论》等 7 篇研究和翻译文章。该著所收的大部分文章是作者一直以来研究清代藏族史的重要成果，其中引用了大量清代的档案文献，对清代前期，特别是雍正、乾隆两朝治理西藏的策略以及西藏地方的政治事件做了深入、细致的分析和研究。

曾国庆、黄维忠编著的《清代藏族历史》（中国藏学出版社）一书从清初中央政府与藏区的政治关系及其对藏传佛教的政策、清朝中央政府治藏机构及制度、清朝前半叶中央政府内平藏乱外御入寇、清朝中央政府对藏区的强化管理、西方传教士在藏区的早期活动、17 世纪中叶至 19 世纪中叶藏族社会的经济文化、鸦片战争对西藏的影响、西藏地方统治集团的内争、西藏第一次抗英战争、英俄加紧侵略西藏、清末西藏的变乱、清代后期藏区的经济和文化等方面，对清朝时期西藏的历史、社会、宗教、文化等方面做了全面的介绍。

扎洛的《清代西藏与布鲁克巴》（中国社会科学出版社）一书利用大量的档案文献和藏文史料，系统梳理了清代西藏与布鲁克巴（今不丹）之间复杂而曲折的关系演变过程。全书分西藏与布鲁克巴的早期关系（7 世纪—18 世纪)、颇罗鼐平息布鲁克巴内乱、清朝分封布鲁克巴首领、西藏与布鲁克巴宗藩关系的巩固、第一次英布战争与第六世班禅的调停、18 世纪—19 世纪之交西藏与布鲁克巴关系的演变、第二次英布战争与西藏的反应、19 世纪后期西藏强化与布鲁克巴宗藩关系的努力、英国第二次侵藏战争与布鲁克巴的角色变化、西藏与布鲁克巴宗藩关系的结束等 10 章，深入分析了清代中央王朝的宗藩体制是如何移植、运用到喜马拉雅山地区，以及在面临英国殖民势力挑战时所进行的自我调整和应对行动，提出了“清代的喜马拉雅山宗藩关系模式”的概念，并对其模式及特征进行了分析。同作者和敖见的《布鲁克巴德布王希达尔流亡西藏事迹考述——兼论 18 世纪中叶中国西藏与布鲁克巴的关系》（《民族研究》第 4 期）一文利用西藏自治区档案馆所藏历史档案，勾勒出了希达尔在藏活动的大致轨迹。并通过档案解读，揭示了在中国西藏与布鲁克巴的宗藩关系中御侮、靖乱、册封、纳贡等责任义务关系的具体实施方式。

李凤珍的《清代西藏郡王制初探——读清史札记》（中国藏学出版社）是一部专门研究清代西藏世俗领主执掌统治权时期的历史，全书共分 15 章，主要以颇罗鼐和珠尔默特那木札勒父子时期策妄阿拉布坦侵扰西藏和清军驻防、罗卜藏丹津叛乱、噶伦矛盾和卫藏战争、七世达赖喇嘛入藏坐床与颇罗鼐的矛盾、颇罗鼐的功绩与珠尔默特那木札勒的谋乱被杀等事件的描述，对当时西藏地方统治阶级与蒙古各部特别是准噶尔部、和硕特部上层的关系，西藏地方世俗领主与宗教集团之间的关系等进行了分析。

梁俊艳的《英国与中国西藏（1774—1904）》（兰州大学出版社）一书从英国对华陆路战略的展开、廓尔喀第一次侵藏与英国介入、廓尔喀第二次侵藏与英国的策略、清朝的战后因应对策及对南亚次大陆的认识、撤除西藏的藩篱：英国侵藏的准备阶段、英国第一次入侵西藏、英国第二次入侵西藏等几个方面，对 1774 年—1904 年英国这个老牌的帝国主义、殖民主义国家侵略西藏历史的前因后果、来龙去脉做了详细的介绍。最后，作者就英国对华陆路战略与侵藏步骤进行了分析，认为包括了战略展开阶段：波格尔、特纳进藏；试图干涉阶段：英在两次廓尔喀侵藏战争中的所谓“中立”；武装入侵的准备阶段：撤除西藏的藩篱；以及武装侵略阶段：英国两次武装入侵西藏。

陈庆英、王晓晶的《六世班禅东行随从种痘考》（《中国藏学》第 3 期）一文通过对六世班禅进京途中 300 余随从在阿拉善种痘，但唯独班禅大师没有种痘的原因进行了分析，认为出于年龄、季节、种痘的风险等一系列因素使得班禅大师没有种痘。文章在梳理这次种痘事件的同时，利用大量汉藏文史料对班禅大师与二世嘉木样活佛的关系，以及班禅大师在北京圆寂的始末进行了分析。

周伟洲在《清代西藏的地方行政建制研究》（《中国边疆史地研究》第4期）一文中对清代西藏的地方行政制度进行了研究，通过对西藏宗谿一级所辖之下的社会基层组织谿卡（庄园）、部落两级建制，以及特殊的地方行政体制等三个方面的探讨，分析了清代西藏的地方行政制度及其特点。另外，文章还对清朝中央政府在边疆少数民族地区采取“因俗而治”的方针，基本保持西藏的地方行政制度的前提下进行的一些改革作了较为深入的分析。

李德成的《从乾隆的两道训谕看雍和宫的历史地位》（《中国藏学》第1期）一文根据《国朝宫史续编》的记载指出，乾隆五十九年（1794），皇帝两次就雍和宫的性质特颁训谕，强调了雍和宫作为供奉三宝的场所永不更改。乾隆皇帝的训谕对保护雍和宫起到了积极作用，此后清政府内再未有改变雍和宫用途的提议，使雍和宫作为蒙藏佛教寺院得以完好保存至今。更重要的是，乾隆坚持将雍和宫作为佛教寺庙永不变更，使雍和宫切实发挥了在清中央政府与蒙藏地方之间体现主权关系的政治纽带作用。同时雍和宫也在客观上吸引了大量蒙藏地区的达官贵人和信教群众前来朝拜，切实密切了边疆地区与北京的政治、经济和文化联系，维护了国家统一，增进了民族团结，促进和巩固了中华民族的多元一体化。

达力扎布在《西宁办事大臣达鼐事迹考》（《西北民族大学学报》第2期）一文中对雍正时期的西宁办事大臣达鼐的相关事迹进行了考证。西宁办事大臣，即钦差办理青海蒙古番子事务大臣，亦简称青海办事大臣，后来以其衙署在西宁，故称为“西宁办事大臣”。达鼐，八旗蒙古正白旗人，生于1691年，雍正三年(1725)任西宁办事大臣。在任西宁办事大臣期间,达鼐参与了一系列蒙藏事务的处理,比如雍正五年奉命领兵从青海进藏协助平息康济鼐事件,安定青海蒙古,安排朝觐、会盟,在“番部”设官、立法,守护噶斯口,防御准噶尔等。雍正十年,达鼐以政务懈怠为名被革职留任,十三年病逝于西宁。

赵桐华的《清廷册封棍噶扎勒参呼图克图之考证》（《西藏大学学报》第1期）一文通过对《清实录》和《喇嘛噶绕活佛传略》《察罕呼图克图衮噶嘉勒赞传》等文献的对比研究，就清末远赴漠西蒙古，为维护北疆的统一与稳定作出重要贡献的甘肃藏族僧人棍噶扎勒参受封呼图克图一事进行了分析，认为藏汉史料的记载之所以有出入，是因为由于名字翻译中出现的偏差，致使册封的诏书先到，印信却迟迟未得之故。

岳小国的《略论和珅在乾隆朝治藏方面的贡献》（《四川民族学院学报》第3期）一文中认为，乾隆时期的和珅虽然以贪赃枉法、欺君罔上而写入史册，但他曾任军机大臣兼理藩院尚书，负责管理民族事务。在当职期间，和珅参与了六世班禅进京贺寿和驱逐廓尔喀入侵西藏两起有关西藏的重要事务并出色第完成了任务，为巩固国家统一和边疆稳定作出了自己的贡献。

（五）民国及当代

1. 民国

本年度民国藏史研究主要仍然集中在民国中央政府治理西藏和帝国主义的侵扰，以及十三世达赖喇嘛和九世班禅的相关研究方面，另外在人物研究方面也有重要进展。

民国中央政府治理西藏和帝国主义侵扰西藏　张双智在《蒋介石抗战时期应对西藏危机之策》（《中国藏学》第4期）一文中通过对蒋介石下令修建康印公路遭到噶厦抵制、军事施压噶厦被英国出面干涉、指示宋子文与丘吉尔交涉等事件的梳理，认为蒋介石在处理西藏问题上头脑还是比较冷静的，军事施压和外交交涉也是维护中国主权的必要之举，致使英国未能公开宣布“西藏独立”，应该给予历史的肯定。同时，蒋介石选择了隐忍，没有坚决果断地解决西藏事务，使得英国在1943年以后加快了煽动“西藏独立”的步伐，派军侵占中国藏东南领土，损害了中国的主权，遗祸至今。

喜饶尼玛、塔娜的《尹昌衡西征与西姆拉会议》（《西藏民族学院学报》第1期）一文通过对尹昌衡西征、中辍及其与西姆拉会议之间关系的分析，认为尹昌衡西征一方面促成了和解西藏问题的会谈，另一方面严重阻碍了英帝国主义外交阴谋的实施，一度成为阻止“西姆拉会议”召开的重要原因之一，并对“西姆拉会议”的召开地、内容、性质都有一定的影响。

邱熠华在《1930年尼泊尔与西藏地方关系危机探析》（《中国藏学》第2期）一文中以莱登拉入藏之行为中心，对1930年尼泊尔与西藏地方关系危机的发生、原因、调解过程进行了介绍。文章认为，1929年西藏地方政府派出军警进入尼泊尔驻拉萨代表处逮捕杰波夏尔巴事件是直接引发1930年藏尼危机的导火索。莱登拉受英印政府派遣前往拉萨“调解”，说明了英印政府干预藏尼纠纷，目的在于阻碍和消解西藏地方与南京国民政府间日益增强的联系，使西藏更加依附于英印。

徐百永在《试论国民政府对藏宗教政策视野下的汉僧事务》（《青海民族

研究》第3期）一文对民国时期汉僧入藏学经及其意义进行了分析，认为国民政府资助汉僧游学西藏、资助汉僧考取格西、加强在藏汉僧管理等政策，不仅为沟通汉藏文化，改善汉藏关系，消除汉藏隔阂等方面作出了贡献，也体现了南京国民政府“从宗教上以推动政治”的治藏理念。

王川、陈辉、邹敏的《民国中期孔庆宗负责时代驻藏办事处内部人事设置及其影响（1940—1944）》（《西藏大学学报》第3期）一文根据新发现的戴新三《拉萨日记》等资料，对孔庆宗负责时代驻藏办事处内部人事设置和纷争进行了梳理和分析。

十三世达赖喇嘛和九世班禅研究 孙宏年的《从平等到失衡：达赖、班禅关系与国民政府治藏政策研究（1927—1933）》（《云南师范大学学报》第5期）一文对1927年—1933年间达赖和班禅的关系从最初的平等到逐渐失衡的过程及其原因进行了探讨，并对中央政府解决达赖、班禅关系而实施的治藏政策做了评价。

桑丁才仁在《再论九世班禅入藏仪仗队（护卫队）在结古发动哗变经过及其原由》（《西北民族大学学报》第4期）一文中就1937年6月6日发生在玉树结古的九世班禅入藏仪仗队哗变事件进行了研究。文章认为，仪仗队的这次哗变虽然没有成功，未来得及实施就被队长察觉并妥善处置，但其本质是一场事先精心预谋的反叛事件，对民国政府和西藏地方的关系造成了一定的影响。

张皓在《十三世达赖喇嘛的圆寂与西藏地方政府权力格局的变动》（《中国边疆史地研究》第3期）一文中通过对十三世达赖喇嘛的圆寂后发生的土登贡培事件和龙厦事件的分析，认为达赖喇嘛圆寂后西藏地方政府的权力格局发生了重大变动。通过土登贡培和龙厦事件，两名近侍的权力被剥夺殆尽，噶厦的权力得到恢复，实权落到赤门的手中，新的权力格局形成。

人物研究 2012年，藏学界围绕纪念藏族著名的爱国主义者、近代史上的学术大师根敦群培举行了一系列的学术活动，也有与之相关的研究论著面世。中国藏学出版社再版了《白史》等著作，出版了《2012年的追寻——西藏文化博物馆根敦群培生平学术展》（熊文彬、张春燕主编），收入拉巴平措《论根敦群培的历史功绩和留给我们的宝贵遗产》和陈庆英《藏族学术大师根敦群培的生平学术和命运》等纪念文章，以及对根敦群培文献著作的专题研究文章3篇。《中国藏学》编辑了“根敦群培研究专刊”（第2期增刊），收入霍康·索朗边巴《根敦群培大师传·清净显相》、李有义《藏族历史学家根敦群培传略》、沫水《根敦群培年谱（1903—1951）》等。与此同时，还有一系列关于根敦群培的研究文章得以发表，集中对其生平、学术成就和思想贡献进行了全面的研究。

另外，齐德舜的《唃厮啰家族末代土司赵天乙生平考述——〈唃厮啰后裔事迹稽考〉续》（《中国藏学》第4期）一文根据相关的资料和对赵天乙嗣子的访谈，对唃厮啰三十二代孙赵天乙的生平做了梳理。赵天乙生于清宣统元年（1909年），民国三年（1914年）其父赵元铭去世后承袭土司之职。文章对赵天乙清末民初的辖区、受到刘郁芬进军甘肃的牵连、以绅士身份参与政务、参与解放卓尼事务以及被冤杀的过程进行了介绍，认为其是唃厮啰家族史上又一位悲剧性的人物。

2. 当代

本年度的当代藏族史研究除了西藏和平解放外，还有对当代藏学学人的综合研究。

阴法唐的《进军及经营西藏62年的历史回顾》（《中国藏学》第3期）一文指出，1950年至今的62年，西藏经历了和平解放、平叛改革、稳定发展、成立自治区、社会主义改造、改革开放、跨越式发展等革命和建设的伟大实践。作为这段光辉历史的亲历者、西藏巨变的参与者和见证人，作者将西藏62年来的巨大成就概括为11个方面。同时从坚持党的领导、结合西藏实际制定政策措施、坚持"慎重稳进"的方针、正确处理好民族与宗教问题、培养和使用民族干部、大力发扬"老西藏精神"等方面谈了自己的体会。

李荟芹、徐万发的《朱德对西藏和平解放的贡献》（《西藏大学学报》第4期）一文对朱德处理西藏事务的历史进行了介绍。长征时期，朱德与格达活佛等藏族爱国人士结下的深厚友谊为和平解放西藏打下了坚实的基础。西藏和平解放时期，朱德是中国共产党领导层的重要成员和中国革命中军事上的主要领导人之一，他参与西藏和平解放的决策，又具体指挥了人民解放军解放西藏的事务。文章介绍了朱德在西藏和平解放进程中发挥的作用，揭示其个人魅力对西藏和平进程的深远影响，颂扬其对西藏和平解放作出的重要贡献。

20世纪以来，特别是新中国成立以后，我国的藏学事业得到了蓬勃的发展，出现了一大批继承传统藏学、开创现代藏学的藏族学术大家，如根敦群培、才旦夏茸、多吉杰博、毛尔盖·桑木旦、东嘎·洛桑赤列、木雅贡布、恰白·次旦平措等，为我国藏学事业的发展作出了杰出的贡献。对这些学术大师的生平和史学成就进行研究，是藏族史学研究的一个重要任务。张云的《根敦群培与恰白·次旦平措的吐蕃史研究——新史观、新方法、新资料、新发现》（《中国藏学》增刊第2期）一文从新的历史观、新的历史研究方法、发掘利用新资料、新发现和新观点等四个方面，对根敦群培与恰白·次旦平措这两位标志性人物的吐蕃史研究进行了对比研究，认为他们运用新的唯物史观，通过新方法、新资料，提出了很多新的观点，为我国的吐蕃史研究取得了诸多卓越的成就。文章认为，两位先生再研究西藏历史过程中摈弃宗教神学羁绊，追求客观，探寻藏族历史发展真谛的精神，对于廓清历史迷雾，还原历史面目，用科学的观念和方法让吐蕃史成为信史，至今仍有巨大的现实借鉴意义。

作为当代藏学研究的集大成者之一，毛尔盖·桑木旦大师对藏族史学研究也作出了巨大的贡献。班玛更珠的《毛尔盖·桑木旦大师与藏族史学研究》（《中国藏学》第4期）一文在梳理毛尔盖·桑木旦大师生平和学术成就的基础上，重点介绍了大师的史学研究著作和主要观点，并就其史学研究的特点做了初步的分析。毛尔盖·桑木旦大师的史学研究，主要涉及通史、文化史、寺院志、人物传记等，同时在一些地方史研究，诸如在塔博人历史文化的研究方面也取得了具有一定社会影响的学术成果。通过毛尔盖·桑木旦大师的藏族史学研究成果，我们可以清晰地看到其以人文主义思想和历史唯物主义史观代替传统的神权思想和神学史观的新思想以及一系列新的研究方法和特点。

东嘎·洛桑赤列先生亦是当代藏学研究的集大成者之一，东嘎·晋美的《从活佛到教授——追忆我的父亲东嘎·洛桑赤列》（《西藏教育》第6期）一文对东嘎·洛桑赤列先生的生平、学术贡献和思想进行了回忆。

同样，当代藏学研究史上还有为数不少的其他民族大家为藏族史学研究作出了重大贡献。由邓锐龄口述，邱熠华、梁俊艳整理的《答客问治明清两代西藏史经验》（《中国藏学》第3期）一文就对邓锐龄先生的治史经验进行了总结，对后学有非常重要的借鉴意义。

二、考古

考古方面，本年度发表的论著相对较少，但都质量较高。从内容来看，主要涉及理论与发现、遗址、文物、动态等方面。

理论与发现　霍巍的《吐蕃时代：考古新发现及其研究》（科学出版社）一书利用近十年来的考古新发现和新资料，重点介绍了吐蕃墓葬考古、青海出土吐蕃木棺板画、板画人物服饰、吐蕃与粟特人的棺板装饰、吐蕃系统金银器、吐蕃马具、吐蕃丝绸、西藏中部及藏东和敦煌的吐蕃时期佛教考古遗迹、吐蕃祭祀遗址、西藏西部的大石遗址及城堡居室遗址的考古新发现。作者通过对这些新发现和新资料的深入分析，对吐蕃的历史和文化做了较为全面的分析和研究。

2012 年 10 月 21 日至 25 日，“第五届西藏考古与艺术国际学术讨论会”在北京召开。作为本次会议的主题之一，藏族地区、特别是卫藏和川西近年的考古发掘调查报告引起了与会学者的关注。其中李永宪的《2012 年青藏高原东部史前考古新发现》一文根据四川大学考古学系、四川大学中国藏学研究与西藏、青海两省区考古机构在青藏高原东部开展的考古调查，对西藏自治区昌都卡若新石器时代遗址和青海省玉树通天河流域“前吐蕃时期”墓葬遗址的考古发现做了介绍。文章认为，通过这次勘探与发掘，进一步明确了卡若遗址的分布范围与保存状况，根据出土的一些新发现，可以对卡若遗址的年代、环境有新的认识。在青海玉树治多县通天河流域，考察队发现的一批“前吐蕃时期”的墓群、岩画、细石器地点和遗址，有助于对该地区史前考古遗存的分布有新的了解。

2012 年 6 月至 8 月，中国社会科学院考古研究所与西藏自治区文物保护研究所联合对西藏阿里地区噶尔县门士乡卡尔东城址（传说中的“穹隆银城”）及故如甲木墓地进行了测绘和试掘。仝涛在题为《2012 年度西藏阿里故如甲木墓地的发掘》的报告中，公布了对故如甲木墓地进行联合发掘的情况。根据阿里象泉河上游故如甲木墓地出土的动物骨骼、丝织品、一字格铁剑以及较多的木器，表明此墓地属于象雄古王国时代（约 1 世纪—4 世纪）。在文化面貌上与邻近的札达地区、南疆地区、西北印度乃至中原地区存在着联系。

7 月，由四川大学考古系、中国藏学研究所和青海省文物考古研究所联合组成调查组，对青海玉树勒巴沟的佛教考古遗存进行了调查和记录。张长虹和乔虹的《青海玉树勒巴沟佛教遗存考古调查新发现》一文对在勒巴沟内共发现的 4 处佛教遗存进行了介绍，并对藏东地区摩崖石刻内容题材类型、探讨吐蕃时期汉藏佛教、吐蕃时期佛教美术和古藏文文字材料等方面的研究意义进行了探讨。

遗址　阿顿·华多太的《论都兰古墓的民族属性》（《中国藏学》第 4 期）一文针对近几年来青海地方一些地方史爱好者认为都兰古墓是吐谷浑墓的观点，从多角度进一步论证了都兰古墓的属性问题。文章从对吐谷浑地望的错误定位、对所谓“吐谷浑邦国”的虚构、有意忽略出土古藏文信息、对出土图纹的错误解读、对出土金银铜器的曲解、对都兰热水路斯沟岩画的错误解读等方面驳斥了所谓的都兰古墓吐谷浑说，并用翔实的史料从墓葬的形制、随葬品、所处地域以及出现的大臣的姓名等几个方面论证了其吐蕃属性。

夏格旺堆、熊文彬等发表在《考古》第7期上的《西藏定结县恰姆石窟》一文对西藏日喀则地区文物普查队在第三次全国文物普查工作中在定结县琼孜乡恰姆村发现的恰姆石窟寺作了介绍。恰姆石窟坐落在吉曲河西侧果美山半腰上，距地面30余米，南北走向，共有3座洞窟，石窟洞口皆向东。窟内有泥雕佛像，残体泥塑镀金佛像。文章认为，恰姆石窟三区105座洞窟中，ⅠK1为单室造像窟，平面形状呈马蹄形，在西、北、南三壁发现泥塑和壁画。ⅠK2为多室窟，窟内残存有泥塑和壁画。ⅠK3为相邻的两座单室窟，仅见壁画。该石窟群的发现，对探讨西藏早期佛教艺术、佛教发展史，甚至后弘期初期西藏社会历史的进程具有重要价值。

汤惠生、李一全的《高原考古学：青藏地区的史前研究》（《中国藏学》第3期）一文通过对青藏高原早期人类及其石器的古老性，以及分子人类学的启示，认为青藏高原不仅不是人类最初的起源地之一，相反却是世界上最后一块被人类占据的土地。文章还对最初人类迁徙到青藏高原的路线及生存环境做了分析，最后还提出了“高原考古学”的概念，认为其为我们开创了一个新的研究时代。

文物 本年度，文物出版社出版了由青海省博物馆、青海民族博物馆编著的“河湟藏珍”文物系列图书，其中的《河湟藏珍：历史文物卷》分古生物化石、旧石器时代、中石器时代、新石器时代、青铜器时代、汉至唐时代、宋元时期、明清时期等八个部分，通过出土的大量令人惊叹的珍贵文物，对旧石器时代晚期以来河湟地区先民们在这块广袤神奇的土地上创造的光辉灿烂的古代文化进行了介绍。《河湟藏珍：民族民俗文物卷》通过节庆、宗教、民居、服饰、饮食、生产生活用具等诸方面的介绍，反映青海各个民族的历史演变、文化习俗、民族特点等。《河湟藏珍：藏传佛教文物卷》由概述、造像雕塑、壁画唐卡、古籍经典、法器供器五部分组成，内容包括：永乐款铜鎏金观音菩萨站像明代；永乐款铜鎏金金刚萨埵佛像明代；永乐款铜鎏金文殊菩萨像明代；永乐款铜鎏金绿度母像明代等。

动态 侯石柱的《我国西藏及四省藏族自治州县文物保护单位名录》（《中国藏学》第1期增刊）一文收录了我国西藏及四省藏族自治州县共924项文物保护单位，其中西藏拉萨29项、昌都9项、山南52项、日喀则56项、阿里9项、那曲50项、林芝24项，青海海北55项、黄南56项、海南97项、果洛7项、玉树17项、海西14项，甘肃甘南91项、天祝53项，四川阿坝178项、甘孜94项、木里2项，云南迪庆31项。该名录基本反映了我国藏族分布区域内各级文物保护单位的分布情况，为这一区域内的文化遗产保护提供了基本信息。

三、地理

2012年度地理研究成果仍然单薄，已有成果主要集中在古代交通和地名研究两个方面。

交通 杨铭的《唐代吐蕃与于阗的交通路线考》（《中国藏学》第2期）一文在对公元7世纪—9世纪吐蕃进出塔里木盆地期间通于阗的交通路线进行介绍的基础上，重点对通过克利雅山口，经过于阗，北至麻扎塔格的路线和今新藏公路叶城至阿里的路线进行了梳理，其中包括对路线的走向、沿途的重要地点以及军旅、僧众的往来。最后，作者通过对“吐蕃—于阗道”上宗教、文化交流的分析，探讨了这条路线的历史影响。

张公钧的《西藏古桥解题目录》（《中国藏学》第1期增刊）一文以西藏历史为脉络，以唐蕃大道上的桥梁为起始点，综述了唐以后直至民国初各时期在西藏地区和驿道上的各种桥梁建筑，并以桥梁结构、建筑材料等特点，分设古代索桥、古代木桥、古代石桥和古代金刚桥等专题，以列举一些代表性桥梁的方式，较为详细地介绍了这些古代桥梁的结构特点和修造方法。

苏海洋在《从国际视野看丝路青海道的演变》（《青海民族研究》第3期）一文对连接内蒙古西北草原与中亚大地的古青海道在不同历史时期的演变和盛衰做了介绍。文章指出，青海道早在卡约文化时期（相当于夏代晚期至西周晚期）和辛店文化时期（相当于商代早期至西周晚期）已经形成雏形，其后随着波斯帝国、亚历山大帝国、罗马帝国、安西帝国、汉王朝、萨珊王朝、阿拉伯帝国、唐王朝、吐蕃王朝的相继兴起和相互交往，作为“丝绸之路”组成部分之一的青海道也历经繁荣。9世纪之后，青海道逐渐衰落。

地名 叶拉太的《吐蕃地名研究》（人民出版社）一书以藏汉古文献为依据，对7世纪—10世纪敦煌古藏文文献（包括藏区本土及西域等地出土的古藏文文献）中吐蕃地名的由来、沿革变迁及其映现出的各种自然与人文地理信息进行了论证。该书共分五章，依次从吐蕃赞普王朝的形成及其吐蕃地名的由来、古藏文文献所见吐蕃地名、敦煌古藏文吐蕃地名的历史文化内涵、汉文文献所见部分吐蕃地名、吐蕃地名之其他相关问题等五个方面考述了古藏文文献所见吐蕃地名及相关问题。

陆离在《敦煌吐蕃文书中的“色通（Se tong）”考》（《敦煌研究》第2期）一文中对敦煌吐蕃文文书中出现的地名色通进行了分析，认为这个地方应该是敦煌汉文文书中的西同，即今甘肃省阿克塞哈萨克族自治县境内的苏干湖及其附近地区。吐蕃统治时期在该地设有敦煌通颊色通巴军事部落，由吐蕃、吐谷浑、党项、汉等部族成员组成，西同亦即敦煌吐鲁番文书中记载的墨离川、墨离海地区。

四、文献

本年度关于历史文献的成果较往年来说有大幅度的增长，成果主要包括文献资料的整理、编目和解读。下面从总论、历史文献、档案文献、敦煌文献、金石文献等几个方面分别叙述。

（一）总论

自2008年3月1日国务院批准颁布“第一批国家珍贵古籍名录”起，至今已经颁布了3批国家珍贵古籍名录，其中共有130种藏文古籍入选。署名“本刊记者”的《国家珍贵古籍藏文古籍名录》（《中国藏学》第1期增刊）一文分批次，按编号、书名、作者和时代、收藏单位等顺序著录了第一批国家珍贵古籍藏文古籍名录14种、第一批国家珍贵古籍藏文古籍名录63种、第三批国家珍贵古籍藏文古籍名录53种。

阿华·阿旺华旦的《北京地区所存藏族历代高僧贤哲文集解题目录》（《中国藏学》第1期增刊）一文，就文集的名称、著者、著述年代、函卷页码、经籍刻版、刻版佛像、保存状况、典籍特征和收藏单位等信息，按藏文字母顺序著录了北京地区所存246位藏族历代高僧贤哲的文集目录，并对藏族历代高僧贤哲文集的编目情况做了初步的探讨。

本年度由中国藏学出版社出版的“现代中国藏学文库”之《王尧藏学文集》（卷一—卷五）集中收录了王尧先生多年来的藏学研究成果，包括《敦煌本吐蕃历史文书》和“吐蕃制度文化研究”（卷一），《吐蕃金石录》和“藏文碑刻考释”（卷二），《吐蕃简牍综录》和“藏语文研究”（卷三），“敦煌吐蕃文书译释”（卷四），“藏汉文化双向交流”和“藏传佛教研究”（卷五）。其中的《敦煌本吐蕃历史文书》《吐蕃金石录》和《吐蕃简牍综录》三部著作在学界享有盛名，此次作者在局部均做了修订。其他专题都是作者多年来研究藏族历史、语言、文化的重要成果，此次结集出版，具有很高的学术价值。

（二）历史文献

张润平、罗炤、苏航的《西天佛子源流录——文献与初步研究》（中国社会科学出版社）一书对汉译藏文古籍《西天佛子源流录》进行了介绍和初步研究。《西天佛子源流录》是明代藏族高僧班丹扎释的传记，详细记载了班丹扎释的身世和主要经历。《西天佛子源流录——文献与初步研究》分为文献篇和研究篇两个部分：文献篇刊布了甘肃岷县后氏族人所藏该书两个抄本（甲本、乙本）以及《后氏家谱》的图版和录文；研究篇收入三位作者研究这部文献的《〈西天佛子源流录〉甲乙本版本考释》《〈西天佛子源流录〉与班丹扎释的贡献》《大智法王班丹扎释的家族与世系——以〈西天佛子源流录·佛子本生姓族品〉为中心》《明朝在西藏的主权地位》等6篇文章。全书通过对《西天佛子源流录》的文献解读和研究，认为该文献的内容直接涉及明代中央政府与西藏地方的政治和文化关系，充分显示了明代中央政府在西藏的主权地位。此外，《西天佛子源流录——文献与初步研究》还附有《后氏家谱》和大崇教寺汉藏文碑的图版和录文，为班丹扎释研究提供了大量的宝贵资料。

本年度，由周润年译注的巴卧·祖拉陈瓦的史学名著《贤者喜宴》之《噶玛噶仓史》继续在《西藏民族学院学报》连载。《〈贤者喜宴——噶玛噶仓〉泽注（六—九）》（周润年、张屹译注，《西藏民族学院学报》第1期—4期）主要概述了第五世噶玛巴活佛得银协巴在藏地受戒、弘法以及受明永乐帝之邀在汉地，尤其是在明皇宫的一些活动；得银协巴晚年的一些事迹；第六世噶玛巴统瓦顿丹的生平事迹；第七世噶玛巴却扎嘉措于1454年至1461年在藏族地区的一些活动等。《〈贤者喜宴——噶玛噶仓〉泽注（十—十一）》（周润年、塔娜译注，《西藏民族学院学报》第5期—6期）主要记载了第七世噶玛巴却扎嘉措于1461年—1476年在藏族地区的一些活动。

本年度，《西藏民族学院学报》（第2期—6期）还连载了刘曼卿著、韦素芬整理的《西藏纪行（一—五）》。刘曼卿是民国时期一位出生拉萨、任职国民政府的、多才多艺的奇女子。1940年1月，刘曼卿女士第二次率“康藏宣传团”进藏，旨在宣传抗日，《西藏纪行》即是她二次进藏之作。她的《西藏纪行》除了宣传中央抗日政策，还较多着墨于沿途之山川地理、民风民俗等内容，对于研究民国时期中央与康藏地方关系、藏民族在抗日战争中的历史贡献、康藏地理、文化、风俗等有重要的历史价值。

王川的《民国时期戴新三著〈拉萨日记〉选注》（《中国藏学》第2期）一文中对上世纪40年代民国政府驻藏办事处政务科科长戴新三的《拉萨日记》进行了选注，其中节选了其《拉萨日记》第二册中1942年10月28日至12月31日之间14天的日记。戴新三（1907—），男，四川成都人，1940年蒙藏委员会吴忠信委员长入藏主持第十三世达赖喇嘛坐床大典，戴新三奉派随行，旋任驻藏办事处政务科科长。居藏四年间，遍历卫藏各大名城，深入考察，所获甚丰。文章所选日记记载的这一段时期，恰值第五世热振活佛辞职、第三世达扎活佛继任西藏摄政之时，驻藏办事处与西藏地方政府的关系步入紧张时期。日记对研究者了解当时中央政府与西藏地方的关系、民国驻藏办事处内部的运行、在藏汉僧的学经和生活、当时拉萨的民风民俗有一定的史料价值。

徐华兰的《巴哩译师传略》（《中国藏学》第2期）一文以萨迦索南孜摩的《巴哩译师传记》为中心，通过文本译著的方式，对巴哩译师这位对藏传佛教萨迦派有重大影响的佛教大师的生平做了梳理。巴哩译师是萨迦派祖师贡却杰布和萨迦初祖贡嘎宁布的上师，曾主持萨迦寺达十年之久，对萨迦派的发展产生了重大影响。同作者节译的《〈王统世系明鉴〉所载赞普“安达·热巴坚”之故事（上）——佩尔·K. 索伦森〈王统世系明鉴〉英文译注本选译》（《中国藏学》第1期增刊）一文是对《王统世系明鉴》英文译注本的汉译，读者由此可以对国外学者的研究方法和译注特点有所了解。另外，朱丽双的《〈于阗国授记〉译注（上）》（《中国藏学》第1期增刊）一文对收于藏文大藏经《丹珠尔》部的《于阗国授记》一文进行了重新翻译，并对相关专用名词做了详细的注释。

吴玉贵的《古代吐蕃汉文史料编年辑考（638—663）》（《中国藏学》第1期增刊）一文将“编年体”和“纪事本末体”相结合，以历史事件为中心，对638年（唐太宗贞观十二年）至663年（唐高宗龙朔三年）吐蕃征服吐谷浑期间的汉文史料进行了系统的整理，在此基础上通过“校注”和“备考”的方式对史料本身做了较为深入的考辨和研究。

巴桑罗布的《如数家珍的清册——初析〈水羊清册〉产生的原由及其历史背景》（《西藏大学学报》第3期）一文对西藏噶厦于藏历水羊年（1943年）制定的《水羊年关于南部门隅夏尼玛三措、塔巴八措、章朗河流域、上下绒朗、加仓木谢尔和都边等地我政府差民掌管的土地、差房、男女属民情况清查规约纲领之计划呈文》（简称《水羊清册》）产生的原由和历史背景进行了介绍。文章指出，《水羊清册》的编撰方式非常独特，专门用来规约门隅，而且只涉及门隅地区的政府属民，说明在英印政府的觊觎下，西藏地方政府制定该清册是为了在当地强化管控，巩固主权，因此有其深刻的历史背景和很强的针对性。

赵心愚在《〈西藏考〉与〈西藏志〉、〈西藏志考〉的关系》（《西藏大学学报》第1期）一文中，从巴尔布奏书与布鲁克巴奏书及七十九族分辖青海和西藏经过、碑文与摩崖文及题词、交通路线路程记载等三个方面，对《西藏考》《西藏志》《西藏志考》三者进行了对比研究，认为《西藏考》和《西藏志考》并非《西藏志》的“衍生书”。文章指出，《西藏志考》成书应该在前，《西藏志》是在《西藏志考》基础上调整、修改而成的，《西藏志考》应该是《西藏考》和《西藏志》两书共有之“祖本”。

赵梅春在《〈先祖言教〉的史学价值探析》（《青海民族研究》第1期）一文中对藏文史书《先祖言教》的史学价值进行了分析。《先祖言教》是一部用藏文写成的反映青海蒙古史的著作，虽然用藏文写成，但作者却摆脱了传统藏族史学以及受其影响的蒙古史的写法，摒弃了神学思想和佛教史观的束缚，用客观的手法、世俗的角度展示了黄河南蒙古迁徙、发展和变化的历程，为这一方面的研究提供了可贵的文献资料。

（三）档案文献

2005年俄罗斯科学院东方学研究所和远东研究所共同编辑出版的《俄国与西藏——俄国档案文件汇编（1900—1914）》［《РОССИЯ И ТИБЕТ——СБОРНИК РУССКИХ АРХИВНЫХ ДОКУМЕНТОВ（1900 - 1914）》］一书，是迄今俄罗斯出版的第一本，也是唯一的一本有关沙皇俄国对我国西藏的政策，以及俄英两国争夺西藏的外交档案文件汇编，苏联解体后俄罗斯著名历史学家根据俄罗斯帝国对外政策档案馆（即帝俄外交部档案馆）解密文件编辑而成。这类档案汇编沙俄和苏联时期从未出版过，迄今为止我国也未曾出版过。因此，本档案汇编是填补空白之作，受到学者们的重视。由Е·А·别洛夫、О·И·斯维亚、捷茨卡娅、Т·Л·绍米扬著，陈春华汉译的《未公布档案文件所反映20世纪初叶的俄国与西藏——〈俄国与西藏——俄国档案汇编（1900—1914）〉序言》（《中国藏学》第1期）一文，主要介绍了自20世纪初以来俄国和英国等西方国家对西藏问题的研究情况以及英、俄在西藏的竞争所发生的一系列事件。继而介绍了该档案汇编所收文件和文件所反映的事件，诸如沙俄同中国西藏地方当局非法来往；英军入侵西藏；达赖喇嘛出逃外蒙古；英、俄背着中国签订侵犯中国主权的《西藏协定》；俄国干涉中国清政府废黜达赖喇嘛名号；达赖出逃印度；辛亥革命爆发后西藏局势；中华民国大总统颁令蒙藏回疆各地方同为中国领土；阿旺德尔智策动“西藏独立”并与英、俄建立外交关系；以及英、藏、中三方西姆拉会议；等等。

陈春华编译的《俄国外交文书选译——关于辛亥革命前后沙俄与英国在西藏问题上的勾结与妥协》（《中国藏学》第1期增刊）和《俄国外交文书选译——关于“英中藏”西姆拉会议》（《中国藏学》第3期）两文，根据《俄国与西藏——俄国档案文件汇编（1900—1914）》和《帝国主义时代国际关系——沙皇政府和临时政府档案文件汇编（1878—1917）》两部原始档案文献，对辛亥革命前后沙俄与英国在西藏问题上的勾结与妥协以及“英中藏”西姆拉会议的始末做了详细的介绍。前者选译了30件俄国外交文书，为迄今公布的有关辛亥革命前后沙俄与英国在西藏问题上的勾结与妥协的全部档案，主要以德尔智的活动为线索；后者则对1914年西姆拉会议前后英、俄两国围绕各自利益相互博弈的过程进行了揭露，指出正当英俄两国踌躇满志地商定互相照会、相互承认各自在西藏和阿富汗的某些权益时，传来中国政府断然、严正拒绝正式签署“西姆拉条约”、三方谈判破裂的消息，使得英俄两国围绕中国西藏的政治交易随之破产。

由中国第二历史档案馆和中国藏学研究中心合编的《中国第二历史档案馆所存西藏和藏事档案汇编》本年度出版了11册—30册（中国藏学出版社）。《中国第二历史档案馆所存西藏和藏事档案汇编》是中国藏学研究中心和中国第二历史档案馆合作的重点项目，主要记载和反映了民国时期中央政府治理西藏的方针政策和具体措施，以及中央政府关于西藏的重大事件、重要问题的处理情况，同时，也记载和反映了这一时期与西藏毗邻的四川、青海、甘肃、云南等省藏区的政治、经济、宗教、文化、教育和社会发展历史。

《中国第二历史档案馆所存西藏和藏史档案汇编》课题组的《〈中国第二历史档案馆所存西藏和藏史档案汇编〉（1册—30册）分类目录》（《中国藏学》第1期增刊）将中国第二历史档案馆所存西藏和藏史档案分成18类，并列出了所有档案的详细目录。这30册档案，主要收录了民国北京政府及南京国民政府时期中央与西藏地方政府、达赖喇嘛、班禅额尔德尼以及西康（包括四川）、青海、甘肃、云南等藏区地方政府往来的档案内容，不仅反映了西藏和藏区的历史发展、文化传统、经济贸易和社会宗教概况，而且更重要的是证明了西藏与祖国密不可分的关系。

《西藏档案馆所存部分清代藏汉对照公文档案目录》（《中国藏学》第1期增刊）一文收录了西藏档案馆所存957件清代藏汉对照公文档案目录，以公文档案的朝代、年月日为序，依次著录标题、年代等相关信息。文章指出，这些档案的内容主要反映了清中央政府对西藏地方的管理，涉及西藏的方方面面，对研究清代西藏历史有非常重要的资料价值。

（四）敦煌文献

陆离在《敦煌文书P. 3885号中记载的有关唐朝与吐蕃战事研究》（《中国藏学》第2期）一文中对敦煌文书P. 3885号中的《前大斗军使将军康太和书于□□赞普》和《前河西陇右两节度使盖嘉运制【开元】二十九年燕支贼下事》两件制文进行了研究。作者结合藏汉文史料，指出这两件制文的内容可以反映吐蕃赞普赤德祖赞于741年率军进攻唐朝河西陇右地区的相关史实，包括吐蕃进军河西、陇右地区的路线，吐蕃在甘青川等军事占领区的军政设置，唐蕃军队交战的地点与唐军的布防特点，盖嘉运对吐蕃进攻采取的军事行动等，具有重要的史料价值。

高启安的《敦煌的“团”组织》（《中国藏学》第2期）一文根据学界对敦煌文献中对“团”一词的不同理解，通过对“团”文献基本状况及团队类型如僧团、寺户团和社团等的分析，探讨了“团”的性质、组织形式和人数，指出“团”是一种某项执事或劳动，为方便管理的临时性组织，无论僧俗两界，均有临时设置团及团头的现象，因此既非寺户的常设组织，更非敦煌的基层民户组织。

杨铭、索南才让的《新疆米兰出土的一件古藏文告身考释》（《敦煌学辑刊》第2期）一文对一件出土于南疆米兰的古藏文文书进行了介绍。文章在录出该文献原文的基础上，通过将其与敦煌文书P. T. 1071《狩猎伤人赔偿律》以及藏文历史文献《贤者喜宴》进行对比，指出其记录的吐蕃告身种类之多为研究唐代吐蕃职官制度以及藏汉文化交流提供了重要资料。

（五）金石文献

吴景山的《涉藏金石碑刻研究刍议——以甘肃涉藏碑铭为例》（《中国藏

学》第2期）一文主要介绍了作者在甘肃考古调查中发现的四例涉藏金石碑刻，分别为位于漳县的刻于清康熙二十一年（1682）的“大威德征魔图碑”，道光五年（1825）的“重建锡庆寺记碑”“锡庆寺八处界碑”，以及位于天祝县的刻于明正统年间的“敕赐普福寺纪功德碑”。文章对这些碑刻的形制、碑文、内容和特点进行了分析，并对涉藏金石碑刻的利用和保护提出了建议。同作者的《甘肃省涉藏金石碑刻解题目录》（《中国藏学》第1期增刊）一文，从分布地区、存佚状况、史料价值等方面，以目录提要的方式对甘肃省183件涉藏金石碑刻进行了介绍。

综观2012年度历史、地理、考古和文献研究，我们发现有以下几个特点，传统优势领域在进一步深化，而原来相对薄弱的环节也在逐渐得到加强。

历史研究方面：1. 吐蕃和清代研究的分量依然较重，前者的焦点主要在制度研究，而后者几部专著的集中出版提高了近年来清代藏族史研究的高度。2. 宋、明研究薄弱的状况进一步得到改善，研究领域的宽度也在逐渐拓展。3. 元代研究日趋薄弱。4. 去年数量稍有下降的民国研究今年有所反弹，但重复研究的现象已经出现。5. 当代研究的整体数量下降，但出现了关于当代学术大师研究的新领域。

考古研究方面：1. 经过几次考古挖掘和调查，本年度的考古新发现成果喜人。2. 整体研究力量得到加强，成果日益增多，学术质量相对较高。3. 得益于系列图书的出版，关于文物的研究取得了较大的进展。

地理研究方面：1. 历史地理研究选题单一，成果主要集中在历史交通方面。2. 本年度历史地名研究有专著出版，弥补了这个领域一直以来研究薄弱的不足。

文献研究方面：1. 一大批文献解题目录的问世为接下来的研究工作打下了坚实的基础。2. 一大批历史文献和档案文献的整理、翻译、注释和研究取得了较好的成绩。3. 敦煌文献和金石文献的研究力度仍在持续加强，一些成果体现出较高的水平。

藏 文 部 分

2012 年，用藏文出版和发表的关于藏族历史、考古、地理、文献方面的研究论著数量有所增多，研究质量也得到进一步提高，在一些领域更有一些填补空白的著作出现。下面按不同专题一一综述。

一、历史

历史研究中，大部分研究成果集中在吐蕃时期，此外亦有相当一部分的地方史研究。

（一）总论

历史总论方面的研究，大致可以分为地方史研究和历史文化研究两个方面。

地方史藏文史书，特别是萨迦以后的藏文文献中对“བེ་རི”和“བེ་རི་རྒྱལ་པོ”的记载非常多见，但是一直以来藏学界对“བེ་རི”和“བེ་རི་རྒྱལ་པོ”的认识都不准确，从《藏族简史》开始，其后藏汉学者们一系列的著作都以讹传讹，将其认定为四川甘孜的白利土司。周华（རྒྱལ་མོ་འབྲུག་པ།）的《藏族历史上的白日与白利土司考辨》（བོད་ཀྱི་ལོ་རྒྱུས་སྟེང་གི་བེ་རི་དང་བེ་རི་རྒྱལ་པོའི་སྐོར་ལ་དཔྱད་པ།《中国藏学》第 2 期）一文中结合大量的文献资料和实地调查，对藏族历史上常见的“བེ་རི”和“བེ་རི་རྒྱལ་པོ”两词进行了深入的分析，认为其实“བེ་རི”不在甘孜而在西藏昌都县。文章对“བེ་རི”氏族的起源、部落的发展、所属的领地，以及藏巴第悉政权时期昌都白利王（བེ་རི་རྒྱལ་པོ།）的王统、属地、后裔、核心地域、宗教发展、历史功过等进行了较为系统的梳理，有助于将此问题的讨论引向进一步深入。

才华多旦（རྡོ་དཀར་ཚེ་དཔལ་སྟོབས་ལྡན།）的《“勺哇”人的族源考察》（ཧོ་བའི་རིགས་ཁུངས་ལ་དཔྱད་པའི་གཏམ།《中国藏学》第 2 期）一文结合地名学、文献和传说资料对甘肃卓尼的“勺哇”（ཧོ་བ།）人的自称及其族源进行了分析，认为其来源于突厥（དྲུ་གུ།）一系，后迁移至阿尼查格（ཨ་མྱེས་ཟག་དཀར།）地方，逐渐形成了务农的“白勺”部落（ཤོ་དཀར་ཚོ་བ།）和游牧的“黑勺”部落（ཤོ་ནག་ཚོ་བ།）。

更藏（གུང་སྲོང་།）的《安多化隆藏族历史考证》（མདོ་སྨད་དཔའ་ལུང་བོད་རིགས་ཀྱི་ལོ་རྒྱུས་རྟོག་དཔྱད།《中国藏学》第4期）一文对青海化隆藏族的历史进行了回顾。化隆藏族是藏族古姓董氏一支，为东迁的姜氏（འཇང་།）后裔，吐蕃王朝灭亡后经历了唃厮啰政权的统治，与藏传佛教的后弘有密切的关系。明末清初，随着汉、回、蒙古、撒拉等民族的迁入，逐渐成为一个多民族的地区。

历史上的果洛地区由果洛部落（མགོ་ལོག་ཚོ་པ།）和扎纳部落（ཟླ་ནག་ཚོ་པ།）两部分组成，其中果洛部落又分为三崩（འབུམ་པ་ཁག་གསུམ།）：旺钦崩（དབང་ཆེན་འབུམ།）、阿炯崩（ཨ་སྐྱོང་འབུམ།）、白马崩（པདྨ་འབུམ།）。热杰巴桑（གཙང་བ་རབ་རྒྱས་པ་སངས།）的《浅谈青海果洛地区三崩巴部落历史及其组织》（མགོ་ལོག་འབུམ་པ་ཁག་གསུམ་གྱི་ལོ་རྒྱུས་དང་ཚོ་པའི་སྒྲིག་གཞིའི་སྐོར་རགས་ཙམ་བརྗོད་པ།《西藏研究》第1期）一文对果洛三崩巴部落的起源、部落名、属地、部落组成等历史及其组织进行了较为详细的介绍。

历史文化方面，诺布才让（ནོར་བུ་ཚེ་རིང་།）的《从苯教发祥地沃莫隆仁试析象雄世界形成论对藏族的影响》（བོན་གྱི་འབྱུང་གནས་འོལ་མོ་ལུང་རིང་ལས་འཕྲོས་ཏེ་ཞང་ཞུང་སྲིད་པའི་ཆགས་རབས་སྨྲ་བས་བོད་ལ་ཤན་ཞུགས་ཚུལ་སྐོར་གླེང་བ།《西藏研究》第1期）一文在回顾学界对苯教发祥地沃莫隆仁（འོལ་མོ་ལུང་རིང་།）的不同认识的基础上，重点探讨了以沃莫隆仁为代表的象雄世界形成论对藏族宇宙观的影响，比如流传在藏族民间的《世界形成歌》（སྲིད་པ་ཆགས་གླུ།）就受到了象雄世界形成论的影响。作者还认为，佛教经典《俱舍论》（མངོན་པ་མཛོད།）和苯教古籍《斯巴祖普》（སྲིད་པའི་མཛོད་ཕུག）之间也有一定的联系。

普布多吉（ཕུར་བུ་རྡོ་རྗེ།）、阿贵（ངག་དབང་དཀོན་མཆོག）的《谈鄂·曲古多吉主寺历史及其相关问题》（རྔོག་ཁ་གོང་དཀར་སྤྲེལ་ཞིང་དུ་གནས་པའི་རྔོག་ཆོས་བརྒྱུད་པའི་གདན་སའི་བྱུང་བ་དང་འབྲེལ་ཡོད་སྐོར་བཤད་པ།《西藏研究》第2期）一文对西藏山南的鄂曲系统寺院所在的地名、鄂曲系统祖师鄂·曲古多吉的生平、鄂曲的寺院分布及其历史和现状等进行了介绍。

（二）吐蕃

从整体来看，本年度的吐蕃史研究，可以分为以下几个方面：

吐蕃赞普王族研究方面，兰却加（ལྷ་མཆོག་རྒྱལ།）的《略论藏族历史上有作为的女性政治家——王妃赤玛类》（བོད་ཀྱི་ལོ་རྒྱུས་ཐོག་འདོན་ཐང་ཆེ་བའི་བུད་མེད་ཅིག་སྟེ་བཙན་མོ་ཁྲི་མ་ལོད་ཀྱི་སྐོར་རགས་ཙམ་བརྗོད་པ།《中国藏学》第1期）一文对吐蕃历史上的一代

女杰没庐氏赤玛类（འབྲོ་བཟའ་ཁྲི་མ་ལོད།）的历史功绩进行了较为全面的介绍。赤玛类是松赞干布之孙、赞普芒松芒赞的王妃。芒松芒赞去世后，赤玛类精心培养继任赞普的儿子赤都松，期间成功地消除功高震主的噶尔家族对吐蕃中央王权的威胁，并先后和唐朝与南诏建立了亲密的关系，保证了吐蕃边疆的安全。赤都松之后，赤玛类再一次走上前台辅佐年幼继位的孙子叶祖茹，即著名的赤德祖赞赞普，为其后吐蕃王朝的鼎盛打下了坚实的基础。可以说，赤玛类以无比的政治智慧和能力先后辅助子孙两代赞普，为维护吐蕃王朝的统一和进一步发展作出了卓越的贡献。洛桑尼玛（སྣ་བཟང་ཉི་མ།）的《探析没庐氏赤玛略的历史功绩》（འབྲོ་བཟའ་ཁྲི་མ་ལོད་ཀྱི་ལོ་རྒྱུས་མཛད་འཕྲིན་མདོ་ཙམ་གླེང་བ། 《攀登》第3期）一文也涉及同一主题。

桑吉克（སངས་རྒྱས་མཁར།）的《敦煌文献中赞普赤松赞相关历史再研究》（ཏུན་ཧོང་ཡིག་རྙིང་ལས་བྱུང་བའི་བཙན་པོ་ཁྲི་སྲོང་བཙན་གྱི་ལོ་རྒྱུས་ཡིག་ཆ་ཁག་དང་པོར་མཐར་ཆགས་སུ་དཔྱད་པ། 《西藏大学学报》第1期）一文对敦煌古藏文文书《赞普传记》中关于松赞干布的记载分段做了介绍，并以此传记为基础，就松赞干布的一些事迹进行了分析和考证。

曲培（ཆོས་འཕེལ།）的《再考吐蕃赞普赤祖德赞与赤达玛生卒年代》（བཙན་པོ་ཁྲི་གཙུག་ལྡེ་བཙན་དང་དར་མ་འུ་དུམ་བཙན་གྱི་འཁྲུངས་གཤེགས་ལོ་ཚིགས་ཀྱི་དོགས་གནད་ལ་དཔྱད་པ། 《西藏研究》第2期）一文利用藏汉文史料、敦煌古藏文文献和铭文碑刻等史料，对史学界关于赤祖德赞与赤达玛生卒年代的不同观点进行了考辨，最终认为赤祖德赞生于806年，815年其弟赤达玛出生，同年父赞普赤德松赞逝，10岁的赤祖德赞继任赞普。841年赤祖德赞被弑，赤达玛继赞普位。843年，赤达玛被弑，不久王子沃松出生。

洛桑（བཀྲས་གླིང་བློ་བཟང་།）的《赞普赤热巴巾事迹考》（མངའ་བདག་ཁྲི་རལ་པ་ཅན་གྱི་ལོ་རྒྱུས་ལ་ཅུང་ཟད་དཔྱད་པ། 《西藏大学学报》第3期）一文从宗教、政治、经济三个方面对赞普赤热巴巾执政的功绩进行了分析，认为其除了极力推崇佛教外，在政治、经济以及宗教理论方面都没有什么建树。

吉美（འགྱུར་མེད།）的《吐蕃时期止贡赞与邬都赞之灭法比较研究》（རྒྱལ་པོ་གྲི་གུམ་བཙན་པོ་དང་འུ་དུམ་བཙན་གཉིས་རིང་གི་ཆོས་བསྣུབས་ཚུལ་གྱི་སྡུར་བ། 《攀登》第1期）一文对吐蕃历史上的两次灭法——止贡赞普灭苯和邬都赞普灭佛的原因、方式以及两位赞普被弑事件做了对比研究，认为这两次灭法都使社会发展受到了挫折，而坚持宗教不涉政治、顺应历史发展潮流应是这两次事件给我们的启示。与此相反，格桑平措（སྐལ་བཟང་ཕུན་ཚོགས།）的《吐蕃时期邬都赞对藏族文化发展的影响》（གསང་རྣམ་རྒྱལ་པོ་དང་བོད་ཀྱི་རིག་གནས་འཕེལ་ཕྱོགས་སྐོར་ལ་ཅུང་ཙམ་དཔྱད་པ། 《攀登》第1

期）一文认为邬都赞不仅不是传统史籍形容的“魔王”，而且从其后整个藏区文化发展迅猛的角度分析，应该说邬都赞为藏族文化的发展打下了良好的基础。

另外，堪本（མཁའ་འབུམ།）的《探析吐蕃王朝灭亡的历史原因》（བཙན་པོའི་རྒྱལ་རབས་ཐོར་ཞིག་ཏུ་གྱུར་པའི་རྒྱུ་རྐྱེན་ལ་དཔྱད་པ།《攀登》第4期）一文则从政治、经济、文化、军事等几个方面分析了吐蕃王朝走向灭亡的原因。

杨毛措（གཡང་མོ་མཚོ།）的《国外研究聂赤赞普概况述评》（གཉའ་ཁྲི་བཙན་པོ་དང་འབྲེལ་བའི་རྒྱལ་ཕྱིའི་ཞིབ་འཇུག་སྐོར་ཞིག་གི་མཐའ་དཔྱད།《中国藏学》第4期）一文对国外研究聂赤赞普的概况做了介绍。文章先后介绍了朱塞佩·图齐（Giuseppe Tucci）、图热·维勒（Turrel Wylie）、埃里克·哈尔（Erik Haarh）、麦克唐纳夫人（Ariane Macdonald）、拉塞尔·科克兰德（Russell Kirkland）、查尔斯·兰博（Charles Ramble）等研究聂赤赞普的主要成果，认为尽管资料很少，但是国外学者对聂赤赞普的研究也取得了重要进展。

吐蕃文化和制度研究方面，更合才让（ཀུན་དཔལ་ཚེ་རིང་།）的《论“蕃”一词及其历史背景》（བོད་ཅེས་པའི་ཐ་སྙད་དང་དེའི་ལོ་རྒྱུས་རྒྱབ་ལྗོངས་ལ་དཔྱད་པ།《中国藏学》第3期）一文认为，“བོད”（蕃）一词的来源、含义的变化基本反映了藏族历史的发展过程。“蕃”一词最初是蕃炯拉昌王（བོད་འབྱོང་ལ་བྲངས།）之名，后来此人名用于地域，遂称“蕃域”（བོད་ཡུལ།）、称呼一个群体为“蕃人”（བོད་མི།）、称呼该群体的首领为“蕃王”（བོད་རྒྱལ།），如此这般，最后逐渐成为一个统一民族名，即藏族（蕃族，བོད་རིགས།）。

索南才让（བསོད་ནམས་ཚེ་རིང་།）的《吐蕃政治与法律体系的主要特点分析》（བོད་བཙན་པོའི་ཡིག་ཆ་ལས་སྐབས་དེའི་སྲིད་ཁྲིམས་ཀྱི་ངོ་བོ་ལ་ཐུང་ཙམ་དཔྱད་པ།《西藏大学学报》第2期）一文对吐蕃时期政治与法律体系的本质进行了分析，认为其有为民服务、公正执法、维护佛教、按责分配等几个基本的特点。

达琼（པད་གཞུང་ཟླ་བ་ཆུང་བདག）的《吐蕃王朝的告身制度简析》（བཙན་པོའི་རྒྱལ་རབས་སྐབས་ཀྱི་ཡིག་ཚང་ལམ་ལུགས་ལ་དཔྱད་པ།《西藏大学学报》第2期）一文从告身的由来、材质、类型、授受、权益、利弊等几个方面对吐蕃告身制度进行了较为全面的阐述。

俄毛娇（ངུ་མོ་ཆོག）的《试论松赞干布时期制定的道德规范法》（སྲོང་བཙན་སྒམ་པོའི་སྐབས་བོད་ཀྱི་མི་ཆོས་ཚད་གཞི་གཏན་འབེབས་བྱས་ཚུལ་རོབ་ཙམ་གླེང་བ།《中国藏学》第3期）一文在阐述松赞干布之前藏族道德规范的基础上，重点介绍了赞普松赞干布时期《十善法》和《在家道德规范十六条》制定的基本过程和特点，并就这两部道德规范法对藏族传统道德所产生的影响做了简单的分析。

仁增才郎（རིག་འཛིན་ཚེ་དབང་།）的《简述吐蕃时期的信息传递模式》（བོད་ཡིག་ཡིག་རྙིང་དང་འབྲེལ་བཙན་པོའི་དུས་སྐབས་ཀྱི་བརྡ་འཕྲིན་སྤྲོག་སྤེལ་མ་ལག་སྐོར་རགས་ཙམ་གླེང་བ།《中国藏学》第1期）一文依据敦煌古藏文文献、新疆出土古藏文简牍、古藏文金石铭文和摩崖石刻、甘肃南部新发现的苯教文献等，对吐蕃时期的信息传递方式进行了介绍。文章认为，当时的信息传播主要以书面文书为主，附以口信、信物等其他方式。吐蕃时期，逐渐形成了以信件、译文、双语、简牍、铭文、碑文、摩崖石刻、盟誓等为载体的信息传递模式，这种模式也对吐蕃王朝政治、经济和文化的全面发展起到了非常重要的作用。娘毛才让（སྙིང་མོ་ཚེ་རིང་།）的《结合敦煌文献谈古代藏族信息传播》（ཏུན་ཧོང་གཏེར་ཡིག་དང་འབྲེལ་ཏེ་བོད་ཀྱི་བརྡ་འཕྲིན་སྤྲོག་སྤེལ་སྐོར་གླེང་བ།《攀登》第3期）一文则从政治、经济、外交、文化、军事等方面的信息传递证明吐蕃时期已经形成了完整的信息传递系统。

才让太（སྟོང་སྐར་ཚེ་རིང་ཐར།）在《詹巴南卡与苯教新派的起源》（དུས་རབས་བརྒྱད་པའི་བན་བོན་འབྲེལ་བའི་ནང་གི་དྲན་པ་ནམ་མཁའ།《中国藏学》第4期）一文中对公元8世纪在佛教和苯教方面都有显著成就的詹巴南卡进行了研究。在苯教历史上有三到四个詹巴南卡，分别出生于大食、象雄、塔布，另外还说止贡赞普时也有一个詹巴南卡。文章对生活在公元8世纪的塔布穆苯詹巴南卡（དགུ་བོན་དྲན་པ་ནམ་མཁའ）的生平事迹做了介绍。詹巴南卡原为苯教大师，由于恰逢赤松德赞灭苯扬佛，遂改宗佛教，造诣显赫，成一代佛教大师。另外，文章还探讨了詹巴南卡和莲花生的关系，比如多数文献记载的莲花生为象雄詹巴南卡之子等，认为这种记载可备一说，但并不可证。

吐蕃与周边民族关系研究方面，卓玛才让（སྒྲོལ་མ་ཚེ་རིང་།）在《吐蕃悉补野政权征服苏毗羊同吐谷浑历史概述》（སྤུ་རྒྱལ་བཙན་པོས་སུམ་པ་དང་ཞང་ཞུང་དང་འ་ཞ་བཅས་རྒྱལ་ཁབ་དབང་དུ་བསྡུས་ཚུལ་གྱི་སྐོར་རགས་ཙམ་བརྗོད་པ།《中国藏学》第3期）一文中依次对吐蕃王朝建立和发展过程中兼并苏毗、羊同和征服吐谷浑的过程做了阐述。

叶拉太（ཡེ་ཤེས་ཡུལ་ལྷ་ཐར།）的《古代纳藏关系考述》（གནའ་བོའི་བོད་དང་མྱིའི་དབར་གྱི་ལོ་རྒྱུས་རིག་གནས་འབྲེལ་བའི་སྐོར་ལ་དཔྱད་པ།《西藏研究》第1期）一文依据文献学和民族学的研究方法，对历史上的纳西族和藏族的关系进行了梳理，认为两者在文化上有紧密的内在联系。

卓玛加（སྒྲོལ་མ་སྐྱབས།）、更关加（ཀུན་མགོན་སྐྱབས།）的《藏文文献中唐军抵达拉萨之说的由来》（བཙན་པོ་མང་སྲོང་གི་རིང་ལ་ཐང་དམག་དབུས་སུ་མ་སླེབས་ཚུལ་བཤད་པ།《青海民族大学学报》第4期）一文认为，藏文史书中多见的所谓“唐军抵达拉萨”之说，其实源于对汉文史籍的错译。《新唐书》载“咸亨元年……诏右威卫大将军薛仁贵为逻娑道行军大总管……出讨吐蕃”，《红史》引用的胡将军藏译本《新唐书》将其错译成唐军到达吐蕃，致使藏文史书以讹传讹。

（三）宋

本年度涉及宋代吐蕃史的论文选题大多都和赞普后裔在阿里的历史有关。

古格·次仁加布（གུ་གེ་ཚེ་རིང་རྒྱལ་པོ།）的《班智达扎巴坚赞之〈太阳氏王统记〉中所载有关阿里历史考述》（པཎྜི་ཏ་གྲགས་པ་རྒྱལ་མཚན་གྱིས་མཛད་པའི་《ཉི་མའི་རིགས་ཀྱི་རྒྱལ་རབས་སྐྱེ་དགུའི་ཙོད་པན་ཉི་ཟླའི་ཕྲེང་མཛེས་》ཞེས་བྱ་བའི་ནང་བཀོད་པའི་མངའ་རིས་ལོ་རྒྱུས་སྐོར་བརྗོད་པ།《西藏大学学报》第4期）一文根据15世纪班智达扎巴坚赞所著的《太阳氏王统记》，分古象雄王国的发展、吉德尼玛衮象雄称王、上部三衮、拉德王、赤扎西沃都赞、沃德赞之子赞松及其后裔、班智达扎巴坚赞等时期，对古代阿里的历史做了较为深入的梳理。

格旦东主（སྐལ་ལྡན་དོན་གྲུབ།）的《吐蕃赞普后裔欧松嗣系迁都古格史略》（མངའ་བདག་གནམ་ལྡེ་འོད་སྲུང་གི་རྒྱུད་པས་རྒྱལ་ས་ཡུལ་དབུས་ནས་གུ་གེར་སྤོས་ཚུལ་བཤད་པ།《攀登》第3期）一文对吐蕃赞普后裔欧松嗣系从拉萨到山南，再到日喀则、普兰，最后到古格的迁都过程进行了梳理。

晋美（འཇིགས་མེད།）的《略谈没庐氏和韦氏之争》（བོད་སིལ་བུའི་དུས་དབྲུ་ནུར་འགྲོ་སྣས་གཉིས་འཁྲུག་པའི་སྐོར་དཔྱད་པ།《西藏大学学报》第2期）一文对吐蕃王朝灭亡之后贵族没庐氏和韦氏之间的争斗进行了介绍。文章认为，吐蕃王朝灭亡后，两位王子分立而治，没庐氏支持沃松，韦氏支持云丹，两大家族遂卷入到两大政治集团的长期争斗中。

周拉（འབྲུག་ལྷ།）的《依据拉喇嘛意西沃及大译师仁青桑布生平事迹考证藏传佛教“上律”开始传承的年代》（ལྷ་བླ་མ་ཡེ་ཤེས་འོད་དང་ལོ་ཆེན་རིན་ཆེན་བཟང་པོའི་མཛད་འཕྲིན་ལས་འཕྲོས་ཏེ་སྟོད་འདུལ་དར་བའི་ལོ་ཚིགས་ལ་རགས་ཙམ་དཔྱད་པ།《中国藏学》第3期）一文对拉喇嘛意西沃、大译师仁青桑布的历史功绩以及印度班智达摩巴拉（པཎྜི་ཏ་དྷརྨ་པཱ་ལ）入藏的年代进行了考证。拉喇嘛意西沃建立托林寺、选200多人出家为僧；大译师仁青桑布两次远赴印度和克什米尔，迎请印度、尼泊尔的诸多大师到西藏传法，两人都为佛教在藏区的上部弘传作出了重大贡献。作为藏传佛教“上律”传承之始，作者经过考证认为，印度班智达摩巴拉入藏的时间应为公元1003年或1019年。

（四）元明清

本年度元明清藏族史研究的成果较少，且多数和藏传佛教在周边地区的传播史有关。如仁青卓玛（རིན་ཆེན་སྒྲོལ་མ།）的《结合文告资料研究历辈拉茂夏茸尕布活佛及其相关历史》（བཀའ་ཤོག་དང་འབྲེལ་ཏེ་ལ་མོ་ཞབས་དྲུང་དཀར་པོའི་སྐོར་གླེང་བ།《中国藏学》第2期）一文根据对拉莫·夏茸尕布（即察罕诺门汗）所受文告的研究，对青海蒙古诸部共同上师历辈拉莫·夏茸尕布的生平及其所属寺院和所属部落的产生及发展，尤其是清政府的政策从“扶番抑蒙”转变为“抑番扶蒙”后察罕诺门汗旗（也叫喇嘛旗）从衰败迁移走向复兴的曲折过程进行了介绍。文章指出，从16世纪末起，察罕诺门汗作为札萨克喇嘛和青海蒙古诸部共同上师，在平息喀尔喀和卫拉特等蒙古部落之间战争，加强蒙古诸部间和蒙藏部落之间的关系，传播藏族传统文化，平息民族纠纷，维护民族团结等方面作出了重大贡献。

斗改才让（གདུགས་དཀར་ཚེ་རིང་།）、丹增曲珍（བསྟན་འཛིན་ཆོས་སྒྲོན།）的《藏传佛教格鲁派在蒙古地区的发展及其社会背景》（སོག་ཡུལ་དུ་དགེ་ལུགས་པའི་གྲུབ་མཐའ་དར་ཚུལ་དང་སྐབས་དེའི་སྤྱི་ཚོགས་གནས་ཚུལ་ལ་ཞིབ་ཙམ་དཔྱད་པ།《攀登》第1期）一文认为，格鲁派形成后得到了显著的发展，但后来受到藏巴汗等势力的打压，无奈向北部的蒙古部求助，格鲁派由此传入蒙古地区。当时蒙古的俺答汗为了自己的政治利益支持格鲁派，使其在蒙古地区得到迅速传播。拉毛才让（ལྷ་མོ་ཚེ་རིང་།）的《十七世纪初期与格鲁派有关的若干历史事件》（དུས་རབས་བཅུ་བདུན་པའི་དུས་མགོའི་དགེ་ལུགས་པ་དང་འབྲེལ་བའི་ཆབ་སྲིད་ཀྱི་གནད་དོན་སྐོར་ཞིག་ལ་དཔྱད་པ།《攀登》第2期）一文也对固始汗入藏前后藏蒙各方的内部矛盾和政治选择做了介绍。

（五）民国

道帏·才让加（རྡོ་སྦིས་ཚེ་རིང་རྒྱལ།）的《原西藏地方政府时期地方执政北道总管及其全宗档案研究》（སྔར་བོད་ས་གནས་སྲིད་གཞུང་དུས་སྐབས་ཀྱི་ས་གནས་སྲིད་འཛིན་བྱང་སྤྱི་དང་བྱང་སྤྱི་རྩེ་ཁག་གི་ལོ་རྒྱུས་ཡིག་ཚགས་ལ་དཔྱད་པ།《中国藏学》第3期）一文依据西藏档案馆所藏档案文献，对民国时期西藏噶丹颇章地方政府执政北道总管的设置、转变和职能进行了阐述。1916年西藏噶丹颇章地方政府在那曲设置了主管蒙古三十九族事务的“ཧོར་སྤྱི”（即蒙古总管），共历九任。1942年，在此基础上正式建立“བྱང་སྤྱི”（即北道总管），共历五任。文章对历任蒙古总管和北道总管的简单情况、任免制度、机构设置以及所藏档案文献做了较为深入的分析，并对相关研究成果进行了介绍。

达瓦次仁（བཤེལ་ལྡན་ཟླ་བ་ཚེ་རིང་།）的《贡觉仲尼从政历史背景考》（ཆིང་

མཛུག་མིན་འགོར་བོད་ཀྱི་སེར་མོ་བ་དཀོན་མཆོག་འབྱུང་གནས་སྲིད་ནང་ཞུགས་པའི་ལོ་རྒྱུས་རྒྱབ་ལྗོངས་སྐོར་རགས་ཙམ་གླེང་བ།《西藏大学学报》第3期）一文认为，20世纪初，在帝国主义内部斗争加剧、英俄两国由对立走向联合、藏内分裂势力猖獗、十三世达赖喇嘛心向内地的情况下，僧人贡觉仲尼登上政治舞台，在民国治藏史上发挥了自己的作用。

二、地理

本年度地理方面的文章主要集中在地名研究方面，如才旦多杰（ཚེ་བརྟན་རྡོ་རྗེ།）的《青唐城及其相关问题初探》（ཀྱི་ཐང་མཁར་ཀྱི་ལོ་རྒྱུས་གནས་ཚུལ་སྐོར་ཐོག་མར་གླེང་སློང་བ།《中国藏学》第4期）一文对宋代唃厮啰政权的建立、发展和灭亡的过程、唃厮啰政权都城青唐城一名的由来进行了分析。文章认为，“青唐”一词应是音译自藏语，学界一直认为其原型为“ཆུ་ཐང་མཁར”即“河水之滨”之意。青唐城位于南川河和湟水之滨，从地理面貌来看确有其道理，但不排除还有别的可能。作者指出，甘青地区历来产马，遂有“朵麦马区”（མདོ་སྨད་རྟའི་ཆོལ་ཁ）之称，因此“ཀྱི་ཤིང་ཐང”即“骏马原”也符合当地的情况。另外，文章还根据汉文史籍《青唐录》对青唐城的形制和规模做了介绍。

白雄·达瓦琼达（པད་གཞུང་ཟླ་བ་ཆུང་བདག）的《关于森布吉赤邦松之所处城堡及其相关历史问题考究》（ཟིང་པོ་རྗེ་ཁྲི་པངས་གསུམ་གྱི་མཁར་གཞིས་གནས་ཡུལ་དང་འབྲེལ་བའི་ལོ་རྒྱུས་གནད་དོན་ཁག་གཅིག་ལ་དཔྱད་པ།《西藏研究》第4期）一文在对公元5世纪—6世纪青藏高原的小邦森布吉赤邦松的历史进行概述的基础上，对该小邦的所处城堡及其相关历史问题进行了分析，认为其城堡实际上位于今澎波林周县江热谢乡的森布村。

叶拉太（མེ་རུ་ཡུལ་ལྷ་ཐར།）的《敦煌文献所见部分西域地名释录》（ཏུན་ཧོང་བོད་ཡིག་ཡིག་ཚང་ལས་བྱུང་བའི་ནུབ་ལྗོངས་ཡུལ་གྲུ་ཁག་ཅིག་གི་ས་མིང་དཔྱད་འགྲེལ།《攀登》第2期）一文对敦煌文献中出现的“ཀུ་ཟན”（固山）、“དུར་གྱིས”（突骑施）、“བྲུ་ཞ”（勃律）、“སོག་དག”（粟特）、“སེ་རིབ”（悉立）、“ཨུ་ཏེན”（于阗）、“ཀོག་ཡུལ”（俱位）、“བན་འཇག་ནག་པོ”（护密）、“ཤིག་ནིག”（识匿）、“ཤིང་ཤན”（鄯善）、“སེ་ཏོང”（七屯）、“སེ་ག”（塞）等西域地名进行了初步的考证和分析。

三、文献

本年度文献研究成果丰硕，特别是金石文献和历史文献方面有较重要的进展。

(一) 总论

还克加（དཔའ་མཁར་རྒྱལ།）、更尕易西（ཀུན་དགའ་ཡེ་ཤེས།）的《藏文伏藏文献的研究价值初探》（བོད་ཀྱི་གཏེར་ཆོས་ཞིབ་འཇུག་གི་རིན་ཐང་སྐོར་ལ་རགས་ཙམ་དཔྱད་པ། 《西藏大学学报》第1期）一文对藏文伏藏文献在藏族史学、医学、文学、民俗学、地理学、心理学等研究方面具有的文献价值进行了探讨。

叶拉太（མེ་རྟ་ཡུལ་ལྷ་ཐར།）的《吐蕃时期藏文文献收藏与流失情况概述》（གནའ་བོའི་བོད་ཀྱི་བརྡ་རྙིང་ཡིག་ཆ་བསྡུ་ཉར་དང་བོར་སྟོར་བྱུང་བའི་གནས་ཚུལ་གླེང་བ། 《西藏大学学报》第3期）一文对当代收藏吐蕃时期藏文文献，包括简牍、写卷、铭文、碑刻、石刻的机构和收藏情况，以及一些文献因各种原因流失海外乃至最终失传的情况进行了介绍。

嘎藏陀美（ཆ་རིས་སྐལ་བཟང་ཐོགས་མེད།）的《藏族翻译大师郭·法成译注考析》（བོད་ཀྱི་ལོ་ཙཱ་བ་ཆེན་པོ་འགོས་ཆོས་གྲུབ་ཀྱི་འགྱུར་གཞུང་དཔྱད་ཞིབ། 《西藏研究》第1期）一文对大译师郭·法成在藏汉佛教经典互译领域取得的成就进行了介绍。文章从显宗和密宗两个方面，分别对郭·法成的藏译佛经和汉译佛经进行了梳理，指出由其翻译的经典共有25部之多。同时，文章还介绍了郭·法成关于语言学经典的翻译以及其转写的经典和讲义本。

(二) 金石文献

恰嘎·旦正（ཆབ་འགག་རྟ་མགྲིན།）的《藏文碑文研究》（བོད་ཡིག་རྡོ་རིང་ཞིབ་འཇུག 西藏人民出版社）一书收录了分布在西藏、青海、甘肃、四川、云南、北京、河北、辽宁、山西等地的藏文碑铭和摩崖石刻，其中包括吐蕃时期的碑铭和摩崖石刻26件、分裂割据时期的碑文6件、明朝时期的碑文11件、清朝时期的碑文54件，附有民国时期的碑文5件。全书对不同时期的碑文和摩崖石刻分别进行了介绍和汉译，并从内容解说、重要意义、主要特点、象征意义等方面做了进一步的述评，对研究藏族历史、历代中央政府与西藏地方关系史、藏传佛教史以及藏族语言文字研究都具有重要的学术价值和文献价值。

道旦（སྟོབས་ལྡན།）的《协拉康北面发现的董氏墓碑初探》（ཞ་ལྷ་ཁང་གི་བྱང་ངོས་ནས་རྙེད་པའི་སྔོང་གི་བང་སོའི་རྗེ་རིང་ལ་ཐོག་མར་དཔྱད་པ།《中国藏学》第 4 期）一文对协拉康（ཞ་ལྷ་ཁང་།）北面发现的董氏墓碑进行了分析和研究。文章首先回顾了学界关于这通碑的研究状况，其后实录了碑文原文，并在此基础上就碑文的内容、特点进行了分析。文章认为，从碑文大量记载韦囊协达赞（དབའས་སྣང་བཞེར་ཟླ་བཙན།）的功德看，这通碑应该立于公元 763 年—812 年之间。另外，与同时期的其他碑文和摩崖石刻比较，董氏墓碑除了史料价值，对研究当时的藏语言文字也有一定的价值。

恰噶旦正（ཆབ་འགག་རྟ་མགྲིན།）的《青海都兰 3 号吐蕃墓葬碑文考析》（མཚོ་སྔོན་གཉེར་ལམ་རྫོང་གི་བོད་བཙན་པོའི་དུས་ཀྱི་བང་སོ་ཨང་གསུམ་པའི་རྗེ་རིང་ཡི་གེ་ལས་འཕྲོས་པའི་གཏམ།《中国藏学》第 4 期）一文对青海都兰 3 号吐蕃墓出土的碑文进行了研究。文章指出，都兰三号古墓中发现了四座石碑，每块石碑上都只刻有一个字，分别为“བློན”（论）、“ཁྲི”（赤）、“ཤེའུ”（谢乌）、“ཀ”（嘎），可依次读作“བློན་ཤེའུ་ཁྲི་ཀ”（论谢乌赤嘎）。谢乌氏自布杰赞普之前的十二小邦国时期就已经作为古代藏族的一种姓氏开始流传，此姓氏直至 16 世纪尚未消失，3 号墓葬的就是吐蕃赞普时期一位谢乌氏族重臣赤嘎。文章还对吐蕃王朝为谢乌氏重臣建墓立碑的原因以及碑文的字体特点进行了评析，认为都兰热水河南岸 3 号墓主人是为吐蕃王朝扩张疆域、忠贞赞普或制定法律，巩固边防，征收赋税等方面具有突出功勋的大臣，为他建墓立碑是吐蕃王朝对他的一种酬报和纪念。而“བློན་ཤེའུ་ཁྲི་ཀ”四个藏文字中，第一个元音符号“ྀ”、第四个元音符号“˘”和辅音字母的写法具有吐蕃中晚期的藏文特征，由此确认这一陵墓应属赞普赤松德赞父子时期所建。

万玛昂庆（པདྨ་དབང་ཆེན།）的《互助县佑宁寺藏文碑文考略》（དགོན་ལུང་བྱམས་པ་གླིང་གི་བོད་ཡིག་རྗེ་རིང་ཡི་གེའི་དཔྱད་སྟན།《攀登》第 1 期）一文对互助县佑宁寺藏文碑文的内容进行了介绍。互助县佑宁寺建于雍正十年，其中记载了罗卜藏丹津叛乱、清军平叛、重修佑宁寺等诸多历史事件，对研究清代西北民族历史有非常重要的史料价值。

（三）历史文献

巴擦·巴桑旺堆（པ་ཚབ་པ་སངས་དབང་འདུས།）的《阿里新发现的古藏文历

史文书评介》（གསར་དུ་རྙེད་པའི་སྤུ་རྒྱལ་བོད་དང་མངའ་རིས་སྟོད་ཀྱི་རྒྱལ་རབས་སྐོར་གྱི་ཟ་ཆེའི་ཡིག་རྙིང་མཚམས་སྦྱོར་དཔྱད་སྒྲིང་།《西藏研究》第 4 期）一文对作者在阿里新发现的一部古藏文史籍进行了介绍和初步的研究。该史籍的形制与噶塘蚌巴且发现的古苯教文献相近，前后残，存 25 个完整页面，每面文字 6 行—8 行不等，共计 5300 字左右。作者认为，从史籍所载历史下限以及语言和文字书写方式推断，这部史籍大致成书于公元 12 世纪初，较之大家熟悉的《弟吴教法史》和《娘氏教法史》都要早。文章从 9 个方面对该文献的史料价值进行了分析，指出这部珍贵史籍的发现，对研究吐蕃史，特别是上部阿里史具有非常重要的价值，同时对解决吐蕃史研究过程中的相关疑难问题有重要的参考价值。

叶拉太（མི་རུ་ཡུལ་ལྷ་ཐར།）的《藏文史书〈巴协〉之不同版本及其史论思想》（《སྦ་བཞེད་》ཀྱི་དཔར་གཞིའི་སྐོར་དང་དེས་བོད་ཀྱི་ལོ་རྒྱུས་རིག་གཞུང་ལ་ཐེབས་པའི་ཤུགས་རྐྱེན་ལས་འཕྲོས་པའི་གཏམ།《西藏研究》第 4 期）一文从文献学的角度对藏族史学名著《巴协》的不同版本及由此产生的相关问题进行了介绍，并对不同版本《巴协》编纂者的史观进行了初步的分析。

西道加（ཕྲུག་རྡོར་སྐྱབས།）的《藏文史书〈红史〉中记载的唐书译文考释》（དེབ་དམར་དུ་བཀོད་པའི་ཐང་ཡིག་བོད་འགྱུར་མའི་ཁུངས་དང་། བོད་དུ་སྒྱུར་མཁན། དཔར་འདེབས་བཅས་ཀྱི་སྐོར་གླེང་བ།《西藏研究》第 4 期）一文对藏文史学《红史》所载《唐书》译文进行了研究，同时指出《红史》中所引的《唐书》是八思巴的汉族弟子胡将军译于公元 1285 年，其后由喇嘛仁青扎巴主持刻版印刷，为藏族文献史上的第一部木刻版史书。

尼玛次仁（ཉི་མ་ཚེ་རིང་།）的《西藏阿里科迦村发现的噶丹颇章时期的盟约契约文书解读》（མངའ་རིས་སྤུ་ཧྲེང་རྫོང་འཁོར་ཆགས་གྲོང་ཚོ་ནས་གསར་དུ་རྙེད་པའི་གནའ་གན་དང་གན་རྒྱའི་ཡིག་ཟྲིལ་ཁག་གཉིས་ལ་དཔྱད་པ།《中国藏学》第 4 期）一文对西藏阿里普兰县科迦村新发现的藏文盟约和契约文书进行了研究。文章首先录有盟约和契约文书全文，然后就两部文书的作者、年代、是否为原文、用梵文写的作者姓名是否为第一作者等问题进行了探析。在此基础上，作者介绍了契约文书必备的 7 个要素，并就盟约和契约文书的区别进行了进一步阐述，认为藏族传统法律文化中的盟约和契约文书既有共同点也有区别，涉及信仰的盟约文书对社会的效率比契约文书高，约束力很强，所以违背盟约的人很少。契约是私人买卖时常用的协议，只能靠法律的判决，约束力比盟约低。因此，在藏族传统法律文化中盟约的地位很高。

（四）敦煌文献

岩尾一史和山姆夏尔克著，多吉顿珠（རྡོ་རྗེ་དོན་གྲུབ།）藏译的《英藏敦煌文献中发现的〈巴协〉残卷研究》（ཏུན་ཧོང་གཏེར་ཡིག་ལས་སྦ་བཞེད་ཀྱི་ཤོག་ཧྲུལ་ཡི་གེའི་སྐོར།《西藏大学学报》第4期）一文通过对英藏敦煌文献中新发现的一部《巴协》写本的内容和语言的分析，认为吐蕃时期不仅存在过《巴协》这样一部著作，而且在8世纪左右流传到敦煌地区。

综观2012年的藏文历史地理考古文献研究，表现出这样几个特点：

1. 历史研究仍然以吐蕃史研究为主，关于宋代阿里史的研究有所起色。其他阶段的研究成果较少。

2. 地理研究方面主要集中在地名考证方面，古代交通方面的研究亟待加强。

3. 本年度西藏考古发现有较大进展，但藏文考古研究方面的成果相对较少。

4. 文献方面的成果相对较多，学术质量也较高，其中历史文献有新资料的发现，金石文献有综合性专著得以出版。

藏医药研究

一、藏医药部分

2012 年，藏医药领域的相关研究成果主要发表于《中国藏医药》《中国中药杂志》《西藏研究》《中国藏学》《西藏科技》《中国民族医药杂志》《中国民族民间医药》等学术期刊。其中《中国藏医药》为国内藏医药领域的专业期刊，全年出版 4 期，载文共 70 篇。藏医药学术专著主要由西藏人民出版社、九州出版社、民族出版社、中国藏学出版社等出版。此外，还有部分高等院校医药类专业的研究生学位论文为藏医药方面的专题研究。以下按照医学史、基础研究、临床实践、药物研究、古籍整理、医学教育、藏医人物传记、藏医药事业现状和政策研究等方面进行专题介绍。

（一）医学史

本年度共有 3 部藏医医学史专著出版：西藏藏医学院米玛教授的《藏医药史论》（中国藏学出版社），通过参考、分析和研究大量的古籍资料，以及对西藏阿里、昌都、山南、拉萨、日喀则以及青海、四川等地的文化古迹进行实地考察，并寻访西藏自治区内外知名史学家和著名藏医药专家，系统论述了从远古到近代藏医药学形成与发展的历史。拉毛吉的《藏医历史知识问答》（民族出版社）以问答的形式，对藏医历史相关知识进行了简要介绍。汤杏林的《藏汉医史比较研究》（九州出版社）对藏医学和中医学的发展历史和渊源进行了对比研究。

医学史方面的研究包括 4 篇藏文和 5 篇汉文论文。罗布顿珠的《帝玛尔丹增彭措生平及其著作〈晶珠本草〉的研究》(《中国藏医药》第1期)一文，考证了《晶珠本草》的作者帝玛尔丹增彭措的出生年份，阐述了与《晶珠本草》相关的部分疑点，并对《晶珠本草》全书的特点和内容进行了描述。端智的《从东方到西方——一个布里亚特藏医世家的医学传播史》(《青海民族研究》第2期)，详细考证和介绍了19世纪俄罗斯布里亚特藏医白玛次成及其家族成员的百年藏医传播史，重现了藏医学在近代传播到欧洲各国，并在新的土地上开花结果的过程。张煜等的《唐宋时期中藏医香熏疗法的比较研究》(《中国伤残医学》第3期)，对唐宋时期中医和藏医古籍所载香料、香方进行比较，总结了中医和藏医香熏疗法的异同。另5篇论文为：桑杰才让的《浅谈藏医药酒的历史及其疗效》(《中国藏医药》第2期)、桑杰加等的《"董格托娇金"的身世及其医术源自古印度的疑点解析》(《中国藏医药》第2期)、才让南加的《放血疗法的发展史》(《中国藏医药》第4期)、梓镌的《略说唐代的藏医典籍》(《文史杂志》第4期)和胡文忠等的《藏药的发展历史及研究进展》(《安徽农业科学》第20期)。

本年度还有一篇中国学者赵琪等以英文写作的医学史论文《Heated moxibustion and bloodletting in Tibetan medical literature of Dunhuang Heritage》，发表于被科学引文索引扩展版（SCI－E）收录的Chinese Journal of Integrative Medicine（《中国结合医学杂志》第3期）上，该文介绍了敦煌出土的藏医古籍文献中记载的火灸和放血疗法，证实在公元8世纪时藏医外治法已达到很高水平，认为该时期藏医与其他医学（如中医学）的深入交流促进了藏医学的发展。

（二）基础研究

藏医药基础领域的研究涉及藏医文献整理与研究、基础理论介绍与探讨等方面，内容丰富。共有2部专著出版，40余篇论文发表。

贡却坚赞主编的《藏医药学科研设计与方法》由民族出版社出版，系青海大学藏医药学专业研究生试用系列教材，主要介绍了藏医药科学研究的常用设计与方法。白张编著的《藏医神经解剖学概论》由西藏人民出版社出版，系统介绍了藏医对人体神经解剖系统的科学认识。

藏医文献整理与研究方面，共有8篇论文：兰杰等的《〈大藏经〉医学理论及其与蒙医学渊源关系的述评》(《内蒙古医学院学报》第6期)一文，根据清代末期印行的频伽精舍校刊本《大藏经》中秘密藏、杂藏和小乘经等经文中涉及的医学理论和临床治疗内容，描述其医学理论的全貌，以及对蒙医学形成与发展的影响，为读者了解《大藏经》的医学理论和观点提供了文献支持。拉毛才让的《与藏医古籍整理有关的几个问题略谈》（《中国藏医药》第1期），提出了藏医古籍文献整理亟待解决的五个问题：藏医古籍数量的确定；古籍文献的年代界定；藏医古籍整理的演变和发展历程；古籍整理的定义、内容和方法；古籍整理发行的重要性。陈德道等的《藏药“生等”的基原与临床应用之文献调查》（《中国中药杂志》第20期）和《藏药“桑蒂”基原与临床应用的文献研究》（《西部中医药》第4期），通过检索文献资料对藏药“生等”和“桑蒂”的基原、代用品来源、资源、化学成分、临床应用历史与现状进行文献考证研究。董燕飞等的《〈中国药典〉藏药成方制剂的不良反应文献分析》（《云南中医学院学报》第4期），检索2010版《中华人民共和国药典》收录的20种藏成方制剂的不良反应临床相关文献，共收集到20种藏成方制剂的不良反应相关文献51篇，对资料进行整理和分析后的结论认为，部分藏成方制剂可引起不良反应，偶见过敏反应，建议临床使用过程中引起重视。杜玉华等的《广东、海南及港澳地区藏药古籍文献的普查》（《中国民族民间医药》第8期），查阅了广东、海南及港澳地区的各级各类图书馆、博物馆、寺庙图书目录，未发现有关藏医古籍纸质版的收藏之迹。还有2篇硕士学位论文：尕藏扎西的《工竹札记的诊治特点研究》（青海大学硕士学位论文），采用文献资料研究和实地考察相结合的方法，探讨分析了藏医临床典籍《工竹札记》的诊治特点和应用现状；刘斌的《云南民族医药治疗肝病的文献收集整理研究》（云南中医学院硕士学位论文）采取文献研究为主、实地调研为辅的研究方法，较全面地收集云南民族医药治疗肝病的文献资料，对云南民族医药治疗肝病的基础理论（主要为傣医、藏医、彝医）以及云南民族医药治疗肝病的单验方及药物进行了收集整理研究。

对藏医理论的介绍和探讨方面的论文相对较多，主要集中于生理、病理、诊断、文献、藏药理论等方面，共有30余篇。传统的藏医理论知识介绍类论文，如平康尼玛次仁的《浅谈藏药的服法》（《中国藏医药》第1期）、彭毛多杰等的《略论藏医学对尿诊的认识》（《中国藏学》第4期）、次仁的《浅谈藏医药浸浴（温泉及药浴）疗法的特色及疗效》（《西藏科技》第11期）、次仁德吉等的《浅谈藏医学对人体健康与寿命的认识》（《西藏科技》第12期）、冰琼等的《浅谈藏医保健学》（《中国民族医药杂志》第5期）、泽翁拥忠的《浅析藏医三因学说》（《中国民族民间医药》第10期）等。藏医基础理论探讨和考证类的论文，如卡着措的《隆病、白脉病及星曜病（中风）症状对比研究》（《中国藏医药》第1期）、措吉的《“疠”的词义及疠病解析》（《中国藏医药》第3期）、普措多杰的《藏医学典籍所述五根风研究》（《中国藏学》藏文版第3期）、白玛罗布的《传统藏医学对“隆”病的认知及诊疗特色》（《中国藏学》第4期）、次仁德吉《藏医肿瘤病因学研究》（《西藏研究》藏文版第4期）、南加太的《探讨藏医病机学的生理与病理特性》（《中国民族医药杂志》第10期）、次仁央金的《藏医养生保健的初步研究》（《中国民族民间医药》第18期）等。3篇论文属于藏医学与其他医学的比较研究，包括刘连续等的《中蒙藏医在饮食营养卫生学方面的贡献》（《中国民族医药杂志》第3期）、卓玛草的《如何认识藏医疫病与现代免疫学之差异》（《中国民族医药杂志》第3期）、李杰的《中藏医体质学内涵比较研究》（《中国民族医药杂志》第10期）。值得一提的是，有3篇论文探讨了现代医学科研方法或其他学科方法在藏医领域的应用前景，如李杰的《藏医尿诊与代谢组学关系研究的探讨》（《中国民族医药杂志》第4期），认为藏医尿诊是一个既独特又具有科学价值的诊断方法，但缺乏微观化的研究，将代谢组学技术应用于藏医的尿诊研究，进行藏医传统尿诊理论与代谢组学的比较研究，力争在整体的前提下又做到精细测量，不仅能够提升藏医尿诊的科学价值，进而与藏医理论紧密联系，有可能为藏医理论的客观化、定量化开辟一条崭新的途径。才让南加等的《数据挖掘技术在藏药方剂配伍规律研究中的应用思考》（《中国中药杂志》第16期）借鉴中药方剂配伍规律和相关领域的研究方法，结合藏医药学自身的特点，首次提出通过数据挖掘技术研究藏药方剂配伍规律的研究思路与方法，认为数据挖掘技术能帮助研究者在不背离藏医药自身理论框架的前提下发现藏药方剂的配伍规律和思路。贡却坚赞的《论藏医药研究中应用因明学因果论的必要性》（《中国藏医药》第4期），提出藏医药研究在适当引用西医科研方法的同时，也可与传统的因明学因果论相结合，从而更有利于研究的深入。

（三）临床实践

藏医临床实践领域，本年度出版的专著和发表的论文均比上年度多。共有9部专著，70余篇论文。涉及的领域包括：临床各科；名老藏医学术思想和临床经验的总结；对某一疾病的藏医认识和治疗体会；藏医药临床疗效评价研究；藏医临床护理等。

临床各科或专病的著作包括：西藏自治区藏医药研究院文献所编的《脉尿

诊疗法》（西藏人民出版社），详细介绍了藏医脉诊和尿诊在临床诊断疾病中的应用；西藏自治区藏医药管理局编著的《藏医适宜技术手册》（西藏人民出版社），对适宜在基层推广的藏医疗法（如催泻疗法、放血疗法等）和常见病的治疗等知识进行了详细的讲解；索朗巴珠的《藏医内科学》（西藏人民出版社），阐述了藏医内科各种常见疾病的病因、症状、治疗及预防规律；贡保加的《藏医诊治肝性消化不良症》（民族出版社），论述了藏医对肝消化不良疾病引起的四种常见肝病病因和病缘（发病诱因等）及诊断与治疗；佳哇的《藏医放血疗法》（青海民族出版社），杨宏权主编的《藏医胃病诊治概论》（甘肃民族出版社）和扎西的《常用藏医养生保健荟萃》（西藏人民出版社）分别为藏医疗法、专病治疗和预防方面的著作。

有关名老藏医学术思想和临床经验总结的专著一部，即次旦久美整理的《国医大师强巴赤列的胃病等疑难杂症诊治经验》，由西藏人民出版社出版，该书对已故全国首批国医大师强巴赤列教授治疗胃病等疑难杂症的临床经验进行了整理，为学习和传承强巴赤列大师的学术思想提供了重要的参考资料。

藏医医师和学者对某一疾病的认识和治疗体会方面，共有论文 20 余篇。涉及病种包括内、外、妇、皮肤、五官等临床各科常见、多发疾病，既包括现代医学的疾病名称，如慢性萎缩性胃炎、胃癌、痛风、银屑病、强直性脊柱炎、心神经官能症等，也有独具藏医特色的疾病，如肝性消化不良症、白脉病、培根木布、妇风病、上壅疾病等。有代表性的论文包括：角加的《藏医对胃癌的临床诊疗研究》（北京中医药大学博士学位论文）、德洛等的《试探藏医上壅疾病的病因、症状及疗法之鉴别》（《西藏科技》第 7 期）、噶桑昂杰的《培根喉阻病“食管癌”的诊治经验》（《中国藏医药》第 1 期）、多拉线等的《浅谈皮肤病“疣”的病因及其治疗方法》（《中国藏医药》第 2 期）、泽仁亚的《二十五味大汤散治疗胃溃疡出血的临床体会》（《中国民族民间医药》第 2 期）、曲梅等的《藏医治疗心脏神经官能症的初步探索》（《西藏医药杂志》第 4 期）等。

藏医药临床疗效评价研究方面，包括无对照的临床病例资料的疗效观察和有对照的临床试验研究，共有论文 40 余篇。无对照的临床病例资料的疗效观察主要是个案报告和病例系列研究，有代表性的研究如：冯睿章的《藏医药治疗 2 型糖尿病临床疗效研究》（成都中医药大学硕士学位论文），运用藏医药诊疗方案中针对“赤巴”型“金尼萨库”的治疗方法（即基础治疗加藏医辨证治疗），对 36 例藏医分型诊断为“赤巴”型“金尼萨库”的 2 型糖尿病患者进行3个月的治疗，结果显示，患者治疗前后症状总积分、空腹血糖值、餐后两小时血糖值及糖化血红蛋白值均有统计学差异（$P<0.01$），表明以平衡“三因”为主的藏医治疗结合饮食调整能有效改善患者的临床症状、空腹血糖值、餐后2小时血糖值和糖化血红蛋白值水平，提示藏医诊疗方案能有效治疗2型糖尿病，并具有较高的安全性。其他如彭毛才让的《“阿如塞西”药物的临床应用及治疗“黄目胆病”一例的临床报告》（《中国藏医药》第2期）、普片等的《藏药日白丸治疗肺癌晚期胸痛1例》（《中国民族医药杂志》第12期）、朱业靖等的《六味明目丸治疗迎风流泪的临床疗效》（《中国当代医药》第24期）等，总结个人应用藏医药疗法治疗的典型病例或系列病例，对临床有一定的启发作用。

设置了对照组的临床试验研究，即应用现代医学临床研究方法开展的评价藏医药临床疗效的随机对照试验研究是评价临床疗效和安全性的“金指标”，较个案报告和病例系列研究具有更高的临床证据等级。近年来，这一研究方法在藏医领域的应用逐渐增多，有代表性的研究如：斗周才让等的《藏医治疗普如病（萎缩性胃炎）的临床疗效评价研究》（《中国民族医药杂志》第4期），根据藏医辨证，将萎缩性胃炎分为隆培根性和赤巴性普如病两种，采用随机、自身对照、组间比较和多中心临床研究，结果显示总有效率为78.95%，认为藏医治疗萎缩性胃炎具有较好的效果。马文俊等的《藏药珍龙醒脑胶囊治疗急性脑梗塞150例临床观察》（《中国民族民间医药》第23期），纳入青海省藏医院收治的急性脑梗塞患者150例，随机分为治疗组100例和对照组50例，分别给予藏药珍龙醒脑胶囊和中药安宫牛黄丸治疗，疗程均为2周。结果显示：治疗组的总有效率高于对照组（$P<0.01$）；治疗组患者全血黏度、血浆黏度程度较治疗前下降，同时对红细胞压积、血小板计数无影响，证实了该药物的疗效和安全性。其他的研究还有多杰仁青等的《A－B两种藏药治疗109例糖尿病临床疗效观察及相关机理研究报告》（《西藏科技》第4期）、次旦平措等的《藏药治疗幽门螺杆菌（HP）感染的疗效评价研究》（《中国民族医药杂志》第1期）、才保格桑的《藏药外敷治疗类风湿性关节炎的疗效观察》（《中国民族医药杂志》第5期）、柯长永等《藏药浴治疗类风湿性关节炎286例》（《中医外治杂志》第3期）等共十余篇。

5篇论文介绍了藏医临床护理：杨毛措的《颈椎病藏医气浴康复护理18例》（《中国民族民间医药》第24期），采用药物涂擦、推拿、康复等护理方法，配合藏医气浴治疗18例颈椎病患者，取得良好效果。卓嘎的《浅谈藏医中关于初生婴儿之传统护理》(《西藏研究》第2期)、崇尚霞的《藏药外敷治疗类风湿性关节炎的临床护理》(《青海医药杂志》第9期)、赵慧萍的《浅谈藏医泻下疗法的护理》(《中国民族民间医药》第8期)、马玉琳的《藏医药浴治疗类风湿性关节炎的护理体会》(《中国医药指南》第32期),分别介绍了藏医临床护理的操作常规或体会。

(四)药物研究

有关药物研究方面有专著8部,学位论文6篇,学术期刊论文200余篇。按内容可大致分为以下9个领域:藏药专著、药物(单味藏药或藏成药复方)的药理学研究、毒理学研究、有效成分研究、生药学鉴别、药物炮制、质量标准提取工艺、药物资源调查和药物栽培技术研究。专题介绍如下:

藏药专著方面,西藏人民出版社出版了藏医大师措如·次朗的《珍贵藏药配制法实践记录》,记载了措如·次朗大师有关珍贵藏药配制法的实践经验,具有较高的学术和操作价值。噶玛群培所著的《甘露本草明镜》由西藏人民出版社出版,该书集作者四十余年临床实践经验和多次参加国家和自治区组织的野外实地调查研究的结果,并继承了前人的经验著成,是藏药研究重要的参考工具书。其他藏药著作还有:洛桑多吉的《藏药材图谱大全》(西藏人民出版社)、西藏自治区食品药品监督管理局制定的《西藏自治区藏药材标准》(西藏人民出版社)、杨本扎西的《常用藏药制剂炮制方法》(青海民族出版社)、王晓勤和刘永年主编的《藏成药》(青海人民出版社)、旦增智华的《格康药宗》(甘肃民族出版社)、云南省药物研究所编著的《云南民族药志》(云南民族出版社)。

单味藏药或藏药复方的药理学研究论文,代表性的研究有:李长山等的《藏药多刺绿绒蒿提取物体外抗流感病毒作用的初步研究》(《中药药理与临床》第5期),通过制备藏药多刺绿绒蒿的全草醇提取物,采用常规试管凝集实验方法,测试该提取物体外抗流感病毒活性,结果发现,该药液在1:4稀释度时对体外甲型流感病毒有抑制作用,认为多刺绿绒蒿提取液对流感病毒有一定的抗病毒活性。彭蕴茹等的《藏药郎庆阿塔治疗肝纤维化的实验》(《中国实验方剂学杂志》第11期),研究藏药郎庆阿塔对复合因素所致大鼠肝纤维化的治疗作用,结果显示,郎庆阿塔能改善肝纤维化大鼠的生化检查指标和病理学指标,具有明显的治疗肝纤维化的作用。其他类似的研究还有:张树娜等的《藏药唐古特红景天水提取物对人乳腺癌细胞MCF-7增殖的抑制作用》(《时珍国医国药》第3期)，吴穹等的《藏药七十味珍珠丸对实验性心肌缺血大鼠的保护作用》(《中成药》第2期)，袁明等的《藏药全缘叶绿绒蒿不同提取部位对小鼠急性肝损伤的保护作用》(《青海医学院学报》第3期)，朱艳媚等的《藏药八味沉香散对Na2S2O4所致乳鼠心肌细胞缺氧/复氧损伤的保护作用》(《中国实验方剂学杂志》第22期)等。

毒理学研究方面，青海省藏医药研究院红梅等的《藏药藏降脂胶囊毒理学研究》(《亚太传统医药》第2期)采用急性毒性实验，对该院在藏医古方“居日尼阿”的基础上研制的“藏降脂胶囊”的毒理作用进行研究，认为该药的临床剂量是安全的。同类的还有《藏药手参肾宝胶囊的毒理学研究》(《中国医药指南》第30期)、《藏药吉堪明目液毒理研究》(《亚太传统医药》第1期)等藏药的毒理学研究。

各种现代药物分析方法普遍地被用于藏药有效成分的定性和定量分析，以获得藏药有效成分的具体数据，或用于完善藏药质量标准。代表性的研究有：阿呷尔布等的《藏药脉花党参的化学成分》(英文)，发表在被SCI－E收录的Chinese Journal of Natural Medicines(《中国天然药物》第5期)上，其研究采用D101大孔树脂柱、硅胶柱、ODS柱、凝胶柱等色谱手段对藏药脉花党参进行化学分离和纯化，并利用各种波谱技术进行结构鉴定，分离并鉴定了15种化合物，其中多种化合物系首次从该植物中分离得到。江宝红等的《SPE－HPLC－ELSD法测定复方藏药制剂肝纤消颗粒中黄芪甲苷的含量》(《中国实验方剂学杂志》第3期)，采用固相萃取系统对复方藏药制剂肝纤消颗粒进行处理，用SPE－HPLC－ELSD法测定其中的黄芪甲苷含量，分析结果显示，该方法操作简单、准确，重复性好，可用于该药物的质量控制。其他类似研究还有：李岑等的《藏药矾石化学成分与结构分析》(《光谱学与光谱分析》第1期)和《藏药珠西的化学成分与结构分析》(《光谱学与光谱分析》第6期)、罗明等的《藏药甘青乌头化学成分的研究》(《中国中药杂志》第9期)、徐冰《藏药波棱瓜子化学成分研究》(西南大学硕士学位论文)、阳勇等《藏药“甲蒂(印度獐牙菜)”中龙胆苦苷和獐牙菜苷等10种成分的含量测定与质量评价》(《中国中药杂志》第20期)等。

藏药生药学鉴别方面，各研究应用各种生药鉴定方法，观察藏药的生药性状及显微特征，从而为藏药质量标准的制定、生药品种和真伪的鉴别提供依据。如王亚琼等的《藏药夏果贝的生药鉴别及荧光显微镜的应用》(《药学学报》第11期)，利用普通光学显微镜和荧光显微镜对藏药夏果贝的生药性状与显微特征进行观察，在夏果贝的叶、嫩茎及花萼下表面，发现了一种花柱状含黄色分泌物的单细胞腺毛，通过荧光显微镜对叶和茎的横切面观察即可寻找到发出明显荧光的木质部和中柱鞘纤维群，这一研究结果为藏药夏果贝的生药鉴别提供了实验依据。类似的研究还有张福卓等的《尖突黄堇的生药学鉴别》（《华西药学杂志》第 3 期），葛志乐等的《湿生扁蕾的生药学鉴定》（《华西药学杂志》第 6 期），孔营等的《傅里叶变换红外光谱结合偏最小二乘模式识别方法应用于藏药麻花秦艽真伪鉴别的研究》（《亚太传统医药》第 3 期），骆桂法等的《藏药榜嘎的生药学研究》（《时珍国医国药》第 9 期）等。

藏药炮制研究方面，共有论文 4 篇，均发表于《中国藏医药》。泽戈的《铁煅粉及其煅烧工艺浅谈》（第 1 期）、才让卓玛的《“赞都曼玛”中的药物配置及其制作工艺》（第 2 期）、李启恩的《小寒水石神奇灰剂炮制工艺的试验研究》（第 1 期）和仁青措等的《浅谈寒水石炮制方法》（第 3 期），分别介绍了铁、“赞都曼玛”和寒水石的炮制工艺。

藏药质量标准研究方面，钟国跃等的《藏药材常用品种及质量标准现状调查分析研究》（《中国中药杂志》第 16 期）以《中国药典》《部颁标准·藏药分册》《藏药标准》及有关藏药专著文献为依据，调查文献中收载的制剂及藏医医疗机构、藏药制药企业生产使用的院内制剂、藏成药制剂等，分析品种、基原及其标准状况，研究发现，约 80% 的藏药材品种均产自于青藏高原，绝大多数品种的标准仅有“性状”“鉴别”或“检查”项，研究者据此提出，藏药标准工作应以常用藏药材品种为重点，特别应加强品种及其基原的调查整理、物质基础研究与民族医药术语的规范化整理工作。其他对具体藏药制剂的研究包括：小尼玛等的《藏药天门冬膏质量标准的研究》（《西藏科技》第 7 期）、贡布东智等的《藏药制剂—西周卡策尔质量标准研究》（《中国社区医师》医学专业第 22 期）、巴桑央宗等的《藏药二十五味绿绒蒿丸的质量标准研究》（《中国民族民间医药》第 15 期）、田喜莲等的《藏药五味渣驯丸质量标准研究》（《中国药事》第 9 期）、董海彦的《七味螃蟹甲丸质量标准研究》（《中成药》第 6 期）和冀静的《藏药余甘子质量标准提高研究》（成都中医药大学硕士学位论文）等。

药物提取工艺的研究方面，单玉刚等的《藏药安儿宁泡腾片的制剂工艺研究》（《中国医学创新》第 20 期），研究藏医经典儿科验方安儿宁泡腾片的制备工艺，通过正交试验优选出合适的酸碱源及其比例，并试验选择其他制剂辅料和比例，确定最佳制剂处方。张云坤等的《藏药余甘子抗肿瘤活性成分的提取工艺优化及含量测定》(《中国医药工业杂志》第11期) 以藏药余甘子体外药效为指标，采取正交设计试验优选得到余甘子药材抗肿瘤活性成分的最佳提取工艺，并建立了 HPLC 多波长融合法定量测定余甘子抗肿瘤活性成分中的没食子酸、表儿茶素和鞣花酸。类似的研究还有景明等的《药理效应法对藏药熏倒牛不同提取工艺的评价》(《中国民族医药杂志》第5期)、王玉冰的《醋酸高产菌株的筛选及沙棘果醋加工工艺研究》(吉林农业大学硕士学位论文) 等。

药物资源调查方面，曹雨虹等的《藏药资源概况及品种整理》(《世界科学技术·中医药现代化》第1期)，查阅了近20年来的藏药专著、文献，对藏药资源概况、种类数量、分类记载、名称来历和基原等进行分析总结，阐述了藏药材研究中基原不清、品种混乱的现状及成因，阐明了藏药品种整理研究的必要性和紧迫性，并提出了藏药材品种整理研究的相关建议。张弓等的《ICP-MS 法测定青海地区常用40种藏药材中8种重金属》(《中成药》第12期)，对青海地区常用40种藏药材中 As、Ni、Sb、Bi、Hg、Cd、Se、Pb 这8种重金属进行测定，结果显示，符合中国药用植物及制剂进出口绿色行业标准及药典2010年版一部重金属标准的占62.5%，符合美国 FDA 药品与功能性食品标准占2.5%，其中 Pb、As 两种重金属的含量偏高或处于临界值，是造成重金属超标的主要因素，并发现重金属的含有量与土壤、肥料及水分中重金属的含有量相关。司万童等的《黄河首曲湿地藏药植物资源的调查》(《安徽农业科学》第7期) 通过野外采集植物、制作标本、鉴定、分类等方法，对黄河首曲湿地藏药植物资源及其现状进行了调查，结果显示，玛曲县的藏药植物资源非常丰富，共发现46科145属272种，其中菊科、玄参科、豆科的一些种为当地的优势种，但是随着近年来人为因素及环境变化的影响，首曲湿地的藏药植物资源不断减少。其他的研究还有：孙辉的《独一味 Lamiophlomis rotata 野生资源现状与存在的问题》(《中国中药杂志》第22期)、巩红冬的《青藏高原东缘毛茛族藏药植物资源调查》(《江苏农业科学》第1期)、常毓巍等的《甘南州藏药植物种质资源及分布调查》(《北方园艺》第4期)、何淑玲等的《甘南州道地藏药植物资源区域分布与保护对策初探》(《广东农业科学》第6期)、于顺利等的《藏菠萝花在西藏的生态分布调查和资源量估测》(《北京农业》第15期) 等。

药物栽培技术方面，共有3篇论文：闫士珍的《珍贵藏药天南星的栽培技术》(《林业实用技术》第3期)、高玉朋等的《长白山区引种驯化狭叶红景天育苗技术》(《农业开发与装备》第6期)和杨涛等的《野生濒危中藏药桃儿七人工育苗技术》(《中药材》第12期),分别通过田间研究并介绍了天南星、狭叶红景天和桃儿七的育苗、栽培的新技术。

(五)古籍整理

继2011年出版《藏医药大典》(共整理出版古籍60部)后,青海省藏医药研究所《藏医药经典文献集成》编委会2012年度继续整理出版的历代藏医大成就者著作共5部,包括《四部医典总论·知识明灯·教言利乐文库》《实践精选·甘露宝箧、秘诀甘露瓶》《堪藏周嘉医著》《香萨尕藏切坚医著》《水银炮制汇集》,均由民族出版社出版。

其他整理出版的藏医古籍还有:(元)玉妥·云登贡布著《四部医典》(西藏人民出版社)、(明)萨博班禅著《四部医典·后续部注释文集》(西藏藏文古籍出版社)、(清)晋美·丹巴南加著《藏医理论注释》(西藏藏文古籍出版社)和僧朵钦布等编的《医马论典》(西藏藏文古籍出版社)四部古代医家著作。另有一部当代学者对藏医古籍研究整理的著作出版:青海大学李先加教授主编的《四部医典精选》(民族出版社)。

(六)医学教育

高等院校藏医药学专业教育方面,共有3篇论文,均发表于《中国藏医药》:艾措千的《关于编写藏医养生保健学的重要性》(第2期)、杨乐等的《藏医临床教学中存在的主要问题及其整改方法探讨》(第3期)和才旦加的《〈四部医典〉中食疗法的教学探讨》(第4期),分别探讨了藏医养生保健学科、临床学科和具体课程内容的教学重要性或方法。

(七)人物传记

藏医药古今知名人物传记是本年度藏医药学研究领域的一个亮点。共有2部专著出版。西藏自治区藏医院占堆教授的《著名藏医学家噶玛群培传》和《藏医药名医传奇故事》,均由西藏人民出版社出版。这两部专著分别介绍了噶玛群培和历代藏医名家的生平和行医生涯,对于后学者具有深刻的教育和启迪意义。

（八）现状和政策

有关藏医药事业发展现状和政策研究的论文，共有 11 篇。

宏观研究方面：唐剑等的《中国藏医药产业发展问题研究》（《贵州民族研究》第 2 期）论述了藏医药产业面临的困难及问题，包括企业缺乏规模竞争优势，经营方式粗放，藏药制剂和使用标准不规范，市场监管水平不高等，提出构建企业战略联盟，建立藏药材培植基地，构建现代营销模式，建立健全内外部约束机制，实现资源开发与生态环境保护的双赢等多个建议以促进中国藏医药产业的科学发展。重庆大学刘文登的硕士学位论文《政府在民族医药事业发展中的作用研究》，运用文献分析法、案例研究法，并以新公共管理理论和多中心治理理论为基础，分析了我国民族医药事业发展面临的困难，以及政府在民族医药事业发展中的作用，并提出促进民族医药事业发展的若干政策建议。仁曾多杰的《藏药现代化与藏药发展浅谈》（《中国藏医药》第 1 期）指出目前的藏药现代化主要是对藏药的有效成分或方剂中主要药物的研究，忽视了藏医药理论，认为对藏药的研究应基于藏药性味、功能等传统藏医药性理论。尕藏卓玛的《藏药事业发展中应注意的几个问题》（《中国民族医药杂志》第 5 期），提出包括藏药标准的科学化、规范化系统管理和提高藏药质量等方面的问题。张学高《基于市场营销视角下藏药发展问题的思考》（《现代商业》第 32 期）通过市场营销知识结合藏药发展的实际情况进行分析藏药市场营销存在的问题，并提出相应的对策。

一些学者就具体区域或领域藏医药事业发展的实际情况进行分析，提出相应的意见建议。索朗巴珠等的《我区藏医医疗和藏药产业可持续发展的切入点》一文分析了当前西藏自治区藏医工作面临的困境、主要任务和发展趋势，提出促进藏医药产业发展的若干建议；孙志蓉等的《四川平武白马藏族医药的初步调查》（《中国中药杂志》第 23 期），深入平武白马藏族的 4 个民族乡进行座谈、访问、现场调查，结合文献资料的查阅对获得的资料进行系统分类整理，研究发现该地区药物资源丰富，风湿病、胃病、咽炎、外伤等为当地常见疾病，发病原因与当地气候、饮食、生活习惯等有关，白马人用药具有就地取材、单味简用的特色，擅长使用“冷水药”和“鼻吸药粉”等，但因受汉文化的影响，白马藏族的文化正在逐渐消失，抢救白马藏族医药已迫在眉睫。类似的论文还包括：吉敏全的《论基于 AHP 的青海中藏药产业竞争力评价》（《科技和产业》第 11 期）、力毛措的《西藏藏医药事业发展现状》（《中国藏学》第4期)、徐建祥的《阿坝州现代中藏药产业发展模式和机制探索》(《技术与市场》第8期)、范维强的《南派藏药医院制剂开发与专利保护的策略》(《中国中医药现代远程教育》第20期)等，分别综述了藏医药的发展现状，或针对具体问题提出有针对性的建议。

二、科技部分

本年度科技领域的藏学研究成果，主要包括天文历算、藏文信息化技术、建筑、气象、生态环境等内容。生态环境方面的综述本年鉴另有专题论述。

(一) 天文历算

有关天文历算的研究是藏族传统科技研究的重要领域。本年度共有4篇论文发表。

宗喀·漾正冈布等的《拉卜楞大寺的丁科尔扎仓及其拉卜楞地区的藏传天文历算学传承研究》(《青海民族研究》第2期)，以文献和田野调查相结合，系统考察和梳理了拉卜楞寺丁科尔扎仓为主的该地的藏传天文历算学的传承历史、研习制度、修习内容及特点等。傅千吉的《刍议藏族传统天文历算的现代化》(《西藏大学学报》社科版第4期)提出，随着社会的不断发展，藏族传统天文历算也需要现代化，包括理论、算式方法、观测手段、观念以及应用的现代化，认为只有现代化才能使藏族传统天文历算适应社会的发展，对生产生活起更大的作用；其另一篇文章则介绍了具体的算法和应用《藏族天文历算中二十四节气的算法及其应用》(《西北民族大学学报》自然科学版第4期)。夏吾才让的《藏族天文历算中五曜的推算法则》(《西北民族大学学报》自然科学版第3期)则介绍了太阳日推算法、按宫日推算法和按太阴日推算法三种关于五曜的历算推算法则。

(二) 藏文信息化

计算语言学方法的引入，为藏语文的信息化处理提供了技术思路和技术支持保障，相关的研究均取得不同程度的进展。如：扎西加等的《藏文文本分词赋码一体化研究》(《西藏大学学报》自然科学版第1期)，依据藏语自身的语法规律和虚词功能的特殊性，构建了虚词知识库、虚词兼类库，以及其作为藏文连续文本中识别虚词的依据，研制了标有词汇属性的分词词表和一定规模的训练语料库资源，以基于条件随机域的方法进行词性标注，并结合虚词和词性赋码的资源制作了藏文自动分词赋码一体化处理的模型。才让洛加等的《识别现代藏文基字的算法设计与实现》（《西藏科技》第 5 期）通过对藏文编码体系和藏文单音节本身的语法特点的研究，设计一种识别藏文单音节基字的算法，具有较高的准确率。其他的论文还有：群诺的《藏文信息处理教材建设的几点思考》（《西藏大学学报》自然科学版第 1 期）和叶西切忠的《计算机识别藏文属格与使格的方法研究》（《攀登》藏文版第 1 期）。

（三）建筑科学

藏族建筑科学方面，既有对传统藏式古建筑科学的回顾总结，也有对当代藏族居民建筑特点的分析与研究。曲扎江措等的《藏式古建筑的结构特点及其防雷措施》（《西藏研究》第 3 期）提出，藏式古建筑的雷电防护应科学合理地巧妙利用藏式古建筑的结构特征，金顶和屋顶的各种金属装饰来代替雷电接闪器，不需要安装影响古建筑原貌的专用雷电接闪装置，避免出现保护和破坏并存的局面。侯志翔的《浅析藏东三岩地区民居的防御性》（《四川建筑》第 1 期）探讨了三岩地区碉楼式建筑的民居对抗恶劣的自然环境与外敌入侵的建筑特点。何泉等的《基于洁净观的藏族居住空间分析》（《四川建筑科学研究》第 1 期）和孙雪梅的《白马藏族传统建筑的室内空间划分》（《艺术与设计》理论 Z1 期］对藏族建筑的室内居住空间特征进行了分析。杨旭明等的《传统藏族民居建造技艺的传承与发展研究》（《住宅科技》第 3 期）介绍了不同地域多姿的传统藏族民居建筑，并提出要对不同地域环境条件下的各类民居的建造技艺予以调研、发掘、辨析和梳理，用以研究传统技术的现代应用，为实现传统与现代科技的融合提供思路。

（四）气象科技

本年度的论文较多，内容丰富，相关成果主要发表于气象地理学和藏学杂志上。各研究主要基于对青藏高原各地气象的数据，分析探讨气象变化特征、趋势、影响因素、对生态环境和人类生产生活的影响，以及应对策略等。如拉巴卓玛等的《羊卓雍措流域在 1971 年—2009 年期间的气候变化特征分析》（《西藏大学学报》自然科学版第 1 期）、次珍等的《2009/2010 年初夏拉萨干旱成因及影响分析》（《西藏大学学报》自然科学版第 2 期）、徐薇等的《1961—2010 年西藏定日站的降水变化特征分析》（《西藏科技》第 9 期）、论珠群培等的《近40年藏西北羌塘草原荒漠生态功能区日照时数时空分布特征分析》(《西藏科技》第10期)、杜军等的《1961—2010年西藏季节性冻土对气候变化的响应》(《冰川冻土》第3期)、李治国《近50年气候变化背景下青藏高原冰川和湖泊变化》(《自然与资源学报》第8期)、王朋岭等的《1981—2010年青藏高原地区气温变化与高程及纬度的关系》(《气候变化研究进展》第5期)、唐小萍等的《西藏高原近40年积雪日数变化特征分析》(《地理学报》第7期)、戴睿等的《西藏地区50年气候变化特征》(《干旱区资源与环境》第12期)、徐斌等的《西藏地区近地晴天大气电场气象效应和时间变化研究》(《物理学报》第17期)等。

台湾、香港藏学研究

由于台湾和香港从事藏学研究的人员比较少，因此，在台湾和香港涉藏的出版物，特别是学术价值比较高的藏学专著较少。通过对2012年出版的图书和发表的论文分析，本年度大量的涉藏图书是有关藏传佛教修行的大众读物，研究专著很少，但也有一些亮点，从发表的期刊论文看，藏学研究的范围比以前广，不仅限于政治、历史和宗教，还有教育、文献研究、民族学、音乐艺术等相关研究成果。

一、哲学、宗教

近几十年来，藏传佛教在台湾和香港得到了传播和发展，台湾和香港学术界对于藏传佛教在台湾和香港的发展状况进行了长期的跟踪研究，研究成果颇丰，主要有：陈玉蛟的《台湾的西藏佛教》、耿振华的《藏传佛教源流及其在台湾地区的发展》和《台湾藏传佛教的现状与发展》、黄慧琍的《藏传佛教在台发展初探——以台南地区的藏传佛教团体为研究对象》、姚丽香的《藏传佛教在台湾发展之初步研究》、郑志明的《藏传佛教在台发展的现状与省思》、刘国威的《台湾现今藏传佛教发展研究——以藏传佛教中心为主体之分析》和林锦江的《香港藏传佛教文化的发展》。本年度刘国威和林锦江又分别发表了《西藏佛教在台湾的发展历程》和《国内外对汉藏观音信仰文化研究的回顾》。

《西藏佛教在台湾的发展历程》（作者刘国威，台湾佛光大学佛教学系副教授，载于《艺术论丛》）首先对佛教在中国的传播做了简要介绍，然后重点对藏传佛教在台湾的传播做了详细分析。作者认为，藏传佛教在台湾的发展，主要在 1949 年后，部分蒙古族和藏族僧人跟随国民党政府迁台而至台湾弘法（所谓藏传佛教在台的“前弘期”）。1980 年代初期，随着台湾社会的逐步开放，来自印度与尼泊尔等地的藏族僧人大量应邀来台弘法，带动另一股学佛热潮（所谓藏传佛教在台的“后弘期”）。各教派中心、精舍、佛学会如雨后春笋般纷纷建立，形成近代台湾佛学发展的一种独特现象。不少台湾的佛教徒投身藏密的修行，甚至进一步学习藏语文。关于藏传佛教的各类书籍，例如经论译注、上师开示，或是西藏密教文化引介等主题，不论从内容的多样性或出版社的发行量来看，都是相当大而成熟的畅销市场。虽然在深度的学术研究成果上与通俗出版物相比明显不足，但有质量的研究仍在不断的提升中。近年来，每年来台藏族僧人多达 2000 人次，藏传佛教团体多达 200 个，藏传佛教信徒逾 50 万人，藏传佛教已成为除了台湾本土的汉传佛教以外最具有影响力的文化现象。由于青藏铁路开通后掀起的赴藏旅游热潮、藏传佛教艺术品在国际市场上的流行，台湾人对西藏、对藏传佛教的兴趣越来越高。作者认为，藏传佛教在台湾发展的历史虽然不算长，但也走过了几十年的历史，如今藏传佛教在台湾已经不再是完全的外来文化，而开始要面对如何与台湾本土的汉传佛教相处融合的本土化问题，这也是未来藏传佛教能否在台湾继续深耕的重要课题。

《国内外对汉藏观音信仰文化研究的回顾》（作者林锦江，本文属于香港大学饶宗颐学术馆学术论文—报告系列论文之一）认为，在过去的 30 年中，观音信仰已成为国内外宗教及学术人士关注的一个课题，尤其是国内对于观音菩萨及观音信仰的宏观和微观的宗教研究或学术研究，都以惊人的速度蓬勃发展起来。本报告对国内外有关的研究成果进行了全面的梳理和总结。其中，“国内的汉藏观音信仰研究”部分包括国内观音信仰研究、国内观音造像学研究、国内与观音信仰相关的其他研究等内容。作者认为，总体上讲，学术界对汉地观音信仰研究相当积极，百花纷呈，而且成果丰硕。藏地对观音信仰什么时候传入西藏、其信仰内容是什么、有什么特点、在西藏如何发展和演变、观音信仰的文化有什么文化价值等问题的研究少。“国外藏族观音信仰研究”部分则包括 20 世纪前国外对藏族观音信仰的零散研究，国外对《嘛呢全集》的研究、国外对藏族观音造像的图像学研究、近年国外对藏族观音信仰及相关内容的研究等几个方面。报告尤其对国外就《嘛呢全集》（一本流传于藏地、其广泛内容包括藏地观音信仰的伏藏文献）的研究成果进行了回顾，对这样一本重要的宗教文献，国外倾注的注意力明显较国内要多很多，本文对国外成果的梳理正好可以为我们提供借鉴。文章的资料收集全面，介绍简明扼要。

作者认为，藏族观音信仰文化可说是一个重要的学术研究领域，但是，从目前的学术研究成果来看，汉文研究成果弥足珍贵，国内的关注空间可以更加深入。对比西方藏学界的研究方向与方法，以及具有鲜明特色的研究成果，可以为我们提供一定的研究框架和参考。

钱昭萍的《藏传佛教的基本教义研究》就多元文化的立场，结合藏传佛教发展脉络，对藏传佛教的基本教义进行了深入研究。文分六段，分别阐述：藏传佛教的缘起与显密双融的发展方向之确立、藏传佛教由显而密的三士夫与菩提道次第之教理、藏传佛教的中观思想、藏传佛教密乘道次第的基本教义。西藏地处偏远的青藏高原，而藏传佛教的密教仪式颇为繁复，与汉传佛教显宗的简约风格大异其趣。本文从历史的角度与教理之发展，系统地探讨藏传佛教的基本教义，以期对汉藏民族间能增进了解、消除歧见；并对破除迷信、发扬正信的社会教育工作等有一定助益。

从2012年的出版情况来看，大量的出版物是在藏密修行者感兴趣的高僧传记、宗派系谱源流、简明与艰深的教理教法经典教授、实用的修行导引等方面。或是西南民族地区民俗风情、旅游手札、地景人文叙事、自然生态摄影，乃至面向社会大众的普及科学、正向心理、人际关系、家庭教养论述等。蒋扬·钦哲·秋吉·旺楚（JamyangKhyentseChokyiWangchug）、敦珠（Dudjom）法王与夏加夕利佳纳尊者之生平、修行、证悟、传法及涅槃的传奇，由其具德弟子回忆集结成书，作者都是宗派传承的领袖与导师，分别由堪布才旺·董嘉仁波切、南开·诺布法王及噶陀锡度·却吉嘉措主笔。

《藏传密续的真相》由耶喜喇嘛主笔，作者通晓显密教法，同时了知西方当代竞争社会人们的内心世界，采用深入浅出的白话陈述，又实际列举人们经常面对困境的案例，使两千五百年前深奥佛法在耶喜喇嘛的生花妙笔下发人深省，行文说理浅白易懂，毫无窒碍，是值得向大众推荐的经典好书。

超越死亡是佛教徒一生最重要的目标之一，历年来各教派“颇瓦法”教授论述甚多，《自在面对死亡：颇瓦法与藏传佛教的临终手册》与众不同，该书从佛教立场出发，主要为西方未具深入探索佛学基础的普罗大众，简要介绍了医学生理死亡时应注意的阶段及迹象，如何处理准备与社会、亲友的告别，以及在欧美医院离开人世时，应该如何按书中建议的步骤，备妥善终时的法器、经典、契约文书等方面的内容。祖古·乌金仁波切的《再捻佛语妙花》展现了作者对藏密深奥妙理的体验。

《朝圣：到印度佛教圣地该做的事》由宗萨钦哲仁波切主笔。作者从佛教高僧的立场出发，对信徒到佛教圣地朝圣如何调整身心状态，如何积累功法，如何增长福报等提出了指导性意见。

二、历史、地理

随着两岸三地文化学术交流的加深，内地学者不断在台湾和香港的刊物上发表自己的研究成果，本年度南京大学历史系教授黄鸿钊在香港期刊《“一国两制”研究》上发表《英国侵略西藏的最初动机及其后果》，西北大学历史系副教授李军在台湾《师大学报：语言与文学类》上发表的《论〈西藏等三边赋〉：清代边疆与地赋之代表》。

《英国侵略西藏的最初动机及其后果》认为，西方人对西藏的神秘感，是由于西方盛传西藏出产黄金，英国人甚至认为西藏是仅次于加利福尼亚的世界第二黄金宝地。除了黄金之外，英国资本家还认为西藏有他们需要掠夺的廉价原料产品，羊毛、皮革、麝香、硼砂等稀有产品都令英国资本家垂涎欲滴。英国早在1644年成立东印度公司时就有了侵略西藏的野心，直到100年之后才正式向西藏扩张。作者在对英国政府涉及藏印之间的考察、游历与通商问题进行简要介绍之后，重点对1886年英国军队在西藏挑起战火引发的第一次侵略中国西藏战争进行了详细介绍。作者认为，第一次侵藏战争是在英国取得节节胜利、清政府妥协求和的情况下停火的，这就使英国在谈判中处于有利地位。最终结果是1890年签订了《中英藏印条约》，确立了英国对锡金的保护权。然后是1893年的《中英藏印条约续》，导致英国用武力打开了中国西南边陲西藏地区的大门。从此以后，西藏被卷入世界资本主义漩涡之中，并带来了严重后果。首先，英印商品大量输入，充斥西藏市场，造成西藏手工业者大量破产，导致西藏在政治、经济上依附英国，削弱了与中国内地的联系。同时也纵容英国为进一步扩大贸易市场，寻找新的借口，挑起事端，对中国西藏发动新的侵略战争。

李军的《论〈西藏等三边赋〉：清代边疆与地赋之代表》，以蒙古和宁《西藏赋》、吉林英和《卜魁城赋》、大兴徐松《新疆赋》，作为清代乾嘉道之际边疆舆地赋的代表，以其鸿篇巨制和鲜明的边疆特色由元尚居汇刻为《西藏等三边赋》。本论文从形式与内容两大方面入手，详细论述其重要的文献价值。形式上，体现在正文加自注、大量征引相关文献两方面。内容上，体现在涵盖史地，以及宗教、民族与民俗、语言与文字、气候与物产、经济与贸易、官制与兵制乃至天文、历算、医学等诸多方面。可以说，《西藏等三边赋》是关于清代三边研究的文献宝库。《西藏等三边赋》突出地体现了征实的性质和特点，与此相联系，向来被视为地理著作。其征实性，不但体现在作者的意识上，还体现在赋作的内容上。其之所以具有强烈的征实性，原因概略有四：一是与清代地理学思潮的兴起有关，二是受当时学术风气尤其是考据学的影响，三是作者本身就是地理学者，四是作者都亲历过边疆地区。而清代边疆舆地赋的征实性，贯穿了强烈的边疆意识和经世思想。这些边疆舆地赋具有文学与学术的双重价值，为我们今天的边疆史地研究，无疑提供了一个新的领域和视角。

三、文化教育

徐桂香的《国民政府在西藏兴办教育初探》，对1934年—1949年国民政府在西藏兴办教育的情况进行了研究。有关这方面的系统研究历来较少，即使是为数有限的研究，也多是较关注拉萨小学，对于其他的学校及国民政府对于西藏教育之举措涉及较少。本文作者徐桂香是台湾“蒙藏委员会”参事，龙华科技大学兼任助理教授。她对当时的国民政府在西藏兴办教育的政策措施、兴办情形及其困难，做了较为详细的分析。作者统计，国民政府驻藏办事机构于1934年成立后，兴办教育就成为其一项重要工作。拉萨小学是国民政府在西藏设立的第一所小学。国民政府存续期间，在藏族聚居区或散居区创办或改办的直属普通小学有5所，附属小学有6所，共有学生84班，学生人数达2592人。在这一过程中，驻藏办事处扮演了规划的角色，驻藏官员与汉僧提供了重要的师资来源。作者特别对拉萨小学、江达小学、古扎小学、昌都小学、日喀则小学、亚东小学等6所学校的招生情况、学生民族分布做了详细研究。这些学校有的存在时间较长，例如拉萨小学一直存在，有的寿命很短，例如江达小学1941年设立，平时学生人数仅有14人—20人左右，勉强维持，1945年即停办。作者认为，总的来说，除了借这些学校彰显国民政府对西藏的主权功能外，发挥的作用相当有限。其中原因包括西藏本地局势复杂，国民政府无暇西顾，教育部的授权与帮助有限，直接负责教育的人员调动频繁，往往是人亡政息，噶厦施压或客观环境不成熟等。即使如此，当时的国民政府在西藏兴办教育的努力也值得后人肯定。

四、社会习俗、艺术

与西藏生育习俗相关的调查报告有很多，近年来也有许多学者探讨生活在高海拔地区西藏妇女的生育情况与新生儿的营养、生长、发育情形，然而，却很少有学者从事西藏幼保礼仪的深入探讨。幼保礼仪针对妇女怀胎之前、怀孕期间及生育之后，父母与新生儿所可能遇到的各种问题，提供了解决的方法。林纯瑜的《米滂〈吉祥满愿·幼保礼仪〉研究》以藏传佛教宁玛派重要学者米滂南杰（Miphamrnamrgyal，1846 年—1912 年）于 1908 年所编著的《吉祥满愿》中所收录的各种不同类型的幼保礼仪为研究对象，探讨藏族如何经由执行特定礼仪，达到顺利怀胎、择男、养儿等延续子息的目的。《吉祥满愿》中的幼保礼仪共有“祈求得孕”“祈求得男丁”“保护已生幼儿”“其他相关礼仪”四种类型。本文讨论这四种类型礼仪的适用情形与施行方式，并且经由归纳、分析这些幼保礼仪的内容，探索藏族对新生命所抱持的态度，包括与生命延续有关的偏好、禁忌、信仰内容、社会价值观等等。《吉祥满愿》以完整的架构呈现出各种在藏族民间通行的幼保礼仪，其内容不仅生动描绘出藏族人的生育价值观，也为读者开启了一扇探究藏族生育文化丰富内涵的窗牖。

《藏民的家屋与家屋内的社会动态：以云南五境通珠聚落为例》（载于《民族学研究所资料汇编》2012 年 22：1—18，作者余舜德为台湾“中央研究院”民族学研究所研究人员，郭奇正为台湾东海大学建筑系教师）认为，作为文化人类学中的重要课题，藏族的建筑及家屋（住房）是许多学者研究视野中的焦点内容。但是过往的研究主要关注藏族建筑的形式、建筑过程、建筑特色、艺术价值，以及这些特色与宗教信仰之间的关系，很少触及藏民在日常生活中如何使用建筑的空间，或生活在家屋中的成员在藏族独特的建筑内所呈现的社会动态。本篇论文即以云南迪庆藏族自治州香格里拉县的五境道珠聚落为例，对这个虽然处于藏族文化区的边缘地带，但是较少受到周围汉族、纳西族、白族影响，仍然在建筑、宗教、日常生活各方面保持显著藏族特色的村落进行了解剖麻雀式的分析，从藏族如何使用建筑的内部空间，谁可以（或不可以）使用那个空间、使用的方式，以及家庭成员间流动的关系等观察，来了解藏族亲属及社会的组织特色，并深入探讨这些组织的成员间互动的情况。作者对火塘倾注了大量的笔墨，因为火塘及其周边是藏族最重要的生活空间，对着门的上位是家中身份最高者的专有位置，煮菜的地方则明显是女人的位置，女性在家中多扮演较卑下的角色，一片火塘空间就能显示出家中诸人的社会关系。作者发现，当地藏族的亲属关系复杂且深具弹性，并呈现地方的特色。在制度上，我们无法将之归纳于如今常见的“父系”“母系”或“双系”，而是以财产（主要是家屋）的考量为主要原则，以住在同一家屋内的亲人为中心组成家户，并以家户成员及组织的弹性调整来维持其生存适应能力。总之，像其他民族一样，这个小小村落的藏民以自己特有的方式，作为潜意识的文化建设的一员，将文化的概念与社会关系融入建筑与空间格局，并于日常生活中，呈现出社会—文化面向与空间相互影响的辩证关系。

金申的《藏传佛教金铜造像的流派与样式》。金申先生是台湾中国艺术研究院美术研究所研究员，是著名的佛造像研究专家。本文将藏传佛像的渊源、流派与样式作了系统的介绍。作者认为藏传佛教艺术由于地理和宗教方面的原因，其风格与毗邻的印度、尼泊尔、巴基斯坦、克什米尔等地的佛像以及内地汉传佛教艺术有着千丝万缕的联系，尤其是单尊的金铜佛像，易于流动，分布广泛，故分析其产地风格和时代特征，是把握佛造像的津要。

李姿宽的《西藏民族乐器“札年”的研究》。李姿宽是台湾淡江大学的讲师。“札年”是一种在藏区广为流传的乐器，它不但广传于中国藏区各地，在其他藏族人口聚居的地区、国度，如印度、尼泊尔、不丹、锡金、克什米尔、拉达克等地亦相当普及。作者认为，“札年”在藏族社会中不只是一种乐器的名称，更是藏族音乐的代名词。在任何与音乐相关的场域，藏族人民经常以“札年”的乐器图像作为音乐的符号，如学校的音乐比赛、音乐教室、小区的表演场所、藏族传统乐器行、唱片行、音乐演出的宣传单等，只要是与音乐相关的场合，都可以看见藏族以“札年”的图像来作为宣传与布置的符号。作者进一步探讨了“札年”的历史、形制，图文并茂地描述了“札年”的制作过程、当代“札年”的定弦法与音域，作者以印度的藏族聚居区为例研究了“札年”歌乐的音乐形式与实践。

学界动态

学界动态

1月

7日—9日

由四川省藏学研究会、中共巴塘县委县人民政府、四川省非物质文化遗产保护中心联合主办的“中国首届藏族弦子、热巴艺术高峰论坛”召开。来自北京、西藏、云南以及四川的众多弦子与热巴艺术创作、表演及理论研究领域的专家、学者等120余人，参加了此次论坛。

2月

9日—18日

以中国藏学研究中心当代研究所所长仁真洛色研究员为团长的中国藏学家代表团一行5人前往印度新德里、菩提迦耶、阿格拉和尼泊尔加德满都等地访问。期间，与当地专家学者进行交流，向当地媒体介绍了西藏宗教、法律和教育等方面的发展情况。

3月

6日

由中国西藏文化保护与发展协会、西藏自治区人民政府、中国藏学研究中心共同主办，西藏文化博物馆和西藏博物馆承办的“雪域瑰宝——西藏文物联展”开幕式在中国藏学研究中心西藏文化博物馆举行。

“雪域瑰宝——西藏文物联展”共展出来自雪域高原的珍贵文物210余件，其中国家一、二级文物29件。展览分为文化艺术和民俗风情两部分。展览通过对文献典籍、造像艺术、法器、唐卡等的展示，集中反映了高原民族的精神生活和审美情趣。为了让观众更深刻地了解藏族的文化艺术和民俗风情，展览期间还举办了藏族文化知识讲座、藏族歌舞表演等一系列活动。

17日

文化部部长蔡武在中国藏学研究中心党组书记游洛屏，总干事拉巴平措，副总干事洛桑灵智多杰、柳应华、郑堆的陪同下，参观了中国藏学研究中心西藏文化博物馆。

30日

中国藏学研究中心召开学术委员会学科组会议和全体会议，评审了2012年度所级课题和2012年中心级重点课题申请，审议了中心级重点课题进展情况。

30日—4月30日

云南民族大学藏族文化研究协会与云南师范大学、云南大学、云南财经大学、云南艺术学院四所高校联手举办的香格里拉文化艺术节开幕。在为期一个月的活动中，文化走廊分别在5所高校展出。活动主要分藏族饮食展区，藏区节日和服装试穿展区，藏区动植物展区，藏族发展史、文学史和藏医展区等。本次艺术节还在云南师范大学、云南大学、云南艺术学院、云南财经大学、云南民族大学进行了“文化走廊”的展览。

4月

16日—25日

中国社会科学院副秘书长、研究员郝时远率领中国藏学家、活佛代表团前往巴西和阿根廷、智利等国访问。与当地的学界、政界等人士举行多场座谈，就少数民族政策、环境与发展政策平衡等问题进行了深入交流，并介绍了西藏经济社会的发展现状。

23 日

中国藏学研究中心接待了智利前总统、参议院预算委员会主席爱德华多·弗雷，智利参议院法律委员会、透明化委员会主席埃尔南·拉腊因等一行 8 人。智利客人并参观了西藏文化博物馆“雪域宝鉴——见证西藏历史，弘扬藏族文化”大型展览。

5 月

4 日

中国人类学民族学研究会青海藏文化研究基地在青海召开第一次指导委员工作会议。国家民委、青海省委宣传部、青海省文化厅和湟中县相关单位负责人参加了会议。中国人类学民族学研究会经过研究决定在青海藏文化馆设立藏文化研究基地，共同开展与人类学民族学相关的课题研究以及学术考察、研修和普及宣传等活动。

中国人类学民族学研究会，是国家民委主管的全国性人类学民族学研究机构，成立于 2007 年，以促进中国人类学、民族学的发展和国际交流，增进人们对不同民族、不同文化的理解为宗旨，以组织民族文化的研究，开展国内、国际文化交流活动，开展民族民间文化的展示和传播为基本任务。

15 日

由西北民族大学美术学院、西藏大学艺术学院美术系共同主办，西北民族大学唐卡艺术协会策展的首届高校唐卡艺术展在甘肃省兰州市开展。本次艺术展展出了包括西北民族大学、西藏大学、青海民族大学、四川康定师专、甘肃民族师范学院、甘南师范学院等大学生唐卡专业师生的多幅作品。此举在国内唐卡艺术界属首次。

17 日—24 日

以中国藏学研究中心历史研究所所长张云为团长的中国藏学家代表团对美国旧金山、华盛顿、纽约、芝加哥等地进行为期 8 天的访问。访问期间，代表团通过座谈会、讲座、会谈等形式与到访国的政界、学界、侨界人士进行了深入交流，介绍了西藏各方面的发展情况。

19 日

“青藏高原民族研究基地”揭牌仪式在青海民族大学逸夫楼大厅隆重举行。该基地是国家民委人文社会科学重点研究基地。

26 日

西藏自治区档案局（馆）抢救后现存的 22 件“元代西藏官方档案”，在联合国教科文组织世界记忆亚太地区委员会第 5 次全体大会上成功入选“世界记忆”亚太地区名录。

此次入选的 22 件元代西藏官方档案形成于公元 1304 年至 1367 年，皆为纸质文件，包括 4 份圣旨、5 份法旨和 13 份铁券文书。4 份圣旨用八思巴文书写。22 件“元代西藏官方档案”此次与广东、福建两省联合申报的“侨批档案”一同入选。这 22 件档案仅仅是 300 多万件（卷、册）中国西藏历史档案中的一部分。

“元代西藏官方档案”是西藏首个世界记忆亚太地区名录项目，为 2013 年申请“世界记忆名录”奠定了坚实基础。

28 日—31 日

以中国藏学研究中心历史研究所所长张云为团长的中国藏学家代表团一行 5 人对加拿大多伦多、温哥华、渥太华等地进行为期 4 天的访问。访问期间，与当地主流媒体和华文媒体、政界、学界人士进行广泛交流，介绍了西藏的历史和发展情况，并解答了媒体人士关心的问题。

29 日

西藏日喀则地区首届藏医学术研讨会在日喀则市召开。自治区卫生厅、自治区藏医院、西藏藏医学院、中国藏学研究中心相关领导及学者，西藏山南、林芝、昌都、那曲等地区藏医药界知名专家学者，日喀则地区藏医院以及 18 个县（市、区）藏医药专业人士等共 50 余人参加了此次学术会议。

31 日

中国藏学研究中心和黄淮学院合作共建的黄淮学院“西藏社会语言研究

所”揭牌仪式在黄淮学院图书馆多功能厅举行。中国藏学研究中心副总干事洛桑灵智多杰，驻马店市委常委、统战部部长赵文峰等共同揭牌。中国藏学研究中心社会经济研究所所长周炜研究员，驻马店市人大常委副主任张德轩，驻马店市人民政府副市长冯玉梅，黄淮学院党委书记景照辉、校长介晓磊、副校长谭贞等出席，黄淮学院科研处、各院系领导、各科研机构负责人及文化传媒学院师生代表等参加仪式。

6 月

2 日—8 日

经中国藏学研究中心联系，中国藏学研究珠峰奖捐赠人、富源投资集团董事长卫平夫妇和中国国际文化交流基金会“未来基金”管委会主任卢红生等一行 18 人赴藏考察，参加西藏江孜白居寺新制展佛唐卡竣工庆典仪式。中国藏学研究中心机关党委人事办索珍处长陪同。

3 日

即藏历四月十四日，由青海藏族研究会主办的缅怀一代著名画家安多强巴逝世十周年纪念会在西宁召开。安多强巴 1914 年诞生，2002 年去世。20 世纪 30 年代他在拉萨以绘制彰显艺术个性的宗教画而著称，他创作的巨幅壁画，至今珍藏在世界级文化遗存布达拉宫、罗布林卡。

4 日

应美国弗吉尼亚大学和加利福尼亚大学邀请，由青海省藏医院、青海省藏医药研究院、青海大学藏医学院、青海藏文化博物院、金诃藏药股份有限公司专家、教授、学者组成的金诃藏医药集团考察团一行 10 人前往美国进行国际交流与合作。金诃藏医药集团与弗吉尼亚大学举办了为期 3 天的“藏医学和冥想研讨会”，来自美国、德国、加拿大等国家的医学、心理学等方面专家、教授、学者参会，就藏医药历史与现状、理论与实践、发展与创新、弘扬与传播进行了深入研讨。

12 日

西藏自治区非物质文化遗产保护中心和西藏唐卡画院共同举办的首届藏族

唐卡传承人论坛在拉萨举行，来自西藏四大唐卡画派的传承人和刺绣唐卡的传承人共同探讨西藏唐卡艺术的保护、传承和发展。

16 日

西藏大学举行《西藏大学学报》百期刊庆纪念活动，《西藏大学学报》创刊于 1986 年，是西藏大学主办的综合性学术期刊，分为藏文版和汉文版。

19 日—29 日

以西藏自治区对外文化交流协会秘书长晋美旺措为团长的中国藏学家代表团前往奥地利维也纳，德国慕尼黑、柏林，南非比勒陀利亚、约翰内斯堡、开普敦等地进行访问。与当地政界、媒界、学界等人士进行深入交流，介绍了西藏经济、社会等方面发展的最新情况。代表团访奥期间，还与奥地利华人一起举行了题为“西藏的历史与文化”座谈会，在德国南部城市慕尼黑访问的中国藏学家代表团在慕尼黑孔子学院举行“今日西藏”介绍会，向来自德国各界的与会者详细介绍了西藏的历史与经济社会发展情况。

24 日—27 日

由拉萨市委、市政府主办，西藏社会科学院和西藏大学协办的拉萨市加强和创新社会管理实践与研究交流研讨会 24 日上午在拉萨开幕。来自中央综治办、中央统战部、国家宗教事务局和北京市综治办的领导以及内地 14 所高校和 5 家社科系统单位的 183 位专家、学者齐聚本次研讨会。研讨会学习先进地区加强和创新社会管理工作的先进理念和成功经验，交流拉萨加强和创新社会管理的基本做法，展示拉萨加强和创新社会管理工作的实践和阶段性研究成果。

7 月

1 日—6 日

以中国藏学研究中心副总干事洛桑灵智多杰为团长的中国藏学研究中心文化交流团一行 13 人，赴台湾的台北、台中、台南和高雄等地进行了学术交流。

6 日—13 日

由中国社会科学院科研局“西藏项目”办公室组织召开的“西藏项目”立项评审会议在云南昆明召开，会议对本年度申报的“西藏项目”对外招标课题进行了评审，《历代西藏边政与边吏研究》《“十二五”期间西藏地区民生改善政策》等25项获准立项。

“西藏项目”全称为“西藏历史与现状综合研究项目”，是国家社科基金特别委托项目，由中国社会科学院科研局“西藏项目”办公室负责组织招标。“西藏项目”自2009年开始启动，预计在2014年全部完成，2010年为“西藏项目”的首次招标。

7 日

由高等教育出版社、青海民族大学和青海省文联主办，青海省《格萨尔》学会和青海民族大学科技处联合承办的《格萨尔王传》（8部）汉译本系列丛书研讨会暨青海省发布会在青海民族大学举行。青海省政协原副主席、藏学家蒲文成、青海省人民政府副秘书长张文华等青海省的藏学研究专家50余人参加了会议。会议介绍了《格萨尔王传》（8部）汉译本系列丛书的翻译、整理和出版情况。该丛书是首届国家出版基金资助项目成果和教育部哲学社会科学研究后期资助项目成果，丛书由8个部本组成，全书近200万字。

13 日

由青海省《格萨尔》工作领导小组和青海省文学艺术界联合会联合主办的青海省《格萨尔》工作领导小组会议暨青海省首届《格萨尔》研究成果奖颁奖会在西宁举行，有关领导以及60多位专家学者参加此次会议。黄智的《“格萨尔”史诗概论》、完玛加的《论“格萨尔”军事战略与战术》等10项申报成果荣获本届《格萨尔》研究成果奖。

15 日—16 日

由中国逻辑学会因明专业委员会主办，贵州大学人文学院承办，杭州佛学院、中国藏学研究中心协办的“第八届全国因明学术研讨会暨虞愚先生贵州大学讲学七十周年纪念会”在贵州大学召开。来自全国各地的60余名专家学者出席会议。

16 日

由中国民族语文翻译局主办的2012年度藏语文翻译专家工作会在兰州召开，来自西藏、青海、四川、甘肃和中国民族语文翻译局的专家学者围绕藏民族语文翻译工作展开研讨，并对《藏文电子词典及辅助翻译软件》进行鉴定。

8 月

1 日—6 日

第五届中国西藏珠穆朗玛摄影展1日在布达拉宫广场开展。

摄影展共展出500多幅内容丰富、品位高雅、视角独特的摄影作品，通过真实、直观、独特的视觉语言，记录了西藏神奇的自然风光和迷人的民俗风情，深刻呈现了西藏近年来的巨大变化、可喜成就。本次摄影展以“大美西藏·和谐盛世”为主题，由中国摄影家协会、西藏自治区文联及西藏军区等单位主办。本次大展组委会共收到来自全国32个省、市、自治区的近500位摄影爱好者选送的12000余幅（组）作品，规模创历届之最。

2 日—4 日

第五届北京（国际）藏学研讨会在北京中国藏学研究中心召开。会议由中国藏学研究中心、中国西藏文化保护与发展协会、西藏社会科学院主办。来自中国、日本、蒙古、印度、英国、法国、意大利、匈牙利、瑞士、德国、挪威、美国、澳大利亚等21个国家和地区的267名藏学学者出席会议。中国学者191名，其中，港台学者10名，内地学者181名。国外学者76人。

2日的开幕式由中国藏学研究中心副总干事游洛屏主持，中国藏学研究中心总干事拉巴平措、中国西藏文化保护与发展协会副会长斯塔、西藏社会科学院院长白玛朗杰致辞。

本次会议主题是“西藏社会变迁与国际藏学发展趋势”。主旨是“传承文化、服务社会”。会议共收到论文238篇。会议以大会交流和分组专题交流的形式召开，围绕“可持续发展与民生保障（社会与经济）”“历史”“文献、考古与艺术”“根敦群培研究”“宗教”“梵文”“因明”“当代政治”“藏医药”“文化”“语言与信息技术”等学科或专题展开学术研讨。讨论中，许多专家、学者发表了个人最新学术研究成果，不仅有论证严密的传统藏学基础研究著述，也有关注藏族社会现实问题、具有较强操作性的对策和建议。在藏学研究的热点、焦点问题上，专家、学者们本着严谨认真的治学理念和科学务实的学术精神进行了对话交流，践行了本次会议“传承文化、服务社会”的理念。会议期间还安排与会者参观了藏学图书展览、西藏文化博物馆，放映学术资料片，开展藏医义诊等活动。

研讨会4日在北京圆满闭幕，会议由中国藏学研究中心副总干事柳应华主持。

14日—23日

应中国驻澳大使馆和新加坡国际合作促进会的邀请，以中国藏学研究中心党组书记、副总干事游洛屏为团长的中国藏学家代表团一行6人访问了澳大利亚、新加坡。中国藏学家代表团在悉尼大学、堪培拉大学、悉尼科技大学等机构进行了多场学术交流活动。中国藏学研究中心历史所所长张云研究员在驻澳使馆举办藏学文化讲座，介绍了西藏的历史、文化和社会发展，以增进对西藏的了解。

23日

由四川省甘孜藏族自治州文化体育和广播影视局，丹巴县委、县人民政府共同举办的首届嘉绒文化研讨会在四川省甘孜州丹巴县开幕。来自中央民族大学、西南民族大学、四川大学、中国藏学研究中心的30余位藏文化专家在为期两天的会议中，从丹巴嘉绒藏族的锅庄歌舞、服饰饮食、婚丧嫁娶、建筑装饰、宗教礼仪和传统习俗以及红色文化等7个方面进行了研讨。

26日

西藏首届藏医药师承临床医学专业硕士、博士学位授予典礼在拉萨举行，普琼次仁等3名国家名老中医药继承人获博士学位，白央等5名继承人获硕士学位，这是西藏和平解放以来名老藏医学术经验和技术专长继承取得的最高学位。

8名继承人中，6人来自西藏自治区藏医院，2人来自山南地区藏医院，他们成为西藏首次获得藏医药师承临床医学专业硕士、博士学位的藏医药继承人

9 月

3 日

第三届国际青年藏学家研讨会于3日在日本神户召开，会期5天，其中学术研讨4天，工作会议1天。会议由国际青年藏学家研讨会顾问委员会主办，神户市外国语大学承办，会址设在神户市外国语大学会议中心。本次参会人员共72人。来自中国藏学研究中心、中国人民大学、中央民族大学、青海民族大学等科研机构和和高校的青年学者参加了本次研讨会。整个学术研讨会分为22个专题会议和1个海报展示环节。

3 日

《格萨尔》研究所角巴东主研究员主持的国家社会科学基金项目《藏区〈格萨尔〉说唱艺人普查与研究》（项目批准号：09AZW002），经过专家匿名评审和全国哲学社会科学规划办审批。

该项目对藏区《格萨尔》说唱艺人及藏区其他民族的《格萨尔》说唱艺人进行了全面细致的普查，对有神秘色彩的说唱艺人及疑难问题进行了认真反复地考察研究，提出了诸多重要观点和结论，这对研究和分析古代藏族社会的政治、经济、文化、军事、民俗和《格萨尔》史诗提供了很有价值的第一手资料。

5 日—10 日

以中国藏学研究中心当代研究所所长廉湘民为团长的中国藏学研究中心代表团前往德国莱比锡、汉堡等地访问，与莱比锡大学、汉堡大学、德中文化交流中心等单位开展了学术交流活动。访问期间，社会经济研究所所长周炜研究员和宗教研究所所长李德成研究员分别作了讲座，李德成所长还代表宗教研究所和莱比锡大学印度学与中亚研究系主任埃利奥·弗兰科教授签订了《中国藏学研究中心宗教研究所和莱比锡大学印度学与中亚研究系学术合作备忘录》。

10 日

由文化部、西藏自治区人民政府联合主办的2012年中国西藏唐卡艺术展在国家博物馆开幕。本次展览展出了多位当代画师的100多幅唐卡和布达拉宫等文物单位提供的30幅藏品唐卡。

12日

由西藏自治区国家级非物质文化遗产项目“藏药炮制技艺”代表性传承人洛桑多吉编纂的《藏药材图谱大全》一书正式出版发行。十届全国人大常委会副委员长热地为该书题词。

19日

由中国作家协会、国家民族事务委员会联合主办的第十届全国少数民族文学创作“骏马奖”颁奖典礼在国家大剧院举行。作家平措扎西的散文集《西藏古风》和鹰萨·罗布次仁的报告文学《西藏的孩子》喜获“骏马奖”。

全国少数民族文学创作“骏马奖”，是由中国作家协会、国家民族事务委员会共同主办的国家级文学奖。本届“骏马奖”共有235部作品参评，最终25部作品（长篇小说、中短篇小说、散文、诗歌和报告文学获奖作品各5部）和4位翻译家获奖。

21日

第二届汉藏佛学学术研讨会暨觉囊佛教文化论坛在中国人民大学国学馆举行。国家宗教事务局副局长蒋坚永、中国佛教协会副会长学诚法师和中国人民大学、中国藏学研究中心、中央民族大学、中国人民大学国学院、四川阿坝觉囊派藏哇寺、中国藏语系高级佛学院、首都师范大学汉藏佛教美术研究所、德国慕尼黑大学等来自国内外的藏学专家和中国人民大学师生近百人出席了会议。本次会议以“汉藏融通，艺文涵泳”为主题，以学术为助力，借助宗教界的有力支持，针对汉藏佛学、藏传佛教艺术等问题进行深入探讨。此次研讨会还专门开辟了“觉囊佛教文化论坛”，提出汉藏佛学研究领域中一个全新而又具有重要意义的课题。

24日

西藏自治区政府举行新闻发布会，介绍贝叶经保护和研究工作成果：对自2006年开始的贝叶经保护工作进行总结。2006年年初，成立了由中国社会科学院、西藏自治区人民政府、中国藏学研究中心组成的贝叶经保护和研究工作协调小组，确定贝叶经保护、整理研究基地设在西藏，并制定了加强保护、编制目录、长远研究等计划。

历时6年，贝叶经保护第一阶段已圆满完成，初步确定西藏迄今珍藏有梵文贝叶经写本（包括部分纸质梵文、藏文转写本）共1000多函（种）、近6万叶（页）。形成了《西藏自治区珍藏贝叶经总目录》《西藏自治区珍藏贝叶经影印大全》《西藏自治区珍藏贝叶经影印大全简目》《关于西藏自治区贝叶经保护方案与实施办法》《西藏自治区贝叶经保护管理办法》《西藏自治区贝叶经保护纪实》等重大阶段性成果。

24日—10月2日

以中国藏学研究中心当代研究所所长廉湘民为团长的中国藏学家、活佛代表团访问俄罗斯、蒙古国。

24日至30日访问俄罗斯期间，代表团与俄罗斯学界、政界等相关人士进行了座谈，着重介绍了中国的民族宗教政策及其在西藏的落实情况、藏传佛教的历史传统与现实状况、西藏民主改革以来经济社会发展取得的巨大成就等。代表团还访问了卡尔梅克共和国、布里亚特共和国，走访了当地寺庙并与宗教人士进行了交流。

10月1日至2日代表团访问了蒙古国，访问期间广泛接触蒙古国各界人士，会见了蒙古国议会议长、顾问尼亚木达瓦，与蒙古国战略研究所有关专家进行了座谈，走访了当地寺庙并与宗教人士进行了交流。

10月

2日

“2012格萨尔故里——全国格萨尔学术论坛”在四川康定举行，会议共邀请到来自全国格办、内蒙古、青海、甘肃、四川的近80位格学专家、学者参加。

11日—19日

以中国藏学研究中心柳应华副总干事为团长的中国藏学家讲学团一行6人对英国进行了访问。讲学团就西藏生态保护问题、西藏农牧民目前生活状况问题，以及藏医药发展问题等与当地学者进行了讨论和交流。讲学团还参观了苏格兰博物馆和大英博物馆等地。

12 日—21 日

由台北市文化艺术促进协会主办、中国旅游出版社协办的“活佛父子镜头下的西藏今昔”摄影展在台北华山文创园区开幕。

展出的 70 余幅作品由西藏第一位摄影家十世德木活佛以及他的次子——西藏摄影家协会主席旺久多吉所创作。台湾知名影像工作者萧嘉庆还同专程来台的旺久多吉进行了对谈，这也是大陆“文化中国 · 名家讲坛”活动首次步入宝岛台湾。

15 日—23 日

以中国藏学研究中心副总干事郑堆研究员为团长的中国藏学家讲学团一行 6 人对美国进行了访问。讲学团就西藏宗教、文化、教育、当代政治等相关问题与多所学校进行了讲学、交流。

15 日—18 日

著名藏族学者、中国宗教学会理事夏坝格西在青海民族大学进行藏族文化方面的系列讲座，分别是《21 世纪的藏传佛教》《龙树：传记、作品与法系——基于藏汉文献互补性的综合研究》和《无著：传记、作品与法系——基于藏汉文献互补性的综合研究》，2000 余名师生聆听了讲座。

16 日

2012 年度国家社科基金第三批重大项目立项名单公布，《藏传佛教大辞典（藏汉双解）》（西北民族大学）、《敦煌吐蕃文献分类整理与研究》（兰州大学）、《基于大型词汇语音数据库的汉藏历史比较语言学研究》（中国社会科学院）等 3 项藏学类课题获资助。另有《百年中国因明研究》《密教文献文物资料整理与研究》《中国古代民族志文献整理与研究》《敦煌遗书数据库建设》《中英美印俄五国有关中印边界问题解密档案文献整理与研究（1950—1965 年）》等 5 项课题含有相关研究内容。

国家社科基金重大项目是目前国家社科基金项目资助体系中层次最高、资助力度最大、权威性最强的项目类别，主要包括应用对策类、基础理论类和跨学科类三大类。2012 年度国家社科基金第三批重大项目共立项 91 项。

19 日—25 日

由中国藏学研究中心北京藏医院党委书记王维强为团长的中国藏学家代表团一行 3 人出访阿根廷。在阿根廷首都布宜诺斯艾利斯市开展了藏医药文化展、专题讲座等学术交流活动。

22 日—24 日

由首都师范大学、故宫博物院、中国藏学研究中心、中国人民大学、奥地利维也纳大学、中国西藏文化保护与发展协会联合举办的“汉藏佛教美术研究：第五届西藏考古与艺术国际学术讨论会”在北京举行。

该国际会议每 3 年举行一次，已成为汉藏佛教学界和艺术史界的国际例会。会议旨在从考古学角度促进汉藏佛教美术的深入研究。参加此次会议的正式代表共计 83 位，主要来自国内外高等院校和相关文博机构，其中国外代表 28 人，国内代表（含港台地区）55 人。收到论文 79 篇。

29 日—11 月 1 日

由青海藏族研究会主办的“青海都兰吐蕃文化全国学术论坛”在青海西宁召开，会期 4 天。来自北京、西藏、四川、吉林、甘肃以及青海省内的 40 余位考古、文博、藏学界专家、学者参与研究交流。

11 月

4 日

“西藏唐卡研究报告课题结项会议”在中国藏学研究中心召开。中国藏学研究中心总干事拉巴平措与西藏自治区政协常委、自治区工商联副主席、西藏达氏集团董事局主席达瓦顿珠出席，来自北京大学、中国社科院和中国藏学研究中心的十多位著名专家、学者和课题组成员参加了会议，西藏达氏集团与中国藏学研究中心社会经济研究所签署《“西藏唐卡研究报告”课题结项协议书》并移交了课题成果。

5 日—11 日

“2012 波兰・中国西藏文化周”5 日在华沙开幕。本次文化周由中国国务院新闻办公室、西藏自治区人民政府、中国驻波兰大使馆、公民协会“波兰家园”联合主办，通过“雪域风采”图片展、“魅力西藏”歌舞表演、“倾听西藏”藏学家、藏医专家交流活动等形式与波兰有关专家学者、院校师生与藏学家、藏医专家进行了交流互动。

8 日

为庆祝西藏和平解放 60 周年，2009 年 8 月，西藏自治区测绘局启动了《西藏自治区地图集》编制项目。经过 3 年努力，《西藏自治区地图集》已于 2012 年 10 月完成全部编制印刷工作。

《西藏自治区地图集》充分借鉴了国内外大型地图集的成功经验，依据各方最新资料，并参考各专业部门提供的专题数据和统计资料，在实地调查的基础上，采用计算机技术、数据库技术、遥感技术和地理信息系统技术、数字地图制图技术编制而成。

《西藏自治区地图集》是西藏首部大型的综合性地图集，由序图组、自然资源图组、区域地理图组、影像图组以及乡（镇）索引等组成。重点以西藏地区和各县为独立制图区域，详细反映自然地理、地形地貌、生态环境、气候状况、自然资源、经济现状和社会发展等内容，力求全面地介绍西藏基本情况，是一部集地理信息、统计数据、文字说明和图片对照的权威性工具书。

16 日

青海省《格萨尔》学会第二次会员代表大会在青海西宁举行。青海省原人大副主任格桑多杰，青海省社会科学院院长、民俗专家赵宗福等有关领导以及来自四川、青海等地区的会员 60 多人参加了代表大会。

17 日—18 日

由中国社会科学院民族学与人类学研究所主办，中央民族大学、中国藏学研究中心协办的史诗研究国际峰会在北京召开。来自中国、美国、墨西哥、德国、日本等 20 多个国家和地区的学者和史诗专家共计 71 位正式代表参加了为期两天的会议。讨论范围涉及亚太、西欧、中东欧、中亚、非洲和拉丁美洲，以及中国多民族的数十种从古至今的史诗传统，老中青三代学人一同探究“史诗传统的多样性、创造性及可持续性”。

19 日—12 月 2 日

由中国藏学研究中心北京藏医院和藏医药研究所联合举办的第三届全国藏医药高级研修班在北京藏医院开班，共有来自西藏、青海、甘肃、云南等藏区的65 名学员以及北京地区35 名学员参加了本次培训，甘肃甘南州藏医院等单位的36 名学员通过网络视频接受了培训。培训班上，西藏藏医学院旺堆教授主讲了《藏医放血和火灸疗法》，同时中国中医科学院柳长华院长、谢雁鸣教授等专家也进行了授课。

23 日

本年度，西藏自治区科学技术厅高原生物研究所承担的自治区计划项目"'西藏生物多样性——自然之美'系列丛书的编著和出版（一）"顺利通过验收，编写出版了《西藏野花》一书。

27 日

历时9 年编纂完成的大型重点资料性丛书《中国西北宗教文献》，由甘肃省民族出版社正式出版。该丛书分为9 卷，该文献资料搜集时限为1900 年到2000 年，丛书从政治、经济、军事、文学、艺术、语言等全方位着手，搜集了百年来涉及西北宗教的已公开发表或出版在书籍、报刊上的通讯、见闻、论文、勘察报告等各类文献2400 多篇。

27 日—12 月 5 日

以西藏行政学院副院长普布次仁为团长的中国西藏文化交流团一行7 人对法国和斯洛文尼亚进行访问。交流团通过见面会、座谈会、主题演讲等多种形式，与两国政界、媒体、学界等人士进行深入交流，介绍了西藏的发展变化，并解答了有关西藏宗教的问题。访问期间，代表团团长、西藏行政学院副院长普布次仁在斯特拉斯堡大学法学院举行报告会，就中国西藏现代化发展作了专题演讲，受到与会师生的欢迎。

28 日

全国藏语术语标准化工作委员会换届及工作会议在中国藏学研究中心召开。全国藏语术语标准化工作委员会主任、中国藏学研究中心总干事拉巴平措以及来自西藏、青海、四川、甘肃、云南五省区和北京有关单位的委员和代表近50 人出席了会议。

12 月

1 日—2 日

2012 年藏传佛教教义阐释研讨会在中国藏学研究中心召开。

本次研讨会由中国藏学研究中心和中国藏语系高级佛学院联合举办，由中国藏学研究中心承办，中央统战部有关部门负责人出席会议，藏传佛教界高僧大德、在京的部分藏族专家学者、西藏和四省藏区有关部门负责同志共 60 余人参加会议。

2 日

尼泊尔中国书展在加德满都会展中心隆重开幕。中国藏文出版界人士和尼泊尔出版界朋友共同出席了中尼出版界的这一盛大活动。中国驻尼泊尔大使杨厚兰、尼泊尔教育部长夏尔玛出席并讲话。

此次书展是受中华人民共和国新闻出版总署委托，由西藏自治区新闻出版局、西藏人民出版社承办，西藏自治区新华书店、自治区对外文化交流协会、中国西藏书店协办，参展图书以反映西藏历史、文化等方面的代表性作品为主，共展出《西藏今昔》等 626 种中国优秀藏汉英文图书。此次书展从 2 日开始在加德满都进行为期 4 天的展销。

15 日—16 日

第二届西部民族走廊学术研讨会在京召开。来自川、藏、滇、青、甘五省近 60 名专家、学者参与了此次会议。

本届西部民族走廊学术研讨会由中央民族大学“985 工程”民族发展与民族关系问题研究中心、中央民族大学“985 工程”民族学国家重点学科建设项目、中央民族大学民族学与社会学学院联合主办，以“藏羌彝走廊”和“藏边社会研究”两个专题为分会场分别进行研讨。

15 日—16 日

西藏民族学院举办了主题为“深入田野，解读文献”的 2012 年度研究生学术论坛，共收到论文 58 篇，分为历史研究、田野调查和文献综述三大类，3 个年级的 92 名硕士研究生和部分本科生约 200 人参加了本次论坛。

17 日

历经20余年搜集整理，先后有近千名专家、学者参与，由青海省藏医药研究院组织编纂，民族出版社出版，我国迄今规模最大的藏医药文献编纂工程——《藏医药大典》正式出版发行。《藏医药大典》科技成果评价会在西宁召开，经我国藏学界、中医药界、藏医药界权威专家评审，项目成果达到国际领先水平。

《藏医药大典》全书60卷，附总目1卷，6000万字，分为藏医学史、古代医籍、四部医典、临床医著、药物识别、药物方剂、药材炮制、仪轨颂词等8大总义78章492节，收录了638部藏医药经典古籍和近现代代表性论著，涵盖了藏医药学从理论到实践几乎所有的内容，时间跨越从公元前7世纪至今2900多年的历史，是对藏医药学理论实践和历史成就的一次全面系统的集成，充分展示了藏医药文化的源远流长、体系完整、博大精深。

《藏医药大典》本着“尊重原著、甄正勘误”的原则，对底本中出现的残缺错漏等问题，在保留古籍文献的原貌和风格的同时，参考大量权威文献和专家论证进行改正、补充和说明。

18 日

中国藏学研究中心藏医药研究所与北京市卫生局临床药学研究所在中国藏学研究中心召开了藏药研发项目合作签署仪式，双方将对措如·次朗大师的2个经典藏药方进行合作研发，预计用3年左右的时间完成临床前研究，此次合作在北京民族药研发方面尚属首例。

21 日

中国藏学研究中心中国藏学出版社召开《现代中国藏学文库》出版10周年座谈会。中国藏学研究中心总干事拉巴平措，原党组书记朱晓明，副总干事洛桑灵智多杰、柳应华、郑堆、周华等40余名专家、学者出席。

座谈会由郑堆副总干事主持，文库主编拉巴平措总干事讲话，中国藏学出版社总编辑毕华向与会学者介绍了《现代中国藏学文库》的出版情况。

23 日

由全国《格萨（斯）尔》工作领导小组办公室、青海省《格萨尔》工作领导小组办公室、青海省文学艺术界联合会、青海省果洛藏族自治州人民政府、国家社科基金重大委托项目“《格萨尔》抢救、保护与研究”课题组联合主办的“圆光中的《格萨尔》史诗艺术展暨学术研讨会”在北京开幕。来自中国社会科学院、青海省、四川省的有关领导和来自北京、四川、青海、内蒙古的《格萨尔》研究专家出席了开幕式。

社会科学基金

2012 年度国家社科基金项目

国家社会科学基金（简称国家社科基金）设立于 1991 年，由全国哲学社会科学规划办公室负责管理。

2012 年度国家社科基金项目按照资格审查、通讯初评、会议评审、全国哲学社会科学规划领导小组审批等规定程序，顺利完成评审立项工作，5 月 21 日由全国哲学社会科学规划办公室将评审结果予以公布。本年度全国共受理申报课题 25243 项，共 3291 项课题获准立项资助，其中重点项目 160 项，一般项目 1806 项，青年项目 1325 项。本年度与藏学相关的课题立项 73 项，其中重点项目 2 项，一般项目 42 项，青年项目 29 项。

以下为 2012 年度国家社科基金立项名单（藏学相关）：

2012 年度国家社会科学基金资助项目名单（藏学相关）

序号	项目名称	负责人	工作单位	所在省市	项目类别	预期成果	计划完成时间	学科分类	批准号
264	藏传佛教哲学发展史	刘俊哲	西南民族大学	四川	一般项目	专著	2015-6-30	哲学	12BZX036
439	促进西藏非公有制经济健康发展研究	狄方耀	西藏民族学院	西藏	一般项目	专著	2014-12-31	理论经济	12BJL083
581	藏区少数民族企业家行为研究	马德君	青海民族大学	青海	青年项目	专题论文集、专著	2014-12-30	理论经济	12CJL074
816	西藏乡村治理与农牧区反贫困研究	李继刚	西藏民族学院	西藏	青年项目	专著、专题论文集	2014-6-30	应用经济	12CJY056
947	跨越式发展与甘青藏区社会稳定机制建设研究	刘务勇	甘肃省委党校	甘肃	一般项目	专著	2015-12-31	政治学	12BZZ034
1103	藏民族民事习惯研究	陈隆建	西藏自治区党校	西藏	一般项目	研究报告	2014-10-20	法学	12BFX018

续表 1

序号	项目名称	负责人	工作单位	所在省市	项目类别	预期成果	计划完成时间	学科分类	批准号
1114	安多藏传佛寺法文化调查研究	甘措	青海民族大学	青海	一般项目	专著	2015-3-26	法学	12BFX024
1115	环境污染犯罪治理研究	冯军	河北大学	河北	一般项目	专著	2014-8-31	法学	12BFX051
1174	西北少数民族非物质文化遗产传承的法律保障机制研究	魏清沂	甘肃政法学院	甘肃	一般项目	专著、研究报告	2015-12-30	法学	12BFX108
1214	法治文化与西藏长治久安战略研究	何剑峰	西藏民族学院	西藏	青年项目	专著	2014-11-30	法学	12CFX003
1264	西藏藏族婚姻法律文化研究	李春斌	西藏民族学院	西藏	青年项目	专著	2014-6-30	法学	12CFX058
1358	甘青藏区少数民族国家认同意识建构与社会稳定研究	杨军炜	甘肃农业大学	甘肃	一般项目	研究报告	2015-12-20	社会学	12BSH034
1360	藏传佛教和伊斯兰教文化圈女性价值观比较研究	拉毛措	青海省社科院	青海	一般项目	研究报告	2014-12-30	社会学	12BSH037
1361	非物质文化遗产文化生态及其保护模式研究	丁永祥	河南师范大学	河南	一般项目	专著、专题论文集	2014-12-30	社会学	12BSH038
1381	安多藏区宗教信仰与社会秩序的民族志研究	张亦农	上海大学	上海	一般项目	专题论文集、研究报告	2015-6-30	社会学	12BSH059
1412	西北民族地区创新社会管理的理论与机制研究	饶旭鹏	兰州理工大学	甘肃	青年项目	研究报告	2014-12-31	社会学	12CSH008
1469	社会学视角西藏传统茶文化研究	赵国栋	西藏民族学院	西藏	青年项目	研究报告	2014-11-30	社会学	12CSH059
1563	青海藏族聚居区公共文化产品和服务供给研究	关桂霞	青海省委党校	青海	重点项目	研究报告、专著	2015-12-30	民族问题研究	12AMZ003
1581	中国西南民族关系史研究	刘复生	四川大学	四川	一般项目	专著	2015-6-30	民族问题研究	12BMZ006
1601	青海少数民族传统节日文化传承与创新研究	贺喜焱	青海师范大学	青海	一般项目	专著	2015-12-30	民族问题研究	12BMZ035
1604	三江源自然保护区生态移民社会适应与社区文化重建研究	祁进玉	中央民族大学	高校	一般项目	专题论文集、研究报告	2014-12-30	民族问题研究	12BMZ041
1606	青海"民族走廊"文化图谱与族群互动话语平台研究	王志强	青海民族大学	青海	一般项目	专著	2016-12-31	民族问题研究	12BMZ043
1627	甘青川藏区家藏苯教古藏文写本的抢救、编目与出版	洲塔	兰州大学	甘肃	一般项目	研究报告、工具书	2014-12-30	民族问题研究	12BMZ013
1629	藏传佛教青年僧人现状调查研究	林开强	四川省社科院	四川	一般项目	研究报告	2015-9-30	民族问题研究	12BMZ010
1630	藏族传统数学中的汉藏文化交流研究	夏吾才让	西北民族大学	甘肃	一般项目	专著	2014-11-30	民族问题研究	12BMZ011
1631	川青滇藏交界区民族文化多样性的动力学研究	何国强	中山大学	广东	一般项目	专著	2015-12-31	民族问题研究	12BMZ012

续表2

序号	项目名称	负责人	工作单位	所在省市	项目类别	预期成果	计划完成时间	学科分类	批准号
1632	青海藏区民族村落传统文化与和谐社会构建研究	唐仲山	青海民族大学	青海	一般项目	专著	2015-12-30	民族问题研究	12BMZ014
1633	文化认同视域下的西夏藏传佛教研究	崔红芬	河北师范大学	河北	一般项目	专著	2015-6-30	民族问题研究	12BMZ015
1634	西藏藏族人口城镇化及其就业取向和特点研究	史云峰	西藏自治区党校	西藏	一般项目	专著、研究报告	2013-12-30	民族问题研究	12BMZ016
1635	西藏民族宗教关系与社会发展稳定研究	齐扎拉	西藏拉萨市委	西藏	一般项目	研究报告	2013-12-28	民族问题研究	12BMZ017
1655	土地占有制变迁中藏族农牧区草山群体性冲突研究	康涛	西南民族大学	四川	一般项目	专著	2015-12-31	民族问题研究	12BMZ087
1662	西羌语料集释与研究	刘铁程	兰州大学	甘肃	青年项目	研究报告	2014-12-31	民族问题研究	12CMZ008
1665	近代甘宁青地区的民族关系研究(1840—1949)	朱卫	湖南文理学院	湖南	青年项目	专著	2015-6-30	民族问题研究	12CMZ007
1668	参与式援藏与西藏农牧民自我发展能力提升研究	李中锋	四川大学	四川	青年项目	研究报告	2014-6-30	民族问题研究	12CMZ012
1669	传统藏族天文历算和现代天文学之间的关系比较研究	索郎桑姆	西藏大学	西藏	青年项目	研究报告	2015-6-30	民族问题研究	12CMZ013
1670	我国敏感时期维护藏区社会稳定的政策完善与创新研究	冼志勇	四川大学	四川	青年项目	研究报告	2014-6-30	民族问题研究	12CMZ014
1671	西藏世居穆斯林族群认同研究	杨晓纯	中国藏学研究中心	机关	青年项目	专著	2014-11-1	民族问题研究	12CMZ016
1672	西藏古格王国早期政教关系研究	黄博	四川大学	四川	青年项目	专著、研究报告	2015-6-30	民族问题研究	12CMZ015
1673	藏汉蒙边缘地区宗教信仰与社会秩序研究	张海云	青海民族大学	青海	青年项目	研究报告	2014-12-31	民族问题研究	12CMZ017
1684	当代青藏地区都市穆斯林社区变迁研究	安定明	青海大学	青海	青年项目	专著	2014-12-30	民族问题研究	12CMZ028
1685	珞巴族社会变迁研究	旺宗	西藏大学	西藏	青年项目	研究报告	2015-6-1	民族问题研究	12CMZ029
1686	青海热贡十二部落历史文化变迁研究	索南旺杰	青海省委党校	青海	青年项目	专著、研究报告	2015-12-30	民族问题研究	12CMZ030
1687	人类学视野下的西藏牧区乡土文化及其现代意义研究	白玛措	西藏社科院	西藏	青年项目	研究报告	2015-6-1	民族问题研究	12CMZ031
1889	近代西方报纸涉藏报道研究	郭永虎	吉林大学	吉林	一般项目	专著	2015-9-1	中国历史	12BZS088
1958	从赞普到土司：喃厮啰家族发展嬗变研究	齐德舜	河南大学	河南	青年项目	专著	2015-4-30	中国历史	12CZS060
1961	国民政府时期西藏驻京机构研究	张子新	中央民族大学	高校	青年项目	专著	2015-6-12	中国历史	12CZS063
1963	美国早期藏学先行者柔克义藏蒙考察研究	妥超群	兰州大学	甘肃	青年项目	研究报告	2015-6-24	中国历史	12CZS066

续表 3

序号	项目名称	负责人	工作单位	所在省市	项目类别	预期成果	计划完成时间	学科分类	批准号
1970	中亚袄教及其入华史研究	张小贵	暨南大学	广东	青年项目	专著	2015-6-30	中国历史	12CZS072
1989	近现代印度对华关系史料考释、汇编与数字化处理与研究	吕昭义	云南大学	云南	一般项目	专著、电脑软件	2014-12-30	世界历史	12BSS011
2062	唐代吐蕃墓的考古发现与研究	夏吾卡先	西藏大学	西藏	青年项目	研究报告	2015-6-1	考古学	12CKG009
2071	全球化背景下藏传佛教思想变迁的新趋势与省思	桑杰端智	西藏大学	西藏	一般项目	专著	2015-12-30	宗教学	12BZJ016
2072	边疆民族地区多元宗教关系和谐研究	马经	云南民族大学	云南	一般项目	专著、研究报告	2014-8-31	宗教学	12BZJ035
2073	中国西南边疆跨境民族宗教交流与民族关系互动研究	程利	曲靖师范学院	云南	一般项目	研究报告	2015-12-31	宗教学	12BZJ037
2084	蒙藏诵经音乐比较研究	巴孟和	内蒙古师范大学	内蒙	一般项目	专著、专题论文集	2015-6-30	宗教学	12BZJ011
2087	藏传佛教多教派共存格局在藏区的形成及现状研究	公保才让	青海师范大学	青海	一般项目	研究报告	2014-12-20	宗教学	12BZJ014
2088	敦煌文献中的苯教写卷考释及研究	阿旺嘉措	甘肃民族师范学院	甘肃	一般项目	专著	2015-10-30	宗教学	12BZJ015
2089	早期汉藏佛教交流资料整理、翻译及研究	周拉	中央民族大学	高校	一般项目	专著	2015-9-25	宗教学	12BZJ017
2123	东北藏传佛教历史源流和发展现状研究	王佳	黑龙江省民族研究所	黑龙江	青年项目	专著	2014-6-30	宗教学	12CZJ006
2243	双语背景下当代藏族作家创作研究	杨柳	青海师范大学	青海	一般项目	专著	2015-12-30	中国文学	12BZW098
2282	母语文化思维与当代藏族作家汉语创作研究	卓玛（小）	青海民族大学	青海	一般项目	专著	2014-12-31	中国文学	12BZW137
2283	西藏当代文学编年史（1980—2010）	东主才让	西藏大学	西藏	一般项目	专著	2014-8-15	中国文学	12BZW138
2371	西藏当代文学史（1951—2011）	蓝国华	西藏社科院	西藏	青年项目	专著	2014-10-20	中国文学	12CZW078
2397	当代藏族作家接受欧美文学影响研究	唐红梅	中南民族大学	湖北	一般项目	专著	2015-12-30	外国文学	12BWW008
2486	青海玉树地区藏语方言语音研究	王双成	上海师范大学	上海	重点项目	专著	2016-12-31	语言学	12AYY005
2488	汉藏语系语言存在范畴研究	余成林	黔南民族师范学院	贵州	一般项目	专著	2014-12-31	语言学	12BYY002
2524	青海省少数民族宗教场所语言文字生态调查研究	李春玲	青海师范大学	青海	一般项目	专著、研究报告	2015-12-30	语言学	12BYY038
2550	明清以来河西方音研究	徐朝东	南京师范大学	江苏	一般项目	专著	2016-12-31	语言学	12BYY064
2602	藏族翻译史研究	山夫旦	西北民族大学	甘肃	一般项目	专著、专题论文集	2014-12-31	语言学	12BYY116
2695	面向自然语言处理的藏语虚词研究	索南才让	青海师范大学	青海	青年项目	专著	2015-12-15	语言学	12CYY066

续表 4

序号	项目名称	负责人	工作单位	所在省市	项目类别	预期成果	计划完成时间	学科分类	批准号
2788	四川藏区大众传媒汉藏双语传播机制及其舆论引导研究	李谢莉	西南民族大学	四川	青年项目	研究报告	2015-12-31	新闻学	12CXW028
2789	西藏地区文化传媒体系的构建与西藏对外传播研究	刘小三	西藏民族学院	西藏	青年项目	研究报告	2013-12-31	新闻学	12CXW030
2889	基于《苯教大藏经·丹珠尔》的词汇计量研究	更尕易西	西藏大学	西藏	青年项目	研究报告	2015-8-31	图书情报	12CTQ020
2967	青海藏区民族传统体育文化传承与和谐社会建设研究	张永林	青海大学	青海	一般项目	专题论文集、研究报告	2015-12-30	体育学	12BTY044
3128	西藏民族区域自治地方政府绩效管理创新研究	卫立浩	西藏民族学院	西藏	一般项目	专著	2014-12-31	管理学	12BGL095

2012 年度国家社科基金西部项目

2004 年，经全国哲学社会科学规划领导小组批准，国家社科基金设立专项资助西部地区社科研究项目（以下简称“西部项目”）。西部项目旨在资助西部地区社科研究工作者重点围绕西部地区改革开放和现代化建设中的重大理论和现实问题，围绕加强民族团结、贯彻党的宗教政策、维护国家统一问题，围绕民族优秀文化遗产抢救和区域优势学科建设等问题开展相关研究，更好地服务西部地区经济社会发展。西部项目每年同国家社科基金年度项目一同申报和评审，资助强度与国家社科基金一般项目大体相当。2012 年西部项目立项 542 项，其中藏学类立项 60 项。具体情况见下表：

2012 年度国家社科基金西部项目立项名单

序号	课题名称	负责人	工作单位	所在省市	预期成果	计划完成时间
1	青海省高校藏族大学生就业取向和价值观研究	张凯	青海大学学生就业研究中心	青海	研究报告	2014-12-30
2	建国初期西南民族地区基层政府的政权建设研究	黄亦君	中共贵州省委党校	贵州	专著	2014-12-31
3	促进西藏经济发展方式转变的路径研究	图登克珠	西藏大学经济与管理学院	西藏	研究报告	2014-12-30
4	现阶段西藏文化消费市场调查与研究	德吉央宗	西藏大学经济与管理学院	西藏	研究报告	2014-12-31
5	青藏高原区生态补偿成本计量及分摊研究	王娟娟	兰州商学院经济学院	甘肃	研究报告	2014-6-30
6	西藏重大突发事件的舆情监控机制研究	钟振明	中共西藏自治区委党校	西藏	研究报告	2013-10-20
7	清朝对青海藏区社会的治理研究	杨卫	青海民族大学	青海	专著	2015-6-30

续表 1

序号	课题名称	负责人	工作单位	所在省市	预期成果	计划完成时间
8	我国西北少数民族地区法律文化建设研究	王肃元	兰州商学院法学院	甘肃	专著 研究报告	2014-6-30
9	法治视域下藏传佛教寺院社会管理创新研究	郑妮	四川省社会科学院	四川	研究报告	2014-12-31
10	西北民族地区限制开发区民生需求的调查与研究	李有发	甘肃省社会科学院	甘肃	研究报告	2015-6-30
11	维护藏区社会稳定的政策保障问题研究	韩官却加	中共青海省委党校	青海	研究报告	2015-6-30
12	文化建设与推动西藏发展和维护西藏稳定研究	李宏	中共西藏自治区委党校	西藏	研究报告	2013-8-31
13	青藏两省区民族文化产业科技创新研究	赵治中	青海大学财经学院	青海	研究报告	2014-6-30
14	新时期藏传佛教与信众关系研究	桑才让	中共青海省委党校	青海	研究报告	2014-12-30
15	西藏传统历史古迹文化资源及价值研究	次旺	西藏大学文学院	西藏	专著	2015-7-31
16	西藏人口较少民族非物质文化遗产保护研究	马小燕	西藏民族学院文学院	西藏	专题论文集 研究报告	2014-6-1
17	青海藏区新型农村社会养老保险制度研究	万玉勤	青海大学财经学院	青海	研究报告	2014-12-30
18	新时期西藏农村特殊扶贫政策研究	刘天平	西藏大学农牧学院	西藏	研究报告	2015-8-31
19	三江源生态移民价值取向的调查与研究	韩小雁	青海大学社会科学系	青海	研究报告	2014-12-30
20	藏区文化产业与藏族特色文化保护研究	罗布江村	西南民族大学	四川	专著 研究报告	2014-12-31
21	环塔里木非物质文化遗产旅游开发与惠及民生研究	宋梅	塔里木大学西域文化研究所	兵团	研究报告 专题论文集	2014-12-31
22	三江源生态移民的生活重建和反贫困研究	韦仁忠	中共青海省委党校	青海	专著 研究报告	2014-12-31
23	青藏高原旅游业发展模式研究	卓玛措	甘肃民族师范学院	甘肃	专著	2014-7-30
24	三江源生态移民劳动就业困境与社会稳定研究	和东红	青海大学社会科学系	青海	研究报告	2014-10-30
25	爱国藏学家更敦群培学术思想研究	吴钰	青海民族大学	青海	专著	2014-12-30
26	西藏区域经济的空间分异与空间结构优化研究	鄢杰	西南财经大学	四川	研究报告	2013-12-18
27	藏传佛教宁玛派密咒师历史与现状研究	益西卓玛	青海省社会科学院	青海	专著	2015-10-30
28	河湟民族走廊经济关系史研究	袁亚丽	青海师范大学	青海	研究报告	2015-12-31
29	“藏彝走廊”民族医药文化的保护与传承模式研究	张丹	成都中医药大学	四川	研究报告 专题论文集	2015-6-30
30	古格王朝史研究	更关加	青海师范大学	青海	专著	2014-12-30

续表 2

序号	课题名称	负责人	工作单位	所在省市	预期成果	计划完成时间
31	西部少数民族地区农村学前儿童教育现状调查与对策研究	赵跟喜	兰州城市学院	甘肃	专题论文集 研究报告	2013-12-30
32	发达地区对口援藏与云南藏区提升自我发展能力研究	张体伟	云南省社会科学院	云南	研究报告	2013-12-31
33	汉唐间多民族医药文化在敦煌医学文献中的融合性研究	史正刚	甘肃中医学院	甘肃	专著 研究报告	2015-12-20
34	边境少数民族地区非政府组织的空间分布及其管理机制研究	吴惠敏	云南师范大学历史与行政学院	云南	研究报告	2014-12-30
35	西南少数民族地区草木染传统技艺的抢救整理与研究	刘一萍	西南大学	重庆	专题论文集 电脑软件	2015-6-30
36	嘉绒藏区藏文历史文献资料的收集、整理和编译	丹增金巴	兰州大学哲学社会学院	甘肃	译著	2013-12-31
37	西藏城镇化发展制约条件下失地农牧民就业安置特点研究	杨公卫(尼玛扎西)	西南民族大学	四川	专著 研究报告	2015-12-31
38	康巴藏族史(志)研究	林俊华	四川民族学院	四川	专著	2014-6-30
39	蒙古族史诗《江格尔》与藏族史诗《格萨尔》比较研究	齐玉花	西北民族大学	甘肃	专著	2014-6-10
40	三江源生态效益补偿会计核算体系构建与评价研究	秦嘉龙	青海大学财经学院	青海	研究报告	2014-12-30
41	近年来日本在涉藏问题上的立场及其影响研究	孙伶伶	西藏自治区社会科学院	西藏	专著	2013-12-30
42	清廷筹治西藏思路及措施的演变研究(1887—1911)	康欣平	西藏民族学院民族研究所	西藏	专著	2014-12-15
43	康雍乾时期西北边疆地区民族政策研究	牛海桢	甘肃联合大学	甘肃	专著 研究报告	2014-9-30
44	西藏境内晚更新世人类遗存调查与生存状态研究	杨曦	西藏自治区文物保护研究所	西藏	专著	2015-12-31
45	吐蕃碑刻铭文考古调查与研究	夏格旺堆	西藏自治区文物保护研究所	西藏	研究报告	2013-12-30
46	青藏地区多元宗教和谐相处关系研究	刘景华	青海省社会科学院	青海	研究报告	2015-12-15
47	藏文史籍《弟吴宗教源流》翻译与研究	阿贵	西藏大学图书馆	西藏	译著 研究报告	2015-6-1
48	萨迦班智达《三律仪差别论》译介研究	贾学锋	宁夏大学政法学院	宁夏	专著	2015-8-4
49	藏传佛教造型艺术的民俗文化学考察	霍福	青海省社会科学院	青海	专著	2015-12-30
50	河湟民族走廊各民族口传文学中的信仰文化研究	蒲生华	青海师范大学	青海	专著 研究报告	2014-7-30
51	敦煌佛教社会史研究	马德	敦煌研究院	甘肃	专著	2014-12-31
52	大学生宗教现状、特殊性及引导对策研究	王永智	西北大学哲学与社会学学院	陕西	专著 研究报告	2014-12-30
53	藏传佛教宁玛派供修仪轨中的格萨尔信仰文献收集整理与研究	兰却加	西北民族大学	甘肃	专著	2013-10-1

续表3

序号	课题名称	负责人	工作单位	所在省市	预期成果	计划完成时间
54	格萨尔史诗中的生态文化与三江源生态环境保护研究	南拉加	青海师范大学	青海	专著	2015-8-15
55	藏族历代《格萨尔》考述文献收集、整理与研究	旦正	青海民族大学	青海	专著	2015-9-1
56	史诗《格萨尔》“口述”中的体育文化普查与研究	巷欠才让	青海民族大学	青海	专著	2014-12-1
57	中国少数民族杰出文学家族研究	母进炎	毕节学院人文学院	贵州	专著	2014-10-31
58	藏族《格萨尔》女性文学研究	伦珠旺姆	西北民族大学	甘肃	研究报告	2014-12-20
59	汉藏英民族事务简明词典	曾路	西南民族大学	四川	工具书	2015-12-30
60	藏文大藏经《甘珠尔》目录编制研究	西道草	甘肃民族师范学院	甘肃	工具书	2014-12-30

论著索引

藏学图书要目

汉文部分

一、哲学宗教

1. 文本中的历史：藏传佛教在西域和中原的传播／沈卫荣主编．—北京：中国藏学出版社．

   ISBN：978－7－80253－547－3：CNY120.00

2. 密宗：藏传佛教神秘文化／尕藏加著．—2版．—北京：中国藏学出版社．

   ISBN：978－7－80253－448－3：CNY36.00

3. 琉璃明镜：藏文大藏经之源流特点版本暨对勘出版／布楚，尖仁色著．—北京：中国藏学出版社．

   ISBN：978－7－80253－512－1：CNY28.00

4. 成佛之路：显明佛陀密意／萨迦班智达·贡嘎坚赞著；张炜明译注．—拉萨：西藏人民出版社．

   ISBN：978－7－223－02894－3：CNY38.00

5. 西藏佛教密宗／（英）约翰·布洛菲尔德著；耿昇译．—2版．—北京：中国藏学出版社．

   ISBN：978－7－80253－450－6：CNY28.00

6. 中国共产党西藏宗教工作研究／潘建生著．—拉萨：西藏人民出版社．

ISBN: 978 -7 -223 -03559 -0: CNY20.00

7. 大慈法王释迦也失 / 拉巴平措著. —北京: 中国藏学出版社.
ISBN: 978 -7 -80253 -540 -4: CNY46.00
8. 道果法前行三现分 / 俄钦·贡觉伦珠原著; 泽仁扎西译; 萨迦文化研究所编. —拉萨: 西藏人民出版社.
ISBN: 978 -7 -223 -02996 -4: CNY35.00
9. 宁玛派四部宗义释 / 敦珠法王等著; 谈锡永等译著. —北京: 中国藏学出版社.
ISBN: 978 -7 -80253 -539 -8: CNY42.00
10. 菩提道次第广论讲记 / 宗喀巴大师造论; 法尊法师译; 智敏上师讲述. —上海: 上海古籍出版社.
ISBN: 978 -7 -5325 -6520 -7: CNY268.0
11. 菩提道次第广论集注. 卷一—十三 / 宗喀巴大师造论; 法尊法师译; 智敏上师集注. —修订版. —上海: 上海古籍出版社.
ISBN: 978 -7 -5325 -6519 -1: CNY68.00
12. 菩提道次第广论 / 宗喀巴著; 法尊译. —西宁: 青海人民出版社.
ISBN: 978 -7 -225 -04198 -8: CNY34.00
13. 藏汉佛教哲学思想比较研究 / 乔根锁, 魏冬, 徐东明著. —上海: 上海古籍出版社.
ISBN: 978 -7 -5325 -6238 -1: CNY88.00
14. 没有主人的法座: 甘丹赤巴述评 / 王维强著. —北京: 中国藏学出版社.
ISBN: 978 -7 -80253 -488 -9: CNY36.00
15. 藏传佛教宁玛派——度亡经: 全译本 / 莲花生著; 祁正贤译. —西宁: 青海民族出版社.
ISBN: 978 -7 -5420 -1896 -0: CNY30.00
16. 西藏宗教之旅 = Les religions du tibet / (意)图齐著; 耿昇译. —2 版. —北京: 中国藏学出版社.
ISBN: 978 -7 -80253 -445 -2: CNY32.00
17. 敦煌藏文写卷《根本萨婆多部律摄》研究 / 杨本加著. —北京: 民族出版社.
ISBN: 978 -7 -105 -12017 -8: CNY28.00
18. 藏传佛教教义阐释(试讲本) / 中国藏学研究中心编. —北京: 中国藏学出版社.

ISBN: 978 - 7 - 80253 - 524 - 4: CNY16.00

19. 藏传佛教教义阐释研究文集 / 郑堆主编. —北京:中国藏学出版社.

ISBN: 978 - 7 - 80253 - 555 - 8: CNY32.00

20. 西藏宗教与政治、经济、文化的关系 / 次旺俊美主编. —2 版. —拉萨:西藏人民出版社, 2008. 重印.

ISBN: 978 - 7 - 223 - 02505 - 8: CNY25.00

21. 慧灯之光. 柒 / 慈诚罗珠堪布著. —拉萨:西藏人民出版社.

ISBN: 978 - 7 - 223 - 03568 - 2: CNY35.00

22. 慧灯之光. 捌 / 慈诚罗珠堪布著. —拉萨:西藏人民出版社.

ISBN: 978 - 7 - 223 - 03567 - 5: CNY31.0

23. 密教的思想与密法 / 吕建福主编. —北京:中国社会科学出版社.

ISBN: 978 - 7 - 5161 - 1722 - 4: CNY66.00

24. 西天佛子源流录:文献与初步研究 / 张润平,苏航,罗炤编著. —北京:中国社会科学出版社.

ISBN: 978 - 7 - 5161 - 1146 - 8: CNY66.00

25. 藏传佛教事务法规规章制度汇编:汉藏文 / 国家宗教事务局编. —北京:宗教文化出版社.

ISBN: 978 - 7 - 80254 - 575 - 5: CNY20.00

26. 宗教研究. 2011 / 方立天主编. —北京:宗教文化出版社.

ISBN: 978 - 7 - 80254 - 569 - 4: CNY48.00

27. 宗教与哲学:第一辑 / 金泽,赵广明主编. —北京:社会科学文献出版社.

ISBN: 978 - 7 - 5097 - 3206 - 9: CNY79.00

28. 人文宗教研究. 第二辑·2011 年卷 Vol. Ⅱ / 李四龙主编. —北京:宗教文化出版社.

ISBN: 978 - 7 - 80254 - 609 - 7: CNY58.00

29. 入菩萨行论释 / (古印度)寂天菩萨造;江洋嘉措释;华锐·罗桑嘉措译. —北京:宗教文化出版社.

ISBN: 978 - 7 - 80254 - 565 - 6: CNY58.00

30. 藏传佛教神明图谱:护法神 / 久美却吉多杰编著;曲甘·完玛多杰译. —西宁:青海人民出版社.

ISBN: 978 - 7 - 225 - 04022 - 6: CNY38.00

31. 藏传佛教神明图谱:福神 / 久美却吉多杰编著;曲甘·完玛多杰译. —西宁:

青海人民出版社.
ISBN: 978 - 7 - 225 - 04021 - 9: CNY36.00
32. 藏传佛教神明图谱:金刚神 / 久美却吉多杰编著;曲甘·完玛多杰译.—西宁:青海人民出版社.
ISBN: 978 - 7 - 225 - 04020 - 2: CNY32.00
33. 藏传佛教神明图谱:佛菩萨 / 久美却吉多杰编著;曲甘·完玛多杰译.—西宁:青海人民出版社.
ISBN: 978 - 7 - 225 - 04019 - 6: CNY34.00
34. 中国宗教报告. 2012 / 金泽,邱永辉主编.—北京:社会科学文献出版社.
ISBN: 978 - 7 - 5097 - 3797 - 2: CNY59.00
35. 汉风藏韵·明清宫廷金铜佛像论集 / 屈全绳主编.—北京:中华书局
ISBN: 978 - 7 - 101 - 06944 - 0: CNY260.00
36. 《韦协》译注 / 韦·囊赛著;巴擦·巴桑旺堆译.—拉萨:西藏人民出版社.
ISBN: 978 - 7 - 223 - 03225 - 4: CNY32.00
37. 历代王朝与民族宗教 / 北京市政协民族和宗教委员会,北京联合大学民族与宗教研究所编著.—北京:民族出版社.
ISBN: 978 - 7 - 105 - 12462 - 6: CNY68.00
38. 历代大藏经序跋略疏 / 苏志雄编撰.—北京:宗教文化出版社.
ISBN: 978 - 7 - 80254 - 440 - 6: CNY180
39. 藏族雍仲本教史妙语宝库 / 夏杂·扎西坚参著;刘勇译注.—北京:民族出版社.
ISBN: 978 - 7 - 105 - 12544 - 9: CNY40.00
40. 西藏本教研究:岷江上游本教的历史与现状 / 同美著.—北京:民族出版社, 2013
ISBN: 978 - 7 - 105 - 12639 - 2: CNY42.00
41. 苯教史纲要 / 才让太,顿珠拉杰著—北京:中国藏学出版社.
ISBN: 978 - 7 - 80253 - 559 - 6: CNY32
42. 释迦牟尼佛广传·白莲花论 / 全知麦彭仁波切著;索达吉堪布(Khenpo So Dargye)译.—拉萨:西藏藏文古籍出版社.
ISBN: 978 - 7 - 80589 - 233 - 7: CNY48.00
42. 藏传净土论 / 喇拉曲智仁波切(Lhala Chodri Rinpoche)著;索达吉堪布(Khenpo So Dargye)译.—拉萨:西藏藏文古籍出版社.

ISBN: 978 -7 -80589 -224 -5: CNY26.00

43. 佛教护国思想与实践 / 魏道儒主编. —北京:社会科学文献出版社.
ISBN: 978 -7 -5097 -3274 -8: CNY69.00

45. 百业经 / 索达吉堪布(Khenpo So Dargye)译. —拉萨:西藏藏文古籍出版社.
ISBN: 978 -7 -80589 -222 -1: CNY38.00

46. 萨满文化研究 / 张碧波,庄鸿雁著. ——兰州:甘肃民族出版社.
ISBN: 978 -7 -5421 -1854 -7: CNY38.00

47. 云南宗教场所·佛教道教 / 云南省宗教事务局编. —昆明:云南民族出版社.
ISBN: 978 -7 -5367 -5512 -3: CNY580.00

48. 阿旺·班玛诺布活佛传 / 甘雨泽,才项多杰著. ——兰州:甘肃民族出版社.
ISBN: 978 -7 -5421 -2033 -5: CNY35.00

49. 当代中国民族宗教问题研究. 第6集 / 陈元龙主编;中国统一战线理论研究会民族宗教理论甘肃研究基地编. —北京:民族出版社.
ISBN: 978 -7 -105 -12092 -5: CNY40.00

50. 梵净山佛教文化研究 / 黄尚文著. —成都:巴蜀书社.
ISBN: 978 -7 -5531 -0039 -5: CNY26.00

51. 北京佛寺遗迹考 / 彭兴林著;北京佛教文化研究所编. —北京:宗教文化出版社.
ISBN: 978 -7 -80254 -594 -6: CNY438.00(全3册)

52. 北京佛教石刻 / 佟洵主编;孙勐编著. —北京:宗教文化出版社.
ISBN: 978 -7 -80254 -550 -2: CNY35.00

二、梵文研究

1. 梵汉对勘神通游戏 / 黄宝生译注. —北京:中国社会科学出版社.
ISBN: 978 -7 -5161 -1771 -2: CNY128.00

2. 梵文佛典研究. 一 / 韩廷杰著. —北京:宗教文化出版社.
ISBN: 978 -7 -80254 -525 -0: CNY35.00

三、政治军事法律

1. “十一五”时期中国民族自治地方发展评估报告 / 国家民族事务委员会研究室编著 .—北京:民族出版社 .
ISBN: 978 - 7 - 105 - 12563 - 0: CNY58. 00
2. 历代王朝与民族宗教 / 北京市政协民族和宗教委员会,北京联合大学民族与宗教研究所编著 .—北京:民族出版社 .
ISBN: 978 - 7 - 105 - 12462 - 6: CNY68. 00
3. 中国民族法治发展报告 . 2011 / 吴大华,王平主编;中国民族法学研究会编 .—北京:中央民族大学出版社 .
ISBN: 978 - 7 - 5660 - 0343 - 0: CNY66. 00
4. 中国古代政教关系史 / 张践著 .—北京:中国社会科学出版社 .
ISBN: 978 - 7 - 5161 - 0779 - 9: CNY158. 00(全 2 册)
5. 宗教与民族 . 第七辑 / 刘成有主编 .—北京:宗教文化出版社 .
ISBN: 978 - 7 - 80254 - 614 - 1: CNY92. 00
6. 中国特色西藏特点发展路子研究 / 牛治富等著 .—拉萨:西藏人民出版社 .
ISBN: 978 - 7 - 223 - 03593 - 4: CNY40. 00
7. 民族研究文集 . 2012 / 何俊芳主编 .—北京:中央民族大学出版社 .
ISBN: 978 - 7 - 5660 - 0347 - 8: CNY48. 00
8. 中国特色社会主义民族理论概论 / 赵新国著 .—昆明:云南民族出版社 .
ISBN: 978 - 7 - 5367 - 5447 - 8: CNY50. 00
9. 中国共产党迪庆藏族自治州历史 . 第一卷:1941 - 1950. 5 / 中共迪庆州委党史研究室编 .—昆明:云南民族出版社 .
ISBN: 978 - 7 - 5367 - 5267 - 2: CNY58. 00
10. 元明清时期国家与边疆民族地区基层社会的互动关系研究:以法律变迁为中心的考察 / 方慧主编 .—北京:中国社会科学出版社 .
ISBN: 978 - 7 - 5161 - 1965 - 5: CNY58. 00
11. 当代中美关系研究:1979 - 2009 / 陶文钊等著 .—北京:中国社会科学出版社 .
ISBN: 978 - 7 - 5161 - 1790 - 3: CNY58. 00
12. 美国对华政策中的涉疆问题 / 顾国良,刘卫东,李枏著 .—北京:社会科学文献出版社.

ISBN: 978 - 7 - 5097 - 3447 - 6: CNY59.00

13. 甘肃省志 · 监察志:1950 - 2007 / 金庆礼主编;甘肃省地方史志编纂委员会,甘肃省监察志编纂委员会编纂.——兰州:甘肃文化出版社.

    ISBN: 978 - 7 - 80714 - 766 - 4: CNY180.00

14. 中国民族法学理论与热点 / 王允武,李剑主编.—北京:民族出版社.

    ISBN: 978 - 7 - 105 - 12351 - 3: CNY40.00

15. 玉树地震应急处置与救援阶段工作评估报告 / 青海省行政学院课题组著.—西宁:青海人民出版社.

    ISBN: 978 - 7 - 225 - 04190 - 2: CNY35.00

16. 民族自治地方野生动植物保护法治化研究 / 乔世明主编.—北京:中央民族大学出版社.

    ISBN: 978 - 7 - 5660 - 0071 - 2: CNY36.00

17. 当代中国的民族宗教问题与军队民族宗教工作 / 王志平主编.—北京:中国社会科学出版社.

    ISBN: 978 - 7 - 5161 - 1147 - 5: CNY46.00

四、社会经济

1. 西部大开发与西藏农牧区的稳定和发展 / 徐平,张群著.—北京:中国藏学出版社.

   ISBN: 978 - 7 - 80253 - 480 - 3: CNY36.00

2. 推动西藏科学发展社会和谐的重点难点问题研究 / 李宏著.—拉萨:西藏人民出版社.

   ISBN: 978 - 7 - 223 - 03592 - 7: CNY25.00

3. 西藏经济现代研究 / 张艳红著.—北京:民族出版社.

   ISBN: 978 - 7 - 105 - 12470 - 1: CNY38.00

4. 青海经济社会发展研究报告:2006 - 2011 年 / 李勇主编;青海经济研究院编.—西宁:青海民族出版社.

   ISBN: 978 - 7 - 5420 - 1706 - 2: CNY68.00

5. 构建西藏特色优势产业体系的财政支持研究 / 陈爱东著.—北京:光明日报出版社.

ISBN: 978 -7 -5112 -3521 -3: CNY38. 00

6. 中国少数民族地区社会发展与族际交往 / 马戎著 . —北京:社会科学文献出版社 .
ISBN: 978 -7 -5097 -3046 -1: CNY79. 00

7. 族群、民族与国家构建:当代中国民族问题 / 马戎著 . —北京:社会科学文献出版社 .
ISBN: 978 -7 -5097 -3182 -6: CNY79. 00

8. 达木村调查:珞巴族 / 党秀云,周晓丽主编 . —北京:中国经济出版社 .
ISBN: 978 -7 -5136 -0614 -1: CNY35. 00

9. 西藏自治区2010年人口普查资料 / 西藏自治区第六次全国人口普查领导小组办公室,西藏自治区统计局,国家统计局西藏调查总队编 . —北京:中国统计出版社 .
ISBN: 978 -7 -5037 -6517 -9: CNY880. 00

10. 西藏统计年鉴 . 2012(总第24期)/ 多吉战都主编;西藏自治区统计局,国家统计局西藏调查总队编 . —北京:中国统计出版社 .
ISBN: 978 -7 -5037 -6570 -4: CNY280. 00

11. 中国西藏发展报告 . 2012 / 孟德利,白玛朗杰主编;西藏自治区社会科学院编著 . —拉萨:西藏藏文古籍出版社 .
ISBN: 978 -7 -80589 -248 -1: CNY40. 00

12. 全国支援西藏工作的经济社会效益研究 / 王代远主编 . —拉萨:西藏藏文古籍出版社 .
ISBN: 978 -7 -80589 -247 -4: CNY28. 00

13. 西藏高原草地畜牧业应对气候与全球变化研讨会论文集 / 杨勇等编著 . —拉萨:西藏人民出版社 .
ISBN: 978 -7 -223 -03481 -4: CNY45. 00

14. 西部民族牧区城镇化模式研究:以畜牧业产业化链条、信息化建设为支撑的城镇化 / 闵文义等著 . —北京:民族出版社 .
ISBN: 978 -7 -105 -12006 -2: CNY38. 00

15. “失序”的自然:一个草原社区的生态、权力与道德 / 荀丽丽著 . —北京:社会科学文献出版社,
ISBN: 978 -7 -5097 -3985 -3: CNY39. 00

16. 藏区企业文化的经济学分析 / 恩佳著 . —北京:中国藏学出版社 .

ISBN: 978 - 7 - 80253 - 539 - 8: CNY28.00

17. 太阳下的日子:西藏农区典型婚姻的人类学研究 / 班觉著;班觉,王旭辉译. —北京:中国藏学出版社.
ISBN: 978 - 7 - 80253 - 533 - 6: CNY22.00
18. 西北民族地区青少年文化认同研究 / 万明钢,杨宝琰主编. —北京:民族出版社.
ISBN: 978 - 7 - 105 - 12538 - 8: CNY45.00
19. 雅砻江中下游地区的族群互动与认同:以九龙"里汝"藏族为中心的考察 / 王玉琴著. —北京:民族出版社.
ISBN: 978 - 7 - 105 - 12593 - 7: CNY35.00
20. 民族地区文化传承与社会管理创新研究 / 田敏,李俊杰主编. —北京:民族出版社.
ISBN: 978 - 7 - 105 - 12518 - 0: CNY32.00
21. 文化信念与制度:川西北的变迁 / 丰禾著. —成都:四川民族出版社.
ISBN: 978 - 7 - 5409 - 5018 - 7: CNY98.00
22. 中国社会科学院人类学年刊. 2012 / 色音主编. —北京:中国社会科学出版社.
ISBN: 978 - 7 - 5161 - 0761 - 4: CNY58.00
23. 中国民族学. 第九辑 / 杨建新主编. ——兰州:甘肃民族出版社.
ISBN: 978 - 7 - 5421 - 2152 - 3: CNY30.00
24. 历史上西北民族贸易与民族地区经济开发 / 魏明孔,杜常顺著. —北京:中国社会科学出版社.
ISBN: 978 - 7 - 5161 - 1944 - 0: CNY39.00
25. 云南少数民族村落发展研究 / 杨宗亮著. —北京:民族出版社.
ISBN: 978 - 7 - 105 - 12478 - 7: CNY48.00
26. 丝绸之路经济史研究 / 殷晴著. ——兰州:兰州大学出版社.
ISBN: 978 - 7 - 311 - 03842 - 7: CNY135.00
27. 高原牧区发展研究:长江上游川西北例证 / 刘世庆,许英明,林彬等著. —北京:社会科学文献出版社.
ISBN: 978 - 7 - 5097 - 3194 - 9: CNY89.00
28. 首届云南景谷佛迹文化与经济社会发展研讨会论文集 / 麻天祥主编. —北京:民族出版社.

ISBN: 978 - 7 - 105 - 12357 - 5: CNY28.00

29. 云南少数民族自治州农村富余劳动力转移培训现状及对策研究 / 罗建华主编. —昆明:云南民族出版社.

ISBN: 978 - 7 - 5367 - 5520 - 8: CNY36.00

30. 民族旅游与少数民族妇女发展 / 吴忠军,张瑾,项萌等著. —北京:民族出版社,

ISBN: 978 - 7 - 105 - 12369 - 8: CNY46.00

31. 民族地区产业经济发展研究 / 张友编著. —北京:民族出版社.

ISBN: 978 - 7 - 105 - 12313 - 1: CNY22.00

32. 云南民族地区"十一五"经济社会发展文献 / 张慧星主编;云南省民族事务委员会,云南省统计局编. —昆明:云南民族出版社.

ISBN: 978 - 7 - 5367 - 5431 - 7: CNY200.00

33. 流动与发展:西北民族地区乡村社会流动问题研究 / 张文政著. —北京:民族出版社.

ISBN: 978 - 7 - 105 - 12324 - 7: CNY32.00

34. 迪庆年鉴. 2012 / 迪庆州志编纂委员会办公室,迪庆年鉴编辑部编. —昆明:云南民族出版社.

ISBN: 978 - 7 - 5367 - 5513 - 0: CNY280.00

35. 阿坝林业志:1911—2005 / 杨宏寿主编;阿坝林业志编纂委员会编. —北京:中国文史出版社.

ISBN: 978 - 7 - 5034 - 3251 - 4: CNY268.00

36. 果洛藏族自治州年鉴. 2011 / 果洛藏族自治州地方志编纂委员会编. —西宁:青海民族出版社.

ISBN: 978 - 7 - 5420 - 1839 - 7: CNY216.00

37. 西藏年鉴. 2011 / 西藏年鉴编辑委员会编. —拉萨:西藏人民出版社.

ISBN: 978 - 7 - 223 - 03347 - 3: CNY498.00

38. 阿坝州年鉴. 2011 / 李学全总编. —成都:巴蜀书社.

ISBN: 978 - 7 - 5531 - 0003 - 6: CNY228.00

39. 阿坝州灾后贫困问题研究 / 张毅著. —北京:民族出版社.

ISBN: 978 - 7 - 105 - 12388 - 9: CNY25.00

40. 青海统计年鉴. 2012(总第二十八期)/ 青海省统计局,国家统计局青海调查总队编. —北京:中国统计出版社.

ISBN: 978 - 7 - 5037 - 6583 - 4: CNY360. 00

41. 四川统计年鉴 . 2012(总第 30 期) / 四川省统计局,国家统计局四川调查总队编 . —北京:中国统计出版社 .

ISBN: 978 - 7 - 5037 - 6617 - 6: CNY258. 00

42. 四川省 2010 年人口普查资料 / 四川省人口普查办公室,四川省统计局编—北京:中国统计出版社 .

ISBN: 978 - 7 - 5037 - 6547 - 6: CNY570. 00

43. 云南统计年鉴 . 2012(总第 28 期) / 云南省统计局编 . —北京:中国统计出版社 .

ISBN: 978 - 7 - 5037 - 6702 - 9: CNY370. 00

44. 甘肃省 2010 年人口普查资料(上中下) / 樊怀玉主编;王海栋,李树海总编辑;甘肃省人口普查办公室,甘肃省统计局编 . —北京:中国统计出版社 .

ISBN: 978 - 7 - 5037 - 6561 - 2: CNY460. 00

45. 甘肃发展年鉴 . 2012(第三期) /樊怀玉,鲜力群主编;甘肃发展年鉴编委会编 . —北京:中国统计出版社 .

ISBN: 978 - 7 - 5037 - 6714 - 2: CNY339. 00

46. 色达年鉴 . 2009 - 2011 / 付建国主编;色达县地方志办公室编 . —北京:中央民族大学出版社 .

ISBN: 978 - 7 - 5660 - 0239 - 6: CNY180. 00

47. 迪庆年鉴 . 2012 / 迪庆州志编纂委员会办公室,迪庆年鉴编辑部编 . —昆明:云南民族出版社 .

ISBN: 978 - 7 - 5367 - 5513 - 0: CNY280. 00

48. 壤塘年鉴 . 2011 / 魏忠总编;壤塘县地方志编纂委员会编 . —北京:中央民族大学出版社 .

ISBN: 978 - 7 - 5660 - 0280 - 8: CNY140. 00

49. 黑水县年鉴 . 2011 / 黑水县史志编纂委员会编 . —北京:中央民族大学出版社.

ISBN: 978 - 7 - 5660 - 0262 - 4: CNY180. 00

50. 若尔盖县年鉴 . 2010—2011 / 左继军总编;若尔盖县地方志编纂委员会编 . —北京:九州出版社 .

ISBN: 978 - 7 - 5108 - 1531 - 7: CNY148. 00

51. 海西年鉴 . 2011 / 海西蒙古族藏族自治州地方志编纂委员会编 . —西宁:青

海民族出版社.

ISBN: 978 -7 -5420 -1840 -3: CNY298. 00

52. 西宁年鉴. 2009—2010 /《西宁年鉴》编纂委员会编. —西宁:青海人民出版社.

ISBN: 978 -7 -225 -04432 -3: CNY280. 00

五、文化教育

1. 中央民族大学年鉴. 2011. —北京:中央民族大学出版社.

ISBN: 978 -7 -5660 -0299 -0: CNY150. 00

2. 青藏地区义务教育公平发展研究 / 刘旭东,许邦兴,高小强著. —北京:民族出版社.

ISBN: 978 -7 -105 -12252 -3: CNY55. 00

3. 西藏大学思想政治教育研究 / 周松青主编. —拉萨:西藏人民出版社.

ISBN: 978 -7 -223 -03558 -3: CNY33. 80

4. 梦中的西藏 / 周韶西著. —拉萨:西藏人民出版社.

ISBN: 978 -7 -223 -03359 -6: CNY55. 00

5. 儒学在青藏地区的传播与影响 / 李健胜,赵荽贞,俄琼卓玛著. —北京:人民出版社.

ISBN: 978 -7 -01 -011501 -6: CNY48. 50

6. 从象雄走来 / 金书波著. —拉萨:西藏人民出版社.

ISBN: 978 -7 -223 -03473 -9: CNY58. 00

7. 西藏高校思想政治教育理论与实践 / 陈敦山著. —拉萨:西藏人民出版社.

ISBN: 978 -7 -223 -03472 -2: CNY30. 00

8. 中国民族院校发展史 / 唐纪南,张京泽著. —北京:中国社会科学出版社.

ISBN: 978 -7 -5161 -1293 -9: CNY69. 00

9. 实践思考创新:西北民族大学文学院本科教学研究论文集 / 西北民族大学文学院教学委员会编. —北京:民族出版社.

ISBN: 978 -7 -105 -12179 -3: CNY25. 00

10. 滇藏茶马古道:文化遗产廊道视野下的考察 / 王丽萍著. —北京:中国社会科学出版社.

ISBN: 978 -7 -5161 -1261 -8: CNY48. 00

11. 四川藏区教育发展研究 / 詹先友,唐明钊编著 .—成都:西南交通大学出版社.

ISBN:978 -7 -5643 -1993 -9:CNY35.0

12. 玉树情怀:青海民族大学服务玉树抗震救灾工作纪念文集 / 何峰主编 .—西宁:青海民族出版社 .

ISBN:978 -7 -5420 -1736 -9:CNY38.00

13. 中国西部地区基础教育可持续发展战略研究 / 王根顺,饶慧主编 .—北京:民族出版社 .

ISBN:978 -7 -105 -12093 -2:CNY40.00

14. 传媒与民族地区发展:甘孜藏区新闻事业研究 / 东风,彭剑主编 .—成都:四川大学出版社 .

ISBN:978 -7 -5614 -6201 -0:CNY16.00

15. 民族古籍研究. 第一辑 / 张公瑾主编 .—北京:中国社会科学出版社 .

ISBN:978 -7 -5161 -0932 -8:CNY68.00

16. 第三批国家珍贵古籍名录图录 / 周和平主编;中国国家图书馆,中国国家古籍保护中心编 .—北京:国家图书馆出版社 .

ISBN:978 -7 -5013 -4788 -9:CNY3100.00

17. 云南少数民族古籍保护研究 / 沈峥著 .—北京:民族出版社 .

ISBN:978 -7 -105 -12318 -6:CNY38.00

18. 民间叙事与非物质文化遗产 / 林继富著 .—北京:中国社会出版社 .

ISBN:978 -7 -5087 -4118 -5:CNY50.00

19. 康巴藏族民俗文化 / 凌立等编著 .—成都:四川人民出版社 .

ISBN:978 -7 -220 -08675 -5:CNY68.00

20. 柴达木民间文化:海西州非物质文化遗产 / 跃进编著 .—西宁:青海人民出版社 .

ISBN:978 -7 -225 -04403 -3:CNY46.00

21. 海北非物质文化遗产 / 马维良编著 .—西宁:青海人民出版社 .

ISBN:978 -7 -225 -04373 -9:CNY105.00(全3册)

22. 文化遗产保护与区域社会发展研究:以吐鲁番地区故城遗址为例 / 张铭心,徐婉玲著 .—北京:民族出版社 .

ISBN:978 -7 -105 -12214 -1:CNY50.00

23. 天赐香巴拉 / 王承伟著 .—成都:四川人民出版社 .

ISBN: 978 -7 -220 -08567 -3: CNY88. 00

24. 中国少数民族文化产业发展概论 / 贾银忠著 . —北京:民族出版社 .
ISBN: 978 -7 -105 -12601 -9: CNY65. 00

25. 迪庆州民族文化保护传承与开发研究 / 郭家骥,边明社主编 . —昆明:云南人民出版社 .
ISBN: 978 -7 -222 -09611 -0: CNY68. 00

26. 少数民族对祖国文化的贡献 / 丹珠昂奔主编 . —北京:中央民族大学出版社.
ISBN: 978 -7 -5660 -0085 -9: CNY78. 00

27. 云南社会科学年鉴. 2012 / 云南省社会科学界联合会编 . —昆明:云南大学出版社
ISBN: 978 -7 -5482 -1359 -8: CNY80. 00

28. 河洮岷文化概论 / 范卫平,袁建勋编著 . —兰州:甘肃人民出版社 .
ISBN: 978 -7 -226 -04382 -0: CNY30. 00

29. 陇南民俗文化 · 戏曲游艺工艺卷 / 张昉主编 . —兰州:甘肃文化出版社 .
ISBN: 978 -7 -5490 -0345 -7: CNY124. 00(全 4 册)

30. 安多却达:河曲马与吐蕃特马文化 / 宗喀 · 漾正冈布,英加布,才干等著 . —兰州:甘肃民族出版社 .
ISBN: 978 -7 -5421 -2153 -0: CNY108. 00

31. 嘉那 · 道丹松曲帕旺与嘉那嘛呢文化概论[汉、藏文] / 桑丁才仁著 . —北京:民族出版社 .
ISBN: 978 -7 -105 -12566 -1: CNY47. 00

32. 民族图书馆学研究. 六:第十二次全国民族地区图书馆学术研讨会论文集 / 崔光弼主编;中国民族图书馆编 . —沈阳:辽宁民族出版社 .
ISBN: 978 -7 -5497 -0443 -9: CNY70. 00

33. 云南少数民族盟誓文化 / 陈斌,张跃著 . —北京:民族出版社 .
ISBN: 978 -7 -105 -12555 -5: CNY70. 00

34. 民族学人类学论坛. 第三辑,南方少数民族传统文化研究 / 雷振扬主编 . —北京:民族出版社 .
ISBN: 978 -7 -105 -12240 -0: CNY35. 00

35. 青海省非物质文化遗产名录图典 / 曹萍主编;《青海省非物质文化遗产名录图典》编辑委员会编 . —西宁:青海人民出版社 .

ISBN: 978 -7 -225 -04375 -3: CNY628.00

六、语言文字

1. 敦煌藏文语法研究 / 王志敬著 . —北京:中国藏学出版社 .
   ISBN: 978 -7 -80253 -378 -3: CNY37.00
2. 藏语言文字研究史 / 完玛冷智,多杰东智,周毛草著 . —北京:社会科学文献出版社 .
   ISBN: 978 -7 -5097 -3051 -5: CNY49.00
3. 敦煌佛典语词和俗字研究:以敦煌古佚和疑伪经为中心 / 于淑健著 . —上海:上海古籍出版社
   ISBN: 9787532562190
4. 社区语言与家庭语言及相关分析:北京少数民族社区及家庭语言调查研究之二 / 丁石庆主编 . —北京:民族出版社 .
   ISBN: 978 -7 -105 -12562 -3: CNY38.00
5. 藏缅语宾语句法标记比较研究 / 田静著 . —北京:中国社会科学出版社 .
   ISBN: 978 -7 -5161 -1951 -8: CNY48.00
6. 民族地区汉语文教学研究:面向四川甘孜藏区汉语文教学的探索与实践 / 康亮芳编著 . —成都:西南交通大学出版社 .
   ISBN: 978 -7 -5643 -2127 -7: CNY28.00
7. 中国少数民族新创文字研究论文选集 / 滕星,王远新,海路主编 . —北京:民族出版社 .
   ISBN: 978 -7 -105 -11991 -2: CNY35.00
8. 中国少数民族语言文字研究 . 二 / 戴庆厦主编 . —北京:民族出版社 .
   ISBN: 978 -7 -105 -11948 -6: CNY62.00
9. 戴庆厦文集 . 第二卷,藏缅语族语言研究 / 戴庆厦著;中央民族大学中国少数民族语言文学学院编 . —北京:中央民族大学出版社 .
   ISBN: 978 -7 -5660 -0003 -3: CNY480.00
10. 戴庆厦文集 . 第三卷,有关语言学理论与方法的问题 / 戴庆厦著;中央民族大学中国少数民族语言文学学院编 . —北京:中央民族大学出版社 .
    ISBN: 978 -7 -5660 -0003 -3: CNY480.00
11. 戴庆厦文集 . 第四卷,双语学研究 / 戴庆厦著;中央民族大学中国少数民族语言文学学院编．—北京：中央民族大学出版社．
ISBN：978-7-5660-0003-3：CNY480.00

12. 戴庆厦文集．第五卷，汉语和非汉语比较研究 / 戴庆厦著；中央民族大学中国少数民族语言文学学院编．—北京：中央民族大学出版社．
ISBN：978-7-5660-0003-3：CNY480.00（全5册）

13. 宋代西北方音：《番汉合时掌中珠》对音研究 / 李范文著．—手书影印本．—北京：中国社会科学出版社．
ISBN978-7-5004-1287-8：CNY280

14. 汉藏语系核心词 / 金理新著．—北京：民族出版社．
ISBN：978-7-105-12564-7：CNY86.00

15. 彝藏地区民汉双语应用研究 / 马锦卫等著．—北京：民族出版社．
ISBN：978-7-105-12590-6：CNY32.00

七、文学艺术

1. 西藏史诗和说唱艺人 / （法）石泰安著；耿昇译．—2版．—北京：中国藏学出版社．
ISBN：978-7-80253-458-2：CNY52.00

2. 中国当代少数民族小说的审美特色研究 / 杨彬，田美丽，沙媛等著．—北京：中国社会科学出版社．
ISBN：978-7-5161-0606-8：CNY48.00

3. 康巴文学．2012，夏卷 / 文国栋主编；玉树藏族自治州文学艺术界联合会，玉树藏族自治州作家协会编．—西宁：青海人民出版社．
ISBN：978-7-225-04369-2：CNY30.00

4. 六世达赖喇嘛仓央嘉措诗意三百年：古今藏汉英最全文本．—2版．—北京：中国藏学出版社．
ISBN：978-7-80253-252-6：CNY68.00

5. 热贡唐卡考察录 / 彭兆荣等著．—北京：民族出版社．
ISBN：978-7-105-12582-1：CNY35.00

6. 《格萨尔》人物研究 / 吴伟著．—北京：海豚出版社．
ISBN：978-7-5110-1066-7：CNY32.00

7. 《格萨尔》文学翻译论 / 扎西东珠等著．—北京：人民出版社．

ISBN: 978 -7 -01 -007956 -1: CNY43.00

8. 中国《格萨尔》事业的奋斗历程 / 降边嘉措著 .—北京:社会科学文献出版社,

ISBN: 978 -7 -5097 -3689 -0: CNY79.00

9. 文化玛曲 . 一,首曲神韵 / 中共玛曲县委宣传部编 .—兰州:甘肃文化出版社.

ISBN: 978 -7 -5490 -0336 -5: CNY119.00(全3册)

10. 文化玛曲 . 二,阅读玛曲 / 中共玛曲县委宣传部编 .—兰州:甘肃文化出版社 .

ISBN: 978 -7 -5490 -0336 -5: CNY119.00(全3册)

11. 文化玛曲 . 三,第六届国际格萨尔研讨会论文集 / 中共玛曲县委宣传部编 .—兰州:甘肃文化出版社 .

ISBN: 978 -7 -5490 -0336 -5: CNY119.00(全3册)

12. 报道春的消息:张先群西藏新闻作品集 / 张先群编著 .—拉萨:西藏人民出版社 .

ISBN: 978 -7 -223 -03591 -0: CNY20.00

13. 梦中的西藏 / 周韶西著 .—拉萨:西藏人民出版社 .

ISBN: 978 -7 -223 -03359 -6: CNY55.00

14. 阳光灿烂的雪域高原 / 韩方明,诺杰·洛桑嘉措主编 .—北京:中国藏学出版社 .

ISBN: 978 -7 -80253 -526 -8: CNY128.00

15. 文成公主与松赞干布的故事 / 刘平著 .—2 版 .—成都:四川民族出版社 .

ISBN: 978 -7 -5409 -4981 -5: CNY6.80

16. 中国少数民族民间故事选 / 李耀宗搜集整理 .—成都:四川民族出版社 .

ISBN: 978 -7 -5409 -4975 -4: CNY17.00

17. 藏族民间故事选 / 程圣民搜集整理 .—成都:四川民族出版社 .

ISBN: 978 -7 -5409 -4976 -1: CNY12.30

18. 民间谚语 / 山南地区非物质文化遗产保护办公室编 .—拉萨:西藏藏文古籍出版社 .

ISBN: 978 -7 -80589 -217 -7: CNY13.00

19. 民间故事 / 山南地区非物质文化遗产保护办公室编 .—拉萨:西藏藏文古籍出版社 .

ISBN: 978 - 7 - 80589 - 211 - 5: CNY13. 00

20. 民间歌谣 / 山南地区非物质文化遗产保护办公室编 . —拉萨:西藏藏文古籍出版社 .

ISBN: 978 - 7 - 80589 - 234 - 4: CNY15. 00

21. 遇见西藏 [专著] :心灵朝圣之旅 / 邱常梵著 . —上海:华东师范大学出版社 .

ISBN: 978 - 7 - 5617 - 9473 - 9: CNY36. 80

22. 百年来敦煌文学研究之考察 / 朱凤玉著 . —北京:民族出版社 .

ISBN: 978 - 7 - 105 - 12136 - 6: CNY22. 00

23. 朱德与格达活佛的故事 / 仁真朗加著 . —3 版 . —成都:四川民族出版社 .

ISBN: 978 - 7 - 5409 - 4980 - 8: CNY7. 50

24. 仓央嘉措 / 多杰才旦著 . —西宁:青海人民出版社 .

ISBN: 978 - 7 - 225 - 04379 - 1: CNY28. 00

25. 铭刻在废墟上的记忆 / 青海省玉树州地税局编著 . —西宁:青海人民出版社.

ISBN: 978 - 7 - 225 - 04510 - 8: CNY58. 00

26. 四川藏区的红军故事 / 罗布江村,徐学初著 . —2 版 . —成都:四川民族出版社 .

ISBN: 978 - 7 - 5409 - 4982 - 2: CNY8. 70

27. 藏地密码 1 - 10 / 何马著 . —重庆:重庆出版社 .

ISBN: 978 - 7 - 229 - 04636 - 1

28. 文化梦想的高原 / 刘贵有等编著 . —西宁:青海人民出版社 .

ISBN: 978 - 7 - 225 - 04207 - 7: CNY36. 00

29. 康巴藏族民间图案集 /《康巴藏族民间图案集》编委会编 . —成都:四川民族出版社 .

ISBN: 978 - 7 - 5409 - 4899 - 3: CNY24. 00

30. 中国少数民族服饰文化艺术研究 / 祁春英著 . —北京:民族出版社 .

ISBN: 978 - 7 - 105 - 11995 - 0: CNY56. 00

31. 明轮藏式建筑研究论文集 / 罗桑开珠主编 . —北京:中国藏学出版社 .

ISBN: 978 - 7 - 80253 - 494 - 0: CNY58. 00

32. 罗布林卡:斯喜堆古殿壁画 / 尼玛丹增,拉巴次仁主编 . —北京:中国藏学出版社 .

ISBN: 978 - 7 - 80253 - 529 - 9: CNY680. 00

33. 造像的法度与创造力:西藏昌都嘎玛乡唐卡画师的艺术实践 / 刘冬梅著 . —北京:民族出版社 .
ISBN: 978 - 7 - 105 - 12592 - 0: CNY38. 00
34. 藏传佛教千手千眼观音造像艺术研究 / 徐进著 . —北京:中央民族大学出版社 .
ISBN: 978 - 7 - 5660 - 0126 - 9: CNY37. 00
35. 藏茶秘事 / 徐杉著 . —成都:四川大学出版社 .
ISBN: 978 - 7 - 5614 - 6237 - 9: CNY38. 00
36. 玛吉阿米的留言簿:仓央嘉措的神迹与遗产 / 贺忠,泽郎王清主编 . —拉萨:西藏人民出版社 .
ISBN: 978 - 7 - 223 - 03560 - 6: CNY68. 00
37. 雪域江源:卓玛永贞个人摄影集 / 卓玛永贞主编 . —西宁:青海民族出版社 .
ISBN: 978 - 7 - 5420 - 1820 - 5: CNY369. 00
39. 拉萨印象 / 扎西摄影/撰文 . —拉萨:西藏人民出版社 .
ISBN: 978 - 7 - 223 - 03361 - 9: CNY68. 00
40. 雪域情怀 / 李德奎摄 . —兰州:甘肃民族出版社 .
ISBN: 978 - 7 - 5421 - 2058 - 8: CNY190. 00
41. 中国西部电影反思:理论建构与创作实践 / 王军君著 . —北京:中国社会科学出版社 .
ISBN: 978 - 7 - 5161 - 1596 - 1: CNY56. 00
42. 青藏高原碉楼研究 / 石硕,杨嘉铭,邹立波著 . —北京:中国社会科学出版社 .
ISBN: 978 - 7 - 5161 - 0548 - 1: CNY72. 00
43. 中国石窟 . 安西榆林窟 / 敦煌研究院著 . —北京:文物出版社 .
ISBN: 978 - 7 - 5010 - 3503 - 8: CNY380
44. 克孜尔石窟壁画年代学研究 / 廖旸著 . —北京:社会科学文献出版社 .
ISBN: 978 - 7 - 5097 - 3719 - 4: CNY89. 00
45. 海外回流西藏文物精粹 /一西,格勒,达瓦扎巴主编 . —北京:文物出版社
ISBN: 978 - 7 - 5010 - 3493 - 2: CNY280
46. 西藏艺术:1981—1997 年 ORIENTATIONS 文萃 / 一西编;熊文彬译 . —北

京:文物出版社.

ISBN:978－7－5010－3294－5:CNY260.00

47. 西藏艺术 / 吕军编著.—合肥:黄山书社.

ISBN:978－7－5461－2647－0:CNY59.00

48. 藏传佛教视觉艺术典藏·老壁画 / 付平摄;薛建华文.—西宁:青海人民出版社.

ISBN:978－7－225－04031－8:CNY38.00

49. 藏传佛教视觉艺术典藏·老唐卡 / 付平摄;薛建平文.—西宁:青海人民出版社.

ISBN:978－7－225－04030－1:CNY38.00

50. 藏传佛教视觉艺术典藏·法器面具 / 付平摄;薛建华文.—西宁:青海人民出版社.

ISBN:978－7－225－04194－0:CNY38.00

51. 藏传佛教视觉艺术典藏·嘛呢石 / 付平摄;杨敬华文.—西宁:青海人民出版社.

ISBN:978－7－225－04197－1:CNY38.00

52. 寻找锅庄舞:藏地锅庄的历史、社会、体育考察 / 毕研杰,冯涛著.—北京:社会科学文献出版社.

ISBN:978－7－5097－3432－2:CNY69.00

53. 唐卡 /叶星生著.—北京:中国文联出版社.

ISBN:978－7－5059－7232－2:CNY42.00

54. 唐卡中的西方极乐世界:全彩插图珍藏本 / 吉布编著.—2版.—西安:陕西师范大学出版社.

ISBN:978－7－5613－3897－1:CNY68.00

55. 热贡唐卡考察录 / 彭兆荣等著.—北京:民族出版社.

ISBN:978－7－105－12582－1:CNY35.00

56. 甘肃民间音乐文化 / 吉文莉编著.—兰州:甘肃民族出版社.

ISBN:978－7－5421－2070－0:CNY20.00

57. 十七世纪一代藏画宗师传世杰作郎卡杰唐卡 / 拥塔拉姆编.—成都:四川美术出版社.

ISBN:978－7－5410－4806－7:CNY1180.00

58. 泥上佛国:西藏擦擦造像 / 黄莉编著.—兰州:甘肃民族出版社.

ISBN: 978 -7 -5421 -2101 -1: CNY58.00

59. 唐卡艺术 / 王学典编著. —沈阳:万卷出版公司.
ISBN: 978 -7 -5470 -1857 -6: CNY68.00
60. 唐卡中的莲花生大师:全彩插图珍藏本 / 白玛僧格编著. —2版. —西安:陕西师范大学出版社.
ISBN: 978 -7 -5613 -4154 -4: CNY68.00
61. 西藏多派唐卡经典赏鉴 / 贺中主编. —北京:中国民族摄影艺术出版社.
ISBN: 978 -7 -5122 -0205 -4: CNY580.00
62. 四川博物院四川大学博物馆法国吉美博物馆珍藏·格萨尔唐卡研究 /四川博物院,四川大学博物馆科研规划与研发创新中心编著. —北京:中华书局
ISBN: 978 -7 -1010 -8513 -6: CNY1800.00
63. 内蒙古藏传佛教建筑. 3 / 张鹏举主编. —北京:中国建筑工业出版社.
ISBN: 978 -7 -112 -14803 -5: CNY598.00
64. 甘南藏族传统音乐 / 李生贵著. —兰州:甘肃人民出版社.
ISBN: 978 -7 -226 -04278 -6: CNY50.00
65. 敦煌吐蕃统治时期石窟与藏传佛教艺术研究 / 樊锦诗主编. —兰州:甘肃教育出版社.
ISBN: 978 -7 -5423 -2602 -7: CNY98.00
66. 藏传佛教阿弥陀佛与观音像研究 / 李翎著. —兰州:甘肃民族出版社.
ISBN: 978 -7 -5421 -1859 -2: CNY28.00
67. 玉树临风:新玉树·新家园·玉树地震一周年美术书法摄影展精品集·美术卷 / 班果主编;中共青海省委宣传部,青海省文联编. —西宁:青海人民出版社.
ISBN: 978 -7 -225 -04170 -4: CNY280.00(全3册)
68. 玉树临风:新玉树·新家园·玉树地震一周年美术书法摄影展精品集·摄影卷 / 班果主编;中共青海省委宣传部,青海省文联编. —西宁:青海人民出版社.
ISBN: 978 -7 -225 -04170 -4: CNY280.00(全3册)

八、历史地理

1. 青史 / 管·宣奴贝著;王启龙,还克加译;王启龙校注. —北京:中国社会科学

出版社.

ISBN: 978 - 7 - 5161 - 0553 - 5: CNY188.00

2. 清代藏族历史 / 曾国庆,黄维忠编著.—北京:中国藏学出版社.

ISBN: 978 - 7 - 80253 - 490 - 2: CNY32.00

3. 西藏简明通史[专著] / 恰白·次旦平措,诺章·吴坚,平措次仁主编.—北京:五洲传播出版社.

ISBN: 978 - 7 - 5085 - 2294 - 4: CNY49.00

4. 清代西藏郡王制初探:读清史札记 / 李凤珍著.—北京:中国藏学出版社.

ISBN: 978 - 7 - 80253 - 474 - 2: CNY26.00

5. 清前期治藏政策探赜 / 邓锐龄著.—北京:中国藏学出版社.

ISBN: 978 - 7 - 80253 - 545 - 9: CNY24.00

6. 蒙藏文明交往论稿 /乌力吉巴雅尔著.—北京:中国藏学出版社.

ISBN: 978 - 7 - 80253 - 497 - 1: CNY46.00

7. 口述西藏百年历程 / 白玛朗杰,孙勇,仲布·次仁多杰主编.—北京:中国藏学出版社.

ISBN: 978 - 7 - 80253 - 546 - 6: CNY25.00

8. 口述当代西藏第一/ 白玛朗杰,孙勇,仲布·次仁多杰主编.—北京:中国藏学出版社.

ISBN: 978 - 7 - 80253 - 449 - 0: CNY16.00

9. 如何辨明西藏历史地位 / 王贵著.—北京:中国藏学出版社.

ISBN: 978 - 7 - 80253 - 575 - 6: CNY18.00

10. 西藏文史资料选辑:雪域白衣天使 / 彭淑果编著.—北京:中国藏学出版社.

ISBN: 978 - 7 - 80253 - 542 - 8: CNY24.00

11. 西北民族论丛.第八辑 / 周伟洲主编.—北京:中国社会科学出版社.

ISBN: 978 - 7 - 5161 - 1636 - 4: CNY55.00

12. 中国民族学六十年 1949—2010 / 杨圣敏,胡鸿保主编.—北京:中央民族大学出版社.

ISBN: 978 - 7 - 5660 - 0165 - 8: CNY98.00

13. 中国边疆民族研究.第五辑 / 达力扎布主编.—北京:中央民族大学出版社.

ISBN: 978 - 7 - 5660 - 0127 - 6: CNY48.00

14. 中国边疆民族研究．第六辑 / 达力扎布主编．—北京：中央民族大学出版社．
ISBN：978－7－5660－0318－8：CNY58.00
15. 元史及民族与边疆研究集刊：第二十四辑 / 刘迎胜主编．—上海：上海古籍出版社．
ISBN：978－7－5325－6538－2：CNY46.00
16. 西域历史语言研究集刊：第五辑 / 沈卫荣主编．—北京：科学出版社．
ISBN：978－7－03－035883－7：CNY108.00
17. 西南民族研究：西南民族研究院成立十周年纪念文集 / 西南民族大学西南民族研究院编．—北京：民族出版社．
ISBN：978－7－105－12126－7：CNY48.00
18. 玉树县志 / 杨全顺主编；玉树县地方志编纂委员会编．—西宁：青海民族出版社．
ISBN：978－7－5420－1693－5：CNY288.00
19. 迪庆藏族自治州革命遗址 / 孙彬涛主编；中共迪庆州委党史研究室编．—昆明：云南民族出版社．
ISBN：978－7－5367－5268－9：CNY75.00
20. 中国共产党迪庆藏族自治州历史．第一卷：1941—1950.5 / 中共迪庆州委党史研究室编．—昆明：云南民族出版社．
ISBN：978－7－5367－5267－2：CNY58.00
21. 中国民族史和中华共同文化 / 马戎著．—北京：社会科学文献出版社．
ISBN：978－7－5097－4015－6：CNY79.00
22. 王尧藏学文集．卷一，敦煌吐蕃历史文书・吐蕃制度文化研究［专著］．—北京：中国藏学出版社．
ISBN：978－7－80253－349－3：CNY68.00
23. 王尧藏学文集．卷二，吐蕃金石录・藏文碑刻考释［专著］．—北京：中国藏学出版社．
ISBN：978－7－80253－346－2：CNY38.00
24. 王尧藏学文集．卷三，吐蕃简牍综录・藏语文研究［专著］．—北京：中国藏学出版社．
ISBN：978－7－80253－347－9：CNY52.00
25. 王尧藏学文集．卷四，敦煌吐蕃文书译释［专著］．—北京：中国藏学出版社.

ISBN: 978 -7 -80253 -345 -5: CNY50.00

26. 王尧藏学文集. 卷五,藏汉文化双向交流·藏传佛教研究[专著].—北京:中国藏学出版社.

ISBN: 978 -7 -80253 -348 -6: CNY69.00

27. 国外敦煌学、藏学研究:翻译与评述/杨铭编.—兰州:兰州大学出版社.

ISBN: 978 -7 -311 -03914 -1: CNY78.00

28. 色尔藏族/曾维益著.—兰州:兰州大学出版社.

ISBN: 978 -7 -311 -03862 -5: CNY42.00

29. 发现西藏/(瑞士)米歇尔·泰勒著;耿昇译.—2版.—北京:中国藏学出版社.

ISBN: 978 -7 -80253 -456 -8: CNY35.00

30. 青海古代游牧社会历史演进研究/丁柏峰著.—北京:人民出版社.

ISBN: 978 -7 -01 -011500 -9: CNY39.00

31. 根敦群培文论精选/根敦群培著;格桑曲批译;周季文校.—北京:中国藏学出版社.

ISBN: 978 -7 -80253 -535 -0: CNY22.00

32. 西藏贵族世家:1900 - 1951/次仁央宗著.—2版.—北京:中国藏学出版社.

ISBN: 978 -7 -80253 -452 -0: CNY38.00

33. 藏族老红军天宝传/降边嘉措著.—成都:四川民族出版社.

ISBN: 978 -7 -5409 -4939 -6: CNY69.00

34. 西藏视野/次仁央金著.—北京:中国藏学出版社.

ISBN: 978 -7 -80253 -427 -8: CNY23.00

35. 西藏大学文学院历史系藏学论文集/次旦扎西主编.—拉萨:西藏人民出版社

ISBN: 978 -7 -223 -03589 -7: CNY25.00

36. 清代西藏与布鲁克巴/扎洛著.—北京:中国社会科学出版社.

ISBN: 978 -7 -5161 -0690 -7: CNY52.00

37. 吐蕃十赞普/次旦扎西,阴海燕著.—拉萨:西藏人民出版社.

ISBN: 978 -7 -223 -03291 -9: CNY28.00

38. 西藏的文明/(法)石泰安著;耿昇译.—2版.—北京:中国藏学出版社.

ISBN: 978 - 7 - 80253 - 451 - 3: CNY38.00

39. 喜马拉雅的人与神 / (意)图齐等著;向红笳译. —2 版. —北京:中国藏学出版社.

ISBN: 978 - 7 - 80253 - 457 - 5: CNY35.00

40. 鞑靼西藏旅行记 / (法)古伯察著;耿昇译. —2 版. —北京:中国藏学出版社.

ISBN: 978 - 7 - 80253 - 442 - 1: CNY69.00

41. 解放昌都 1950 / 西藏商报社编. —拉萨:西藏人民出版社.

ISBN: 978 - 7 - 223 - 03571 - 2: CNY68.00

42. 唐代吐蕃与西北民族关系史研究 / 杨铭著. —兰州:兰州大学出版社.

ISBN: 978 - 7 - 311 - 03799 - 4: CNY86.00

43. 中国第二历史档案馆所存西藏和藏事档案汇编. 第十一册 / 中国第二历史档案馆,中国藏学研究中心编. —[影印本]. —北京:中国藏学出版社.

ISBN: 978 - 7 - 80253 - 415 - 5: CNY162.00

44. 中国第二历史档案馆所存西藏和藏事档案汇编. 第十二册 / 中国第二历史档案馆,中国藏学研究中心编. —[影印本]. —北京:中国藏学出版社.

ISBN: 978 - 7 - 80253 - 414 - 8: CNY162.00

45. 中国第二历史档案馆所存西藏和藏事档案汇编. 第十三册 / 中国第二历史档案馆,中国藏学研究中心编. —[影印本]. —北京:中国藏学出版社.

ISBN: 978 - 7 - 80253 - 413 - 1: CNY160.00

46. 中国第二历史档案馆所存西藏和藏事档案汇编. 第十四册 / 中国第二历史档案馆,中国藏学研究中心编. —[影印本]. —北京:中国藏学出版社.

ISBN: 978 - 7 - 80253 - 412 - 4: CNY160.00

47. 中国第二历史档案馆所存西藏和藏事档案汇编. 第十五册 / 中国第二历史档案馆,中国藏学研究中心编. —[影印本]. —北京:中国藏学出版社.

ISBN: 978 - 7 - 80253 - 411 - 7: CNY160.00

48. 中国第二历史档案馆所存西藏和藏事档案汇编. 第十六册 / 中国第二历史档案馆,中国藏学研究中心编. —[影印本]. —北京:中国藏学出版社.

ISBN: 978 - 7 - 80253 - 410 - 0: CNY159.00

49. 中国第二历史档案馆所存西藏和藏事档案汇编. 第十七册 / 中国第二历史档案馆,中国藏学研究中心编. —[影印本]. —北京:中国藏学出版社.

ISBN: 978 - 7 - 80253 - 409 - 4: CNY158.00

50. 中国第二历史档案馆所存西藏和藏事档案汇编. 第十八册 / 中国第二历史档案馆,中国藏学研究中心编. —[影印本]. —北京:中国藏学出版社.
ISBN: 978 - 7 - 80253 - 408 - 7: CNY157.00
51. 中国第二历史档案馆所存西藏和藏事档案汇编. 第十九册 / 中国第二历史档案馆,中国藏学研究中心编. —[影印本]. —北京:中国藏学出版社.
ISBN: 978 - 7 - 80253 - 407 - 0: CNY152.00
52. 中国第二历史档案馆所存西藏和藏事档案汇编. 第二十册 / 中国第二历史档案馆,中国藏学研究中心编. —[影印本]. —北京:中国藏学出版社.
ISBN: 978 - 7 - 80253 - 406 - 3: CNY154.00
53. 中国第二历史档案馆所存西藏和藏事档案汇编. 第二十一册 / 中国第二历史档案馆,中国藏学研究中心编. —[影印本]. —北京:中国藏学出版社.
ISBN: 978 - 7 - 80253 - 514 - 5: CNY153.00
54. 中国第二历史档案馆所存西藏和藏事档案汇编. 第二十二册 / 中国第二历史档案馆,中国藏学研究中心编. —[影印本]. —北京:中国藏学出版社.
ISBN: 978 - 7 - 80253 - 515 - 2: CNY157.00
55. 中国第二历史档案馆所存西藏和藏事档案汇编. 第二十三册 / 中国第二历史档案馆,中国藏学研究中心编. —[影印本]. —北京:中国藏学出版社.
ISBN: 978 - 7 - 80253 - 516 - 9: CNY152.00
56. 中国第二历史档案馆所存西藏和藏事档案汇编. 第二十四册 / 中国第二历史档案馆,中国藏学研究中心编. —[影印本]. —北京:中国藏学出版社.
ISBN: 978 - 7 - 80253 - 517 - 6: CNY154.00
57. 中国第二历史档案馆所存西藏和藏事档案汇编. 第二十五册 / 中国第二历史档案馆,中国藏学研究中心编. —[影印本]. —北京:中国藏学出版社.
ISBN: 978 - 7 - 80253 - 518 - 3: CNY149.00
58. 中国第二历史档案馆所存西藏和藏事档案汇编. 第二十六册 / 中国第二历史档案馆,中国藏学研究中心编. —[影印本]. —北京:中国藏学出版社.
ISBN: 978 - 7 - 80253 - 519 - 0: CNY155.00
59. 中国第二历史档案馆所存西藏和藏事档案汇编. 第二十七册 / 中国第二历史档案馆,中国藏学研究中心编. —[影印本]. —北京:中国藏学出版社.
ISBN: 978 - 7 - 80253 - 520 - 6: CNY157.00
60. 中国第二历史档案馆所存西藏和藏事档案汇编. 第二十八册 / 中国第二历史档案馆,中国藏学研究中心著. —[影印本]. —北京:中国藏学出版社.

ISBN: 978 - 7 - 80253 - 521 - 3: CNY154. 00

61. 中国第二历史档案馆所存西藏和藏事档案汇编. 第二十九册 / 中国第二历史档案馆,中国藏学研究中心编. —[影印本]. —北京:中国藏学出版社.
ISBN: 978 - 7 - 80253 - 522 - 0: CNY158. 00

62. 中国第二历史档案馆所存西藏和藏事档案汇编. 第三十册 / 中国第二历史档案馆,中国藏学研究中心编. —[影印本]. —北京:中国藏学出版社.
ISBN: 978 - 7 - 80253 - 523 - 7: CNY155. 00

63. 法国国家图书馆藏敦煌藏文文献. 11—13 / 金雅声,郭恩主编;西北民族大学,上海古籍出版社,法国国家图书馆编纂. —[影印本]. —上海:上海古籍出版社.
ISBN: 978 - 7 - 5325 - 5784 - 4: CNY2200. 00

64. 英国国家图书馆藏敦煌西域藏文文献. 1—4 / 金雅声,赵德安,沙木主编;西北民族大学,上海古籍出版社,英国国家图书馆编纂. —[影印本]. —上海:上海古籍出版社.
ISBN: 978 - 7 - 5325 - 6233 - 6: CNY2200. 00

65. 浙藏敦煌文献校录整理 / 黄征,张崇依著. —上海:上海古籍出版社.
ISBN: 978 - 7 - 5325 - 6301 - 2: CNY128. 00

66. 英藏敦煌社会历史文献释录:第八卷 / 郝春文等编著. —北京:社会科学文献出版社.
ISBN: 978 - 7 - 5097 - 3808 - 5: CNY59. 00

67. 西藏文史资料选辑 · 雪域白衣天使. 28 / 彭淑果编著;西藏自治区政协文史资料学习委员会编. —北京:中国藏学出版社.
ISBN: 978 - 7 - 80253 - 542 - 8: CNY24. 00

68. 区域社会史视野下的敦煌禄命书研究 / 陈于柱著. —北京:民族出版社.
ISBN: 978 - 7 - 105 - 12395 - 7: CNY48. 00

69. 西藏奏议川藏奏底 / 吴彦勤校注. —上海:上海古籍出版社.
ISBN: 978 - 7 - 5325 - 6253 - 4: CNY28. 00

70. 中国边疆史地研究综述:1989 ~ 1998 年 / 厉声,李国强主编. —哈尔滨:黑龙江教育出版社.
ISBN: 7 - 5316 - 4012 - 0: CNY55. 50

71. 清末农业新政研究 / 苑朋欣著. —济南:山东人民出版社.
ISBN: 978 - 7 - 209 - 06969 - 4: CNY38. 00

72. 西南少数民族历史资料集 / 赵心愚,秦和平编 . —成都:巴蜀书社 .
ISBN: 978 - 7 - 5531 - 0011 - 1: CNY36. 00

73. 藏族历史上的十大著名女性 / 次旦扎西,顿拉著 . —拉萨:西藏人民出版社 .
ISBN: 978 - 7 - 223 - 03290 - 2: CNY18. 00

74. 那曲地区志 / 西藏自治区地方志编纂委员会总编;西藏自治区那曲地区地方志编纂委员会编撰 . —北京:中国藏学出版社 .
ISBN: 978 - 7 - 80253 - 486 - 5: CNY420. 00

75. 申扎县志 / 西藏自治区地方志编纂委员会总编;西藏自治区申扎县地方志编纂委员会编 . —北京:中国藏学出版社 .
ISBN: 978 - 7 - 80253 - 478 - 0: CNY166. 00

76. 林周县志 / 西藏自治区地方志编纂委员会总编;西藏自治区林周县地方志编纂委员会编 . —北京:中国藏学出版社 .
ISBN: 978 - 7 - 80253 - 485 - 8: CNY175. 00

77. 西藏自治区志 · 文物志 / 西藏自治区地方志编纂委员会总编,《西藏自治区志 · 文物志》编纂委员会编撰 . —北京:中国藏学出版社 .
ISBN: 7 - 80253 - 558 - 9: CNY360. 00

78. 西藏自治区志 · 共青团志 / 西藏自治区地方志编纂委员会总编,《西藏自治区志 · 共青团志》编纂委员会编撰 . —北京:中国藏学出版社 .
ISBN: 978 - 7 - 80253 - 557 - 2: CNY181. 00

79. 阿坝州志 · 简志 / 四川省阿坝藏族羌族自治州地方志编纂委员会编 . —成都:巴蜀书社 .
ISBN: 978 - 7 - 80752 - 971 - 2: CNY228. 00

80. 康巴研究 . 第一辑,四川民族学院首届康巴文化研讨会论文集 / 凌立,林俊华主编 . —北京:光明日报出版社 .
ISBN: 978 - 7 - 5112 - 2820 - 8: CNY38. 0

81. 藏彝走廊里的白马藏族:习俗、信仰与社会 / 刘志扬等著 . —北京:民族出版社 .
ISBN: 978 - 7 - 105 - 12400 - 8: CNY35. 00

82. 西藏自治区志 · 检验检疫志 / 西藏自治区地方志编纂委员会总编;《西藏自治区志 · 检验检疫志》编纂委员会编撰 . —北京:中国藏学出版社 .
ISBN: 7 - 80057 - 838 - 0: CNY88. 00

83. 西南边疆民族研究. 第10辑 / 何明主编. —昆明:云南大学出版社.
ISBN:978 -7 -5482 -1295 -9:CNY58.00
84. 边疆考古研究. 第11辑 / 教育部人文社会科学重点研究基地,吉林大学边疆考古研究中心编. —北京:科学出版社.
ISBN:978 -7 -03 -035328 -3:CNY108.00
85. 边疆考古研究. 第12辑 / 教育部人文社会科学重点研究基地,吉林大学边疆考古研究中心编. —北京:科学出版社.
ISBN:978 -7 -03 -036802 -7:CNY108.00
86. 南方民族考古. 第八辑 / 霍巍,王毅主编;四川大学博物馆,四川大学考古学系,成都文物考古研究所编. —北京:科学出版社.
ISBN:978 -7 -03 -035484 -6:CNY158.0
87. 欧亚学刊. 第十辑 / 余太山,李锦绣主编. —北京:中华书局.
ISBN:978 -7 -101 -08590 -7:CNY79.00
88. 丽江民族研究. 第五辑 / 木春燕主编;丽江师范高等专科学校民族文化研究所编. —昆明:云南大学出版社.
ISBN:978 -7 -5482 -1123 -5:CNY50.00
89. 根敦群培研究60年 / 中国藏学研究中心编. —北京:中国藏学出版社.
ISBN:978 -7 -80253 -532 -9:CNY58.00
90. 河湟藏珍·民族民俗文物卷 / 祝君主编;青海省博物馆,青海民族博物馆编著. —北京:文物出版社.
ISBN:978 -7 -5010 -3575 -5:CNY210.00
91. 河湟藏珍·藏传佛教文物卷 / 祝君主编;青海省博物馆,青海民族博物馆编著. —北京:文物出版社.
ISBN:978 -7 -5010 -3574 -8:CNY260.00
92. 河湟藏珍·历史文物卷 / 祝君主编;青海省博物馆,青海民族博物馆编著. —北京:文物出版社.
ISBN:978 -7 -5010 -3576 -2:CNY280.00
93. 河西史探 / 闫廷亮著. —兰州:甘肃人民出版社.
ISBN:978 -7 -226 -04268 -7:CNY33.00
94. 甘孜史话 / 辛玉昌主编. —兰州:甘肃文化出版社.
ISBN:978 -7 -80714 -696 -4:CNY68.00
95. 甘肃古代交通图集 / 辛平主编. —兰州:兰州大学出版社.

ISBN: 978 - 7 - 311 - 03975 - 2: CNY198.00
96. 西藏经典宫殿游 / 杨辉麟编著. —拉萨: 西藏人民出版社.
ISBN: 978 - 7 - 223 - 03562 - 0: CNY15.00
97. 日喀则精典寺院游 / 杨辉麟编著. —拉萨: 西藏人民出版社.
ISBN: 978 - 7 - 223 - 03565 - 1: CNY15.00
98. 拉萨经典寺院游 / 杨辉麟编著. —拉萨: 西藏人民出版社.
ISBN: 978 - 7 - 223 - 03564 - 4: CNY15.00
99. 那曲昌都阿里精典寺院游 / 杨辉麟编著. —拉萨: 西藏人民出版社.
ISBN: 978 - 7 - 223 - 03561 - 3: CNY15.00
100. 山南林芝精典寺院游 / 杨辉麟编著. —拉萨: 西藏人民出版社.
ISBN: 978 - 7 - 223 - 03563 - 7: CNY15.00
101. 丽江古寺庙轶事及考略 / 许存仁著. —昆明: 云南民族出版社.
ISBN: 978 - 7 - 5367 - 5457 - 7: CNY38.00
102. 边关情: 西藏人民海关建立 50 周年纪念文集 / 王殿兴主编; 拉萨海关政治部编. —拉萨: 西藏人民出版社.
ISBN: 978 - 7 - 223 - 03350 - 3: CNY80.00
103. 茶马古道 / 刘勇编著. —合肥: 黄山书社.
ISBN: 978 - 7 - 5461 - 2705 - 7: CNY59.00
104. 藏学学刊. 2011 年第 7 辑 / 霍巍, 石硕主编; 四川大学中国藏学研究所编. —成都: 四川大学出版社.
ISBN: 978 - 7 - 5614 - 5872 - 3: CNY38.00
105. 敦煌民族研究 / 郑炳林主编. —兰州: 甘肃民族出版社.
ISBN: 978 - 7 - 5421 - 2029 - 8: CNY37.00
106. 敦煌学数字化问题研究 / 韩春平著. —北京: 民族出版社.
ISBN: 978 - 7 - 105 - 12135 - 9: CNY30.00
107. 中国边疆学概论 / 郑汕著. —昆明: 云南人民出版社.
ISBN: 978 - 7 - 222 - 09403 - 1: CNY75.00
108. 民国时期西北少数民族社会变迁及其问题研究 / 闫丽娟著. —北京: 中国社会科学出版社.
ISBN: 978 - 7 - 5161 - 0549 - 8: CNY78.00
109. 先秦时期的青藏高原东麓 / 陈苇著. —北京: 科学出版社.
ISBN: 978 - 7 - 03 - 035854 - 7: CNY90.00

110. 边茶藏马:茶马古道文化遗产保护(雅安)研讨会论文集 / 陈越良,王琼主编;雅安市人民政府,四川省文物管理局编. —北京:文物出版社.
ISBN:978 -7 -5010 -3406 -2:CNY118.00
111. 吐蕃地名研究 / 叶拉太著. —北京:人民出版社.
ISBN:978 -7 -01 -011498 -9:CNY43.00
112. 清代—民国西宁社会生活史 / 李健胜著. —北京:人民出版社.
ISBN:978 -7 -01 -010562 -8:CNY29.80
113. 迪庆藏族自治州革命遗址 / 孙彬涛主编;中共迪庆州委党史研究室编. —昆明:云南民族出版社.
ISBN:978 -7 -5367 -5268 -9:CNY75.00
114. 云南移民与古道研究 / 申旭著. —昆明:云南人民出版社.
ISBN:978 -7 -222 -08820 -7:CNY46.00
115. 西夏与周边关系研究 / 杨富学,陈爱峰著. —兰州:甘肃民族出版社.
ISBN:978 -7 -5421 -1857 -8:CNY32.00
116. 中国民族统计年鉴. 2011 /国家民族事务委员会经济发展司,国家统计局国民经济综合统计司编. —北京:中国统计出版社.
ISBN:978 -7 -5037 -6677 -0:CNY360.00

九、科学技术

1. 青海野生药用植物 / 卢学峰,张胜邦主编. —西宁:青海民族出版社.
ISBN:978 -7 -5420 -1762 -8:CNY990.00
2. 青海野生观赏地被植物图鉴 / 尹卫,刘小利主编. —西宁:青海民族出版社.
ISBN:978 -7 -5420 -1860 -1:CNY180.00

十、藏医藏药

1. 国医大师强巴赤列的藏医生涯 / 次旦久美著. —2 版. —北京:中国藏学出版社.
ISBN:978 -7 -80253 -495 -7:CNY35.00
2. 图解四部医典 / 宇妥·元丹贡布原著;李健编著. —石家庄:河北科学技术出版社.

ISBN: 978 - 7 - 5375 - 5265 - 3: CNY65.00

3. 民族药研究开发概论 / 刘同祥,李银生主编. —北京:中央民族大学出版社,
ISBN: 978 - 7 - 81108 - 943 - 1: CNY56.00
4. 西藏自治区疾病预防控制工作指南 / 西绕若登主编. —拉萨:西藏人民出版社.
ISBN: 978 - 7 - 223 - 03614 - 6: CNY98.00
5. 藏汉医史比较研究 / 汤杏林著. —北京:九州出版社.
ISBN: 978 - 7 - 5108 - 1628 - 4: CNY120.00(全4册)
6. 云南民族药志. 第四卷 / 朱兆云,赵毅,韦群辉主编;云南省药物研究所,云南省民族药工程技术研究中心编著. —昆明:云南民族出版社.
ISBN: 978 - 7 - 5367 - 5417 - 1: CNY290.00
7. 云南民族药志. 第五卷 / 朱兆云,赵毅,韦群辉主编;云南省药物研究所,云南省民族药工程技术研究中心编著. —昆明:云南民族出版社.
ISBN: 978 - 7 - 5367 - 5416 - 4: CNY290.00

藏文部分

政治法律军事（ཆབ་སྲིད་དང་ཁྲིམས་ལུགས། དམག་དོན་གྱི་སྐོར།）

1. ཀྲུང་ཧྭ་མི་དམངས་སྤྱི་མཐུན་རྒྱལ་ཁབ་ཀྱི་ཉེས་ཁྲིམས་དོན་འགྲེལ། /རྒྱལ་ཡོངས་མི་དམངས་འཐུས་མི་ཚོགས་ཆེན་ཨུ་ཡོན་ལྷན་ཁང་ཁྲིམས་ལས་ཨུ་ཡོན་ལྷན་ཁང་གིས། མི་རིགས་དཔེ་སྐྲུན་ཁང་། 2012ལོར།
   ISBN：978－7－105－11960－8
2. ཞུལ་འཛིན་སྐོར་གྱི་རྩོད་གཞི། /ལིའུ་ཞའོ་ཐེའེས་བསྒྲིགས། མི་རིགས་དཔེ་སྐྲུན་ཁང་། 2012ལོར།
   ISBN：978－7－105－12026－0
3. ཀྲུང་གུང་ཏང་གི་ལོ་རྒྱུས་ལས་གྲངས་ཉུང་མི་རིགས་ཀྱི་མི་སྣ། （པོད་དང་པོ།） / ཤེས་ཚང་ལྷ་མོ་དོན་གྲུབ་དང་ཆས་པ་རྟ་མགྲིན་ཚེ་རིང་གིས་བསྒྱུར། མི་རིགས་དཔེ་སྐྲུན་ཁང་། 2012ལོར།
   ISBN：978－7－105－12450－3
4. ཀྲུང་གུང་ཏང་གི་ལོ་རྒྱུས་ལས་གྲངས་ཉུང་མི་རིགས་ཀྱི་མི་སྣ། （པོད་གཉིས་པ།） / དབང་ལྡན་ཚེ་རིང་གིས་བསྒྱུར། མི་རིགས་དཔེ་སྐྲུན་ཁང་། 2012ལོར།
   ISBN：978－7－105－12438－1
5. ཀྲུང་གུང་ཏང་གི་ལོ་རྒྱུས་ལས་གྲངས་ཉུང་མི་རིགས་ཀྱི་མི་སྣ། （པོད་གསུམ་པ།） / དབང་ལྡན་ཚེ་རིང་གིས་བསྒྱུར། མི་རིགས་དཔེ་སྐྲུན་ཁང་། 2012ལོར།
   ISBN：978－7－105－12448－0
6. ཀྲུང་གུང་ཏང་གི་ལོ་རྒྱུས་ལས་གྲངས་ཉུང་མི་རིགས་ཀྱི་མི་སྣ། （པོད་བཞི་པ།） /ལྷ་དཔལ་སོགས་ཀྱིས་བསྒྱུར། མི་རིགས་དཔེ་སྐྲུན་ཁང་། 2012ལོར།
   ISBN：978－7－105－12426－8
7. ཚོགས་ཆེན་བཅོ་བརྒྱད་པའི་སྙན་སྒྲོན་གྱི་ཟུར་ཁྲིད་སློབ་དེབ། （སྟོད་ཆ། སྨད་ཆ།） /མི་རིགས་དཔེ་སྐྲུན་ཁང་

དང་ཀྲུང་གོའི་མི་རིགས་ཡིག་སྒྱུར་ཅུས་བསྒྱུར་སྒྲིག་བྱས། མི་རིགས་དཔེ་སྐྲུན་ཁང་། 2012ལོར།

ISBN：978 – 7 – 105 – 12512 – 8

8. ས་ཁང་བདག་དབང་སྐོར་གྱི་རྩོད་གླེང་། /ཧའོ་ཀྲན་ཧོ་དང་ཕུང་ལེས་རྩོམ་སྒྲིག་བྱས། བསོད་ནམས་དབང་རྒྱལ་གྱིས་བསྒྱུར། མི་རིགས་དཔེ་སྐྲུན་ཁང་། 2012ལོར།

ISBN：978 – 7 – 105 – 12145 – 8

9. ཁང་པ་ཉོ་འཚོང་དང་ཁང་གླ་གཏོང་བའི་སྐོར་གྱི་རྩོད་གཞི། /ཀྲའོ་ཙུན་གྱིས་རྩོམ་སྒྲིག་བྱས། རིན་ཆེན་དོན་འགྲུབ་ཀྱིས་བསྒྱུར། མི་རིགས་དཔེ་སྐྲུན་ཁང་། 2012ལོར།

ISBN：978 – 7 – 105 – 12025 – 3

10. ཡུལ་སྐོར་སྐོར་གྱི་རྩོད་གཞི། /ཅི་ཞང་གིས་རྩོམ་སྒྲིག་བྱས། དཔལ་རྒྱལ་དང་བདེ་ཆེན་གསལ་སྒྲོན་གཉིས་ཀྱིས་བསྒྱུར། མི་རིགས་དཔེ་སྐྲུན་ཁང་། 2012ལོར།

ISBN：978 – 7 – 105 – 12143 – 4

11. ཉེས་དོན་གཏུག་བཤེར་བྱེད་ཕྱོགས་སྐོར་གྱི་ཀྲུང་ཧྭ་མི་དམངས་སྤྱི་མཐུན་རྒྱལ་ཁབ་ཀྱི་བཅའ་ཁྲིམས་དོན་འགྲེལ། /རྒྱལ་སྲིད་སྲི་ཞུ་ཁང་གི་ཁྲིམས་ལུགས་གཞུང་ལས་ཁང་གིས་རྩོམ་སྒྲིག་མཛད། མི་རིགས་དཔེ་སྐྲུན་ཁང་། 2012ལོར།

ISBN：978 – 7 – 105 – 12022 – 2

12. ཉེས་དོན་གཏུག་བཤེར་བྱེད་ཕྱོགས་སྐོར་གྱི་ཀྲུང་ཧྭ་མི་དམངས་སྤྱི་མཐུན་རྒྱལ་ཁབ་ཀྱི་བཅའ་ཁྲིམས། /རྒྱལ་སྲིད་སྲི་ཞུ་ཁང་གི་ཁྲིམས་ལུགས་གཞུང་ལས་ཁང་གིས་རྩོམ་སྒྲིག་མཛད། ཀྲུང་གོའི་མི་རིགས་ཡིག་སྒྱུར་ཅུས་ཀྱིས་བསྒྱུར། མི་རིགས་དཔེ་སྐྲུན་ཁང་། 2012ལོར།

ISBN：978 – 7 – 105 – 12281 – 3

13. ཀྲུང་ཧྭ་མི་དམངས་སྤྱི་མཐུན་རྒྱལ་ཁབ་ཀྱི་ཁྲིམས་ཡིག་ཕྱོགས་བསྒྲིགས། /ཀྲུང་གོའི་མི་རིགས་ཡིག་སྒྱུར་ཅུས་ཀྱིས་བསྒྱུར། མི་རིགས་དཔེ་སྐྲུན་ཁང་། 2012ལོར།

ISBN：978 – 7 – 105 – 12454 – 1

14. ཀྲུང་གོའི་ཁྱད་ཆོས་ལྡན་པའི་སྤྱི་ཚོགས་རིང་ལུགས་ཀྱི་བགྲོད་ལམ་བརྒྱུད་ནས་བློ་རྩ་བརྟན་པོའི་ངང་མདུན་དུ་བསྐྱོད། /ཧུའུ་ཅིན་ཐའོ་ཡིས་བརྩམས། མི་རིགས་དཔེ་སྐྲུན་ཁང་གིས་བསྒྱུར། མི་རིགས་དཔེ་སྐྲུན་ཁང་། 2012ལོར།

ISBN：978 – 7 – 105 – 12500 – 5

15. གྲོང་གསེབ་ཀྱི་དམངས་དོན་སྐོར་གྱི་རྩོད་གཞི། /མཚོ་སྔོན་ཞིང་ཆེན་ཁྲིམས་འཛིན་ཐིན་གྱིས་རྩོམ་སྒྲིག་མཛད། མི་རིགས་དཔེ་སྐྲུན་ཁང་། 2012ལོར།

ISBN: 978 – 7 – 105 – 12021 – 5

16. མི་དམངས་ཉེན་རྟོག་པའི་སྐོར་གྱི་ཀྲུང་ཧྭ་མི་དམངས་སྤྱི་མཐུན་རྒྱལ་ཁབ་ཀྱི་བཅའ་ཁྲིམས། /རྒྱལ་སྲིད་སྤྱི་ཁྱབ་ཁང་གི་ཁྲིམས་ལུགས་གཞུང་ལས་ཁང་གིས་རྩོམ་སྒྲིག་མཛད། མི་རིགས་དཔེ་སྐྲུན་ཁང་། 2012ལོར།

ISBN: 978 – 7 – 105 – 12023 – 9

17. ལོ་ན་མ་སོན་པའི་སྐྱེ་བོ་སྲུང་སྐྱོང་བྱེད་ཕྱོགས་སྐོར་གྱི་ཀྲུང་ཧྭ་མི་དམངས་སྤྱི་མཐུན་རྒྱལ་ཁབ་ཀྱི་བཅའ་ཁྲིམས། /རྒྱལ་སྲིད་སྤྱི་ཁྱབ་ཁང་གི་ཁྲིམས་ལུགས་གཞུང་ལས་ཁང་གིས་རྩོམ་སྒྲིག་མཛད། མི་རིགས་དཔེ་སྐྲུན་ཁང་། 2012ལོར།

ISBN: 978 – 7 – 105 – 12146 – 5

18. སྲིད་གཞུང་གི་ལས་དོན་སྙན་ཞུ། 2012ལོའི་ཟླ3ཚེས5ཉིན་རྒྱལ་ཡོངས་མི་དམངས་འཐུས་མིའི་ཚོགས་ཆེན་སྐབས་བཅུ་གཅིག་པའི་སྙན་ཞུ། /ཝུན་ཅ་པའོ། མི་རིགས་དཔེ་སྐྲུན་ཁང་། 2012ལོར།

ISBN: 978 – 7 – 105 – 12075 – 8

19. ཀྲུང་གོའི་གུང་ཁྲན་ཏང་གི་སྒྲིག་ཡིག /ཀྲུང་གོའི་མི་རིགས་ཡིག་བསྒྱུར་ཅུས་ཀྱིས་བསྒྱུར། /ཝུན་ཅ་པའོ། མི་རིགས་དཔེ་སྐྲུན་ཁང་། 2012ལོར།

ISBN: 978 – 7 – 105 – 12495 – 4

哲学宗教（མཚན་ཉིད་རིག་པ་དང་ཆོས་ལུགས་ཀྱི་སྐོར།）

1. ལ་མོའི་ཡོངས་འཛིན་ཆོས་ཀྱི་རྒྱལ་པོའི་རྣམ་ཐར་འཛམ་མགོན་བསྟན་པའི་མཛེས་རྒྱན། （སྟོད་ཆ། སྨད་ཆ།） /བློ་བཟང་རྒྱ་མཚོ་དང་འཇམ་དབྱངས་རྒྱ་མཚོས་མཛད། ཀྲུང་གོའི་བོད་རིག་པ་དཔེ་སྐྲུན་ཁང་། 2012ལོར།

ISBN: 978 – 7 – 80253 – 479 – 7

2. མཁས་གྲུབ་གཉིས་ལྡན་གྱི་དགེ་སློང་བསྟན་འཛིན་དབང་གྲགས་ཀྱི་གསུང་རྩོམ་གཅེས་བསྡུས། （༡ – ༢） / བསྟན་འཛིན་དབང་གྲགས་ཀྱི་བརྩམས། ཀྲུང་གོའི་བོད་རིག་པ་དཔེ་སྐྲུན་ཁང་། 2012ལོར།

ISBN: 978 – 7 – 80253 – 493 – 3

3. ཚད་མ་རིག་པའི་འཇུག་སྒོ། /མཁན་ཀུན་དགའ་དཔལ་ལྡན་རྒྱ་མཚོས་བརྩམས། མི་རིགས་དཔེ་སྐྲུན་ཁང་། 2012ལོར།

ISBN：978 －7 －105 －12274 －5

4. ཕར་ཕྱིན་བློ་གསལ་དགྱེས་བྱེད། /མཁན་ཀུན་དགའ་དཔལ་ལྡན་རྒྱ་མཚོས་བརྩམས། མི་རིགས་དཔེ་སྐྲུན་ཁང་། 2012ལོར།

ISBN：978 －7 －105 －12273 －8

5. གཞན་སྟོང་རིགས་པའི་བཤད་སྒྲ། /མཁན་ཀུན་དགའ་དཔལ་ལྡན་རྒྱ་མཚོས་བརྩམས། མི་རིགས་དཔེ་སྐྲུན་ཁང་། 2012ལོར།

ISBN：978 －7 －105 －12272 －1

6. དམ་ཆོས་འདུལ་བའི་སྙིང་གཞི། /མཁན་ཀུན་དགའ་དཔལ་ལྡན་རྒྱ་མཚོས་བརྩམས། མི་རིགས་དཔེ་སྐྲུན་ཁང་། 2012ལོར།

ISBN：978 －7 －105 －12271 －4

7. དམ་ཆོས་འདུལ་བའི་སྤྱི་དོན། /མཁན་ཀུན་དགའ་དཔལ་ལྡན་རྒྱ་མཚོས་བརྩམས། མི་རིགས་དཔེ་སྐྲུན་ཁང་། 2012ལོར།

ISBN：978 －7 －105 －12270 －7

8. རྗེ་ཀུན་དགའ་ཐུགས་རྗེ་དཔལ་བཟང་པོའི་རྣམ་ཐར། /མཁན་ཀུན་དགའ་དཔལ་ལྡན་རྒྱ་མཚོས་བརྩམས། མི་རིགས་དཔེ་སྐྲུན་ཁང་། 2012ལོར།

ISBN：978 －7 －105 －12269 －1

9. རྗེ་ངག་དབང་བློ་བཟང་འཕྲིན་ལས་ཀྱི་རྣམ་ཐར། /མཁན་ཀུན་དགའ་དཔལ་ལྡན་རྒྱ་མཚོས་བརྩམས། མི་རིགས་དཔེ་སྐྲུན་ཁང་། 2012ལོར།

ISBN：978 －7 －105 －12260 －8

10. རྗེ་བཙུན་བླ་མ་དམ་པ་ངག་དབང་ཡོན་ཏན་བཟང་པོའི་རྣམ་ཐར། /མཁན་ཀུན་དགའ་དཔལ་ལྡན་རྒྱ་མཚོས་བརྩམས། མི་རིགས་དཔེ་སྐྲུན་ཁང་། 2012ལོར།

ISBN：978 －7 －105 －12258 －5

11. ཙ་ཤེས་ཊཱི་ཀ་ཆེན་གྱི་བསྡུས་དོན་ལྟ་བ་དྲན་པའི་ཆུ་རྒྱུན་ཞེས་བྱ་བ་བཞུགས་སོ། /འཇིགས་མེད་དཔལ་ལྡན་རྒྱ་མཚོས་བརྩམས། མི་རིགས་དཔེ་སྐྲུན་ཁང་། 2012ལོར།

ISBN：978 －7 －105 －12384 －1

12. ཛོ་ནང་ཆོས་འབྱུང་ཟླ་བའི་སྒྲོན་མེ། སྟོད་ཆ། （སྤྱིའི་དེབ 92） /ངག་དབང་ཀུན་དགའ་འཇམ་དབྱངས

བློ་གྲོས་ཀྱིས་གཙོ་སྒྲིག་མཛད། མི་རིགས་དཔེ་སྐྲུན་ཁང་། 2012ལོར།

ISBN：978－7－105－12410－7

13. ཇོ་ནང་ཆོས་འབྱུང་ཟླ་བའི་སྒྲོན་མེ། སྨད་ཆ། (སྤྱིའི་དེབ 93) /ངག་དབང་ཀུན་དགའ་འཇམ་དབྱངས་བློ་གྲོས་ཀྱིས་གཙོ་སྒྲིག་མཛད། མི་རིགས་དཔེ་སྐྲུན་ཁང་། 2012ལོར།

ISBN：978－7－105－12411－4

14. སྐལ་ལྡན་འགའ་ཕན་དང་རྫོགས་རིམ་ཡན་ལག་དྲུག་གི་བསྡུས་དོན། (སྤྱིའི་དེབ 94) /ངག་དབང་ཀུན་དགའ་འཇམ་དབྱངས་བློ་གྲོས་ཀྱིས་གཙོ་སྒྲིག་མཛད། མི་རིགས་དཔེ་སྐྲུན་ཁང་། 2012ལོར།

ISBN：978－7－105－12412－1

15. ཕྱི་ནང་གྲུབ་མཐའི་རྣམ་བཞག་སོགས་བཞུགས། (སྤྱིའི་དེབ 95) /ངག་དབང་ཀུན་དགའ་འཇམ་དབྱངས་བློ་གྲོས་ཀྱིས་གཙོ་སྒྲིག་མཛད། མི་རིགས་དཔེ་སྐྲུན་ཁང་། 2012ལོར།

ISBN：978－7－105－12413－8

16. ཀུ་རུའི་ཟླ་སྒྲུབ་དང་རྣམ་ཐར་སྐོར། (སྤྱིའི་དེབ 96) / ངག་དབང་ཀུན་དགའ་འཇམ་དབྱངས་བློ་གྲོས་ཀྱིས་གཙོ་སྒྲིག་མཛད། མི་རིགས་དཔེ་སྐྲུན་ཁང་། 2012ལོར།

ISBN：978－7－105－12414－5

17. སྒྲོལ་མའི་ཆོས་སྐོར། (སྤྱིའི་དེབ 97) /ངག་དབང་ཀུན་དགའ་འཇམ་དབྱངས་བློ་གྲོས་ཀྱིས་གཙོ་སྒྲིག་མཛད། མི་རིགས་དཔེ་སྐྲུན་ཁང་། 2012ལོར།

ISBN：978－7－105－12415－2

18. སྡོམ་གསུམ་རིམ་པར་ཉོད་ཚུལ་དང་གནས་བརྟན་ཕྱག་མཆོད་སྐོར། (སྤྱིའི་དེབ 98) /ངག་དབང་ཀུན་དགའ་འཇམ་དབྱངས་བློ་གྲོས་ཀྱིས་གཙོ་སྒྲིག་མཛད། མི་རིགས་དཔེ་སྐྲུན་ཁང་། 2012ལོར།

ISBN：978－7－105－12416－9

19. ཟླ་སྒྲུབ་དང་མགུར་གླུ་བསྟོད་ཚོགས་སྐོར། (སྤྱིའི་དེབ 99) /ངག་དབང་ཀུན་དགའ་འཇམ་དབྱངས་བློ་གྲོས་ཀྱིས་གཙོ་སྒྲིག་མཛད། མི་རིགས་དཔེ་སྐྲུན་ཁང་། 2012ལོར།

ISBN：978－7－105－12417－6

20. རྗེ་ཇོ་ནང་པ་ཆེན་པོའི་རིང་ལུགས་འཇིགས་མེད་གདོང་ལྔའི་ང་རོ། (སྤྱིའི་དེབ 100) /ངག་དབང་ཀུན་དགའ་འཇམ་དབྱངས་བློ་གྲོས་ཀྱིས་གཙོ་སྒྲིག་མཛད། མི་རིགས་དཔེ་སྐྲུན་ཁང་། 2012ལོར།

ISBN：978－7－105－12418－3

21. དམ་པའི་ཆོས་འདུལ་བ་རྒྱ་མཚོའི་སྙིང་པོ་བསྡུས་པ་ཐར་འདོད་ཡིད་ཀྱི་མུན་སེལ་ཞེས་བྱ་བའི་འགྲེལ་པ་ཚིག་དོན་རབ་གསལ། /བློ་བཟང་ཐར་པས་བརྩམས། མི་རིགས་དཔེ་སྐྲུན་ཁང་། 2012ལོར།

ISBN: 978 -7 -105 -12402 -2

22. ཚད་མའི་ རིགས་ ལམ་ སྤྱི་ བཤད། /ངག་ དབང་ བསྟན་ འཛིན་ གྱིས་ བརྩམས། མི་ རིགས་ དཔེ་ སྐྲུན་ ཁང་། 2012ལོར།

ISBN: 978 -7 -105 -12188 -5

23. དྭངས་གསལ་ཤེལ་གྱི་མེ་ལོང་། བོད་ཡིག་གི་བཀའ་བསྟན་བྱུང་འཕེལ་དང་ཁྱད་ཆོས། པར་མ་ཁག་དཔེ་སྒྲུར་པར་བསྐྲུན་བྱས་པའི་གནས་ཚུལ་བཅས་མདོར་བསྡུས་སུ་བཀོད་པ། /བུ་ཕྲུག་དང་གཙན་རང་སད་གཉིས་ཀྱིས་བརྩམས། ཀྲུང་གོའི་བོད་རིག་པ་དཔེ་སྐྲུན་ཁང་། 2012ལོར།

ISBN: 978 -7 -80253 -548 -0

24. རྗེ་བཙུན་ལམ་རིམ་པ་ངག་དབང་ཕུན་ཚོགས་ཀྱི་གསུང་འབུམ་བཞུགས་སོ།། (པོད་དང་པོ།) /རྗེ་བཙུན་ལམ་རིམ་པ་ངག་དབང་ཕུན་ཚོགས་ཀྱིས་བརྩམས། མི་རིགས་དཔེ་སྐྲུན་ཁང་། 2012ལོར།

ISBN: 978 -7 -105 -12256 -1

25. རྗེ་བཙུན་ལམ་རིམ་པ་ངག་དབང་ཕུན་ཚོགས་ཀྱི་གསུང་འབུམ་བཞུགས་སོ།། (པོད་གཉིས་པ།) /རྗེ་བཙུན་ལམ་རིམ་པ་ངག་དབང་ཕུན་ཚོགས་ཀྱིས་བརྩམས། མི་རིགས་དཔེ་སྐྲུན་ཁང་། 2012ལོར།

ISBN: 978 -7 -105 -12255 -4

26. རྗེ་བཙུན་ལམ་རིམ་པ་ངག་དབང་ཕུན་ཚོགས་ཀྱི་གསུང་འབུམ་བཞུགས་སོ།། (པོད་གསུམ་པ།) / རྗེ་བཙུན་ལམ་རིམ་པ་ངག་དབང་ཕུན་ཚོགས་ཀྱིས་བརྩམས། མི་རིགས་དཔེ་སྐྲུན་ཁང་། 2012ལོར།

ISBN: 978 -7 -105 -12254 -7

27. རྗེ་བཙུན་ལམ་རིམ་པ་ངག་དབང་ཕུན་ཚོགས་ཀྱི་གསུང་འབུམ་བཞུགས་སོ།། (པོད་བཞི་པ།) /རྗེ་བཙུན་ལམ་རིམ་པ་ངག་དབང་ཕུན་ཚོགས་ཀྱིས་བརྩམས། མི་རིགས་དཔེ་སྐྲུན་ཁང་། 2012ལོར།

ISBN: 978 -7 -105 -12268 -4

28. རྗེ་བཙུན་ལམ་རིམ་པ་ངག་དབང་ཕུན་ཚོགས་ཀྱི་གསུང་འབུམ་བཞུགས་སོ།། (པོད་ལྔ་པ།) /རྗེ་བཙུན་ལམ་རིམ་པ་ངག་དབང་ཕུན་ཚོགས་ཀྱིས་བརྩམས། མི་རིགས་དཔེ་སྐྲུན་ཁང་། 2012ལོར།

ISBN: 978 -7 -105 -12259 -2

29. རྗེ་བཙུན་ལམ་རིམ་པ་ངག་དབང་ཕུན་ཚོགས་ཀྱི་གསུང་འབུམ་བཞུགས་སོ།། (པོད་དྲུག་པ།) /རྗེ་བཙུན་

ལམ་རིམ་པ་ངག་དབང་ཕུན་ཚོགས་ཀྱིས་བརྩམས། མི་རིགས་དཔེ་སྐྲུན་ཁང་། 2012ལོར།

ISBN：978－7－105－12253－0

30. ཡུལ་ནང་ངག་དབང་བསྟན་འཛིན་གྱི་ཚད་མའི་དཔྱད་རྩོམ་ཕྱོགས་བསྒྲིགས། /ཡུལ་ནང་ངག་དབང་བསྟན་འཛིན་གྱིས་བསྒྱུར། མི་རིགས་དཔེ་སྐྲུན་ཁང་། 2012ལོར།

ISBN：978－7－105－12091－8

31. བོད་བརྒྱུད་ནང་བསྟན་སྔ་འགྱུར་བཀའ་གཏེར་དཀྱིལ་འཁོར་དཔེ་རིས། /བསྟན་འཛིན་ལུང་རྟོགས་ཉི་མ། མཐུ་སྟོབས་རྣམ་རྒྱལ་གྱིས་བསྒྱུར། མི་རིགས་དཔེ་སྐྲུན་ཁང་། 2012ལོར།

ISBN：978－7－223－03556－9

32. མཛངས་བླུན་ཞེས་བྱ་བའི་མདོ། /འགོས་ཆོས་གྲུབ་ཀྱིས་བསྒྱུར། མི་རིགས་དཔེ་སྐྲུན་ཁང་། 2012ལོར།

ISBN：978－7－105－12624－8

33. ཕུར་ལྕོག་ངག་དབང་བྱམས་པའི་གསུང་འབུམ། （སྟོད་སྨད་བར།） /ཕུར་ལྕོག་ངག་དབང་བྱམས་པས་བརྩམས། མི་རིགས་དཔེ་སྐྲུན་ཁང་། 2012ལོར།

ISBN：978－7－105－12468－8

34. དམ་པའི་ཆོས་འདུལ་བ་རྒྱ་མཚོའི་སྙིང་པོ་བསྡུས་པ་ཐར་འདོད་ཡིད་ཀྱི་མུན་སེལ་ཞེས་པའི་འགྲེལ་པ་ཚིག་དོན་རབ་གསལ་ཞུ་བ་ཕྱིར་བསྟན་གྱི་སྐབས་བཞུགས་སོ། /བློ་བཟང་ཐར་པས་བརྩམས། མི་རིགས་དཔེ་སྐྲུན་ཁང་། 2012ལོར།

ISBN：978－7－105－12402－2

35. དམ་པའི་ཆོས་འདུལ་བ་རྒྱ་མཚོའི་སྙིང་པོ་བསྡུས་པ་ཐར་འདོད་ཡིད་ཀྱི་མུན་སེལ་ཞེས་པའི་འགྲེལ་པ་ཚིག་དོན་རབ་གསལ་ལས་གཞི་བཅུ་དྲུག་གི་སྐབས་བཞུགས་སོ།། /བློ་བཟང་ཐར་པས་བརྩམས། མི་རིགས་དཔེ་སྐྲུན་ཁང་། 2012ལོར།

ISBN：978－7－105－12402－2

36. བཀའ་འགྱུར་ལས་འབུམ། ཉི་ཁྲི། བརྒྱད་སྟོང་བཞུགས་སོ།། འབུམ། （ད） / ཀྲུང་གོའི་བོད་རིག་པ་ཞིབ་འཇུག་ལྟེ་གནས་ཀྱི་བཀའ་བསྟན་དཔེ་བསྡུར་ཁང་གིས་བསྒྲིགས། ཀྲུང་གོའི་བོད་རིག་པ་དཔེ་སྐྲུན་ཁང་། 2012ལོར།

ISBN：978－7－80253－528－2

37. བཀའ་འགྱུར་ལས་འབུམ། ཉི་ཁྲི། བརྒྱད་སྟོང་བཞུགས་སོ།། འབུམ། （ཨ） / ཀྲུང་གོའི་བོད་རིག་པ་

ཞིབ་འཇུག་ལྟེ་གནས་ཀྱི་བཀའ་བསྟན་དཔེ་བསྒྱུར་ཁང་གིས་བསྒྲིགས། ཀྲུང་གོའི་བོད་རིག་པ་དཔེ་སྐྲུན་ཁང་། 2012ལོར།

ISBN：978－7－80253－528－2

38. བཀའ་འགྱུར་ལས་འབུམ། ཤེ་ཕྱི། བརྒྱད་སྟོང་བཞུགས་སོ།། ཤེ་ཕྱི། (ཁ) / ཀྲུང་གོའི་བོད་རིག་པ་ཞིབ་འཇུག་ལྟེ་གནས་ཀྱི་བཀའ་བསྟན་དཔེ་བསྒྱུར་ཁང་གིས་བསྒྲིགས། ཀྲུང་གོའི་བོད་རིག་པ་དཔེ་སྐྲུན་ཁང་། 2012ལོར།

ISBN：978－7－80253－528－2

39. བཀའ་འགྱུར་ལས་འབུམ། ཤེ་ཕྱི། བརྒྱད་སྟོང་བཞུགས་སོ།། བརྒྱད་སྟོང་། (ཀ) / ཀྲུང་གོའི་བོད་རིག་པ་ཞིབ་འཇུག་ལྟེ་གནས་ཀྱི་བཀའ་བསྟན་དཔེ་བསྒྱུར་ཁང་གིས་བསྒྲིགས། ཀྲུང་གོའི་བོད་རིག་པ་དཔེ་སྐྲུན་ཁང་། 2012ལོར།

ISBN：978－7－80253－528－2

40. འཛམ་མགོན་ཆོས་ཀྱི་རྒྱལ་པོའི་ཡོངས་འཛིན་ཆོས་རྗེ་དོན་གྲུབ་རིན་ཆེན་གྱིས་མཛད་པའི་རྒྱུད་བླ་མའི་འགྲེལ་བ། /ཆོས་རྗེ་དོན་གྲུབ་རིན་ཆེན་གྱིས་མཛད། མཚོ་སྔོན་མི་རིགས་དཔེ་སྐྲུན་ཁང་། 2012ལོར།

ISBN：978－7－5420－1845－8

41. མཁས་གྲུབ་གཉིས་ལྡན་གྱི་དགེ་སློང་བསྟན་འཛིན་དབང་གྲགས་ཀྱི་གསུང་རྩོམ་གཅེས་བསྡུས། (པོད་དང་པོ་སྨན་གཞུང་གི་སྐོར།) / མངའ་རིས་ས་ཁུལ་སྨན་རྩིས་ཁང་གིས་བསྒྲིགས། ཀྲུང་གོའི་བོད་རིག་པ་དཔེ་སྐྲུན་ཁང་། 2012ལོར།

ISBN：978－7－80253－493－3

42. མཁས་གྲུབ་གཉིས་ལྡན་གྱི་དགེ་སློང་བསྟན་འཛིན་དབང་གྲགས་ཀྱི་གསུང་རྩོམ་གཅེས་བསྡུས། (པོད་གཉིས་པ་ཞལ་གདམས་ཐོར་བུ།) / མངའ་རིས་ས་ཁུལ་སྨན་རྩིས་ཁང་གིས་བསྒྲིགས། ཀྲུང་གོའི་བོད་རིག་པ་དཔེ་སྐྲུན་ཁང་། 2012ལོར།

ISBN：978－7－80253－493－3

历史 (ལོ་རྒྱུས་ཀྱི་སྐོར།)

1. མགར་ཐར་བྱམས་པ་གླིང་གི་ལོ་རྒྱུས། /སྒྲོལ་མ་ཆོས་མཚོས་བསྒྲིགས། མི་རིགས་དཔེ་སྐྲུན་ཁང་། 2012ལོར།

ISBN：978－7－105－12067－3

2. བོད་བརྒྱུད་ནང་བསྟན་དགོན་པའི་དོ་དམ་ལམ་ལུགས་ཀྱི་འཕེལ་འགྱུར་ལ་དཔྱད་པ་བླ་ཤེལ་མེ་ལོང་ཞེས་བྱ་བ་བཞུགས་སོ།། /གདུགས་དཀར་ཚེ་རིང་དང་ལྷགས་ཐར་རྒྱལ་གྱིས་བརྩམས། ཀྲུང་གོའི་བོད་རིག་པ་དཔེ་སྐྲུན་ཁང་། 2012ལོར།

ISBN：978 –7 –80253 –565 –7

3. བོད་ལྗོངས་ཀྱི་དགོན་སྡེའི་དཀར་ཆག་མུ་ཏིག་ཕྲེང་བ། ལྷ་ས་གྲོང་མཐིལ་གྱི་དགོན་སྡེའི་སྐོར། /བླང་རུ་ནོར་བུ་ཚེ་རིང་གིས་བརྩམས། ཀྲུང་གོའི་བོད་རིག་པ་དཔེ་སྐྲུན་ཁང་། 2012ལོར།

ISBN：978 –7 –80253 –560 –2

4. འཛམ་མགོན་རྗེ་བླ་མ་སྲིད་ཞིའི་གཙུག་རྒྱན་ལ་མོའི་ཡོངས་འཛིན་ཆོས་ཀྱི་རྒྱལ་པོ་རྗེ་བཙུན་བློ་བཟང་མཁས་གྲུབ་རྒྱ་མཚོའི་རྣམ་ཐར། /རྗེ་བཙུན་བློ་བཟང་རྒྱ་མཚོས་མཛད། ཀྲུང་གོའི་བོད་རིག་པ་དཔེ་སྐྲུན་ཁང་། 2012ལོར།

ISBN：978 –7 –80253 –479 –7

5. འཛམ་མགོན་བསྟན་པའི་གསལ་བྱེད་དམ་པ་ལ་མོའི་ཡོངས་འཛིན་བློ་བཟང་མཁས་གྲུབ་རྒྱ་མཚོ་མཆོག་གི་རྣམ་པར་ཐར་བའི་ཁ་སྐོང་། /རྗེ་བཙུན་བློ་བཟང་རྒྱ་མཚོས་མཛད། ཀྲུང་གོའི་བོད་རིག་པ་དཔེ་སྐྲུན་ཁང་། 2012ལོར།

ISBN：978 –7 –80253 –479 –7

6. མཁར་བླ་ཀརྨ་འཕྲིན་ལས་ཀྱི་དཔྱད་རྩོམ་ཕྱོགས་བསྒྲིགས། /མཁར་བླ་ཀརྨ་འཕྲིན་ལས་ཀྱིས་བརྩམས། མི་རིགས་དཔེ་སྐྲུན་ཁང་། 2012ལོར།

ISBN：978 –7 –105 –12086 –4

7. མཚོ་སྔ་བ་སྟོབས་རྒྱལ་གྱི་གསུང་རྩོམ་ཕྱོགས་བསྒྲིགས། /མཚོ་སྔ་བ་སྟོབས་རྒྱལ་གྱིས་བརྩམས། མི་རིགས་དཔེ་སྐྲུན་ཁང་། 2012ལོར།

ISBN：978 –7 –105 –12089 –5

8. རྡོ་དགོན་གསང་བདག་རྡོ་རྗེའི་དཔྱད་རྩོམ་ཕྱོགས་བསྒྲིགས། /རྡོ་དགོན་གསང་བདག་རྡོ་རྗེས་བརྩམས། མི་རིགས་དཔེ་སྐྲུན་ཁང་། 2012ལོར།

ISBN：978 –7 –105 –12432 –9

9. དཀའ་བ་པ་སངས་ཀྱི་གཞིབ་བསྡུར་དཔྱད་རྩོམ་ཕྱོགས་སྒྲིག / དཀའ་བ་པ་སངས་ཀྱིས་བརྩམས། མི་རིགས་དཔེ་སྐྲུན་ཁང་། 2012ལོར།

ISBN：978 –7 –105 –12432 –9

10. ཀརྨ་འཕྲིན་ལས་ཀྱི་དཔྱད་རྩོམ་ཕྱོགས་བསྒྲུས། /ཀརྨ་འཕྲིན་ལས་ཀྱིས་བརྩམས། མི་རིགས་དཔེ་སྐྲུན་ཁང་། 2012ལོར།

ISBN：978 –7 –105 –12086 –4

11. རྡོ་རྗེའི་དཔྱད་རྩོམ་ཕྱོགས་བསྒྲུས། /རྡོ་རྗེས་བརྩམས། མི་རིགས་དཔེ་སྐྲུན་ཁང་། 2012ལོར།

ISBN：978 –7 –105 –12089 –5

12. རྡོ་དགོན་གསང་བདག་རྡོ་རྗེའི་དཔྱད་རྩོམ་ཕྱོགས་བསྒྲིགས། འཆར་སྣོའི་སྙེ་མ། /རྡོ་དགོན་གསང་བདག་རྡོ་རྗེས་བརྩམས། མི་རིགས་དཔེ་སྐྲུན་ཁང་། 2012ལོར།

ISBN：978 –7 –105 –12087 –1

13. ཀུན་མཁྱེན་མཆོད་ཚིག་དང་རྣམ་ཐར་སྐོར། (སྤྱིའི་དེབ 91) / ངག་དབང་ཀུན་དགའ་འཇམ་དབྱངས་བློ་གྲོས་ཀྱིས་གཙོ་སྒྲིག་བྱས། མི་རིགས་དཔེ་སྐྲུན་ཁང་། 2012ལོར།

ISBN：978 –7 –105 –12409 –1

文学艺术 (རྩོམ་རིག་སྒྱུ་རྩལ་གྱི་སྐོར།)

1. གནའ་རྩོམ་གཅེས་བཏུས་སློབ་དེབ་གསར་མ་གཞོན་ནུའི་ལང་ཚོ། /གོ་ཤུལ་གྲགས་པ་འབྱུང་གནས་དང་གཡང་སྒྲོན་གཉིས་ཀྱིས་བསྒྲིགས། མི་རིགས་དཔེ་སྐྲུན་ཁང་། 2012ལོར།

ISBN：978 –7 –105 –12066 –6

2. མངོན་བརྗོད་གཞོན་ནུའི་མགུལ་རྒྱན། /རིན་ཆེན་འཚོ་དང་མཁའ་འགྲོ་ཚེ་རིང་གཉིས་ཀྱིས་རྩོམ་སྒྲིག་བྱས། མི་རིགས་དཔེ་སྐྲུན་ཁང་། 2012ལོར།

ISBN：978 –7 –105 –12195 –3

3. བོད་ཀྱི་མཁས་པའི་ལེགས་རྩོམ་ཕྱོགས་བསྒྲིགས་བློ་གསལ་འཇུག་ངོགས་ཞེས་བྱ་བ་བཞུགས་སོ། /ཁུ་བྱུག་གིས་བསྒྲིགས། མི་རིགས་དཔེ་སྐྲུན་ཁང་། 2012ལོར།

ISBN：978 –7 –105 –12167 –0

4. སྙིང་རྒྱུད་དང་གླིང་སྙིང་རིག་པའི་རྣམ་བཤད། /ནོར་བུ་དབང་ལྡན་གྱིས་བརྩམས། མི་རིགས་དཔེ་སྐྲུན་ཁང་། 2012ལོར།

ISBN：978 –7 –105 –12068 –0

5. གཞིབ་བསྡུར་གྱི་ལམ་ནས་བོད་ཀྱི་དཔེ་ཆོས་རྩོམ་ཡིག་ལ་འཇུག་པ། /དགའ་བ་པ་སངས་ཀྱིས་བརྩམས། མི་

རིགས་དཔེ་སྐྲུན་ཁང་། 2012ལོར།

ISBN：978 – 7 – 105 – 12435 – 0

6. ཕྱི་རྒྱལ་གྱི་རྩོམ་རིག་བརྩམས་ཆོས་ལེགས་བཏུས། ／བསོད་ནམས་མཚོ་མོས་བསྒྲིགས། མི་རིགས་དཔེ་སྐྲུན་ཁང་། 2012ལོར།

ISBN：978 – 7 – 105 – 12430 – 5

7. སློབ་ཆེན་རྩོམ་རིག ／བཀྲ་ཧྲས་རྩོམ་སྒྲིག་ཁྲུས། མི་རིགས་དཔེ་སྐྲུན་ཁང་། 2012ལོར།

ISBN：978 – 7 – 105 – 12194 – 6

8. ཁ་བ་མེད་པའི་དགུན་ཁ། ／སྟག་འབུམ་རྒྱལ་གྱིས་བརྩམས། མི་རིགས་དཔེ་སྐྲུན་ཁང་། 2012ལོར།

ISBN：978 – 7 – 105 – 12149 – 6

9. རྡོ་དགོན་གསང་བདག་རྡོ་རྗེའི་རྩོམ་རིག་བརྩམས་ཆོས་ཕྱོགས་བསྒྲིགས། སྐྱུ་རྩལ་གྱི་ཞིང་ཁམས། ／རྡོ་དགོན་གསང་བདག་རྡོ་རྗེས་བརྩམས། མི་རིགས་དཔེ་སྐྲུན་ཁང་། 2012ལོར།

ISBN：978 – 7 – 105 – 12433 – 6

10. མངའ་རིས་སྨུ་རངས་ཀྱི་འཛིག་རྟེན་རྩ་འཇུགས་རྟེན་འབྲེལ་སླུ་སྣ་བཞུགས་སོ།། ／གུ་གེ་ཚེ་རིང་རྒྱལ་པོས་རྩོམ་སྒྲིག་ཁྲུས། མགོ་ལོག་རྣམ་རྒྱལ་གྱིས་བསྒྱུར། མི་རིགས་དཔེ་སྐྲུན་ཁང་། 2012ལོར།

ISBN：978 – 7 – 105 – 12173 – 1

11. གཙུག་ལག་པོད་བཞི་མ། ／མགོ་ལོག་རྣམ་རྒྱལ་གྱིས་བསྒྱུར། མི་རིགས་དཔེ་སྐྲུན་ཁང་། 2012ལོར།

ISBN：978 – 7 – 105 – 12364 – 3

12. བོད་ཀྱི་དམངས་ཁྲོད་རྩོམ་རིག་དཔེ་ཚོགས། གཏམ་མཛོད་སྐྱེ་བོའི་ཁ་རྒྱན། ／བཀའ་མ་མཁའ་འབུམ་དང་ཚེ་རྒྱལ་གཉིས་ཀྱིས་བསྒྲིགས། ཀྲུང་གོའི་བོད་རིག་པ་དཔེ་སྐྲུན་ཁང་། 2012ལོར།

ISBN：978 – 7 – 80253 – 470 – 4

13. བོད་ཀྱི་དམངས་ཁྲོད་རྩོམ་རིག་དཔེ་ཚོགས། ལ་གཞས་རྩེད་སྐོར་བཅུ་གཉིས། ／བཀའ་མ་མཁའ་འབུམ་དང་ཚེ་རྒྱལ་གཉིས་ཀྱིས་བསྒྲིགས། ཀྲུང་གོའི་བོད་རིག་པ་དཔེ་སྐྲུན་ཁང་། 2012ལོར།

ISBN：978 – 7 – 80253 – 468 – 1

14. བོད་ཀྱི་དམངས་ཁྲོད་རྩོམ་རིག་དཔེ་ཚོགས། སྨུ་སྐྱན་ཁྲིམ་པའི་དགའ་སྟོན། ／བཀའ་མ་མཁའ་འབུམ་དང་ཚེ་རྒྱལ་གཉིས་ཀྱིས་བསྒྲིགས། ཀྲུང་གོའི་བོད་རིག་པ་དཔེ་སྐྲུན་ཁང་། 2012ལོར།

ISBN：978 – 7 – 80253 – 469 – 8

15. བོད་ཀྱི་དམངས་ཁྲོད་རྩོམ་རིག་དཔེ་ཚོགས། གཞས་གར་ངོ་མཚར་ལྡེད་མོ། /བཀའ་མ་མཁའ་འབུམ་དང་ཚེ་རྒྱལ་གཉིས་ཀྱིས་བསྒྲིགས། ཀྲུང་གོའི་བོད་རིག་པ་དཔེ་སྐྲུན་ཁང་། 2012ལོར།

ISBN：978 －7 －80253 －467 －4

16. བོད་ཀྱི་དམངས་ཁྲོད་རྩོམ་རིག་དཔེ་ཚོགས། རོགས་མཐུན་ཁུ་བྱུག་དབྱངས་སྙན། /བཀའ་མ་མཁའ་འབུམ་དང་ཚེ་རྒྱལ་གཉིས་ཀྱིས་བསྒྲིགས། ཀྲུང་གོའི་བོད་རིག་པ་དཔེ་སྐྲུན་ཁང་། 2012ལོར།

ISBN：978 －7 －80253 －466 －7

17. བོད་ཀྱི་དམངས་ཁྲོད་རྩོམ་རིག་དཔེ་ཚོགས། གཏམ་རྒྱུད་རྒན་པོའི་ཞལ་རྒྱུན། /བཀའ་མ་མཁའ་འབུམ་དང་ཚེ་རྒྱལ་གཉིས་ཀྱིས་བསྒྲིགས། ཀྲུང་གོའི་བོད་རིག་པ་དཔེ་སྐྲུན་ཁང་། 2012ལོར།

ISBN：978 －7 －80253 －465 －0

18. བོད་ཀྱི་དམངས་ཁྲོད་རྩོམ་རིག་དཔེ་ཚོགས། བཤད་པ་ངག་གི་སྒྱུ་རྩལ། /བཀའ་མ་མཁའ་འབུམ་དང་ཚེ་རྒྱལ་གཉིས་ཀྱིས་བསྒྲིགས། ཀྲུང་གོའི་བོད་རིག་པ་དཔེ་སྐྲུན་ཁང་། 2012ལོར།

ISBN：978 －7 －80253 －464 －3

19. བོད་ཀྱི་སྲོལ་རྒྱུན་གླུ་གཞས་གཅེས་བསྡུས། /རྡོ་རྗེ་ཚེ་རིང་གིས་གཙོ་སྒྲིག་བྱས། ཀྲུང་གོའི་བོད་རིག་པ་དཔེ་སྐྲུན་ཁང་། 2012ལོར།

ISBN：978 －7 －80253 －482 －7

20. ས་མཐོའི་བུ་མོ། （༤） / དཔལ་བརྩེགས་བོད་ཡིག་དཔེ་རྙིང་ཞིབ་འཇུག་ཁང་གིས་བསྒྲིགས། ཀྲུང་གོའི་བོད་རིག་པ་དཔེ་སྐྲུན་ཁང་། 2012ལོར།

ISBN：978 －7 －80253 －471 －1

21. སྙན་རྩོམ་ཐོར་བུ། སྟོད་སྨད་ཆ། /མཁན་ཀུན་དགའ་དཔལ་ལྡན་རྒྱ་མཚོས་བརྩམས། མི་རིགས་དཔེ་སྐྲུན་ཁང་། 2012ལོར།

ISBN：978 －7 －105 －12257 －8

22. ལེགས་པར་བཤད་པ་རིན་པོ་ཆེའི་གཏེར་གྱི་ཚིགས་སུ་བཅད་པའི་འགྲེལ་གསར་མཁས་པ་མགུ་བའི་མཆོད་སྤྲིན་ཞེས་བྱ་བ་བཞུགས་སོ།། /མཁར་ བློ་ ཀརྨ་ འཕྲིན་ ལས་ དགེ་ ལེགས་ ཀྱིས་ བརྩམས། མི་ རིགས་ དཔེ་ སྐྲུན་ཁང་། 2012ལོར།

ISBN：978 －7 －105 －12090 －1

23. སྲིད་པའི་རྒྱ་རབས། /སྒྲ་ཙ་བཀྲ་ཤིས་དོན་གྲུབ་ཀྱིས་བརྩམས། མི་རིགས་དཔེ་སྐྲུན་ཁང་། 2012ལོར།

ISBN：978 -7 -105 -12375 -9

24. ཁང་སར་སྐྱབས་མགོན་བློ་བཟང་ཚུལ་ཁྲིམས་ཀྱི་གསུང་འབུམ་བཞུགས་སོ།། /ཁང་སར་སྐྱབས་མགོན་བློ་བཟང་ཚུལ་ཁྲིམས་ཀྱིས་བརྩམས། སི་ཁྲོན་བོད་ཡིག་དཔེ་རྙིང་མྱུར་སྐྱོབ་འཚོལ་སྒྲིག་ཁང་། 2012ལོར།

ISBN：978 -7 -105 -12440 -4

25. ལྷག་པ་ཚོས་འཕེལ་གྱི་དཔྱད་རྩོམ་ཕྱོགས་བསྒྲིགས། /ལྷག་པ་ཚོས་འཕེལ་གྱིས་བརྩམས། མི་རིགས་དཔེ་སྐྲུན་ཁང་། 2012ལོར།

ISBN：978 -7 -105 -12091 -8

26. བོད་ཀྱི་རྩོམ་རིག་སྐོར་གྱི་མཚོ་བསམ། ལྷག་པ་ཚོས་འཕེལ་གྱི་དཔྱད་རྩོམ་ཕྱོགས་བསྒྲིགས། /ལྷག་པ་ཚོས་འཕེལ་གྱིས་བརྩམས། མི་རིགས་དཔེ་སྐྲུན་ཁང་། 2012ལོར།

ISBN：978 -7 -105 -12085 -7

文化教育（རིག་གནས་སློབ་གསོའི་སྐོར།）

1. སློབ་ཆུང་བོད་ཡིག་བསྐྱར་སྦྱོང་ཕྱོགས་བཏུས་ལྷན་སེལ་སྒྲོན་མདངས་བཞུགས་སོ།། /དབང་རྒྱལ་གྱིས་བརྩམས། མི་རིགས་དཔེ་སྐྲུན་ཁང་། 2012ལོར།

ISBN：978 -7 -105 -12223 -3

2. བོད་ཀྱི་སྲོལ་རྒྱུན་སློབ་ཁྲིད་རྣམ་བཤད། /ཞལ་ངོ་ལྷག་པ་ཚེ་རིང་གིས་བསྒྲིགས། དབང་རྒྱལ་གྱིས་བརྩམས། མི་རིགས་དཔེ་སྐྲུན་ཁང་། 2012ལོར།

ISBN：978 -7 -105 -12431 -2

3. རྒྱུ་མཚན་འབུམ་པ། གྲངས་རིག་གི་སྐོར། /འཇིགས་བྱེད་ཀྱིས་བསྒྱུར། མི་རིགས་དཔེ་སྐྲུན་ཁང་། 2012ལོར།

ISBN：978 -7 -105 -12147 -2

4. རྒྱུ་མཚན་འབུམ་པ། དངོས་ལུགས་ཀྱི་སྐོར། /མཁའ་བྱམས་བཀྲ་ཤིས་དང་པའི་ཞོ་ཤིང་། རྡོ་རྗེས་བཅས་ཀྱིས་བསྒྱུར། མི་རིགས་དཔེ་སྐྲུན་ཁང་། 2012ལོར།

ISBN：978 -7 -105 -12159 -5

5. རྒྱུ་མཚན་འབུམ་པ། རྫས་འགྱུར་གྱི་སྐོར། /མཆོག་གསུམ་དང་བན་དེ་བཀྲ་ཤིས། རྡོ་རྗེ་སྒྲོལ་མ་བཅས་ཀྱིས་བསྒྱུར། མི་རིགས་དཔེ་སྐྲུན་ཁང་། 2012ལོར།

ISBN：978 -7 -105 -12158 -8

6. རྒྱ་མཚན་འབུམ་པ། སྲོག་ཆགས་ཀྱི་སྐོར། /དོན་འགྲུབ་ཀྱིས་བསྒྱུར། མི་རིགས་དཔེ་སྐྲུན་ཁང་། 2012ལོར།
ISBN：978 –7 –105 –12155 –7

7. རྒྱ་མཚན་འབུམ་པ། རྩི་ཤིང་གི་སྐོར། /ཤེས་ཚང་ལྷ་མོ་དོན་གྲུབ་དང་ཏིང་འཛིན་བཀྲ་ཤིས་གཉིས་ཀྱིས་བསྒྱུར། མི་རིགས་དཔེ་སྐྲུན་ཁང་། 2012ལོར།
ISBN：978 –7 –105 –12157 –1

8. རྒྱ་མཚན་འབུམ་པ། མི་ལུས་ཚན་རིག་གི་སྐོར། /འཇིགས་བྱེད་སྐྱབས་དང་སྒྲོལ་མ་འཚོ་གཉིས་ཀྱིས་བསྒྱུར། མི་རིགས་དཔེ་སྐྲུན་ཁང་། 2012ལོར།
ISBN：978 –7 –105 –12154 –0

9. རྒྱ་མཚན་འབུམ་པ། སའི་གོ་ལའི་ཚན་རིག་གི་སྐོར། /ལྷག་པ་ཚེ་རིང་གིས་བསྒྱུར། མི་རིགས་དཔེ་སྐྲུན་ཁང་། 2012ལོར།
ISBN：978 –7 –105 –12153 –3

10. རྒྱ་མཚན་འབུམ་པ། སྐར་ཁམས་ཚན་རིག་གི་སྐོར། /དབྱངས་ཅན་སྐྱིད་དང་ཤ་བོ་རིན་མཚོ། སྟོབས་ལྡན་བཅས་ཀྱིས་བསྒྱུར། མི་རིགས་དཔེ་སྐྲུན་ཁང་། 2012ལོར།
ISBN：978 –7 –105 –12152 –6

11. རྒྱ་མཚན་འབུམ་པ། ཁོར་ཡུག་ཚན་རིག་གི་སྐོར། /བསོད་ནམས་དོན་གྲུབ་དང་ཐང་སྐོར་དབུས་སྐྱབས་བཅས་ཀྱིས་བསྒྱུར། མི་རིགས་དཔེ་སྐྲུན་ཁང་། 2012ལོར།
ISBN：978 –7 –105 –12151 –9

12. རྒྱ་མཚན་འབུམ་པ། ཆ་འཕྲིན་ཚན་རིག་གི་སྐོར། /ཐང་སྐོར་དབུས་སྐྱབས་ཀྱིས་བསྒྱུར། མི་རིགས་དཔེ་སྐྲུན་ཁང་། 2012ལོར།
ISBN：978 –7 –105 –12150 –2

13. རྒྱ་མཚན་འབུམ་པ། བཟོ་སྐྲུན་ཚན་རིག་གི་སྐོར། /རྟ་བཟང་སྒྲོལ་མ། སྟོབས་ལྡན་བཀྲ་ཤིས། བསོད་ནམས་དོན་གྲུབ་བཅས་ཀྱིས་བསྒྱུར། མི་རིགས་དཔེ་སྐྲུན་ཁང་། 2012ལོར།
ISBN：978 –7 –105 –12156 –4

14. ཐུ་མིའི་མདུབ་བྲིས། /པད་མ་ནོར་བུས་གཙོ་སྒྲིག་བྱས། མི་རིགས་དཔེ་སྐྲུན་ཁང་། 2012ལོར།
ISBN：978 –7 –105 –12420 –6

15. ཉི་མ་བསྟན་འཛིན་གྱི་རྣམ་ཐར། /ཉི་མ་བསྟན་འཛིན་གྱིས་བརྩམས། མི་རིགས་དཔེ་སྐྲུན་ཁང་། 2012ལོར།

ISBN：978 – 7 – 105 – 12379 – 7

16. གྲངས་རིག་རིག་གནས་དང་བོད་རྒྱའི་སྐད་གཉིས་གྲངས་རིག་སློབ་གསོའི་སྤྱི་དོན་བློ་གྲོས་སྣང་བ་འདྲེན་པའི་སྐྱ་རེངས། /དཔལ་ཆེན་རྡོ་རྗེས་བརྩམས། མི་རིགས་དཔེ་སྐྲུན་ཁང་། 2012ལོར།

ISBN：978 – 7 – 105 – 12440 – 4

医疗（藏医）卫生（གསོ་རིག་འཕྲོད་བསྟེན་གྱི་སྐོར།）

1. བོད་ཀྱི་གསོ་རིག་ཀུན་བཏུས་ཆེན་མོའི་དཀར་ཆག མི་རིགས་དཔེ་སྐྲུན་ཁང་། 2012ལོར།

ISBN：978 – 7 – 105 – 11629 – 4

2. བོད་ཀྱི་གསོ་རིག་ལོ་རྒྱུས་སྐོར་གྱི་དྲིས་ལན་རྒྱ་མཚོར་འཇུག་པའི་གྲུ་གཟིངས། /ལྷ་མོ་སྐྱིད་ཀྱིས་བརྩམས། མི་རིགས་དཔེ་སྐྲུན་ཁང་། 2012ལོར།

ISBN：978 – 7 – 105 – 12320 – 9

3. བོད་ཀྱི་གསོ་རིག་ཀུན་བཏུས་ཆེན་མོ། （༡—༦༠） /མི་རིགས་དཔེ་སྐྲུན་ཁང་། 2012ལོར།

ISBN：978 – 7 – 105 – 11630 – 0

4. མཆིན་པའི་མ་ཞུ་བ་ལས་འགྱུར་པའི་མཆིན་ནད་འགའི་གྱུར་ཚུལ་དང་བརྟག་བཅོས། /མགོན་པོ་རྒྱལ་གྱིས་བརྩམས། མི་རིགས་དཔེ་སྐྲུན་ཁང་། 2012ལོར།

ISBN：978 – 7 – 105 – 12217 – 2

5. སྙིང་དང་ཀླད་པའི་རྣམ་བཤད། /བསོད་ནམས་རྡོ་རྗེས་བརྩམས། མི་རིགས་དཔེ་སྐྲུན་ཁང་། 2012ལོར།

ISBN：978 – 7 – 105 – 12262 – 2

6. སྟོ་ཁ་མཚོ་སྨད་ལྗོངས་བོད་ལུགས་སྨན་ཁང་གི་དཔྱད་རྩོམ་ཕྱོགས་བསྒྲིགས། /སྟོ་ཁ་མཚོ་སྨད་ལྗོངས་བོད་ལུགས་སྨན་ཁང་གིས་བསྒྲིགས། ཀྲུང་གོའི་བོད་རིག་པ་དཔེ་སྐྲུན་ཁང་། 2012ལོར།

ISBN：978 – 7 – 80253 – 496 – 4

7. བྱིས་པ་བཙའ་ཐབས་ཀྱི་ལག་ལེན། /བསོད་ནམས་ཚེ་བརྟན་དང་འཚོ་སྐྱིད་གཉིས་ཀྱིས་བསྒྲིགས། མི་རིགས་དཔེ་སྐྲུན་ཁང་། 2012ལོར།

ISBN：978 – 7 – 105 – 12027 – 7

8. མ་དུ་བདེ་སྲུང་གི་ཤེས་བྱ། /དཔལ་ཆེན་གསང་བདག་གིས་བསྒྲིགས། མི་རིགས་དཔེ་སྐྲུན་ཁང་། 2012ལོར།

ISBN：978 – 7 – 105 – 12028 – 4

9. བོད་ཀྱི་གསོ་བ་རིག་པའི་ཚན་རིག་ཞིབ་འཇུག་གི་གཞུང་ལུགས་དང་ཐབས་ལམ་ཇུས་འགོད། /དཀོན་མཆོག་རྒྱལ་མཚན་གྱིས་གཙོ་སྒྲིག་བྱས། མི་རིགས་དཔེ་སྐྲུན་ཁང་། 2012ལོར།

ISBN：978 –7 –105 –12218 –9

10. 2012ལོའི་རྒྱལ་ཡོངས་བོད་ཀྱི་གསོ་བ་རིག་པའི་རིག་གཞུང་བགྲོ་གླེང་དང་ལག་ལེན་བརྗེ་རེས་ཀྱི་ཚོགས་འདུའི་དཔྱད་རྩོམ་ཕྱོགས་བསྒྲིགས། /ཀྲུང་གོ་མི་རིགས་གསོ་རིག་སློབ་ཚོགས་ཀྱིས་གཙོ་སྒྲིག་བྱས། མི་རིགས་དཔེ་སྐྲུན་ཁང་། 2012ལོར།

ISBN：978 –7 –105 –12732 –0

11. རྒྱུད་བཞི་གཅེས་བཏུས། /བྱ་མདོ་ཀླུ་བྱམས་རྒྱལ་གྱིས་གཙོ་སྒྲིག་བྱས། མི་རིགས་དཔེ་སྐྲུན་ཁང་། 2012ལོར།

ISBN：978 –7 –105 –12603 –3

语言文字 (སྐད་ཡིག་གི་སྐོར།)

1. བོད་ཡིག་མིང་བརྡ་རིག་པའི་བསླབ་དེབ། /བསྟན་གོས་བརྩམས། མི་རིགས་དཔེ་སྐྲུན་ཁང་། 2012ལོར།

ISBN：978 –7 –105 –12189 –2

2. བོད་སྐད་བརྡ་སྤྲོད་སྐོར་གྱི་དཔེ་རྒྱུན་དཀོན་རིགས་ཀྱི་བསྟན་བཅོས་ཐུང་ངུ་འགའ་ཕྱོགས་གཅིག་ཏུ་བསྒྲིགས་པ། /ཏུད་སླ་བུ་ཆུང་གིས་བསྒྲིགས། མི་རིགས་དཔེ་སྐྲུན་ཁང་། 2012ལོར།

ISBN：978 –7 –105 –12088 –8

3. གངས་ཅན་བོད་ཀྱི་བརྡ་སྤྲོད་རིག་པའི་རྨང་གཞིའི་ཤེས་བྱའི་རེའུ་མིག་མཁས་པའི་འགྲེལ་བ་ཀུན་ལས་བཏུས་པ་ཞེས་བྱ་བ་བཞུགས་སོ།། /ཧོར་ཁོག་བླ་བ་བཟང་པོས་རྩོམ་སྒྲིག་བྱས། མི་རིགས་དཔེ་སྐྲུན་ཁང་། 2012ལོར།

ISBN：978 –7 –105 –12308 –7

4. དབྱིན་ཇིའི་ཁ་སྐད། དབྱིན་བོད་རྒྱ་གསུམ་ཤན་སྦྱར། /ཀུན་བཟང་རིག་གསལ་གྱིས་བརྩམས། མི་རིགས་དཔེ་སྐྲུན་ཁང་། 2012ལོར།

ISBN：978 –7 –105 –11998 –1

5. ཐང་སུང་མཁས་མཆོག་བརྒྱད་ཀྱི་ལྷུག་རྩོམ་བདམས་བསྒྱུར།（བོད་རྒྱ་ཤན་སྦྱར།）/མགོ་ལོག་རྣམ་རྒྱལ་གྱིས་བསྒྱུར། མི་རིགས་དཔེ་སྐྲུན་ཁང་། 2012ལོར།

ISBN：978 –7 –105 –12363 –6

6. སློབ་འཁྲིད་སློབ་མའི་ལྷུག་རྩོམ་ལེགས་བཏུས། /ཀླུ་ཚ་རྫོང་བོད་རིགས་སློབ་འབྲིང་གིས་བསྒྲིགས། མི་རིགས

དཔེ་སྐྲུན་ཁང་། 2012ལོར།

ISBN：978 – 7 – 105 – 12604 – 0

7. ཆུ་གླང་ཕང་ཤུ་ཚུར་ཕྱུལ་གྱི་དེབ་གཞུང་། /མཚམས་ལྷས་བསྒྱུར་སྒྲིག་བྱས། ཀྲུང་གོའི་བོད་རིག་དཔེ་སྐྲུན་ཁང་། 2012ལོར།

ISBN：978 – 7 – 80253 – 487 – 2

8. འགན་བབས་སློབ་གསོའི་དམའ་འབྲིང་བོད་སྐད་ཡིག་གི་གནས་ཚད་བརྟག་པའི་དྲི་གཞི། བློ་གསལ་བློ་བསྐྱེད། /ཕྲུར་བུ་སྲིད་ཐར་དང་དོན་གྲུབ་གཉིས་ཀྱིས་བརྩམས། མི་རིགས་དཔེ་སྐྲུན་ཁང་། 2012ལོར།

ISBN：978 – 7 – 105 – 12361 – 2

9. རྒྱ་བོད་ལོ་ཙྪའི་རྣམ་བཤད་བློ་གསལ་དགའ་སྟོན། /འབའ་སྟོད་ཚེ་དབང་རྡོ་རྗེས་སྒྲིག་རྩོམ་བྱས། མི་རིགས་དཔེ་སྐྲུན་ཁང་། 2012ལོར།

ISBN：978 – 7 – 105 – 12623 – 1

10. ཁམས་སྡེ་དགེ་སྐད་ཀྱི་བརྡ་སྤྲོད། /ཚེ་རིང་ལྷ་མོས་བརྩམས། མི་རིགས་དཔེ་སྐྲུན་ཁང་། 2012ལོར།

ISBN：978 – 7 – 105 – 12598 – 2

11. བརྡ་སྤྲོད་རིག་པའི་རྣམ་བཞག་ཤེས་བྱ་མཁས་པའི་འགྲེལ་བ་ཀུན་ལས་བཏུས་པ། /ཟླ་བ་བཟང་པོས་བསྒྲིགས། མི་རིགས་དཔེ་སྐྲུན་ཁང་། 2012ལོར།

ISBN：978 – 7 – 105 – 12308 – 7

科学技术 (ཚན་རིག་ལག་རྩལ་གྱི་སྐོར།)

1. ལོ་བརྒྱའི་ལོ་ཐོ། （1949—2040） /ཡུམ་པས་བསྒྲིགས། ཀྲུང་གོའི་བོད་རིག་པ་དཔེ་སྐྲུན་ཁང་། 2012ལོར།

ISBN：978 – 7 – 80253 – 367 – 7

2. ཞིང་འབྲོག་ཆ་འཕྲིན་ལག་རྩལ་གསོ་སྐྱོང་བསླབ་དེབ། /ཉི་མ་བཀྲ་ཤིས། ཕྲུར་བུ་ཚེ་རིང་བཅས་ཀྱིས་རྩོམ་སྒྲིག་མཛད། ཀྲུང་གོའི་བོད་རིག་པ་དཔེ་སྐྲུན་ཁང་། 2012ལོར།

ISBN：978 – 7 – 105 – 12382 – 7

3. ཀྲུང་གོའི་སློབ་འབྲིང་སློབ་མའི་ཤེས་བྱ་ཀུན་བཏུས། ——གནམ་རིག་དང་ས་རྒྱུས། /ཀྲུང་གོའི་སློབ་འབྲིང་སློབ་མའི་ཤེས་བྱ་ཀུན་བཏུས་རྩོམ་སྒྲིག་ཁང་། མི་རིགས་དཔེ་སྐྲུན་ཁང་། 2012ལོར།

ISBN：978 –7 –105 –11931 –8

4. ཀྲུང་གོའི་སློབ་འབྲིང་སློབ་མའི་ཤེས་བྱ་ཀུན་བཏུས། ——འཛམ་གླིང་གི་ལོ་རྒྱུས། /ཀྲུང་གོའི་སློབ་འབྲིང་སློབ་མའི་ཤེས་བྱ་ཀུན་བཏུས་རྩོམ་སྒྲིག་ཁང་། མི་རིགས་དཔེ་སྐྲུན་ཁང་། 2012ལོར།

ISBN：978 –7 –105 –11928 –8

5. ཀྲུང་གོའི་སློབ་འབྲིང་སློབ་མའི་ཤེས་བྱ་ཀུན་བཏུས། ——སྤྱི་ཚོགས་དང་རྩ་ཁྲིམས། /ཀྲུང་གོའི་སློབ་འབྲིང་སློབ་མའི་ཤེས་བྱ་ཀུན་བཏུས་རྩོམ་སྒྲིག་ཁང་། མི་རིགས་དཔེ་སྐྲུན་ཁང་། 2012ལོར།

ISBN：978 –7 –105 –11939 –4

6. ཀྲུང་གོའི་སློབ་འབྲིང་སློབ་མའི་ཤེས་བྱ་ཀུན་བཏུས། ——སྐྱེ་དངོས་དང་གསོ་རིག/ཀྲུང་གོའི་སློབ་འབྲིང་སློབ་མའི་ཤེས་བྱ་ཀུན་བཏུས་རྩོམ་སྒྲིག་ཁང་། མི་རིགས་དཔེ་སྐྲུན་ཁང་། 2012ལོར།

ISBN：978 –7 –105 –11934 –9

7. ཀྲུང་གོའི་སློབ་འབྲིང་སློབ་མའི་ཤེས་བྱ་ཀུན་བཏུས། ——སྐད་ཡིག/ཀྲུང་གོའི་སློབ་འབྲིང་སློབ་མའི་ཤེས་བྱ་ཀུན་བཏུས་རྩོམ་སྒྲིག་ཁང་། མི་རིགས་དཔེ་སྐྲུན་ཁང་། 2012ལོར།

ISBN：978 –7 –105 –11929 –5

8. ཀྲུང་གོའི་སློབ་འབྲིང་སློབ་མའི་ཤེས་བྱ་ཀུན་བཏུས། ——ཚན་རིག་གི་མདུན་ས་དང་དམག་དོན། /ཀྲུང་གོའི་སློབ་འབྲིང་སློབ་མའི་ཤེས་བྱ་ཀུན་བཏུས་རྩོམ་སྒྲིག་ཁང་། མི་རིགས་དཔེ་སྐྲུན་ཁང་། 2012ལོར།

ISBN：978 –7 –105 –11937 –0

9. ཀྲུང་གོའི་སློབ་འབྲིང་སློབ་མའི་ཤེས་བྱ་ཀུན་བཏུས། ——སྒྱུ་རྩལ། /ཀྲུང་གོའི་སློབ་འབྲིང་སློབ་མའི་ཤེས་བྱ་ཀུན་བཏུས་རྩོམ་སྒྲིག་ཁང་། མི་རིགས་དཔེ་སྐྲུན་ཁང་། 2012ལོར།

ISBN：978 –7 –105 –11930 –1

10. ཀྲུང་གོའི་སློབ་འབྲིང་སློབ་མའི་ཤེས་བྱ་ཀུན་བཏུས། ——ཀྲུང་གོའི་ལོ་རྒྱུས། /ཀྲུང་གོའི་སློབ་འབྲིང་སློབ་མའི་ཤེས་བྱ་ཀུན་བཏུས་རྩོམ་སྒྲིག་ཁང་། མི་རིགས་དཔེ་སྐྲུན་ཁང་། 2012ལོར།

ISBN：978 –7 –105 –11935 –6

11. ཀྲུང་གོའི་སློབ་འབྲིང་སློབ་མའི་ཤེས་བྱ་ཀུན་བཏུས། ——དངོས་ལུགས། /ཀྲུང་གོའི་སློབ་འབྲིང་སློབ་མའི་ཤེས་བྱ་ཀུན་བཏུས་རྩོམ་སྒྲིག་ཁང་། མི་རིགས་དཔེ་སྐྲུན་ཁང་། 2012ལོར།

ISBN：978 –7 –105 –11933 –2

12. ཀྲུང་གོའི་སློབ་འབྲིང་སློབ་མའི་ཤེས་བྱ་ཀུན་བཏུས། ——འཚར་ལོངས་ཀྱི་བསླབ་བྱ། /ཀྲུང་གོའི་སློབ་

འབྲིང་སློབ་མའི་ཤེས་བྱ་ཀུན་བཏུས་རྩོམ་སྒྲིག་ཁང་། མི་རིགས་དཔེ་སྐྲུན་ཁང་། 2012ལོར།

ISBN：978 – 7 – 105 – 11936 – 3

13. ཀྲུང་གོའི་སློབ་འབྲིང་སློབ་མའི་ཤེས་བྱ་ཀུན་བཏུས། ——ལུས་རྩལ། /ཀྲུང་གོའི་སློབ་འབྲིང་སློབ་མའི་ཤེས་བྱ་ཀུན་བཏུས་རྩོམ་སྒྲིག་ཁང་། མི་རིགས་དཔེ་སྐྲུན་ཁང་། 2012ལོར།

ISBN：978 – 7 – 105 – 11938 – 7

14. མི་སེར་གྱི་ཁེ་དབང་སྐྱོར་གྱི་ཐབས་ཤེས་ཕྱོགས་བཏུས། ——བཤིག་སྤོའི་སྐོར་གྱི་རྩོད་གཞི། /ལིའེ་ཙན་ཚན་གྱིས་བརྩམས། མི་རིགས་དཔེ་སྐྲུན་ཁང་གིས་བསྒྱུར། མི་རིགས་དཔེ་སྐྲུན་ཁང་། 2012ལོར།

ISBN：978 – 7 – 105 – 12144 – 1

外文部分

1. Jinendrabuddhi's Viśālāmalavatī Pramāñasamuccayaṭīkā: Chapter 1. Part 1: Critical Edition / by Horst Lastic, Helmut Krasser, Ernst Stein Kellner. ——Austrian Academy of Sciences Press, China Tibetology Publishing House.
   ISBN: 978 - 7 - 80253 - 571 - 8
2. Jinendrabuddhi's ViśālāmalavatīPramāñasamuccayaṭīkā: Chapter 1. Part2: Diplomatic Edition / by Horst Lastic, Helmut Krasser, Ernst Stein Kellner. ——Austrian Academy of Sciences Press, China Tibetology Publishing House.
   ISBN: 978 - 7 - 80253 - 571 - 8
3. A Study of the Dharmadharmatavibhanga(volume one) / By Raymond E. Robertson. - Beijing: China Tibetology Publishing House.
   ISBN: 978 - 7 - 80057 - 942 - 4
4. A Study of the Dharmadharmatavibhanga (Volume Two) : Vasubandhu's Commentary and Three Critical Editions of the RootTexts, with a Moderm Commentary fromthe Perspective of the rNying ma Traditionby Master Tam Shek-wing, translated andannotated by Henry C. H. Shiu / By Raymond E. Robertson. -Beijing: China Tibetology Publishing House.
   ISBN: 978 - 7 - 80253 - 042 - 3
5. The Anecdotes about Lhasa/by Liao Dong Fan. -Beijing: China Tibetology Publishing House.
   ISBN: 978 - 7 - 80253 - 447 - 3
6. A critical review of the contemporary Sino - Indian relations / Wang Hongwei; translated by Chen Guansheng and Li Peizhu. [monograph] . —Beijing: China Tibetology Publishing House; Kathmandu, Nepal: Janasandesh Publication Pvt. , Ltd. , 2011.
   vi, 463 p. : ill. (some col.) ; 23 cm.

7. Tibetan murals / compiled by Chen Dan, translated by H-William. -Beijing: China Intercontinental Press , 2012.
   164 p. : col. ill. ; 21 cm. . —— (China's national treasures = 中国国宝系列)
8. Madhyamakāvatāra – kārikā(《入中论颂》第六章 1 一 97 颂校勘) / by Li xuezhu. China Tibetology, No. 1, 2012.
9. Rare Manuscrpts of Works by Jitari(吉达利著作中的稀见文献)/ By Chu Junjie, Eli Franco. China Tibetology, No. 1, 2012.
10. Eight Folios from a Sanskrit Manuscript of the Mahāyānasūtrālamkārabhāsya from NgorMonastery: Diplomatic and Critical Editions on Ⅹ. 9 – Ⅺ. 3—Studies of G(o) ttingen Xc14/57(1)(俄尔寺《大乘庄严经论注》八叶梵文残卷的转写与校勘)/ by Kazuo Kano. China Tibetology, No. 1, 2012.
11. Further inquiries into the Four GāndhārīSamyuktāgamaSūtras (in the Senior Collection) Discussion Based on Four GāndhārīSamyuktāgamaSūtras: SeniorKharosthī Fragment 5 by Andrew Glass(斯尼尔收藏四部犍陀罗语《杂阿含经》初探)/ by Li Ying. China Tibetology, No. 1, 2012.
12. Tibetan Buddhism in the Tubo Period(吐蕃时期的西藏佛教)/ by Wang Sen. China Tibetology, No. 1, 2012.
13. The Second Transmission of Buddhism in Tibet(佛教在西藏的再度传播)/ by Wang Sen. China Tibetology, No. 1, 2012.
14. Inheritance and Vicissitude of the Tibetan Diet——A Case of A Tibetan Rural Community(藏族饮食的文化传承与流变——一个藏族农村社区的人类学田野调查)/ by Liu Zhiyang. China Tibetology, No. 1, 2012.
15. A Study of the Cultural Teaching Strategy in Tibet's Primary and Middle School Chinese Teaching(西藏中小学汉语教学的文化教学策略)/ by Lin Xiuyan. China Tibetology, No. 1, 2012.
16. Further Folios from the Abhidharmadipavrtti Manuscript(布达拉宫所藏《阿毗达磨灯论》写本研究) / Li Xuezhu. China Tibetology, No. 2, 2012.
17. An Examination of the Digression in Chapter 3 of Prajnapradipa(《般若灯论》第三章余论) / Ritsu AKAHANE. China Tibetology, No. 2, 2012.
18. Three Sanskrit Fragments Found in Arthur M. Sackler Museum(赛克勒博物馆所藏的三件梵文残片)/ Guan Di. China Tibetology, No. 2, 2012.
19. A Sale Contract and Two Letters in Kharosthi Script National Library of China

Collection, No. BH5 –4, 5(中国国家图书馆藏 BH5 –4、5 号佉卢文信件和买卖契约释读与翻译)/ Pi Jianjun. China Tibetology, No. 2, 2012.

20. The Rnying Ma – pa Sect(宁玛派) / Wang Sen. China Tibetology, No. 2, 2012.
21. The Sa – skya – pa Sect(萨迦派) / Wang Sen. China Tibetology, No. 2, 2012.
22. Local Responses to the "Comfortable Housing Policy" in the Tibetan Autonomous Region A case study based on the actor – oriented approach(西藏安居工程政策的地方回应: 基于行为者导向理论的研究)/ Yang Minghong. China Tibetology, No. 2, 2012.
23. Mahakala Studies in China(中国的玛哈噶拉研究)/ Wong Kit Wah; CheungYeuk Hang. China Tibetology, No. 2, 2012.
24. Early Tibetan Toponyms: An Attempt to Identify' Byilig of P. T. 116 and P. T. 996 / Bianca Horlemann.《西域历史语言研究集刊》第五辑, 2012.
25. Guides to Holy Places as Sources for the Study of the Culture of the Book in the Tibetan Cultural Sphere: The Example of Kaḥ Thog Si Tu Chos Kyi Rgya Mtsho's Gnas Yig / Orna Almogi《西域历史语言研究集刊》第五辑, 2012.
26. Chinese Tantric Buddhist Literature under the Tangut Kingdom and Yuan Dynasty: Chinese translations of Tibetan Ritual Texts unearthed in KharaKhoto/ ShenWeirong.《欧亚学刊》(英文版 I) 2011.
27. On the Relationship and Border Demarcation Problems between Tibet and Ladakh in the 19th Century / Zhou Weizhou.《欧亚学刊》(英文版 I) 2011.
28. Who are more at risk for acute mountain sickness: a prospective study in Qinghai-Tibet railroad construction workers on Mt. Tanggula / WU Tian – yi, DING Shou – quan, LIU Jin – liang. 中华医学杂志(英文版) 2012, 125B.
29. Prevention and management of wind – blown sand damage along Qinghai – Tibet Railway in Cuonahu Lake area/ YinHai Yang, Ben Zhen Zhu, FuQiang Jiang, XiLai Wang, Yong Li. 寒旱区科学(英文版) 2012, 04(2).
30. Tibet Autonomous Region Will Complete the Housing Project forof Poor Farmers And Herdsmen in 2013. China Population Today, 当代中国人口(英文版), 2012, 03
31. Tibet's Peaceful Liberation Is a Just Cause of the Chinese People / SongYuehong. Human Rights. No. 2, 2012
32. On the System of Regional Ethnic Autonomy and Tibet's Political Modernization /

Ragya Dhondup. Human Rights, No. 4 , 2012.

33. A Wooden Staff with a Runic lnscription from Khotan / Peter Zieme.《西域历史语言研究集刊》第五辑,2012.

34. Two More Leewes of the Dharmaśarīrasūtra《西域历史语言研究集刊》第五辑,2012.

藏学论文资料要目

汉文部分

一、政治、法律

1. 西藏发展稳定的事实说明一切——中央统战部常务副部长朱维群答欧盟官员、学者、记者问/《中国西藏》2012:1
2. 谁是打破四川藏区祥和安宁的罪魁/华子《中国西藏》2012:2
3. 关于近期藏区自焚事件的几点思考/索朗仁青喇嘛、铃兰《中国西藏》2012:3
4. 一面让十四世达赖现出原形的镜子/廉湘民《中国西藏》2012:4
5. 西藏自治区直管县、县直管村管理体制可行性初探/杜江《中国藏学》2012:4
6. 也谈西藏和平解放与“一国两制”/王小彬《西藏研究》2012:2
7. 以毛泽东为核心的第一代领导集体对中央“援藏机制”的理论贡献与积极探索/贺新元《西藏研究》2012:4
8. 民主改革以来西藏妇女政治法律地位变迁/孙伶伶《西藏研究》2012:5
9. 中央“援藏机制”的形成、发展、完善与运用/贺新元《西藏研究》2012:6
10. 毛泽东构建和谐西藏思想探析/田猛、韩星《西藏大学学报》(社科版)2012:1
11. 中国共产党西藏干部政策历史回顾/杜江《西藏大学学报》(社科版)2012:2
12. 依托“强基惠民”活动推进西藏地区马克思主义大众化/曹水群、张英《西藏

大学学报》(社科版)2012:2
13. 西藏民族区域自治地方政府治理创新的概念框架/王娟丽、王跃《西藏大学学报》(社科版)2012:2
14. 加强西藏社会管理创新的法治保障探究/边巴拉姆《西藏大学学报》(社科版)2012:3
15. 民生建设促西藏人权事业发展/杨维周《西藏大学学报》(社科版)2012:3
16. 中国特色社会主义与西藏的发展/王春焕《西藏大学学报》(社科版)2012:3
17. 西北内陆河水污染控制法律制度研究/刘志仁、袁笑瑞《西藏大学学报》(社科版)2012:4
18. 从“五个治”看西藏社会管理改革创新/侯明《西藏民族学院学报》(哲社版)2012:4
19. 西藏人口较少民族迁徙的政治经济动因及其对民族关系的影响/扎西、觉安拉姆、卓拉《西藏民族学院学报》(哲社版)2012:4
20. 真实与虚妄——评梅·戈尔斯坦《暴风雨前的宁静》及兼论藏学研究的新思路/王小彬《西藏民族学院学报》(哲社版)2012:5
21. 近三十年来国内藏族习惯法研究综述/曾丽容《西藏民族学院学报》(哲社版)2012:5
22. 若干史料中西姆拉会议日程问题勘误/罗广武《西藏民族学院学报》(哲社版)2012:6
23. 构建西藏化解刑事纠纷的第一道防线——刑事和解制度的变通/王丹屏《西藏民族学院学报》(哲社版)2012:6
24. 宗教政策法规与时俱进的反思/姚俊开《西藏民族学院学报》(哲社版)2012:6
25. 《西藏日报》透视达赖集团分裂言行系列评论研究/赵婷婷《西藏民族学院学报》(哲社版)2012:6
26. 中国共产党在藏政策方针的国家认同功能研究/杨周相、庄玉霞《西藏民族学院学报》(哲社版)2012:6
27. 对西藏农牧民开展社会主义核心价值体系宣传教育的几点思考/齐霜、贺贤春、姚学林《西藏发展论坛》2012:1、《宁夏农林科技》2012:2
28. 关于深化西藏寺庙法制宣传教育的几个问题——藏传佛教寺庙管理长效机制建设研究/次旺《西藏发展论坛》2012:2
29. 西藏非物质文化遗产保护之地方立法探讨/杨长海《西藏发展论坛》2012:2

30. 民族区域自治制度在西藏的辉煌实践/赵明霞《西藏发展论坛》2012:4
31. 西藏社会管理法治化路径探讨/潘建生《西藏发展论坛》2012:5
32. 关于西藏妇女参政议政问题的思考/赵金华、何卫勇《西藏发展论坛》2012:5
33. 关于西藏社会主义核心价值体系内化的思考/赤列卓玛《西藏发展论坛》2012:5
34. 关于党校应如何践行和弘扬西藏核心价值观的几点思考/李家海、龚超《西藏发展论坛》2012:5
35. 加强和创新西藏社会管理的法律思考/张清《西藏发展论坛》2012:5
36. 西藏高原地区灌溉制度(畦灌法)制定方法的研究/扎西普顿、普珍《西藏科技》2012:10
37. 关于藏族聚集群众政治参与问题探析/薛红焰《青海民族大学学报》(社科版)2012:1
38. 青海藏区社会稳定问题研究/绽小林《青海民族大学学报》(社科版)2012:3
39. 对加强和改进藏传佛教寺院社会管理工作的思考/何启林《攀登》2012:1
40. 国家权力扩展下的近代藏边民族纠纷解决机制——以甘青藏边多民族聚居区为例/胡小鹏、高晓波《西北师大学报》(社科版)2012:1
41. 刑法在藏族地区的适用问题探讨/张谦元、刘明《西北民族大学学报》(哲社版)2012:5
42. 刑事和解在藏区的适用研究——兼论法律的统一性和融合性/刘明《西部法学评论》2012:3
43. 被误解的文化传统——论藏族"赔命价"的内涵/穆赤·云登嘉措《甘肃理论学刊》2012:6
44. "斯哇":在国家与社会之间——甘南藏族聚居区两起个案的法人类学考察/常丽霞《甘肃政法学院学报》2012:5
45. 甘南藏区的刑事和解运行机制构建探析/冯新福《甘肃警察职业学院学报》2012:4
46. 甘南藏族地区公民法律意识问卷调查报告/张谦元、梁海燕《西部法学评论》2012:4
47. 影响青海藏区农村基层行政管理的因素及分析——以过马营镇为例/周亚平、韩全、刘亚丰、白英卿《四川民族学院学报》2012:4
48. 权利之事实平等的现实性——以沈村藏族村民享有的平等权为视角/黄微《西南民族大学学报》(人文社科版)2012:7

49. 试谈藏族习惯法的概念及性质/索南才让《西南民族大学学报》(人文社科版)2012:12
50. 西藏和平解放与达赖集团的命运/益多《统一论坛》2012:1
51. 鼓吹暴力只能使达赖集团加快覆灭/益多《统一论坛》2012:2
52. 对中西方在涉藏问题上认知偏差的几点认识/吴楚、孙显辉《统一论坛》2012:4
53. 达赖退出政治了吗?/益多、孙显辉《统一论坛》2012:5
54. "藏独"是民族之害、国家之患(一、二、三、四)/王忍、徐卓《统一论坛》2012:3、4、5、6
55. 简论江泽民的治藏方略及其历史贡献/车辚《四川省社会主义学院学报》2012:3
56. 党在不同时期对西藏工作科学决策的基本依据/叶介甫《四川省社会主义学院学报》2012:2、《四川统一战线》2012:7
57. 建国后对达赖集团的五场斗争/钟彤《四川统一战线》2012:9
58. 建国初期毛泽东的治藏方略/车辚《中共四川省委党校学报》2012:2
59. 中国共产党涉藏外宣的策略、效果及启示——以中国政府涉藏白皮书为例/刘朋《云南社会科学》2012:2
60. 和谐视角下藏族部落习惯法的积极影响/陈山《学理论》2012:14
61. 依法加强反分裂斗争推进西藏的长治久/安黄林《学理论》2012:18
62. 试论西藏工作中的"慎重稳进"方针/王力《学理论》2012:21
63. 达赖集团分裂祖国的行径及其应对之策/袁新涛《理论界》2012:5
64. 民族区域自治制度与民族关系和谐的实证研究——基于云南藏区的问卷调查/王德强、史冰清《民族研究》2012:2
65. 边疆民族地区发展和稳定的特殊工作机制——以五次中央西藏工作座谈会为中心/王茂侠《民族研究》2012:6
66. 藏族习惯法略论/郭金福《人民论坛》2012:29
67. 浅析国际援藏非政府组织的活动及其影响/曾晓阳、李冬莲《人民论坛》2012:35
68. 藏族习惯法中的惩罚性赔偿规则研究/匡爱民、黄娅琴《中央民族大学学报》(哲社版)2012:1
69. 藏族农民享有政治权利的微观实证研究——以四川省甘孜藏族自治州丹巴县巴底乡沈洛村为例/黄微《民族学刊》2012:3

70. 青藏地区社区综合减灾能力建设研究——以甘南藏族自治州为例/张广裕《民族论坛》2012:18
71. 论解放初邓小平的西藏政策/周好《兰台世界》2012:1
72. 建国初邓小平和平解放西藏的谋与略/曹月柱《兰台世界》2012:4
73. 经营西藏六十二年的辉煌成就与历史经验/阴法唐《党的文献》2012:3
74. 周恩来关于西藏工作的思想与实践/车辚《党的文献》2012:5
75. “西藏问题”国际化及“文化藏独”危害性探析/赵波《江南社会学院学报》2012:3
76. CDA 视角下中美关于西藏问题报道及物性对比分析——以 CRI 与 CNN 两篇新闻报道为例/于迎晨《牡丹江教育学院学报》2012:6
77. 国家话语的言语证据策略研究——以《西藏民主改革 50 年白皮书》为例/孙自挥、黄婷、黄亚宁《湖北民族学院学报》(哲社版)2012:2
78. 藏区刑事习惯法中“杀人罪”与《刑法》的冲突与调整/王丹屏《湖北警官学院学报》2012:10
79. 涵化理论视野下《纽约时报》涉藏报道批判/王晨燕、毛万熙《中国广播电视学刊》2012:1
80. 论历届党中央领导集体关于西藏发展与稳定的思想/袁新涛《山东理工大学学报》(社科版)2012:2
81. 马克思主义的西藏传播史研究——以 20 世纪 50—70 年代为中心/徐志民《杭州师范大学学报》(社科版)2012:1
82. 美国当代社会西藏观探析及应对策略/后东升《佳木斯大学社会科学学报》2012:6
83. 青海藏区强奸犯罪立法变通的理论考量/金忠山《安徽农业大学学报》(社科版)2012:5
84. “赔命价”习惯的司法价值及其与现行法律的会通/杜文忠《法学》2012:1
85. 藏族习惯法司法适用的方式和程序研究——以四川省甘孜州地区的藏族习惯法为例/周世中、周守俊《现代法学》2012:6
86. 民族区域自治制度是实现西藏长治久安的根本保障/黄林《法制与经济》(中旬)2012:1
87. 浅析甘孜州藏族习惯法特征/钟林林《法制与社会》2012:13
88. 试论藏族习惯法与民族区域自治法的融合/尹凤英《法制与社会》2012:32
89. 法律地理:藏族婚姻习惯法的空间向度/李春斌《原生态民族文化学刊》

2012:2

90. 关于“西藏自古是中国一部分”研究的历史与现状/朱晓明《红旗文稿》2012:4

91. 行政环境对政府职能的影响——以西藏为例/朱新林、魏小文《技术经济与管理研究》2012:9

92. 红军长征途中建立的两个藏族“共和国”/何立波《中国老区建设》2012:4

93. 纪录片的历史文化责任:从“对外宣传”到“对外传播”——以《西藏一年》为例/黄克猛《东南传播》2012:12

94. 略论胡锦涛西藏发展观/张涛、贺贤春《科教导刊》(中旬刊)2012:11

95. 美国外交决策的政治与西藏政策——分析框架与案例研究/张旗《世界经济与政治论坛》2012:1

96. 民族主义能否成为我们的思想资源?——汪晖《东西之间的“西藏问题”》读后/季剑青《文化纵横》2012:1

97. 纽约时报关于西藏人权问题的批评性话语分析/王利蕊《学周刊》2012:36

98. 文化人类学视阈下民国初年藏区行政统合之探析/建红英《湘潮》(下半月)2012:4

99. 西藏日喀则地区草场保护政策落实情况及可持续发展对策/魏有霞、米玛潘多、仓木拉《畜牧与饲料科学》2012:10

100. 中国边防安全中的“藏独”问题研究/李田新《经济研究导刊》2012:2

二、经济

1. 西藏经济社会站在历史发展新起点——西藏自治区政府主席白玛赤林接受本刊记者专访/周爱明《中国西藏》2012:3

2. 交通展新颜天堑变通途——西藏交通运输跨越式发展综述/西运《中国西藏》2012:4

3. 区域分工视角中的西藏产业发展和结构演化分析/房灵敏、贡秋扎西、郑双、占堆《中国藏学》2012:1

4. 促进西藏农牧民增收问题研究/程越《中国藏学》2012:3

5. 基于 web of science 的旅游目的地品牌研究综述——兼谈对西藏建设重要的世界旅游目的地的启示/图登克珠、张文敏《中国藏学》2012:3

6. 拉萨市居民对西藏经济发展和社会稳定的看法——基于拉萨市127份居民问

卷的分析/刘颖、徐平《中国藏学》2012:3
7. 西藏藏族就业地位的调查研究——基于三个企业的调研/杨涛《中国藏学》2012:4
8. 西藏旅游业的富民强区贡献及其区域差异/柳应华、宗刚《中国藏学》2012:4
9. 一次合作研究对西藏农牧民生计的影响/罗绒战堆《中国藏学》2012:4
10. 西藏产业互动的经济增长效应研究/杨涛、柳应华《西藏研究》2012:1
11. 发展理论演变及其对援藏工作的启示/周猛《西藏研究》2012:2
12. 西藏税收增长的经济因素与最优税率/陈刚、方敏《西藏研究》2012:3
13. 西藏旅游业可持续发展的路径选择/王聪、郑骁鹏《西藏研究》2012:4
14. 西藏法人单位和从业人员结构分析/李宏、王娜《西藏研究》2012:4
15. 西藏居民消费影响因素的实证分析/魏小文、陈朴《西藏研究》2012:4
16. 西南生态脆弱民族地区的发展环境约束与发展路径选择探析——以四川藏区为例/沈茂英《西藏研究》2012:4
17. 藏区生态保护、资源开发与农牧民增收——以冬虫夏草为例/尕丹才让、李忠民《西藏研究》2012:5
18. 国家主导与地区回应:边疆民族地区特殊的区域发展模式——以西藏现代工业为例/李国政《西藏研究》2012:5
19. 青藏高原东缘草原的管理与利用——以四川阿坝藏族羌族自治州红原县为例/耿静《西藏民族学院学报》(哲社版)2012:1
20. 促进西藏文化产业大发展的财税政策研究/廖冶寅、陈爱东《西藏民族学院学报》(哲社版)2012:1
21. 提高公共关系意识促进西藏旅游业的发展/刘小芳《西藏民族学院学报》(哲社版)2012:2
22. 新中国藏区经济研究成果考述(续)/王启龙、阴海燕《西藏民族学院学报》(哲社版)2012:3
23. 西藏工布地区把响箭开发作为体验旅游产品的优势研究/旦增卓嘎、丁玲辉、卓玛、毕卫忠《西藏民族学院学报》(哲社版)2012:3
24. 西藏县域经济发展竞争力的实证分析/陈德荣、毛阳海、汪朋《西藏民族学院学报》(哲社版)2012:4
25. "唐蕃古道"文化线路之开发初探/陈娅玲、孟来果《西藏民族学院学报》(哲社版)2012:5
26. 阿坝州壤塘县上杜柯乡草场管理田野调查/温欢智《西藏民族学院学报》(哲

社版)2012:5

27. 保障改善民生促进社会经济稳定发展——西藏十七大以来的财政成就综述/陈爱东《西藏民族学院学报》(哲社版)2012:5
28. 科学发展观指导西藏经济快速发展社会和谐进步/陈敦山《西藏民族学院学报》(哲社版)2012:5
29. 旅游目的地突发事件对西藏入境旅游影响分析与响应机制研究/田祥利《西藏民族学院学报》(哲社版)2012:5
30. 十七大以来西藏文化产业发展成就综述/常凌翀《西藏民族学院学报》(哲社版)2012:5
31. 四川省阿坝州壤塘县南木达乡牧民的收入结构分析/冉璐《西藏民族学院学报》(哲社版)2012:5
32. 西藏旅游可持续发展的生态选择/姬梅《西藏民族学院学报》(哲社版)2012:5
33. 当前西藏产业结构存在的问题及原因分析/方灵敏、江玉珍、贡秋扎西、徐爱燕《西藏大学学报》(社科版)2012:1
34. 青藏高原生态旅游发展的现状及对策建议/马多尚、卿雪华《西藏大学学报》(社科版)2012:1
35. 西部特色农业产业化背景下农民专业合作社成长研究/袁久和《西藏大学学报》(社科版)2012:1
36. 西藏包容性发展初探/尕藏才旦、图登克珠、汪丽《西藏大学学报》(社科版)2012:1
37. 西藏产业互动的状态及其特征分析/杨涛、李艳梅、柳应华《西藏大学学报》(社科版)2012:1
38. 西藏旅游发展中的负外部效应及其内化研究/耿香玲《西藏大学学报》(社科版)2012:1
39. 气候变化条件下的西藏特色农业跨越式发展研究/沈开艳、徐美芳《西藏大学学报》(社科版)2012:2
40. 包容性增长理念与西藏发展公共政策取向探讨/梁爽、崔先维《西藏大学学报》(社科版)2012:2
41. 面向旅游目的地建设的西藏游客满意度研究/罗许伍、胡海燕《西藏大学学报》(社科版)2012:2
42. 基于生态人类学的西藏原生态旅游研究/闫红霞《西藏大学学报》(社科版)

2012:2
43. 西藏门巴族经济发展状况及转变经济发展方式研究/扎西《西藏大学学报》(社科版)2012:3
44. 西藏非公有制企业融资困境与对策分析/刘强《西藏大学学报》(社科版)2012:3
45. 西藏新型国有企业文化建设中的交互影响因素与融合/周喜革《西藏大学学报》(社科版)2012:3
46. 积极推进西藏农牧区小额信用贷款发展探析/赵燕、师晓娟《西藏大学学报》(社科版)2012:3
47. 西藏生态旅游发展模式与战略研究/罗华《西藏大学学报》(社科版)2012:3
48. 改革开放推动西藏跨越式发展/格桑卓嘎《西藏大学学报》(社科版)2012:3
49. 区域主导产业选择的指标体系与实证研究——以西藏自治区为例/陈新岗、单祥杰《西藏大学学报》(社科版)2012:4
50. 西藏发展旅游对就业的贡献研究/张阿兰、蒙西燕、德吉央宗《西藏大学学报》(社科版)2012:4
51. 基于CNKI的国内旅游目的地品牌化研究综述——兼谈对西藏建设世界旅游目的地的启示/张文敏、图登克珠、扎旺《西藏大学学报》(社科版)2012:4
52. 影子银行发展深化及对西藏地区影响问题研究/谢坤锋《西藏大学学报》(社科版)2012:4
53. 古格土林旅游区的旅游资源保护与开发设想/古格·其美多吉、旦增卓嘎、央珍《西藏大学学报》(自然科学版)2012:2
54. 西藏那曲地区草地畜牧业现状调查及其发展趋势分析/白玲、孟凡栋、贾书刚、郭红宝、汪诗平《西藏大学学报》(自然科学版)2012:2
55. 西藏文化产业资源特点及其模式探析/谢会时《西藏艺术研究》2012:1
56. 西藏加快转变经济发展方式的思路与对策/付书利《西藏发展论坛》2012:1
57. 西藏昌都地区发展县域经济的现实意义/李霞、同敏玺绕《西藏发展论坛》2012:1
58. 西藏经济发展模式的实证研究/齐凤祥《西藏发展论坛》2012:1
59. 关于阿里地区旅游业发展的几点思考/李国斌《西藏发展论坛》2012:1
60. 论西藏农村经济发展的制约因素及其对策/边巴《西藏发展论坛》2012:1
61. 转型西藏新国企的经济目标与社会目标探析/周喜革《西藏发展论坛》2012:1

62. “十二五”时期江孜县农业发展的基本思路/杨亚波《西藏发展论坛》2012:1
63. 西藏佛教文化旅游资源开发研究/张瑾《西藏发展论坛》2012:2
64. 西藏发展生态经济的若干问题/侯霞《西藏发展论坛》2012:2
65. 试论西藏区域经济的协调发展/向亚克《西藏发展论坛》2012:2
66. 试论如何提高藏香的市场竞争力/洋传粟《西藏发展论坛》2012:2
67. 西藏那曲地区冬虫夏草资源开发利用的理性分析/屈鸿罡《西藏发展论坛》2012:2
68. 西藏文化产业对经济增长的实证研究/庞洪伟、巩艳红、徐爱燕《西藏发展论坛》2012:3
69. 增强西藏自我发展能力的途径探析/王文令《西藏发展论坛》2012:3
70. 关于加快发展西藏文化旅游的思考/李亿平《西藏发展论坛》2012:3
71. 拟建西藏国家储备粮基地的几点思考/图登克珠、辛馨、殷桂梅《西藏发展论坛》2012:3
72. 昌都地区江达县娘西乡加桑卡村经济社会发展调研报告/熊英《西藏发展论坛》2012:3
73. 山南地区乃东县达当村现状分析及发展对策/加央旦培《西藏发展论坛》2012:3
74. 对西藏经济发展战略调整的几点思考/陶仆《西藏发展论坛》2012:4
75. 西藏人口现状与人口再生产转型分析/王娜《西藏发展论坛》2012:4
76. 对西藏特点城镇化建设道路的思考/白银川《西藏发展论坛》2012:5
77. 关于那曲地区牦牛产业发展的几点思考/张立军《西藏发展论坛》2012:5
78. 论拉萨市地下水开发利用及保护措施探讨/吴凤芝《西藏科技》2012:1
79. 拉萨冬季旅游优势分析及开发/胡海燕《西藏科技》2012:2
80. 西藏水能资源开发的人物和存在的问题及其对策分析/尼玛旦增、普片、德吉卓嘎《西藏科技》2012:2
81. 西藏昌都地区左贡县仁果乡粮食生产现状和对策/严泽、叶正荣、邓洪英《西藏科技》2012:2
82. 浅析西藏粮油总产十年徘徊的主要原因/曲俏《西藏科技》2012:5
83. 拉萨市城镇居民信用消费状况影响因素实证分析/白玛央增、巩艳红、刘瑞梅《西藏科技》2012:5
84. 浅谈西藏畜牧业如何实现可持续发展的几点对策/李秀兰《西藏科技》2012:6

85. 察雅县建立新型农村社会养老保险试点工作的成效及问题浅析/周毅珍《西藏科技》2012:7
86. 西藏林芝六县冬虫夏草生境调查初探/张华、刘灏、李晖《西藏科技》2012:7、《中国林副特产》2012:1
87. 西藏中小企业员工薪酬——基于能力还是基于业绩?/李辉、图登克珠《西藏科技》2012:9
88. 近二十年西藏国有企业发展研究综述/周喜革《西藏科技》2012:9
89. 浅谈西藏旅游经济可持续发展状况/钟仙玲《西藏科技》2012:9
90. 从播种面积解读昌都地区的青稞发展/邓洪英、叶正荣《西藏科技》2012:9
91. 西藏人口与生态保护问题分析/洁安娜姆《西藏科技》2012:10
92. 冬虫夏草资源保护现状及保育区建设/马超《西藏科技》2012:11
93. 基于共生理论的青藏地区入境旅游区域合作研究/唐仲霞、马耀峰、肖景义《青海民族研究》2012:1
94. 潜在需求市场细分的藏传佛教文化旅游体验研究/王亚欣《青海民族研究》2012:1
95. 市场经济中的藏区经济社会发展:主流实践与理论诠释/曹阳、马德君《青海民族研究》2012:2
96. 论海拔与经济的关系——兼论"海拔效应"对青藏高原地区经济开发的启示/翟岁显、孙爱存《青海民族研究》2012:2
97. 扩大的市场——基于对青海黄南藏族自治州"唐卡"市场的分析/李元元《青海民族研究》2012:3
98. 社会行动理论视角下移民的生计恢复与可持续发展——以青海省海西地区移民村落为例/隋艺、陈绍军《青海民族研究》2012:4
99. 社会资本视角下青南高原藏区生态旅游发展的社区参与研究/卓玛措、蒋贵彦、张小红等《青海民族研究》2012:4
100. 丹噶尔商业兴衰述略/崔永红《青海民族大学学报》(社科版)2012:1
101. 气候因素对玉树地区生态旅游活动的影响/蒋贵彦、卓玛措、张小红、刘海玲《青海民族大学学报》(社科版)2012:3
102. 基于人力资本视角的青海藏区反贫困战略研究/景芳《青海师范大学学报》(哲社版)2012:2
103. 青海省海西州农村牧区生活用能研究/党永年《青海师范大学学报》(自然科学版)2012:2

104. 发挥宗教界服务于民族地区经济社会发展的积极作用/韩官却加《青海民族大学学报》(教育版)2012:6
105. 青海省海南州生态畜牧业集约化、专业化、产业化发展问题研究/朱华、王佐发、杨军《青海社会科学》2012:2
106. 区域发展视野下的青海藏区扶贫开发困境与解策/王淑婕、顾锡军《青海社会科学》2012:3
107. 生态立省背景下的青海草原畜牧业发展研究/刘海棠、李建平《青海社会科学》2012:4
108. 民族地区融资主体建设研究——以青海省玉树藏族自治州为例/曲波《青海社会科学》2012:4
109. 青海话语的精品力作——读《中央支持青海等省藏区经济社会发展政策机遇下青海实现又好又快发展研究》有感/胡维忠《青海社会科学》2012:4
110. 青藏高原文化旅游资源开发探讨/刘峰贵、王锋、张海峰、周强、陈琼、李春花《青海社会科学》2012:5
111. 青海农牧区传统手工艺产业化发展研究——以海南藏族自治州为例/马生林、王佐发《青海社会科学》2012:5
112. 基于三江源区生态补偿的财政思考/梁红梅、吕圳昌《青海社会科学》2012:6
113. 青海三江源地区水资源产业发展研究/石金友《攀登》2012:1
114. 黄南州以文化产业支撑经济社会发展刍议/张发宏《攀登》2012:1
115. 青海藏族聚居区农牧民最低生活保障资金筹集问题研究/张国毅、韩杰丽、李娇《攀登》2012:2
116. 西藏管理经验与三江源体制机制创新/靳薇《攀登》2012:3
117. 关于三江源生态经济发展的若干思考/张孝德《攀登》2012:3
118. 以体制机制创新推进三江源试验区建设/马洪波《攀登》2012:3
119. 文化传承视野下的藏区节日民俗文化旅游发展/马桂芳《攀登》2012:5
120. 关于三江源国家生态保护综合试验区建设的调研报告/桑杰《攀登》2012:5
121. 三江源地区生态移民后续产业发展问题探讨/桑才让/冯永香《攀登》2012:6
122. 三江源碳汇资源开发中的问题及对策——基于金融和社会层面的分析/郑锋《青海金融》2012:1
123. 玉树住房重建贷款欠息情况调查/高波《青海金融》2012:1

124. 民族地区人民币券别调剂刍议——以青海省黄南藏族自治州为例/张海燕《青海金融》2012:2
125. 保障性安居工程建设调查——以青海省海南藏族自治州为例/王廷芳《青海金融》2012:3
126. 海北州农牧业集约化经营与金融支持研究/白建俊、魏静《青海金融》2012:5
127. 青海冬虫夏草价格理性回归策略探析/胡冰《青海金融》2012:7
128. 信贷支持中小企业发展问题探析——以青海省果洛藏族自治州为例/刘建《青海金融》2012:7
129. 政府非税收入纳入国库管理的可行性探讨——以青海省海西蒙古族藏族自治州为例/李耀辉、秦建华《青海金融》2012:8
130. 农牧区金融业现状调查——以青海省玉树藏族自治州为例/武建龙《青海金融》2012:12
131. 甘肃藏区半农半牧业经济研究/迟玉花、尼珍《西北师大学报》(社科版)2012:4
132. 青海牧区人草畜和谐发展与社会稳定研究——以海南藏族自治州为例/盛国滨《西北民族大学学报》(哲社版)2012:3
133. 西藏产业结构和效益水平分析/魏小文《西北民族大学学报》(哲社版)2012:5
134. 西藏旅游社会—生态系统恢复力研究/陈娅玲、杨新军《西北大学学报》(自然科学版)2012:5
135. 可持续生计分析框架下西藏农牧区贫困人口生计状况分析/李继刚、毛阳海《西北人口》2012:1
136. 不同预测模型下西藏自治区人口发展状况及对策研究/李祥妹、陈亮、丁维荣《西北人口》2012:4
137. 藏区牧民生计分化与能力贫困的治理——以川西措玛村为例/覃志敏、陆汉文《西北人口》2012:6
138. 民族旅游文化创意产业发展对策研究——以四川省阿坝藏族羌族自治州为例/何誉杰《兰州教育学院学报》2012:3
139. 20世纪80年代以来西藏及甘青川滇藏区近代经济研究述论/毛光远《兰州商学院学报》2012:4
140. 西北贫困地区环境经济系统物质流分析——以甘南藏族自治州为例/善孝

玺、陈兴鹏《兰州大学学报》(自然科学版)2012:4

141. 对发展海西文化旅游的思考/邓琳《柴达木开发研究》2012:2

142. 试论基础设施投资对促进区域经济增长的作用——以甘、宁、青、藏、新五省区为例/王文利《甘肃社会科学》2012:6

143. 甘南藏族自治州多维减贫探究/赵曼洁、郭高晶《甘肃农业》2012:9

144. 对提升甘孜州旅游软实力的思考——基于《康定情歌》对康定县旅游软实力影响的启示/陈刚《四川民族学院学报》2012:3

145. 甘孜州旅游业态创新发展研究/王兴贵《四川民族学院学报》2012:6

146. 拉萨人文旅游景区自导式旅游解说系统现状调查/刘坤梅《四川民族学院学报》2012:6

147. 文化生态环境与藏区经济社会发展关系研究/王士勇《西南民族大学学报》(人文社科版)2012:1

148. 中国十大藏族自治州经济社会发展分析和评价/蒋远胜、李彩凤《西南民族大学学报》(人文社科版)2012:2

149. 民族文化与旅游发展演进互动研究——以九寨沟旅游表演为例阳/宁东《西南民族大学学报》(人文社科版)2012:4

150. 民族地区旅游推动城镇化发展研究——九寨沟县旅游城镇形成机制分析/杨建翠《西南民族大学学报》(人文社科版)2012:4

151. 西藏那曲地区"十二五"能源发展战略的调查与思考/庄万禄、张毅《西南民族大学学报》(人文社科版)2012:8

152. 西藏入境旅游现状研究/郑乐平《西南民族大学学报》(人文社科版)2012:10

153. 多维视角下藏区城镇化进程的问题及对策研究——以四川阿坝州为个案的分析/建红英《西南民族大学学报》(人文社科版)2012:10

154. 民族体育非物质文化对旅游发展的影响及其路径选择——以四川甘孜、阿坝、凉山为例/杨志强、孙德朝《西南民族大学学报》(人文社科版)2012:11

155. "阿坝经济现象"与西部民族地区经济发展/李武斌《阿坝师范高等专科学校学报》2012:3

156. 促进西藏生态环境建设的财税支持政策/陈爱东、唐静《阿坝师范高等专科学校学报》2012:4

157. 引领广大群众实现美好生活愿景——十七大以来阿坝州推进藏区民生工程综述/冉华胜、罗先全《四川统一战线》2012:7

158. 西藏未来气候变化与经济发展风险管理/鲍文《四川林勘设计》2012:1
159. 马尔康县林下经济发展情况及典型经验/杨立东《四川林勘设计》2012:2
160. 基于波特钻石理论的四川民族地区旅游产业竞争力研究——以甘孜州为例/王兴贵、税伟、兰英《云南地理环境研究》2012:3
161. 藏区农牧兼营经济类型特点及发展问题探讨——以甘肃省卓尼县郭大村为例/迟玉花《中南民族大学学报》(人文社科版)2012:3
162. 试析青海藏医药产业开发模式及其问题/李丽《中央民族大学学报》(哲社版)2012:1
163. 四川省甘孜藏区经济发展现状及决策/郭伦《中国集体经济》2012:1
164. 甘孜州森林资源可持续发展分析/王平《中国集体经济》2012:9
165. 大力推进西藏经济跨越式发展问题研究/王海英《中国集体经济》2012:21
166. 民族地区扶贫成效分析——以西藏日喀则地区为例/顾正纲、徐爱燕、顿珠《中国集体经济》2012:21
167. 论西藏民族手工业发展中的技术创新/刘天平、曾维莲、何燕《中国集体经济》2012:25
168. 包容性发展视角下西藏银行业支持非公有制经济发展的探讨/旺堆《西南金融》2012:1
169. 金融促进民族特色产业发展的辩证思考——以西藏昌都为例/次成、王锡刚《西南金融》2012:6
170. 促进西藏辖区发行基金调拨工作的思考/旺堆《西南金融》2012:7
171. 高原藏区金融助推与服务实体经济的调查与思考——阿坝藏族羌族自治州为例/郑琨《西南金融》2012:9
172. 关于藏区金融服务的有效性思考——基于甘孜州白玉县的典型调查/王军、姜洪波《西南金融》2012:9
173. 金融支持西部民族地区实体经济的思考——以甘南藏族自治州水利建设为例/卓玛措、刘梅芳《西南金融》2012:11
174. 新一轮金融援疆、援藏的比较启示/布尼玛《西南金融》2012:12
175. 新形势下西藏金融生态环境建设现状分析/李波《西部金融》2012:3
176. 新世纪藏区扶贫政策目标达成研究——以四川省甘孜藏族自治州为例/赵晓霞、杨丽萍《农村经济》2012:2
177. 探索符合藏区特点的跨越式发展道路——阿坝藏族羌族自治州金川县建设阿坝新江南调研、林凌、刘世庆、林彬《农村经济》2012:2

178. 藏区农牧民工资性收入持续增长的障碍及对策研究——以四川省康定县为例的实证分析/赵利梅《农村经济》2012:12
179. 西藏牧区县域欠发达原因剖析——以改则县为例/周猛《农村经济》2012:12
180. 藏区大尺度同质景观格局背景下风景道的建构研究——以甘南藏族自治州为例/刘润、李巍、尹秀《开发研究》2012:1
181. 牧区草场生态价值估算——以甘南藏族自治州为例/曾颂耀、王泽民《开发研究》2012:5
182. 集中连片特困地区的致贫因素和减贫对策探析——以西藏自治区改则县为例/周猛《开发研究》2012:6
183. 甘肃藏区跨越式发展研究/张广裕《民族论坛》2012:16
184. 甘南藏族自治州人口发展研究/张广裕《民族论坛》2012:24
185. 推进甘孜州牦牛产业发展的思考/任秀梅《草业与畜牧》2012:2
186. 青藏高原草地畜牧业可持续发展策略的思考/春梅、杨国柱《草业与畜牧》2012:6
187. 甘孜州畜牧产业化发展现状及对策/刘长清、谢英《草业与畜牧》2012:10
188. 阿坝州牧区草原畜牧业可持续发展对策研究/刘斌《草业与畜牧》2012:10
189. 促进西藏文化产业发展的财政政策支持/陈春霞、陈爱东《经济研究导刊》2012:4
190. 构建西藏中小企业柔性战略体系/陈青姣、唐智《经济研究导刊》2012:23
191. 西藏 IT 产业发展现状及对策研究/杨晓波、陈邦泽、刘泽国《经济研究导刊》2012:25
192. 西藏固定资产投资与经济增长的协整及因果关系研究/苏婕《金融经济》2012:14
193. 西藏中小企业融资难及对策分析/张志恒、尹雯《金融经济》2012:18
194. 甘孜州固定资产投资资金平衡状况调查与思考/陈希《金融经济》2012:20
195. 西藏文化旅游业发展的空间布局及路径研究/唐柳、俞乔、鲜荣生、李志铭《经济地理》2012:7
196. 生态脆弱的民族地区钻石模型的适用性研究——以甘南州玛曲县为例/辛晓睿、曾刚、滕堂伟、程进《经济地理》2012:9
197. 西藏旅游产业发展与经济增长的相关性研究/钟高峥、耿娇阳、麻学锋《经济地理》2012:11
198. 银行业给力西藏经济跨越式发展/赵霖《中国金融家》2012:9

199. 贫困地区货币政策执行效果——以四川省甘孜藏族自治州为例/刘建康《中国金融》2012:22
200. 甘南"香巴拉"旅游开发研究/王文浩、段文彬、闫颖慧等《生态经济》(学术版)2012:2
201. 基于交通与旅游发展关系研究下生态脆弱区风景道景观规划探讨——以国道213甘南藏族自治州段为例/李巍、刘润、王录仓《生态经济》(学术版)2012:2
202. "十二五"时期西藏特色矿产业发展对策研究——基于建设生态西藏的视角/陈爱东《生态经济》(学术版)2012:4
203. 试析三岩社会的农牧二元经济/王正宇《贵州民族研究》2012:2
204. 中国藏医药产业发展问题研究/唐剑、贾秀兰《贵州民族研究》2012:2
205. 西南少数民族地区县域经济发展实证研究——以四川省阿坝藏族羌族自治州为例/刘鑫《贵州民族研究》2012:4
206. 西藏牧业县发展分析/尼玛曲珍、方江平、郝文渊《边疆经济与文化》2012:7
207. 西藏农业可持续发展研究/郝文渊、尼玛曲珍、张小龙、曲珍拉姆《边疆经济与文化》2012:9
208. 西藏特色产业发展战略演进路径探究/陈爱东、毛阳海《边疆经济与文化》2012:10
209. 热贡文化产业化及其可行性分析/江林波、朱芳《人民论坛》2012:35
210. 提升区域旅游业竞争力的对策——以西藏为例/张波《人民论坛》2012:26
211. 环境资源视角下西藏农牧民反贫困研究/魏小文、朱新林《技术经济与管理研究》2012:2
212. 藏区农牧区扶贫与低保衔接的思考——以青海省泽库县为例/李凤荣《技术经济与管理研究》2012:8
213. 影响西藏地区GDP增长的相关要素分析——基于经济权利禀赋视角/林勇、蔡建军《技术经济与管理研究》2012:12
214. 甘孜州旅游发展浅析/陈阳《旅游纵览》(行业版)2012:1
215. 浅析导游的发展方向——以西藏为例/孙琼《旅游纵览》(行业版)2012:1
216. 西藏人口发展对经济增长的影响研究/毕彦祯、张艳波、宋蓉《旅游纵览》(行业版)2012:1
217. 关于西藏旅游业加快发展的思考/王天才《旅游纵览》(行业办)2011:4
218. 西藏节事旅游经济现象研究——兼论西藏旅游经济可持续发展/钟仙玲

《旅游纵览》(下半月)2012:7

219. 青藏高原旅游空间结构探析/陈蓉、黄芸玛、张源、吴成勇《旅游论坛》2012:1

220. 神圣的旅程:西藏朝圣旅游体验研究/钟晟、张薇《旅游论坛》2012:4

221. 民族旅游的麦当劳化——以白马藏族风情游为例/刘志扬《旅游学刊》2012:12

222. 基于游憩体验质量的民族村寨旅游产品优化研究——以云南西双版纳傣族园、四川甲居藏寨为例/钟洁《旅游学刊》2012:8

223. 西藏优势矿产资源及其开发对策/德吉《资源与产业》2012:1

224. 西部五省产业结构转换能力比较分析/褚晓、沙景华《资源与产业》2012:2

225. 西部五省资源型城市产业结构转换比较分析/朱广娇、沙景华《资源与产业》2012:4

226. 突发事件对西藏入境旅游影响评估与响应机制研究/田祥利、章杰宽、朱普选《资源开发与市场》2012:4

227. 甘孜州非物质文化遗产旅游开发对策/王克军《资源开发与市场》2012:6

228. 西藏林芝地区农业气候资源分析与合理利用对策/谭波《安徽农业科学》2012:1

229. 西藏民营经济发展问题及对策研究/罗科《安徽农业科学》2012:3

230. 农牧户家庭种植业生产经营行为影响因素分析——以西藏典型县(市)为例/李文才、邱建军、邱锋《安徽农业科学》2012:11

231. 城乡协调发展下青藏地区农业农村发展研究/何龙娟、詹慧龙《安徽农业科学》2012:21

232. 青海省县域经济差异实证研究/石鹏娟、孙立霞、高慧荣《安徽农业科学》2012:30

233. 若尔盖高寒湿地发展生态旅游的必要性研究/刘长秀、张伟《安徽农业科学》2012:34

234. 地方法人金融机构信用风险压力测试研究——以青海省海南藏族自治州为例/吴艳《西部金融》2012:4

235. 浅析西藏佛教景点旅游文本的英译——以德国功能主义理论为视角/罗媛媛《学理论》2012:20

236. 促进西藏民族手工业发展的财税支持政策/魏小文、陈爱东《经济视角》2012:3

237. 落茸藏族社区参与旅游能力建设途径研究/胡晓、王哲《学术探索》2012:9
238. 论统筹财政、金融援藏政策的必要性与可行性/丁业现、彭克强《财政研究》2012:1
239. 藏西北牧区的盐粮交换/周猛《中国民族》2012:5
240. 几代中共中央领导集体关于西藏经济发展问题的方略/杨明洪、安七一《民族学刊》2012:1
241. 矿权整合的成功实践及其经验总结——以西藏甲玛铜多金属矿为例/徐强、唐菊兴、郑文宝等《国土资源科技管理》2012:4
242. 一般与特殊:西藏现代工业发展的演化逻辑/李国政《长春理工大学学报》(社科版)2012:9
243. 甘孜州国内特种旅游需求实证分析/王克军《北京第二外国语学院学报》2012:5
244. 西藏牧区生态经济协调发展路径研究/杨玉文《大连民族学院学报》2012:6
245. 青海牧区现代生态畜牧业可持续发展与社会稳定研究——以海北藏族自治州为例/盛国滨《大连民族学院学报》2012:6
246. 西藏绿色特色产业体系的构建/陈爱东《西安航空技术高等专科学校学报》2012:6
247. 西藏察隅县沙琼村僜人文化生态旅游规划探/讨焦红、吴金岷《西安建筑科技大学学报》(社科版)2012:4
248. 甘南藏族自治州旅游产业发展现状分析/王永强《绵阳师范学院学报》2012:1
249. 可持续生计:连片特困地区村庄生计资本与减贫——以四川省甘孜藏族自治州雅江县杰珠村为例/李雪萍、龙明、阿真《中共四川省委省级机关党校学报》2012:3
250. 尼泊尔徒步旅游发展的经验分析及对我国西藏的启示/胡海燕、罗许伍《乐山师范学院学报》2012:5
251. 地方合作在西藏长治久安中的作用研究综述/成为杰《中共济南市委党校学报》2012:3
252. 西藏矿产开发中生态补偿费用分摊的博弈研究——基于利润分配的视角/孙前路、孙自保、宋连久、唐佳《郑州航空工业管理学院学报》2012:5
253. 西藏跨越式发展和长治久安的路径探析/袁新涛《太原理工大学学报》(社科版)2012:2

254. 社保基金投资新方向——开发西藏新能源光伏产业模式的问题研究/张翼《湖北经济学院学报》(人文社科版)2012:10
255. 青海藏区搬迁农牧民生活和迁入地农业生态研究——以贵德县为例/久毛措《山东行政学院学报》2012:6
256. 青藏铁路经济带:现状、问题及建议/成为杰《中共济南市委党校学报》2012:1
257. 拉萨大昭寺游客满意度调查与历史文化遗产旅游开发的对策/石应平、武树含《赤峰学院学报》(自然科学版)2012:13
258. 基于 SWOT 分析西藏白朗县蔬菜产业发展/何燕《湖南文理学院学报》(自然科学版)2012:3
259. 做大做强西藏民族特色手工业的财税政策探讨/陈爱东《濮阳职业技术学院学报》2012:4
260. 中共中央援藏工作述论/徐志民《济南大学学报》(社科版)2012:3
261. 西藏第三产业跨越式发展的人力资源开发思路探析/魏小文《中国市场》2012:6
262. 西藏人口现状、问题及对策分析/洁安娜姆《中国市场》2012:52
263. 西藏特色农产品品牌定位分析/李原、侯霞《中国商贸》2012:4
264. 提升青藏高原特色农业国际竞争力的政策建议/余敬德、李双元《中国流通经济》2012:8
265. 关于西藏城镇化问题的探讨/杜炳萱、陈爱东《中国证券期货》2012:4
266. 甘孜藏区农牧民消费结构现状及其优化对策/王长明《中国农业信息》2012:23
267. 西藏帕里牦牛品种资源的保护研究/辛盛鹏、唐建华《中国畜牧业》2012:18
268. 四川省巴塘县农业生物资源利用现状/陈波、傅宝玲、苏开美等《中国农学通报》2012 年 5
269. 西藏日喀则地区设施农业现状、问题与对策/普布顿珠《中国园艺文摘》2012:10
270. 西藏苹果生产现状、问题及发展思路/谢红江、杨文渊、刘清元等《中国园艺文摘》2012:8
271. 牧户对退耕还草工程的行为响应及其影响因素研究——以高寒牧区玛曲为例/龚大鑫、金文杰、关小康等《中国沙漠》2012:4
272. 青藏高原牧区典型家庭牧场选择方法研究——以甘肃省玛曲县为例/花立

民、周建伟、焦婷等《草业科学》2012:7

273. 西藏阿里草地资源现状及载畜量/畅慧勤、徐文勇、袁杰等《草业科学》2012:11

274. 西藏草地资源保护中牧民行为策略研究/孙自保、孙前路、宋连久等《草地学报》2012:5

275. 进一步促进西藏经济发展方式转变的财政对策/陈爱东、张黎、李英英《企业导报》2012:17

276. 关于西藏农牧区产业扶贫的探讨/李英英、陈爱东、余凯《企业导报》2012:19

277. 西藏林芝地区米林县生态农业发展状况分析/胡艳丽、易勇、亚依《企业导报》2012:20

278. 终极所有者默许下管理层资产交易行为研究——以西藏发展为例/杨小平、常启军、易加斌等《会计之友》2012:1

279. 进一步发展西藏文化产业的财税政策探讨/陈爱东、魏小文《会计之友》2012:18

280. 青藏高原生态旅游空间结构研究/陈蓉、王小梅、周强、张忠孝《干旱区资源与环境》2012:2

281. 生态旅游形象定位研究——以青海湖为例/田大江、刘家明、钟林生、王润、王婧《干旱区资源与环境》2012:4

282. 青藏地区入境旅游共生关系检验研究/唐仲霞、马耀峰、魏颖《干旱区地理》2012:4

283. 刍议发展西藏特色旅游业的财政对策/余凯、陈爱东《内蒙古科技与经济》2012:10

284. 民族地区社区参与式旅游扶贫机制的构建——以甘肃省甘南藏族自治州为例/杨阿莉、把多勋《内蒙古社会科学》2012:5

285. 民族地区发展循环农业初探——以甘孜藏族自治州为例/陈立萌《重庆与世界》(学术版)2012:8

286. 人力资本视角下的西藏农牧民反贫困对策/巴桑、王世民《商场现代化》2012:28

287. 甘孜藏区文化资源开发的现状分析/张琪《时代金融》2012:27

288. 西藏林芝森林旅游跨越发展的路径选择/兰思仁、陈贵松、沈必胜、李霄鹤《林业经济》2012:7

289. 西藏墨脱县生态旅游资源及其开发前景探讨/罗怀斌、杨帆《中南林业调查规划》2012:2
290. 青海省泽库县藏区农牧区扶贫开发与农村最低生活保障有效衔接的调查/李凤荣《社会保障研究》2012:2
291. 青海藏区农牧区扶贫开发与农村最低生活保障有效衔接的思考——以泽库县为例/李凤荣《地方财政研究》2012:5
292. 青海藏族地区人力资源开发的现状和对策研究/田超、张宏岩《改革与战略》2012:12
293. 浅析西藏生态与人口现状/洁安娜姆《中外企业家》2012:15
294. 旅游风险认知与测度研究——基于大学生群体入藏旅游的调查/章杰宽《产经评论》2012:4
295. 湖北省新一轮对口援藏工作的现状与对策/贺廷虎、董文学《民族大家庭》2012:1
296. 浅析四川甘孜州藏区农牧区金融现状和发展趋势/罗成《金融教育研究》2012:4
297. 国家主导视野下的西藏现代工业的演进逻辑、轨迹与经验教训/李国政《当代经济管理》2012:8
298. 浅议甘孜藏族自治州经济发展的问题/王子野《现代经济信息》2012:20
299. 西藏国有企业改革中的难点问题研究/杨斌《现代经济信息》2012:24
300. 旅游产品市场上的"符号假借"现象——以拉萨旅游手工艺品市场为例/宋秋《现代企业》2012:10
301. 甘孜州畜牧业发展的制约因素及对策/邓竹佳《现代农业科技》2012:17
302. 甘孜州畜牧业现状及发展特色养殖业可行性分析/邓竹佳《现代农业科技》2012:17
303. 甘孜州野生百合科植物资源调查研究报告/尚迪、叶昌华、孙婷等《现代园艺》2012:12
304. 西藏林芝发展生态经济的优势与对策分析/尼玛曲珍《知识经济》2012:15
305. 西藏旅游就业区位商研究/张阿兰、德吉央宗《现代营销》(学苑版)2012:10
306. 西藏推行小企业会计准则前景分析/汪丽、唐亚军《商场现代化》2012:26
307. 川北羌族与白马藏族民俗艺术的综合开发与利用研究/柴永柏《音乐探索》2012:2

308. 甘孜州干旱河谷野生药用观赏草本植物资源研究/谢学强《广东农业科学》2012:10
309. 日喀则市畜牧业发展存在的问题及其对策/旦增多布杰《养殖技术顾问》2012:8
310. 甘孜州中藏药用植物生产现状及对策/谢学强《北方园艺》2012:13
311. 甘孜州牦牛产业发展刍议/向前、达久阿达《中国畜牧兽医文摘》2012:2
312. 甘南州草原畜牧业可持续发展技术设想/潘永红、刘杰元《畜牧兽医科技信息》2012:1
313. 甘南州草原畜牧业生产经营方式转变问题思考/蒲莉妮、郭宏远《黑龙江畜牧兽医》2012:20
314. 甘南藏族自治州国内旅游市场分析/鲍睿、严江平、李巍《江苏商论》2012:2
315. 刍论西藏生态财政管理体制的构建/陈爱东、唐静《财会月刊》2012:23
316. 民族旅游及其麦当劳化:白马藏族村寨旅游的个案研究/刘志扬、更登磋《文化遗产》2012:4
317. 西北地区现代游牧业产业化发展初探——以天祝藏族自治县白牦牛产业为例/苏念思、王国辉、徐盼盼、王钧波《农业网络信息》2012:6
318. 西藏工布自然保护区生态旅游开发 SWOT 分析及对策探讨/杨开良、李琦《林业资源管理》2012:1
319. 西藏文化产业品牌战略构想——基于 SWOT 分析法的研究/常凌翀《新闻前哨》2012:6
320. 西藏文物资源的保护与旅游开发研究综述/石应平、刘海汀《商业文化》(上半月) 2012:4
321. 西藏曲水—桑日地区 1988—2009 年土地利用景观格局演变研究/赵银兵、倪忠云、陈陵康、南希、赵勇《水土保持研究》2012:3
322. 西藏农村劳动力转移的财政作用分析/吕翠苹、次旦央宗《农村财政与财务》2012:12
323. 西藏农畜产品加工业的现状及展望/西藏自治区农牧厅农业产业化处《农产品加工》(创新版)2012:8
324. 西藏设施果树发展现状及对策建议/张华国、李宝海《南方农业》2012:12
325. 西藏经济跨越式发展的制约因素及对策研究/沈开艳、徐美芳《上海经济研究》2012:5
326. 西藏经济跨越式发展实现路径研究/沈开艳、陈建华《社会科学》2012:5

327. 西藏城乡居民收入差距特征与农牧民增收对策/师学萍、宋连久、龚红梅、何燕《农业现代化研究》2012:5
328. 西藏铜矿产业合理发展研究/王素萍《有色金属工程》2012:4
329. 西藏普兰县可持续发展的系统动力学分析/樊毅斌、宗刚《软科学》2012:1
330. 优化西藏产业结构的税收政策取向/魏小文《北方经济》2012:14
331. 唐蕃古道和茶马古道影响下的玉树商贸文化/尼玛永泽《北方文学》(下半月)2012:2
332. 多目标政策背景下的四川阿坝藏族牧区城镇化建设分析/李君《科教导刊》(中旬刊)2012:7
333. 投资与西藏自治区经济增长关系的协整分析/狄方耀、曹佛宝《求索》2012:10
334. 青海红景天资源的研究利用现状及问题/陈海娟、柯君、曾阳《亚太传统医药》2012:7
335. 拉萨八廓历史文化街区旅游发展居民感知研究/旺姆、吴必虎《人文地理》2012:2
336. 国资证券化视角下西藏特色优势产业发展路径研究/陈爱东、张黎《绿色科技》2012:8
337. 浅析甘南藏族自治州旅游产业发展的传播问题/孙昊鹏《今传媒》2012:8
338. 浅析藏区小城镇规划设计的关注点——基于西藏拉孜县总体规划实践/汪亚《上海城市规划》2012:3
339. 夏河县甘加乡畜牧业发展现状与对策/蔺成友《畜牧兽医杂志》2012:2
340. 旅游业促进西藏经济发展的量化分析/马守春、马子琦《数学的实践与认识》2012:10
341. 基于 MVC 模式的甘南藏族自治州旅游信息资源库的开发/马国俊《湖北农业科学》2012:20
342. 藏区企业技术创新能力分析与对策研究——以甘南藏族自治州 175 家企业为样本/张平、李秀芬《科技进步与对策》2012:6
343. 传统技艺工业化的藏式探索/张卫峰《大经贸》2012:5

三、社会

1. 在四川的藏族流动人口/黄维忠《中国西藏》2012:3
2. 从藏族流动人口状况看汉藏民族关系/仁真洛色《中国西藏》2012:4
3. 人类学视野中的西藏牧区亲系组织及互惠关系——以西藏那曲为实例/白玛措《中国藏学》2012:1
4. 从在内地的藏族流动人口状况看汉藏民族关系——以成都市藏族流动人口状况为例/仁真洛色、黄维忠《中国藏学》2012:2
5. 成都武侯区民族街藏族流动人口生活状况调查报告/窦存芳《中国藏学》2012:2
6. 人口流动、族群结构与族际关系——关于西藏山南地区泽当镇的实证调查研究/李健《中国藏学》2012:2
7. 藏族居民居住格局变化与城市民族关系的社会性——以"5·12"大地震后四川都江堰市为例/耿静《中国藏学》2012:2
8. 历史上藏人向中原地区的流动及与西藏社会发展的关联/石硕《中国藏学》2012:2、《光明日报》2012年3月26日
9. 西藏公益性岗位包容效应研究/李中锋、翁仕鹏《中国藏学》2012:3、《西藏大学学报》(社科版)2012:2
10. 2008年夏季拉萨、日喀则、泽当三城市流动人口问卷调查结果分析综述/马戎、旦增伦珠《中国藏学》2012:3
11. 谈古代藏族人的创造力——原动力的利用和发挥/王春英《中国藏学》2012:3
12. 藏北牧民公民权和政治权的人类学考察——以那曲牧区村落社会为例/郎维伟、赵树彬《西藏研究》2012:1
13. 现代变迁与民族经验——西藏社会个案/张虎生、陈映婕《西藏研究》2012:1
14. 安多地区宗教信仰认同与多元文化共生模式溯析/王淑婕、顾锡军《西藏研究》2012:3
15. 藏北牧区村落社会的人口和家庭特征及其生育意愿——以那曲县达村和宗村为例/郎维伟、张朴《西藏研究》2012:4
16. 西藏妇女的婚姻地位探析/班觉《西藏研究》2012:6
17. 西藏人口红利研究述评/王建伟《西藏民族学院学报》(哲社版)2012:1

18. 刑事和解在西藏地区的适用——以西藏刑事习惯法“以赔代罚”理念为切入点/王亚妮《西藏民族学院学报》(哲社版)2012:3
19. 白马藏族生计变迁的自主性研究/汪丹《西藏民族学院学报》(哲社版)2012:3
20. 错巴卓——多续藏族“三重空间”的体现/刘俊波《西藏民族学院学报》(哲社版)2012:6
21. 从寺院经济活动看中心寺院体制与边缘社会间的关系——以青海东那寺和四川鱼托寺为例/格藏才让《西藏民族学院学报》(哲社版)2012:6
22. 青海阿柔藏族部落社会组织结构考述/洲塔、刘嘉尧《西藏大学学报》(社科版)2012:1
23. 西藏转经习俗与个人宗教体验张虎生/陈映婕《西藏大学学报》(社科版)2012:1
24. 试论滇西北一个藏族村庄的环境与生计/魏乐平《西藏大学学报》(社科版)2012:1
25. “二元社区”到“敦睦他者”——三江源生态移民的社会融合解读/韦仁忠《西藏大学学报》(社科版)2012:4
26. 山南地区农牧区医疗制度建设与问题研究/旦增顿珠、欧珠罗布、王振等《西藏大学学报》(自然科学版)2012:2
27. 溯源·层累递进·移情——“格萨尔”信仰事象研究/乔克·东知才让《西藏艺术研究》2012:4
28. 从“六普”资料分析西藏家庭规模变化及特征/土多旺久《西藏发展论坛》2012:5
29. 察雅县建立新型农村社会养老保险试点工作的成效及问题浅析/周毅珍《西藏科技》2012:7
30. 从帐篷到定居房——循化县岗察乡游牧民定居工程调查研究/陕锦凤《青海民族研究》2012:2
31. 作为人类学的藏学研究——人类学(民族学)的藏族及周边民族研究述略/刘志扬《青海民族研究》2012:2
32. 白马藏族的白马老爷信仰及其地域文化认同功能探析/权新宇、蒲向明《青海民族研究》2012:3
33. 社会行动理论视角下移民的生计恢复与可持续发展——以青海省海西地区移民村落为例/隋艺、陈绍军《青海民族研究》2012:4

34. 生物多样性的祝福还是诅咒——三江源地区毒杀高原鼠兔的权力话语与藏族生态智慧的调查研究/范长风、范乃心《青海民族研究》2012:4
35. 游牧民定居与住宅权保障问题研究/包振宇《青海民族研究》2012:4
36. “小地方”的力量:市场化与社区建构——以青海黄南藏族自治州吾屯社区为例/李元元、刘生琰《青海社会科学》2012:3
37. 藏族“赔命价”回潮的情感能量探源/熊征《青海社会科学》2012:4
38. 汉藏文化交流背景下华锐藏族冠汉姓现象及其文化释读/陈涛《青海社会科学》2012:6
39. 关于藏族聚居区群众政治参与问题探析/薛红焰《青海民族大学学报》(社科版)2012:1
40. 西宁市汉族、回族、藏族儿童自我意识的比较研究/刘军《青海民族大学学报》(社科版)2012:2
41. 四川松潘藏寨族群身份变迁研究/刘志扬、曾惠娟《青海民族大学学报》(社科版)2012:3
42. 现代旅游语境中的“自我”与“他者”——对九寨沟《藏谜》表演者文化身份建构的思考/阳宁东《青海民族大学学报》(社科版)2012:3、《青海民族研究》2012:3
43. 社会工作专业模式介入三江源生态移民社会保障体系的思考/拉毛才让《青海师范大学学报》(哲社版)2012:3
44. 浅谈习惯法对法律漏洞的填补/耿佳《青海师范大学学报》(哲社版)2012:4
45. 草地生态补偿成本分摊的博弈分析——以甘南牧区为例/王娟娟《西北民族大学学报》(哲社版)2012:3
46. 藏族牧民定居后的文化调适/韩玉斌《西北民族大学学报》(哲社版)2012:6
47. 宗教认同和民族认同对民族交往态度的影响——基于藏族、回族和东乡族大学生的数据分析/万明钢《西北师大学报》(社科版)2012:5
48. 青海藏族、蒙古族青年跨文化适应力的对比研究/朱敏兰《柴达木开发研究》2012:2
49. 积极促进三江源地区生态移民就业的思考/严琼《柴达木开发研究》2012:4
50. 保障性安居工程建设调查——以青海省海南藏族自治州为例/王廷芳《青海金融》2012:3
51. 搞好牧区退牧还草促进生产生活方式转变——泽库县宁秀乡智格日村调查/白乾云《青海畜牧兽医杂志》2012:4

52. 青海省人口城镇化问题研究/王红宇《攀登》2012:3
53. 对西藏公路建设的冷思考/魏潇宇《群文天地》2012:8
54. 当代藏区社会分层与社会流动问题——以甘肃藏区为例/迟玉花《甘肃社会科学》2012:1
55. 甘南藏区农牧民公共文化需求及其特征分析/李少惠、张丹《甘肃社会科学》2012:5
56. 探究藏民族的视觉审美心理/赵大军《四川民族学院学报》2012:1
57. 集体记忆与族群认同:一个边缘化藏族社区的山神体系对族群认同的功能/落桑东知《四川民族学院学报》2012:3
58. 论甘南地区民族多元一体杂居格局的形成/徐进《阿坝师范高等专科学校学报》2012:1
59. 民族和睦:云南藏区和谐稳定的重要因素/杨福泉《西南民族大学学报》(人文社科版)2012:1
60. 论藏族牧民定居化模式及其特点——以甘肃省玛曲县、青海省果洛州为个案/苏发祥、才贝《中南民族大学学报》(人文社科版)2012:4
61. 藏族"戎亢"的建筑文化内涵及公共空间意义——以甘肃省甘南藏族自治州夏河县麻当乡为例/黄茂《西南民族大学学报》(人文社科版)2012:4
62. 和谐社会背景下藏族大学生民族与文化认同实证调查研究/耿亚军《西南民族大学学报》(人文社科版)2012:6
63. 略论藏彝走廊中的回藏和谐民族关系研究/马尚林《西南民族大学学报》(人文社科版)2012:7
64. 2009年~2012年四川藏区牧民定居建设特点分析/范召全《西南民族大学学报》(人文社科版)2012:8
65. 人神分界和僧俗分类:家屋空间的上下秩序——对雅安市宝兴县硗碛藏族乡的田野调查/李锦《西南民族大学学报》(人文社科版)2012:8
66. 2009年~2012年四川藏区牧民定居建设特点分析/范召全《西南民族大学学报》(人文社科版)2012:8
67. 西藏农牧民文化认同现状探析——基于西藏农牧区两个村落的调查/张群、徐平《西南民族大学学报》(人文社科版)2012:9
68. 西藏藏族人口东向流动现实意义探微/来仪《西南民族大学学报》(人文社科版)2012:9
69. 西藏农牧民文化认同现状探析——基于西藏农牧区两个村落的调查/群徐

平《西南民族大学学报》(人文社科版)2012:9

70. 试谈藏族习惯法的概念及性质/索南才让《西南民族大学学报》(人文社科版)2012:12

71. 二元视角下的西藏特点及其问题分析/郎维伟《西南民族大学学报》(人文社科版)2012:12

72. 试论城市少数民族群体生活现状、问题及对策——基于对成都市武侯区武侯祠横街少数民族群体的调查/王荻、陈媛媛、张了、张为波《西南民族大学学报》(自然科学版)2012:3

73. 西藏城市老年人社会交往结构研究/王硕、艾斌《云南民族大学学报》(哲社版)2012:4

74. 气候变化及其灾害的社会性别研究——云南德钦红坡村的案例/尹仑、薛达元、倪恒志《云南师范大学学报》(哲社版)2012:5

75. 四川民族地区农民政治参与现状分析及路径选择——基于甘孜州的调研分析/任振宇《云南行政学院学报》2012:4

76. 拉萨市藏、回、汉商人经济关系探析/徐黎丽、李超《中南民族大学学报》(人文社科版)2012:1

77. 藏族流动人口在城市的生存适应调查——以甘肃省甘南藏族自治州合作市为例/郑信哲、陈春霞《中南民族大学学报》(人文社科版)2012:5

78. 宗教对话视阈下的藏回两族世俗生活交往——兼论人类学与宗教对话的学术意义/高法成《贵州民族学院学报》(哲社版) 2012:1

79. 协作生存与内外有别:“三岩”藏区人群互动规则的微观剖析/卢秀敏《北方民族大学学报》(哲社版)2012:1

80. 30 年来藏族女性研究概略/贡保草《北方民族大学学报》(哲社版)2012:4

81. 青海地区藏汉民族关系调查研究——以贵南县沙拉村为例/马燕《北方民族大学学报》(哲社版)2012:6

82. 藏区文化差异与和谐社会构建——以康巴藏区及甘孜藏族自治州为例/凌立、曾义《中央民族大学学报》(哲社版)2012:5

83. 我国少数民族流动人口宗教信仰发展状况调查系列报告(一)——成都市藏族流动人口宗教信仰调查/吴碧君《中共成都市委党校学报》2012:6

84. 论舟曲藏族的民间组织及其社会功能——以武坪村为例/仇任前《湖北民族学院学报》(哲社版)2012:1

85. 白马人社会文化变迁及其影响因素分析——以甘肃文县铁楼乡为例/杨永

刚《陇东学院学报》2012:2

86. 藏区寺院的社会慈善功能/蒲生华《南昌教育学院学报》2012:4
87. 草场纠纷的成因及其司法困境——以甘南藏区为例/杨调芳《湖北警官学院学报》2012:4
88. 黄河源地区藏族游牧对气候变化的适应性/摆万奇、张镱锂、刘林山等《自然资源学报》2012:12
89. 拉萨大昭寺的游客行为调查与分析/石应平、白鑫《长春教育学院学报》2012:12
90. 农民视角的劳务输出与农村社区发展——以甘南藏族自治州卓尼县拉力沟村为例/白关峰、杨苏《伊犁师范学院学报》(社科版)2012:2
91. 浅析西藏旅游者行为文明/刘坤梅《乐山师范学院学报》2012:10
92. 西藏公务员工作家庭冲突与工作倦怠关系研究——以拉萨市公务员为例/赵燕、王晓芳《太原城市职业技术学院学报》2012:8
93. 西藏矿产开发中生态补偿费用分摊的博弈研究——基于利润分配的视角/孙前路、孙自保、宋连久、唐佳《郑州航空工业管理学院学报》2012:5
94. 学校与社区互动要素探究——基于四川藏区学校与社区互动的考察分析/白杨、巴登尼玛《民族教育研究》2012:6
95. 藏区青少年群体的思想状况与特征研究——以甘肃省甘南藏族自治州为例/张梦涛、刘强《中国青年研究》2012:2
96. 地震灾区雷电灾害应急管理问题及对策建议——以汶川、玉树地震为例/左雄、何泽能、官昌贵《科技管理研究》2012:23
97. 试论三江源生态移民社会福利机制的建构/王旺多《开发研究》2012:2
98. 藏区农牧民医疗救助体系运行效果评价及其指标设计——以甘肃省甘南藏族自治州为例/焦克源、冯彩丽《内蒙古社会科学》2012:1
99. 西藏农牧区村级公共服务制度创新研究——基于扶贫综合开发的视角/郑洲《民族学刊》2012:1
100. 西藏人口东向流动与民族关系再构建研究/郑洲《民族学刊》2012:4
101. 青藏高原高寒草地生态系统服务功能的互作机制/刘兴元、龙瑞军、尚占环《生态学报》2012:24
102. 试析西藏农村的社会救助现状及其完善/李许桂《学理论》2012:23
103. 藏族和彝族大学生婚恋观的跨文化研究——以西南民族大学为例/商婧《学理论》2012:29

104. 民族文化中宗教和谐与整合的隐喻——以四川硗碛嘉绒藏族乡为研究个案/陈淼《世界宗教文化》2012:3
105. 藏彝走廊安宁河上游多续族群藏族文化认同研究/袁晓文《中华文化论坛》2012:5
106. 青海省偏远农牧区藏族妇女的生育行为研究/谈玲芳、郑晓瑛、黄成礼《人口与经济》2012:3
107. 人才推动西藏发展和长治久安/陈全国《中国人才》2012 年 第 13
108. 城市化进程中藏族社区的变迁——以拉萨热巴村为例/郝文渊、尼玛曲珍、张小龙《边疆经济与文化》2012:8
109. 电视媒介语境下甘南藏族地区受众对现代社会的认知变化——以夏河县为例/康丽雯《东南传播》2012:8
110. 俄珠多杰:60 年前我的"衣食住行"/索穷《人权》2012:3
111. 法律地理:藏族婚姻习惯法的空间向度/李春斌《原生态民族文化学刊》2012:2
112. 香格里拉青年"时尚"调查——对上桥头村藏族青年的个案分析/格桑初姆《今日民族》2012:5
113. 宗教五性说视域下藏族大学生宗教信仰探讨/刘国武《教育评论》2012:4
114. "阿里去底着?"——当代唐卡艺人的生存状态/陈乃华《文化纵横》2012:1
115. 藏区观众对藏族题材电视剧认可度调查/王春丽《电影评介》2012:22
116. 藏族地区水电工程建设征地移民安置探讨/刘进、杜金平、龙世红、黄靖《人民长江》2012: S1
117. 藏族城镇建设中风貌特色的地域性表达/毛露、李长奇《安徽建筑》2012:6
118. 藏族大学生艾滋病相关知识态度调查/马楚萍《现代预防医学》2012:18
119. 藏族习惯法司法适用的方式和程序研究——以四川省甘孜州地区的藏族习惯法为例/周世中、周守俊《现代法学》2012:6
120. 藏族婚姻习惯法与现行婚姻法的冲突与解决——以迪庆藏族自治州为例/张惠阳、杨萌《法制与社会》2012:9
121. 藏族农牧区妇女财产权益现状及思考——以四川省甘孜州为例/康涛、高鹏《农村经济》2012:11
122. 对甘孜州建筑业农民工安全教育的思考/姜园明《四川建筑》2012:4
123. 甘孜州公益性岗位开发安置情况及对策建议/翁青《四川劳动保障》2012:3
124. 甘孜州农村饮用水安全问题及对策/朱丹、王建成、付云霞《四川农业科技》

2012:9

125. 西藏林芝喇嘛岭景区国内游客旅游动机调查与分析/赵佩燕、王忠斌、琼达《四川林勘设计》2012:2

126. 论我国藏区民间纠纷私力救济/安静《法学杂志》2012:12

127. 旅游风险认知与测度研究——基于大学生群体入藏旅游的调查/章杰宽《产经评论》2012:4

128. 扎什伦布寺的小喇嘛/许江涛《中国产业》2012:1

129. 浅谈西藏高校毕业生如何走向社会/郝瑾《出国与就业》(就业版)2012:3

130. 三江源生态移民基本社会保障利益监督机制的建构/胡丽美、解安《安徽农业科学》2012:12

131. 生态移民基本社会保障效益分析——以三江源地区为例/张凯、孙饶斌《安徽农业科学》2012:16

132. 三江源自然保护区生态保护与建设总体规划农牧工程投资标准的调查研究/石凡涛《安徽农业科学》2012:20

133. 四川甘孜藏区基础设施现状及发展方向/郭伦《当代经济》2012:13

134. 西藏藏东南地区民居建筑热环境现状分析/王培清、冷御寒、徐国涛《建筑科学》2012:3

135. 西藏新农村建设背景下的农牧民新旧宅对比探析——以拉萨市城关区蔡公堂乡次角林村为例/邓绍军、姚先等《南方建筑》2012:6

136. 2010—2011 年西藏地区医院业务收入影响因素分析/李敏《价值工程》2012:36

137. 藏北牧民草地生态观研究/赵玉红、魏学红、斯确多吉等《畜牧与饲料科学》2012:9

138. 甘肃少数民族地区失地农民的困境及其出路探讨——以甘肃天祝藏族自治县华藏寺村为例/杨夏林、陈步高《经济师》2012:9

139. 甘孜藏族自治州旅游景区一起食物中毒调查/李伟、段勇军、黄建华等《中国食品卫生杂志》2012:1

140. 基于综合模糊评价法的西藏农牧区公共服务评价——以西藏日喀则地区秋窝乡三村为例/杨明洪、唐冬梅《财经科学》2012:12

141. 少数民族地区农村养老模式探析——基于西藏拉萨市 A 村的调查/张世花、吴春宝《特区经济》2012:7

142. 西藏公务员工作倦怠状况的调查研究——以拉萨市公务员为例/赵燕《内

蒙古统计》2012:5

143. 西藏自治区疟疾流行区传疟媒介研究/武松、黄芳、周水森等《中国血吸虫病防治杂志》2012:6

144. 转型时藏族牧区留守妇女角色转变与心理适应研究/王兰《黑龙江史志》2012:23

四、历史、文物

1. 阿里东嘎石窟壁画中的力士形象/邓利剑《中国西藏》2012:1
2. 陈云参与决策西藏财经记/顾育豹《中国西藏》2012:2
3. 国民政府颁热振"辅国普化禅师"之册文/边巴琼达《中国西藏》2012:2
4. 唐密在吐蕃康巴地区的传布/温玉成《中国西藏》2012:2
5. 穿越时空残垣的窑洞群记忆——追忆18军修建甘孜机场支援西藏解放的往事/吕玉刚《中国西藏》2012:4
6. 从乾隆的两道训谕看雍和宫的历史地位/李德成《中国藏学》2012:1
7. 未公布档案文件所反映20世纪初叶的俄国与西藏——《俄国与西藏——俄国档案汇编(1900—1914)》序言/E·A·别洛夫、O·И·斯维亚、捷茨卡娅、T·Л·绍米扬、陈春华《中国藏学》2012:1
8. 西藏昌都帕巴拉活佛与帕巴拉呼图克图名称沿革考释/土呷《中国藏学》2012:1
9. 吐蕃王朝人口研究/朱悦梅《中国藏学》2012:1
10. 吐蕃赞普后裔在门隅的繁衍与承袭/巴桑罗布《中国藏学》2012:1
11. 唐代吐蕃众相制度研究/林冠群《中国藏学》2012:1
12. 1631——1634年出兵西藏之喀尔喀阿海岱青身世及其事迹/宝音、德力根《中国藏学》2012:2
13. 1930年尼泊尔与西藏地方关系危机探析/邱熠华《中国藏学》2012:2
14. 民国时戴新三著《拉萨日记》选注/王川《中国藏学》2012:2
15. 西方藏学人类学的研究取向:基于美国博士论文的分析/刘志扬《中国藏学》2012:2
16. 西藏昌都文化史的小型百科全书——《西藏昌都历史文化研究文集》读后/刘波、邹敏《中国藏学》2012:2
17. 张荫棠遭弹劾考释/陈鹏辉《中国藏学》2012:2
18. 唐代吐蕃与于阗的交通路线考/杨铭《中国藏学》2012:2

19. 唐蕃文化交流对吐蕃体育的影响/丁玲辉《中国藏学》2012:2
20. 涉藏金石碑刻研究刍议——以甘肃涉藏碑铭为例/吴景山《中国藏学》2012:2
21. 略论十世纪中叶象雄王国的衰亡/古格·次仁加布《中国藏学》2012:2
22. 意大利藏学研究的历史与现状/弗朗切斯科·塞弗热著,班玛更珠译《中国藏学》2012:2
23. 拉萨大昭寺觉卧佛像考/陈楠《中国藏学》2012:2
24. 金刚杵纹考/吴明娣、石瑞雪《中国藏学》2012:2
25. 三围分立:11世纪前后阿里王朝的政治格局与政权分化/黄博《中国藏学》2012:3
26. 六世班禅东行随从种痘考/陈庆英、王晓晶《中国藏学》2012:3
27. 西藏世居穆斯林考略/次旦顿珠《中国藏学》2012:3
28. 从历史文化探究汉藏族的渊源关系/马东平《中国藏学》2012:3
29. 吐蕃时的抄经纸张探析/张延清《中国藏学》2012:3
30. 纪录——抢救与保护涉藏碑刻的战略手段/伊尔·赵荣璋《中国藏学》2012:3
31. 进军及经营西藏62年的历史回顾/阴法唐《中国藏学》2012:3、《西藏研究》2012:3
32. 河西多体文字六字真言私臆/杨富学《中国藏学》2012:3
33. 俄国外交文书选译——关于“英中藏”西姆拉会议/陈春华《中国藏学》2012:3
34. 俄国学者新谈俄罗斯—苏联西藏政策——《沙俄、苏俄、后苏联时的俄罗斯西藏政策》简介/李冠群《中国藏学》2012:3
35. 莫高窟吐蕃时塔、窟垂直组合形式探析——吐蕃统治敦煌时的密教研究之五/赵晓星《中国藏学》2012:3
36. 唃厮啰家族末代土司赵天乙生平考述——《唃厮啰后裔史迹稽考》续/齐德舜《中国藏学》2012:3
37. 高原考古学:青藏地区的史前研究/汤惠生、李一全《中国藏学》2012:3
38. 族源研究范式——以藏羌族源关系研究为例/李巧艺《中国藏学》2012:3
39. 答客问治明清两代西藏史经验/邓锐龄、邱熠华、梁俊艳《中国藏学》2012:3
40. 20世纪上半叶中国人类学者对藏族牧民的研究/旺希卓玛《中国藏学》2012:4
41. 七世达赖喇嘛致三世察罕诺门汗文告考述/仁青卓玛《中国藏学》2012:4
42. 毛尔盖·桑木旦大师与藏族史学研究/班玛更珠《中国藏学》2012:4
43. 民国时青海、四川两省“称都”“香科”隶属之争探析/桑丁才仁《中国藏学》2012:4

44. 论都兰古墓的民族属性/阿顿·华多太《中国藏学》2012:4
45. 吞巴家族历史考/达瓦次仁《中国藏学》2012:4
46. 蒋介石抗战期间应对西藏危机之策/张双智《中国藏学》2012:4
47. 根敦群培年谱(1903—1951)/沐水《中国藏学》2012:S2
48. 藏族历史学家根敦群培传略/李有义《中国藏学》2012:S2
49. 清代西藏《铁虎清册》税赋资料探析/邹志伟《西藏研究》2012:1
50. 北宋后吐蕃内附族帐考/陈武强《西藏研究》2012:2
51. 近代中英关于西藏"宗主权"的交涉/张双智《西藏研究》2012:2
52. 元朝陇南吐蕃的行政机构与社会经济/刘建丽《西藏研究》2012:2
53.《宋史·阿里骨传》笺证/齐德舜《西藏研究》2012:2
54. 1946年西藏官费留学团考/索穷《西藏研究》2012:3
55. 西藏昌都历代帕巴拉活佛与中央政府的关系研究/土呷《西藏研究》2012:3
56. 吐蕃对敦煌寺院属民的管理考论/王祥伟《西藏研究》2012:3
57. 萨迦班智达造《巴哩不共教授》及其相关问题探讨/徐华兰《西藏研究》2012:3
58. 清季报刊中的朝野筹藏观/卢祥亮《西藏研究》2012:4
59. 康熙五十七年额伦特、色楞兵败那曲营地遗址考/赵书彬、达娃《西藏研究》2012:4
60. 清代金瓶掣签立法新论/田庆锋、王存河《西藏研究》2012:5
61. 浅析清人咏藏诗释义中的问题/王宝红《西藏研究》2012:5
62. 鹿传霖保川图藏举措考析/朱悦梅《西藏研究》2012:5
63. 炳灵寺第3窟石塔壁画创作背景及内涵探析/王玲秀《西藏研究》2012:5
64. 六世班禅与天花关系考略/柳森《西藏研究》2012:6
65. 论袁世凯政府对西藏危机的因应/朱昭华《西藏研究》2012:6
66. 浅析十三世达赖喇嘛政治道路阶段性特点/郑丽梅《西藏研究》2012:6
67. 晚清变局中的驻藏大臣/车明怀《西藏研究》2012:6
68. 从五世达赖朝清看西藏地方与清政权关系的历史演进/梁斌《西藏民族学院学报》(哲社版)2012:1
69. 尹昌衡西征与西姆拉会议/喜饶尼玛、塔娜《西藏民族学院学报》(哲社版)2012:1
70. 清代甘肃岷州、庄浪喇嘛朝觐年班/张双智《西藏民族学院学报》(哲社版)2012:2
71. 略论金沙江西岸的"帕措"/廖建新《西藏民族学院学报》(哲社版)2012:2

72. 明清时的“跳布扎”习俗/付奋奎《西藏民族学院学报》(哲社版)2012:2
73. 清末民初《东方杂志》中英西藏交涉重点报道初探/符银香《西藏民族学院学报》(哲社版)2012:2
74. 驻藏大臣有泰评述/平措达吉、中德吉、旺宗、次旺、达瓦《西藏大学学报》(社科版)2012:2
75. 《陇右土司辑录·赵土司》初探——兼明清时期唃厮啰家族后裔史迹稽考/齐德舜《西藏民族学院学报》(哲社版)2012:2
76. “进剿三岩”——三岩人的族群认同与土司体制的特殊性/王正宇《西藏民族学院学报》(哲社版)2012:3
77. 从战略理论到反复勘测:“麦克马洪线”的前期策划/张发贤、陈立明《西藏民族学院学报》(哲社版)2012:3
78. 近代达赖与班禅两大活佛失和述略/田海鹰《西藏民族学院学报》(哲社版)2012:3
79. 联豫新政对西藏地方出版印刷事业的影响/赵海静《西藏民族学院学报》(哲社版)2012:3
80. 近六十年来嘉绒十八土司研究综述/叶小琴《西藏民族学院学报》(哲社版)2012:4
81. 简析吐蕃王朝边境后拓辖区的军政区划/黎桐柏《西藏民族学院学报》(哲社版)2012:4
82. 试探清代西藏“摄政”一职的称谓与特点/贵赛白姆《西藏民族学院学报》(哲社版)2012:4
83. 俄罗斯收藏藏文文献的主要途径考述/张晓梅《西藏民族学院学报》(哲社版)2012:5
84. 清朝乾隆时西藏地方政教合一制与中央集权/李凤珍《西藏民族学院学报》(哲社版)2012:5
85. 真实与虚妄——评梅·戈尔斯坦《暴风雨前的宁静》及兼论藏学研究的新思路/王小彬《西藏民族学院学报》(哲社版)2012:5
86. 《贤者喜宴——噶玛噶仓》译注(十、十一)/巴卧·祖拉陈瓦著,周润年、塔娜译《西藏民族学院学报》哲社版)2012:5、6
87. 罗伯特·福特及其《在藏被俘记》/王小彬《西藏民族学院学报》(哲社版)2012:6
88. 西藏纪行(一、二、三、四、五)/刘曼卿、韦素芬《西藏民族学院学报》(哲社

版)2012:2 –6

89. 清政府藏传佛教政策在漠北蒙古的影响——以达赖喇嘛和哲布尊丹巴地位变化为例/张曦《西藏民族学院学报》(哲社版)2012:6

90. 安娜·路易斯·斯特朗1959年西藏采访报道的对外传播意义解读/周德仓《西藏大学学报》(社科版)2012:1

91. 国外生活对根敦群培的影响/杨永红、鲍栋《西藏大学学报》(社科版)2012:1

92. 民国时期(1912—1949)川西北畜牧业番众与布局述论/张保见《西藏大学学报》(社科版)2012:1

93. 明代川西北的卫所、边政与边地社会/邹立波《西藏大学学报》(社科版)2012:1

94. 宋代茶马互市的法律规制/陈武强、才旺贡布《西藏大学学报》(社科版)2012:1

95. 《西藏考》与《西藏志》《西藏志考》的关系/赵心愚《西藏大学学报》(社科版)2012:1

96. 清廷册封棍噶扎勒呼图克图之考证/赵桐华《西藏大学学报》(社科版)2012:1

97. 羌族宗教文化的历史渊源初探/孔又专、吴丹妮、田晓膺《西藏大学学报》(社科版)2012:2

98. 藏学基础理论研究述评及发展趋势分析/仁欠卓玛《西藏大学学报》(社科版)2012:2

99. 试论吐蕃时布达拉宫的建筑规模/强俄巴·次央、王清华《西藏大学学报》(社科版)2012:2

100. 韦·悉诺逻恭禄获罪遣:吐蕃贵族论与尚的政治博弈/黄辛建《西藏大学学报》(社科版)2012:3

101. 如数家珍的清册——初析《水羊清册》产生的原由及历史背景/巴桑罗布《西藏大学学报》(社科版)2012:3

102. 从王昌龄边塞诗看其对边塞战争的态度/戴金波《西藏大学学报》(社科版)2012:3

103. 民国中孔庆宗负责时代驻藏办事处内部人事设置及其影(1940—1944)/王川、陈辉、邹敏《西藏大学学报》(社科版)2012:3

104. 明代西番馆职司与史事述考/任小波《西藏大学学报》(社科版)2012:3

105. 浅谈乾隆皇帝治藏的宗教政策——以平定两次廓尔喀侵藏战争为例/周燕《西藏大学学报》(社科版)2012:3

106. 朱德对西藏和平解放的贡献/李荟芹、徐万发《西藏大学学报》(社科版)2012:4
107.《广益丛报》与晚清中国西藏的社会变迁/刘永文、赖静《西藏大学学报》(社科版)2012:4
108. 罗布林卡珍贵文物综述/普智《西藏艺术研究》2012:1
109. 关于藏传佛教政教合一制度历史命运的几点哲学分析/向龙飞《西藏发展论坛》2012:4
110. 试析桑耶译经院对西藏翻译事业的贡献/格桑更堆《西藏科技》2012:9
111. 阿升喇嘛考/嘉益·切排《青海民族研究》2012:1
112. 三岩改土归流论析/王正宇《青海民族研究》2012:1
113. 论安多地区民族关系模式及其形成的历史基础/贾伟、李臣玲《青海民族研究》2012:2
114. 吐谷浑亲族与部族的关系探微/薛生海、韩红宇《青海民族研究》2012:2
115. 我国现代藏学的发轫:民国时康藏研究三种学术期刊及其价值——《康藏前锋》《康导月刊》《康藏研究月刊》/石硕、姚乐野《青海民族研究》2012:2
116. 再论吐蕃小邦制的演变及其外来影响/杨铭《青海民族研究》2012:2
117. 中国边疆史之"边缘社会"的管辖范围问题——以"匈奴模型"为例来探讨中原文化如何看待西北边疆地区的民族/托玛索·泼罗瓦朵《青海民族研究》2012:2
118. 试论国民政府对藏宗教政策视野下的汉僧事务/徐百永《青海民族研究》2012:3
119. 元代吐蕃等处宣慰司都元帅府的机构设置/武沐《青海民族研究》2012:3
120. 班禅系统与中央政府关系发展分期及特点/星全成《青海民族研究》2012:3
121. 从姓名特征看归义军时期河陇吐蕃民众社会生活——以敦煌文献为中心的考察/王东《青海民族研究》2012:4
122. 再探十三世达赖与九世班禅的矛盾成因/陈柏萍《青海民族研究》2012:4
123. 21世纪学界关于明清安多、康区藏族史研究述评/高晓波《青海民族大学学报》(社科版)2012:1
124. 万里吐蕃行笔载异域情——唐入吐蕃使吕温及其异域情怀/马海龙《青海民族大学学报》(社科版)2012:1
125. 安史之乱后起和河西铁勒部族的迁徙——以唐代契苾族为例/董春林《青海民族大学学报》(社科版)2012:1

126. 班禅系统的爱国传统述略/星全成《青海民族大学学报》(社科版)2012:1
127. 历史的选择 当代的使命——新中国建立初期青海民族区域自治的实践/关桂霞《青海民族大学学报》(社科版)2012:2
128. 安多地区藏、回民族互动关系研究/沙勇《青海民族大学学报》(社科版)2012:2
129. 九世班禅在内地的政教活动述略/陈柏萍《青海民族大学学报》(社科版)2012:2
130. 明清西北治边政策之比较研究——以14—18世纪中央政府与蒙藏民族政治互动为线索/马啸《青海民族大学学报》(社科版)2012:2
131. 萨班与萨迦派在河西地区的传播/赵永红《青海民族大学学报》(社科版)2012:2
132. 试析吐蕃军事制度形成的原因/贺冬《青海民族大学学报》(社科版)2012:2
133. 吐蕃第一位钵阐布娘·定埃增桑波/索南才让《青海民族大学学报》(社科版)2012:3
134. 党项拓跋部的兴起与西夏王朝的建立/黄兆宏《青海民族大学学报》(社科版)2012:4
135. "掌佛法大喇嘛"称谓考/梁启俊《青海民族大学学报》(社科版)2012:4
136. 地理环境对民族文化形成及民族关系发展的影响——以青藏地区为例/马燕《青海民族大学学报》(社科版)2012:4
137. 再谈丝绸之路青海道的形成/苏海洋《青海民族大学学报》(社科版)2012:4
138. 西羌与青藏高原古代族群文明互动/陈庆英《青海民族大学学报》(社科版)2012:4
139. 吐谷浑时的自然环境与社会经济/袁亚丽《青海民族大学学报》(社科版)2012:4
140. 论尸语故事及吐蕃以"仲"司政/何峰《青海民族大学学报》(社科版)2012:4
141. 论清代乾隆朝对青海藏区社会的治理/杨卫《青海民族大学学报》(社科版)2012:4
142. 浅析摩诃衍失败的根本原因/ 梁启俊、朱丽媛《青海师范大学学报》(哲社版)2012:4
143. 试论北宋河湟区域社会经济构成/杨文《青海民族大学学报》(社科版)2012:4

144. 试论唐蕃在陇东的对峙/刘治立《青海民族大学学报》(社科版)2012:4
145. 明王朝对藏区控制研究:以四川龙州土司集团为例/贾霄锋、张科《青海社会科学》2012:5
146. “藏族”,“康族”,还是“博族”?——民国时期康区族群的话语政治/王娟《西北民族研究》2012:2
147. “许乎”与“达尼希”:撒拉族与藏族关系研究/马成俊《西北民族研究》2012:2
148. 藏羌彝走廊的研究路径/张曦《西北民族研究》2012:3
149. 试论清乾隆杂谷土司改土归屯与区域市场萌芽/王田《西北民族研究》2012:4
150. 古代藏族、纳西族族源及文化渊源关系/叶拉太《西北民族大学学报》(哲社版)2012:1
151. 民国时的“西藏”概念——从1926~1935年间的五本《西藏问题》著作谈起/李健《西北民族研究》2012:2
152. 试述清末民初的诺那呼图克图/卢本扎西、喜饶尼玛《西北民族大学学报》(哲社版)2012:2
153. 辛亥革命中的中国西藏/黎同柏《西北民族大学学报》(哲社版)2012:2
154. 藏学专题研究/班班多杰《西北民族大学学报》(哲社版)2012:3
155. 甘肃唐代涉藏金石目录提要/吴景山、李永臣《西北民族大学学报》(哲社版)2012:3
156. 再论九世班禅入藏仪仗队(护卫队)在结古发动哗变经过及其缘由/桑丁才仁《西北民族大学学报》(哲社版)2012:4
157. 再论黄慕松进藏及其历史意义/张发贤《西北民族大学学报》(哲社版)2012:5
158. 南北朝造像记与羌族宗教信仰/曾晓梅、吴明冉《西北民族大学学报》(哲社版)2012:6
159. 国家权力扩张下的近代藏边民族纠纷解决机制——以甘青藏边多民族聚居区为例/胡小鹏、高晓波《西北师大学报》(社科版)2012:1
160. 美国藏学家柔克义的两次安多考察/宗喀·漾正冈布、妥超群《甘肃社会科学》2012:1
161. 近代日本传媒视域的中国西藏社会变迁管窥——基于20世纪初年的文献考察/刘永文、陈贤文《甘肃社会科学》2012:4
162. 政教合一的历史对古代西藏的影响/岳远晟《群文天地》2012:10
163. 试论吐鲁番地区之历史沿革及地名来源/邢立涛《群文天地》2012:12

164. 平议“法王”赤松德赞/李燕卿《群文天地》2012：15
165. 湟源历史文化探源之十——丹噶尔古城历史遗迹说/任玉贵《群文天地》2012：23
166. 关于盐井刚达寺驱赶天主教传教士杜忠贤的认识/秦和平《西南民族大学学报》（人文社科版）2012：1
167. 论18世纪后英国政府对东印度公司的调控/何文华《西南民族大学学报》（人文社科版）2012：4
168. 苏维埃阶级政策和川西北及康北各民族的左右分化/田利军《西南民族大学学报》（人文社科版）2012：4
169. 唐与吐蕃首次遣使互访史实考略/陈松、黄辛建《西南民族大学学报》（人文社科版）2012：4
170. 明代前期川西北“族姓”、边政与宗教关系/邹立波《西南民族大学学报》（人文社科版）2012：5
171. 尹昌衡西征与民国初年康藏局势变迁/王海兵《西南民族大学学报》（人文社科版）2012：5
172. 藏文史籍有关中原的记载及其研究价值/张云、曾现江《西南民族大学学报》（人文社科版）2012：5
173. 战后台湾佛教寺院经济及其变革/侯坤宏《西南民族大学学报》（人文社科版）2012：7
174. 略论藏彝走廊中的回藏和谐民族关系研究/马尚林《西南民族大学学报》（人文社科版）2012：7
175. 藏族族源传说的佛教化及其宗教意义/杨红伟《西南民族大学学报》（人文社科版）2012：7
176. 从遣子入侍看唐对吐蕃吸纳中原文明的争议/黄辛建《西南民族大学学报》（人文社科版）2012：8
177. 藏族史学名著《青史》足本新译介绍/吴青、杨黎浩《西南民族大学学报》（人文社科版）2012：9
178. 近代康藏史研究的几点反思——兼述康藏人眼中的辛亥革命/黄天华《西南民族大学学报》（人文社科版）2012：11
179. 东纳藏族部落族源考略/洲塔、尕藏尼玛《西南民族大学学报》（人文社科版）2012：12
180. 也论永宁土司的族属问题——兼与施传刚先生商榷/喇明清《西南民族大

学学报》(人文社科版)2012:12

181. 清季民国川西北汉商经营与区域社会——以杂谷脑市镇为中心/王田《西南民族大学学报》(人文社科版)2012:12

182. 略论和珅在乾隆朝治藏方面的贡献/岳小国《四川民族学院学报》2012:3

183. 夏尔巴人族源问题再探/王丽莺、杨浣、马升林《四川民族学院学报》2012:3

184. 蒙藏委员会对后世的影响与启示/王华《四川民族学院学报》2012:4

185. 翔实权威的吐蕃史译注大作——评《贤者喜宴——吐蕃史译注》/黎同柏《四川民族学院学报》2012:4

186. 试论八思巴步入历史的原因/余光会《四川民族学院学报》2012:4

187. 从《陇右土司辑录》考明清时期的喃厮啰家族/齐德舜《四川民族学院学报》2012:4

188. 清政府治藏举措辨析/曾国庆《四川民族学院学报》2012:5

189. 大白事件与第三次康藏纠纷的起因问题/王海兵《四川民族学院学报》2012:5

190. 康区土司制度研究综述/陈潘《四川民族学院学报》2012:5

191. 乾隆朝金川之役原因背景浅析/张曦《四川民族学院学报》2012:5

192. 逆反而行:清季嘉绒藏区与全国土司政治格局对比分析/叶小琴《四川民族学院学报》2012:6

193. 清代西藏与南亚贸易及其影响/陈志刚《四川大学学报》(哲社版)2012:2

194. 第一次金川之役起因初探——乾隆帝绥靖川边的努力/徐法言《四川大学学报》(哲社版)2012:5

195. 试论古格时期藏传佛教诸教派在阿里地区的弘传与纷争/黄博《四川师范大学学报》(社科版)2012:1

196. 区域与历史中的康区——以任乃强笔下的四川泸定化林坪为例/朱茂青《阿坝师范高等专科学校学报》2012:2

197. 吐谷浑与唐王朝的和战关系略论/李乾卓《阿坝师范高等专科学校学报》2012:4

198. 辛亥革命时期以汶川为中心的阿坝羌藏民众的反清斗争/侯萍《阿坝师范高等专科学校学报》2012:1

199. 四川木里县娃日瓦村考古调查试掘简报/任江、补琦、胡婷婷等《四川文物》2012:6

200. 西藏江孜县白居寺调查报告/张纪平、丁燕、郭宏《四川文物》2012:4

201. 西藏平叛琐记/贺熙成《四川统一战线》2012:2

202. 从平等到失衡:达赖、班禅关系与国民政府治藏政策研究(1927——1933)/孙宏年《云南师范大学学报》(哲社版)2012:5
203. 清末康区“改土归流”的动因及后续影响/马国君、李红香《云南师范大学学报》(哲社学版)2012:3
204. 康藏与西南:近代以来西南边疆的区域重构/张轲风《云南师范大学学报》(哲社版)2012:5
205. 论宋元时期藏区内部民族市场/杨惠玲《中国边疆史地研究》2012:1
206. 十三世达赖喇嘛的圆寂与西藏地方政府权力格局的变动/张皓《中国边疆史地研究》2012:3
207. 20 世纪初年西藏历史研究中学人的民族国家意识探析/陈永霞《中国边疆史地研究》2012:1
208. 清代西藏的地方行政建制研究/周伟洲《中国边疆史地研究》2012:4
209. 布鲁克巴德布王希达尔流亡西藏事迹考述——兼论 18 世纪中叶中国西藏与布鲁克巴的关系/扎洛、敖见《民族研究》2012:4
210. 青海大通县广惠寺蒙藏小学校创办考论/赵春娥《民族研究》2012:4
211. 关于福康安生年的几种文献记载考辨/张明富《民族研究》2012:4
212. 评清朝的西藏政策/杨恕、曹伟《清史研究》2012:1
213. 清代藏史杂考三则/周伟洲《清史研究》2012:1
214. 西宁办事大臣与雍乾时期青海多民族区域管理制度之形成/贾宁《清史研究》2012:3
215. 晚清川藏南路边茶探析/石涛、李欢《清史研究》2012:4
216. 从出土文献看唐代吐蕃占领西域后的管理制度/朱悦梅《敦煌研究》2012:2
217. 敦煌吐蕃文书中的“色通(Se tong)”考/陆离《敦煌研究》2012:2
218. 七(bdun)、九(dgu)与十三(bcu gsum)——神秘的都兰吐蕃墓数字文化/宗喀·漾正冈布、拉毛吉、端智《敦煌学辑刊》2012:1
219. 新疆米兰出土的一件古藏文告身考释/杨铭、索南才让《敦煌学辑刊》2012:2
220. 清代蒙古僧侣贵族述论/王力《贵州民族研究》2012:1
221. 民国时期西康民族地区的农村合作运动/ 成功伟《贵州民族研究》2012:3
222. 论清代前期对西南边疆的治理思想及治策/吴喜、杨永福《贵州民族研究》2012:3
223. 略论清代以来西藏城市的历史地位/付志刚、何一民《贵州民族研究》2012:5
224. 浅析吐蕃成文 K 法《法律二十条》/罗明成《学理论》2012:20

225. 青海夏布让部落历史探析/公保杰《学理论》2012：28
226. 清代藏新蒙边疆城市发展滞后原因探析/何一民《民族学刊》2012：1
227. 20世纪初俄国在西藏的阴谋/普莱姆·拉尔·梅赫拉、杨铭等《民族学刊》2012：2
228. 史学家对工布朗吉土司形象的构建/玉珠措姆(金红梅)《民族学刊》2012：5
229. 西藏定结县恰姆石窟/夏格旺堆、熊文彬、何伟等《考古》2012：7
230. 青海郭里木吐蕃棺板画所见丧礼图考释/仝涛《考古》2012：11
231. 荣赫鹏与英国在新疆和西藏的殖民扩张/梁俊艳《西域研究》2012：1
232. 新世纪初国内敦煌吐蕃历史文化研究述要/杨富学、樊丽沙《西夏研究》2012：1
233. 沙沟总管设置与清代循化厅所辖藏区族群政策/杨红伟《史学月刊》2012：12
234. 魏晋南北朝隋唐时期新疆佛教文化与民族演变关系研究/彭无情《史学理论研究》2012：1
235. 继承与嬗变：清代藏族历史编纂学简论/刘凤强《史学史研究》2012：3
236. 中晚唐五代时期敦煌地区的民间体育活动——以吐蕃为例/耿彬《宁夏社会科学》2012：3
237. 走出“佛苯之争”的迷思——论第二次金川战役前金川地区苯教与藏传佛教格鲁派的关系/徐法言《社会科学研究》2012：3
238. 智缘及其与北宋熙河地区汉藏关系/朱丽霞《世界宗教研究》2012：3
239. 生命之树：西藏阿里王朝与止贡噶举派早期政教关系研究/黄博《世界宗教研究》2012：6
240. 前宏期吐蕃赞普、地方豪族、苯教和佛教势力间的博弈/王新有《宗教学研究》2012：4
241. 对九世班禅驻留内地间几个重要事件日期的考订/杜玉梅《世界宗教文化》2012：6
242. 滇川藏地区的石棺葬与纳藏两族源流之关系/杨福泉《中南民族大学学报》(人文社科版)2012：2
243. 清政府管辖西藏的历史见证/赵展《中央民族大学学报》(哲社版)2012：1
244. 吐蕃“尚”“论”与“尚论”考释——吐蕃的社会身份分类与官僚集团的衔称/林冠群《中央民族大学学报》(哲社版)2012：6
245. 南京国民政府蒙藏委员会机构述略/谢海涛《北方民族大学学报》(哲社版)2012：4

246. 19世纪后期青海基督教传播史考述——兼论基督教传教士与藏族在青海的早期相遇/刘继华《北方民族大学学报》(哲社版)2012:5
247. 西藏青铜时代的社会经济类型及相关问题/汤惠生《清华大学学报》(哲社版)2012:1
248. “赞普”释义——吐蕃统治者称号意义之商榷/林冠群《中山大学学报》(社科版)2012:5
249. 吐蕃王朝赋税制度浅析——以《敦煌本吐蕃历史文书》为参考/丁叶飞《内蒙古农业大学学报》(社科版)2012:4
250. 略论十三世达赖喇嘛与清政府的关系/王聪延《内蒙古民族大学学报》(社科版)2012:5
251. 敦煌藏文本S.6878V《出行择日吉凶法》考释/陈于柱、张福慧《首都师范大学学报》(社科版)2012:
252. 清末民初西藏“独立”活动在中印边界东段争端形成中的影响/关培凤《武汉大学学报》(人文科学版)2012:5
253. 热振与达赖喇嘛转世灵童的寻访、遴选及坐床/张皓《山西大学学报》(哲社版)2012:6
254. 元明清时期的治藏法制略论——以“赔命价”的发展历程为视角/胡长云《湖南人文科技学院学报》2012:5
255. 民国时期蒙藏委员会设立及渊源探析/王华《湖南工业职业技术学院学报》2012:2
256. 茶与藏族社会生活/赵国栋、于转利《湖北民族学院学报》(哲社版)2012:2
257. 1780年中华民族大团结的盛会/杜红雨《河北旅游职业学院学报》2012:3
258. 吐蕃盟誓中的制衡性探讨/李圳《湖北函授大学学报》2012:6
259. 从盟誓制度的演变探究汉藏文化的异同——以吐蕃王朝时期与西周时期为例/李圳《湖北函授大学学报》2012:7
260. 法治视域下的清代金瓶掣签立法探析/田庆锋、蒙爱红《河南师范大学学报》(哲社版)2012:6
261. 元代乌思藏十三万户府空间分布与环境关系探讨/叶小琴《牡丹江师范学院学报》(哲社版)2012:1
262. 浅谈佛教在吐蕃社会早期历史中的发展/王道品、刘锋《牡丹江大学学报》2012:8
263. 试论清末民初西康师范教育/代维、马廷中《邵阳学院学报》(社科版)2012:5

264. 松赞干布时期印度佛教传入吐蕃的原因/李超《乐山师范学院学报》2012:3
265. 吐蕃攻占时期的敦煌文学/伏俊琏、朱利华《天水师范学院学报》2012:4
266. 文化线路视野下的唐蕃古道/胡成霞《陇东学院学报》2012:4
267. 元代吐蕃高僧与畏兀儿的关系述论/王红梅《昌吉学院学报》2012:3
268. 略论民国时期青海蒙藏教育/李京宝《商丘职业技术学院学报》2012:6
269. 民国甘南藏区民间贸易述论/陈改玲《鸡西大学学报》2012:8
270. 民族精英与近代甘南汉藏文化交流/陈改玲《辽宁行政学院学报》2012:4
271. 1947—1949 年夏格巴印美英"商务"之行及国民政府的应对/张皓北《中国延安干部学院学报》2012:6
272. 近二十年来吐蕃研究综述/刘京韬《哈尔滨学院学报》2012:9
273. 历代中央政府治藏方略的演变传承/黄伟《国家行政学院学报》2012:4
274. 中国和印度关于西藏币制改革的交涉及影响(1959—1962)/戴超武《中共党史研究》2012:5
275. 宋代的汉藏艺术交流/崔之进《中国文化研究》2012:3
276. 清代西藏地区的法律适用特点考察/马青连、方慧《思想战线》2012:3
277. 清代丽江府和平改土归流原因新议/伍莉《思想战线》2012:2
278. 明中后期洮岷地区汉、藏、回民族互动关系研究/沙勇《回族研究》2012:4
279. 中印两国关于 1954 年"中印协定"期满失效问题的外交交涉/朱广亮《党史研究与教学》2012:1
280. 1950 年以前之康区土司制度综述/达巴姆《兰台世界》2012:12
281. 敦煌陷蕃初期人口变化浅析/郝二旭《兰台世界》2012:33
282. 蒙元时期藏民族宗教文化心理研究/杨周相《人民论坛》2012:29
283. 蒙藏传统法律文化的渊与流/才让卓玛、常敏《人民论坛》2012:8
284. 当代德国涉藏情况及原因分析/赵光锐《德国研究》2012:3
285. 浅析蒙古与藏传佛教/吴苏荣《前沿》2012:15
286. 梁启超对清季政府西藏政策之批评/谭凯、陈先初《求索》2012:8
287. 尼赫鲁政府关于中印边界问题的单边主义及其对 1954 年《中印协定》的解读/吕昭义、林延明《南亚研究》2012:1
288. 清代藏传佛教在内地的传播与影响/阿旺平措《法音》2012:6
289. 敦煌吐蕃时期《阴嘉政父母供养像》研究/王中旭《中国国家博物馆馆刊》2012:3
290. 吐蕃军队武器装备简论/贺冬《柴达木开发研究》2012:1

291. 吐蕃时期敦煌石窟壁画中的屏障画探究/邱忠鸣《民族艺术》2012:1
292. 论赤偕微噶(Blon Khri She'u Ka)——都兰吐蕃三号墓出土藏文碑刻考释/宗喀·漾正冈布、英加布、刘铁程《文物》2012:9
293. 红四方面军在川康藏区建立的"格勒得沙共和国"/何立波《文史天地》2012:6
294. "班禅"名号是什么意思?/阎泽川《文史月刊》2012:10
295. 国民党西康地方党部建立考论/秦熠《民国档案》2012:3
296. 帕邦卡和玛茹堡的历史源流问题考——实地考察中遇到的几个问题解答/李强《才智》2012:1
297. 浅谈唐蕃古道文化对当今社会的影响/夸加、李莱《社科纵横》(新理论版)2012:3
298. 吐蕃王朝时期吐蕃与西域的交通及驿站述考/董知珍、马巍《社科纵横》2012:3
299. 浅析唐朝派往吐蕃的使节/马朝《文学界》(理论版)2012:6
300. 吐蕃前弘期佛苯之争刍议/侯树先《文学界》(理论版)2012:7
301. 西藏吐蕃时期碑刻钟铭空间分布的环境考察/张小云、沈飏《文学界》(理论版)2012:11
302. 吐蕃占领西域期间的社会控制/朱悦梅《探索与争鸣》2012:3
303. 1950年毛泽东"授权外交部发言人就西藏问题发表谈话"的由来/徐学超《福建党史月刊》2012:14
304. 几首唐诗所反映的唐、吐谷浑、吐蕃之间的战和关系/丁柏峰《中国土族》2012:2
305. 论土族高僧三世章嘉之治学精神/李钟霖《中国土族》2012:4
306. 三岩藏人族源探研/岳小国《长江论坛》2012:4
307. 从考古材料看青藏高原的原始农业与畜牧业的发展历程/李健胜《农业考古》2012:4
308. 民国时期英国支持和插手康藏纠纷的政策分析/刘国武《安徽史学》2012:2
309. 关于吐蕃时期城市的几点思考/焦自云、汪永平、欧雷《华中建筑》2012:6
310. 苏俄与西藏关系探微——基于两份档案材料的考察/程玉海、秦正为《当代世界社会主义问题》2012:1
311. 近30年国内有关吐蕃盟誓的新资料与新问题——以汉文资料为主/胡小鹏、崔永利《社会科学战线》2012:3

312. 青海乐都柳湾墓地彩绘符号研究/陈玭《南方文物》2012:4
313. 杰出的佛像雕塑艺术家扎纳巴扎尔——记蒙古国一世哲布尊丹巴呼图克图/吴苏荣《美术研究》2012:4
314. 浅谈达波拉杰对藏医药发展的贡献/泽翁、拥忠达瓦、罗布《求医问药》(下半月)2012:5
315. 浅谈吐蕃时期汉藏医药的交流/拉毛才让《中国民族医药杂志》2012:6
316. 试析藏族史学著作《朗氏家族史》/姚辰《安徽文学》(下半月)2012:12
317. 话剧《文成公主》进京献演前后/宋廷锡《世纪》2012:2
318. 将军信仰与隐喻的康东社会进程——以川西贵琼藏族地区的宗教信仰为例/郭建勋《文化遗产》2012:1
319. 送金城公主入蕃和亲应制诗略论/戴金波《名作欣赏》2012:29
320. 乾隆时期藏传佛教政策探讨/高宇《剑南文学》(经典教苑)2012:2
321. 浅析"凉州会谈"对蒙藏关系的历史意义/宝鲁尔、双宝《剑南文学》(经典教苑)2012:3
322. 康藏高原上的第一个飞机场——忆甘孜机场的修建和通航/何瑞云《红岩春秋》2012:3
323. 清末公共舆论中的十三世达赖喇嘛/卢祥亮《理论界》2012:11
324. 敦煌文书中的"罗麦"略考/郝二旭《农业考古》2012:6
325. 鲜为人知的"西藏革命党"/马海娟、冉思尧《红广角》2012:1
326. 唐蕃古道和茶马古道影响下的玉树商贸文化/尼玛永泽《北方文学》(下半月)2012:2
327. 西藏和平解放初期陈云对西藏经济工作的贡献/赵睿《文史博览》(理论)2012:2
328. 灾民愁生存 催差失民心——旧西藏救灾史鉴一则/高继宗《中国减灾》2012:17
329. 赞普的威仪——试论敦煌吐蕃时期赞普及随从像的演进/王中旭《艺术设计研究》2012:4
330. 赵尔丰务边与"川滇"铭文大清铜币期/刘盛全《收藏界》2012:11

五、环境保护

1. 青藏高原生态安全问题的再认识/才旺贡布、梁艳《西藏研究》2012:1

2. 西藏自然保护区概况以及保护区面临的挑战/达瓦次仁《西藏研究》2012:6
3. 构建西藏绿色财政体系的设想——基于促进西藏生态安全屏障建设的视角/陈爱东《西藏民族学院学报》(哲社版)2012:4
4. 西藏拉萨市市区生活垃圾物理特性分析/旦增布多《西藏大学学报》(自然科学版)2012:1
5. 西藏拉萨市城市空气污染管理现状及其思考/平措介《西藏大学学报》(自然科学版)2012:1
6. 西藏生态保护与补偿体系的构建/沈宏益、潘焕学《西藏大学学报》(社科版)2012:1
7. 西藏环境质量动态评价及环境政策市场化工具选择/王晓芳、刘佩珊、王大海《西藏大学学报》(社科版)2012:4
8. 都市发展及人口增长对濒危物种黑颈鹤的威胁研究/索央、张翼鸿《西藏科技》2012:3
9. 西藏高寒湿地面临的环境问题/赖星竹、周正坤、杨宗莉《西藏科技》2012:5
10. 西藏拉贡专用公路施工环境影响评价及其对策措施/王剑亮《西藏科技》2012:2
11. 西藏生态屏障保护与人口问题分析/洁安娜姆《西藏发展论坛》2012:5
12. 青藏铁路沿线生态环保经济效益分析/丁桦、胡峰力、史玲《青海民族研究》2012:2
13. "顶天立地"与三江源生态保护长效机制/郑易生《攀登》2012:3
14. 创新三江源生态保护的科研体系、治理结构和决策机制/吕植《攀登》2012:3
15. 论青藏高原隆升对区域生态环境及其开发的影响/翟岁显《攀登》2012:3
16. 三江源生态保护和国际合作:贡献与展望/张莉《攀登》2012:3
17. 三江源生态保护与建设展望/李晓南《攀登》2012:3
18. 关于三江源国家生态保护综合试验区建设的调研报告/桑杰《攀登》2012:5
19. 青海省玉树地区生态旅游环境承载力研究/蒋贵彦、卓玛措、张小红等《青海环境》2012:2
20. 西藏旅游社会—生态系统恢复力研究/陈娅玲、杨新军《西北大学学报》(自然科学版)2012:5
21. 西藏那曲不同高寒退化草地土壤种子库研究/王宏辉、孙磊、赵玉红等《西北农林科技大学学报》(自然科学版)2012:10
22. 西藏河流健康评价体系与标准/李朝霞、岳彩云《兰州大学学报》(自然科学

版)2012:6

23. 西藏生态环境保护系统的构建——基于双重约束机制的理论分析框架/唐剑、贾秀兰《西南民族大学学报》(人文社科版)2012:2
24. 青藏铁路水土保持工程及管理技术研究/杜蓓《西南民族大学学报》(自然科学版)2012:2
25. 西藏林芝工布江达自然保护区生态旅游地土地生态承载力变化分析/苏杭森、杨小林、王忠斌《四川林勘设计》2012:4
26. 甘南夏河县天然草场植被类型特征及其分布规律/尚小生、靳玉平《草业与畜牧》2012:1
27. 盐池县天然草原禁牧经验浅谈/高华《草业与畜牧》2012:2
28. 甘孜州草地生态环境现状及可持续发展对策/杨秀全、龙兴发《草业与畜牧》2012:5
29. 青海省草原生态环境现状调查研究/邓艳芳《草业与畜牧》2012:5
30. 西藏天然草原鼠害发生现状及防控措施/张彩峡《草业与畜牧》2012:7
31. 若尔盖湿地资源概况及保护利用措施/董昭林、张天双《草业与畜牧》2012:7
32. 若尔盖县草原生态现状及保护措施效益分析/董昭林、张天双《草业与畜牧》2012:8
33. 三江源地区草地生态系统功能分析/石凡涛、马仁萍《草业与畜牧》2012:8
34. 迭部县草原退化现状及治理建议/可宗党《草业与畜牧》2012:9
35. 甘孜县草原生态现状及发展对策/董昭林、桑根《草业与畜牧》2012:9
36. 康定县草地生态保护和建设策略浅论/党阳铭、尼玛降泽《草业与畜牧》2012:10
37. 理塘县人工种草现状及发展对策/董昭林、黄国勤、桑根等《草业与畜牧》2012:10
38. 黄河上游玛曲县退化草地现状、成因及保护对策/郦丹珲、李毅、朱丽等《草业与畜牧》2012:11
39. 不同恢复措施对西藏安多高寒退化草地植被的影响/孙磊、王向涛、魏学红等《草地学报》2012:4
40. 西藏草地资源保护中牧民行为策略研究/孙自保、孙前路、宋连久等《草地学报》2012:5
41. 放牧强度对环青海湖高寒草原群落物种多样性和生产力的影响/郑伟、董全民、李世雄等《草地学报》2012:6

42. 基于生态安全的高寒牧区生态承载力评价/朱晓丽、李文龙、薛中正等《草业科学》2012:2
43. 禁牧对典型草原生态系统服务功能影响的价值评价/许晴、许中旗、王英舜《草业科学》2012:3
44. 玛曲重要水源补给区的生态功能恢复策略/柴发喜《草业科学》2012:5
45. 围栏封育对青藏高原东缘高寒草甸种子雨的影响/文淑均、李伟、杜国祯《草业科学》2012:3
46. 基于MODIS的西藏荒漠化动态监测研究/段英杰、何政伟、诸丽娟等《广西大学学报》(自然科学版)2012:2
47. 科学监测数据支撑西藏退牧还草进程/沈春蕾《中国畜牧兽医报》2012年12月23日
48. 青藏高原地区旱季城市生活垃圾特性研究/旦增、韩智勇《中国沼气》2012:6
49. 西藏的生态建设与环境保护《中国农村科技》2012:1
50. 西藏荒漠化现状及防治措施探讨/冯强、甘世书、孙继霖等《中南林业调查规划》2012:1
51. 青藏高原国家生态安全屏障保护与建设/孙鸿烈、郑度、姚檀栋等《地理学报》2012:1
52. 青藏高原近40年来气候变化特征及湖泊环境响应/姜永见、李世杰、沈德福等《地理科学》2012:12
53. 青海三江源地区退化草地土壤全氮的时空分异特征/彭景涛、李国胜、傅瓦利等《环境科学》2012:7
54. 三江源典型区湿地景观稳定性与转移过程分析/赵峰、刘华、鞠洪波、张怀清、邹文涛《北京林业大学学报》2012:5
55. 关于西藏环境保护体系构建的探讨——基于财政支持的视角/陈爱东、唐静《生态经济》2012:7
56. 基于生态足迹的藏北小城镇适度人口规模研究——以西藏自治区那曲县古露镇为例/顾怡川、宋绍杭《生态经济》(学术版)2012:2
57. 藏北高寒草地生态系统服务价值评估/刘兴元、冯琦胜《环境科学学报》2012:12
58. 甘肃省生态环境建设问题调查研究——以河西地区和甘南州为例/张广裕《社科纵横》2012:12
59. 甘孜州草原生态环境退化的原因及对策/郭键《养殖技术顾问》2012:9

60. 甘孜州宏观生态环境变化及生态恢复策略/罗锦玉《产业与科技论坛》2012:5
61. 甘孜州九龙县水土流失评价研究/李璇琼、何政伟、龙晓君等《测绘科学》2012:6
62. 气候变化对西藏草地资源的影响及其风险管理/鲍文张恒《黑龙江畜牧兽医》2012:11
63. 黄南州三江源保护区生态环境现状及治理对策/马青山《黑龙江畜牧兽医》2012:24
64. 基于GIS和污染指数法的土壤环境质量评价——以甘孜藏族自治州东部为例/豆敬翔、唐斌、游芳《河南科技》2012:2
65. 拉萨河流域拉萨市段农业面源污染情况浅析/李宝海、余耀斌、达娃等《农业环境与发展》2012:4
66. 浅谈日喀则市草原生态现状及其草场保护措施/多布杰、旦增琼琼《才智》2012:29
67. 青藏高原的绿色乐章——青海、西藏生态保护和建设情况的考察报告/蔡力峰《林业与生态》2012:9
68. 三江源自然保护区生态保护与建设总体规划鼠害防治工程实施情况调查/石凡涛、常琪、马仁萍《黑龙江畜牧兽医》2012:1
69. 围栏封育在藏北高寒退化草地恢复中的效果研究/孙磊、王向涛、魏学红《安徽农业科学》2012:24
70. 西藏工布自然保护区生态系统保育土壤功能及其价值估算/唐佳、方江平、袁庆娟等《贵州农业科学》2012:5
71. 太阳能预热/生物接触氧化/人工湿地处理西藏高原污水/翟俊、陈明燕、肖海文等《中国给水排水》2012:2

六、宗教、哲学

1. 藏汉签谱《箭卦签诗预言》与《仙姑洞灵签》之比较/加央平措《中国藏学》2012:1
2. 藏传因明推理问题辨析商榷/张忠义、杨爱华《中国藏学》2012:2
3. 藏传佛教初传北京及其历史影响/魏强《中国藏学》2012:2
4. 甘南藏传佛教僧尼社会保障调查与研究/牛绿花《中国藏学》2012:1

5. 色科寺敏珠尔活佛考释/陈玮《中国藏学》2012: 1
6. 元代杭州永福寺、《普宁藏》扉画与杨琏真伽及其肖像/赖天兵《中国藏学》2012: 1
7. 甘肃宕昌早古藏文苯教文献的内容及其特点/伊西旺姆《中国藏学》2012: 2
8. 更顿群培与底擦寺论争/久迈《中国藏学》2012: 2
9. 论雍和宫的爱国主义传统/刘军《中国藏学》2012: 2
10. 夏鲁寺般若佛母殿《文殊根本续》壁画与转轮王观念关系考/杨鸿蛟《中国藏学》2012: 2
11. 新发现的有关法称《成他相续论》的残卷/褚俊杰《中国藏学》2012: 2
12. 西藏自治区存 Katantra 梵文写本初步调查/张雪杉《中国藏学》2012: 2
13. 台湾故宫藏明本《真禅内印顿证虚凝法界金刚智经》(卷上)初探/闫雪《中国藏学》2012: 2
14. 《山法了义海论》所引佛教经论藏汉译文比较研究之七/班班多杰《中国藏学》2012: 3
15. 藏传佛教和谐思想在建构和谐社会方面的作用/郑堆《中国藏学》2012: 3
16. “旧译教语部”文献编目工作的历史与现状——以新编《旧译教语部经论本注经典集成》为例/刘勇《中国藏学》2012: 4
17. 白水江流域民间苯教的信仰方式及仪式象征/陈立健《中国藏学》2012: 4
18. 藏传佛教八关斋戒行持特征探微/耿筱青、才华加《中国藏学》2012: 4
19. 论根敦群培的历史功绩和精神遗产/拉巴平措《中国藏学》2012: S2
20. 根敦群培《中观甚深精要论》一文的现代阐释/班班多杰《中国藏学》2012: S2
21. 根敦群培大师传·清净显相/霍康·索朗边巴/罗桑旦增《中国藏学》2012: S2
22. 根敦群培与恰白·次旦平措的吐蕃史研究——新史观、新方法、新资料、新发现/张云《中国藏学》2012: S2
23. 根敦群培著作选译/杜永彬《中国藏学》2012: S2
24. 龙树意庄严(上)根敦群培/久迈《中国藏学》2012: S2
25. 胆巴帝师与元代潮州藏传佛教密宗的传播/郑群辉《西藏研究》2012: 1
26. 对日本《大正新修大藏经》中“释门文范”部分条目的校录与研究/李军《西藏研究》2012: 1
27. 阿升喇嘛考/嘉益·切排双宝《西藏研究》2012: 2
28. 藏传佛教班丹拉姆护法神信仰研究/札细·米玛次仁《西藏研究》2012: 2

29. 苯教在甘南藏区南部的流传情况调查/马宁《西藏研究》2012:4
30. 藏传佛教传统寺院内部管理模式及特征——以格鲁、萨迦、噶举三派为例/达宝次仁《西藏研究》2012:3
31. 关于敦煌本古藏文《般若波罗蜜多心经》的解读/陈立华《西藏研究》2012:3
32. 论苯教大圆满法/诺日才让《西藏研究》2012:4
33. 恳觉居士《西藏佛教源流考》点校/韦素芬《西藏研究》2012:5
34. 论佛教与印度教中的"曼荼罗"文化/扎曲《西藏研究》2012:5
35. 夏鲁寺:后弘期藏传佛教美术多元性的典型/贾玉平、杨清凡《西藏研究》2012:5
36. 关于《中观心论》及其藏译古注《思择焰》的研究/何欢欢《西藏研究》2012:6
37. 中国藏黑水城汉文文献所见大黑天信仰/吴超《西藏民族学院学报》(哲社版)2012:1
38. 《贤者喜宴——噶玛噶仓》译注(六、七、八、九)巴卧·祖拉陈瓦著,周润年、张屹《西藏民族学院学报》(哲社版)2012:1—6
39. 嵇康"推类辨物""辩名析理"的认识论方法论发微/谢丰泰《西藏民族学院学报》(哲社版)2012:2
40. 社会转型视野下的西藏宗教传播功能的双重性研究/袁爱中《西藏民族学院学报》(哲社版)2012:6
41. 格鲁派发展的三次困境及其突破/罗布《西藏大学学报》(社科版)2012:1
42. 关于《大正藏》中"释门应用文范"抄录讹误的再研究/李军《西藏大学学报》(社科版)2012:1
43. "藏回"的历史与现状——访拉萨大清真寺亚古教长/罗布、曲尼让卓、杨娜、李鹏、刘菲《西藏大学学报》(社科版)2012:3
44. 西藏日喀则地区苯教寺庙历史及周边群众信仰特征分析/拉巴次仁、石达顿珠、旦巴次仁《西藏大学学报》(社科版)2012:3
45. 藏传佛教僧服浅述/达娃《西藏艺术研究》2012:2
46. 藏传佛教觉囊派分布地区古今谈/小德吉《邦锦梅朵》2012:1
47. 关于藏传佛教政教合一制度历史命运的几点哲学分析/向龙飞《西藏发展论坛》2012:4
48. 青海藏区藏传佛教格鲁派的"日绰巴"运动及其历史意义/久迈《青海社会科学》2012:2
49. 神圣与世俗:甘青藏民族地区宗教抗制犯罪之图式/刘慧明《青海社会科学》

2012:3
50. 藏传佛教尼姑及其出家原因探析/李艳慧《青海社会科学》2012:5
51. 文化圈边缘藏传佛教寺院经济的兴与衰/鲁顺元《青海社会科学》2012:6
52. 藏传佛教生死观研究/罡拉卓玛《青海社会科学》2012:6
53. 藏传佛教寺院与地方社会互动的个案研究——《贡本与贡本措周——塔尔寺与塔尔寺六族供施关系演变研究》评介/李志荣《青海民族研究》2012:2
54. 拉卜楞大寺的丁科尔扎仓及其拉卜楞地区的藏传天文历算学传承研究/宗喀·漾正冈布、拉毛吉《青海民族研究》2012:2
55. 浅谈因明学在藏传佛教佛学思想建设中的作用/李德成《青海民族研究》2012:2
56. 明代西藏萨迦派的传承与支系/任小波《青海民族研究》2012:3
57. 土族宝卷《佛说大明六字真言嘛呢经》初探/刘永红《青海民族研究》2012:3
58. 敦煌寺院戒牒文书所反映的净土信仰研究/武玉秀《青海民族研究》2012:4
59. 论度母的曼荼罗存在形式及其寓意/德吉卓玛《青海民族大学学报》(社科版)2012:2
60. 明清时期甘肃马神庙兴衰原因考/付永正《青海民族大学学报》(社科版)2012:2
61. 文化审美探析/李景隆《青海民族大学学报》(社科版)2012:2
62. 民间信仰与乡土社会秩序的重构——以河湟地区丹噶尔藏人猫蛊神信仰为例/李臣玲、贾伟《青海民族大学学报》(社科版)2012:3
63. 试论藏传佛教寺院文献典籍的传承和保护/卓尕措《青海民族大学学报》(社科版)2012:4
64. 佛教在西方的“前世”与“今生”/邓建新《青海民族大学学报》(社科版)2012:4
65. 藏传佛教寺院诵经音乐初论/才让措《青海师范大学学报》(哲社版)2012:2
66. 藏传佛教生死流转图及其功能解读/才华加《青海师范大学学报》(哲社版)2012:3
67. 汉传佛教讲经活动历史渊源及其发展脉络/王宝坤《青海师范大学学报》(哲社版)2012:4
68. 藏传佛教对清代河湟洮岷地区汉人社会的影响/李健胜《青海师范大学学报》(哲社版)2012:5
69. 苯教在藏区遗存的原因分析/华锐·东智《西北民族大学学报》(哲社版)2012:1

70. 法本无相——藏传佛教绘画艺术中的审美文化内涵/郭重曦《西北民族大学学报》(哲社版)2012:2
71. 从叙事学角度解读《米拉日巴传》的文本和宗教思想/张童童《西北民族大学学报》(哲社版)2012:3
72. 反思学术历程,展望学术前景——杨士宏与班班多杰学术对话/班班多杰《西北民族大学学报》(哲社版)2012:3
73. 汉藏佛教如来藏思想探究/李吉《西北民族大学学报》(哲社版)2012:3
74. 藏传佛教判教源流初探/何杰峰《西北民族大学学报》(哲社版)2012:5
75. 藏传佛教对藏区社会稳定的影响及对策/张宏伟《西北民族大学学报》(哲社版)2012:6
76. 论社会主义时期藏传佛教社会地位的变迁/罗桑开珠《西北民族大学学报》(哲社版)2012:6
77. 和谐共存:六世赛仓大师的藏传佛教宗派观——以安多合作米拉日巴佛阁建筑思想为例/何子君《甘肃社会科学》2012:3
78. 青海藏传佛教寺院社会管理创新研究/李广斌《攀登》2012:5
79. 略论藏传因明的发展/格日措《群文天地》2012:6
80. 藏族宗教礼仪的意义结构探析/陈运《西南民族大学学报》(人文社科版)2012:5
81. 当代藏族山神信仰的复活与变异——以"祁连山·格萨尔·东纳拉孜"为例/英加布《西南民族大学学报》(人文社科版)2012:5
82. 藏传佛教"利美运动"的现实意义探析/万果《西南民族大学学报》(人文社科版)2012:7
83. 新疆和静县藏传佛教寺庙调查/姚学丽、周普元《西南民族大学学报》(人文社科版)2012:7
84. 藏族族源传说的佛教化及其宗教意义/杨红伟《西南民族大学学报》(人文社科版)2012:7
85. 战后台湾佛教寺院经济及其变革/侯坤宏《西南民族大学学报》(人文社科版)2012:7
86. 西藏古代宗教中的神灵体系——以吐蕃宗教文献《五史鉴》为例/孙林、张月芬《西南民族大学学报》(人文社科版)2012:10
87. 寺院教育综述/黎同柏《阿坝师范高等专科学校学报》2012:3
88. 藏传佛教经师制度/米广弘《四川省社会主义学院学报》2012:2

89. 试论古格时期藏传佛教诸教派在阿里地区的弘传与纷争/黄博《四川师范大学学报》(社科版)2012:1
90. 8~11 世纪西藏寺院建筑中来自印度佛教之因素——以桑耶寺与托林寺为例/色莉玛《四川文物》2012:5
91. 植物、动物、人与山神:嘉绒藏族山神信仰的本土知识体系——对四川省雅安市宝兴县硗碛藏族乡的田野调查/李锦《云南师范大学学报》(哲社版)2012:5
92. 爱国守法与爱教守戒——藏传佛教教义阐释工作的两个主题/李德成《中国宗教》2012:3
93. 挖掘藏传佛教进步思想为构建和谐社会发挥作用/郑堆《中国宗教》2012:8
94. 1944—1949 西康省康属各县宗教样态的社会学分析/范召全、陈昌文《宗教学研究》2012:1
95. 萨迦派"轮回涅槃无二"思想研究/丁小平、傅映兰《世界宗教研究》2012:1
96. 藏传佛教名著《青史》汉译本漏译举隅/王启龙《世界宗教研究》2012:1
97. 藏传佛教教育的传统、发展及未来初探/仁青安杰《法音》2012:6
98. 从巫术到佛教正信的人格转变——对米拉日巴早期宗教身份的探究/孙娟《法音》2012:9
99. 试论公元 8 世纪的藏区佛教与因明/才项南加《学理论》2012:2
100. 浅谈《俱舍论》的形成与在藏区的弘传发展/夏吾南卡《学理论》2012:5
101. 浅谈藏传佛教对创建和谐社会的积极作用/角巴吉《学理论》2012:5
102. 吐蕃时期佛教与苯教的交锋与融合/阿旺平措《敦煌学辑刊》2012:1
103. 兔本生——兼谈西藏大昭寺、夏鲁寺和新疆石窟中的相关作品/任平山《敦煌研究》2012:2
104. 青海南部藏区藏传佛教发展的地域性特点及趋势研究/昂巴《北方民族大学学报》(哲社版)201 :1
105. 19 世纪后期青海基督教传播史考述——兼论基督教传教士与藏族在青海的早相遇/刘继华《北方民族大学学报》(哲社版)2012:5
106. 巴隆噶举派在玉树地区的历史演变/还格吉《民族学刊》2012:5
107. 西藏冈底斯神山崇拜的文化内涵/德吉草、央宗《民族学刊》2012:6
108. 刍议西夏的藏传佛教传播——从安西榆林窟说起/罗延焱《人民论坛》2012:17
109. 道教内丹学与藏传佛教噶举派性命论之比较/丁常春《中华文化论坛》

2012:2

110. 活佛转世管理的规范化法制化发展/李德成《统一论坛》2012:3

111. 藏传佛教与“拓然巴”格西制度建设/王长鱼《统一论坛》2012:6

112. 法治视野下的甘青藏传佛教僧尼社会保障——兼论寺院的社会化管理/牛绿花《民族论坛》2012:2

113. 萨班对“汉传大圆满”的批判/尹邦志《现代哲学》2012:4

114. 藏传佛教寺院经济的现代特征——基于青海省扎毛村的调查/刘江荣《社会科学论坛》2012:10

115. 藏传佛教信仰与社会秩序——对丹斗寺及下辖村落的考察/王晨光《山西师大学报》(社科版)2012:S2

116. 藏传佛教与藏族宗教文化/唐倩《剑南文学》(经典教苑)2012:2

117. 关羽——汉藏宗教信仰的神话/郭宝《中国—东盟博览》2012:9

118. 简述藏族原始宗教中的生态伦理思想/曹辉《神州民俗》(学术版)2012:4

119. 美国哈佛大学 Leonard W. J. van der Kuijp 教授到三峡大学做《佛教在西藏》的学术报告/陈宇京《三峡论坛》(三峡文学·理论版)2012:1

120. 米拉日巴各种传记的版本研究/孙娟《延边教育学院学报》2012:5

121. 试论民国时期云南藏传佛教的发展/王碧陶《楚雄师范学院学报》2012:12

122. 试析西藏黄教四大寺的布局特征/牛婷婷、汪永平《西安建筑科技大学学报》(社科版)2012:6

123. 西藏的佛国境界:盛京四郊喇嘛寺塔的敕建/李勤璞《美术学报》2012:2

七、民俗、文化

1. 西藏唐卡的文化内涵/西尼崔臣《中国西藏》2012:1

2. 甘肃藏区的服饰/尼珍《中国西藏》2012:2

3. 趣味十足的西藏民间肢体语言/索南次仁《中国西藏》2012:3

4. 拉萨世居穆斯林节日中的藏族文化元素——以开斋节为例/杨晓纯《中国藏学》2012:4

5. 有关天葬及天葬师的研究综述/才旦曲珍、贡觉《中国藏学》2012:4

6. 拉萨文化大发展研究/马新明、孙伶伶《西藏研究》2012:1

7. 浅谈藏族古代关于世界本源“元素说”的物理思想/王春英《西藏研究》2012:1

8. 藏式古建筑的结构特点及其防雷措施/曲扎江措、泽仁玉珍《西藏研究》2012:3

9. 察瓦龙民俗文化综览/阿旺贡觉、普布多吉、贡布多加、扎西达瓦《西藏研究》2012:5
10. “察隅”一词含义管窥/顿拉《西藏研究》2012:6
11. 生死轮回中的转换——试析藏族丧葬习俗的仪式过程/才旦曲珍《西藏大学学报》(社科版)2012:4
12. 川西藏族民居内部装饰考察/樊珂《西藏民族学院学报》(哲社版)2012:4
13. 简述藏族口述传统及其特点/白赛、藏草《西藏民族学院学报》(哲社版)2012:4
14. 西藏地区图书馆教育的现状与思考/郝刚《西藏民族学院学报》(哲社版)2012:4
15. 广告视角下西藏文化的表达与传播/李娜《西藏民族学院学报》(哲社版)2012:5
16. 挖掘非物质文化遗产的经济价值推进西藏文化产业大繁荣大发展——以藏戏为例探讨西藏文化产业的开发问题/崔素洁、狄方耀《西藏民族学院学报》(哲社版)2012:1
17. 西藏文化产业发展的战略意义与对策思考/沈宏益、毛阳海《西藏民族学院学报》(哲社版)2012:1
18. 西藏电视传媒品牌战略研究/陈刚、王苗苗、王栋《西藏民族学院学报》(哲社版)2012:1
19. 民族文化产业发展之手机民族歌舞视频的构想/李西莉《西藏民族学院学报》(哲社版)2012:2
20. 论藏族原始文化形成的基本因素及社会影响/罗桑开珠《西藏民族学院学报》(哲社版)2012:3
21. 试论藏传佛教寺院翻译活动中的编辑学价值/梁成秀《西藏民族学院学报》(哲社版)2012:3
22. 藏靴的美学意蕴及其地域特征/沈飚《西藏民族学院学报》(哲社版)2012:3
23. 广告视角下西藏文化的表达与传播/李娜《西藏民族学院学报》(哲社版)2012:5
24. 藏族民俗器物的分类与定名分析——以西藏博物馆民俗厅展品为例/边巴琼达《西藏大学学报》(社科版)2012:1
25. 媒介融合视野下西藏文化产业的创意发展路径/常凌翀《西藏大学学报》(社科版)2012:2

26. 村落与信仰仪式——循化县道帏“拉则”调查研究/拉先《西藏大学学报》(社科版)2012:4
27. 西藏文化产业发展的多维路径探析/任成金、潘娜娜《西藏大学学报》(社科版)2012:4
28. 从象征寓意解析“西藏五色文化”/扎曲《西藏艺术研究》2012:2
29. 六月会祭祀仪式研究/杨菊《西藏艺术研究》2012:2
30. 简论藏族丧葬习俗文化/边巴卓玛、唐晓艳《西藏艺术研究》2012:2
31. 藏文化独具特色的塑造艺术——酥油花/次仁玉珍《西藏艺术研究》2012:3
32. 对我区加强生态文化建设的思考及建议/谢会时《西藏艺术研究》2012:3
33. 拉萨地区藏族民间手工艺品的传承与创新/仓姆拉《西藏艺术研究》2012:3
34. “箭”祭——藏族山神祭祀的一种特殊形式/尕藏卓玛《西藏艺术研究》2012:4
35. 从史前文化看藏族先民的艺术创造力/何晓东《西藏艺术研究》2012:4
36. 西藏文化遗产的保护对策研究/王文令《西藏艺术研究》2012:4
37. 在诗意的对话中栖居——藏族民众的神祇信仰与体化实践/贡觉《西藏艺术研究》2012:4
38. 西藏农家书屋工程建设现状调查与对策研究/李子、孔繁秀《西藏发展论坛》2012:1
39. 努力实现西藏文化事业跨越式发展——纪念毛泽东《在延安文艺座谈会上的讲话》发表70周年/刘洋杰、黄波《西藏文学》2012:4
40. 扎囊宗传统制陶术简介/克珠《邦锦梅朵》2012:1
41. 拉萨采贡唐的法会介绍/尼玛次仁《邦锦梅朵》2012:1
42. 卓尼车巴沟婚宴习俗/齐目才让《邦锦梅朵》2012:1
43. 略论藏族服饰的变迁与传承/田芳、其美卓嘎、东知布甲《西藏科技》2012:5
44. 西藏广播电视业可持续发展的思考/杨庆方《西藏科技》2012:10
45. 基于就业弹性的西藏文化产业就业效应分析/尼美旦真、张阿兰《西藏科技》2012:10
46. 文化生态保护区建设中的地方范本——以热贡文化生态保护实验区为例/索南旺杰《青海社会科学》2012:3
47. 热贡“六月会”祭神仪式的民俗功能解读/龙生祥《青海社会科学》2012:3
48. 体制·家庭·空间:拉萨转经习俗的传承机制/张虎生、陈映婕《青海社会科学》2012:4
49. 环青海湖民族的祭海仪式/拉毛卓玛《青海社会科学》2012:4

50. 玉树县仲达乡藏娘唐卡艺术传承现状调查/刘冬梅、扎西松保、扎西才措《青海民族研究》2012:1
51. 羌族宗教信仰与藏文化的关系考察研究/邓宏烈《青海民族研究》2012:1
52. 从寄魂物信仰看藏族生命观/李艳慧《青海民族研究》2012:2
53. 论藏族的自然生态审美意识/李景隆《青海民族研究》2012:2
54. 青海安多藏族服饰民俗文化功能刍议/耿英春《青海民族研究》2012:3
55. 热贡文化百年学术研究/唐仲山《青海民族研究》2012:4
56. 西藏宗教文化传播偏向问题研究/袁爱中《青海民族大学学报》(社科版)2012:1
57. 青海隆务河流域六月会中的宗教仪式与族群认同——以同仁县尕沙日与日合德村为例/孙林《青海民族大学学报》(社科版)2012:2
58. 藏族婚姻中嫁妆和聘礼的民族学解读——以青海河湟地区为例/生杰卓玛《青海民族大学学报》(社科版)2012:2
59. 青藏高原丧葬类型及空间特征/朱雅雯、朱普选《青海民族大学学报》(社科版)2012:2
60. 论藏族房屋建筑的发展历程及特点/罗桑开珠《青海民族大学学报》(社科版)2012:3
61. 卓仓多元文化圈探析/尕藏吉《青海民族大学学报》(社科版)2012:3
62. 青海东部地区念唱嘛呢经活动及其文化特征/陈瑜《青海民族大学学报》(社科版)2012:4
63. 青海藏语新闻传播的现状及思考/罗生祥《青海师范大学学报》(哲社版)2012:4
64. 青海湖祭海空间文化研究/拉毛卓玛《青海师范大学学报》(哲社版)2012:5
65. 藏饰品电子商务网站的设计与实现/冯桂莲、唐弥佶《青海师范大学学报》(自然科学版)2012:1
66. 从人口分布看青藏高原藏文化圈的基本形态/鲁顺元《攀登》2012:4
67. 加强热贡非物质文化遗产保护与开发的思考/张发宏《攀登》2012:5
68. 热贡文化生态保护区发展调查/韩涌泉《青海金融》2012:2
69. 文化文明的蜕变——西藏文明由扩张走向内敛的探讨/李圳《群文天地》2012:19
70. 西藏非物质文化遗产的行政法保障——以《中华人民共和国非物质文化遗产法》为视角/井凯笛《柴达木开发研究》2012:5

71. 民族地区幼儿园传承民族文化的策略研究——以白马藏族为例/冯作辉《四川民族学院学报》2012: 1
72. 藏族山神崇拜习俗浅析——以四川省甘孜州新龙县为例/王瑜《四川民族学院学报》2012: 2
73. 藏族葬礼的起源探析/夏吾交巴、东周加《四川民族学院学报》2012: 2
74. 西藏地区民族报刊百年发展轨迹与媒介传播品质/王缙《四川民族学院学报》2012: 3
75. 多续藏族文化保护的可行性研究/韩正康《四川民族学院学报》2012: 3
76. 平武白马藏区祭祀用"巴色"法杖研究/冯作辉《四川民族学院学报》2012: 5
77. 藏茶史话——藏汉贸易的纽带/吴国治、吴扬《四川民族学院学报》2012: 5
78. 论藏族传统道德思想及其社会作用/贡保扎西、琼措《西南民族大学学报》(人文社科版)2012: 6
79. 四川藏区两个特殊年节的比较研究——对新龙"十三"节和丹巴"香古"年的调查分析/李玉琴《西南民族大学学报》(人文社科版)2012: 7
80. 汉源县火敞坝尔苏藏族还山鸡节考察研究/王德和《西南民族大学学报》(人文社科版)2012: 12
81. 藏族传统文化中的象征符号及其和谐理念/贡保扎西《四川省社会主义学院学报》2012: 1
82. 藏族民族文化对四川白羊自然保护区的影响/潘莉、廖成云《四川林勘设计》2012: 2
83. 试论嘉绒藏区的石砌建筑特色/徐友辉、何雪梅、赵育民《四川职业技术学院学报》2012: 4
84. 藏族传统文化中所蕴含的物理思想/王春英《广西民族大学学报》(自然科学版)2012: 2
85. 藏族山神崇拜及其象征——基于拉卜楞地区一份山神祭祀煨桑颂词的释读/常丽霞、崔明德《中南民族大学学报》(人文社科版)2012: 4
86. 浅谈藏族的山神崇拜及其文化内涵/李晓丽《中央民族大学学报》(哲社版)2012: 5
87. 华丽的东朗藏族服饰/马楠《民族》2012: 2
88. 青藏高原碉楼的起源与苯教文化/石硕《民族研究》2012: 5
89. 山神信仰：社会结合的地域性纽带——以四川省宝兴县硗碛藏族乡为例/李锦《民族研究》2012: 2

90. 西藏文化产业发展及其研究综述/常凌翀《民族论坛》2012:10
91. 康巴藏族地区民族出版研究/白冰、孙洋洋《民族学刊》2012:1
92. 藏汉文化视野中的绝地天通思想——以古藏语“木给(dmu - skas)”与古汉语“建木”为例/同美《民族学刊》2012:2
93. 20 世纪 50 ~ 60 年代西藏墨脱县珞巴族老照片与民风民俗/冀文正、李跃平《民族学刊》2012:2
94. 扎巴藏族母系制走婚习俗研究——《扎巴藏族——21 世纪人类学母系制社会田野调查》关于婚姻的解读/徐铭《民族学刊》2012:3
95. 藏族亲属称谓系统及其文化内涵初探——以甘孜道孚语言区为例/根呷翁姆《民族学刊》2012:6
96. 世界自然遗产“三江并流”区域的音乐文化特征论/张兴荣《民族艺术研究》2012:1
97. 陇南藏族绣花鞋的地域文化特征/余永红《民族艺术研究》2012:3
98. 藏族建筑装饰形式与视知觉需求/蔡光洁《文艺研究》2012:3
99. 重构与共生:从《降伏逆缘图》看藏族传统图案的象征性/张竞成《文艺研究》2012:11
100. 青海藏毯文化探源/肖海《艺术设计研究》2012:S1
101. 汉、藏“龙”图形之表意研究/吕春祥《设计艺术研究》2012:5
102. 论四川民族地区的传统聚落体系及其保护/余慧《贵州民族研究》2012:3
103. 论藏族安多昂拉八庄地区特质的丧葬文化/扎西南加《学理论》2012:5
104. 川西中路嘉绒藏族民居的生态智慧与更新设计/李军环、陈媛《西安建筑科技大学学报》(自然科学版)2012:4
105. 藏族地区祭祀物的转变及文化意义/颜亮《西安建筑科技大学学报》(社科版)2012:5
106. 尔苏藏族和凉山彝族火把文化比较研究/王德和、古涛、周虹《西昌学院学报》2012:2
107. 期刊网络化编审探讨——以《西藏农业科技》为例/杨雪莲、卓嘎、达瓦卓玛《西南农业大学学报》(社科版)2012:3
108. 茶与藏族社会生活/赵国栋、于转利《湖北民族学院学报》(哲社学版)2012:2
109. 从模因论视角分析汉藏文化交流/罗贤卿、史顺良《湖南科技学院学报》2012:10

110. 康巴文化与校园文化建设研究/张冰松、宋友林《湖北成人教育学院学报》2012:4
111. 构建中的民族因素——从藏系文化要素与现今“和谐”之关联说起/李鸿宾《烟台大学学报》(哲社版)2012:1
112. 解读与史诗英译——以藏族英雄史诗《格萨尔》国外英文译本为研究中心/王景迁、蒋盼、于静《烟台大学学报》(哲社版)2012:3
113. 藏康建筑的美学赏析/刘婧青《怀化学院学报》2012:6
114. 藏族吉祥八宝图案的二级符号研究/田玮、杨涛《蚌埠学院学报》2012:3
115. 藏族丧葬仪礼的文化学意义解析/赛措吉《赤峰学院学报》(哲社版)2012:3
116. 西藏非物质文化遗产传承的法制化研究——基于高等教育传承的视角/王玉青《河北民族师范学院学报》2012:3
117. 自然环境影响下的藏族天葬研究/贺立博《河北民族师范学院学报》2012:4
118. 甘南藏族自治州的藏汉文化交流与传播/钱磊《延边党校学报》2012:1
119. 康巴文化的山水情结初探/凌立、曾义《绵阳师范学院学报》2012:6
120. 论藏族服饰的艺术特色/李采姣《宁波大学学报》(人文科学版)2012:6
121. 浅谈藏族信仰民俗文化中的环保观/项庆扎西《楚雄师范学院学报》2012:2
122. 迪庆藏区藏族传统婚俗演变探析/杨文磊《楚雄师范学院学报》2012:12
123. 论藏区民族风俗对生态环境的保护/张宗峦《中国政法大学学报》2012:4
124. 藏彝走廊西端的碉房及其空间意义——以金沙江三岩峡谷为例/王正宇《中华文化论坛》2012:5
125. 媒体传播对西藏乡村生活的影响/张玉荣《中国民族》2012:7
126. 藏区佛教寺院图书馆建设之我见/卓尕措《图书馆工作与研究》2012:9
127. 传统题材的新突破——《关注西藏先心病患儿》系列报道思考/詹晨林《电视研究》2012:3
128. 支持西藏文化产业发展财税政策的优化和改进/陈爱东、廖冶寅《地方财政研究》2012:3
129. 照亮读者的精神家园——谈《甘孜日报》的副刊/王朝书《中国地市报人》2012:7
130. 强化党报的龙头地位构建舆论引导新格局——《甘孜日报》推动甘孜藏区实现跨越式发展与长治久安回眸/陈思俊《中国地市报人》2012:12
131. 新一轮西部大开发中西藏广播发展对策初探/王清江《中国广播电视学刊》

2012:1
132. 康巴藏族地区民族数字出版的发展现状及其对策/白冰、韩姝《中国出版》2012:19
133. 西藏电影的发展与特征/脱慧洁《新闻爱好者》2012:7
134. 西藏少数民族间信息传播方式研究/李娜《新闻爱好者》2012:10
135. 传播技术视角下西藏信息传播方式的演进/张玉荣《新闻记者》2012:7
136. 论西藏社会信息传播方式变迁张征/张玉荣《新闻界》2012:14
137. 网络媒体在藏学研究中的传播功效——以中国藏学网为例/钱磊《新闻前哨》2012:4
138. 影视人类学片对保护藏区非物质文化遗产的价值研究——以纪录片《神圣的鼓手(安多)》为例/夏吾周毛《大众文艺》2012:5
139. 浅谈藏族优秀传统文化对建设生态西藏的意义/尹华蓉《才智》2010:8
140. 浅谈藏族服饰文化形成/刘洁《才智》2012:11
141. 西藏的鼻烟文化/赵晓红《国学》2012:7
142. 藏袍为何只穿一只袖/阎泽川《文史月刊》2012:11
143. 从藏地纪录片品藏族文化/张玉荣《文学界》(理论版)2012:8
144. 浅析宗教书院对藏区文化教育的影响——以若尔盖县达扎书院为例/田益琳《剑南文学》(经典教苑)2012:4
145. 震后玉树藏族传统文化的发展性保护研究/龙占福、陈名涛《语文教学通讯·D刊》(学术刊)2012:1
146.《康定情歌》的文化价值/赵勇、李能武《大舞台》2012:12
147. 西藏茶文化/徐锐《中国茶叶》2012:9
148. 地域文化在交通建筑中的体现——拉萨火车站室内设计总结/顾建英《中国建筑装饰装修》2012:9
149. 高原静泊——记然乌湖周边藏族村落及民居/黄磊《中外建筑》2012:3
150. 川西地区传统藏族民居改造述评/刘传军《装饰》2012:7
151. 藏族祥巴艺术的装饰性与象征性/蔡光洁《装饰》2012:7
152. 藏族服饰探究/高源《现代装饰》(理论版) 2012:3
153. 白马藏族木雕傩面具的民族特色/余永《雕塑》2012:3
154. 白马藏族传统建筑的室内空间划分/孙雪梅《艺术与设计》(理论)2012:Z1
155. 神秘的色彩语言——浅谈藏族装饰图案的色彩感/徐秋实《艺术科技》2012:5

156. 英美文化与藏族文化对比/柔萨尔《海外英语》2012:1
157. 浅析拉萨藏式民居建筑“椽头”的装饰题材内容/王琳《美与时代》(中)2012:7
158. 爱抹“锅底灰”的白马藏人/张帮俊《今日民族》2012:7
159. 藏地文化多样性的走访调查/龙山《寻根》2012:3
160. 藏地山神崇拜风俗调查/高林《寻根》2012:6
161. 藏族服饰文化:吉祥纹样探究/何谭惠《上海艺术家》2012:2
162. 藏族赛马的发展与传承/陈波《体育文化导刊》2012:8
163. 西藏传统平顶民居建筑气候适应策略及其文化转意/达娃扎西、黄凌江《华中建筑》2012:4
164. 传统藏族民居建造技艺的传承与发展研究/杨旭明、钟熠《住宅科技》2012:3
165. 拉萨传统城市建筑色彩的内涵及形态表现/丁昶、刘加平《工业建筑》2012:8
166. 新都桥镇藏式民居的历史与特征/汪婧、田凯《南方建筑》2012:6
167. 中国藏族服饰文化特点研究/冷雪花《中国科技投资》2012:18
168. 青稞文化——西藏高原农业生产力的代表/李宝海、张亚生、李扬《农产品加工》(创新版)2012:2
169. 藏汉门神文化之比较——以海东地区卓仓藏族为例/裴太玛《东方企业文化》2012:20
170. 藏族格言诗中的道德观及其有效利用途径/桑杰措《产业与科技论》2012:4
171. 近30年来国内天葬习俗研究综述/郭志合《原生态民族文化学刊》2012:3
172. 民俗:文化的表演——以藏族哈达礼仪民俗为例/贡觉、才旦曲珍《神州民俗》(学术版)2012:4
173. 迪庆藏区民俗文化与生态环境保护/秦茂军、汤明华《林业调查规划》2012:1
174. 青海玉树康巴藏族服饰色彩文化及资源保护研究/乔兰、周印利《大舞台》2012:10
175. 神鼓舞:循化藏族别样的春节习俗/朱羿《中国社会科学报》2012年1月30日

八、教育、体育

1. 国民政府对西藏教育政策的实践与思考/徐百永《中国藏学》2012:2
2. 优先发展背景下的西藏双语教育策略研究/李波《中国藏学》2012:2
3. 藏族寺院教育与现当代学校体系中的藏文化教育比较研究/德倩旺姆《中国藏学》2012:4
4. 关于藏式围棋研究与保护的探讨/丁玲辉、平措达吉《西藏研究》2012:1
5. 西藏自治区教育均等化研究/熊英、吴凯《西藏研究》2012:1
6. 西藏高校教师工作满意度与组织承诺关系研究/赵燕、邢俊利《西藏研究》2012:2
7. 西藏妇女的扫盲教育及其对策/索朗仁青、达瓦次仁《西藏研究》2012:3
8. 对改进西藏高校教师专业技术考核工作的思考/刘凯、张会庆、苗丽、张传庆《西藏民族学院学报》(哲社版)2012:1
9. 门巴族、珞巴族大学生媒介接触发展与影响/脱慧洁《西藏民族学院学报》(哲社版)2012:1
10. 西藏高校参与西藏文化产业发展简论/张利勇《西藏民族学院学报》(哲社版)2012:2
11. 西藏高校外语师资队伍 SWOT 分析与对策研究——以西藏民族学院为例/高全孝《西藏民族学院学报》(哲社版)2012:2
12. 新时期加强藏族大学生心理素质教育的思考/胡敏《西藏民族学院学报》(哲社版)2012:3
13. 新技术条件下西藏藏族大学生媒介素养状况实证分析与比较研究——以拉萨和咸阳两地为例/常凌翀《西藏民族学院学报》(哲社版)2012:4
14. 英语专业藏族学生学习策略使用情况调查与分析/尹辉、赵家红、刘晓艳、郭彧斌《西藏民族学院学报》(哲社版)2012:5
15. 当前西藏高校思想政治教育面临的问题及解决对策/戴畅《西藏民族学院学报》(哲社版)2012:5
16. 西藏高校在职英语教师专业发展现状研究/伍惠娟《西藏民族学院学报》(哲社版)2012:5
17. 关于提高民族院校大学生法律意识的思考/扎桑《西藏民族学院学报》(哲社版)2012:6

18. 传统蒙学对西藏当代启蒙教育的现实意义/周莹、张佳茹《西藏民族学院学报》(哲社版)2012:6
19. “三包”政策背景下西藏牧区家庭对待子女入学教育的态度及行动的社会学透析——以西藏阿里地区P县H乡为例/郝世亮《西藏民族学院学报》(哲社版)2012:6
20. 西藏农村妇女教育现状分析——以日喀则市边雄乡农村妇女教育为例/土登、次仁、琼达、央珍、孙清刚《西藏大学学报》(社科版)2012:2
21. 藏汉英三语环境下外语课堂文化建构/刘全国、何旭明《西藏大学学报》(社科版)2012:2
22. 西藏高校人才培养特性分析与思考/王琼、娄源冰、刘旭明《西藏大学学报》(社科版)2012:2
23. 拉萨市中小学艺术教育现状及发展思路/洛桑曲尼《西藏大学学报》(社科版)2012:3
24. 物理学视域下藏族传统文化教育功能探析/杨晓荣《西藏大学学报》(社科版)2012:3
25. 从外推内生认同视角建构西藏高校人才资源开发创新模式/陈进、常战军、贺新元《西藏大学学报》(社科版)2012:4
26. 藏族中学生问题行为状况调查与分析/马海林、罗平《西藏大学学报》(社科版)2012:4
27. 西藏民族传统体育中的赛牦牛研究/耿献伟、蔡秀清《西藏大学学报》(社科版)2012:4
28. 西藏学前教育的发展现状、问题与对策/邢俊利、李雪莲《西藏大学学报》(社科版)2012:4
29. 西藏高校实施“高等学校本科教学质量与教学改革工程”项目建设的对策探讨——以西藏大学为例/陈娟《西藏大学学报》(自然科学版)2012:1
30. 在西藏中小学体育教学中引入远程教育的研究/罗布、卓玛洛桑《西藏大学学报》(自然科学版)2012:2
31. 浅谈西藏高等艺术院校的视唱练耳教学/扎西《西藏艺术研究》2012:2
32. 关于我区普及音乐教育的思考/罗雪来《西藏艺术研究》2012:4
33. 藏族民间音乐在西藏学校音乐教育中的传承研究——以西藏拉萨七所学校为例/次珍《西藏艺术研究》2012:4
34. 西藏农牧区生源大学生教育扶持体系探讨/王文令《西藏教育》2012:3

35. 西藏高校英语教师队伍建设研究/伍惠娟《西藏科技》2012:3
36. 提高西藏高校外语教师科研水平的思考/高全孝、次央《西藏教育》2012:3
37. 进藏干部职工子女义务教育现状及建议/齐霜、姚学林《西藏教育》2012:3
38. 藏民族传统文化在学校教育中的传承现状分析/李志鹏、何勤勇《西藏教育》2012:5
39. 农牧区初中汉语作文教学现状分析及对策探讨/巴桑卓玛《西藏教育》2012:5
40. 西藏藏族中小学生双语使用过程中反映出的文化心理适应问题研究/李军、韩秀梅《西藏教育》2012:5
41. 西藏高校学生普通话面貌分析/陈进、代文学、康西菊、王开宇、黄科《西藏教育》2012:5
42. 拉萨市小学心理健康教育现状及对策——以拉萨市实验小学为例/梁丽《西藏教育》2012:5
43. 拉萨市七县初中生汉语作文教学现状分析与对策/孙淑娟《西藏教育》2012:5
44. 对我区中小学双语教学的几点建议/韩秀梅、李军《西藏教育》2012:6
45. 西藏职业技术学院学生心理健康状况及对策/央支措姆《西藏教育》2012:6
46. 基于应用型人才培养的审计教学方法探析——以西藏民族学院为例/仇海红《西藏教育》2012:8
47. 对西藏义务教育均衡发展的理论与实践问题思考/旺堆《西藏教育》2012:9
48. 西藏高校大学生网络思想政治教育状况调查——以西藏A高校为例/吴春宝《西藏教育》2012:9
49. 西藏农科高校教师教学行为影响教学质量实证分析——以西藏农牧学院为例/赵德军、熊伟、孙自保《西藏教育》2012:9
50. 运用同伴教学教师培训模式培养师范生教学实践能力——以区内生源英语专业师范生为例/郭彧斌、刘怡春《西藏教育》2012:9
51. 我区高中生英语阅读技能的现状调查分析及建议——以昌都地区第一高级中学为例/陈斗明《西藏教育》2012:10
52. 对加快西藏特殊教育工作的思考/旺堆《西藏教育》2012:11
53. 浅谈藏族民俗的教育功能/贡觉《西藏教育》2012:11
54. 西藏高校制订语言类课程规划的几点思考——以西藏民族学院为例/朱红《西藏教育》2012:6

55. 西藏大学生英文写作现状分析及对策研究——基于西藏大学本科生英文写作调研分析/何森《西藏科技》2012：1
56. 西藏高校农林经济管理专业人才培养问题研究——基于就业导向/师学萍、曾维莲《西藏科技》2012：2
57. 地方传统知识在中学素质教育中的应用——以玉树藏族自治州玉树县第一民族中学"综合实践活动课程"为个案/刘冬梅、扎西松保、着尕措毛《西藏科技》2012：3
58. 西藏地区藏族中小学生藏汉双语使用情况的原因分析/李军、康玉霞《西藏科技》2012：6
59. "基于汉藏双语的《高级软件工程》教学研究"的研究报告/安昳、江卫华、尼玛扎西《西藏科技》2012：7
60. 西藏高校体育教学的改革与探索/普扎《西藏科技》2012：7
61. 西藏高等教育与经济增长关系分析研究/杨阿维、王灵云《西藏科技》2012：8
62. 略谈西藏传统养生体育在学校体育教学中的作用/洛桑《西藏科技》2012：8
63. 西藏城镇中学藏语文教育教学现状及其路径新探/次仁央吉《西藏科技》2012：8
64. 西藏日喀则地区中学英语教师课堂跨文化教学调查与分析/张冬梅、强巴央金《西藏科技》2012：10
65. 高等教育大众化视野下西藏高等教育质量问题研究/王艳、张寒梅《西藏科技》2012：11
66. 藏族非英语专业大学生英语学习策略调查与分析/马骅《青海民族研究》2012：3
67. 青海民族地区双语教育的多元重构与文化反思——以藏族地区数学教育为例/肖杰华《青海民族研究》2012：3
68. 民国时期青海民族教育政策的实施及意义/羊措《青海民族大学学报》(社科版)2012：1
69. 家庭文化资本对藏族学生学业成绩的影响/高贵忠、吕国光《青海民族大学学报》(教育版)2012：4
70. 民族高校藏族学生汉字教学略探/雷富英《青海民族大学学报》(教育版)2012：4
71. 青海省农牧区中小学布局调整中存在的问题与对策/童成乾、星全成《青海民族大学学报》(教育版)2012：5

72. 民族双语法学教育问题分析——以青海民族大学藏汉双语法学教育为视角/马兰花《青海民族大学学报》(教育版)2012:6
73. 青海地区汉、藏、回族大学生心理健康状况对比分析/魏凤英《青海师范大学学报》(哲社版)2012:2
74. 七年跨越:恪守原则及其实施措施——藏族计算机专业大学生的教育培养实践刍议/王永生《青海师范大学学报》(哲社版)2012:3
75. 藏族学生外语课堂焦虑调查研究/李小花《青海师范大学学报》(哲社版)2012:3
76. 青海南部高原地区教师职业倦怠调查及其原因探微——以果洛州班玛县为例/李善华、熊登秀《青海师范大学学报》(哲社版)2012:4
77. 青海地区藏族大学生英语学习策略分析/马骅《青海师范大学学报》(哲社版)2012:5
78. 青南藏区中小学教师教学能力现状调查与分析/马会军《青海师范大学学报》(哲社版)2012:5
79. 青海三江源地区全民健身服务体系现状调查/史儒林《青海师范大学学报》(自然科学版)2012:3
80. 三江源移民区民族传统体育文化的变迁与发展/李晓宇《青海师范大学学报》(自然科学版)2012:3
81. 青海牧区双语教育发展问题研究报告/完玛冷智《西北民族研究》2012:1
82. 青海藏汉双语教育实践浅探/丰伟《柴达木开发研究》2012:1
83. 甘肃省藏族地区"双语"教育区域化分类发展研究——以迭部县为例/申慈燕《群文天地》2012:5
84. 大一新生入学适应性状况调查——以西藏民族学院藏族学生为例/张娜、王令《群文天地》2012:9
85. 西北藏族聚居区高等师范院校"双语"教学优化策略/虎技能《甘肃高师学报》2012:4
86. 地方性知识视野中的民族教育问题——甘南藏区地方性知识的社会学研究/王鉴、安富海《甘肃社会科学》2012:6
87. 甘肃民族地区幼儿园艺术教育现状及实施策略——以甘南藏族自治州幼儿园为例/蔡兆梅《甘肃联合大学学报》(社科版) 2012:5
88. 锅庄舞引入高校体育课堂的可行性研究/姚晓琪/毕研杰《甘肃联合大学学报》(自然科学版)2012:2

89. 藏传佛教寺院教育研究综述/陈潘《阿坝师范高等专科学校学报》2012:1
90. 新课改背景下西藏农牧区小学汉语教师基本素养调查研究/罗芳《阿坝师范高等专科学校学报》2012:1
91. 西藏农牧区小学生汉语学习目标、困难及其对策研究/罗芳《阿坝师范高等专科学校学报》2012:2
92. 西藏大学生媒介素养状况及媒介素养教育路径/常凌翀《阿坝师范高等专科学校学报》2012:2
93. 内地就学藏族大学生学习影响因素及特点的研究——以西藏民族学院为例/王德芳、李波《阿坝师范高等专科学校学报》2012:3
94. 寺院教育综述/黎同柏《阿坝师范高等专科学校学报》2012:3
95. 藏区义务教育寄宿制学校后勤与安全管理探索——以甘孜藏族自治州为例/詹先友《四川民族学院学报》2012:5
96. 甘孜州教育发展现状与探索/汪学琴《四川民族学院学报》2012:4
97. 我国民族预科教育政策及基本情况简述(1954—2011)/康晓、卓玛《四川民族学院学报》2012:4
98. 藏族儿童在内地学校教育中的文化适应状况及教育对策——以成都市为例/李玉琴《四川民族学院学报》2012:5
99. 藏、汉族儿童规则意识形成的比较及其对教育的启示/范春林《四川师范大学学报》(社科版)2012:6
100. 四川民族学院藏族学生汉语学习情况调查研究/康亮芳《四川民族学院学报》2012:6
101. 藏区高等教育发展取向研究/詹先友《西南民族大学学报》(人文社科版)2012:8
102. 民国时西康省民族教育的发展/马廷中《西南民族大学学报》(人文社科版)2012:12
103. 近十年藏区教育发展现状、困境及突破——以甘孜藏族自治州为例/捌马阿末《西南农业大学学报》(社科版)2012:1
104. 甘孜藏族自治州中学生孝道态度研究/魏鑫旻《西南农业大学学报》(社会科学版)2012:3
105. 甘孜州牧区小学生的辍学原因及对策——基于甘孜州理塘县某小学的调查/捌马阿末《四川教育学院学报》2012:6
106. 西藏高校思想政治教育对藏族传统文化的运用刍议/邓霁雯、王亮《四川省

社会主义学院学报》2012:1

107. 西藏大学生体质状况与学校生存教育的研究/黄蕾、郑颂平、殷鼎等《四川体育科学》2012:3

108. 康巴藏区民族传统体育资源开发路径研究阳源/宋友林《成都体育学院学报》2012:5

109. 论学校在西藏儿童养成教育中的作用/郑雪莲《成都纺织高等专科学校学报》2012:4

110. 云南迪庆藏族自治州中等职业学校学生心理健康状况的调查研究/格茸拉姆、王玉兰、熊继松《云南民族大学学报》(自然科学版)2012:5

111. 西藏汉语教学的历史回顾与现状分析/林秀艳《民族教育研究》2012:3

112. 藏区教育的地域性和民族性研究/詹先友《民族教育研究》2012:3

113. 中小学生教育需求指标体系研究——基于西藏农牧区的调查与思考/贺能坤《民族教育研究》2012:4

114. 关于内地西藏班(校)办学模式的政策分析——以武汉西藏中学为例/雷召海《民族教育研究》2012:4

115. 西藏初中数学教育现状调查与思考/黄燕苹、陈碧芬、宋乃庆《民族教育研究》2012:4

116. 论"西藏班(校)"模式的现代性/包丽颖《民族教育研究》2012:4

117. 外推与内生:双向建构西藏高校毕业生就业的长效机制/陈进房、灵敏、杨斌等《民族教育研究》2012:5

118. 多维整合:藏区本土文化课程开发的新途径——以甘南藏族自治州碌曲县玛艾镇藏族小学为例/尕藏草《民族教育研究》2012:5

119. 北京市新疆、西藏内地高中班办学与管理现状分析:成效、问题与对策/张东辉、陈立鹏《民族教育研究》2012:6

120. 南京国民政府初期发展蒙藏教育概述/谢海涛、徐建国《民族教育研究》2012:6

121. 开式和闭式技能项目对藏族女大学生心境状况影响的分析——以两所民族院校的教学实践为例/张凤民、侯会生、王福秋《民族教育研究》2012:6

122. 西藏班模式的意义与展望/包丽颖《中国民族教育》2012:4

123. 藏区教育协作三十年:坚持资源共享继续深化协作/他扎西《中国民族教育》2012:11

124. 求实创新共谋发展通力协作谱写华章——西藏和四省藏区基础教育双语

教材协作回顾与展望/梁涛《中国民族教育》2012：11
125. 西藏“三包”教育政策实施效果及问题探析/许小娟《中国民族教育》2012：Z1
126. 内地高校藏族学生观念行为特点及思政教育应对——以大连理工大学为例/庞丹、龙鹏举《民族论坛》2012：4
127. 藏区地方课程的现状与发展/尕藏草《民族论坛》2012：8
128. 藏族大学生情绪调节策略与问题行为的关系/马海林、苏肖萌《教育教学论坛》2012：S2、《内蒙古民族大学学报》（社科版）2012：4
129. 西藏大学细胞生物学实验教学现状及模式改革初探/欧珠朗杰《教育教学论坛》2012：7
130. 藏族大学生学校环境与问题行为的关系/马海林、程东亚《教育与教学研究》2012：9
131. 藏族大学生社会支持与问题行为的关系/张冬梅、马海林《教育与教学研究》2012：11
132. 关于拉萨市小学藏族学生英语教学的几点思考/赵春燕《教育教学论坛》2012：11
133. 民族地区高中物理实验教学调查研究——以甘肃省甘南藏族自治州为例/仲格吉《教育教学论坛》2012：19
134. 少数民族地区中学英语教育现状浅析——以云南、西藏、重庆、陕西为例/王颖、武倩、米雪等《教育教学论坛》2012：38
135. 青海藏区民族特色学前教育发展路径研究/蔡红梅、李子华《教育评论》2012：4
136. 城镇化进程中藏区教育救助问题研究/建红英《湖南师范大学教育科学学报》2012：6
137. 洗净铅华观教育——以西藏高中阶段实施免费教育政策为例/刘汉威《佳木斯教育学院学报》2012：2
138. 四川草地县中小学教师现状及分析——以若尔盖县为例/田益《佳木斯教育学院学报》2012：4
139. 多元一体文化视野下西藏双语教育的前景与策略研究/姜燕华《佳木斯教育学院学报》2012：5
140. 藏汉大学生压力对比研究/杨赛赛《佳木斯教育学院学报》2012：6
141. 民族高校少数民族大学生中国近现代史纲要课程学习中存在的问题及解

决对策——以藏族、蒙古族和维吾尔族为例/杨惠娟、蒋春燕《黑龙江教育学院学报》2012:8

142. 藏族大学生社会支持与生活压力的关系/张冬梅、马海林《黑龙江教育学院学报》2012:9

143. 当前西藏民族教育的国家一体化趋势浅议/杨周相《黑龙江教育学院学报》2012:10

144. 浅谈西藏高校师范生职前教师教育问题及对策——以西藏大学为例/仁青扎西《赤峰学院学报》(自然科学版)2012:5

145. 我校藏族大学生宗教信仰与无神论教育状况的调查与分析/蒲生华《赤峰学院学报》(哲社版)2012:9

146. 玉树灾区藏族中学生心理复原力与人格的研究/罗茂嘉、王庆《赤峰学院学报》(自然科学版)2012:10

147. 从文化因素探析锅庄舞在全民健身中广泛应用的原因/牛金花《长沙铁道学院学报》(社科版)2012:2

148. 西藏基础教育阶段双语教学现状与发展对策研究/巴桑卓玛《吉林省教育学院学报》(上旬)2012:1

149. 民族地区中学英语教师继续教育课程设置研究——以甘南藏族自治州为个案/杜丽辉《吉林省教育学院学报》(上旬)2012:2

150. 民族教育发展模式创新——基于四川藏区"9+3"免费职业教育实践/王珏翎、柴剑峰、罗伟张霞《成都理工大学学报》(社会科学版)2012:6

151. 在教学中引入白马藏族传统体育项目研究——以陇南师专大学体育教学为例/邵语平《琼州学院学报》2012:5

152. 藏汉双语教学重点研究/连文斌《山西财经大学学报》2012:S2

153. 藏族传统体育石文化研究/张院利、耿献伟《黔南民族师范学院学报》2012:2

154. 甘肃藏族传统体育项群分类及开发与保护/高继科、张正玲《绵阳师范学院学报》2012:5

155. 锅庄文化与休闲体育的关系考察/张冰松《大理学院学报》2012:4

156. 汉藏初中生应对风格与学习适应性关系的研究/贺斐、林荣、茂张璟《福建教育学院学报》2012:43

157. 汉蒙藏大学生体育目标定向的跨文化研究姜志明/李中华《南京体育学院学报》(社科版)2012:5

158. 拉萨与成都两地藏族大学生生活事件比较研究/赵兴民《国家教育行政学院学报》2012:7
159. 民族地区和谐师生关系探索——以甘孜藏族自治州为例/汪学琴《太原城市职业技术学院学报》2012:8
160. 《康藏前锋》教育研究文献述评/姚乐野、秦慧《贵州民族研究》2012:2
161. 内地西藏班(校)学生的跨文化适应/冉苒《贵州民族研究》2012:2
162. 学习快乐度:西藏农牧区中小学生辍学问题新解——以A县为例/贺能坤《贵州民族研究》2012:5
163. 内地西藏班(校)政策的价值分析/勾洪群《教育与教学研究》2012:7
164. 西藏基础教育发展现状与前景综述/江卫华、仁青扎西、苏肖萌《教育与教学研究》2012:9
165. 创新教学方法 加快改革进程——以西藏旅游地理教学为例/达娃卓玛《新课程研究》(中旬刊)2012:9
166. 内地西藏中职班教学衔接策略研究/顾国清《新课程研究》(中旬刊)2012:9
167. 藏族音乐在学校教育中的传承——甘南藏族自治州藏族学生学习藏族音乐情况调查及反思/汪效华《才智》2012:10
168. 西藏体育人才开发与管理对策研究/王定明、李喜艳《才智》2012:25
169. 白马藏族民族传统体育的现状调查研究/李洋、黄兆媛、曹琳清《才智》2011:29
170. 西藏大学生的社会认知状况调查刘红旭/王芳艳《中国青年研究》2012:12
171. 西藏高校毕业生广东就业意向调查分析——以西藏农牧学院为例/张小龙、薛涛、洛桑次旦《中国大学生就业》2012:20
172. 少数民族大学生英语学习障碍及对策研究——以藏族大学生为个案/王静《中国成人教育》2012:15
173. 少数民族地区双语教学新途径——藏区双语多媒体字源识字汉字教学研究/涂涛、李彭曦《中国电化教育》2012:3
174. 甘南州藏区教师信息化教学能力发展研究/李士艳、苏全霖《中国教育技术装备》2012:12
175. 西藏旅游教学中的旅游地理教学特色探析/达娃卓玛《中国校外教育》2012:3
176. 多元文化背景下的西藏校本课程资源开发/江卫华、苏肖萌、杨帆、贺淑红

《中国科技信息》2012:11

177. 藏民族地区基础教育信息化发展研究综述/刘佳、姜君《中国教育信息化》2012:16

178. 关于西藏农牧区义务教育阶段教师队伍建设的几点思考/孙亚杰《中国职工教育》2012:18

179. 民族高校非医学专业藏族大学生健康素养现状/梁兴、梅田旭、张冬爱等《中国学校卫生》2012:9

180. 内地藏族大学生人格特征分析/康育文、康湘文、谢胜军等《中国学校卫生》2012:10

181. 中职与高职衔接:西藏高职教育可持续发展必由之路/巴果、卢金金、相理锋《中国农业教育》2012:4

182. 某校藏族学生健康素养调查/梁兴梅、田旭《中国校医》2012:6

183. 内地藏族初中生人格特质的特点/冉苒、杨玉霞《中国健康心理学杂志》2012:2

184. 关于青海大学藏医学专业大学生素质教育的思考/更藏加、尕藏措《中国民族医药杂志》2012:6

185. 藏族中学生的心理健康状况/马慧芳、罗平、马海林、汪念念《中国心理卫生杂志》2012:5

186. 藏族大学生的情绪调节策略/贺淑红、马慧芳、马海林《中国心理卫生杂志》2012:8

187. 基于制度创新的藏区信息技术特色人才培养模式与实践研究/张生福《中国市场》2012:32

188. 浅谈多元文化教育理念下内地西藏班校声乐教学/许小婧《黄河之声》2012:2

189. 浅谈如何提高藏区"9+3"音乐课堂教学效果/吴待桦《黄河之声》2012:8

190. 四川省"9+3"免费中职教育模式下藏族学生文化适应研究/万华麒《当代职业教育》2012:1

191. 藏区"9+3"学生社会适应能力培养与职业生涯发展/赵书远、廖军《当代职业教育》2012:1

192. 古代藏民族传统体育项目及贡献——"马球"/曹瑞化、王兴怀《当代体育科技》2012:19

193. 藏族传统棋艺现状及推广价值/刘强《当代体育科技》2012:27

194. 边远农牧区校本课程开发的价值探析——以甘南藏族自治州农牧区的研究为例/虎技能、王晓军《当代教育与文化》2012:1
195. 四川藏区“9+3”免费职业教育管理模式探索——兼谈“9+3”计划与内地西藏班的比较/柴剑峰《现代人才》2012:3
196. 西藏农牧区寄宿制中学存在的问题与对策——基于西藏自治区6地(市)的调查与研究/纪春梅、邹华、邹晓英等《现代教育科学》2012:6
197. 西藏教育信息化进程研究/江卫华、胥建、苏肖萌等《现代教育技术》2012:11
198. 藏族大学毕业生就业心理及对策探析/李亚红、次仁拉姆《现代交际》2012:2
199. 西藏高原学子就读内地大学的预防保健研究/李侠功《现代预防医学》2012:18
200. 西藏高职院校学生就业影响因素分析/范友悦《职教通讯》2012:5
201. 促进西藏高职院校学生就业创业的对策分析/范友悦《职教通讯》2012:14
202. 康巴藏族体育研究/张冰松《体育文化导刊》2012:9
203. 藏区民族传统体育赛事研究/康帆《体育文化导刊》2012:9
204. 一滴水见太阳——从藏区教师专业成长途径看藏区教育/姚佳《文学教育》(中)2012:8
205. 藏族大学生英语学习动机现状研究/姚大鹏《文学教育》(中) 2012:8
206. 西藏高等教育发展存在的问题及对策研究/张娜《文学评论》(中)2012:7
207. 浅谈藏族汉语普通话的习得——以香格里拉县建塘镇诺西村为例/张梅《文学界》(理论版)2012:2
208. 西藏中等职业学校藏文教学探讨/大扎西《北方文学》(下半月)2012:7
209. 新时期西藏高等教育人才培养目标的思考/齐霜、姚学林《继续教育研究》2012:4
210. 影响西藏民族学院体操教学效果外因分析/陈敏、徐明、申淳《新西部》(理论版)2012:14
211. 民族地区大学生文明素质培养路径选择——以西藏高校为例/李新堂、段书蓉《边疆经济与文化》2012:10
212. 西藏高校特色专业建设路径探析/巴果《大学教育科学》2012:2
213. 西藏高校管理的二元权力博弈分析/巴果《高校教育管理》2012:5
214. 关于大学创新人才培养的路径探讨——以西藏民族学院财经类毕业生实

习指导为例/陈爱东、魏小文《成功》(教育)2012:2
215. 关于农牧区藏族初中汉语文教学的点滴思考/旦增《现代阅读》(教育版)2012:19
216. 青海藏族大学生对藏语言变迁的认识/夸加《名作欣赏》2012:30
217. 构建甘肃省藏族地区农村义务教育质量保障体系的思考/赵跟喜、杨建成、刘燕君《社科纵横》2012:6
218. 非民族院校少数民族学生的适应问题及对策探究——以某高校法学院藏族生教育培养为例/王璐《社会工作》2012:2
219. 浅析甘孜藏区美术教育发展历史/刘康杨《美术教育研究》2012:2
220. 关于藏族大学生消费观念的调查——以西南民族大学藏学院为例/尕藏、卓玛《社科纵横》2012:2
221. 从小处入手,夯实学生写作基础——关于《西藏班初中汉语文作文片断训练指导研究》的报告/叶青《长三角》(教育)2012:8
222. “混合管理”对内地就学藏族大学生学习影响的研究及相应建议——以西藏民族学院为例/王德芳《学理论》2012:21
223. 开展数学建模必要性与可行性的研究——以西藏高校为例/卢延荣、刘红卫、孔令先《科协论坛》(下半月)2012:11
224. 内地西藏班(校)、新疆班的举办与民族教育事业的发展/马冲《经营管理者》2012:3
225. 加拿大法语沉浸式双语教育对西藏幼儿园双语教育的启示/缑红艳《商业文化》(下半月)2012:9
226. 对西藏大学大学英语教学目前存在问题的探讨/陈华杰、潘冰冰《海外英语》2012:21
227. 对西藏基础教育新课程改革的探讨/薛亚妮《科技创新导报》2012:4
228. 西北藏族地区农村中小学远程教育资源建设及应用现状调查研究/郭治虎、刘洋《电化教育研究》2012:7
229. 西藏大学音乐公选课与文化素质教育/欧阳佳丽、许鹏辉、邢顺林《大众文艺》2012:1
230. 西藏大学旅游管理专业学生毕业实习现状及效果分析/董瑞霞《旅游纵览》(行业办)2011:11
231. 西藏高校大学生感恩状况研究/敬久旺《科教导刊》(上旬刊)2012:31
232. 西藏高校水土保持工程学课程教学改革探讨/张博钱、登峰喻、武万丹《科

技创新导报》2012:26

233. 西藏高校植物学教学改革探讨——以西藏农牧学院为例/王伟、张华、王芳《安徽农学通报(上半月刊)》2012:17

234. 西藏高等学校教师年终绩效考核研究——以西藏民族学院为例/刘凯、张会庆《长春理工大学学报》(社会科学版)2012:5

235. 关于完善西藏高校科研经费管理的探讨——以西藏民族学院为例/唐静、陈爱东《经济视角》(中旬)2012:4

236. 论藏族传统体育美学初探/李加才让、德吉措《运动》2012:8

237. 利用多媒体技术,发掘课外资源——论提高我校藏族班学生汉语表达能力/张军《读与写》(教育教学刊)2012:6

238. 青海民族地区藏汉双语教学模式研究——以贵德县民族中学藏汉双语教学为例/张惠玲《黑龙江民族丛刊》2012:3

239. 青海青南地区和谐社会中藏族农牧民参与体育锻炼的调查与分析——以黄南、玉树、果洛为例/母爱梅《福建体育科技》2012:5

240. 采用聚类分析综合评价公安院校藏族学生体质/钟兴龙《黑龙江科技信息》2012:27

241. 浅析藏族学生声乐教学策略/张伟娜《学周刊》2012:34

242. 浅谈中学生学好藏语文的几点方法/达娃《科教导刊》(中旬刊)2012:3

243. 浅谈西藏高校毕业生如何走向社会/郝瑾《出国与就业》(就业版)2012:3

244. 高校计算机基础教学改革的思考和探索:以西藏农牧学院为例/左秋娟《科协论坛》(下半月)2012:2

245. 高职高专院校学生人际交往特点的调查分析——基于汉、回、藏族的比较/丁亥福赛《卫生职业教育》2012:24

246. 谈谈甘孜藏区的教育信息化/邓定胜、沈黎《福建电脑》2012:5

247. 教务管理系统设计与实现——以西藏大学为例/高红梅、邢顺林、王朝霞《电脑知识与技术》2012:27

248. 基于碌曲县为例的甘南藏族聚居县义务教育质量提升举措探索/尔杰草《产业与科技论坛》2012:15

249. 康巴藏区少数民族传统体育的发展思考——以甘孜藏族自治州为例/张冰松《阴山学刊》(自然科学)2012:1

250. 藏区民族中学学生转校现象及其与民族文化传承的关系——以甘肃省天祝藏族自治县两所中学为个案/徐燕《科技创新导报》2012:35

251. 藏区群众体育开展现状的调查研究/曾伟《军事体育进修学院学报》2012:2、《体育文化导刊》2012:2
252. 藏族大学生情绪调节与自我控制能力的关系/贺淑红、马慧芳、马海林《国际精神病学杂志》2012:4
253. 藏族赛马的发展与传承/陈波《体育文化导刊》2012:8
254. 文化背景下藏族学生在英语课堂中的表现与对策/李琰《吉林广播电视大学》2012:2
255. 深化西藏高等会计教育之会计史教学研究的思考/赵莉、李爱琴《知识经济》2012:21

九、文学

1. 当代藏族汉语文学的转型及其意义/朱霞、宋卫红《中国藏学》2012:3
2. 西藏宗教文学中的自传作品——关于自我陈述方式的思考/杰尼特·嘉措著,杨毛措译《中国藏学》2012:4
3. 根敦群培诗词研究/唐纳德·小洛培兹、杜永彬《中国藏学》2012:S2
4. 现实主义传统的守望者——益希单增小说创作简析/刘雅君《西藏研究》2012:1
5. 藏族祝赞词/郎润芳、贾海娥《西藏研究》2012:1
6. 比喻:《伊利亚特》与《格萨尔》的共性修辞/罗文敏、郭郁烈《西藏研究》2012:2
7. 论《五卷书》与《萨迦格言》的关系/万么项杰《西藏研究》2012:4
8. 浅析清人咏藏诗释义中的问题/王宝红《西藏研究》2012:5
9. 小说不是无情物——2010年《西藏文学》(汉文版)刊发小说作品论析/魏春春《西藏研究》2012:6
10. 《萨迦格言》思想内涵及其民族教育价值初探/王毅、吴颖《西藏民族学院学报》(哲社版)2012:1
11. 简论藏族题材电影中"硬汉"形象的类型化特征/白晓霞《西藏民族学院学报》(哲社版)2012:1
12. 藏族当代汉语文学与藏族文化心理浅析/胡沛萍、于宏《西藏民族学院学报》(哲社版)2012:1
13. 《太平广记》中唐蕃交聘小说考/刘林晓《西藏民族学院学报》(哲社版)2012:3
14. 论藏族作家格央的小说创作/徐琴《西藏民族学院学报》(哲社版)2012:3
15. 藏族女性作家书写主体的构建/吕岩《西藏民族学院学报》(哲社版)2012:3

16. 简述藏族口述传统及其特点/白赛藏草《西藏民族学院学报》(哲社版)2012:4
17. 五世达赖的文献学贡献/刘凤强《西藏民族学院学报》(哲社版)2012:5
18. 以优秀的作品鼓舞人——《在延安文艺座谈会上的讲话》对西藏文艺创作的启示/曹水群、张大卫《西藏民族学院学报》(哲社版)2012:6
19. 《拾遗记》确为王嘉所作补证——兼论不同卷数版本的关系/张春红《西藏民族学院学报》(哲社版)2012:6
20. 译者与译文:斋林·旺多、于道泉、G. W. Houston 与《仓央嘉措诗歌》/索朗旺姆《西藏大学学报》(社科版)2012:3
21. 和瑛诗歌与西藏/孙文杰《西藏大学学报》(社科版)2012:4
22. 试论藏族《格萨尔》史诗对裕固族的影响/王军涛、王志华《西藏大学学报》(社科版)2012:4
23. 藏族小说审美价值探析/宋义霞《西藏大学学报》(社科版)2012:4
24. 藏族机智人物故事类型及其民俗文化解读/刘秋芝《西藏大学学报》(社科版)2012:4
25. 简析《格萨尔》蕴含的藏族游艺文化/杨才让塔《西藏艺术研究》2012:1
26. 20 世纪 90 年代以来西藏题材电视剧的文化书写/周根红《西藏艺术研究》2012:3
27. 影片《寻找智美更登》中的长镜头美学意蕴/张涛《西藏艺术研究》2012:4
28. 寺内与寺外:藏族题材电影《静静的嘛呢石》与《高山上的世界杯》对比分析/张吉会、陈尚才《西藏艺术研究》2012:4
29. 在人间的写作——品读白玛玉珍散文/普布昌居《西藏文学》2012:1
30. 《西藏文学》的文化人类学想象——一本杂志的文化研究/张美萍《西藏文学》2012:2
31. 还原一个真实的西藏——评小说《放生羊》/张阳、杨胜飞《西藏文学》2012:3
32. "藏二代",难舍难分的高原情——《梦中的西藏》序/李佳俊《西藏文学》2012:4
33. 新世纪《西藏文学》民族地区文学专辑论析/魏春春《西藏文学》2012:5
34. 如诗如歌如梦如幻——金书波《从象雄走来》读后感/沈开运《西藏文学》2012:6
35. 神游阿里梦回象雄——读金书波先生的《从象雄走来》有感/尼玛潘多《西藏文学》2012:6
36. 《萨迦格言》的当代教育价值/许可峰《西藏教育》2012:3

37. 论藏族格言诗在大学生人文知识和道德教育中的双重功能/桑杰措《西藏科技》2012:5
38. 格萨尔口头传承与民族文化保护/杨恩洪《青海社会科学》2012:1
39. 高原生态的发现者——论马丽华散文的文化意义/张晓琴《青海社会科学》2012:4
40.《格萨尔王传》传播媒介对藏民族崇拜心理的影响/索南措《青海社会科学》2012:5
41. 民族意蕴的抒写与女性意识的凸显——评藏族作家梅卓的长篇小说创作/徐琴《青海社会科学》2012:5
42. 自然意象与仓央嘉措《情歌》中的"味"/李清《青海民族大学学报》(社科版)2012:3
43.《西藏赋》民俗述考/李军、刘延琴《青海民族大学学报》(社科版)2012:4
44. 论尸语故事及吐蕃以"仲"司政/何峰《青海民族大学学报》(社科版)2012:4
45. 阿来小说语言文化心理透视/孔占芳《青海师范大学学报》(哲社版)2012:2
46. 格萨尔说唱艺人说唱音乐心理结构解析/郭晓虹《群文天地》2012:17
47.《格萨尔》史诗中的降生授记母题解析/然木尕《群文天地》2012:17
48. 中国史诗《格萨尔》发掘名世的回顾/贾芝《西北民族研究》2012:4
49. 论"以诗证史"的可能与必要——以吕温出使吐蕃间的诗歌为例/马海龙《西北民族大学学报》(哲社版)2012:2
50. 一个故事的3种说法:民族/历史叙事的弥合与分裂——藏族女作家梅卓小说论/王冰冰、白薇《西北民族大学学报》(哲社版)2012:3
51. 从叙事学角度解读《米拉日巴传》的文本和宗教思想/张童童《西北民族大学学报》(哲社版)2012:3
52.《格斯尔》史诗中佛教精神的建构——从"非此即彼"到共同建构/于静、王景迁《西北民族大学学报》(哲社版)2012:6
53.《蛮三旺》与格萨尔史诗/陈岗龙《西北民族大学学报》(哲社版)2012:6
54. 民族性与文学创作风格的塑造——论现当代少数民族文学创作风格的独特性/林瑞艳《西北民族大学学报》(哲社版)2012:6
55. 江淮移民的草原吟唱——甘南藏区民间叙事诗《麻娘娘的传说》产生原因及背景探析/王四四、宁文忠《西北民族大学学报》(哲社版)2012:6
56. 阿来的意义/杨艳伶《西北师大学报》(社科版)2012:2
57.《格萨尔王传》所见古代藏族社会的婚姻形态和习俗/郎润芳、贾海娥《西北

农林科技大学学报》(社科版)2012:2

58. 论藏族文学的起源性语境、叙事策略及模式——兼论几种文体辨析/王远明《四川民族学院学报》2012:3
59. 康巴藏族民间谜语的乡土性特征阐释/春燕《四川民族学院学报》2012:3
60. 甘孜藏族自治州旅游文学整理开发的必要性/邓建萍《四川民族学院学报》2012:4
61. 康巴藏族民间的人神婚恋故事类型研究/蒲华军《四川民族学院学报》2012:4
62. 《天问》是楚民族问歌体创世史诗——从藏族《世巴问答歌》看《天问》的文体性质/范卫平《中央民族大学学报(哲社版)》2012:5
63. 《艽野尘梦》:不该遗忘的历史传奇/田茂军、鲁明勇《长江大学学报》(社科版)2012:1
64. 《卡勒瓦拉》与《格萨尔王传》之比较研究/丹增诺布《内蒙古民族大学学报》(社科版)2012:3
65. 《格萨尔》与《玛纳斯》比较研究初探/扎西吉《伊犁师范学院学报》(社科版)2012:1
66. 《德拉姆》的影视人类学透视/马小燕《湖北民族学院学报》(哲社版)2012:1
67. 陇南白马藏族傩舞戏服饰艺术研究——白马藏族文学整理与研究之三/蒲向明《昆明理工大学学报》(社科版)2012:6
68. 珠牡形象与巫山神女形象的原型比较研究/宁兰芝《长江师范学院学报》2012:7
69. 凉山州尔苏藏族民歌特征研究/袁艳《西昌学院学报》(自然科学版)2012:1
70. 新世纪十年中国散文的西藏书写/王泉《井冈山大学学报 》(社科版)2012:1
71. 藏族史诗《格萨尔》的文化语境与翻译/梁艳君、刘英蘋、马慧芳《大连民族学院学报》2012:6
72. 藏族民间谚语中的民俗文化解读/春燕《辽宁教育行政学院学报》2012:2
73. 藏族汉语诗歌的民歌传统/高亚斌《暨南学报》(哲社版)2012:8
74. 仓央嘉措被认可的原因及其情歌分析/田秋菊《忻州师范学院学报》2012:4
75. 月光下的吟唱——评藏族作家白玛娜珍的散文集《西藏的月光》/徐琴《湖北民族学院学报》(哲社版)2012:1
76. 文化解读与史诗英译——以藏族英雄史诗《格萨尔》国外英文译本为研究中心/王景迁、蒋盼、于静《烟台大学学报》(哲社版) 2012:3
77. 甘南藏区汉语诗歌的审美意识/孙强《武陵学刊》2012:1

78. 生死不离的爱恋——“生虽不能聚，死后不分离”型故事汉藏比较/魏欣《华中师范大学研究生学报》2012:1
79. 民族志视野下的乡土叙事——阿来小说的文化解读/秦世琼《郑州航空工业管理学院学报》(社科版)2012:5
80. 对阿来及《尘埃落定》的解读/关秀丽《山西大同大学学报》(社科版)2012:6
81. 当代涉藏作家的西藏书写/杨青云《重庆科技学院学报》(社科版)2012:10
82. 伪自传构建的真实性陷阱——以洛桑然巴《第三只眼》的自传叙事为中心/韩小梅《延安大学学报》(社会科学版)2012:5
83. 论西藏说唱艺术《格萨尔王传》的音乐史价值/贾婕《合肥师范学院学报》2012:1
84. 卓尼藏族民歌与其民俗事象透视/卢红娟《剑南文学》(经典教苑)2012:2
85. 藏文化对藏文学的影响——以《格萨尔王》为例/洛松泽仁《剑南文学》(经典教苑)2012:4
86. 藏族作家扎西达娃《系在皮绳扣上的魂》/李璐言《剑南文学》(经典教苑)2012:5
87. 寻找“香巴拉”，迷惘生存中的审美——浅析藏族作家扎西达娃《系在皮绳扣上的魂》/李璐言《剑南文学》(经典教苑)2012:5
88. 儿童文学中的甘南印象——浅论以益希卓玛作品为主的甘南儿童文学创作/梁敏《剑南文学》(经典教苑)2012:9
89. 历史·孤独——《百年孤独》与《尘埃落定》之比较/赵德娟《剑南文学》(经典教苑)2012:9
90. 论吉卜林小说《基姆》中西藏形象的建构/韩小梅《名作欣赏》2012:24
91. 想象的西藏传奇:16世纪之前西方文学中的西藏叙事/韩小梅《名作欣赏》2012:26
92. 灵魂的栖居与守护——藏族作家白玛娜珍的散文创作/徐琴《名作欣赏》2012:28
93. 送金城公主入蕃和亲应制诗略论/戴金波《名作欣赏》2012:29
94. 世间安得双全法，不负如来不负卿——六世达赖仓央嘉措和他的情歌/张瑞芳《名作欣赏》2012:32
95. 再解读《尘埃落定》中女性形象的意义/尚美姝《名作欣赏》2012:32
96. 神秘的追逐——浅谈《系在皮绳扣上的魂》的魔幻现实主义手法/刘执敏《名作欣赏》2012:35

97. 传承与重生:当代藏族题材影视剧的民族文化追求——以甘肃藏族题材影视剧为例/张茜、王志荣《民族艺术研究》2012:6
98. 戏剧发生学:格萨尔戏剧人类学研究之个案/曹娅丽《民族艺术研究》2012:6
99. 阿来的意义/梁海《文艺评论》2012:1
100. 卑微灵魂的精神向往——读阿来的《行刑人尔依》/王妍《文艺评论》2012:1
101. 艰难的"超越"——论阿来《空山》史诗叙事的诠释与建构/王玉春《文艺评论》2012:1
102. 精神原乡的灵魂叙事——读阿来的长篇小说《空山》/高小弘《文艺评论》2012:1
103. 论次仁罗布的小说创作/徐琴《小说评论》2012:5
104. 浅析《尘埃落定》中比喻喻体的选择/刘耀辉《小说评论》2012:S1
105. 经典形象的民族差异性——汉藏"灰姑娘"形象比较研究/林继富、向君旭《民族文学研究》2012:3
106. 唐人出使吐蕃的诗史——论吕温使蕃诗/余恕诚、郑传锐《民族文学研究》2012:4
107. 民族叙事中的现实感与时代感——论龙仁青的近期小说创作/段怀清《民族文学研究》2012:5
108. 阿来长篇小说十年研究综述/吕学琴《当代文坛》2012:4
109. 高原上的坚守——多元文化冲突中的阿来和《格萨尔王》/黄立、赵嘉《当代文坛》2012:4
110. 藏汉文化交融的精神指证——阿来诗歌论/张德明《当代文坛》2012:4
111. 纪录片《西藏一年》的说服策略阐释/高峰、赵建国、张海珍《当代电视》2012:2
112. 涉藏纪录片的转型策略探讨——以《西藏一年》为例/张舵《东南传播》2012:8
113. 中国当代电影的西藏想象/王泉《东南传播》2012:10
114. 《米拉日巴传》的三种汉译本及其研究述评/宋珂君《明清小说研究》2012:2
115. 白马藏族民间文学艺术的文化语境与当代变迁/刘吉平、蒲向明《文化艺术研究》2012:4
116. 论民俗文化在《尘埃落定》创作中的重要意义/杨华轲《时代文学》(上半月)2012:4

117. 如今,我们如何言说西藏?——穆戈《藏漂》读后感/郭克范《美与时代》(下旬)2012:6
118. 论修辞手法在西南地区少数民族民歌中的运用——以藏、羌、彝、苗族民歌为例/周兰《美与时代》(下旬)2012:7
119. 新时期以来汉族小说家的藏地想象/杨艳伶《贵州民族研究》2012:3
120. 海外汉学视域下的《格萨尔》史诗翻译/王治国《山东外语教学》2012:3
121. “行走”构建的社会记忆——从故事的讲述人“仲肯”与“荷马”谈起/陈光霓《科教文汇》(上旬刊)2012:9
122. 《三边赋》之《西藏赋》论略/李军《船山学刊》2012:4
123. 《格萨尔》史诗中的生态文化及其现代转换/王景迁、于静《管子学刊》2012:2
124. 20世纪八九十年代中国报告文学的西藏书写/王泉《扬子江评论》2012:5
125. 二十世纪西方文学中西藏形象的政治化书写/韩小梅《中国文化研究》2012:3
126. 中西方文学史诗英雄主义精神比较研究——以《贝奥武甫》和《格萨尔王传》为例/刘婵娟《经济研究导刊》2012:23
127. 丹巴嘉绒藏族民歌的种类及基本特征/江影《大舞台》2012:11
128. 尔苏藏族民歌研究/马毅、包天天《音乐时空》(理论版)2012:2
129. 论英国文学中西藏神秘形象的建构——以《第三只眼睛》为中心/韩小梅、马绍英《中国比较文学》2012:3
130. 阿来文学年谱/梁海《东吴学术》2012:6
131. 阿来关于藏族的叙事与生存/吴道毅《中国民族》2012:1
132. 岭噶尔赛马称王与格萨尔王登基台/角巴东主《中国土族》2012:1
133. 往事不落叶,藏地留真情——评影片《西藏往事》/郭茂全《电影评介》2012:2
134. 虔诚的使者——浅析电影《德拉姆》反映的信仰民俗/祁永霞《电影评介》2012:12
135. 从《西藏一年》看中国纪录片的发展方向/马伟海《新闻世界》2012:2
136. 纪录片《德拉姆》中的藏文化/冯晓婷《新闻世界》2012:8
137. 浅谈《格萨尔》史诗中的神话现象/德毛吉《科教导刊》(中旬刊)2012:1
138. 格萨尔与世界史诗对话/朱羿《中国社会科学报》2012年7月20日
139. 藏族文学母语创作若干现象的思考/戈明《青海日报》2012年7月20日
140. 藏族当代母语文学在青海的发展轨迹/东主才让《青海日报》2012年7月

20 日
141. 康巴小说的血性与温情/刘火《文艺报》2012 年 12 月 5 日
142. 清末西藏抗英战争的歌谣/顾浙秦《西部时报》2012 年 12 月 7 日

十、艺术

1. 扎西德勒·吉祥西藏——解读人民大会堂壁画《扎西德勒图——欢乐的藏历年》/吴文茹、叶星生《中国西藏》2012: 1
2. 西藏经卷插图艺术/翟跃飞《中国西藏》2012: 4
3. 噶玛噶孜画派唐卡中汉地青绿山水技艺特点/康·格桑益希《中国西藏》2012: 4
4. 从仪式到艺术:以“雄”为核心的阿吉拉姆/桑吉东智《中国藏学》2012: 2
5. 西藏山南贡嘎寺主殿集会大殿《如意藤》壁画初探/熊文彬、哈比布、夏格旺堆《中国藏学》2012: 2
6. “女千总内附”壁画的发现与初步研究/李钢《中国藏学》2012: 4
7. 国外西藏艺术研究新进展述评:综合艺术篇/罗易扉《西藏研究》2012: 3
8. 十三世达赖喇嘛时中原传统艺术对西藏吉祥图案的影响——以罗布林卡金色颇章和格桑德吉颇章为例/边巴琼达《西藏研究》2012: 4
9. 夏鲁寺:后弘期藏传佛教美术多元性的典型/贾玉平、杨清凡《西藏研究》2012: 5
10. 炳灵寺第 3 窟石塔壁画创作背景及内涵探析/王玲秀《西藏研究》2012: 5
11. 从《礼佛图》中赏析古格时服饰特点/其美卓嘎《西藏艺术研究》2012: 1
12. 巴塘弦子歌舞/格桑曲杰《西藏艺术研究》2012: 1
13. 巴塘藏族民间“谐舞”的传承形式研究/康·格桑益希《西藏艺术研究》2012: 1
14. 毕旺简述/觉嘎《西藏艺术研究》2012: 1
15. 回归与创新:试析舞蹈“热萨玛”及其他/桑吉东智《西藏艺术研究》2012: 1
16. 传统“热巴铃鼓组舞”表演的基本程序/欧米加参《西藏艺术研究》2012: 1
17. 阿坝州藏族祥巴艺术保护利用的价值及路径/庄春辉、庄宗源《西藏艺术研究》2012: 1
18. 解析热巴舞音乐中的本教文化特质及衍化、发展/格桑曲杰《西藏艺术研究》2012: 1

19. 关于儿童舞蹈美学特征的思考/格桑吾珠、多吉卓嘎《西藏艺术研究》2012:2
20. 西藏堆谐在四川康区的传播与演变/田联韬《西藏艺术研究》2012:2
21. 浅析吹管乐器“竹笛”的教学/加拉《西藏艺术研究》2012:2
22. 热贡“羌姆”面具艺术浅识——以热贡隆务寺为例/多吉项毛《西藏艺术研究》2012:3
23. 探析藏东热巴歌舞与本教文化之关系/拉巴卓玛《西藏艺术研究》2012:2
24. 望果节上的“百”演唱/格桑曲杰《西藏艺术研究》2012:2
25. 错那县勒乡门巴族民间音乐探析/章小燕《西藏艺术研究》2012:2
26. 迪庆塔城热巴考察/邓虹《西藏艺术研究》2012:2
27. “四臂观音”唐卡浅析/才让卓玛《西藏艺术研究》2012:2、《学理论》2012:11
28. 从囊玛歌曲“阿妈勒霍”的原型歌看其“囊玛”音乐的流传与演变过程/格桑曲杰《西藏艺术研究》2012:3
29. 四川阿坝州风格迥异的藏族民间歌曲/马成富《西藏艺术研究》2012:3
30. 西藏吉隆县它日普岩画初探/赤培·巴桑次仁、桑果《西藏艺术研究》2012:3
31. 阿里底雅宣歌舞/格桑曲杰《西藏艺术研究》2012:3
32. 浅议为什么西藏当下不少歌舞无法超越上世纪五六十年代创作的优秀作品/丹增贡布《西藏艺术研究》2012:3
33. 解析藏族传统声乐的技法渊源及特点/旦增达娃《西藏艺术研究》2012:3
34. 藏戏面具前后的两种对话/杨文灿《西藏艺术研究》2012:3
35. 大鹏金翅鸟造像的形成与流变/褚丽《西藏艺术研究》2012:4
36. 论扎塘寺早期壁画艺术风格/白日·洛桑扎西《西藏研究》2012:6
37. 试论西藏民族声乐艺术的特性/央金卓嘎《西藏艺术研究》2012:4
38. 略论藏传佛教唐卡艺术的流派及其题材和种类/华热·索南才让《西藏艺术研究》2012:4
39. 藏传佛教觉囊派唐卡画一组/庄春辉《西藏艺术研究》2012:4
40. 藏戏舞蹈动作简述/玉珍《西藏艺术研究》2012:4
41. 浅析林芝“米那羌姆”/次仁卓玛《西藏艺术研究》2012:4
42. 改革开放以来西藏音乐事业的发展特点/米玛洛桑、洛桑曲尼《西藏大学学报》(社科版)2012:1
43. 论巴塘“谐”的舞蹈语言与审美特征/格桑梅朵《西藏大学学报》(社科版)2012:2
44. 试论汉藏声乐艺术发展中的和而不同/蔡钊、叶姿含《西藏大学学报》(社科

版)2012:2

45. 试论藏族舞蹈的屈伸颤动韵律/华毛措《西藏大学学报》(社科版)2012:2
46. 早期觉木隆藏戏团及其著名戏师历史回顾/加拉《西藏大学学报》(社科版)2012:2
47. 聂塘寺早期彩塑造像风格讨论/白日·洛桑扎西《西藏大学学报》(社科版)2012:3
48. 西藏杂技艺术产生与发展探讨/丁玲辉、阿旺晋美《西藏大学学报》(社科版)2012:3
49. 古羌乐舞初考/逯克胜《西藏大学学报》(社科版)2012:4
50. 简论藏族传统金属雕刻艺术及其工艺/白日·洛桑扎西《西藏民族学院学报》(哲社版)2012:5
51. 行走在知识产权之外的藏戏艺术——兼论民族地区文艺作品的知识产权构建/张林《西藏民族学院学报》(哲社版)2012:6
52. 西藏民间歌舞/维色露珠《西藏文学》2012:2
53. 西藏传统藏戏/维色露珠《西藏文学》2012:3
54. 浅论藏族声乐艺术的审美特征/钟韦怡《西藏教育》2012:11
55. 浅谈当代藏族美术生态现状/曹梦《西藏科技》2012:9
56. 西藏藏戏中的非言语符号传播方式/彭敏《西藏发展论坛》2012:3
57. 浅析布达拉宫响铜殿部分金桐像的艺术风格/德吉《邦锦梅朵》2012:1
58. 青海黄南同仁地区建筑门饰雕刻艺术审美探析/杨桂香《青海民族研究》2012:2
59. 陇南白马人傩舞戏面具特色论/蒲向明《青海民族大学学报》(社科版)2012:3
60. 青海玉树藏族民歌音乐特点研究/应秀文《青海民族大学学报》(社科版)2012:3
61. 试析河湟"花儿"语言中蕴涵的民俗文化现象/孔祥馥《青海民族大学学报》(社科版)2012:3
62. 传承与超越——藏传佛教美术的当代发展/土旦才让《青海师范大学民族师范学院学报》2012:1
63. 阿吉拉姆藏戏的宗教学思考/朵札·格桑德吉《西北民族大学学报》(哲社版)2012:3
64. 广场藏戏的舞美特征刍议/刘传军《西北民族大学学报》(哲社版)2012:6

65. 玉树藏族民间歌舞艺术初探/部鹏《西北成人教育学报》2012：1
66. 藏族舞蹈的审美艺术特点/春梅《群文天地》2012：13
67. 传承与裂变：藏族锅庄的文化分野/旦周措毛《群文天地》2012：17
68. 历代曼唐派传承人在热贡艺术发展中的历史地位/李毛措《群文天地》2012：19
69. 论生生不息的西藏民间艺术“擦擦”/刘峻、郑钰《兰州教育学院学报》2012：2
70. 分歧与弥合：藏戏剧种、流派研究的综述与反思/桑吉东智《四川民族学院学报》2012：1
71. 康定情歌是如何可能的——康定情歌的原生态与衍生态/王广瑞《四川民族学院学报》2012：2
72. 藏族仪式剧与宗教祭祀仪式之关系——安多地区藏族“米拉羌姆”仪式戏剧分析/曹亚丽《四川戏剧》2012：3
73. 藏族弦子——环境、时代因素下的跨文化艺术语言/穆兰《西南民族大学学报》(人文社科版)2012：9
74. “康定锅庄”的由来及演变/郭昌平《贡嘎山》2012：1
75. 风格是音乐的生命——兼评2011全国藏族风格歌曲征集评选作品/何晓兵《云南艺术学院学报》2012：3
76. 西方学者藏人音乐研究举要/杨晓《中央音乐学院学报》2012：1
77. 论低音审美——以藏族同钦声响为例/吕钰秀、陈子平《中央音乐学院学报》2012：1
78. 西藏佛教音乐文化跨地域、跨民族的传播与流变/格桑曲杰《中央音乐学院学报》2012：2
79. 藏族“拉伊”曲调的变异性之微观研究/银卓玛《中央音乐学院学报》2012：2
80. 云南迪庆塔城热巴艺术考察/邓虹《中央音乐学院学报》2012：3
81. 藏族传统乐器哔旺考察研究/觉嘎《中央音乐学院学报》2012：4
82. 松赞林寺“迎佛节”仪式音乐考察/申波《内蒙古大学艺术学院学报》2012：2
83. 独具特色的川西北藏羌戏剧文化遗产/李祥林《内蒙古大学艺术学院学报》2012：2
84. 锅庄舞在全民健身运动中经济因素/牛金花《佳木斯教育学院学报》2012：4
85. 佛教文化影响下的藏族卓舞艺术/贾雪《佳木斯教育学院学报》2012：9
86. “非物质文化遗产保护”视野下藏族音乐艺术的保护与传承/钦媛《湖北科技

学院学报》2012:10

87. 青海藏族石刻艺术的现代流变/宋卫哲《湖北第二师范学院学报》2012:11
88. 民族院校音乐欣赏教学启示 ——保护、传承与发展甘孜藏族自治州原生态音乐艺术/王博《湖北函授大学学报》2012:8
89. 唐卡艺术中的青绿山水研究(之一)——浅谈唐卡艺术中融合青绿山水画的必然性/蒋高军《赤峰学院学报》(哲社版)2012:1
90. 浅谈藏族舞蹈的主要表演形式/肖灿《赤峰学院学报》(哲社版)2012:5
91. “白玉藏刀”造型与装饰研究/王万宏《艺术生活—福州大学厦门工艺美术学院学报》2012:2
92. 川西甘孜藏族民间歌舞“丹巴锅庄”述略/周翔飞《绵阳师范学院学报》2012:1
93. 白马藏族“池哥昼”傩舞艺术形态研究/张益琴《甘肃高师学报》2012:4
94. 白马藏族“池哥昼”傩祭祀音乐的地域文化特性研究/张益琴《新疆艺术学院学报》2012:4
95. 陇南白马藏族“池哥昼”傩面具色彩文化成因探析/豆海红《广西师范学院学报》(哲社版)2012:4
96. 嘎玛藏族首饰的技艺特色/张卫峰《广东海洋大学学报》2012:5
97. 试论巴塘藏族弦子歌舞的文化审美/李征《南昌教育学院学报》2012:3
98. 试论藏族歌舞形成和发展的原因与特点风格/车宝鼐《工会论坛》(山东省工会管理干部学院学报)2012:5
99. 试论藏族舞蹈在民族民间舞教学中的训练价值/杜鹏《北京舞蹈学院学报》2012:1
100. 谈藏族舞蹈风格特点及其在表演中的把握/毛珊珊《开封教育学院学报》2012:2
101. 锅庄文化与休闲体育的关系考察/张冰松《大理学院学报》2012:4
102. 歌的天堂,舞的海洋——嘉绒锅庄探微/廖华《吉林广播电视大学学报》2012:9
103. 藏族风情的交响化素描——王建元音诗《藏风》解析/赵柯丽、王安潮《南京艺术学院学报》(音乐与表演版)2012:4
104. 藏族踢踏舞及其教学浅探/樊冰《山东省农业管理干部学院学报》2012:2
105. 西藏铜佛像传统制作工艺调查/袁凯铮、李晓岑、叶星生《江西理工大学学报》2012:4

106. 唐卡艺术中的青绿山水研究(之二)——浅析青绿山水融入唐卡艺术中的意义/蒋高军《赤峰学院学报》(哲社版)2012:5
107. 藏族祥巴木刻的制作及艺术特点/孙涛《大舞台》2012:4
108. 康巴藏族与嘉绒藏族民歌艺术初探/陈然、王强《大舞台》2012:8
109. 试论白马藏族民俗文化传承——以歌舞剧《新娘鸟》为例/郑晓光《大舞台》2012:10
110. 尔苏藏族民歌研究/马毅、包天天《音乐时空》(理论版) 2012:2
111. 浅析藏族舞蹈的审美特征/黄娜《音乐时空》(理论版)2012:4
112. 藏族宫廷音乐——噶尔乐舞艺术特征简述/张静《音乐时空》(理论版)2012:5
113. 从考古学看西藏音乐史研究/欧阳佳丽《音乐时空》(理论版)2012:8
114. 巴塘弦子的音乐舞蹈初步研究(上、下)/李飞《音乐时空》(理论版)2012:10—11
115. 拉孜堆谐考察记——访藏族民间艺术家皮吉拉巴先生/史贝贝《音乐时空》(理论版)2012:10
116. 音乐学术,西方与东方:藏人音乐作为个案研究/吴犇、杨晓《音乐探索》2012:1
117. 藏族巴塘弦子音乐考察研究/田联韬《中国音乐》2012:1
118. 试论藏传佛教寺院羌姆所蕴含的生态文化/王锦峰《中国音乐》2012:3
119. 浅析刘聪藏族民歌《梦中的卓玛》的创作特点/吕丽《大众文艺》2012:1
120. 浅谈藏族民间歌舞音乐的种类及其特征/樊琪《大众文艺》2012:1
121. 论扎年琴的起源/高源《大众文艺》2012:4
122. 屈伸彰显风格——浅析几种民间舞的膝部屈伸形式/杨冬《大众文艺》2012:18
123. 藏文书法艺术对汉字字体设计的影响/张文涛《大众文艺》2012:19
124. 体育舞蹈融入西藏传统锅庄探析/陈磊、徐峰《大众文艺》2012:20
125. 歌曲《天路》的艺术特色及其演唱初探/金子琦《大众文艺》2012:21
126. 浅谈藏族流行音乐的创新和发展/格桑顿珠《民族音乐》2012:2
127. 藏族传统演唱与现代民族声乐根源浅析/鲁茸定主《民族音乐》2012:2
128. 建塘锅庄的音乐特征/李斌《民族音乐》2012:4
129. 关于藏族传统美术审美的研究/管红江《美术教育研究》2012:8
130. 浅谈油画创作中的藏族题材/邢霄《美术教育研究》2012:8

131. 拉萨藏式民居“椽头”装饰的艺术表现形式及其特征/王琳《美术教育研究》2012:13
132. 浅析西藏传统壁画的制作技法/王小维《美术教育研究》2012:23
133. 吐蕃时期敦煌石窟壁画中的屏障画探究/邱忠鸣《民族艺术》2012:1
134. 从缂丝唐卡《贡塘喇嘛相像》看汉藏艺术交流崔之进/王廷信《民族艺术》2012:3
135. 白马藏族“池哥昼”傩音乐要素研究/张益琴《民族艺术研究》2012:3
136. 藏传佛教诵经音乐研究/田联韬《民族艺术研究》2012:1
137. 藏、蒙民歌的演唱处理与教学实践/施启龙《艺海》2012:5
138. 从藏戏中思索舞蹈的发展/许晓云《艺海》2012:7
139. 甘孜藏区传统音乐现状及其传承的思路/苏俊《黄河之声》2012:3
140. 和叶社稷如一统 融熙情谊如一家——赏《西藏春天》大型民族音乐会/鲁哲《人民音乐》2012:8
141. 藏戏剧种分类研究/田联韬《歌海》2012:2
142. 四川藏族土陶技艺现状/詹小英《中国艺术》2012:1
143. 西藏夏鲁寺古典岩彩壁画多元艺术风格的分析与探讨/吴文娟《中国艺术》2012:2
144. 对唐卡艺术的解读/何鸿《艺术市场》2012:3
145. 西藏阿里古格佛教壁画中的人体艺术/周菁葆《艺术百家》2012:2
146. 唐卡艺术中的青绿山水研究——传统青绿山水与唐卡中青绿山水比较/蒋高军《美与时代(下)》2012:1
147. 重构与共生:从《降伏逆缘图》看藏族传统图案的象征性/张竞成《文艺研究》2012:11
148. 藏族题材影视作品中的民俗文化解析/王春丽《电影评介》2012:18
149. 囊玛吉度历史的探讨和演变/孙洪斌《四川戏剧》2012:3
150. 雍和宫藏族官式彩画装饰纹样及搭配运用/吴凤英、刘亚兰《美与时代》(上)2012:10
151. 甘肃馆藏佛教造像调查与研究(之一)/文静、魏文斌《敦煌研究》2012:4
152. 敦煌早期洞窟佛像的卍字相与如来心相/雷蕾、王惠民《敦煌研究》2012:4
153. 锅庄舞的历史渊源及现状/杨春艳《兰台世界》2012:36
154. 敦煌石窟绘画与唐卡绘画艺术的比较/卜云《兰台世界》2012:19
155. 瑞宝阁藏金铜佛像研究(六)——西藏风格造像(14—18 世纪)(上)/邢继

柱《收藏家》2012:1

156. 瑞宝阁藏金铜佛像研究(七)——明代永宣宫廷风格造像(15 世纪)/邢继柱《收藏家》2012:3

157. 瑞宝阁藏金铜佛像研究(八)——清代康熙宫廷风格造像(17—18 世纪)/邢继柱《收藏》2012:4

158. 瑞宝阁藏金铜佛像研究(九)——清代乾隆宫廷风格六品佛楼造像(18 世纪)/邢继柱《收藏家》2012:5

159. 瑞宝阁藏金铜佛像研究(十)——清代喀尔喀蒙古风格造像(17—18 世纪)/邢继柱《收藏家》2012:6

160. 瑞宝阁藏金铜佛像研究(十一)——清代北京及其周边地区风格造像(17—19 世纪)(上、下)/邢继柱《收藏家》2012:7—8

161. 德行方寸间——云南省博物馆藏噶举派祖师造像/熊燕《收藏家》2012:10

162. 藏传佛教美术风格问题的反思——以西藏夏鲁寺美术为例/贾玉平《贵州民族研究》2012:2

163. 西藏艺术瑰宝艺术市场新宠——唐卡的艺术及收藏价值/水天《东方收藏》2012:4

164. 古朴华贵之美——元朝藏西风格佛造像/刘坤澎《东方收藏》2012:11

165. 浅析巴塘藏族弦子歌舞的大众精神/李征《才智》2012:5

166. 藏族祭祀文化与藏族舞蹈的关系/张冬《才智》2009:16

167. 安多楠木特藏戏舞美艺术特色探析/尹德锦、李延浩《才智》2012:19

168. 建塘锅庄舞/李斌、杨志刚《今日民族》2012:10

169. 族群与信仰边界的漂移——20 世纪 20—70 年代藏汉摄影家的藏区摄影/邓启耀《文艺研究》2012:10

170. 西藏“俊巴渔村”孤独的牛皮船舞/哑河《新产经》2012:10

171. 论中原绘画对藏传唐卡艺术的影响/陈刚《文学教育》(下)2012:11

172. 论藏族舞蹈的审美特征及创新发展/任雪娇《改革与开放》2012:6

173. 八邦寺《噶举金鬘》唐卡组画艺术风格研究/赖菲《艺术科技》2012:3

174. 从陕西历史博物馆藏金铜佛像看藏传佛教艺术/张晓艳《文博》2012:2

175. 陇南白马藏族美术文化概论/余永红《文化学刊》2012:6

176. 谈藏族锅庄舞在健美操教学中的运用/张红霞、范影影《体育世界》(学术版)2012:10

177. 略论 17 世纪西藏宫廷卡尔音乐与西方宫廷音乐的宗教背景/欧阳佳丽《科

技风》2012:20

178. 藏戏与佤族清戏之比较/卿雪华《戏剧文学》2012:5

179. 藏族传统音乐文化研究的又一力作——王华著《西藏热巴音乐文化研究》述评/文海良《人民音乐》2012:11

180. 藏族锅庄健身研究/冯建强、张冰松、许万林《体育文化导刊》2012:10

181. 藏族锅庄舞的源流与特征研究/陈秀莲《陕西教育》(高教版)2012:9

182. 舞剧《英雄格萨尔》:攀登藏族题材艺术新高峰/郑荣健《中国艺术报》2012年2月27日

183. 西藏阿里千年古格宣舞亟待抢救/彭茜、郭雅茹《西部时报》2012年6月5日

184. 藏地音乐:待“明天会更好”/王斯敏、尕玛多吉、王力可《光明日报》2012年9月4日

185. 湘巴藏戏/简默《中华读书报》2012年12月12日

十一、语言文字

1. 论西藏居民普通话使用的社会影响因素/李永斌《中国藏学》2012:2

2. 近十年来我国汉藏语比较研究的特点及意义/尹蔚彬《中国藏学》2012:2

3. 卫藏方言与安多方言语音分析/更登磋《西藏研究》2012:5

4. 论大学校训的翻译——以西藏民族学院校训翻译为例/郭彧斌、赵家红《西藏民族学院学报》(哲社版)2012:2

5. 论西藏媒体语言对汉藏双语使用的影响/李永斌《西藏民族学院学报》(哲社版)2012:3

6. 山口瑞凤及其藏文语法三部曲/李学竹《西藏民族学院学报》(哲社版)2012:4

7. 从文化和认知视角看西北藏区汉语方言——以甘肃省甘南藏族自治州临潭县方言为例/牛军/王鹿鸣《西藏民族学院学报》(哲社版)2012:6

8. 从藏语格标记看结构语言学的局限性/王志敬《西藏大学学报》(社科版)2012:1

9. 莫道桑榆晚 微霞尚满天——访藏族著名翻译家斋林· 旺多先生/罗爱军、土旦达娃《西藏大学学报》(社科版)2012:1

10. 藏语北路康方言元音变迁——以德格话元音变迁为例/邓戈《西藏大学学报》(社科版)2012:2

11. 基于虚词切分的藏文分词系统的设计与实现/赵栋材《西藏大学学报》(自然科学版) 2012:2
12. 对少数民族语文翻译人才队伍建设的几点思考/李建辉《西藏大学学报》(社科版)2012:4
13. 藏语语音合成中语料数据标注规则的设计/曲珍春燕《西藏大学学报》(自然科学版)2012:1
14. 浅析藏汉文学翻译中的疑难问题/旦正多杰《西藏文艺》2012:3
15. 浅谈西藏公示语汉英翻译存在的问题及对策——以拉萨为例/谭益兰《西藏科技》2012:6
16. 试析桑耶译经院对西藏翻译事业的贡献/格桑更堆《西藏科技》2012:9
17. 面向藏语自然语言处理的藏语语言资源建设/赵栋材《西藏科技》2012:9
18. 吐蕃时藏汉语接触的途径/陈荣泽《青海民族研究》2012:1
19. 溪母字与见母字读音混同现象考析——以敦煌汉藏对音资料为例/史淑琴、杨富学《青海民族研究》2012:4
20. 藏语安多语区汉语普通话中介语声调偏误研究/吴用《青海民族大学学报》(社科版)2012:2
21. 话语结构与汉藏翻译/德吉措《青海民族大学学报》(教育版)2012:6
22. 北京藏族知识分子城市社区语言调查/刘宏宇、李琰《西北民族大学学报》(哲社版)2012:3
23. 试析汉藏比较对上古音研究的价值/崔金明《西北民族大学学报》(哲社版)2012:4
24. 基于语料库的藏语形容词统计研究/马拉毛草、祁坤钰《西北民族大学学报》(哲社版)2012:6
25. 藏语夏河话复辅音音节唇位分析/张冬旭、丁丽娟、李永宏《西北民族大学学报》(自然科学版)2012:2
26. 面向信息处理的藏语虚词知识库构建研究/才让、三智多拉《西北民族大学学报》(自然科学版)2012:2
27. 藏语夏河话唇位研究/郑文思、单广荣、张冬旭《西北民族大学学报》(自然科学版)2012:3
28. 基于语料库的藏语名词分类与统计研究/祁坤钰《西北民族大学学报》(自然科学版)2012:3
29. 藏羌文化走廊上的鱼通话研究——语音结构的分析和描写/李春梅《四川民

族学院学报》2012:4

30. 特色语料库:藏区外宣翻译人才能力培养的新视角/黄信《四川民族学院学报》2012:5
31. 藏英数词及其文化内涵/甲满《西南民族大学学报》(人文社科版)2012:S1
32. 东巴文藏语音字研究/和继全《西南民族大学学报》(人文社科版)2012:5
33. 白马语研究综述/黄成龙《阿坝师范高等专科学校学报》2012:4
34. 书面藏语的小称/邵明园《语言科学》2012:3
35. 《敦煌本吐蕃历史文书·赞普传记》汉译本散文部分的若干翻译问题/加羊达杰《民族翻译》2012:3
36. 云南山区多民族杂居村落的语言接触/刘青《昆明学院学报》2012:4
37. 从语言词汇看白马藏族的农耕文化特征/魏琳《广西民族师范学院学报》2012:1
38. 甘孜州旅游景点英语翻译问题探析及应对策略/李松暘、向程、张丽、何彬源《湖北函授大学学报》2012:3
39. 藏缅语处所助词的性质差异/王跟国《中央民族大学学报》(哲社版)2012:3
40. 藏语存在动词的地理分布调查/仁增旺姆《中央民族大学学报》(哲社版)2012:6
41. 藏语/维吾尔语语言资源监测关键技术研究与示范应用——中央民族大学信息工程学院/《中央民族大学学报》(自然科学版)2012:3
42. 《米拉日巴传》的三种汉译本及其研究述评/宋珂君《明清小说研究》2012:2
43. 汉藏语声调的特色/郭锦桴《汉字文化》2012:4
44. 浅谈藏族汉语普通话的习得——以香格里拉县建塘镇诺西村为例/张梅《文学界》(理论版)2012:2
45. 浅谈翻译在藏族文化发展中的地位/扎白《才智》2010:8
46. 试论藏语共同语的确立与推广/扎西降泽《北方文学》(下半月)》2012:10
47. 康巴藏区民俗风情的旅游资料翻译策略——以康巴歌舞专有名词英译为例/李鉴、曹容《北方文学》(下半月)2012:8
48. 汉藏新闻翻译/华旦《中国传媒科技》2012:12
49. 安多藏语双音节词音高模式/段海凤、刘岩《大众文艺》2012:3
50. 浅析西藏佛教景点旅游文本的英译——以德国功能主义理论为视角/罗媛媛《学理论》2012:20
51. 浅析两首仓央嘉措诗歌的法语翻译/柏云飞《法国研究》2012:3

52. 珠穆朗玛峰的命名及英译/连真然《中国科技术语》2012:4
53. 做好藏语影视节目译制工作的几点经验/周海请《广播电视信息》2012:7
54. 藏汉民族的文化差异对翻译的影响/尼玛卓玛《文学教育》(中)2012:7
55. 藏语拉萨话大词表连续语音识别声学模型研究/李冠宇、孟猛《计算机工程》2012:5

十二、科技

1. 西藏拉萨市市区生活垃圾物理特性分析/旦增布多《西藏大学学报》(自然科学版)2012:1
2. 羊卓雍措流域在1971年至2009年间的气候变化特征分析/拉巴卓玛、次珍、拉巴等《西藏大学学报》(自然科学版)2012:1
3. 纳木措水体中辐射衰减特性的初步研究/次仁、尼玛卓嘎《西藏大学学报》(自然科学版) 2012:1
4. 藏文文本分词赋码一体化研究/扎西加、高定国《西藏大学学报》(自然科学版)2012:1
5. 藏文信息处理教材建设的几点思考/群诺《西藏大学学报》(自然科学版)2012:1
6. 西藏宇宙线实验的回顾与展望/单增罗布、陈天禄《西藏大学学报》(自然科学版)2012:2
7. 西藏拉萨温棚蔬菜基地土壤营养元素含量的初步研究/德吉平措《西藏大学学报》(自然科学版)2012:2
8. 藏语句子边界识别方法/马伟珍、完么扎西、尼玛扎西《西藏大学学报》(自然科学版)2012:2
9. 青藏高原内部地震活动研究/次仁《西藏大学学报》(自然科学版)2012:2
10. 现代藏文文本校对设计方案研究/刘文香《西藏大学学报》(自然科学版)2012:2
11. 基于Flash的藏文字母打字游戏的设计与实现/卓嘎、边巴旺堆、次仁尼玛《西藏大学学报》(自然科学版)2012:2
12. 2009/2010年初夏拉萨干旱成因及影响分析/次珍、潘多、丹增克珠《西藏大学学报》(自然科学版)2012:2
13. 刍议藏族传统天文历算的现代化/傅千吉《西藏大学学报》(社科版)2012:4

14. 那曲地区西部2010年夏旱成因分析/洛桑卓玛、巴旦卓玛、索朗塔杰等《西藏科技》2012: 1
15. 试提一种新的藏文音节字排序模型/才华、普布卓玛《西藏科技》2012: 1
16. 曲水县麦类作物高产创建综合措施浅析/尼玛次仁《西藏科技》2012: 1
17. 一种改进的藏文分词交集型歧义消解方法/羊毛卓玛、欧珠《西藏科技》2012: 1
18. 拉萨东部山地半湿润气候下限植被指示特征的探讨/黄健文、雪梅、土艳丽《西藏科技》2012: 1
19. 拉萨市更低土壤有效磷跟现状及变化分析/胡俊、陈初红《西藏科技》2012: 2
20. 阿里地区防雷工程施工常见问题及解决办法/唐富安《西藏科技》2012: 2
21. 西藏草本花卉穴盘育苗技术研究初探/潘瑛子、古桑德吉等《西藏科技》2012: 2
22. 藏文分词系统中紧缩格识别和藏字复原的算法研究/巴桑杰布、羊毛卓玛、欧珠《西藏科技》2012: 2
23. 西藏地区2011年汛天气气候分析及气象服务情况/仓决、卫东、拉巴卓玛等《西藏科技》2012: 3
24. 西藏不同海拔梯度及地区哺乳动物属种数量分析/普布、李丹、朱映久《西藏科技》2012: 3
25. 阿里地区雷电灾害原因分析及对策/唐富安《西藏科技》2012: 3
26. 西藏高原农牧区防雷减灾工作现状及对策/尼玛卓玛、红梅《西藏科技》2012: 3
27. 浅议计算机网络在藏族文化传播中的作用及对策/杨晓波《西藏科技》2012: 3
28. 试用灰色关联度分析评价西藏春青稞区试品种/孟霞《西藏科技》2012: 3
29. 藏文分词中交集型歧义字段的切分方法研究/普布、旦增欧珠《西藏科技》2012: 3
30. 类乌齐县气温变化规律/巴桑西绕、永青卓嘎《西藏科技》2012: 4
31. 藏文笔迹的分析与鉴定/小普桑、拉巴次仁、向巴泽塔《西藏科技》2012: 4
32. 2011年阿里地区春小麦及油菜新品种试验、试种情况及建议/加玛次仁、白玛曲珍、旺杰次仁等《西藏科技》2012: 4
33. 西藏昌都电网联网方案探讨/何志强、扎西、郑勇、郑荡《西藏科技》2012: 4
34. 那曲镇人体舒适度指数的初步分析/拉巴索朗、塔杰拉巴等《西藏科技》2012: 4
35. 识别现代藏文基字的算法设计与实现/才让洛加、高定国《西藏科技》2012: 5
36. 拉萨河流域山地草甸植物个体生物量沿海拔梯度分配特征/赵晓通、赵垦、田潘刚、石培礼《西藏科技》2012: 5
37. 拉鲁湿地对阴离子的净化作用初探/李佳伶、张丽娜、景东海、次仁卓玛、扎

西平措、陈敬宇、刘勇、布多《西藏科技》2012:5
38. 浅析在高原地区用离子色谱与紫外分光光度法测定硝酸盐氮的比较/朱红蓉、德吉、维色、格桑《西藏科技》2012:5
39. 1961~2010年西藏定日站温压湿变化特征分析/尼玛楚多、徐薇《西藏科技》2012:5
40. 青藏高原地形对气象要素观测的影响浅析/徐薇、尼玛楚多《西藏科技》2012:6
41. 紫外分光光度法测定藏药打箭菊中总黄酮的含量/泽仁达瓦、胡敏林、朝展、李小翚、祝晨蔯、康萨·索朗其美《西藏科技》2012:6
42. 2011年7月6日拉萨市区一次强降水过程分析/次珍、杜晓辉、尼玛吉《西藏科技》2012:6
43. 浅谈西藏气象台站冻土观测的准确性/孟庆勇、丽东《西藏科技》2012:7
44. 西藏地区草产品质量安全评价试验研究/佘永新、李晓忠、田发益等《西藏科技》2012:7
45. 西藏色季拉山西坡方枝柏疏林物种组成及重要值分析/张占芳、郭其强、王晓嘉等《西藏科技》2012:7
46. 那曲县2011年10月份一次暴雪过程诊断分析/索朗塔杰、更增尼玛、巴旦卓玛等《西藏科技》2012:7
47. Unicode藏文分词系统的设计/才华、普布卓玛《西藏科技》2012:7
48. 西藏地区电子商务建设现状与发展策略/其米次仁《西藏科技》2012:8
49. 近50年西藏色季拉山长鞭红景天生长区霜冻日对气候变化的响应/刘依兰、杜军、袁雷《西藏科技》2012:9
50. 拉萨市旅游交通信息(藏、汉、英)检索系统的设计与实现/严李强、肖丽、李韦衡等《西藏科技》2012:9
51. 泽当春季一次降水天气分析/多典洛珠《西藏科技》2012:9
52. 1961~2010年西藏定日站的降水变化特征分析/徐薇、尼玛楚多《西藏科技》2012:9
53. 西藏开展雷电试验研究的重要性/曲扎江措《西藏科技》2012:9
54. 浅析西藏色季拉山长鞭红景天生物量与气象条件的关系/袁雷、刘依兰、杜军《西藏科技》2012:10
55. 浅谈对西藏标准化工作的认识/贡桑卓玛《西藏科技》2012:10
56. 不懈奋斗成就斐然的60年——和平解放60年拉萨科技工作综述/孔常兴、黄前敏、霍勇、李信群《西藏科技》2012:11

57. 近40年藏西北羌塘草原荒漠生态功能区日照时数时空分布特征分析/论珠群培、巴桑、卓玛措姆等《西藏科技》2012: 10
58. 西藏自治区“国家农村农业信息化示范建设”研究/其米次仁、吴芳《西藏科技》2012: 11
59. 藏语语料库管理系统中读写数据粒度问题的研究/力毛措《青海师范大学学报》(自然科学版)2012: 2
60. 藏族历代文献精选电子资料库建设及其研究的意义和价值/道周《西北民族大学学报》(哲社版)2012: 1
61. 基于语料库的藏语名词分类与统计研究/祁坤钰《西北民族大学学报》(自然科学版)2012: 3
62. 藏文报纸词语统计研究/曹晖、董晓芳、孟祥和《西北民族大学学报》(自然科学版)2012: 3
63. 藏文消息域框架语义系统的设计与研究/多杰卓玛《西北民族大学学报》(自然科学版)2012: 3
64. 藏族天文历算中五曜的推算法则/夏吾才让《西北民族大学学报》(自然科学版)2012: 3
65. 西藏昌都地区川西云杉林木生长规律研究/白文斌、廖超英、康乐等《西北林学院学报》2012: 5
66. 西藏工布自然保护区藻类植物区系及分布特点/李博、冯佳、谢树莲《西北植物学报》2012 年 第4
67. 西藏春小麦地方品种主要性状分析/相吉山、马晓岗、穆培源等《西北农业学报》2012: 4
68. 西藏阿里昆莎机场场区地基处理试验研究/张其峰、张文斌《甘肃水利水电技术》2012: 12
69. 5 个青稞品种在甘南州引种试验结果/旦知吉、刘梅金、郭建炜等《甘肃农业科技》2012: 2
70. 青稞品种甘青 4 号在甘南的适种密度试验初报/杨栋、刘梅金、郭建炜、萧云善、旦知吉、王国平《甘肃农业科技》2012: 5
71. 网络多媒体信息在甘肃藏区救灾应急中的应用/苏海龙《甘肃科技》2012: 18
72. 对果洛两次雪灾过程分析及气象服务工作的思考/严异德、铁顺富、白文珊等《青海气象》2012: 4
73. 青海省果洛州 2012 年初大范围降雪天气过程气象应急服务案例分析/钱

华、桑杰、方应春、杨斐《青海气象》2012:4
74. 蓬勃发展的玉树气象事业——玉树气象事业发展60周年回顾/成国勋《青海气象》2012:4
75. 青海湖水位变化对青藏高原气候变化的响应/袁云、李栋、梁安迪《高原气象》2012:1
76. 近三十多年青藏高原大气科学试验观测布局综述/周长艳、张虹娇、赵兴炳等《高原山地气象研究》2012:1
77. 近30年西藏汛期强降水事件的时空变化特征/建军、杨志刚、卓嘎《高原气象》2012:2
78. 那曲站与其相邻野外站气象要素的对比分析/徐丽娇、胡泽勇、李婧华《高原气象》2012:4
79. 纳木错(湖)地区湍流数据质量控制和湍流通量变化特征/李茂善、杨耀先、马耀明等《高原气象》2012:4
80. 青藏高原冬季积雪关键区视热源特征与中国西南春旱的联系/过霁冰、徐祥德、施晓晖等《高原气象》2012:4
81. 青藏高原典型高寒草地水热条件及地上生物量变化研究/李晓东、李凤霞、周秉荣、肖宏斌、杨鑫光、周万福《高原气象》2012:4
82. 西藏羊卓雍错湖面遥感监测模型及近变化/除多、旺堆、普穷等《冰川冻土》2012:3
83. 1961—2010年西藏季节性冻土对气候变化的响应/杜军、建军、洪健昌等《冰川冻土》2012:3
84. 1980—2009年西藏地区水汽输送的气候特征/卓嘎、罗布、周长艳《冰川冻土》2012:4
85. 基于多源数据的西藏地区积雪变化趋势分析/巴桑、杨秀海、拉珍、郑照军等《冰川冻土》2012:5
86. 青海高原不同生态功能区气候突变时间的比较分析/李红梅、李作伟、王振宇等《冰川冻土》2012:6
87. 青海高原冬季持续低温集中程度的气候特征及其成因/申红艳、王冀、马明亮等《冰川冻土》2012:6
88. 1954—2009年藏东南林区的气候变化特征/陈宝雄、王景升、冉琮千、张俊龙等《气候变化研究进展》2012:1
89. 1981—2010年西藏怒江流域潜在蒸发量的时空变化/杜军、房世波、唐小萍

等《气候变化研究进展》2012：1

90. 1981—2010 年青藏高原地区气温变化与高程及纬度的关系/王朋岭、唐国利、曹丽娟等《气候变化研究进展》2012：5
91. 2006—2011 年西藏纳木错湖冰状况及其影响因素分析/曲斌、康世昌、陈锋等《气候变化研究进展》2012：5
92. 西藏普莫雍错介形类反映的中晚全新世以来湖面波动与环境变化/彭萍、朱立平、鞠建廷等《气候变化研究进展》2012：5
93. 西藏地区强降雪过程的波包分布及传播特征/李晓婧、林莉、肖天贵等《高原山地气象研究》2012：1
94. 西藏冰雹的气候特征/张雷、石汉青、燕亚菲等《高原山地气象研究》2012：1
95. 西藏地区气象自动站夏季逐时降水资料特征分析/列杰班宗、罗布、王伟《高原山地气象研究》2012：2
96. 青藏高原抬升对我国区域气候的影响研究回顾/原媛《安徽农业科学》2012：18
97. 2011 年 7 月西藏一次持续性降水过程分析/余燕群《安徽农业科学》2012：29
98. 基于标准降水指数的昌都地区夏季干旱时空特征分析/王腾、孙晓光、石磊、李白萍《安徽农业科学》2012：30
99. 青海高原主要农业区 50 年初・终霜冻日变化特征及分布规律分析/汪青春、胡玲、刘宝康《安徽农业科学》2012：33
100. 西藏自治区人工防雹效果检验方法/央金卓玛、廖晓坤《安徽农学通报》(下半月刊)2012：24
101. 三江源区径流演变及其对气候变化的响应/张永勇、张士锋、翟晓燕等《地理学报》2012：1
102. 西藏高原近 40 年积雪日数变化特征分析/唐小萍、闫小利、尼玛吉、路红亚《地理学报》2012：7
103. 季风前后西藏纳木错湖水及入湖河流水化学特征变化/王君波、鞠建廷、朱立平《地理科学》2012：12
104. 玉树地震前后当地的噪声变化研究/郝春月、郑重、张爽《地球物理学进展》2012：6
105. 刚察县不同植被类型的土壤水分特征研究/赵景波、邢闪、马延东《水土保持通报》2012：1
106. 帕隆藏布江上游冰湖分布及其变化/程尊、兰时亮、刘建康等《水土保持通报》2012：5

107. 西藏色季拉山土壤微生物量碳和易氧化态碳沿海拔梯度的变化/马和平、郭其强、刘合满、钱登锋《水土保持学报》2012 年 第 4
108. 西藏林芝地区降雨诱发地质灾害研究/郑炎、肖永健、许震宇《水电与新能源》2012:5
109. 西藏藏木水电站冬季施工太阳能供热的利用探讨/张建花《水电与新能源》2012:2
110. 西藏地区 50 年气候变化特征/戴睿、刘志红、娄梦筠等《干旱区资源与环境》2012:12
111. 青藏高原强降水日数的时空分布特征/周顺武、王传辉、吴萍、王美蓉《干旱区地理》2012:1
112. 黄河上游玛曲地区风沙地貌的类型及其分布/刘虎俊、徐先英、王继和等《干旱区地理》2012:3
113. 甘肃舟曲特大泥石流灾害形成机制及减灾对策/唐兰、陈洪凯《中国地质灾害与防治学报》2012:2
114. 若尔盖湿地地气界面特征参数与退化特征/章鹏/习文峰《草业与畜牧》2012:5
115. 青藏高原冻土区划与草原分类一致性分析/王志伟、赵林、冯琦胜等《草业科学》2012:6
116. 林芝地区不同草地土壤微生物区系分析/岳海梅、张新军、巩文峰等《草业科学》2012:7
117. 西藏中部巴木错湖泊面积变化及其原因分析/巴桑赤烈、刘景时、牛竟飞等《自然资源学报》2012:2
118. 近 50 年气候变化背景下青藏高原冰川和湖泊变化/李治国《自然与资源学报》2012:8
119. 青藏高原植被降水利用效率的空间格局及其对降水和气温的响应/叶辉、王军、邦黄玫等《植物生态学报》2012:12
120. 西藏园林植物资源数据库检索系统的构建/邢震、张启翔、刘灏等《北京林业大学学报》2012:1
121. 拉萨市城市热岛的时空分布特征/拉巴次仁、卓嘎、罗布、普布次仁《资源科学》2012:12
122. 浅析西藏东南部地区地质灾害的形成机理及分布规律/何果佑、白武军、向天葵等《资源环境与工程》2012:5

123. 雅鲁藏布江中游河岸交错带沙地土壤水分的空间异质性/李海东、沈渭寿、林乃峰等《农业工程学报》2012:6
124. 1974—2009 年西藏羊卓雍错湖泊水位变化分析/除多、普穷、旺堆等《山地学报》2012:2
125. 西藏高原环境下印度芥菜型油菜农艺性状的典型相关分析/蒙祖庆、次仁央金、宋丰萍等《中国生态农业学报》2012:2
126. 藏语机读音标 SAMPAS̲T 的设计/于洪志、高璐、李永宏、郑文思《中文信息学报》2012:4
127. 藏文信息化:古老文明邂逅现代科技/霍文琦《中国社会科学报》2012 年 4 月 2 日
128. 西藏自治区农牧业科技工作状况与发展对策/辛盛鹏《中国畜牧业》2012:21
129. 甘孜州 1970 年以来夏季气候变化分析及应对建议/潘平安《北京农业》2012:30
130. 天祝藏族自治县灌区设施农业灌溉工程规划和成效/陶春岭《农业科技与信息》2012:24
131. 青藏高原中部色林错湖近 10 年来湖面急剧上涨与冰川消融/孟恺、石许华、王二七等《科学通报》2012:7
132. 基于 HMM 藏文词性标注的研究与实现/扎西多杰、安见才让《计算机光盘软件与应用》2012:12
133. 基于语料库的藏语高频词抽取研究/才让卓玛、才智杰《计算机工程》2012:15
134. 2010 年西藏小麦条锈菌生理小种群体结构与分析/王保通、李佼佼、胡小平等《植物保护》2012:2
135. 西藏地区雷暴与大气热源关系研究/朱克云、孙照渤、张琪等《大气科学》2012:6
136. 西藏当雄河谷阳坡海拔梯度上植被光谱特征分析/焦全军、张兵、刘良云等《光谱学与光谱分析》2012:10
137. 西藏色季拉山报春花属植物的资源利用价值及前景展望/王春杰《现代园艺》2012:4
138. 西藏林芝地区几种冬小麦品种产量构成因素的相关性和通径分析/达娃《陕西农业科学》2012:2
139. 西藏林芝地区土壤有机质含量对有效铁含量的影响/于萍萍《山东农业科学》2012:3

140. 西藏国土资源系统网站群建设实践/郭楠、于洪奇、于志刚《国土资源信息化》2012:1
141. 西藏盐湖矿产资源遥感定量预测方法研究/王跃峰、白朝军《盐湖研究》2012:2
142. 西藏铁通优化城域网结构/郭彦宏《通信与信息技术》2012:1
142. 西藏高寒牧区草地灌溉工程综合效益评价初步研究/赵世昌、魏占民、徐冰、郭克贞《节水灌溉》2012:9
144. 西藏高寒草地冷暖季牧草的营养价值和养分提供量分析/赵禹臣、孟庆翔、参木有等《动物营养学报》2012:12
145. 拉萨乡村传统民居与新式民居冬季室内热环境对比分析/黄凌江、邓传力、兰兵《建筑科学》2012:12
146. 波密县天麻品质的测定与分析/肖国鑫、谢丽玲、郝海利等《经济林研究》2012:3
147. 基于Dijkstra算法的藏语分词研究/陈朝阳、王华军《数字通信》2012:6
148. 基于被动式太阳能利用的香格里拉藏族闪片房热环境改造研究/沈高峰、柏文峰《江西科学》2012:3
149. 数字地形图在青海玉树至西藏昌都公路设计方案中的具体应用/孙聪、石冰《林业科技情报》2012:1

十三、医药卫生

1. 西藏农区基本医疗保障与医疗服务水平现状研究——以日喀则地区南木林县艾玛乡为例/陈默《中国藏学》2012:4
2. 西藏藏医药事业发展现状/力毛措《中国藏学》2012:4
3. 传统藏医学对"隆"病的认知及诊疗特色/白玛罗布《中国藏学》2012:4
4. 略论藏医学对尿诊的认识/彭毛多杰、拉玛阿拉《中国藏学》2012:4
5. 青海藏区农牧民公共医疗卫生服务需求的调查与分析——以同仁县和泽库县为例/久毛措、王世靓、毕力格图《西藏大学学报》(社科版)2012:3
6. 二十五味珊瑚丸中西红花苷Ⅰ&Ⅱ的含量测定研究/袁瑞瑛、欧珠罗布、江春艳、徐福春《西藏大学学报》(自然科学版)2012:1
7. 红景天苷对BMSC生物学特性影响/范东艳、刘永华、王苹等《西藏大学学报》(自然科学版)2012:1

8. 西藏藏族学生1985年与2010年体质及健康状况比较研究/杨海航、周学雷、杨建军等《西藏大学学报》(自然科学版) 2012:2
9. 山南地区农牧区医疗制度建设与问题研究/旦增顿珠、欧珠罗布、王振、陈晓、朱明娇《西藏大学学报》(自然科学版) 2012:2
10. 西藏大骨节病高发区家系的遗传流行病学调查与研究/巴桑卓玛、央拉、次央等《西藏大学学报》(自然科学版) 2012:2
11. 拉萨市及周边地区小学生蛔虫感染与防治知识知晓率对比调查/白玛卓嘎、贾雪莹、刘浩宇《西藏大学学报》(自然科学版)2012:2
12. 日喀则地区13所学校集体食堂2010年餐饮卫生现状调查/德吉《西藏医药杂志》2012:1
13. 藏汉青年人群心电图对比分析/王崇恒、莫芳萍、赵锋仓《西藏医药杂志》2012:1
14. 2006~2010年山南地区琼结县肺结核病疫情分析/洛桑群培《西藏医药杂志》2012:2
15. 一起水痘局部爆发的流行病学调查/彭措次仁、次旺《西藏医药杂志》2012:2
16. 纵观西藏民族卫生事业跨越式发展/土登《西藏医药杂志》2012:2
17. 拉萨市某医院门诊处方分析/玉珍、多吉次仁《西藏医药杂志》2012:2
18. 拉萨地区高血压脑出血急救护理/杨芳、仓木、夏秀英、边巴《西藏医药杂志》2012:2
19. 痛风的藏西医结合防治/次旺卓玛《西藏医药杂志》2012:2
20. 林芝地区2005~2010年从业人员乙型肝炎病毒携带状况分析/布都、李晓菊《西藏医药杂志》2012:2
21. 藏族人群促红细胞生成素增强因子低氧诱导区多态性与高原红细胞增多症易感性分析/萨珍、次仁白珍、欧珠旺姆等《西藏医药杂志》2012:3
22. 2011年山南地区疫情简析/仁增拉姆、次仁顿单《西藏医药杂志》2012:3
23. 西藏乃东县902例残疾农牧民调查分析/次仁顿珠《西藏医药杂志》2012:3
24. 那曲地区2007~2011年食物中毒流行病学分析/嘎桑央金《西藏医药杂志》2012:4
25. 西藏地区849例儿童及孕产妇末梢血微量元素分析/吴秋华、德吉央宗《西藏医药杂志》2012:4
26. 边坝县中学672名中学生口腔健康状况调查分析/孔亚群、普布次仁、王君《西藏医药杂志》2012:4

27. 拉萨市98例孕产妇死亡原因分析/边巴《西藏医药杂志》2012:4
28. 拉萨地区新生儿缺氧缺血性脑病临床与血小板参数特点/赵蓉、张婉、德吉美朵、扇敏娜《西藏医药杂志》2012:4
29. 藏东地区急性阑尾炎241例临床诊疗分析/刘大成、贡布泽仁、祁延杰《西藏医药杂志》2012:4
30. 藏医治疗心脏神经官能症的初步探索/曲梅、南木加《西藏医药杂志》2012:4
31. 拉萨藏族慢性肺源性心脏病合并糖尿病20例临床诊治分析/巴桑普赤《西藏医药杂志》2012:3
32. 藏药七十味珍珠丸对大鼠脑缺血梗塞面积的影响/加永泽培、杜元灏《西藏医药杂志》2012:3
33. 藏药琼阿中毒的治疗体会/渠敬峰《西藏医药杂志》2012:4
34. 西藏高原地区高血压与血脂的相关分析/刘明森《西藏医药杂志》2012:4
35. 西藏农牧区与城镇居民基本医疗保险制度的比较分析/赵新吉、邓明文、朱华鹏《西藏科技》2012:1
36. 西藏高原19例早产儿使用肺表面活性物质替代疗法的临床护理/马晓蓉《西藏科技》2012:1
37. 西藏高原地区脑动脉瘤的护理体会/郑岚、李慧、帅利萍《西藏科技》2012:4
38. A－B两种藏药治疗109例糖尿病临床疗效观察及相关机理研究报告/多杰仁青、德吉、索朗平措、尼扎、白玛措姆、次仁彭措《西藏科技》2012:4
39. 工布江达县乡(镇)卫生院现状浅谈/李娟《西藏科技》2012:5
40. 藏药多刺绿绒蒿化学成分研究现状/袁瑞瑛、旦欧、次登、尼玛顿珠、次旦拉姆《西藏科技》2012:5
41. 珊瑚七十丸中当归的薄层色谱鉴别/巴桑央宗《西藏科技》2012:6
42. 浅谈藏医药科技论文写作/金英、陈静、次仁、支张《西藏科技》2012:6
43. 山南地区体检干部血脂/转氨酶结果与脂肪肝的关系/达珍《西藏科技》2012:6
44. 西藏山南地区1078例藏、汉族幽门螺旋杆菌感染率及其相关性研究/暴金伦《西藏科技》2012:7
45. 九味青鹏散的质量标准研究/巴桑、央宗、次仁旺姆《西藏科技》2012:7
46. 试探藏医上壅疾病的病因、症状及疗法之鉴别/德洛、童丽、张艺《西藏科技》2012:7
47. 藏药天门冬膏质量标准的研究/小尼玛、彭括贡布《西藏科技》2012:7
48. 藏药材川藏香茶菜的质量标准研究/翟随民、白央、谢平、次德吉《西藏科技》

2012:7

49. 藏药材黄花香薷的质量标准研究/谢平、白央、次德吉等《西藏科技》2012:8
50. 拉萨地区藏西医治疗胆汁反流性食管炎 90 例临床观察/仓菊、卓玛次仁《西藏科技》2012:8
51. 1129 例拉萨患者血脂水平调查分析/兰英、旦曲、米玛顿珠《西藏科技》2012:8
52. 8 例藏族 Addison 病例分析/吕雪梅《西藏科技》2012:9
53. 浅谈高原地区糖尿病患者的生活饮食护理/次仁宗巴《西藏科技》2012:9
54. 西藏当雄县农村藏族儿童体格发育调查分析/边巴仓决、普珍、巴桑等《西藏科技》2012:9
55. 藏药材——梭砂贝母组织培养研究/欧珠朗杰《西藏科技》2012:9
56. 拉萨地区 38 例新生儿硬肿症临床护理特点/张雁翎《西藏科技》2012:10
57. 藏药材荨麻的质量标准研究/李天巍、索朗曲珍、杨雁、米玛、李辉《西藏科技》2012:10
58. 浅谈藏医药浸浴(温泉及药浴)疗法的特色及疗效/次仁《西藏科技》2012:11
59. 从东方到西方——一个布里亚特藏医世家的医学传播史/端智《青海民族研究》2012:2
60. 青海高原地区不同民族体质状况分析/樊蓉芸《青海民族研究》2012:3
61. 藏医药珍贵档案管理新探/沈海红《青海师范大学学报》(哲社版)2012:5
62. 藏药沙棘枝叶多糖的提取与含量测定/郭凤霞、曾阳、陈振宁、马继雄《青海师范大学学报》(自然科学版)2012:3
63. 藏药长毛风毛菊中木犀草素和异鼠李素含量快速测定法的建立/陈晓红、陈元涛、钱蔚、宋青云《青海师范大学学报》(自然科学版)2012:3
64. 磺胺甲噁唑在不同居住时间、不同海拔高度汉族、藏族健康者体内与蛋白和红细胞的结合率/张玉玲《青海医学院学报》2012:2
65. 4.1 蛋白家族成员 merlin 表达与青海藏族胃癌易感性关系/苏占海、王荣华、李斌等《青海医学院学报》2012:4
66. CT 引导下臭氧加藏医外治疗法治疗椎间盘突出 78 例分析/张云《青海医药杂志》2012:6
67. 藏西医综合疗法治疗慢性盆腔炎 40 例临床分析/张世兰《青海医药杂志》2012:6
68. 青海世居藏族生活环境及饮食结构与脑卒中发病特点/王进鹏、胡潇方《青海医药杂志》2012:9

69. 藏药外敷治疗类风湿性关节炎的临床护理/崇尚霞《青海医药杂志》2012:9
70. 三江源地区饮用水源中隐孢子虫和贾地鞭毛虫的检测/王戈平、马利青、蔡其刚 等《青海畜牧兽医杂志》2012:4
71. 藏药仁青常觉中微量元素的测析/房少新、洛桑扎西《西北民族大学学报》(自然科学版)2012:3
72. 2004—2010 年甘南藏族无偿献血血液报废原因调查/杨莉芳《甘肃医药》2012:1
73. 藏药治疗肝硬化的血流动力学的彩色多普勒观察/方虹、赵永峰、桑斗吉《甘肃医药》2012:7
74. 甘南牧区牛羊寄生虫病防控存在的问题及对策/赵宗义《甘肃畜牧兽医》2012:1
75. 传统藏药渣驯的文献研究/索南、邓登、童丽、袁冬平、热增才旦《中国民族民间医药》2012:4
76. 藏医诊疗培根木布(消化性溃疡)方案探讨/白秀英《中国民族民间医药》2012:6
77. 藏药"二十五味珍珠丸"方解及功能浅述/才让措、郭登海《中国民族民间医药》2012:7
78. 广东、海南及港澳地区藏药古籍文献的普查/杜玉华、贾新云、王军、冯岭《中国民族民间医药》2012:8
79. 浅谈藏医泻下疗法的护理/赵慧萍《中国民族民间医药》2012:8
80. 浅述中藏药材生产中影响有效成分的几个因素/曹炯《中国民族民间医药》2012:9
81. 浅谈藏医对不消化症的认识和诊治/郭登海、才让措《中国民族民间医药》2012:9
82. 浅析藏医三因学说/泽翁拥忠《中国民族民间医药》2012:10
83. 藏药口服固体制剂产品在 GMP 生产过程中的控制经验/胡燕芹《中国民族民间医药》2012:12
84. 藏医药浴治疗类风湿性关节炎 78 例临床体会/赵秀花《中国民族民间医药》2012:12
85. 藏医白脉病发病与治疗研究现状/王海苹、马振元、李丽《中国民族民间医药》2012:12
86. 藏医灸法治疗坐骨神经痛临床报道/才仁代吉《中国民族民间医药》2012:13

87. 藏医治疗16例瘫痪型小儿麻痹症中的临床观察/青松雄、嘎玛坚参、小旺堆《中国民族民间医药》2012:13
88. 藏医治疗强直性脊柱炎的疗效观察/赵秀花《中国民族民间医药》2012:13
89. 藏医内外综合治疗宫颈糜烂的疗效评价/力毛措《中国民族民间医药》2012:14
90. 藏药二十五味绿绒蒿丸的质量标准研究/巴桑、央宗、次仁旺姆《中国民族民间医药》2012:15
91. 藏医药经典著作《月王药诊》简介/吴华庆《中国民族民间医药》2012:16
92. 谈藏医药人才培养与医学人文素养的关系/杨宏权《中国民族民间医药》2012:16
93. 藏医对慢性萎缩性胃炎的认识/俄日、仁青卓玛、力毛措《中国民族民间医药》2012:18
94. 藏医养生保健的初步研究/次仁央金《中国民族民间医药》2012:18
95. 藏医综合治疗银屑病80例临床观察/华青措《中国民族民间医药》2012:19
96. 不同厂家二十五味珍珠丸中丁香酚含量比较/李智勤、李晓强、陈德道、王维波《中国民族民间医药》2012:21
97. 中医与藏医之艾灸/华晔《中国民族民间医药》2012:23
98. 藏药珍龙醒脑胶囊治疗急性脑梗塞150例临床观察/马文俊、陈海莲、先巴《中国民族民间医药》2012:23
99. 颈椎病藏医气浴康复护理18例/杨毛措《中国民族民间医药》2012:24
100. 论我区藏医医疗和藏药产业可持续发展的切入点/索朗巴珠、李启恩《中国民族医药杂志》2012:1
101. 浅析传统藏药质量的影响因素/班玛才仁《中国民族医药杂志》2012:2
102. 浅谈藏医药对诊治胆囊炎及胆结石的认识/李俊林《中国民族医药杂志》2012:2
103. 藏医对亚健康的认识与防治/周毛吉、多杰、索南才让《中国民族医药杂志》2012:2
104. 藏药治疗幽门螺旋杆菌(HP)感染的疗效评价研究/次旦平措、旺加《中国民族医药杂志》2012:1
105. 藏药秦皮接骨胶囊治疗骨伤的疗效观察/安尔键《中国民族医药杂志》2012:2
106. 藏药浴治疗痉挛型脑瘫儿的临床效果/仓菊卓玛、边巴《中国民族医药杂志》2012:2
107. 藏医药治疗类风湿关节炎的展望与对策/久卖多杰《中国民族医药杂志》

2012:2

108. 藏医盐敷治疗妇风病的临床应用/拉毛友《中国民族医药杂志》2012:3

109. 藏药澳毛赛原植物的生药鉴定/周则、卓玛、张浩《中国民族医药杂志》2012:3

110. 如何认识藏医疫病与现代免疫学之差异/卓玛草(大)《中国民族医药杂志》2012:3

111. 浅谈用于教学的藏药植物数据库建设/才让南加《中国民族医药杂志》2012:3

112. 中蒙藏医在饮食营养卫生学方面的贡献/刘连续、郭玲《中国民族医药杂志》2012:3

113. 简述三因学说在藏医学中的运用/扎西东智《中国民族医药杂志》2012:4

114. 藏医尿诊与代谢组学关系研究的探讨/李杰《中国民族医药杂志》2012:4

115. 藏医治疗普如病(萎缩性胃炎)的临床疗效评价研究/斗周才让、完么项青《中国民族医药杂志》2012:4

116. 藏医药学对神经性疼痛的认识及治疗/周毛吉、卓玛才旦、赛桑杰《中国民族医药杂志》2012:4

117. 藏药八味野牛血散卡插尖治疗早期食道癌的临床应用/多杰才让《中国民族医药杂志》2012:4

118. 藏药外敷治疗类风湿性关节炎的疗效观察/才保格桑《中国民族医药杂志》2012:5

119. 藏药事业发展中应注意的几个问题/尕藏卓玛《中国民族医药杂志》2012:5

120. 螺旋CT测量高原藏族青年肺容积时扫描参数的选择/孙正启、董建民、段海峰、李岩松《中国民族医药杂志》2012:5

121. 浅谈藏医保健学/冰琼、索朗多吉《中国民族医药杂志》2012:5

122. 药理效应法对藏药熏倒牛不同提取工艺的评价/景明、李炀、王晶晶等《中国民族医药杂志》2012:5

123. 藏医放血疗法治疗下肢静脉曲张/尕藏卓玛、久卖多杰《中国民族医药杂志》2012:6

124. 藏医药对各种关节炎的临床观察/太巴《中国民族医药杂志》2012:6

125. 藏药五味黄连丸治疗久泻疾病的疗效分析/胡燕芹《中国民族医药杂志》2012:6

126. 藏药加艾灸、放血治疗查隆病50例临床观察/旦正项秀《中国民族医药杂志》2012:6

127. 藏药治疗肾结石的疗效观察/索南达杰、白玛拉措、羊壮扎西《中国民族医

药杂志》2012：6

128. 论藏医木布病的分型与诊治/久西杰《中国民族医药杂志》2012：6
129. 浅谈吐蕃时期汉藏医药的交流/拉毛才让《中国民族医药杂志》2012：6
130. 藏医对痛风病的治疗简述/更藏加、尕藏措、尕藏东智《中国民族医药杂志》2012：9
131. 藏药打箭菊的研究进展/梅蒙、葛宁《中国民族医药杂志》2012：9
132. 藏医对慢性萎缩性胃炎的诊治/力毛措《中国民族医药杂志》2012：9
133. 中藏医体质学内涵比较研究/李杰《中国民族医药杂志》2012：10
134. 浅谈藏医外治法治疗强直性脊椎炎/华尖本《中国民族医药杂志》2012：10
135. 探讨藏医病机学的生理与病理特性/南加太《中国民族医药杂志》2012：10
136. 藏医药治疗消化性溃疡临床观察/英措、公保吉《中国民族医药杂志》2012：10
137. 藏药日白丸治疗肺癌晚期胸痛 1 例/普片、罗布扎西《中国民族医药杂志》2012：12
138. 藏医放血疗法治疗赤巴偏盛型银屑病的临床应用/华青措《中国民族医药杂志》2012：12
139. 藏医复方五味甘露浴治疗楞西病（牛皮癣）16 例临床观察/久西加布、看召吉《中国民族医药杂志》2012：12
140. 藏药叶蒙（短尾铁线莲）有效部位的研究/马涛、肖品、聂磊《中国民族医药杂志》2012：12
141. 高效液相色谱法（HPLC）测定藏药大株红景天饮片中红景天苷含量/张秀兰、刘续芳《中国民族医药杂志》2012：12
142. 藏族大学生口腔卫生行为调查/武彩云、马力扬《中国校医》2012：2
143. 四川省甘孜藏族自治州 0～3 岁儿童健康的影响因素/王莉《中国校医》2012：3
144. 某校藏族学生健康素养调查/梁兴梅、田旭《中国校医》2012：6
145. 来津藏族中学生结核病发病与治疗管理情况/张国钦、宋娜、张玉华等《中国学校卫生》2012：2
146. 西藏民族学院 2006—2010 年藏汉族新生 HBV 感染情况/莫芳萍、王崇恒《中国学校卫生》2012：3
147. 藏族青少年生长发育预测模型的建立/刘堃、肖艳杰、席焕久《中国学校卫生》2012：4
148. 加强机构能力建设提高西藏公共卫生服务能力/来有文、扎西达娃、胡世云

《中国卫生经济》2012:8

149. 西藏卫生人力资源配置研究/来有文、扎西达娃、李顺平《中国卫生经济》2012:8

150. 西藏医疗设备配置与利用状况调查分析/来有文、扎西达娃、李顺平《中国卫生经济》2012:8

151. 西藏藏族人群 HPA－1～6、15 多态性研究/李梦丹、王珏、宋宁、田力等《中国输血杂志》2012:S1

152. 西藏藏族人群 KIR 基因多态性研究/周琼秀、宋宁、田力、姚志强等《中国输血杂志》2012:S1

153. 藏族供血者 MNS 等 8 个红细胞血型系统抗原的基因多态性/宋宁《中国输血杂志》2012:S1

154. 藏医药浴治疗类风湿性关节炎的护理体会/马玉琳《中国医药指南》2012:32

155. 西藏拉萨 140 例甲型 H1N1 流感病例的病原学与流行病学分析/白玛卓嘎、达瓦卓玛《中国医药指南》2012:9

156. 西藏日喀则地区 1995—2009 年卫生资源配置的动态分析/李顺平、来有文《中国卫生资源》2012:4

157. 西藏藏族与汉族青年立体盲患病率的调查研究/鲁秦安《中国医药导刊》2012:1

158. 藏药经典验方“玛奴西汤”颗粒免疫调节作用的实验研究/红梅、陈秋红、王志瑾、刘有菊《中国医药导报》2012:35

159. 藏药烈香杜鹃研究概况/张娟红、王荣、贾正平等《中国中医药信息杂志》2012:8

160. 藏药材常用品种及质量标准现状调查分析研究/钟国跃、周福成、石上梅等《中国中药杂志》2012:16

161. 四川平武白马藏族医药的初步调查/孙志蓉、杜远、陶育照、杨瑶珺等《中国中药杂志》2012:23

162. 893 例藏族人口腔修复病例的统计学分析/杜启莲《中国现代医生》2012:28

163. ICAM－1 基因 K469E、K56M 多态性对中国裕固族、藏族和汉族人血浆 ICAM－1 水平的影响/王明英、白德成、朱平等《中国实验血液学杂志》2012:5

164. 藏药郎庆阿塔对肝纤维化大鼠胶原代谢的影响/薛娟、彭蕴茹、丁永芳、黄一平等《中国实验方剂学杂志》2012:24

165. 藏族先天性心脏病合并肺动脉高压影响因素分析/祁生贵、祁国荣、陈秋红等《中国公共卫生》2012:4
166. 甘孜藏区高血压、脑卒中事件现状调查及相关性分析/张海涛、周友林、高励等《中国循证医学杂志》2012:2
167. 甘肃省合作市2010年藏族人群碘营养水平调查分析/才让拉毛、唐吉元、刘荣芳等《中国初级卫生保健》2012:7
168. 世居西藏高原藏族冠心病患者78例冠状动脉病变特点/达娃次仁、格桑罗布等《中国循环杂志》2012:3
169. 四川省壤塘县120例藏族成人大骨节病患者手部影像学特点/黄泽宇、周宗科、周轩等《中国骨与关节外科》2012:1
170. 西藏卫生人力资源开发实践/来有文、李顺平、扎西达娃《中国农村卫生事业管理》2012:9
171. 西藏尼木县孕产活跃停滞产妇病例临床分析/王陶然/张敏《中国优生与遗传杂志》2012:9
172. 西藏自治区山南地区居民健康素养状况及影响因素分析/索朗多布杰、尼玛曲措、加永卓玛等《中国健康教育》2012:9
173. 我国藏族与塔吉克族学生身体素质比较研究/张世威、郝文亭、张雅玲《中国体育科技》2012:5
174. 应用多重PCR法分析西藏察隅疟疾流行区按蚊吸血习性/郭绍华、周水森、黄芳等《中国寄生虫学与寄生虫病杂志》2012:2
175. 拉萨市农牧区居民卫生服务需要/扎西达娃、次仁央宗、次央等《中国卫生与利用调查》2012:9
176. 拉萨地区急性缺血性脑卒中病因及治疗方法现状调查/次旦卓嘎、赵玉华《中风与神经疾病杂志》2012:11
177. 苯扎贝特在中国汉族和藏族健康人体内的药动学初探/李忠亮、张治然、袭荣刚《中南药学》2012:7
178. 南派藏药医院制剂开发与专利保护的策略/范维强《中国中医药现代远程教育》2012:20
179. 唐宋时中藏医香熏疗法的比较研究/张煜、杜红、仁青加《中国伤残医学》2012:3
180. 藏族医药治疗高血压病的研究近况/武征《中国民间疗法》2012:6
181. 藏药吉堪明目液毒理研究/红梅、刘有菊、陈秋红《亚太传统医药》2012:1

182. 藏药藏降脂胶囊毒理学研究/红梅、刘有菊、陈秋红《亚太传统医药》2012:2
183. 抗缺氧藏药的研究进展/陈海娟、张国燕、曾阳《亚太传统医药》2012:2
184. 四川藏区藏医药发展状况调查研究/罗小文、谭睿、顾健、冯岭、姚峰、李佳川《亚太传统医药》2012:8
185. 我国少数民族地区控制农村结核病流行存在的问题与对策——以甘孜州丹巴县为例/班马初《亚太传统医药》2012:10
186. 西藏农牧地区藏族人群血脂异常流行特点分析/李奎平、措扎西、陈勇《西部医学》2012:3
187. 藏族大学生艾滋病相关知识态度调查/马楚萍《现代预防医学》2012:18
188. 西藏藏族中小学教师亚健康与职业倦怠的关系/汪念念、毕月花、罗桑平措《现代预防医学》2012:18
189. 2010年西藏那曲地区碘缺乏病县级评估调查分析/龚弘强、郭敏、达吉等《疾病预防控制通报》2012:1
190. 甘肃省肃南县包虫病流行病学调查分析/李焕军、牛卫东《疾病预防控制通报》2012:5
191. 四川省甘孜藏族自治州实现县级消除碘缺乏病目标评估/徐克均、李伟、许光荣等《预防医学情报杂志》2012:7
192. 西藏西部高原地区农牧民健康体检分析/黄武全、普次《蚌埠医学院学报》2012:2
193. 青藏高原东缘毛茛科藏药植物资源调查/巩红冬《东北农业大学学报》2012:4
194. 略说唐代的藏医典籍/梓镌《文史杂志》2012:4
195. 藏区农牧民医疗救助体系运行效果评价及其指标设计——以甘肃省甘南藏族自治州为例/焦克源、冯彩丽《内蒙古社会科学》2012:1
196. 藏医药与旅游/孙天胜《中国民族》2012:7
197. 藏医药研究中信息化技术的针对性和适用性/张玫《科技资讯》2012:28
198. 基于市场营销视角下藏药发展问题的思考/张学高《现代商业》2012:32

十四、人物

1. 一代宗师博东·乔列南杰/羊本加《中国西藏》2012:1
2. 上层爱国人士朗如本·平措老人/索穷《中国西藏》2012:2
3. 撑起藏文化一片灿烂的星空——记藏文传媒人根秋多吉/王朝书《中国西藏》

2012:3

4. 学识与人品构建的高塔——赛仓·罗桑华丹印象/尕藏才旦《中国西藏》2012:4
5. 巴哩译师传略/徐华兰《中国藏学》2012:2
6. 从活佛到教授——追忆我的父亲东嘎·洛桑赤列/东嘎·晋美《西藏教育》2012:6
7. 更敦群培和季羡林——学术道路和命运的异同/陈庆英、田甜《青海民族研究》2012:4
8. 人物专访:多派唐卡创始人——多吉顿珠/鲍贝《群文天地》2012:19
9. 李绍明先生与藏彝走廊研究/石硕《西南民族大学学报》(人文社科版)2012:8
10. 金·史密斯:具有六度精神的藏学家阿拉·森嘎尔·土登尼玛/白玛措《西南民族大学学报》(人文社科版)2012:5
11. 藏族文化艺术的大成就者——汤东杰布/贾婕《赤峰学院学报》(哲社版)2012:4
12. "佛光将军"张国华/黄惠运《党史文苑》2012:15
13. 让藏文驰骋在信息高速路上——记2011年度国家科技进步奖二等奖获得者欧珠/叶蕾、王芳《中国科技奖励》2012:1

十五、书评

1. "心为之动 神为之夺"——读金书波《从象雄走来》/吴雨初《中国西藏》2012:3
2. 《藏族服饰文化研究》评介/边吉《中国藏学》2012:1
3. 周炜教授语言学新著读后/胡坦《中国藏学》2012:3
4. 西藏政治史研究的重要参考文献——《中国古代吏治文化文献集成》简介/边吉《中国藏学》2012:4
5. 《苏俄与西藏:秘密外交的失败(1918—1930)》简介/邱熠华《西藏民族学院学报》(哲社版)2012:1
6. 春华秋实,老骥伏枥——谢丰泰先生《智慧·价值·民族精神》评述/陈志伟、朱连增《西藏民族学院学报》(哲社版)2012:2
7. 《喜马拉雅山的佛教村庄——拉达克桑斯噶尔地方的环境、资源、社会与宗教生活》介绍/苏发祥《西藏民族学院学报》(哲社版)2012:2
8. 《十四世纪西藏佛教史籍〈王统世系明鉴〉译注》简评/徐华兰《西藏民族学院学报》(哲社版)2012:3

9. 六世班禅研究的新视角——凯特·特尔茨谢尔《天路向中华》评介/柳森《西藏民族学院学报》(哲社版)2012:5
10. 西藏高校思想政治教育理论与实践研究的开拓之作——评《西藏高校思想政治教育理论与实践》/李景平《西藏民族学院学报》(哲社版)2012:6
11. 人类学视野·历史意识·人文情怀——读金书波《从象雄走来》/朱霞《西藏文学》2012:6
12. 作为思想的西藏宗教——评《西藏宗教之旅》/吴银玲《西北民族研究》2012:3
13. 敦煌藏文写本研究的中国经验——《敦煌吐蕃文献选辑》两种读后/任小波《敦煌学辑刊》2012:1
14. 王越平的《乡民闲暇与日常生活:一个白马藏族村落的民族志研究》出版/郭岚《广西民族大学学报》(哲社版)2012:2
15. 高志英的《藏彝走廊西部边缘民族关系与民族文化变迁研究》出版/郭岚《广西民族大学学报》(哲社版)2012:2
16. 月光下的吟唱———评藏族作家白玛娜珍的散文集《西藏的月光》/徐琴《湖北民族学院学报》(哲社版)2012:1
17. 藏区土司制度研究的集大成之作——《藏区土司制度研究》述评/张科、周振兴《伊犁师范学院学报》(社会科学版) 2012:4
18. 濒危语言的抢救与挖掘——《陇南白马人民俗文化研究·语言卷》评介/李瑞智《民族论坛》2012:12
19. 《藏语安多方言语音研究》出版/梁佑《民族语文》2012:2
20. 人类最长史诗漫画巨作藏族英雄传奇惊心动魄《格萨尔王》漫画正式出版/馨闻《出版参考》2012:16
21. 生命哲学和叙事艺术的境界——评宁肯的《天·葬》/苗变丽《社科纵横》2012:11
22. 神灵信仰下的契约与裁判——《藏族盟誓研究》评介/杨永锋《新西部》(理论版)2012:Z1
23. 透视十四世达赖喇嘛的一部好书/梁俊艳《人民政协报》2012年7月16日
24. 涉藏外宣的创新力作——评《微观西藏》(汉英版)/魏观《中国出版》2012:20
25. 藏族传统音乐文化研究的又一力作——王华著《西藏热巴音乐文化研究》述评/文海良《人民音乐》2012:11

十六、综合、文献

1. 锦衣华裳起惊鸿——流传海外的吐蕃织锦衣物寻访记/霍巍《中国西藏》2012:4
2. IOL Tib J749 号占卜文书解读/陈践践《中国藏学》2012:1
3. 加拿大主要藏学研究机构及人员现状/周卫红《中国藏学》2012:1
4. 法藏敦煌藏文文献 P. T. 992 号《分别讲说人的行止》之研究/才让《中国藏学》2012:1
5. 基于 CNKI 数据对《中国藏学》学术影响力的分析/孔繁秀《中国藏学》2012:1
6. 吐蕃盟歌的文学情味与政治意趣——敦煌 P. T. 1287 号《吐蕃赞普传记》第5、8 节探析/任小波《中国藏学》2012:2
7. 敦煌文书 P. 3885 号中记载的有关唐朝与吐蕃战事研究/陆离《中国藏学》2012:2
8. 敦煌的"团"组织/高启安《中国藏学》2012:2
9. 试析藏族两种传统铸造工艺的存在——由传统铜佛像制作引发的思考/袁凯铮《中国藏学》2012:3
10. 拓展藏学研究领域提升学术研究品质——第五届北京(国际)藏学研讨会总结/郑堆《中国藏学》2012:4
11. 根敦群培作品目录/沐水、班玛更珠《中国藏学》2012:S2
12. 根敦群培研究索引/沐水、永巴、班玛更珠《中国藏学》2012:S2
13. 国内外根敦群培研究的新进展/杜永彬《中国藏学》2012:S2
14. 藏文古籍目录结构及其著录规则/先巴《西藏研究》2012:2
15. 高举中国特色社会主义伟大旗帜,开创西藏哲学社会科学繁荣发展新局面/佘柯良《西藏研究》2012:4
16. 西藏物流系统优化的可行性研究/辛馨、范海涛《西藏研究》2012:6
17. 神山圣湖边的居民与生活——普兰调查小记/陈东《西藏民族学院学报》(哲社版)2012:1
18. 神山下的快乐:卡瓦格博文化社/友珍《西藏民族学院学报》(哲社版)2012:2
19. 西北民族大学图书馆藏敦煌藏文文献叙录/张延清、李毛吉《西藏民族学院学报》(哲社版)2012:2
20. 读者信息需求分析与服务思考——以西藏民族学院图书馆为例/岳凤芝、宁沛林、刘伟光《西藏民族学院学报》(哲社版)2012:2

21. 提升西藏网络媒体传播力与文化影响力的策略探析/李炜《西藏民族学院学报》(哲社版)2012:2
22. 西藏高校数字图书馆数据安全管理研究/张孝飞、孙丽芹《西藏民族学院学报》(哲社版)2012:2
23. 西藏地区图书馆教育的现状与思考/郝刚《西藏民族学院学报》(哲社版)2012:4
24. 陈嘉庚心目中的西藏/夏敏《西藏民族学院学报》(哲社版)2012:5
25. 澳大利亚国立大学馆藏藏学文献考略/杨富《西藏民族学院学报》(哲社版)2012:5、《西藏研究》2012:5
26. 抢救整理《菩日文献》的意义及保护对策刍议/卓嘎《西藏大学学报》(社科版)2012:1
27. 中国藏学研究对西藏发展的独特贡献/杜永彬《西藏大学学报》(社科版)2012:2
28. 试论网络环境下西藏地区藏文文献信息资源共享/德萨、扎西玉珍、更尕易西、益西次旺《西藏大学学报》(社科版)2012:3
29. 藏文文献遗产保护机制的创新——以玉树地震灾区为例/夏吾李加《西藏大学学报》(社科版)2012:4
30. 西藏博物馆陈列现状与改进方法探讨/何晓东《西藏大学学报》(社科版)2012:4
31. 藏族题材纪录片的发展/唐仲娟《西藏艺术研究》2012:3
32. 西藏地区图书馆对促进西藏旅游业发展的几点思考/还克加、才项南杰《西藏科技》2012:7
33. 浅谈藏医院文书档案管理/白玛央金《西藏科技》2012:11
34. 试析罗布林卡科学保护与发展路径/普智《西藏科技》2012:6
35. 浅谈公共图书馆免费服务——以西藏图书馆为例/边巴片多《西藏科技》2012:9
36. 青海藏语新闻传播的现状及思考/罗生祥《青海师范大学学报》(哲社版)2012:4
37. 浅谈青海牧区档案管理工作/忠格《青海师范大学学报》(哲社版)2012:5
38. 论大众传媒语境下我国藏区"信息场"的重建与话语权的转移——以甘南藏区五村庄调查为例/王晓红、张硕勋《青海社会科学》2012:3
39. 藏羌彝走廊的研究路径/张曦《西北民族研究》2012:3

40. 藏学专题研究/班班多杰《西北民族大学学报》(哲社版)2012:3
41. 权力话语中的高原鼠兔与藏族传统生态知识/范长风《西北民族大学学报》(哲社版)2012:6
42. 我国佛教寺院图书馆发展初探/卓尕措《攀登》2012:4
43. 海外藏敦煌西域藏文文献的多元文化内涵和史学价值/束锡红《敦煌研究》2012:1
44. 古刹春秋堪入史——香日德寺与班禅的因缘及档案评述/程起骏、张纪元《柴达木开发研究》2012:1
45. 民族文献馆藏资源建设与地方文化保护的思考——以"康巴文献馆为例"/曾义、凌立《四川民族学院学报》2012:1
46. 藏文文献目录学的发展历程/余光会《四川民族学院学报》2012:1
47. 藏文古籍文献的主要构成——从吐蕃至清代/余光会《四川民族学院学报》2012:5
48. 论康区的地域特点/石硕《西南民族大学学报》(人文社科版)2012:12
49. 佛教寺院收藏述论/段玉明《西南民族大学学报》(人文社科版)2012:12
50. 从康巴文献馆看民族地区高校图书馆特色建设/阿初《四川图书馆学报》2012:3
51. 略论康巴民族文献构成方式与挖掘保护措施/曾义《四川图书馆学报》2012:4
52. 甘孜州基层图书馆的现状和发展——三县四馆的实地调查/王纲《四川图书馆学报》2012:4
53. 境外藏胞知多少/闫莉《四川统一战线》2012:8
54. 浅析藏东三岩地区民居的防御性/侯志翔《四川建筑》2012:1
55. 基于洁净观的藏族居住空间分析/何泉、刘加平、吕小辉《四川建筑科学研究》2012:1
56. 历史文化商业步行街空间形态设计研究——以西藏山南雅砻文化商业步行街为例/吴俊、周波《四川建筑科学研究》2012:5
57. 四川甘孜藏区新闻人才队伍建设的对策/陈颖、陈玉霞《成都大学学报》(社会科学版)2012:5
58. 玉树地区藏文典籍文献遗产类型研究与反思/夏吾李加《民族学刊》2012:2
59. 21世纪初康巴藏族地区民族图书出版状况分析/白冰、孙洋洋《民族学刊》2012:6
60. 美国纽约当代藏学教育与研究现状探析/切吉卓玛《民族教育研究》2012:6

61. 媒体传播对西藏乡村生活的影响/张玉荣《中国民族》2012:7
62. 图书馆为藏区提供民族地方文献资源服务的思考/王喜梅《图书馆理论与实践》2012:10
63. 藏文古籍的保护与开发利用——以中国民族图书馆为例/史桂玲《图书馆理论与实践》2012:10
64. “青川滇甘”四省藏区研究热点与启示/王世靓、久毛措《长沙理工大学学报》(社会科学版)2013:1
65. 从国内藏学文献出版现状谈图书馆藏学特色文献资源建设/孔繁秀、李子《农业图书情报学刊》2012:8
66. 康巴:边地文化与身份认同/王正宇《广东技术师范学院学报》2012:2
67. 藏文文献目录学的发展及数字化/杨莉《赤峰学院学报》(哲社版)2012:6
68. 藏族题材电影中的宗教文化解析/王春丽、李冰洁《湖北广播电视大学学报》2012:9
69. 青海湖地区生态系统服务价值变化分析/李惠梅、张安录、高泽兵等《地理科学进展》2012:12
70. 对进一步提高西藏广播核心竞争力的思考/张先群、王清江《中国广播电视学刊》2012:11
71. 西藏江孜白居寺塔结构稳定性分析/张纪平、车伟《古建园林技术》2012:3
72. 西藏林芝地区水资源承载力研究/宗永臣、拉姆、次仁、金建立《南水北调与水利科技》2012:5
73. 西藏旅行社网站发展现状及改进对策/刘坤、梅旦珍《旅游纵览》(下半月)2012:10
74. 创新藏区新闻传播的现实途径——以四川甘孜藏族自治州媒介受众调查为例/蹇莉、王卉《电视研究》2012:3
75. 论藏文文献载体的产生和演变/日吉措《法制博览》(中旬刊)2012:5
76. 图片新闻中图像符号的多模态批评性分析——以《时代》杂志图片新闻《家中的达赖喇嘛》为例/王佳宇《国际新闻界》2012:4
77. 从科学发展角度看民族图书馆的发展理念——以西藏自治区图书馆为例/吉太加《新西部》(理论版)2012:10
78. 藏族文献分类研究/刘燕《北方文学》(下半月) 2012:4
79. 藏族地区图书馆服务工作的思考/李红梅《兰台世界》2012:35
80. 藏族题材影视作品中的民俗文化解析/王春丽《电影评介》2012:18

81. 藏族口述文献资源的开发与永久保存研究/韩卫《图书馆理论与实践》2012:7

十七、动态

1. 第七届藏传佛教高级学衔授予暨经师聘任仪式举行/文华《中国西藏》2012:1
2. 西藏佛学院落成开院/桑吉扎西《中国西藏》2012:1
3. 著名藏语文专家格桑居冕教授逝世/《中国藏学》2012:2
4. 第五届北京(国际)藏学研讨会召开/班珠《中国藏学》2012:3
5. 传承文化服务社会——第五届北京(国际)藏学研讨会综述/本刊编辑部《中国藏学》2012:4
6. 国际著名藏学家查尔斯·兰博教授应邀莅临中央民族大学讲学/杨毛措《中国藏学》2012:4
7. 首届"西北民族走廊的文明、宗教与族群关系研讨会"综述/苗运长《西藏民族学院学报》(哲社版)2012:1
8. 近六十年来嘉绒十八土司研究综述/叶小琴《西藏民族学院学报》(哲社版)2012:4
9. 我区作曲家扎西次旺获第十六届全国音乐作品(交响乐)评奖小型作品组一等奖/葛老《西藏艺术研究》2012:1
10. "中国首届藏族弦子与热巴艺术高峰论坛"综述/康·格桑梅朵《西藏艺术研究》2012:1
11. 西藏自治区国家语言文字工作会议在拉萨召开/晋美朗杰、王建社《西藏教育》2012:6
12. 西藏实行学前免费教育政策/《西藏教育》2012:9
13. 对话昆仑之巅 弘扬史诗精神——2012年格萨尔与世界史诗国际学术论坛综述/张筠《青海社会科学》2012:4
14. 《敦煌吐蕃统治时期石窟与藏传佛教艺术研究》出版/敦煌研究院文献研究所《敦煌研究》2012:5
15. 篇篇精彩 字字珠玑——四川民族学院首届康巴文化研讨会论文综述/凌立、曾义《四川民族学院学报》2012:3
16. 云南师范大学汉藏语研究院成立戴庆厦教授任院长/《云南师范大学学报》(哲社版)2012:3
17. 藏族姑娘切阳什姐勇夺奥运会20公里竞走铜牌/增林《中国民族》2012:9

18.《戴庆厦文集》出版暨汉藏语研究座谈会在中央民族大学召开/汪亭存、刘轶《民族语文》2012:3
19. 我国首所汉藏语研究院在云南师范大学成立/朱艳华《民族语文》2012:3
20. 西藏和四省藏区基础教育课程改革及双语教材建设经验交流会议在甘肃省召开/《中国民族教育》2012:10
21. 立足西藏实际创新援藏方法"科学援藏湖北经验解读"理论研讨会综述/宦辰、孙墨笛、康培培、韩冰曦《人民论坛》2012:S1
22. 中国佛教协会:劝诱他人自焚违背佛教戒律/《法音》2012:12
23. 西藏今年将建设13540套保障房/《城市规划通讯》2012:2
24. 西藏将实施纳木错生态环境保护试点项目/《城市规划通讯》2012:6
25. 西藏投资100亿元实施民生水利工程/《城市规划通讯》2012:6
26. 第七届(2012)青藏高原地球科学学术年会在北京大学举行/张进江、张波《地质通报》2012:Z1
27. 第五届西藏考古与艺术国际学术讨论会综述/常红红《艺术设计研究》2012:4
28. 青海广播电视台藏语卫视实现全译全播央视《新闻联播》/《民族翻译》2012:1
29. 全国粮食系统对口援藏工作会议在京召开/《中国粮食经济》2012:9
30.《香巴拉的迷途:十四世达赖喇嘛人和事》在京出版/《出版参考》2012:Z1
31. 四川移动推出全国首份藏文语音手机报/康伊《通信与信息技术》2012:2
32. 西藏人才工作座谈会在拉萨召开中央出台政策支持西藏人才发展/王桂胜《中国人才》2012:17
33. 西藏自治区隆重召开首届和谐模范寺庙暨爱国守法先进僧尼表彰大会/刘胜《中国统一战线》2012:7
34. 西藏自治区应急流动医院交接仪式在拉萨举行/赵熙、邹志国《医疗卫生装备》2012:11
35. 西藏自治区职业教育教材样书中心建立/《职业教育研究》2012:9
36. 拉萨市举行"关帝格萨拉康"揭牌仪式/孙开远《西藏日报》2012年9月18日
37. 西藏自治区归国华侨联合会挂牌成立/玉珍、刘风华《西藏日报》2012年9月28日
38. 西藏国盛国有资产投资控股有限公司和西藏能源投资有限公司成立/玉珍《西藏日报》2012年10月18日
39. 青海省第四次藏族文学创作会议昨日召开/作协《青海日报》2012年7月

18 日
40. 祁连被中国民间文艺家协会命名为“中国藏族情歌之乡”/《青海日报》2012 年 10 月 22 日
41. 西藏贝叶经基础性保护工作顺利完成/尕玛多吉《光明日报》2012 年 9 月 26 日
42. 中国西藏文化交流团与法国议员座谈/姚立《光明日报》2012 年 11 月 30 日
43. 西藏文化交流团对斯洛文尼亚成功访问/赵嘉政《光明日报》2012 年 12 月 6 日
44. 甘津藏区免费中职教育项目启动/吕宝林《甘肃日报》2012 年 8 月 29 日
45. 2012 中国康定・国际情歌节隆重开幕/秦松《甘孜日报》2012 年 9 月 24 日
46. 2012 全国格萨尔学术研讨会在康定举行/唐闯《甘孜日报》2012 年 9 月 29 日
47. 阿坝州首创藏文语音手机报/松涛《四川日报》2012 年 4 月 4 日
48. 青海・果洛《格萨尔》艺人成果展在京举行/马钧《果洛报》2012 年 12 月 25 日
49. 西藏夏鲁寺建筑及壁画保护项目成果发布/刘修兵《中国文化报》2012 年 12 月 10 日
50. 2011 年度国家科技进步奖特等奖在藏设奖学基金/刘振国、崔成多吉《中国国土资源报》2012 年 8 月 27 日
51. 西藏开发推广藏语版驾照考试平台/陈海《人民政协报》2012 年 2 月 2 日
52. 西藏自治区林业厅揭牌成立/次仁朗杰《中国绿色时报》2012 年 7 月 31 日
53. 中国农业发展银行西藏分行成立/张正华《金融时报》2012 年 8 月 9 日
54. 西藏建首个县级综合气象服务平台/陈慧《中国气象报》2012 年 11 月 5 日
55. 中国石油与西藏签署天然气供应合作协议/李向阳《中国石油报》2012 年 11 月 20 日

藏文部分

政治、经济(ཆབ་དཔལ་གྱི་སྐོར།)

བོད་ལྗོངས་ཀྱི་མཆོངས་སྐྱིད་ཆེན་པོ་བཞི། ཉི་ཙ་ཀྲི་ཕུ། 《ཀྲུང་གོའི་བོད་ལྗོངས》 2012. 1

མའོ་ཙེ་ཏུང་གིས་སྒྲོག་ཤིང་གནང་བའི་མི་རབས་དང་པོའི་འགོ་ཁྲིད་མཉམ་སྡེབ་ཀྱིས་ཀྲུང་དབྱང་“བོད་སྐྱོར་སྒྲིག་གཞི”ཡི་རིགས་པའི་གཞུང་ལུགས་ལ་ཕྱུལ་བའི་ལེགས་སྐྱེས་དང་ཧུར་བརྩོན་ཆེན་པོས་ཐབས་ལམ་འཚོལ་ཞིབ་གནང་བའི་སྐོར། ཧེ་ཤིན་ཡོན་གྱིས་བརྩམས། སྲིན་པ་དང་བྱམས་པ་ཚེས་འཛོམས་གཉིས་ཀྱིས་བསྒྱུར།

《བོད་ལྗོངས་ཞིབ་འཇུག》 2012. 4

ཀྲུང་གོའི་ནང་བསྟན་མཐུན་ཚོགས་བོད་ཡན་ལག་མཐུན་ཚོགས་ཀྱི་ལས་དོན་བཞུགས་མོལ་ཚོགས་འདུའི་ཐོག་གི་ཁྲིན་ཆོན་གོའི་གསུང་བཤད། ཁྲིན་ཆོན་གོ 《བོད་ལྗོངས་ནང་བསྟན》 2012. 1

བོད་ཀྱི་མི་རིགས་ཁག་དང་ལས་རིགས་ཁག་གི་མི་སྣས་བོད་ཀྱི་ཞིང་བྲན་ཁྲི་ཚོ་བཅུར་བཅིངས་འགྲོལ་ཐོབ་པའི་དྲན་གསོའི་ཉིན་མོར་རྟེན་འབྲེལ་ཞུ་བའི་བཞུགས་མོལ་ཚོགས་འདུའི་ཐོག་གི་གཏམ་བཤད།

སྲུབ་ཁང་ཐུབ་བསྟན་མཁས་གྲུབ། 《བོད་ལྗོངས་ནང་བསྟན》 2012. 1

མདོ་དབུས་མཐོ་སྒང་གི་གཙུག་རྒྱན་གཙོད་ཀྱི་གསང་བའི་གཏམ་རྒྱུད་ལས་ཁག་དང་པོ།

གཉལ་བཀྲ་ཤིས་ཕུན་ཚོགས། 《ཀྲུང་གོའི་བོད་ལྗོངས》 2012. 3

མདོ་དབུས་མཐོ་སྒང་གི་གཙུག་རྒྱན་གཙོད་ཀྱི་གསང་བའི་གཏམ་རྒྱུད་ལས་ཁག་གཉིས་པ།

གཉལ་བཀྲ་ཤིས་ཕུན་ཚོགས། 《ཀྲུང་གོའི་བོད་ལྗོངས》 2012. 5

ཆིང་རྒྱལ་རབས་ཕོང་མ་རིམ་བྱུང་གིས་བཀོད་འདོམས་འོག་བོད་ཀྱི་ཆོས་ལུགས་དོ་དམ་སྒྲིག་གཞིའི་སྐོར།

མི་ཉག་ཆོས་ཀྱི་རྒྱལ་མཚན་གྱིས་ལེགས་སྒྲིག་བྱས། 《བོད་ལྗོངས་ནང་བསྟན》 2012. 1

ཏང་གི་དར་ཆ་མཐོན་པོར་སྒྲེང་ནས་དུས་བསྟུན་མཉམ་སྐྱོད་ཀྱིས་མཚོ་སྔོན་བོད་ཁུལ་གྱི་འཕེལ་རྒྱས་མཆོང་བརྒྱལ་འབྱུང་བར་འབད་དགོས། གདུགས་དཀར་འབུམ། 《རྩེ་ར་སྐྱེག》 2012. 4

བོད་ཀྱི་འགྲིམ་འགྲུལ་བྱ་གཞག་གི་འཕྲུར་མཆོང་ཆེན་པོ།——ཏང་གི་ཚོགས་ཆེན་བཅོ་བརྒྱད་པ་རྒྱལ་ཁའི་ངང་འཚོགས་པར་རྟེན་འབྲེལ་ཞུ། བསོད་ནམས་ཀྱིས་བརྩམས། 《གངས་ལྗོངས་རིག་གནས》 2012. 4

འགོ་ཁྲིད་ལས་བྱེད་པས་ཡང་དག་པའི་བདེ་སྐྱིད་ཀྱི་ལྟ་བ་འཛིན་དགོས།

ཀྲང་ཞེས་བརྩམས། གདུགས་དཀར་འབུམ་གྱིས་བསྒྱུར།《རྩེ་ར་སྐྱེག》 2012. 1

ཆོས་ལུགས་དད་མོས་ཀྱི་རྩ་ཁྲིམས་ཚད་གཞིའི་སྐོར་གླེང་བ།

མྣ་རྫས་རྫན་གྱིས་བརྩམས། ཚེ་མགོན་གྱིས་བསྒྱུར། 《རྩེ་ར་སྐྱེག》 2012. 1

རིག་གནས་རྒྱུན་འཛིན་བྱེད་པ་དང་། སྒྱུ་ཚོགས་ལ་ཞབས་འདེགས་ཞུ་བ། སྐབས་ལྔ་བའི་པེ་ཅིན་〈རྒྱལ་སྤྱིའི་བོད་རིག་པའི་〉གྲོས་མོལ་ཚོགས་འདུའི་སྤྱི་བཤད།

ཀྲུང་གོའི་བོད་རིག་པ་དུས་དེབ་རྩོམ་སྒྲིག་ཁང་། 《ཀྲུང་གོའི་བོད་རིག་པ》 2012. 4

སི་ཁྲོན་བོད་ཁུལ་གྱི་དཔལ་འབྱོར་འཕེལ་རྒྱས་སྐོར་ལ་དཔྱད་པ། ཟླ་ཁོ། 《ཀྲུང་གོའི་བོད་རིག་པ》 2012. 1

སྔར་བོད་ས་གནས་སྲིད་གཞུང་དུས་སྐབས་ཀྱི་ས་གནས་སྲིད་འཛིན་བྱང་སྤྱི་དང་བྱང་སྤྱི་སྡེ་ཁག་གི་ལོ་རྒྱུས་ཡིག་ཚགས་ལ་དཔྱད་པ། རྡོ་ཕྲིས་ཚེ་རིང་རྒྱལ། 《ཀྲུང་གོའི་བོད་རིག་པ》 2012. 3

འབྲུག་སྡེ་སྲིད་བཞི་བ་བསོད་ནམས་ལྷུན་གྲུབ་བོད་ལ་གྲོས་བྱོལ་དུ་འོངས་པའི་སྐོར་ལ་དཔྱད་པ།

བཀྲ་ཤིས། ཨོ་རྒྱན། 《ཀྲུང་གོའི་བོད་རིག་པ》 2012. 3

བོད་བཙན་པོའི་དུས་ཀྱི་ཁྲིམས་ཡིག་གི་འབྱུང་ཁུངས་གཙོ་བོ་འགར་དཔྱད་པ།

ཉི་མ་ཚེ་རིང་། 《བོད་ལྗོངས་ཞིབ་འཇུག》 2012. 3

ནན་ཏན་གྱིས་ཞིང་ཆེན་ཏང་གི་ཚོགས་ཆེན་བཅུ་གཉིས་པའི་དགོངས་དོན་སློབ་སྦྱོང་དང་ལག་བསྟར་བྱེད་དགོས།

རྩེ་ར་སྐྱེག་དུས་དེབ་ཁང་གིས། 《རྩེ་ར་སྐྱེག》 2012. 2

ཡང་དག་པའི་བདེན་འཛིན་གྱི་ལྟ་བ་འཛིན་དགོས། ལས་རབ་རྡོ་རྗེས་བསྒྱུར། 《རྩེ་ར་སྐྱེག》 2012. 2

གྲངས་ཉུང་མི་རིགས་ཀྱི་སྤྱི་དམངས་འདུ་ཤེས་དང་རྒྱལ་ཁབ་ངོས་ལེན་བྱེད་པའི་འདུ་ཤེས།

ཕྲུའུ་ཅིན་མིན་གྱིས་བརྩམས། སློལ་གསལ་གྱིས་བསྒྱུར། 《རྩེ་ར་སྐྱེག》 2012. 2

སྒྱུ་ཚོགས་དོ་དམ་ལ་གསར་སྐྲུན་དང་ཞུགས་སྣོན་བྱས་ནས་ཧུར་བརྩོན་གྱིས་དུས་སྐབས་གསར་བའི་མི་རིགས་དང་ཆོས་ལུགས་ཀྱི་བྱ་བ་ལེགས་སྒྲུབ་བྱེད་པ།

པོ་ལུན་ཧྲིན་གྱིས་བརྩམས། སྣ་ལྷུགས་མགོ་ཚེ་རིང་གིས་བསྒྱུར། 《རྩེ་ར་སྐྱེག》 2012. 2

《རྩེར་སྣེག》བོད་རྒྱའི་དུས་དེབ་སྤྱིལ་ནས་ལོ་འཁོར་སུམ་ཅུ་ལོན་པའི་རྗེས་དྲན་བཞུགས་མོལ་གྲོས་ཚོགས་སྟེང་གི་གཏམ་བཤད།

ཀྲང་ལྡེས། 《རྩེར་སྣེག》 2012. 3

བོད་བཙན་པོའི་ཡིག་ཆ་ལས་སྐབས་དེའི་སྲིད་ཁྲིམས་ཀྱི་ངོ་བོ་ལ་ཅུང་ཙམ་དཔྱད་པ།

བསོད་ནམས་ཚེ་རིང་། 《བོད་ལྗོངས་སློབ་གྲྭ་ཆེན་མོའི་རིག་དེབ》 2012. 2

དངོས་དོན་བདེན་འཚོལ་གྱི་བསམ་བློའི་ལམ་ཕྱོགས་མཐའ་འཁྱོངས་བྱེད་དགོས།

ཞི་ཅིན་ཕིན་གྱིས་བརྩམས། གདུགས་དཀར་འབུམ་གྱིས་བསྒྱུར། 《རྩེར་སྣེག》 2012. 3

ཏང་གི་སྔོན་ཐོན་རང་བཞིན་དང་རྣམ་དག་རང་བཞིན་ནམ་ཡང་རྒྱུན་འཁྱོངས་བྱས་ཏེ། ཏང་གི་འཛུགས་སྐྲུན་ཚན་རིག་ཅན་གྱི་ཆུ་ཚད་ལྷུ་མཐུད་དུ་ཇེ་མཐོར་གཏོང་དགོས།

ཆིང་ལྡེས་བརྩམས། ཚེ་མགོན་གྱིས་བསྒྱུར། 《རྩེར་སྣེག》 2012. 3

ཀྲུང་གོ་གུང་ཁྲན་ཏང་གི་སྲིད་སྐྱོང་ཁྲིམས་མཐུན་རང་བཞིན་འཛུགས་སྐྲུན་བྱེད་པའི་གཞི་རྩའི་ཉམས་མྱོང་།

ཕུའུ་ཧྲོང་གིས་བརྩམས། བན་དེ་ཚེ་རིང་གིས་བསྒྱུར། 《རྩེར་སྣེག》 2012. 3

བློ་བརྟན་འགྱུར་མེད་དང་ཚན་རིག་གི་འཕེལ་རྒྱས་ལྟ་བ་དེ་རང་རྒྱལ་གྱི་དེང་རབས་ཅན་འཛུགས་སྐྲུན་ཁྲིད་ལག་ལེན་མཐིལ་ཕྱིན་བྱས་ཏེ། ཏང་འཛུགས་སྐྲུན་གྱི་ཕྱོགས་སོ་སོ་ནས་མཆོན་པར་བྱ་དགོས།

ལིག་ཡུན་ཧྲུན་གྱིས་བཤད། རིན་ཆེན་གྱིས་བསྒྱུར།《རྩེར་སྣེག》 2012. 3

ཚོགས་ཆེན་བཅོ་བརྒྱད་པའི་སྔོན་ཞུ་ལ་གཞུང་ལུགས་གསར་གཏོད་དང་ཁྱད་ཆོས་འབུར་ཐོན་བཅུ་ལྡན།

ལིའུ་ཆིན་པེ་ཡིས་བཤད། སྐལ་བཟང་རྒྱལ་གྱིས་བསྒྱུར། 《རྩེར་སྣེག》 2012. 3

བོད་ཀྱི་འཛམ་བྱེད་བྲེ་སྲང་རིག་གནས་སྐོར་གྱི་འབྱུང་འཕེལ་ལ་དཔྱད་པ།

ཚེ་དབང་དོར་བྱེ། 《རྩེར་སྣེག》 2012. 1

བོད་ཀྱི་ཞིང་ལས་ཤེས་རིག་དང་འབྲེལ་ནས་ཞིང་ཆས་སྐོར་བཤད་པ།

བཀྲ་ཤིས་རྒྱལ། 《མང་ཚོགས་སྒྱུ་རྩལ》 2012. 1

རྫ་མོ་སྣང་མའི་རིག་གནས་ཡུལ་སྐོར་དུས་ཆེན་ལས་འཕྲོས་པའི་དཔྱད་གཏམ།

སྐལ་བཟང་བདེ་སྐྱིད། 《མི་རིགས》 2012. 2

སོ་ནམ་གྲོང་ཚོ་ཆུང་ངུ་ཡི། འཕོ་འགྱུར་ཆེན་པོས་མི་སེམས་སྤྲོ། ——བོད་ལྗོངས་རིན་སྤུངས་རྫོང་ས་དཀར་གྲོང་ཚོའི་ལྷབས་ཆེའི་འགྱུར་ལྡོག་སྣང་བ།

བསོད་ནམས། 《གངས་ལྗོངས་རིག་གནས》 2012. 4

བོད་ཀྱི་འགྲིམ་འགྲུལ་བྱ་བཞག་གི་འཕྱུར་མཆོང་ཆེན་པོ། ——ཏང་གི་ཚོགས་ཆེན་བཅོ་བརྒྱད་པ་རྒྱལ་ཁའི་ངང་འཚོགས་པར་རྟེན་འབྲེལ་ཞུ།

བསོད་ནམས། 《གངས་ལྗོངས་རིག་གནས》 2012. 4

历史(ལོ་རྒྱུས་ཀྱི་སྐོར།)

བོད་ཀྱི་ལོ་རྒྱུས་ཐོག་འཛོན་ཐང་ཆེ་བའི་བུད་མེད་ཅིག་སྟེ་བཙན་མོ་ཁྲི་མ་ལོད་ཀྱི་སྐོར་རགས་ཙམ་བརྗོད་པ།

ལྷ་མཆོག་རྒྱལ། 《ཀྲུང་གོའི་བོད་རིག་པ》 2012. 1

བོད་ཀྱི་ལོ་རྒྱུས་སྟེང་གི་བེ་རི་དང་བེ་རི་རྒྱལ་པོའི་སྐོར་ལ་དཔྱད།

རྒྱལ་མོ་འབྲུག་པ། 《ཀྲུང་གོའི་བོད་རིག་པ》 2012. 2

བཀའ་ཤོག་དང་འབྲེལ་ཏེ་ལ་མོ་ཞབས་དྲུང་དཀར་པོའི་སྐོར་གླེང་བ།

རིན་ཆེན་སྒྲོལ་མ། 《ཀྲུང་གོའི་བོད་རིག་པ》 2012. 2

ཐུ་རྒྱལ་བཙན་པོས་སུམ་པ་དང་ཞང་ཞུང་དང་འ་ཞ་བཅས་རྒྱལ་ཕྲན་དབང་དུ་བསྡུས་ཚུལ་གྱི་སྐོར་རགས་ཙམ་བརྗོད་པ།

སྒྲོལ་མ་ཚེ་རིང་། 《ཀྲུང་གོའི་བོད་རིག་པ》 2012. 3

བོད་ཅེས་པའི་ཐ་སྙད་དང་དེའི་ལོ་རྒྱུས་རྒྱབ་ལྗོངས་ལ་དཔྱད་པ།

ཀུན་དཔལ་ཚེ་རིང་། 《ཀྲུང་གོའི་བོད་རིག་པ》 2012. 3

སྲོང་བཙན་སྒམ་པོའི་སྐབས་བོད་ཀྱི་མི་ཆོས་ཚད་གཞི་གཏན་འབེབས་བྱས་ཚུལ་རོབ་ཙམ་གླེང་བ།

བྲ་མོ་ཆོག 《ཀྲུང་གོའི་བོད་རིག་པ》 2012. 3

ཞྭ་ལྷ་ཁང་གི་བྱང་རྡོས་ནས་རྙེད་པའི་ལྡོང་གི་བང་སོའི་རྗེ་རིང་ལ་ཐོག་མར་དཔྱད་པ།

སྟོབས་ལྡན། 《ཀྲུང་གོའི་བོད་རིག་པ》 2012. 4

མཚོ་སྔོན་གཏེར་ལམ་རྫོང་གི་བོད་བཙན་པོའི་དུས་ཀྱི་བང་སོ་ཨང་གསུམ་པའི་རྗེ་རིང་ཡི་གེ་ལས་འཕྲོས་པའི་གཏམ།

ཆབ་འགག་རྟ་མགྲིན། 《ཀྲུང་གོའི་བོད་རིག་པ》 2012. 4

དུས་རབས་བརྒྱད་པའི་བན་བོན་འབྲེལ་བའི་ནང་གི་དྲན་པ་ནམ་མཁའ།

སྟོང་སྐོར་ཚེ་རིང་ཐར། 《ཀྲུང་གོའི་བོད་རིག་པ》 2012. 4

གཉའ་ཁྲི་བཙན་པོ་དང་འབྲེལ་བའི་རྒྱལ་ཕྱིའི་ཞིབ་འཇུག་སྐོར་ཞིག་གི་མཐའ་དཔྱད།

གཡང་མོ་མཚོ། 《ཀྲུང་གོའི་བོད་རིག་པ》 2012. 4

ཁྲི་ལིང་མཁར་གྱི་ལོ་རྒྱུས་གནས་ཚུལ་སྐོར་ཐོག་མར་གླེང་སློང་བ།

ཚེ་བརྟན་ནོར་བུ། 《ཀྲུང་གོའི་བོད་རིག་པ》 2012. 4

མདོ་སྨད་དཔའ་ལུང་བོད་རིགས་ཀྱི་ལོ་རྒྱུས་རྟོག་དཔྱོད། ཀྲང་སྲིང་། 《ཀྲུང་གོའི་བོད་རིག་པ》 2012. 4

མགོ་ལོག་འབུམ་པ་ཁག་གསུམ་གྱི་ལོ་རྒྱུས་དང་ཚོ་པའི་སྒྲིག་གཞིའི་སྐོར་རགས་ཙམ་བརྗོད་པ།

གཙང་བ་རབ་རྒྱས་པ་སངས། 《བོད་ལྗོངས་ཞིབ་འཇུག》 2012. 1

གནའ་བོའི་བོད་དང་སྤྱིའི་དཔར་གྱི་ལོ་རྒྱུས་རིག་གནས་འབྲེལ་བའི་སྐོར་ལ་དཔྱད་པ།

རྨེ་རུ་ཡུལ་ལྷ་ཐར། 《བོད་ལྗོངས་ཞིབ་འཇུག》 2012. 1

བཙན་པོ་ཁྲི་གཙུག་ལྡེ་བཙན་དང་དར་མ་འུ་དུམ་བཙན་གྱི་འཁྲུངས་གཤེགས་ལོ་ཚིགས་ཀྱི་དོགས་གནད་ལ་དཔྱད་པ།

ཆོས་འཕེལ། 《བོད་ལྗོངས་ཞིབ་འཇུག》 2012. 2

ལྷོ་ཁ་གོང་དཀར་སྦྲེལ་ཞིང་དུ་གནས་པའི་རྫོག་ཆོས་བརྒྱུད་པའི་གདན་སའི་བྱུང་བ་དང་འབྲེལ་ཡོད་སྐོར་བཤད་པ།

ཕུར་བུ་རྡོ་རྗེ་དང་ངག་དབང་དཀོན་མཆོག 《བོད་ལྗོངས་ཞིབ་འཇུག》 2012. 2

བོད་ཀྱི་ལོ་རྒྱུས་སྟེང་གི་སུམ་པ་ཞེས་པའི་སྐོར་ལ་དཔྱད་པ།

རྒྱལ་མོ་འབྲུག་པ། 《བོད་ལྗོངས་ཞིབ་འཇུག》 2012. 3

གྲི་གུམ་བཙན་པོ་ཟེར་བ་ནི་གདོན་འདྲེས་བསྒྲོངས་པའི་བཙན་པོ་ཞེས་པའི་དོན་ཡིན། ——ཏུན་ཧོང་ཤོག་དྲིལ་ནང་གསལ་བ་ལྟར་བཙན་པོ་འདིའི་མཚན་ཐོགས་ཚུལ་ལ་དཔྱད་པ།

ཁ་སྐད་བཀྲ་ཤིས་ཚེ་རིང་། 《བོད་ལྗོངས་ཞིབ་འཇུག》 2012. 3

གནམ་སྐྱོང་རྒྱལ་པོའི་བང་སོའི་རྡེག་རྫས་ཀྱི་ཡི་གེ་དང་རི་མོ་ལས་འཕྲོས་པའི་གཏམ།

ཆབ་འགག་རྟ་མགྲིན། 《བོད་ལྗོངས་ཞིབ་འཇུག》 2012. 3

《སྦ་བཞེད》ཀྱི་དཔར་གཞིའི་སྐོར་དང་དེས་བོད་ཀྱི་ལོ་རྒྱུས་རིག་གཞུང་ལ་ཐེབས་པའི་ཤུགས་རྐྱེན་ལས་འཕྲོས་པའི་གཏམ། རྨེ་རུ་ཡུལ་ལྷ་ཐར། 《བོད་ལྗོངས་ཞིབ་འཇུག》 2012. 4

《དེབ་དམར》དུ་བཀོད་པའི་ཐང་ཡིག་བོད་འགྱུར་མའི་ཁུངས་དང་། བོད་དུ་སྒྱུར་མཁན། དཔར་འདེབས་བཅས་ཀྱི་སྐོར་གླེང་བ། ཕུག་རྡོར་སྐྱབས་། 《བོད་ལྗོངས་ཞིབ་འཇུག》 2012. 4

ང་ཚོས་རང་གི་ལོ་རྒྱུས་ཤེས་དགོས། རྡོར་ཞི་གདོང་དྲུག་སྙེམས་བློ། 《བོད་ཀྱི་སློབ་གསོ》 2012. 3

བཙན་པོའི་རྒྱལ་རབས་སྐབས་ཀྱི་ཡིག་ཚང་ལམ་ལུགས་ལ་དཔྱད་པ།

པད་གཞུང་བློ་བ་ཆུང་བདག 《བོད་ལྗོངས་སློབ་གྲྭ་ཆེན་མོའི་རིག་དེབ》 2012. 2

བོད་སིལ་བུའི་དུས་དབུ་རུར་འབྲོ་སྲས་གཉིས་འཁྲུག་པའི་སྐོར་ལ་དཔྱད་པ།

འཇིགས་མེད། 《བོད་ལྗོངས་སློབ་གྲྭ་ཆེན་མོའི་རིག་དེབ》 2012. 2

སྤུར་རྒྱལ་དང་མཆིམས་རུས་དཔར་གྱི་གཉེན་སྒྲིག་སྐོར་ཅུང་ཙམ་གླེང་བ།

ལྷག་སྒྲོན། 《གངས་ལྗོངས་རིག་གནས》 2012. 1

ལྷེ་བཙོད་ཅེས་པའི་སྐོར་ལ་རགས་ཙམ་དཔྱད་པ། དགྲ་འདུལ། 《གངས་ལྗོངས་རིག་གནས》 2012. 1

རྒྱལ་པོ་ཁྲི་གཙུག་བཙན་པོ་དང་ཨུ་དུམ་བཙན་གཉིས་རིང་གི་ཆོས་བསྣུབས་ཚུལ་གྱི་བསྒྱུར་བ།

འཕྲུར་མེད། 《རྩེར་སྙེག》 2012. 2

བོད་མིའི་འབྱུང་ཁུངས་ལ་ཉུང་ཙམ་དཔྱད་པ། བན་དེ་སྐྱབས། 《རྩེར་སྙེག》 2012. 1

བོད་བཙན་པོའི་ལྷ་སྲོག་ཏུ་གྱུར་པའི་མགར་གྱི་ཁྱིམ་རྒྱུད་བཤད་པ། བྱང་མོ་མཚོ། 《རྩེར་སྙེག》 2012. 2

གསར་དུ་རྙེད་པའི་སྤུ་རྒྱལ་བོད་དང་མངའ་རིས་སྟོད་ཀྱི་རྒྱལ་རབས་སྐོར་གྱི་རྫ་ཆེའི་ཡིག་རྙིང་མཚམས་སྦྱོར་དཔྱད་གླེང་། པ་ཚབ་པ་སངས་དབང་འདུས། 《བོད་ལྗོངས་ཞིབ་འཇུག》 2012. 4

ཟིང་པོ་རྗེ་ཁྲི་པངས་གསུམ་གྱི་མཁར་གཞིས་གནས་ཡུལ་དང་འབྲེལ་བའི་ལོ་རྒྱུས་གནད་དོན་ཁག་གཅིག་ལ་དཔྱད་པ།

པད་གཞུང་བློ་བ་ཚུང་བདག 《བོད་ལྗོངས་ཞིབ་འཇུག》 2012. 4

བོད་ཡིག་ཡིག་ཚང་བྱུང་འཕེལ་གྱི་དུས་མཚམས་ངོས་འཛིན་དང་ཁྱད་ཆོས་ཆེ་ལོང་ཙམ་བརྗོད་པ།

སྣ་མེ་ཚེ་དབང་རྣམ་རྒྱལ། 《བོད་ལྗོངས་ཞིབ་འཇུག》 2012. 4

དཔལ་གསང་ཕུ་ནེའུ་ཐོག་དགོན་གྱིས་བོད་ཀྱི་རིག་གནས་ལ་བཞག་པའི་བྱས་རྗེས་སྐོར།

ཚེ་རིང་སྒྲོལ་མ། 《བོད་ལྗོངས་ཞིབ་འཇུག》 2012. 1

ཕོ་བྲང་ཡུམ་བུ་བླ་མཁར་དང་འབྲེལ་བའི་ལོ་རྒྱུས་མདོར་བསྡུས།

བློ་བཟང་ཡེ་ཤེས། 《བོད་ལྗོངས་ཞིབ་འཇུག》 2012. 2

བོད་བརྒྱུད་ནང་བསྟན་གྲུབ་མཐའ་ཁག་གི་དབུ་ཞྭའི་བྱུང་བ་དང་མཚོན་དོན་མདོར་བསྡུས།

པད་མ། 《བོད་ལྗོངས་ཞིབ་འཇུག》 2012. 2

ཚད་མ་རིག་པའི་བརྡ་དང་ཐ་སྙད་ལས་ལོ་རྒྱུའི་སྐོར་མདོ་ཙམ་བརྗོད་པ།

ཟླ་བ། 《བོད་ལྗོངས་ནང་བསྟན》 2012. 2

སངས་རྒྱས་ཆོས་ཚོགས་མའི་དྲིས་ལན་ཉི་ཤུ་པ། འཇམ་ནོར། 《བོད་ལྗོངས་ནང་བསྟན》 2012. 2

གནའ་བོའི་བོད་ཀྱི་བརྡ་རྙིང་ཡིག་ཆ་བསྡུ་ཉར་དང་བོར་སྟོར་བྱུང་བའི་གནས་ཚུལ་གླེང་བ།

རྨེ་རུ་ཡུལ་ལྷ་ཐར། 《བོད་ལྗོངས་སློབ་གྲྭ་ཆེན་མོའི་རིག་དེབ》 2012. 3

བོད་ཀྱི་ས་ཁམས་ཆགས་ཚུལ་དང་རྒྱ་མཚོ་འདེབས་ཞིང་དུ་གྱུར་པའི་སྐོར་ཆེ་ལོང་ཙམ་བརྗོད་པ།

ཚེ་དབང་། 《བོད་ལྗོངས་སློབ་གྲྭ་ཆེན་མོའི་རིག་དེབ》 2012. 3

མངའ་བདག་ཁྲི་རལ་པ་ཅན་གྱི་ལོ་རྒྱུས་ལ་ཉུང་ཟད་དཔྱད་པ།

བཀྲས་གླིང་བློ་བཟང་། 《བོད་ལྗོངས་སློབ་གྲྭ་ཆེན་མོའི་རིག་དེབ》 2012. 3

ཆིང་མཛུག་མིན་འགོར་བོད་ཀྱི་སེར་མོ་བ་དཀོན་མཆོག་འབྱུང་གནས་སྲིད་ནང་ཞུགས་པའི་ལོ་རྒྱུས་རྒྱབ་ལྗོངས་སྐོར་རགས་ཙམ་གླེང་བ། བསིལ་ལྡན་བླ་བ་ཚེ་རིང་། 《བོད་ལྗོངས་སློབ་གྲྭ་ཆེན་མོའི་རིག་དེབ》 2012. 3

རྒྱལ་པོ་ཁྲི་གུམ་བཙན་པོ་དང་འུ་དུམ་བཙན་གཉིས་རིང་གི་ཆོས་བསྣུབས་ཚུལ་གྱི་སྐོར་བ། འབྱུར་མེད། 《ཆེ་ར་སྐེག》 2012. 1

དགོན་ལུང་བྱམས་པ་གླིང་གི་བོད་ཡིག་རྗེ་རིང་ཡི་གེའི་དཔྱད་ཐབ། པདྨ་དབང་ཆེན། 《ཆེ་ར་སྐེག》 2012. 1

དུས་རབས་བཅུ་བདུན་པའི་དུས་མགོའི་དགེ་ལུགས་པ་དང་འབྲེལ་བའི་ཆབ་སྲིད་ཀྱི་གནད་དོན་སྐོར་ཞིག་ལ་དཔྱད་པ། ལྷ་མོ་ཚེ་རིང་། 《ཆེ་ར་སྐེག》 2012. 2

འབྲོ་བཟའ་ཁྲི་མ་ལོད་ཀྱི་ལོ་རྒྱུས་མཛད་འཕྲིན་མདོ་ཙམ་གླེང་བ། བློ་བཟང་ཉི་མ། 《ཆེ་ར་སྐེག》 2012. 3

མངའ་བདག་གནམ་ལྡེ་འོད་སྲུང་གི་རྒྱུད་པས་རྒྱལ་ས་ཡུལ་དབུས་ནས་གུ་གེར་སྤོས་ཚུལ་བཤད་པ། སྐལ་ལྡན་དོན་གྲུབ། 《ཆེ་ར་སྐེག》 2012. 3

བཙན་པོའི་རྒྱལ་རབས་ཐོར་ཞིག་ཏུ་གྱུར་པའི་རྒྱུ་རྐྱེན་ལ་དཔྱད་པ། མཁའ་འབུམ། 《ཆེ་ར་སྐེག》 2012. 4

བཙན་པོ་འབྲོ་གཉན་ལྡེའུ་ལས་འཕྲོས་པའི་གཏམ། ཤེས་རབ་ལྷ་མོ། 《ཆེ་ར་སྐེག》 2012. 4

མདོ་དབུས་མཐོ་སྒང་ཡང་གདོད་མའི་མིའི་ཕ་ཡུལ་ཡིན། དགེ་ལེགས་དང་པདྨ་ཚེ་རིང་། 《མཚོ་སྔོན་མི་རིགས་སློབ་གྲྭ་ཆེན་མོའི་རིག་དེབ》 2012. 2

བོད་ཀྱི་བང་སོ་ལས་བྱུང་བའི་ཕུར་སྒམ་ཆོན་ཁྲ་མའི་སྐོར་ལ་ཐོག་མར་དཔྱད་པ། [སི་ལྤེ་སི]ཤེ་མིས . ཧེ་ཞིར་ནས་བརྩམས། ཤ་བོ་མཁའ་བྱམས་ཀྱིས་བསྒྱུར། 《མཚོ་སྔོན་མི་རིགས་སློབ་གྲྭ་ཆེན་མོའི་རིག་དེབ》 2012. 3

རྫོང་ཏུའི་གནའ་ཤུལ་ལ་ཅུང་ཙམ་དཔྱད་པ། བན་དེ་སྐྱབས། 《མཚོ་སྔོན་མི་རིགས་སློབ་གྲྭ་ཆེན་མོའི་རིག་དེབ》 2012. 3

མངའ་རིས་སྨུ་ཕྱེང་རྫོང་འཁོར་ཆགས་གྲོང་ཚོ་ནས་གསར་དུ་རྙེད་པའི་མནའ་གན་དང་གན་རྒྱའི་ཤོག་དྲིལ་ཁག་གཉིས་ལ་དཔྱད་པ། ཉི་མ་ཚེ་རིང་། 《ཀྲུང་གོའི་བོད་རིག་པ》 2012. 4

བོད་ཀྱི་གནའ་རྫས་རྟོག་ཞིབ་དང་སྒྱུ་རྩལ་སྐོར་གྱི་རྒྱལ་སྤྱིའི་རིག་གཞུང་དཔྱད་གླེང་ཚོགས་འདུ་སྐབས་ལྔ་བ་པེ་ཅིན་དུ་འཚོགས་པ། སྐལ་བཟང་དར་རྒྱས། 《ཀྲུང་གོའི་བོད་རིག་པ》 2012. 4

འཇིག་རྟེན་ལུགས་ཀྱི་བསྟན་བཅོས་ལས་དཔྱད་དོན་གསལ་བའི་སྒྲོན་མེ་ཞེས་གྲགས་པ་བཞུགས་སོ།། བཀྲ་ཤིས་རྣམ་རྒྱལ་བཟང་པོ། 《མང་ཚོགས་སྒྱུ་རྩལ》 2012. 1

བོད་ལྗོངས་རྟེན་རྫས་བཤམས་སྟོན་ཁང་དུ་ཉར་པའི་བོད་ལུགས་དར་འཐག་དངུལ་ཁྲུག

མཚམས་གཅོད། 《ཀྲུང་གོའི་བོད་ལྗོངས》 2012. 1

མདོ་ཁམས་ཀྱི་ཡུལ་ཕྱོགས་རེ་འགར་བསྐྱོད་པའི་ཟིན་ཐོ་སྣ་ཟིན་སྲུ་ཟིན།

སྟོབས་རྒྱས། 《མང་ཚོགས་སྒྱུ་རྩལ》 2012. 1

རྟ་སྤྲིས་ཧ་ར་ཚོ་བའི་མིང་ལ་རྟོག་ཞིབ་རགས་ཙམ་བྱེད་པ།

ཉིང་འཛིན་སྒྲོལ་མ། 《མང་ཚོགས་སྒྱུ་རྩལ》 2012. 4

ཕོ་བྲང་པོ་ཏ་ལའི་རིག་དངོས་ཞིབ་འཇུག་ཁང་གི་འཕེལ་རྒྱས་ཀྱི་གྲུབ་འབྲས་བརྗོད་པ།

བཀྲ་ཤིས་ཚེ་བརྟན། 《གངས་ལྗོངས་རིག་གནས》 2012. 4

哲学、宗教(ཆོས་ལུགས་དང་མཚན་ཉིད་རིག་པའི་སྐོར།)

ལ་སྨོ་བདེ་ཆེན་ཆོས་འཁོར་གླིང་གི་སྤྱི་ཚོགས་ཕན་ནུས་ལ་རགས་ཙམ་དཔྱད་པ།

ཐུབ་བསྟན་ཚེ་རིང་། 《ཀྲུང་གོའི་བོད་རིག་པ》 2012. 1

མཁན་པོ་མ་ཧཱ་ཡན་གྱི་ལྟ་དགོངས་ལ་ཆེ་ལོང་དུ་དཔྱད་པ་བློ་གྲོས་གསལ་བའི་མིག་སྨན་ཞེས་བྱ་བ་བཞུགས་སོ།།

འབའ་གཞུང་རིན་ཆེན་ཚེ་རིང་། 《ཀྲུང་གོའི་བོད་རིག་པ》 2012. 2

བོད་བརྒྱུད་ནང་བསྟན་གྱི་བསྟན་སྲུང་བྱེ་བྲག་པེ་ཧར་རྒྱལ་པོའི་སྐོར་གླེང་བ།

གྲ་བཞི་མིག་དམར་ཚེ་རིང་། 《ཀྲུང་གོའི་བོད་རིག་པ》 2012. 2

ལྷ་བླ་མ་ཡེ་ཤེས་འོད་དང་ལོ་ཆེན་རིན་ཆེན་བཟང་པོའི་མཛད་འཕྲིན་ལས་འཕྲོས་ཏེ་སྡོད་འདུལ་དར་བའི་ལོ་ཚིགས་ལ་རགས་ཙམ་དཔྱད་པ།

འབྲུག་ལྷ། 《ཀྲུང་གོའི་བོད་རིག་པ》 2012. 3

བོན་གྱི་ལྷ་རབས་ཀྱི་ལོ་རྒྱུས་དཔྱད་ཡིག་གི་རིན་ཐང་སྐོར་གླེང་བ།

བཀྲ་རྡོ། 《ཀྲུང་གོའི་བོད་རིག་པ》 2012. 3

ཚད་མ་རིག་པའི་རྟོག་པའི་རྣམ་གཞག་ལས་ལོ་ཙཱ་བྱེད་ཐུབ་མིན་གྱི་སྐོར་མདོ་ཙམ་གླེང་བ།

ཐུབ་བ། 《ཀྲུང་གོའི་བོད་རིག་པ》 2012. 3

འཕགས་བོད་ཀྱི་གཞུང་ལས་འབྱུང་བའི་ལྷ་ཚོགས་ལ་གསར་དུ་དཔྱད་པ།

ཀུན་དགའ་དབང་ཕྱུག 《ཀྲུང་གོའི་བོད་རིག་པ》 2012. 4

སློབ་དཔོན་ཕྱོགས་གླང་གི《ཚད་མ་ཀུན་བཏུས》ལས་བསྟན་པའི་གཞན་སེལ་དང་ཚད་འབྲས་ཀྱི་རྣམ་གཞག་ལ་དཔྱད་པ།

སྨར་ཚེ་རྡོར་ཆུང་བ། 《ཀྲུང་གོའི་བོད་རིག་པ》 2012. 4

ནང་བསྟན་ལས་འཕྲོས་ཏེ་འདྲ་མཉམ་འཆམ་མཐུན་གྱི་བསམ་བློ་ལ་ཅུང་ཟད་དཔྱད་པ།

ཆ་སྐྱེས་དགེ་འདུན་བསམ་གཏན། 《ཀྲུང་གོའི་བོད་རིག་པ》 2012. 4

བོན་གྱི་འབྱུང་གནས་འོལ་མོ་ལུང་རིང་ལས་འཕྲོས་ཏེ་ཞང་ཞུང་སྲིད་པའི་ཆགས་རབས་སྙ་བས་བོད་ལ་ཤན་ཞུགས་

ཚུལ་སྐོར་གླེང་བ། ནོར་བུ་ཚེ་རིང་། 《བོད་ལྗོངས་ཞིབ་འཇུག》 2012. 1

རྗེ་ཙོང་ཁ་པ་མཆོག་གིས་སྟོང་ཉིད་ཀྱི་ལྟ་བ་གཏན་ཇི་ལྟར་འབེབས་ཚུལ་སྐོར་ལ་དཔྱད་པ།

ར་ས་བསྟན་འཛིན་ཆོས་གྲགས། 《བོད་ལྗོངས་ཞིབ་འཇུག》 2012. 1

བོད་བརྒྱུད་ནང་བསྟན་གྱི་བདེན་གཉིས་ཞིབ་འཇུག་གི་གནས་བབས་གླེང་བ།

རིན་ཆེན་སྐྱིད། 《བོད་ལྗོངས་ཞིབ་འཇུག》 2012. 2

བོན་གྱི་རིག་གནས་དང་ཉེ་བར་འབྲེལ་བའི་བརྡ་དོན་སྐོར་ཞིག་གི་ངེས་དོན་མདོ་ཙམ་བརྗོད་པ།

སྒམ་ལྷ་དོན་གྲུབ་ཚེ་རིང་། 《བོད་ལྗོངས་ཞིབ་འཇུག》 2012. 2

ནང་ཆོས་སུ་གྲོན་པའི་“རྟེན་འབྲེལ”གྱི་གོ་བའི་འཕེལ་རིམ་ལ་དཔྱད་པ།

ར་ས་བསྟན་འཛིན་ཆོས་གྲགས། 《བོད་ལྗོངས་ཞིབ་འཇུག》 2012. 3

རིགས་པའི་རྒྱལ་པོ་རྟེན་འབྲེལ་ཆེན་མོའི་གཏན་ཚིགས་ལ་གསར་དུ་དཔྱད་པ།

ཆ་སྐྱེས་དགེ་འདུན་བསམ་གཏན། 《བོད་ལྗོངས་ཞིབ་འཇུག》 2012. 3

བོད་ཀྱི་ཆོས་གཏེར་རིག་གནས་ལ་དཔྱད་པ། ཪ་རྗེ་ཁྲུང་གྲགས། 《བོད་ལྗོངས་ཞིབ་འཇུག》 2012. 3

ལྷ་ཆོས་དང་མི་ཆོས་ཟུང་དུབར་ནང་ཕན་ཚུན་གཞི་མཐུན་ཡོད་མེད་ལ་དཔྱད་པ།

བསྟན་འཛིན་དོན་གྲུབ། 《བོད་ལྗོངས་ཞིབ་འཇུག》 2012. 3

བོན་གྱི་གྲྭ་སའི་མཁན་སློབ་དང་ལས་སྡེ་ཁག་གི་སྐོར་མདོ་ཙམ་གླེང་བ།

རྨེའུ་ཚ་བསྟན་འཛིན་རྣམ་རྒྱལ། 《བོད་ལྗོངས་སློབ་གྲྭ་ཆེན་མོའི་རིག་དེབ》 2012. 1

སྔགས་ལོག་སྲུན་འབྱིན་གྱི་སྐོར་མདོ་ཙམ་གླེང་བ།

ཚེ་རིང་དོན་གྲུབ། 《བོད་ལྗོངས་སློབ་གྲྭ་ཆེན་མོའི་རིག་དེབ》 2012. 1

དབུ་ཚད་གཉིས་ཀྱི་འབྲེལ་བ་ལས་འཕྲོས་པའི་གཏམ་འགའ་གླེང་བ།

ཁྲུ་རྡུག 《བོད་ལྗོངས་སློབ་གྲྭ་ཆེན་མོའི་རིག་དེབ》 2012. 1

ཇོ་ནང་གི་ཚད་མ་རིག་པའི་བྱུང་བ་དང་དེང་སྐབས་ཀྱི་སློབ་གཉེར་གནས་བབས་སྐོར་རགས་ཙམ་གླེང་བ།

འཇམ་དབྱངས་ཕུན་ཚོགས། 《བོད་ལྗོངས་སློབ་གྲྭ་ཆེན་མོའི་རིག་དེབ》 2012. 1

བོད་ཀྱི་གཏེར་ཆོས་ཞིབ་འཇུག་གི་རིན་ཐང་སྐོར་ལ་རགས་ཙམ་དཔྱད་པ།

དཔའ་མཁར་རྒྱལ་དང་ཀུན་དགའ་ཡེ་ཤེས། 《བོད་ལྗོངས་སློབ་གྲྭ་ཆེན་མོའི་རིག་དེབ》 2012. 1

《ཚད་མ་རིགས་གཏེར་》གྱི་བསྟན་དོན་གསལ་བར་བཤད་པ།

ལྷུན་རྩེ་བསམ་གྲུབ། 《བོད་ལྗོངས་སློབ་གྲྭ་ཆེན་མོའི་རིག་དེབ》 2012. 2

བོན་གྱི་གདུང་རབས་སྟོན་པ་ཞེས་པར་དཔྱད་པ།

འབྲུག་མོ་སྐྱིད། 《མཚོ་སྔོན་མི་རིགས་སློབ་གྲྭ་ཆེན་མོའི་རིག་དེབ》 2012. 3

མཚན་ཉིད་རྩོད་པའི་རྣམ་འགྱུར་སྐོར་ཅིག་གི་མཚོན་དོན་ལ་དཔྱད་པ།

ཚེ་དབང་རྣམ་རྒྱལ། 《བོད་ལྗོངས་སློབ་གྲྭ་ཆེན་མོའི་རིག་དེབ》 2012. 2

གནས་བརྟན་བཅུ་དྲུག་ལས་འཕགས་པ་ཡན་ལག་འབྱུང་གི་ལོ་རྒྱུས་མདོར་ཙམ་བརྗོད་པ།

དཔེ་སྙིང་ལས་ཆེ་འཛམ་གྱིས་བཏུས། 《བོད་ལྗོངས་ནང་བསྟན》 2012. 1

སྐྱེས་བུ་དམ་པར་ཚང་དགོས་པའི་རྟགས་བཅུ་གཅིག་དང་བསྔོ་བའི་ཟབ་གནད།

འབྲོང་དགོན་ཐུབ་བསྟན་དར་རྒྱས། 《བོད་ལྗོངས་ནང་བསྟན》 2012. 1

ཆིང་རྒྱལ་རབས་གོང་མ་རིམ་བྱུང་གིས་བཀོད་འདོམས་འོག་བོད་ཀྱི་ཆོས་ལུགས་དོ་དམ་གྱི་སྒྲིག་གཞིའི་སྐོར།

མི་ཉག་ཆོས་ཀྱི་རྒྱལ་མཚན་གྱིས་ལེགས་སྒྲིག་བྱས། 《བོད་ལྗོངས་ནང་བསྟན》 2012. 1

བོན་སྔ་གཏེར་གྱི་ལུགས་ཀྱི་ཐེག་པ་རིམ་དགུའི་རྣམ་བཞག་རགས་ཙམ་བརྗོད་པ།

གཡུང་དྲུང་སྐྱབས། 《བོད་ལྗོངས་ནང་བསྟན》 2012. 1

དཔལ་ལྡན་གླེ་ལུང་ཆོས་སྡེ་ཆེན་པོའི་ལོ་རྒྱུས། ཕྲིན་པ་ཚེ་རིང་། 《བོད་ལྗོངས་ནང་བསྟན》 2012. 1

པད་དཀྱིལ་དགོན་པའི་ལོ་རྒྱུས་རགས་བསྡུས།

ཐུབ་བསྟན་རྒྱ་མཚོ། 《བོད་ལྗོངས་ནང་བསྟན》 2012. 1

ལྷ་སའི་ཕྱོགས་བཞིའི་རིགས་གསུམ་ལྷ་ཁང་གི་ངོ་སྤྲོད།

དམ་པོ་བ་ཐུབ་བསྟན་རྒྱལ་མཚན། 《བོད་ལྗོངས་ནང་བསྟན》 2012. 1

སྟོ་ཁར་གནས་པའི་ཚོགས་པ་སྡེ་བཞིའི་རིགས་གསུམ་ལྷ་ཁང་གི་ངོ་སྤྲོད།

ཐུ་བཟང་། 《བོད་ལྗོངས་ནང་བསྟན》 2012. 1

ཡར་འབྲོག་སྣག་ལུང་ཐར་གླིང་ཆོས་སྡེ་དགོན་གྱི་ལོ་རྒྱུས་རགས་བསྡུས།

ཚེ་དབང་ནོར་བུ། 《བོད་ལྗོངས་ནང་བསྟན》 2012. 2

དབུས་སྟོད་ཀླུང་ཤོད་བྲག་ཐོག་དགོན་གྱི་ལོ་རྒྱུས་རགས་བསྡུས།

བསྟན་འཛིན་རྒྱལ་མཚན། 《བོད་ལྗོངས་ནང་བསྟན》 2012. 2

ཕོ་བྲང་ཡུམ་བུ་བླ་མཁར་དང་འབྲེལ་བའི་ལོ་རྒྱུས་མདོར་བསྡུས།

བློ་བཟང་ཡེ་ཤེས། 《བོད་ལྗོངས་ནང་བསྟན》 2012. 2

སྤར་དུང་མཚོ་ཞེས་སུ་གྲགས་པའི་གནས་ཁྱད་པར་ཅན་གྱི་བྱུང་བ་དང་དེའི་བྱུང་བརྒྱུད་དུ་ཆགས་པའི་སྤར་སྨད་དགའ་ལྡན་ཆོས་གླིང་གི་ཆགས་རིམ་ལོ་རྒྱུས་མདོར་བསྡུས།

ཕུར་བུ། 《བོད་ལྗོངས་ནང་བསྟན》 2012. 2

དཔལ་སྲས་མཁར་དགུ་ཐོག་གཙུག་ལག་ཁང་ངོ་སྤྲོད་རགས་བསྡུས།

སེང་པ་ངག་དབང་གཞན་ཕན། 《ཞང་རྒྱན་མེ་ཏོག》 2012. 3

དགའ་བཞི་ལྷ་ཁང་འཆི་མེད་བདེ་ལྡན་གྱི་ལོ་རྒྱུས་རགས་ཙམ་གླེང་བ།

བློ་བཟང་། 《ཞང་རྒྱན་མེ་ཏོག》 2012. 4

ཤེལ་དཀར་ཆོས་སྡེ་ཐུག་བཏབ་པའི་ལོ་རྒྱུས་མདོ་ཙམ་གླེང་བ།

ཕྲིན་པ་ནོར་བུ། 《ཞང་རྒྱན་མེ་ཏོག》 2012. 4

རྫོགས་དགའ་བ་གཞན་སེལ་གྱི་དབྱེ་བའི་སྐོར་ལ་ཅུང་ཟད་དཔྱད་པ།

བསྟན་པ་ཚེ་རིང་། 《བོད་ལྗོངས་སློབ་གྲྭ་ཆེན་མོའི་རིག་དེབ》 2012. 4

སོག་ཡུལ་དུ་དགེ་ལུགས་པའི་གྲུབ་མཐའ་དར་ཚུལ་དང་སྐབས་དེའི་སྤྱི་ཚོགས་གནས་ཚུལ་ལ་ཅུང་ཙམ་དཔྱད་པ།

གཏུགས་དཀར་ཚེ་རིང་དང་བསྟན་འཛིན་ཆོས་སྒྲོན། 《རྩེ་ར་སླེག》 2012. 1

རྟེན་བཞིའི་རྣམ་བཞག་ཅུང་ཟད་བཤད་པ་དཔྱོད་ལྡན་དགྱེས་པའི་མཆོད་སྤྲིན་ཞེས་བྱ་བ།

དཔལ་མཁར་རྒྱལ། 《རྩེ་ར་སླེག》 2012. 2

རྒྱུ་བདེ་གཤེགས་སྙིང་པོ་དང་འབྲེལ་ནས་སྤྱི་ཚོགས་འཆམ་མཐུན་སྐོར་གླེང་བ།

གཡུང་དྲུང་ཡག 《རྩེ་ར་སླེག》 2012. 2

བསེ་བསྡུས་གྲྭའི་གཅིག་གི་དབྱེ་བའི་འཇོག་སྟངས་དང་རྫས་གཅིག་རྫས་རིགས་གཅིག་གི་ཁྱད་པར་ལ་དཔྱད་པ།

གཅོད་པ་རྒྱལ། 《རྩེ་ར་སླེག》 2012. 2

བོད་བརྒྱུད་ནང་བསྟན་གྱི་བཙུན་མའི་བྱུང་རིམ་སྐོར་མདོ་ཙམ་གླེང་བ།

འབྲུག་རྩེ་རྒྱལ། 《རྩེ་ར་སླེག》 2012. 4

ཚད་མའི་གཞུང་ལས་རྟགས་ཀྱི་ཚུལ་གསུམ་སོ་སོའི་མཚན་ཉིད་འཇོག་སྐབས་ཚད་འཛིན་སྒྲའི་ནུས་པའི་སྐོར་ཅུང་ཟད་གླེང་བ།

བསྟན་འཛིན། 《བོད་ལྗོངས་སློབ་གསོ》 2012. 3

ནང་བསྟན་དང་སེམས་ཁམས་རིག་པ་གཉིས་ཀྱིས་མི་གཤིས་ཐད་ལ་བཏོན་པའི་ལྟ་ཚུལ་སྐོར་རགས་ཙམ་གླེང་བ།

ལྷ་མོ་ཚེ་རིང་། 《བོད་ཀྱི་སློབ་གསོ》 2012. 2

དཔྱ་ཚད་མཚོན་ཉིད་རིག་པའི་གཞུང་གི་དཀའ་གནས་ཤེས་པ་ཕྲ་མོ་འཛོག་ཚུལ་ལ་ཅུང་ཙམ་དཔྱད་པ།

ཀློང་ཕྲུག་བློ་བཟང་དར་རྒྱས། 《བོད་ཀྱི་སློབ་གསོ》 2012. 3

རྟགས་སྦྱོར་དང་ཕྱི་ཚུལ་གཏན་ཚིགས་རིག་པའི་བདེན་དཔང་སྦྱོར་བ་གཉིས་བསྡུར་ནས་དཔྱད་པ།

ཤ་བོ་ཐར། 《མཚོ་སྔོན་མི་རིགས་སློབ་གྲྭ་ཆེན་མོའི་རིག་དེབ》 2012. 1

གཙང་པ་རྒྱལ་པོའི་སྐབས་ཀྱི་ཆོས་ལུགས་སྲིད་ཇུས་སྐོར་ལ་ཅུང་ཙམ་དཔྱད་པ།

གཏུགས་དཀར་ཚེ་རིང་། 《མཚོ་སྔོན་མི་རིགས་སློབ་གྲྭ་ཆེན་མོའི་རིག་དེབ》 2012. 1

ཁྲི་ཀའི་ཨ་མྱེས་ཡུལ་ལྷའི་བོད་ལུགས་ཀྱི་གཟུངས་གཞུག་འབུལ་ཚུལ་ལ་དཔྱད་པ།

སྟག་རིག་རྟ་མགྲིན་རྒྱལ། 《མཚོ་སྔོན་མི་རིགས་སློབ་གྲྭ་ཆེན་མོའི་རིག་དེབ》 2012. 1

མདོ་སྨད་ཡུལ་གྱི་ཨ་མྱེས་ཡུལ་ལྷའི་སྐོར་ལ་རོབ་ཙམ་དཔྱད་པ།

མཁའ་འབུམ་རྒྱལ། 《མཚོ་སྔོན་མི་རིགས་སློབ་གྲྭ་ཆེན་མོའི་རིག་དེབ》 2012. 1

ཆག་ལོ་ཙཱ་བ་ཆོས་རྗེ་དཔལ་གྱི་གདན་ས་ལྷེའུ་ར་སྐོར་ལ་གླེང་བ།

བསོད་ནམས་རིན་ཆེན། 《གངས་ལྗོངས་རིག་གནས》 2012. 1

རྣམ་པར་རིག་བྱེད་ཀྱི་གཟུགས་དང་རྣམ་པར་རིག་བྱེད་མ་ཡིན་པའི་གཟུགས་ཀྱི་ཁྱད་པར་ལ་རགས་ཙམ་དཔྱད་པ།

ཤེས་རབ། 《གངས་ལྗོངས་རིག་གནས》 2012. 1

“ཐུགས་པ་” དང་“དགོན་”ཞེས་པའི་ཐ་སྙད་ཀྱི་ཁྱད་པར་ལ་ཅུང་ཟད་དཔྱད་པ།

དབང་ཆེན་བཀྲ་ཤིས། 《མང་ཚོགས་སྒྱུ་རྩལ》 2012. 1

《རྟེན་འབྲེལ་བསྟོད་པའི་》འགྱུར་གཉིས་ལ་ཅུང་ཙམ་དཔྱད་པ།

གཏུགས་དཀར་མགོན། 《མི་རིགས》 2012. 1

རྒྱ་གར་འཕགས་པའི་ཡུལ་གྱི་རིག་གནས་ལོ་རྒྱུས་ལས་མུ་སྟེགས་པའི་སྨྲ་དོན་ལ་དཔྱད་པ།

བཟོད་པ། 《མི་རིགས》 2012. 1

ལྷ་མོ་བདེ་ཆེན་ཆོས་འཁོར་གླིང་གི་དར་རྒྱུད་ཀྱི་ལོ་རྒྱུད་རྟོག་ཞིབ།

ཟླ་བ་ཚེ་རིང་། 《མང་ཚོགས་སྒྱུ་རྩལ》 2012. 2

གནས་ཆེན་ལ་སྟོད་བྲི།

ཟླ་དོན། 《ཐང་རྒྱན་མེ་ཏོག》 2012. 1

གླིང་གི་དགོན་ཆེན། ——བར་ཁམས་རི་བོ་ཆེའི་གཙུག་ལག་ཁྲ་འཁྱིལ་མའི་གཏམ་རྒྱུད།

བསོད་ནམས་ཆོས་ལྡན། 《ཐང་རྒྱན་མེ་ཏོག》 2012. 2

གནས་ཆེན་པད་མ་བཀོད་ཀྱི་གནས་བཤད། ཉང་བྲག་བཀྲ་ཤིས་ཚེ་རིང་། 《སྲང་རྒྱན་མེ་ཏོག》 2012. 1

གནས་ཆེན་ཡར་ཀླུང་ཤེལ་བྲག་གི་གནས་ཡིག་མཁས་པའི་ཞལ་རྒྱུན་གཅེས་བསྡུས།
བསོད་ནམས་དགྲ་འདུལ་དང་མཚམས་ཀྱིས་བསྡུས། 《སྲང་རྒྱན་མེ་ཏོག》 2012. 2

བཙུན་མ་ལ་"ཨ་ནེ་"ཞེས་འབོད་པའི་ཐ་སྙད་ཀྱི་སྐོར་ལ་ཐོག་མའི་དཔྱད་པ།
བྱ་ཡུལ་ལྷག་པ་ཕུན་ཚོགས། 《སྲང་རྒྱན་མེ་ཏོག》 2012. 3

ལྷ་སྒྲུང་ལས་འཕྲོས་ཏེ་གནའ་བོའི་བོད་ཀྱི་དད་མོས་སྐོར་གླེང་བ།
གཡང་མོ་སྐྱིད། 《མཚོ་སྔོན་མི་རིགས་སློབ་གྲྭ་ཆེན་མོའི་རིག་དེབ》 2012. 2

语言文字(སྐད་ཡིག་གི་སྐོར།)

དེང་གི་སྒྲ་བརྟག་མཉེན་ཆས་བཀོལ་ནས་ཡུལ་ཤུལ་སྐད་ལ་ཐོག་མར་དཔྱད་པ།
ཀླུ་བ་ཕུན་ཚོགས། 《ཀྲུང་གོའི་བོད་རིག་པ》 2012. 2

《བོད་ཀྱི་བརྡ་སྤྲོད་རིག་པའི་གཞུང་ལུགས་ཀྱི་འཕེལ་རིམ་འགར་ཐོག་མར་དཔྱད་པ་》ཞེས་པའི་ལུང་སྦྱོར་འགའ་ཞིག
ཞབས་ཤར་ཀླུ་བ་ཚེ་རིང་། 《བོད་ལྗོངས་ཞིབ་འཇུག》 2012. 2

གནའ་ཡིག་ལས་འ་ཡིག་གི་སྐོར་ལ་དཔྱད་པ། ༼གསུམ་པ༽—མིང་གཞི་འ་ཡིག་གིས་གྲུབ་པའི་ཚིག་ཕྲད་ཀྱི་འཇུག་དོན། ཏུད་ལྷ་བྱ་ཆུང་དང་ཚེ་རིང་བྱ་ཁྲིད། 《བོད་ལྗོངས་ཞིབ་འཇུག》 2012. 2

སློབ་དཔོན་ཐོན་མིས་མཛད་པའི《རྟགས་ཀྱི་བཀླུག་ཐབས་མུན་སེལ་སྒྲོན་མེ་》ལ་དཔྱད་པ།
རིག་འཛིན། 《བོད་ལྗོངས་ཞིབ་འཇུག》 2012. 2

ཚེ་དང་ཆེན་གྱི་ཁྱད་པར། འཇམ་དབྱངས་བཀྲ་ཤིས། 《བོད་ལྗོངས་ཞིབ་འཇུག》 2012. 2

བོད་ཀྱི་སྐད་ཡིག་ཁྲིད་ཀྱི་ཐོག་མིང་སྐོར་ལ་མདོ་ཙམ་དཔྱད་པ།
ལྷུང་ཆུང་བསོད་ནམས་ཚེ་རིང་། 《བོད་ལྗོངས་ཞིབ་འཇུག》 2012. 4

བོད་སྐད་ཁྲིད་ཀྱི་མ་དག་རྒྱུན་འབྱམས་ཀྱི་ཐ་སྙད་ཁག་གཅིག་ལ་དཔྱད་པ།
བཀྲས་གླིང་བློ་བཟང་། 《བོད་ལྗོངས་ཞིབ་འཇུག》 2012. 4

བསྲེས་ཚིག་བྱུང་བའི་རྒྱུ་རྐྱེན་ལ་རགས་ཙམ་དཔྱད་པ།
སྐལ་བཟང་ཡེ་ཤེས། 《བོད་ལྗོངས་སློབ་གྲྭ་ཆེན་མོའི་རིག་དེབ》 2012. 1

བོད་ཀྱི་གཏམ་དཔེའི་བསམ་བློའི་ནང་དོན་དང་སྒྱུ་རྩལ་ཁྱད་ཆོས་ལ་ཅུང་ཟད་དཔྱད་པ།

བསོད་ནམས་ཚེ་རིང་། 《བོད་ལྗོངས་སློབ་གྲྭ་ཆེན་མོའི་རིག་དེབ》 2012. 2

བྱ་བའི་མིང་གི་འཇུག་ཚུལ་དང་བྱེད་ལས་ལ་རགས་ཙམ་དཔྱད་པ།

དཔལ་མོ། 《བོད་ལྗོངས་སློབ་གྲྭ་ཆེན་མོའི་རིག་དེབ》 2012. 2

བྱེད་སྒྲ་ཞེས་པའི་ཐ་སྙད་ཀྱི་གོ་དོན་དང་དེ་ལས་འཕྲོས་པའི་བྱེད་སྒྲའི་ཕྲད་ཀྱི་བེད་སྤྱོད་སྐོར་གྱི་བསམ་གཞིགས།

ཚེ་རིང་རྡོ་རྗེ། 《བོད་ལྗོངས་སློབ་གྲྭ་ཆེན་མོའི་རིག་དེབ》 2012. 3

རྒྱལ་རོང་ཡུལ་སྐད་དང་བོད་ཀྱི་གནའ་ཡིག་ཞིབ་འཇུག་སྐོར། དགེ་རྒན་ཆེ་མོ་བ་བཙན་ལྷ་ངག་དབང་ཚུལ་ཁྲིམས་ལགས་ལ་བཅར་འདྲི་ཞུས་པའི་ཟིན་ཐོ། ——བསྟན་འཛིན་བརྩོན་འགྲུས་དང་ཉི་མ་བཀྲ་ཤིས་གཉིས་ཀྱིས་བཅར་འདྲི་བྱས།

བར་ཁ་དག་དཀོན་གྱིས་བོད་ཡིག་ཏུ་བསྒྱུར། 《བོད་ལྗོངས་སློབ་གྲྭ་ཆེན་མོའི་རིག་དེབ》 2012. 4

ཟླ་ན་མེད་པའི་རིན་པོ་ཆེ་གསུམ་གྱི་གཏམ་གྱི་སྒྲུར་བ་ཞེས་བྱ་བར་བལྟ་ཀློག་བྱ་ཚུལ་ཅུང་ཟད་གླེང་བ།

མཁས་བཙུན། 《བོད་ལྗོངས་སློབ་གྲྭ་ཆེན་མོའི་རིག་དེབ》 2012. 4

བོད་ཡིག་འཕེལ་རིམ་གྱི་ལོ་རྒྱུས་སྐོར་ད་ལྟའི་བཤད་སྒྲོས་ཁག་ལ་ཐོག་མར་དཔྱད་པ།

མཁར་ཟླ་ཀརྨ་འཕྲིན་ལས་དགེ་ལེགས། 《བོད་ལྗོངས་སློབ་གྲྭ་ཆེན་མོའི་རིག་དེབ》 2012. 4

བོད་སྐད་ཀྱི་སྐོར་ལ་ཅུང་ཟད་བསམ་གཞིག་བྱས་པ། རྒྱ་མཚོ་ལྷ་མོ། 《གངས་དཀར་རི་བོ》 2012. 2

སུམ་ཅུ་པའི་ཚིག་ཕྲད་ལས་སྤྱད་པའི་དོན་སྟོན་ཚུལ་མི་འདྲ་བའི་སྐོར་ཅུང་ཙམ་གླེང་བ།

དོན་གྲུབ་ཕུན་ཚོགས། 《མི་རིགས》 2012. 3

ཨི་ལྡན་གྱི་ཕྲད་རྗེས་འཁོར་ཏུ་དགར་ཚུལ་སྐོར་རགས་ཙམ་བརྗོད་པ།

ཡེ་ཤེས་ཆོས་སྒྲོན། 《རྩེར་སྙེག》 2012. 1

སྤྱི་ཚོགས་རིག་པའི་རྩོམ་རིག་སྐྲུན་བརྗོད་ཐབས་ཀྱི་ཞིབ་དཔྱོད། བན་དེ་མཁར། 《རྩེར་སྙེག》 2012. 2

བཙན་པོའི་རྒྱལ་རབས་སིལ་བུར་ཐོར་རྗེས་བོད་ཀྱི་ཡུལ་སྐད་གྱིས་འགྱུར་བྱུང་བའི་རྒྱུ་རྐྱེན་སྐོར་གླེང་བ།

དཔལ་ལྡན་མགོན་པོ། 《རྩེར་སྙེག》 2012. 2

བོད་དུ་ཨ་མྱེས་ཡུལ་ལྷ་མཆོད་བཀུར་བྱུང་ཡུལ་གྱི་མགོ་ཁུངས་ལ་དཔྱད་པ།

སྟག་རིག་རྟ་མགྲིན་རྒྱལ། 《རྩེར་སྙེག》 2012. 3

མདོ་སྨད་གཙན་ཚ་དོ་རྒྱ་ས་ཁུལ་གྱི་དམངས་ཁྲོད་ཆོས་ལུགས་བྱེད་སྒོ་ཆེན་མོ་མཆོད་འདུའི་སྐོར་གླེང་བ།

རིན་ཆེན། 《རྩེར་སྙེག》 2012. 3

བོད་དང་ཉི་ཧོང་སྐད་བརྡའི་ཚིག་གི་སྒྲིག་རིམ་ཐད་ཀྱི་མཚུངས་ཆོས་བསྡུར་དཔྱད།

ཪོ་དཀར་ཚེ་དཔལ་སྟོབས་ལྡན། 《རྩེ་རྙེག》 2012. 4

རྩིས་འཁོར་ལས་བོད་ཡིག་རང་འགུལ་གྱིས་ཞུ་དག་བྱེད་ཚུལ་ལ་དཔྱད་པ།

བཀྲ་ཤིས་ཪོ་རྗེ། 《རྩེ་རྙེག》 2012. 4

བྱ་བ་བརྗོད་པའི་མིང་གིས་མིང་གི་བྱེ་བྲག་གཞན་གྲུབ་ཚུལ་རགས་ཙམ་གླེང་བ།

འཇམ་མགོན་སྐྱབས། 《རྩེ་རྙེག》 2012. 4

དེང་དུས་བོད་སྐད་ཡིག་སྤྱོང་སྦྱོད་སྡེལ་གསུམ་ཇི་ལྟར་བྱེད་དགོས་པའི་སྐོར་རགས་ཙམ་གླེང་བ།

བློ་བཟང་། 《བོད་ལྗོངས་སློབ་གསོ》 2012. 2

དེང་རབས་སྒྲ་རིག་པའི་སྐད་གདངས་མཇོད་ཀྱི་ཕབ་ལེན་ལག་རྩལ་ལ་དཔྱད་པ།

ཪོ་རྗེ་རིན་ཆེན། 《བོད་ལྗོངས་སློབ་གསོ》 2012. 2

ཡི་གེ་ཙ་སོགས་ཉི་ཐོན་མིས་གསར་བཟོ་མཛད་པ་ཡིན་མིན་ལ་དཔྱད་པ།

སངས་རྒྱས་དོན་གྲུབ། 《བོད་ལྗོངས་སློབ་གསོ》 2012. 4

བྱ་ཚིག་ལ་ཚིག་གྲོགས་སྦྱར་ནས་དངོས་པོའི་མིང་གྲུབ་ཚུལ་སྐོར་ལ་རགས་ཙམ་དཔྱད་པ།

ཏ་མགྲིན་སྐྱབས། 《བོད་ལྗོངས་སློབ་གསོ》 2012. 4

སྐད་ཡིག་དང་རིག་གནས་ཀྱི་འབྲེལ་བའི་སྐོར་ལ་རགས་ཙམ་དཔྱད་པ།

ཪོལ་ལགས། 《བོད་ལྗོངས་སློབ་གསོ》 2012. 5

བོད་ཀྱི་བརྡ་སྤྲོད་པའི་གཞུང་ལས"ནས"སྒྲའི་འཇུག་ཚུལ་བསྐྱར་དུ་གླེང་བ།

ལྷ་ནག་པ་ཆེ་ཤེས་བཟང་པོ། 《བོད་ཀྱི་སློབ་གསོ》 2012. 1

ཨམ་སྐད་ཀྱི་མིང་མཐའི་ཁྱད་ཆོས་གླེང་བ། ཏ་མགྲིན་སྐྱབས། 《བོད་ཀྱི་སློབ་གསོ》 2012. 1

རྒྱ་བོད་དབྱིན་གསུམ་གསར་བྱུང་རྒྱུན་བཀོལ་རིས་འགྲེལ་མིང་མཛོད་ཅེས་པའི་མཚམས་སྦྱོར་དང་འབྲེལ་བའི་མིང་མཛོད་འདི་སྦྱོང་སྦྱོད་སྡེལ་གསུམ་བྱ་བའི་རེ་སྐུལ་ལས་འཕྲོས་པའི་གཏམ།

ཁ་ཐུག 《བོད་ཀྱི་སློབ་གསོ》 2012. 2

འཛམ་གླིང་གི་ཡིག་རིགས་སྤྱིའི་བྱུང་འཕེལ་ལོ་རྒྱུས་གནད་བསྡུས་སུ་བཤད་པ།

སྒྲོལ་མ་འཚོ། 《བོད་ཀྱི་སློབ་གསོ》 2012. 3

བོད་སྐད་ཁྲིད་ཀྱི་ཟུར་ཆག་སྐད་དོད་ལ་དཔྱད་པ།

ཚེ་འབར་དང་རིན་ཆེན་བཀྲ་ཤིས། 《བོད་ཀྱི་སློབ་གསོ》 2012. 4

ང་ཚོར་རྩོམ་རིག་ལ་སྐྱོན་ཡོན་བརྗོད་པའི་སྙིང་སྟོབས་ཤིག་དགོས།

བསོད་ནམས་བག་གྲོ་ཆེ་བ། 《བོད་ཀྱི་སློབ་གསོ》 2012. 4

ཀླུ་སྒྲུབ་དགོངས་རྒྱན་གྱི་བསམ་གཞིག་གི་ཁྱད་ཆོས་ལ་རགས་ཙམ་དཔྱད་པ།

བློ་བཟང་ཆོས་འཕེལ། 《བོད་ཀྱི་སློབ་གསོ》 2012. 4

བོད་སྐད་ཡིག་གི་བཀོལ་སྤྱོད་ཕྱོགས་ཀྱི་གཏམ་གླེང་། ——དེང་གི་སྤྱི་ཚོགས་ཁྲོད་ཀྱི་བོད་སྐད་ཡིག་གི་བཀོལ་སྤྱོད་གནས་ཚུལ་དང་བོད་སྐད་ཡིག་གི་ནུས་པའི་སྐོར་གྱི་སྤྱི་ཚོགས་རིག་པའི་བརྟག་ཞིབ།

རྨེ་རུ་ཡུལ་ལྷ་ཐར། 《བོད་ཀྱི་སློབ་གསོ》 2012. 5

སྒྲ་བ་རྣམ་པར་ངེས་པ་རབ་དགའི་འཇུག་པ་ཞེས་བྱ་བ།

མཁས་གྲུབ་དགེ་ལེགས་དཔལ་བཟང་། 《མཚོ་སྔོན་མི་རིགས་སློབ་གྲྭ་ཆེན་མོའི་རིག་དེབ》 2012. 3

སྐད་ཡིག་གི་ཚོགས་ཕྱིའི་བྱ་འགུལ་སྤྱིལ་སྟངས་མདོ་ཙམ་བརྗོད་པ།

བསྟན་འཛིན་དབང་རྒྱལ། 《མི་རིགས》 2012. 2

བོད་སྐད་གཅིག་གྱུར་ཡོང་བ་ལ་རྒྱལ་སྤྱིའི་སྒྲ་གདངས་ཀྱི་ཕན་ནུས་སྐོར་གླེང་བ།

ཚེ་དབང་ལྷ་མོ། 《མི་རིགས》 2012. 2

བོད་ཀྱི་སྐད་ཡིག་སྐོར་ཅུང་ཟད་གླེང་བ། དབང་ཆེན་སྒྲོལ་མ། 《གངས་དཀར་རི་བོ》 2012. 1

གྲངས་ཀྱི་མིང་གི་སྐོར་རོབ་ཙམ་གླེང་བ།

རྒྱལ་མོ་ལྷུགས་ཐར་འབུམ། 《གངས་ལྗོངས་རིག་གནས》 2012. 2

བོད་དབྱིན་གཏམ་དཔེའི་ཁྱད་པར་དཔྱད་བསྡུར། ཚེ་རིང་འཚོ། 《ཞང་རྒྱན་མེ་ཏོག》 2012. 2

བྱ་རྒྱུ་དང་བྱེད་དགོས་ཞེས་པར་དཔྱད་པ། བྱམས་པ། 《གངས་ལྗོངས་རིག་གནས》 2012. 2

文学(རྩོམ་རིག་གི་སྐོར།)

《ལུགས་ཆེན་པོའི་གཏམ་རྒྱུད་ལྔ་པ》ཞེས་བྱ་བའི་བསྟན་བཅོས་དང་བོད་ཀྱི་རྩོམ་རིག་བར་གྱི་འབྲེལ་བ་བཤད་པ།

ཁ་ཕྱུག་པད་མ་དབང་རྒྱལ། 《ཀྲུང་གོའི་བོད་རིག་པ》 2012. 1

དེང་རབས་བོད་ཀྱི་ཟློས་གར་གྱི་བྱུང་བ་དང་ཁྱད་ཆོས་མདོ་ཙམ་གླེང་བ།

རིན་ཆེན་བཀྲ་ཤིས། 《ཀྲུང་གོའི་བོད་རིག་པ》 2012. 1

ལྷ་སྒྲུང་དང་ལོ་རྒྱུས་སྙན་རྩོམ་གྱི་ཁྱད་པར་དང་འབྲེལ་བའི་སྐོར་མདོ་ཙམ་གླེང་བ།

བསྟན་པ་ཡེ་ཤེས། 《བོད་ལྗོངས་ཞིབ་འཇུག》 2012. 1

བོན་ཆོས་བོད་ལ་དར་བའི་རྗེས་ཀྱི་བོན་གྱི་ལྷ་སྲུང་གི་འཕེལ་སྟངས་ལ་དཔྱད་པ།

བཀྲ་ཟླ། 《མཚོ་སྔོན་མི་རིགས་སློབ་གྲྭ་ཆེན་མོའི་རིག་དེབ》 2012. 3

《ཕུ་ནུའི་མདོ་》ཡི་སྒྱུ་རྩལ་ཁྱད་ཆོས་ལ་དཔྱད་པ།

བསྟན་འཛིན་དོན་གྲུབ། 《བོད་ལྗོངས་སློབ་གྲྭ་ཆེན་མོའི་རིག་དེབ》 2012. 2

ཚེ་ཏན་ཞབས་དྲུང་གི་རྩོམ་རིག་གི་དགག་བཞག་བསམ་བློར་ཙུང་ཟད་དཔྱད་པ།

ཤ་བོ་ཚེ་བརྟན། 《བོད་ལྗོངས་སློབ་གྲྭ་ཆེན་མོའི་རིག་དེབ》 2012. 2

རྩོམ་རིག་གི་བརྩམ་བྱ་དང་འབྲེལ་བའི་གནད་དོན་གཉིས་ལ་དཔྱད་པའི་གཏམ།

ཡེ་ཤེས་རབ་བརྟན་དང་ནོར་བུ་ཚེ་རིང་། 《བོད་ལྗོངས་ཞིབ་འཇུག》 2012. 3

དེང་རྩོམ་མཁན་པོ་དོན་གྲུབ་རྒྱལ་གྱི་ཁྱིམ་ཚང་གིས་ཁོང་གི་གསར་རྩོམ་ལ་ཐེབས་པའི་ཤུགས་རྐྱེན་སྐོར་རགས་ཙམ་

གླེང་བ། སྒྲོལ་ནག་པ་རིག་འཛིན་གྲགས་ལྡན། 《བོད་ལྗོངས་སློབ་གྲྭ་ཆེན་མོའི་རིག་དེབ》 2012. 2

བོད་ཀྱི་རྩོམ་རིག་སྐད་ཆའི་རྩོམ་ལུས་སྒྲིག་གཞི་དང་སྒྱུ་རྩལ་ཁྱད་ཆོས་སྐོར་ལ་དཔྱད་པ།

དཔལ་ལྡན་རྒྱ་མཚོ། 《བོད་ལྗོངས་སློབ་གྲྭ་ཆེན་མོའི་རིག་དེབ》 2012. 2

དཔེ་གཞི་འཚོལ་སྙེགས་བྱ་རྒྱུ་ནི་བརྩམས་སྒྲུང་གི་སྒྱུ་རྩལ་འཚོལ་སྙེགས་ཀྱི་བརྒྱུད་རིམ་གལ་ཆེན་ཞིག་ཡིན། ——

བརྩམས་སྒྲུང་རིང་གྲས《འབྲུ་སྨུག་པོ་》ལ་དཔྱད་པ།

དགྲ་འདུལ། 《བོད་ལྗོངས་སློབ་གྲྭ་ཆེན་མོའི་རིག་དེབ》 2012. 2

ཆོས་རྗེ་ས་པཎ་གྱིས་མཛད་པའི《བསྟན་བཅོས་མཁས་པའི་ཞུ་རྒྱན་》གྱི་བརྗོད་བྱ་རྗོད་བྱེད་དང་དེ་འབྲེལ་གྱི་ཁྱད་

ཆོས་འགའ་ཞིག་སྐོར་རགས་ཙམ་གླེང་བ།

ཏུད་ལྷ་བྱ་ཆུང་དང་བྱམས་པ་ཆོས་འཛོམས། 《བོད་ལྗོངས་སློབ་གྲྭ་ཆེན་མོའི་རིག་དེབ》 2012. 3

《ས་སྐྱ་ལེགས་བཤད་》ནང་གི་ཀུན་སྤྱོད་སློབ་གསོའི་ཐོན་ཁུངས་གསར་འབྱེད་དང་བཀོལ་སྤྱོད་བྱ་དགོས་ཚུལ་སྐོར་

ཙུང་ཟད་གླེང་བ། རྒྱལ་ཆུང་། 《བོད་ལྗོངས་སློབ་གྲྭ་ཆེན་མོའི་རིག་དེབ》 2012. 3

རྒྱ་གར་གྱི《འཁོར་ཉན་》ཞེས་བྱ་བའི་བསྟན་བཅོས་ཀྱི་ཐོག་མའི་དཔྱད་པ།

ཊ་ཕུག་པདྨ་དབང་རྒྱལ། 《བོད་ལྗོངས་སློབ་གྲྭ་ཆེན་མོའི་རིག་དེབ》 2012. 3

《ཚད་མ་རིགས་གཏེར་》གྱི་དཔར་གཞི་ལས་འཕྲོས་ཏེ་ཡོན་པར་མའི་ཁྱད་ཆོས་སྐོར་རགས་ཙམ་བཤད་པ།

པད་མ་བཀྲ་ཤིས་དང་བདེ་སྐྱིད་དཔལ་སྒྲོན་གཉིས། 《བོད་ལྗོངས་སློབ་གྲྭ་ཆེན་མོའི་རིག་དེབ》 2012. 3

བོད་ཀྱི་དེང་རབས་བརྩམས་སྒྲུང་ཕྱུང་འབྲིང་ལས་ཚེ་རིང་དོན་གྲུབ་དང་ཁོང་གི་བརྩམས་སྒྲུང་གསར་རྩོམ་སྐོར།

ལྷག་པ་ཆོས་འཕེལ། 《བོད་ལྗོངས་སློབ་གྲྭ་ཆེན་མོའི་རིག་དེབ》 2012. 4

པཎྜི་ཏ་གྲགས་པ་རྒྱལ་མཚན་གྱིས་མཛད་པའི་《ཉི་མའི་རིགས་ཀྱི་རྒྱལ་རབས་སྐྱེ་དགུའི་ཙོད་པན་ཉི་ཟླའི་ཕྲེང་མཛེས》ཞེས་བྱ་བའི་ནང་བཀོད་པའི་མངའ་རིས་ལོ་རྒྱུས་སྐོར་བརྗོད་པ།

ཀུ་གེ་ཚེ་རིང་རྒྱལ་པོ། 《བོད་ལྗོངས་སློབ་གྲྭ་ཆེན་མོའི་རིག་དེབ》 2012. 4

ཚངས་དབྱངས་རྒྱ་མཚོའི་མགུར་གླུ་དང་འབྲེལ་ཏེ་ཁོང་ཉིད་ཀྱི་མི་གཤིས་ལ་དཔྱད་པ།

ལྷ་སྒྲོན་མཚོ། 《རྩེ་ར་སྐྱེག》 2012. 1

བོད་ཀྱི་དམངས་ཁྲོད་རྩོམ་རིག་ལས་བཟའ་བཏུང་སྐོར་གྱི་བཤད་པ་འགའ་རགས་ཙམ་གླེང་བ།

དོན་གྲུབ་རྒྱལ། 《རྩེ་ར་སྐྱེག》 2012. 1

《ལེགས་པར་བཤད་པ་རིན་པོ་ཆེའི་གཏེར་》ཞེས་བྱ་བའི་བསྟན་བཅོས་ཀྱི་རྩོམ་རིག་གི་རིན་ཐང་རོབ་ཙམ་གླེང་བ།

གཡུང་དྲུང་བཀྲ་ཤིས་དང་གཡང་མོ་མཚོ། 《རྩེ་ར་སྐྱེག》 2012. 2

བོད་ཀྱི་བསྟུས་བརྗོད་རྩོམ་རིག་གི་བྱུང་འཕེལ་དང་དེའི་སྒྱུ་རྩལ་ཁྱད་ཆོས་རགས་ཙམ་གླེང་བ།

ཆོས་དབྱིངས་རང་གྲོལ། 《རྩེ་ར་སྐྱེག》 2012. 2

འབྲོམ་སྟོན་པའི་《དམ་བཅའི་ཞུ་ཚིག་》གི་སྐོར་ལ་ཅུང་ཙམ་དཔྱད་པ།

བསྟན་འཛིན་ཪོ་རྗེ། 《རྩེ་ར་སྐྱེག》 2012. 3

མཁས་དབང་དགེ་འདུན་ཆོས་འཕེལ་གྱི་《གླུ་སྒྲུབ་དགོངས་རྒྱན་》ལས་འཕྲོས་པའི་དཔྱད་གཏམ།

ཀུང་སྒྲོང་། 《རྩེ་ར་སྐྱེག》 2012. 4

བོད་ཀྱི་དམངས་ཁྲོད་རྩོམ་རིག་གི་ངག་རྒྱོག་རང་བཞིན་ལ་དཔྱད་པ།

གཡང་མོ་སྐྱིད། 《རྩེ་ར་སྐྱེག》 2012. 4

བོད་ཀྱི་གབ་ཚིག་གི་རྒྱན་དང་སྔོན་ངག་མེ་ལོང་མའི་གབ་ཚིག་གི་རྒྱན་གཉིས་ཀྱི་ཁྱད་པར་ལ་དཔྱད་པ།

དཀོན་མཆོག་ནོར་བུ། 《རྩེ་ར་སྐྱེག》 2012. 4

《བསྔོད་པ་བསླུགས་པའི་འཆར་སྣང་》གི་དོན་འགྲེལ། ཪོ་ཕྲིས་སྒྲོལ་མ་འབུམ། 《སྤྲང་ཆར》 2012. 1

དེང་རབས་བོད་ཀྱི་རྩོམ་རིག་འཕེལ་ཕྱོགས་སྐོར་ལ་ལྟ་ཚུལ་རགས་ཙམ་བརྗོད་པ།

སྨོ་མེ་ཪོ་རྗེ་རིན་ཆེན། 《སྤྲང་ཆར》 2012. 2

གྲོང་ཁྱེར་གྱི་འཚོ་བ་མཚོན་པའི་སྙུང་གཏམ་ཁྲོད་ཀྱི་ཤེས་ཡོན་པའི་སྣང་བརྙན་ལ་དཔྱད་པ། དུས་རབས་ཉེར་གཅིག་པའི་སྐབས་ཀྱི་སྙུང་གཏམ་འགའ་ཞིག་གཞིར་བཟུང་བ། བཙན་པོ་དོན་གྲུབ། 《སྤྲང་ཆར》 2012. 4

《བྱ་མགྲིན་སྔོན་ཟླ་བའི་རྟོགས་བརྗོད་》ཀྱི་ཐུན་མོང་མ་ཡིན་པའི་སྒྱུ་རྩལ་ཁྱད་ཆོས་མདོ་ཙམ་བརྗོད་པ།

གཟྲངས་འབུམ། 《བོད་ལྗོངས་སློབ་གསོ》 2012. 3

རྩོམ་རིག་གི་བརྡ་ཆད་གཅིག་གྱུར་བཟོ་དགོས་པའི་གལ་ཆེའི་རང་བཞིན།

ཟླ་བ་བུ་ཁྲིད། 《བོད་ལྗོངས་སློབ་གསོ》 2012. 4

དེང་རྩོམ་མཁན་པོ་དོན་གྲུབ་རྒྱལ་གྱི་འཕྲུལ་ཚབ་བརྩམས་ཆོས《ལང་ཚོའི་རྦབ་ཆུ》ཡི་བརྗོད་སྙིང་སྐོར་རགས་ཙམ་གླེང་བ། སྒྲེལ་ནག་པ་རིག་འཛིན་གྲགས་ལྡན། 《བོད་ལྗོངས་སློབ་གསོ》 2012. 5

སློབ་གླིང་རིག་གནས་དང་འབྲེལ་ཏེ་སློབ་གླིང་སྐད་ངག་པའི་སྐད་ངག་གླེང་བ།

དཔལ་ལྡན་རྒྱ་མཚོ། 《བོད་ཀྱི་སློབ་གསོ》 2012. 5

རྩོམ་ཡིག་བཅོས་སྟངས་སྐོར་གྱི་བསམ་བློ་སྐོར་ཙུང་ཟད་གླེང་བ།

ངག་དབང་སྒྲོལ་མ། 《མི་རིགས》 2012. 3

མི་རྟག་དྲན་པའི་གསུང་མགུར་གྱི་ཚིག་འགྲེལ་གསེར་གྱི་ཐང་མ།

རེབ་གོང་བ་རྡོ་རྗེ་རྒྱལ། 《བོད་ཀྱི་སློབ་གསོ》 2012. 4

ངས་རྩོམ་ཡིག་འབྲི་སྦྱོང་བྱས་པའི་མྱོང་ཚོར་འགའ། གཅན་བཀྲ་ཧྲོ། 《བོད་ཀྱི་སློབ་གསོ》 2012. 4

རང་བཞིན་བརྗོད་པའི་རྒྱན་ལ་གསར་དུ་དཔྱད་པ།

ཚེ་རིང་སྐྱབས། 《བོད་ལྗོངས་སྤྱི་ཚལ་ཞིབ་འཇུག》 2012. 1

བོད་རིགས་ཀྱི་དངོས་འབྲིའི་རྩོམ་རིག་གི་དར་འཕེལ་སྐོར་གླེང་བ།

མིག་དམར་སྒྲོལ་མ། 《གངས་ལྗོངས་རིག་གནས》 2012. 1

བོད་ཀྱི་རྩོམ་རིག་གཞུང་ལུགས་ཀྱི་བྱུང་འཕེལ་སྐོར་རགས་ཙམ་གླེང་བ།

སྒྲོལ་རྗེ་རྒྱལ། 《མི་རིགས》 2012. 2

དེང་རབས་རྩོམ་རིག་ལ་འཕྲད་པའི་འགལ་རྐྱེན་གྱི་སྐོར་ཙུང་ཟད་གྲོས་པ།

དབྱངས་གསལ། 《བོད་ཀྱི་རྩོམ་རིག་སྒྱུ་རྩལ》 2012. 1

"བརྩམས་ཆོས" དང"རྩོམ་ཡིག" ཅེས་པའི་བརྡ་ཆད་གཉིས་བར་གྱི་གཤིབ་བསྡུར།

ཟླ་བ་དཔལ་མོ། 《བོད་ཀྱི་རྩོམ་རིག་སྒྱུ་རྩལ》 2012. 2

གཡུར་ཟའི་གྲུབ་འབྲས་གཅེས་འཛིན་གྱིས། །མ་འོངས་མདུན་ལམ་གསར་གཏོད་བགྱིད། ——ཟླ་ཟེར་དུས་དེབ་གསར་བསྐྲུན་བྱས་ནས་ལོ་འཁོར་སུམ་ཅུ་ལོན་པའི་གནས་ཚུལ་མཚམས་སྦྱོར།

འདི་ག་རྩོམ་སྒྲིག་ཁང་། 《ཟླ་ཟེར》 2012. 3

《བྱང་འབྲོག་གི་ལམ་ཡིག》གི་ཁྱད་ཆོས་སྐོར་ཙུང་ཟད་གླེང་བ། ཀུ་དྲག 《མི་རིགས》 2012. 2

ཉམས་མྱོང་རྒན་པོའི་འབེལ་གཏམ་གྱི་ཁྱད་ཆོས་རགས་ཙམ་གླེང་བ།

ཚེ་རིང་ནོར་བུ། 《གངས་དཀར་རི་བོ》 2012. 1

ཨུབ་གླིང་གི་རྩོམ་རིག་ལ་སློབ་སྦྱོང་བྱེད་དགོས་པའི་གལ་ཆེའི་རང་བཞིན་འགའ་གླེང་བ།

ཡེ་ཤེས། 《བོད་ལྗོངས་སྒྱུ་རྩལ་ཞིབ་འཇུག》 2012. 1

སྙན་ངག་ཡིག་བསྒྱུར་ལས་གབ་སྦྱིད་རང་བཞིན་ལ་དཔྱད་པ།

སྐལ་བཟང་རྒྱལ། 《མཚོ་སྔོན་མི་རིགས་སློབ་ཆེན་རིག་དེབ》 2012. 1

《ཆེས་མཛུབ་མཐའི་ཕ་མ་སྟོར་སྐྱོང་བྱེད་མཁན་》ལ་རགས་ཙམ་དཔྱད་པ།

དཀོན་མཆོག 《མི་རིགས》 2012. 1

ཚེ་རིང་ནོར་བུ་ལགས་ཀྱི་བརྩམས་སྒྲུང་《ཚེ་ལུག་》ལ་དཔྱེ་ཞིབ།

སྒྲོན་མ་ཆོས་འཛོམས། 《མི་རིགས》 2012. 1

ལྷ་ཆོས་དང་མཐུན་པའི་གཏམ་པཉྩའི་ཚལ་གྱི་ཟློས་གར་ལ་རགས་ཙམ་དཔྱད་པ།

ནོར་བུ་དབང་ལྡན། 《མཚོ་སྔོན་མི་རིགས་སློབ་ཆེན་རིག་དེབ》 2012. 1

ཁ་སང་གི་བོད་བྱང་ཐང་ལས་མཐོང་བའི་འཇིག་རྟེན། ——བསྟན་པ་ཡར་རྒྱས་ཀྱི་《ཐག་རིང་གི་སྨྲ་ནག་》བཀླགས་རྗེས་ཀྱི་མྱོང་ཚོར།

ཀུ་རུ་རྒྱ་མཚོ། 《བོད་ཀྱི་རྩོམ་རིག་སྒྱུ་རྩལ》 2012. 1

《བཀྲས་ཟུར་ཚང་གི་གསང་བའི་གཏམ་རྒྱུད་》ཀྱི་དཔྱད་གཏམ་ཕྲན་བུ།

ཁྲི་དོན་གྲུབ་ཚེ་རིང་། 《བོད་ཀྱི་རྩོམ་རིག་སྒྱུ་རྩལ》 2012. 2

བོད་ཀྱི་དེང་རབས་བརྩེ་དུང་མཚོན་པའི་སྒྲུང་གཏམ་གྱི་བརྗོད་བྱའི་འགྱུར་བ་ལ་དཔྱད་པ།

ཀུ་རུ་སྐྱབས། 《ཟླ་ཟེར》 2012. 1

《ཧྭ་པ་གསོས་པའི་ཟིན་བྲིས་》ལས་འཕྲོས་པའི་གཏམ་ཐོར་བུ།

ལྷ་ཆེན་ཚེ་རིང་། 《ཟླ་ཟེར》 2012. 1

ལྷ་བྱམས་རྒྱལ་གྱི་སྒྲུང་གཏམ་《རོང་གྲོང་གི་འགྲུལ་བཞུད་》ལ་དཔྱད་པ།

དོ་རྒྱ་བསོད་ནམས་རྡོ་རྗེ། 《ཟླ་ཟེར》 2012. 1

སྒྲུང་འབྲིང་《ཁ་ཤུལ་གྱི་ཉི་མ་》ཡི་སྒྱུ་རྩལ་ཁྱད་ཆོས་གླེང་བ།

བརྩོན་པོ་དོན་གྲུབ། 《ཟླ་ཟེར》 2012. 2

སྟག་འབུམ་རྒྱལ་གྱི་སྒྲུང་ཐུང་《ཧྭ་པ་གསོས་པའི་ཟིན་བྲིས་》བཀླགས་པའི་མྱོར་ཚོར།

དཔལ་རྩལ། 《ཟླ་ཟེར》 2012. 3

སྒྲུང་ཐུང་《སྐྱོ་འཛུམ་》ཁྲོད་ཀྱི་མི་སྣ་གཙོ་བོའི་སྣང་བརྙན་ལ་ཙུང་ཟད་དཔྱད་པ།

བསེ་ཚང་སངས་རྒྱས་དོན་གྲུབ། 《ཟླ་ཟེར》 2012. 3

མཁས་དབང་དགེ་འདུན་ཆོས་འཕེལ་གྱི་སྙན་རྩོམ་རགས་དཔྱད།

ཚེ་རིང་དབང་མོ་དང་པད་མ། 《གངས་ལྗོངས་རིག་གནས》 2012. 2

《བསླབ་བྱའི་མུ་ཏི་ལའི་ཕྲེང་བའི་》མི་ཆོས་ཀྱི་རིན་ཐང་ལ་དཔྱད་པ།

ཚེ་དབང་ནོར་བུ། 《མང་ཚོགས་སྒྱུ་རྩལ》 2012. 1

བོད་ཀྱི་དུས་རབས་རིམ་བྱུང་གི་སྙན་ངག་གི་གོ་དོན་སྐོར་ལ་མདོ་ཙམ་གླེང་བ།

བསོད་ནམས་དབང་རྒྱལ། 《མི་རིགས》 2012. 1

ཆོས་ལྡན་རྒྱལ་རབས་ཀྱི་མགུར་གླུའི་ཁྱད་ཆོས་སྐོར་གླེང་བ།

སྟག་རྡེ། 《མཚོ་སྔོན་མི་རིགས་སློབ་ཆེན་རིག་དེབ》 2012. 1

གནའ་རབས་བོད་ཀྱི་སྟོད་རྩོམ་སྐོར་ལ་ཅུང་ཟད་དཔྱད་པ། སངས་རྒྱས་བཀྲ་ཤིས། 《ཟླ་ཟེར》 2012. 1

ལྷ་རྒྱལ་ཚེ་རིང་གི་སྙན་ངག་ཕྱོགས་བསྒྲིགས《གསེར་གྱི་ཉི་མ་》བསྒྲགས་པའི་འཆར་སྣང་།

ཆབ་འགག་རྡོ་རྗེ་ཚེ་རིང་། 《ཟླ་ཟེར》 2012. 2

བོད་ཀྱི་སྙན་ངག་གསར་བའི་བསམ་བློའི་ཐད་ཀྱི་བསམ་གཞིག་ཁ་ཤས།

ཡ་རྫོར། 《གངས་རྒྱན་མེ་ཏོག》 2012. 2

བོད་དམངས་ཁྲོད་ཀྱི་ཆང་བཤད་ལ་ཅུང་ཟད་དཔྱད་པ། ཚེ་བརྟན། 《མང་ཚོགས་སྒྱུ་རྩལ》 2012. 1

བོད་ཀྱི་དམངས་ཁྲོད་རྩོམ་རིག་གི་རིག་པའི་གཞུང་ལུགས་ཀྱི་འབྱུང་འཕེལ་སྐོར་རགས་ཙམ་གླེང་བ།

མིག་དམར་སྒྲོལ་མ། 《སྤང་རྒྱན་མེ་ཏོག》 2012. 1

རྗེ་ལ་སྤུ་བ་གཉའ་ཁྲི་བཙན་པོ་དང་ཁོང་གི་ཕ་མེས་སྐོར་གྱི་ཤོད་རྒྱུན།

པ་སངས། 《སྤང་རྒྱན་མེ་ཏོག》 2012. 2

བོད་སིལ་བུའི་དུས་ཀྱི་རྩོམ་རིག་འཕེལ་འགྱུར་གྱི་གོ་རིམ་གླེང་བ།

འབྲུག་གཡུ་སྐྱིད། 《མཚོ་སྔོན་མི་རིགས་སློབ་ཆེན་རིག་དེབ》 2012. 3

བོད་པའི་དྲ་རྩོམ་གྱི་དགེ་སྐྱོན་སྐོར་གླེང་བ། ཁྲ་བོ་ཚེ་རིང་། 《ཟླ་ཟེར》 2012. 4

བོད་ཀྱི་སྐྱེས་རབས་བསྟན་བཅོས་ཐོག་མ《བཀའ་གདམས་བུ་ཆོས》རྩོམ་པའི་དགོས་པར་དཔྱད་པ།

ཁྱེང་རྗེ་བཀྲ་ཤིས། 《མཚོ་སྔོན་མི་རིགས་སློབ་ཆེན་རིག་དེབ》 2012. 2

རྗེ་ཞབས་དཀར་བའི་མགུར་གླུའི་དེང་རབས་ཀྱི་རིན་ཐང་ལ་དཔྱད་པ།

ཚེ་རིང་ལྷ་སྒྲོན། 《བོད་ཀྱི་རྩོམ་རིག་སྒྱུ་རྩལ》 2012. 4

ཇོ་བོ་རྗེའི་བསྟོད་པ་སུམ་ཅུ་པའི་བརྗོད་སྙིང་དང་རྩོམ་སྟངས་རོབ་ཙམ་གླེང་བ།

གཏུགས་དཀར་སྐྱིད། 《མི་རིགས》 2012. 3

ཞང་ཞུང་པ་ཆོས་དབང་གྲགས་པས་རྒྱལ་པོ་རྣ་མ་ཐའི་གཏམ་རྒྱུད་ལས་བརྩམས་པའི་སྙན་ངག་གི་རྩོམ་ཐབས་ཐུན་མོང་མ་ཡིན་པ་དང་དགོངས་གཞིར་དཔྱད་པ།

རིན་ཆེན་སྒྲོལ་མ། 《མཚོ་སྔོན་མི་རིགས་སློབ་ཆེན་རིག་དེབ》 2012. 2

རྗེ་ཙོང་ཁ་པར་འགྱོད་ཚངས་སུ་ཕུལ་བའི་བསྟོད་པ་དེ་ཉིད་ཇི་ལྟར་བརྩམས་པའི་སྐོར་ཙུང་ཟད་གླེང་བ།

བསྟན་འཛིན་རྡོ་རྗེ། 《མཚོ་སྔོན་མི་རིགས་སློབ་ཆེན་རིག་དེབ》 2012. 3

《དགུན་གྱི་བུ་མོས་དཔྱིད་ཀྱི་ན་ཆུང་སྨྲུམ་》ཞེས་པའི་སྙན་ངག་ཀློག་འདོན་དང་མྱོང་རོལ།

ཚེ་རིང་དོན་གྲུབ། 《བོད་ཀྱི་རྩོམ་རིག་སྒྱུ་རྩལ》 2012. 5

《སྙན་རྩོམ་སྲིད་ཀའི་ཉི་ཟེར་སློང་གི་བགྲེས་མོ་དང་སྨོན་ལོ་》ཡི་ཁ་དོག་གླེང་བ།

བསེ་ཆང་སངས་རྒྱས་དོན་གྲུབ། 《བོད་ཀྱི་རྩོམ་རིག་སྒྱུ་རྩལ》 2012. 6

བོད་ཀྱི་སྙན་ངག་གསར་བའི་བསམ་བློའི་ཐད་ཀྱི་བསམ་གཞིག་ཁ་ཤས།

ཨ་རྫོར། 《གངས་རྒྱན་མེ་ཏོག》 2012. 4

བརྩེ་བས་ཕྱུག་པའི་སེམས་ཀྱི་རི་མོ ——རྩོམ་པ་པོ་ལྷ་རྒྱལ་ཚེ་རིང་ལགས་ཀྱི་སྙན་ངག་ཕྱོགས་བསྒྲིགས་《སྐར་ཡང་སད་པའི་རྣམ་ཤེས་》བཀླགས་པའི་མྱོང་ཚོར།

འབའ་སྟོད་པདྨ་དབང་རྒྱལ། 《ཟླ་ཟེར》 2012. 4

《དགའ་བཞི་བའི་མི་རབས་ཀྱི་བྱུང་བ་བརྗོད་པ་ཟོལ་མེད་གཏམ་གྱི་རོལ་མོ་》སྐོར་གླེང་བ།

ཉི་མ་ཚེ་རིང་། 《བོད་ལྗོངས་སྒྱུ་རྩལ་ཞིབ་འཇུག》 2012. 2

པད་མ་ཚེ་བརྟན་གྱི་བརྩམས་སྒྲུང་《གཟའ་ཉི་མ་》ལ་ཙུང་ཟད་དཔྱད་པ།

སྐལ་བཟང་རྡོ་རྗེ་ཡི། 《གངས་ལྗོངས་རིག་གནས》 2012. 3

མེ་ཏོག་ལྷུམ་རའི་ནང་གི་ཀླན་ཀ་ཞེས་པའི་དཔེ་ཀློག་ཚོར་སྣང་།

ཚེ་རིང་སྐྱིད། 《མང་ཚོགས་སྒྱུ་རྩལ》 2012. 3

དུས་ཚོད་དང་ཆུང་། ——སྒྲུང་གཏམ《ཆུང་ལ་བཙོལ་བ་》ཞེས་པར་དཔྱད་པ།

ཚེ་གྲུབ། 《སྦྲང་ཆར》 2012. 3

《ལམ་གྱི་ཉི་འོད་》ཅེས་པའི་སྒྲུང་གཏམ་བཀླགས་པ།

སྒྲེན་པོ། 《སྦྲང་ཆར》 2012. 3

དབུས་གཙང་ཁུལ་གྱི་ལས་གཞས་ཀྱི་དབྱེ་བ་དང་དེའི་ཁྱད་ཆོས་སྐོར་རགས་ཙམ་གླེང་བ།

རྣམ་གླིང་རིན་ཆེན། 《ཐང་རྒྱན་མེ་ཏོག》 2012. 4

敦煌藏文文献研究(ཏུན་ཧོང་ཡིག་རྙིང་ཞིབ་འཇུག)

ཏུན་ཧོང་ནས་ཐོན་པའི་བོད་ཀྱི་སྔ་དར་ལེགས་སྦྱར་གྱི་དབྱངས་ཡིག་འགོད་ཚུལ་གྱི་རྣམ་པར་དཔྱད་པ།

ཁ་སྐད་བཀྲ་ཤིས་ཚེ་རིང་། 《ཀྲུང་གོའི་བོད་རིག་པ》 2012. 1

བོད་ཡིག་ཡིག་རྙིང་དང་འབྲེལ་བཙན་པོའི་དུས་སྐབས་ཀྱི་བཟ་འཕྲིན་སྨྲུག་སྤེལ་མ་ལག་སྐོར་རགས་ཙམ་གླེང་བ།

རིག་འཛིན་ཚེ་རིང་། 《ཀྲུང་གོའི་བོད་རིག་པ》 2012. 1

ཏུན་ཧོང་ཡིག་རྙིང་ཁྲིད་ཀྱི་འཕྲིན་ཡིག་ལ་དཔྱད་པ།

བཀྲ་ཤིས་དང་ནོར་བུ་སྒྲོལ་མ། 《བོད་ལྗོངས་ཞིབ་འཇུག》 2012. 2

ཏུན་ཧོང་བོད་ཀྱི་ཡིག་རྙིང་གི་ཆོས་དཔེ་བྲིས་བཤུས་ཀྱི་སྐོར་ལ་དཔྱད་པ།

ཁམས་འཚོ་སྐྱིད། 《བོད་ལྗོངས་ཞིབ་འཇུག》 2012. 3

ཏུན་ཧོང་ཡིག་རྙིང་P. T. 116《ཐེག་པ་ཆེ་ཆུང་གི་ཁྱད་པར་དང་། འཇུག་པའི་སྒོ་དང་། སོ་སོའི་མཚན་ཉིད་མདོ་ཙམ་དུ་བསྟན་ན》ཞེས་པའི་བརྗོད་དོན་དང་སྦྲེལ་ཏེ་ཐེག་པ་ཆེ་ཆུང་སྐོར་ལ་ཆེ་ལོང་ཙམ་དཔྱད་པ།

ཙྪང་ཕྱུག་བློ་བཟང་དར་རྒྱས། 《བོད་ལྗོངས་ཞིབ་འཇུག》 2012. 3

ཏུན་ཧོང་ཡིག་རྙིང་ལས་བྱུང་བའི་བཙན་པོ་ཁྲི་སྲོང་བཙན་གྱི་ལོ་རྒྱུས་ཡིག་ཆ་ཁག་དང་པོ་མཐར་ཆགས་སུ་དཔྱད་པ།

སངས་རྒྱས་མཁར། 《བོད་ལྗོངས་སློབ་གྲྭ་ཆེན་མོའི་རིག་དེབ》 2012. 1

ཏུན་ཧོང་གཏེར་ཡིག་ལས་སྣ་བཞེད་ཀྱི་ཤོག་རྩལ་ཡི་གེའི་སྐོར།

སམ་ལྷུན་སེ་ཆ་ཀ་དང་ཀ་ཟླ་ཤི་ཞེ་བོ་གཉིས་ཀྱིས་བརྩམས།

རྡོ་རྗེ་དོན་གྲུབ་ཀྱིས་བསྒྱུར། 《བོད་ལྗོངས་སློབ་གྲྭ་ཆེན་མོའི་རིག་དེབ》 2012. 4

བོད་ཡིག་འཕེལ་རིམ་གྱི་ལོ་རྒྱུས་སྐོར་ད་ལྟའི་བཤད་སྲོལ་ཁག་ལ་ཐོག་མར་དཔྱད་པ།

མཁར་ལྷ་ཀརྨ་འཕྲིན་ལས་དགེ་ལེགས། 《བོད་ལྗོངས་སློབ་གྲྭ་ཆེན་མོའི་རིག་དེབ》 2012. 4

ཏུན་ཧོང་བོད་ཡིག་ཡིག་ཚང་ལས་བྱུང་བའི་ནུབ་ལྫོངས་ཡུལ་གྲུ་ཁག་ཅིག་གི་ས་མིང་དཔྱད་འགྲེལ།

རྨེ་ཏྲུ་ཡུལ་ལྷ་ཐར། 《རྩེ་ར་སྐེག》 2012. 2

ཏུན་ཧོང་གཏེར་ཡིག་དང་འབྲེལ་ཏེ་བོད་ཀྱི་བཟ་འཕྲིན་སྨྲུག་སྤེལ་སྐོར་གླེང་བ།

སྙིང་མོ་ཚེ་རིང་། 《རྩེ་ར་སྐེག》 2012. 3

ཏུན་ཧོང་ཡིག་རྙིང་ལས་འཕྲོས་པའི་བོད་བློན་ཆེན་པོ་འབྲོ་ཆུང་བཟང་འོར་མང་ལ་རགས་ཙམ་དཔྱད་པ།

འཛིགས་མེད། 《བོད་ལྗོངས་སློབ་གསོ》 2012. 4

གནའ་བོའི་རིག་གནས་དང་སྒྱུ་རྩལ་གྱི་གྲོང་ཁྱེར་ཏུན་ཧོང་གི་སྐོར་ལ་རགས་རིམ་ཙམ་དཔྱད་པ།

ཁམས་སྒྲོན་བྱམས་པ་བློ་བཟང་། 《བོད་ཀྱི་སློབ་གསོ》 2012. 3

བོད་བཙན་པོའི་དུས་ཀྱི་བརྡ་རྙིང་ཆང་བཤད་ཡིག་ཆ《གསེར་སྐྱེམས་ཀྱི་རབས》རགས་ཙམ་དཔྱད་པ།

བསོད་ནམས་རྡོ་རྗེ། 《མང་ཚོགས་སྒྱུ་རྩལ》 2012. 2

ཏུན་ཧོང་གཏེར་ཡིག་ལས་སུམ་པ་དང་འབྲེལ་བའི་གནད་དོན་འགར་གསར་དུ་དཔྱད་པ།

ལྷང་པོ་བསོད་ནམས་སྟོབས་རྒྱལ། 《མཚོ་སྔོན་མི་རིགས་སློབ་གྲྭ་ཆེན་མོའི་རིག་དེབ》 2012. 1

བོད་ཀྱི་བརྡ་རྙིང་ཡིག་ཆའི་ཁུངས་འདེད་རྩད་ཞིབ་རིག་པའི་སྐོར་གྱི་ཐོག་མའི་དཔྱད་པ།

སྐེ་རུ་ཡུལ་ལྷ་ཐར། 《མཚོ་སྔོན་མི་རིགས་སློབ་གྲྭ་ཆེན་མོའི་རིག་དེབ》 2012. 4

翻译(ཡིག་སྒྱུར་གྱི་སྐོར།)

རྒྱ་བོད་ལོ་ཙཱའི་གནད་བསྡུས། དཔའ་རིས་སངས་རྒྱས། 《ཀྲུང་གོའི་བོད་རིག་པ》 2012. 1

《སྒྲ་སྦྱོར་བམ་གཉིས་》དང་《དག་ཡིག་མཁས་པའི་འབྱུང་གནས་》ནང་བསྟན་པའི་ལོ་ཙཱའི་ཚད་གཞི་སྐོར་གྱི་བསྡུར་བ།

པ་སངས་སྒྲོལ་དཀར། 《ཀྲུང་གོའི་བོད་རིག་པ》 2012. 3

བོད་ཀྱི་ལོ་ཙཱ་བ་ཆེན་པོ་འགོས་ཆོས་གྲུབ་ཀྱི་འགྱུར་གཞུང་ལ་དཔྱད་ཞིབ།

ཆ་རིས་སྐལ་བཟང་ཐོགས་མེད། 《བོད་ལྗོངས་ཞིབ་འཇུག》 2012. 1

ཚད་མ་རིག་པའི་སྐད་རིགས་དབྱེ་ལས་བརྡ་ཆད་ཕབ་སྒྱུར་སྐོར་གླེང་བ།

ཟླ་བ། 《བོད་ལྗོངས་ཞིབ་འཇུག》 2012. 2

《དབྱིད་ཀྱི་རྒྱལ་མོའི་གླུ་དབྱངས་》རྒྱ་འགྱུར་མའི་སྒྲ་སྒྱུར་གྱི་གནད་དོན་རེ་གཉིས་ལ་དཔྱད་པ།

རྟ་མགྲིན་དབང་རྒྱལ། 《བོད་ལྗོངས་ཞིབ་འཇུག》 2012. 2

གླིང་སྒྲུང་རྒྱ་འགྱུར་མ་ལས་འཕྲོས་པའི་ལོ་ཙཱའི་གནད་དོན་འགའ་བཤད་པ།

དབང་མོ་མཚོ། 《བོད་ལྗོངས་ཞིབ་འཇུག》 2012. 3

རྒྱ་བོད་མིང་བརྡ་སྒྱུར་ཕྱོགས་སྐོར་བཤད་པ། ཚེ་རིང་དོན་གྲུབ། 《བོད་ལྗོངས་ཞིབ་འཇུག》 2012. 3

སློབ་དཔོན་ཐོན་མིའི་སྒྲ་སྒྱུར་གྱི་གདམས་པ་ལ་ཐོག་མར་དཔྱད་པ་ལེགས་བཤད་འདྲེན་པའི་ཕོ་ཉ།

བསོད་ཆོས། 《བོད་ལྗོངས་ཞིབ་འཇུག》 2012. 3

“བསྟན་བཅོས་” ཀྱི་གོ་དོན་དང་རིགས་དབྱེའི་སྐོར་གྱི་བསམ་གཞིགས།

བཀྲ་ཤིས་ཚེ་རིང་། 《བོད་ལྗོངས་ཞིབ་འཇུག》 2012. 4

རྒྱ་བོད་ཡིག་སྒྱུར་ཁྲོད་ཀྱི་གོ་བ་ལེན་པའི་བརྒྱུད་རིམ་ལ་རགས་ཙམ་དཔྱད་པ།

སྐལ་བཟང་དགེ་འདུན། 《བོད་ལྗོངས་སློབ་གྲྭ་ཆེན་མོའི་རིག་དེབ》 2012. 3

ས་པཎ་གྱི་ལོ་ཙཱའི་དགོངས་པའི་སྐོར་ཙུང་ཟད་གླེང་བ།

ཞལ་ལྷེ་ལྷག་པ། 《བོད་ལྗོངས་སློབ་གྲྭ་ཆེན་མོའི་རིག་དེབ》 2012. 4

གསར་འགྱུར་ཡིག་སྒྱུར་སྐོར་མདོ་ཙམ་གླེང་བ།

པ་སངས། 《བོད་ལྗོངས་སློབ་གྲྭ་ཆེན་མོའི་རིག་དེབ》 2012. 4

རྒྱ་བོད་ལོ་ཙཱ་ལས་དོན་དུ་མ་ལ་འཇུག་པའི་མིང་གི་སྒྱུར་ཚུལ་སྐོར་རགས་ཙམ་གླེང་བ།

རིག་འཛིན། 《ཛྷེར་སྙེག》 2012. 1

རྒྱ་བོད་གཞུང་ཡིག་མིང་བརྡ་ལོ་ཙཱ་ལས་བྱུང་བའི་རྒྱ་འགྱུར་གྱི་སྣང་ཚུལ་ལ་རགས་ཙམ་དཔྱད་པ།

ཨ་ལྫོང་དཔལ་རྫོ་ཐར། 《ཛྷེར་སྙེག》 2012. 1

《རྒྱ་བོད་ཤན་སྦྱར་ཚིག་མཛོད》ཀྱི་འགྲོས་མིང་གི་མིང་རྐྱ་སྔ་ཕྱི་མཚུངས་པ་འགའི་སྒྱུར་ཚུལ་ལ་དཔྱད་པ།

ཚེ་རིང་ལྷ་མོ། 《ཛྷེར་སྙེག》 2012. 2

བོད་ཀྱི་གཏམ་དཔེ་ལོ་ཙཱའི་སྐོར་རགས་ཙམ་གླེང་བ། ཀླུ་རྒྱལ་ཚེ་རིང་། 《ཛྷེར་སྙེག》 2012. 2

ཚན་རྩལ་བརྡ་ཆད་ཀྱི་ཡིག་སྒྱུར་སྐོར་རགས་ཙམ་གླེང་བ། ཕང་ཧེ་དབྱིན། 《ཛྷེར་སྙེག》 2012. 2

རྒྱ་བོད་ལོ་ཙཱ་ལས་ཐད་སྒྱུར་གྱི་སྐོར་རགས་ཙམ་དཔྱད་པ། སྐལ་བཟང་། 《ཛྷེར་སྙེག》 2012. 2

ཡིག་སྒྱུར་གྱི་རིགས་དང་དེ་དག་གི་སྒྱུ་རྩལ་ཁྱད་ཆོས་སྐོར་ཙུང་བརྗོད་པ།

གཏུགས་དཀར་སྐྱབས། 《ཛྷེར་སྙེག》 2012. 2

བོད་སྐད་བརྙན་འཕྲིན་གྱི་གསར་འགྱུར་ལོ་ཙཱའི་སྐོར་ལ་རགས་ཙམ་དཔྱད་པ།

རྟ་མགྲིན་འཚོ། 《ཛྷེར་སྙེག》 2012. 3

རྒྱ་བོད་ཡིག་སྒྱུར་ལས་གནའ་རབས་རྩོམ་རིག་གི་སྒྱུར་ཐབས་སྐོར་རགས་ཙམ་གླེང་བ།

ཚེ་རིང་བསམ་འགྲུབ། 《ཛྷེར་སྙེག》 2012. 3

ལོ་རིམ་བདུན་པའི་《བསམ་བློ་ཀུན་སྤྱོད》ཀྱི་བསླབ་གཞི་ཡིག་སྒྱུར་ཁྲོད་ཐོན་པའི་གནད་དོན་སྐོར་ཙུང་ཙམ་གླེང་བ།

ཀླུ་མོ་རྒྱལ། 《ཛྷེར་སྙེག》 2012. 4

བོད་ཀྱི་ཐ་སྙད་ལོ་ཙཱའི་ཐད་ཡིད་འཇོག་དགོས་པའི་གནད་དོན་འགའ་གླེང་བ།

དབང་མོ་འཚོ་དང་ཨ་ལྫོང་དཔལ་རྫོ་ཐར། 《ཛྷེར་སྙེག》 2012. 4

རྒྱ་བོད་ཡིག་སྒྱུར་གྱི་ལོ་རྒྱུས་འཕེལ་རིམ་ལ་རགས་ཙམ་དཔྱད་པ།

བློ་བཟང་རྣམ་གྲོལ། 《བོད་ལྗོངས་སློབ་གསོ》 2012.2

སྒྲ་སྒྱུར་ཐ་སྙད་ཀྱི་སྒྱུར་སྐྱོན་དང་སྒྱུར་ཐབས་ཐད་ཀྱི་བསམ་ཚུལ་གླེང་བ།

བན་དེ་བཀྲ་ཤིས། 《བོད་ལྗོངས་སློབ་གསོ》 2012.3

ཐ་སྙད་གསར་པའི་ལོ་རྒྱུའི་ཐབས་ལམ་སྐོར་མདོ་ཙམ་གླེང་བ།

མགོན་པོ་དོན་འགྲུབ། 《བོད་ལྗོངས་སློབ་གསོ》 2012.5

ཡིག་སྒྱུར་ཁྲིད་རྒྱུན་དུ་བཀོལ་བའི་བསམ་གཞིགས་ཀྱི་རྣམ་པ་འགའ་ཕྲན་ཙམ་གླེང་བ།

འབྲུག་བྱམས་རྒྱལ། 《བོད་ཀྱི་སློབ་གསོ》 2012.2

རྒྱ་ཡིག་ཡིག་སྒྱུར་ལས་འགྲོས་པའི་རིག་གནས་སྟོང་ཆའི་སྐོར་དང་དེའི་སྒྱུར་ཐབས་རགས་ཙམ་གླེང་བ།

བདེ་སྐྱིད་མཚོ་མོ། 《གངས་ལྗོངས་རིག་གནས》 2012.1

རྒྱ་བོད་བཅའ་ཁྲིམས་ཡིག་སྒྱུར་བྱ་ཐབས་སྐོར་ཅུང་གླེང་བ། ཚེ་རིང་དོན་འགྲུབ། 《མི་རིགས》 2012.1

རྒྱ་བོད་ལོ་ཙཱ་ལས་བསྟོད་སྣད་མིང་གི་སྒྱུར་ཚུལ་སྐོར་རགས་ཙམ་གླེང་བ།

རིག་འཛིན། 《མཚོ་སྔོན་མི་རིགས་སློབ་ཆེན་རིག་དེབ》 2012.1

རྒྱ་བོད་ལོ་ཙཱ་ལས་མིང་གི་སྒྱུར་ཐབས་སྐོར་གླེང་བ།

བསོད་ནམས་འཚོ། 《གངས་ལྗོངས་རིག་གནས》 2012.3

བོད་ཀྱི་གཏམ་དཔེ་དང་དཔེ་ཆོས་ཀྱི་བསྒྱུར་ཐབས་སྐོར་མདོར་ཙམ་བརྗོད་པ།

ཤེས་རབ་རྣམ་རྒྱལ། 《མི་རིགས》 2012.3

གསར་འགྱུར་ཡིག་སྒྱུར་གྱི་གོ་རིམ་སྐོར་ཅུང་ཙམ་གླེང་བ། ཚེ་གཡང་། 《མི་རིགས》 2012.3

ལོ་ཙཱ་ལས་རང་འགྱུར་དང་གཞན་འགྱུར་སྐོར་གྱི་དཔྱད་གླེང་།

འབའ་སྟོད་ཚེ་དབང་རྡོ་རྗེ། 《མཚོ་སྔོན་མི་རིགས་སློབ་ཆེན་རིག་དེབ》 2012.3

གསར་འགྱུར་ལོ་ཙཱ་ལས་མིང་གཅིག་དོན་དུ་མར་འཇུག་པའི་བསྒྱུར་ཚུལ་སྐོར་ལ་རགས་ཙམ་དཔྱད་པ།

དབང་གྲགས་ཚེ་རིང་། 《མཚོ་སྔོན་མི་རིགས་སློབ་ཆེན་རིག་དེབ》 2012.3

དུས་རབས་བར་མའི་པོ་ཐི་སིའུ་སི་ཡི་ཡིག་སྒྱུར་གཞུང་ལུགས་ལས་འགྲོས་ཏེ་རྒྱ་བོད་ལོ་ཙཱའི་ལག་ལེན་ལ་དཔྱད་པ།

བཀྲ་ཤིས་བསྟན་པ། 《བོད་ཀྱི་རྩོམ་རིག་སྒྱུ་རྩལ》 2012.6

གསར་འགྱུར་ཡིག་སྒྱུར་ཁྲིད་དུ་ཞི་སའི་རིག་གནས་རིན་ཐང་དང་བསྒྱུར་ཐབས་སྐོར་རགས་ཙམ་བཤད་པ།

བྱང་ཆུབ་སྒྲོལ་མ། 《གངས་དཀར་རི་བོ》 2012.2

མདོ་མཁར་བ་ཞབས་དྲུང་ཚེ་རིང་དབང་རྒྱལ་དང་ཁོང་གི་བརྩམས་སྒྲུང་《གཞོན་ནུ་ཟླ་མེད་ཀྱི་གཏམ་རྒྱུད》

མགོ་རུ་ཟླ་བ་ཚེ་རིང་། 《ཀྲུང་གོའི་བོད་ལྗོངས》 2012. 9

人物研究(མི་སྣ་ཞིབ་འཇུག)

རྒྱལ་གཅེས་བོད་རིག་པའི་མཁས་པ་དགེ་འདུན་ཆོས་འཕེལ་གྱི་རིག་གཞུང་བསམ་བློ། ——དགེ་འདུན་ཆོས་འཕེལ་སྐུ་གཤེགས་ནས་ལོ་འཁོར་དྲུག་བཅུ་ལོན་པའི་དྲན་གསོལ་ཕུལ་བ།

ཐུ་བཞི་བསམ་པའི་དོན་གྲུབ། 《ཀྲུང་གོའི་བོད་རིག་པ》 2012. 2

གངས་ལྗོངས་ལོ་རྒྱུས་ཐོག་གི་གནུབས་ཀྱི་སྔགས་པ་རྣམ་གཉིས་སྐོར་ལ་དཔྱད་པ།

ཐུ་ཡུལ་བ་ལྷག་པ་ཕུན་ཚོགས། 《ཀྲུང་གོའི་བོད་རིག་པ》 2012. 4

འཕགས་པ་ཀླུ་སྒྲུབ་ཀྱི་རྣམ་ཐར།

ལམ་རིམ་ཟླ་བརྒྱད་ལས་བསྟན་དར་གྱིས་བཏུས། 《བོད་ལྗོངས་ནང་བསྟན》 2012. 2

གནས་བརྟན་བཅུ་དྲུག་ལས་འཕགས་པ་མ་ཕམ་པ་དང་ནགས་ན་གནས་གཉིས་ཀྱི་ལོ་རྒྱུས་མདོར་ཙམ་བརྗོད་པ།

མཁར་གདོང་པས་དཔེ་སྙིང་ལས་བཏུས། 《བོད་ལྗོངས་ནང་བསྟན》 2012. 2

མི་ཉག་ཞབས་དྲུང་སྤྲུལ་སྐུའི་འཁྲུངས་རབས་ཀྱི་བྱུང་བ་བརྗོད་པ།

མི་ཉག་ཞབས་དྲུང་འཇིགས་མེད་ཆོས་ཀྱི་རྒྱལ་མཚན། 《བོད་ལྗོངས་ནང་བསྟན》 2012. 2

རྗེ་དངོས་གྲུབ་དཔལ་འབར་གྱི་རྣམ་ཐར་མདོར་བསྡུས།

སྟོ་ཁ་བ་ཡེ་ཤེས་དག་དབང་། 《བོད་ལྗོངས་ནང་བསྟན》 2012. 2

རྗེ་དངོས་གྲུབ་དཔལ་འབར་གྱི་རྣམ་ཐར་མདོར་བསྡུས།

སྟོ་ཁ་བ་ཡེ་ཤེས་དག་དབང་། 《བོད་ལྗོངས་ནང་བསྟན》 2012. 2

འཕགས་མཆོག་ཝ་ཏི་བཟང་པོ་མང་ཡུལ་གྲོང་དུ་གདན་དྲངས་པའི་ལོ་རྒྱུས།

བསྟན་འཛིན། 《བོད་ལྗོངས་ནང་བསྟན》 2012. 2

རྒྱ་བཟའ་འཇུན་ཤིང་ཀོང་ཇོའི་ལོ་རྒྱུས་ཀྱི་རིན་ཐང་དང་ཤུགས་རྐྱེན།

དཔལ་མགོན་རྒྱལ། 《མི་རིགས》 2012. 3

མཁས་དབང་ཁང་དཀར་ཚུལ་ཁྲིམས་སྐལ་བཟང་མཆོག་གི་རྣམ་ཐར་མདོར་བསྡུས།

ཀུན་དགའ་དབང་ཕྱུག 《མཚོ་སྔོན་མི་རིགས་སློབ་ཆེན་རིག་དེབ》 2012. 2

གཏེར་ལུང་དགོན་པ་དང་བསེ་ཚང་སྤྲུལ་སྐུ་ཕྲེང་རིམ་བྱོན་གྱི་རྣམ་ཐར་མདོར་བསྡུས།

རྡོ་རྗེ་ཚེ་རིང་། 《མཚོ་སྔོན་མི་རིགས་སློབ་ཆེན་རིག་དེབ》 2012. 2

གཞུང་བརྒྱ་རྩོམ་པའི་སློབ་དཔོན། །ལྷ་རིག་སྨྲ་བའི་པཎྜི་ཏ། །——མཁས་བཙུན་བཟང་གསུམ་གྱི་བདག་ཉིད་ཆེན་པོ་བསེ་ཚང་བློ་བཟང་དཔལ་ལྡན་མཆོག་གི་མཛད་པ་མདོར་བསྡུས།

སྐལ་བཟང་ཚེ་བརྟན། 《ཟླ་ཟེར》 2012. 3

ཆོས་རྗེ་པོ་དོང་ཕྱོགས་ལས་རྣམ་རྒྱལ། གཡང་འབྲུམ་རྒྱལ། 《ཀྲུང་གོའི་བོད་ལྗོངས》 2012. 5

བཙན་པོ་སྣང་དར་མའི་ལོ་རྒྱུས་སྐོར་རགས་ཙམ་དཔྱད་པ།

སྐལ་བཟང་བདེ་སྐྱིད། 《མི་རིགས》 2012. 1

མཁས་དབང་དགེ་འདུན་ཆོས་དང་བབ་ཆགས་དངོས་གཙོ་རིང་ལུགས།

བློ་བཟང་ཆོས་འཕེལ། 《མི་རིགས》 2012. 2

རྒྱན་འཛམ་དབྱངས་གྲགས་པ་མཆོག་གི་སློབ་གསོའི་མཛད་རྗེས་རགས་ཙམ་གླེང་བ།

འཇུར་མེད། 《བོད་ཀྱི་སློབ་གསོ》 2012. 2

དགེ་འདུན་ཆོས་འཕེལ་གྱི་རིག་གཞུང་བསམ་བློ་གླེང་བ།

ནོར་བུ་དབང་རྒྱལ་དང་ཧྲ་མཁྲིན།《མཚོ་སྔོན་མི་རིགས་སློབ་ཆེན་རིག་དེབ》 2012. 1

རྗེ་ཤར་གདོང་རིན་པོ་ཆེའི་མཛད་རྣམ་མདོར་བསྡུས།

བསྟན་འཛིན་ཆོས་འཕེལ། 《མཚོ་སྔོན་མི་རིགས་སློབ་ཆེན་རིག་དེབ》 2012. 1

ལོ་ཆེན་བཻ་རོ་ཙ་ནའི་རྣམ་ཐར་མདོར་བསྡུས། རིག་བསྟན། 《གངས་དཀར་རི་བོ》 2012. 1

医药与历算(སྨན་རྩིས་ཀྱི་སྐོར།)

ཤར་ཕྱོགས་ནས་ནུབ་ཕྱོགས་སུ། ——རྔ་རི་ཡ་ཐུའི་བོད་སྨན་ཁྱིམ་རྒྱུད་ཅིག་གིས་གསོ་རིག་སྤེལ་བའི་ལོ་རྒྱུས།

གྲོ་ཚང་དོན་གྲུབ་དང་ལྷ་གྲོ་ཧྲ་མཁྲིན་དབང་ཕྱུག 《ཀྲུང་གོའི་བོད་རིག་པ》 2012. 2

བོད་ཀྱི་གསོ་རིག་གི་གཞུང་དུ་འཆད་པའི་རྩ་བའི་རླུང་ལྷ་ཟབ་མོ་ནང་དོན་དང་འབྲེལ་ཏེ་ཅུང་ཟད་དཔྱད་པ།

སྣ་ཕྲུག་ཕུན་ཚོགས་རྡོ་རྗེ། 《ཀྲུང་གོའི་བོད་རིག་པ》 2012. 3

སྤར་ཁ་དང་བོད་མིའི་འཚོ་བའི་འབྲེལ་བའི་སྐོར་ཅུང་ཟད་གླེང་བ།

སྲིད་གཙོད་སྒྲོལ་དཀར། 《བོད་ལྗོངས་ཞིབ་འཇུག》 2012. 2

བོད་ལུགས་གསོ་རིག་ལས་བྱིས་པ་བཙས་རྗེས་ཉིན་གསུམ་ནང་གི་ཉེར་སྤྱོད་སྐོར་རགས་ཙམ་གླེང་བ།

སྒྲོལ་དཀར། 《བོད་ལྗོངས་ཞིབ་འཇུག》 2012. 2

དེའུ་དམར་དགེ་བཤེས་བསྟན་འཛིན་ཕུན་ཚོགས་མཆོག་གི་འཁྲུངས་རབས་དང་ཁོང་གི་བསྟན་བཅོས་《ཤེལ་གོང་ཤེལ་ཕྲེང་》སྐོར་གྱི་དཔྱད་པ། ནོར་བུ་དོན་གྲུབ། 《བོད་ལྗོངས་ཞིབ་འཇུག》 2012. 3

གཙོང་ཆེན་སྨན་ནད་ཀྱི་རྒྱུ་རྐྱེན་སྐོར་རགས་ཙམ་གླེང་བ།

ཚེ་རིང་བདེ་སྐྱིད། 《བོད་ལྗོངས་ཞིབ་འཇུག》 2012. 4

འབྱུང་རྩིས་ཀྱི་སློ་བ་དང་བོད་མིའི་འཚོ་བའི་འབྲེལ་བའི་སྐོར་ཅུང་ཟད་གླེང་བ།

སྲིད་གཅོད་སྒྲོལ་དཀར། 《བོད་ལྗོངས་སློབ་གྲྭ་ཆེན་མོའི་རིག་དེབ》 2012. 1

རྒྱ་བོད་རྩིས་རིག་ལོ་ཙཱའི་སྟོན་བྱུང་ལོ་རྒྱུས་ལ་ཅུང་ཟད་དཔྱད་པ།

བསོད་ནམས་དང་ཟླ་བ་བཀྲ་ཤིས་གཉིས། 《བོད་ལྗོངས་སློབ་གྲྭ་ཆེན་མོའི་རིག་དེབ》 2012. 1

གནམ་རིག་སྐར་རྩིས་ཀྱི་འབྲེལ་ཡོད་ཤེས་བྱ་ཕྲན་ཚེགས། ——སྐར་ནག་རྩིས་ཀྱི་མཁྱེན་པའི་དབང་ཕྱུག་རྒྱལ་ཁབ་རིམ་པའི་རིགས་གཅིག་མཁས་དབང་ཀུན་དགའ་རིག་འཛིན་ལགས་ལ་བཅར་འདྲི་ཞུས་པའི་ཟིན་ཐོ།

སྐལ་རྣམ་དང་བསོད་ནམས་བཟང་མོ། 《བོད་ལྗོངས་སློབ་ཆེན་གྱི་རིག་དེབ》 2012. 3

བོད་ཀྱི་སྲོལ་རྒྱུན་རྩིས་ཀྱི་བྱ་ཐབས་འགའ་རྩིས་འཁོར་གྱི་ལམ་ལ་འདྲེན་རྒྱུར་མཁོ་བའི་རྐྱེན་འབྱུང་གྲངས་ཁག་གསུམ་གྱི་ངོ་སྤྲོད་མདོར་གླེང་། སྐྱིད་ལུས། 《བོད་ལྗོངས་སློབ་ཆེན་གྱི་རིག་དེབ》 2012. 3

བོད་སྨན་གྱི་སྨན་རྒྱུར་སྲུང་སྐྱོབ་བྱ་ཐབས་སྐོར་གྱི་བསམ་གྲོས།

ཕྲིན་པ་ཚེ་རིང་། 《གངས་ལྗོངས་རིག་གནས》 2012. 1

སོ་སྨན་ལ་གཅེས་པར་འོས་པའི་ཡན་ལག་བདུན་ལྡན་གྱི་སྐོར་མདོ་ཙམ་གླེང་བ།

རིག་འཛིན་རྒྱ་མཚོ་དང་ལུང་ཁྲུང་ཡེའེ། 《མི་རིགས》 2012. 1

བོད་སྨན་ཚད་ལྡན་བྱ་ཚུལ་སྐོར་གྱི་གནད་དོན་འགའ་ཞིག

བསྟན་འཛིན་དབང་མཆོག 《མི་རིགས》 2012. 1

གྲུམ་བུའི་ནད་བཅོས་པའི་སྦྱོང་ཚོར། ནོར་བུ་སྒྲོལ་མ། 《མི་རིགས》 2012. 1

ལུས་ཟུངས་བདུན་གྱི་མཐར་ཕྱིན་པ་མདངས་ཀྱི་ངོ་བོ་དང་འགྱུར་ཚུལ་སྐོར་གླེང་བ།

རང་བོ་སྐལ་བཟང་བཀྲ་ཤིས་དང་ལྷུན་གྲུབ་རྡོ་རྗེ། 《མཚོ་སྔོན་མི་རིགས་སློབ་ཆེན་རིག་དེབ》 2012. 1

སྨན་གྱི་ལྷག་སྐྱོན་དང་ལོག་སྐྱོན་འབྱུང་ཚུལ་རོ་ནུས་ཀྱི་འགྲོ་ཕྱོགས་དང་སྦྱར་ཏེ་གླེང་བ།

ཚེ་རིང་རྣམ་རྒྱལ། 《མཚོ་སྔོན་མི་རིགས་སློབ་ཆེན་རིག་དེབ》 2012. 1

སེ་སྲིད་སངས་རྒྱས་རྒྱ་མཚོའི་ལོ་རྒྱུས་དང་གསོ་རིག་དགོངས་བཞེད་སྐོར་ཙུང་ཟད་གླེང་བ།

ལྷ་མོ་ཚེ་རིང་། 《མཚོ་སྔོན་མི་རིགས་སློབ་ཆེན་རིག་དེབ》 2012. 2

ལུས་ཁམས་བདེ་སྲུང་དང་འབྲེལ་བའི་སྐོར་ལ་ཙུང་ཟད་དཔྱད་པ།

སྐལ་བཟང་སྒྲོལ་མ། 《མཚོ་སྔོན་མི་རིགས་སློབ་ཆེན་རིག་དེབ》 2012. 2

艺术(སྒྱུ་རྩལ་གྱི་སྐོར།)

སྨན་གསར་ལུགས་ཀྱི་རི་མོའི་བྱུང་ཚུལ་དཔྱད་པ། ནོར་བུ་སྲི་ཐར། 《བོད་ལྗོངས་ཞིབ་འཇུག》 2012. 2

པེ་ཅིང་གོང་མའི་ཕོ་བྲང་དུ་ཉར་བའི་བོད་བརྒྱུད་ནང་བསྟན་གྱི་སྐུ་བརྙན་སྐྱོ་བཤད།

ཡང་ཟླ་ཡིན་གྲིས་བརྩམས། སྙིང་ལྷུགས་རྒྱལ་དང་འདར་དབོན་ཉི་མར་གཉིས་ཀྱིས་བསྒྱུར།

《བོད་ལྗོངས་སློབ་གྲྭ་ཆེན་མོའི་རིག་དེབ》 2012. 1

《མཁས་འཇུག་》ལས་བསྟན་པའི་ཉམས་བརྒྱད་ཀྱི་སྐོར་ཙུང་ཟད་གླེང་བ།

ཚེ་རིང་། 《བོད་ལྗོངས་སློབ་གྲྭ་ཆེན་མོའི་རིག་དེབ》 2012. 2

སྟོམ་བརྩོན་དམ་པ་ཞེས་པའི་ལྡེབས་རིས་ལ་གསར་དུ་དཔྱད་པ།

བུ་ཡུལ་ལྷག་པ་ཕུན་ཚོགས། 《བོད་ལྗོངས་སློབ་གྲྭ་ཆེན་མོའི་རིག་དེབ》 2012. 2

སྨན་ཐང་པ་ཆེན་པོ་སྨན་བླ་དོན་གྲུབ་དང་སྨན་ལུགས་ཀྱི་ཁྱད་ཆོས་ལ་རགས་ཙམ་དཔྱད་པ།

བརྩེ་བྱང་སྒྲིན་པ་དབང་འདུས། 《བོད་ལྗོངས་སློབ་གྲྭ་ཆེན་མོའི་རིག་དེབ》 2012. 2

བོད་ཀྱི་སྲོལ་རྒྱུན་ཨ་ཅེ་ལྷ་མོའི་ རྣམ་ཐར་གྱི་སྒྱུ་རྩལ་ཁྱད་ཆོས་ལ་རགས་ཙམ་དཔྱད་པ།

རྒྱལ་ལགས། 《བོད་ལྗོངས་སློབ་གྲྭ་ཆེན་མོའི་རིག་དེབ》 2012. 3

སྨར་བྲིས་ཀྱི་སྒྱུ་རྩལ་ཁྱད་ཆོས་ལ་རགས་ཙམ་དཔྱད་པ།

སྐལ་བཟང་ཚེ་རིང་། 《བོད་ལྗོངས་སློབ་གྲྭ་ཆེན་མོའི་རིག་དེབ》 2012. 3

བོན་གྱི་གྲྭ་སའི་འཆམ་གྱི་སྐོར་མདོ་ཙམ་གླེང་བ།

རྨེའུ་ཚ་བསྟན་འཛིན་རྣམ་རྒྱལ། 《བོད་ལྗོངས་སློབ་གྲྭ་ཆེན་མོའི་རིག་དེབ》 2012. 4

གཙང་ཁུལ་འབྲོང་རྩེ་ཏ་གོ་མི་གོ་དང་ཐད་སྐོར་གྱི་ཐོག་མའི་གླེང་གཏམ།

ཚེ་སྒྲོན། 《བོད་ལྗོངས་སློབ་གྲྭ་ཆེན་མོའི་རིག་དེབ》 2012. 4

བོད་ཀྱི་དམངས་ཁྲོད་ཞབས་བྲོའི་“ བརྒྱང་བསྐྱམ་” སྟངས་སྟབས་ཀྱི་གྲུབ་ཚུལ་ལ་རགས་ཙམ་བརྗོད་པ།

དཔའ་མོ་མཚོ། 《བོད་ལྗོངས་སློབ་གྲྭ་ཆེན་མོའི་རིག་དེབ》 2012. 4

བོད་ལྗོངས་མངའ་རིས་ས་ཁུལ་སྤུ་ཧྲེང་རྫོང་གི་གོ་རྩེད་སྐོར་ལ་རགས་ཙམ་དཔྱད་པ།

རྣོར་བརྟན་དང་བསམ་དགའ་སྒྲོལ་མ། 《བོད་ལྗོངས་སློབ་གྲྭ་ཆེན་མོའི་རིག་དེབ》 2012. 4

རེབ་གོང་སྒྱུ་རྩལ་གྱི་གནས་བབ་རོབ་ཙམ་གླེང་བ། མཁའ་འབུམ་ཐར། 《རྩེར་སྣེག》 2012. 3

བརྟན་འཕྲིན་རྩོམ་སྒྲིག་པའི་ནུས་པ་མཐོར་འདེགས་གཏོང་བའི་སྐོར་རགས་ཙམ་གླེང་བ།

དོན་གྲུབ་ཚེ་རིང་། 《རྩེར་སྣེག》 2012. 4

བོད་ཀྱི་སྲོལ་རྒྱུན་རིག་གནས་ལས་ལྷ་མོའི་འཁྲབ་གཞུང་སྐོར་རགས་ཙམ་གླེང་བ།

ཉི་མ་ཚེ་རིང་། 《སྦྲང་རྒྱན་མེ་ཏོག》 2012. 2

ཤུ་གེའི་ལྡེབས་རིས་ལས་མངོན་པའི་ནང་མའི་ཞབས་བྲོ།

ཡང་ཞའོ་ཡི་དང་སངས་རྒྱས་བཀྲ་ཤིས། 《ཀྲུང་གོའི་བོད་ལྗོངས》 2012. 1

དུས་སྐབས་གསར་པའི་གློག་བརྙན་གསར་པ། ——རང་རྒྱལ་དུ་བསྒྱུར་བཅོས་སྒོ་དབྱེ་བྱས་རྗེས་ཐོན་པའི་བོད་བརྗོད་གློག་བརྙན་གྱི་སྐོར་གླེང་བ། པདྨ་ཀུན་གྲོལ། 《ཀྲུང་གོའི་བོད་ལྗོངས》 2012. 3

དཔལ་ལྡན་བཀའ་བརྒྱུད་མགུར་མཚོ་ལས་འཕྲོས་ཏེ་སྟག་ལུང་མགུར་ཚོགས་ཀྱི་སྐོར་རགས་ཙམ་གླེང་བ།

ཕུན་ཚོགས་ཡོན་ཏན། 《བོད་ལྗོངས་སྒྱུ་རྩལ་ཞིབ་འཇུག》 2012. 1

ཞབས་དཀར་ཚོགས་དྲུག་རང་གྲོལ་གྱི་མགུར་གླུའི་སྒྱུ་རྩལ་ཁྱད་ཆོས་སྐོར་ཅུང་ཟད་གླེང་བ།

ཐོ་ཀླུའི་པད་མ་རྒྱལ། 《བོད་ལྗོངས་སྒྱུ་རྩལ་ཞིབ་འཇུག》 2012. 1

གྲངས་བཅུ་གསུམ་དང་འབྲེལ་ཡོད་བོད་ཀྱི་རྒྱུན་སྲོལ་གླུ་གར་ཆེ་གྲས་མདོ་ཙམ་གླེང་བ།

བཞད་གཞུང་བསོད་ནམས། 《བོད་ལྗོངས་སྒྱུ་རྩལ་ཞིབ་འཇུག》 2012. 1

སྡེ་དགེ་རྫོགས་ཆེན་གྱི་གེ་སར་འཆམ་སྐོར་ལ་དཔྱད་པ།

འཇམ་དབྱངས་ཆོས་སྒྲོན། 《བོད་ལྗོངས་སྒྱུ་རྩལ་ཞིབ་འཇུག》 2012. 1

བོད་ཀྱི་ནང་ཆོས་མཛེས་རིས་ལས་འཕྲོས་ཏེ་རྣམ་བཅུ་དབང་ལྡན་གྱི་བྱུང་འཕེལ་དང་སྒྱུ་རྩལ་ཁྱད་ཆོས་སོགས་ཀྱི་སྐོར་རགས་ཙམ་གླེང་བ། ཨ་རྒྱན། 《བོད་ལྗོངས་སྒྱུ་རྩལ་ཞིབ་འཇུག》 2012. 1

མཚུར་ཕུན་དགོན་གྱི་རོལ་ཆ་བཅུ་དྲུག་ལ་ཐོག་མར་དཔྱད་པ།

སྒྲོལ་མ་ཚེ་རིང་། 《གངས་ལྗོངས་རིག་གནས》 2012. 1

གློག་བརྙན་བརྙན་འཕྲིན་བློས་གར་ལས་འཁྲབ་སྟོན་པ་དང་འཁྲབ་གཞུང་བར་གྱི་འབྲེལ་བའི་སྐོར་ཕྲན་ཙམ་གླེང་བ།

ལྷགས་བྱམས་སྒྲོལ་མ། 《གངས་ལྗོངས་རིག་གནས》 2012. 1

རེབ་གོང་བོན་མང་གི་འཆམ་གྱི་བྱུང་འཕེལ་དང་དེའི་སྟངས་སྟབས་བརྗོད་པ།

ཁ་བོ་ཅིན་ཐར། 《མང་ཚོགས་སྒྱུ་རྩལ》 2012. 1

བོད་ཀྱི་ཡིག་གཟུགས་བྱུང་འཕེལ་དང་འབྲི་རྒྱུན་སྐོར་ཙུང་ཟད་གླེང་བ། རྡོར་ལྷ། 《མི་རིགས》 2012. 2

ནོར་བུ་གླིང་གའི་ཨར་སྐྲུན་བཟོ་བཀོད་དང་དེའི་རིན་ཐང་སྐོར་རགས་ཙམ་གླེང་བ།

ཐེ་ཁྲིད། 《ཐང་རྒྱན་མེ་ཏོག》 2012. 2

ཨ་མདོའི་ལ་གཞས་སྐོར་མདོ་ཙམ་གླེང་བ། ཕྱུལ་ལྷ་ཐར། 《བོད་ལྗོངས་སྒྱུ་རྩལ་ཞིབ་འཇུག》 2012. 2

དཔལ་བསམ་ཡས་གཙུག་ལག་ཁང་གི་གསར་བཞེངས་ཉམས་གསོའི་ལོ་རྒྱུས་ལས་འཕྲོས་ཏེ་སྐུ་ཁའི་བྲི་གཞུང་གི་བྱུང་འཕེལ་སྐོར་གླེང་བ། གཡུ་གྲ་བསོད་ཚེ། 《བོད་ལྗོངས་སྒྱུ་རྩལ་ཞིབ་འཇུག》 2012. 2

མདོ་སྨད་ཀན་ལྷོའི་བོད་ཀྱི་རྣམ་ཐར་ཟློས་གར་གྱི་འཁྲབ་སྟོན་ཁྱབ་ཁོངས་དང་དེའི་སྤྱི་ཚོགས་ཕན་ནུས་སྐོར་གླེང་བ།

ཚས་པ་རྡོ་རྗེ་དོན་གྲུབ། 《བོད་ལྗོངས་སྒྱུ་རྩལ་ཞིབ་འཇུག》 2012. 2

སྔན་ངག་པ་ཞིག་གིས་བོད་ཀྱི་གླུ་དབྱངས་སྐོར་གླེང་བ།

བྱམས་པ་རྡོ་རྗེ། 《བོད་ལྗོངས་སྒྱུ་རྩལ་ཞིབ་འཇུག》 2012. 2

ལྷོ་ཁ་ཟངས་རི་ རྫོང་རོང་གི་བྲོ་པ་གཞས་མའི་སྐོར་ལ་རགས་ཙམ་དཔྱད་པ།

འཇམ་དཔལ། 《གངས་ལྗོངས་རིག་གནས》 2012. 3

བོད་ཀྱི་དེང་དུས་རོལ་དབྱངས་དང་སྲོལ་རྒྱུན་རོལ་དབྱངས་ཀྱི་ཉམས་འགྱུར་མདོར་ཙམ་གླེང་བ།

བསྟན་འཛིན་ བླ་བ། 《གངས་ལྗོངས་རིག་གནས》 2012. 3

台湾、香港藏学研究论著要目

一、政治、法律

1. 和平形象之外的达赖喇嘛:德国媒体揭露达赖与美国中情局合作关系/孙水波著,海峡评论 260:页 15—20。
2. 直面与回避:评汪晖《东西之间的“西藏问题”》/姚新勇著,二十一世纪 132:页 110—119。
3. 中印边界争议的解决与未来发展/沈明室著,中共研究,46(7):页 89—107。

二、哲学、宗教

1. 源远流长:章嘉大师示寂五十周年纪念/台北市:中华华藏净宗学会。
2. 建构现代中国的藏传佛教徒/滕华睿(Tuttle, Gray)著;陈波译。香港:香港大学出版社。
3. 国内外对汉藏观音信仰文化研究的回顾/林锦江著。香港:香港大学饶宗颐学术馆。
4. 至尊上师蒋扬钦哲确吉罗卓本生传:大宝藏库/金刚持·蒋扬钦哲确吉罗卓仁波切原著;大堪布贡噶旺秋仁波切原著纂辑、讲授;释确尊译。台北市:正法源学佛会。
5. 西藏佛教在台湾的发展历程/刘国威著。国立历史博物馆馆刊 22(8):页 66—75。
6. 一代宗师:蒋扬钦哲秋吉罗卓简传 1893—1959/《文殊杂志》编译小组译。文殊季刊11:页10—17。

7. 蒋扬钦哲秋吉罗卓回忆:萨迦法王口述/《文殊杂志》编译小组译。文殊季刊11:页18—19。
8. 僧侣与哲学家:父子对谈生命意义/尚·方斯华·何维尔、马修·李卡德著;赖声川译。台北市:究竟出版社。
9. 知识与解脱:促成宗教转化之体验的藏传佛教知识论/安妮克莱因(Anne C. Klein)著;刘宇光译。台北市:法鼓文化。
10. 藏传密续的真相:转贪欲为智慧大乐道/图敦·耶喜喇嘛著;释妙喜译。台北市:橡树林文化。
11. 自在面对死亡:颇瓦法与藏传佛教的临终准备/阿念仁波切著;赖隆彦译。台北市:商周出版社。
12. 掘藏:深度探访西藏大智成就者/李学愚著。新北市:大千出版社。
13. 学佛一定要懂的辨证法要:辨了不了义善说藏论/宗喀巴大师著;法尊法师译。新北市:大千出版社。
14. 空行母:性别、身份定位,以及藏传佛教/坎贝尔著。台北市:正智出版社。
15. 西藏佛教认知理论:根据格鲁派诠释的随理行经部宗观点/拉谛仁波切藏语口述;Elizabeth Napper 英译,廖本圣汉译。新北市:台北市藏传佛典协会。
16. 密宗道次第论;菩提道次第论极略颂;菩提道炬论;菩提道次第直讲;菩提道次第论摄颂/克主、法尊等著译。台北市:新文丰出版社。
17. 般若妙瓶:现观略义、总义讲记/巴珠仁波切著;堪布索达吉仁波切译讲。台北市:宁玛巴喇荣三乘法林佛学会。
18. 时轮金刚沙坛城:曼陀罗/贝利·布莱恩(Barry Bryant)著;陈琴富译。新北市:立緒文化出版社。
19. 读懂四部宗义:四宗要义讲记/土官呼图克图著;法尊法师译讲;弘悲记。新北市:大千出版社。
20. 心类学/洛桑嘉措著;佛子译。台南市:中华妙宗班智达佛学会。
21. 轮涅不二之前行:道果三现分/萨迦法王主讲;马君美口译。台北市:中华民国密宗萨迦文殊佛学会。
22. 荣耀的萨迦——喜乐的源泉/萨迦法王著;《文殊杂志》编译小组译。台北市:中华民国密宗萨迦文殊佛学会。
23. 现观庄严论注疏/弥勒菩萨造颂;米滂仁波切注疏;堪布索达吉仁波切译。台北市:宁玛巴喇荣三乘法林佛学会。

24. 菩提道次第略论/宗喀巴大师造论；释如性译。台北市：福智之声。
25. 赞法界颂略释/堪布慈诚罗珠著。台北市：宁玛巴喇荣三乘法林佛学会。
26. 格鲁派六座上师瑜伽深修导引/色弥堪舒罗桑塔钦仁波切传授；丹增卓津译。台北市：盘逸出版社。
27. 经续教授宝箧·第三箧/雍增噶维罗著等造论；丹增卓津译注。台北市：盘逸有限公司。
28. 宝性论大疏/弥勒菩萨论；圣无著阿遮利耶释；嘉曹杰·达玛仁钦疏；江波译。新北市：台北市藏传佛典协会。
29. 图解西藏密宗/洛桑杰嘉措著。台北市：华威文化。
30. 大宝法王千年一愿/米克·布朗(Mick Brown)著；施心慧译。台北市：众生文化。
31. 本智光照：功德宝藏论显宗分讲记/吉美林巴仁波切著；堪布彻令多杰仁波切、张福成译。台北市：橡树林文化。
32. 来自普陀洛伽的信念：密乘观音法门的修持/金刚上师卓格多杰著。德阳出版社。
33. 禅定道炬：如何修习三昧/金刚上师卓格多杰著。台北市：德阳出版社。
34. 般若月：圣救度母法源圣迹/龙德严净仁波切。台北市：法藏文化。
35. 恒河大手印："大成就者帝洛巴二十九偈金刚颂"释论/帝洛巴尊者、第十世桑杰年巴仁波切著；噶玛庆烈蒋措译。台北市：众生文化。
36. 智慧之日：读懂龙树《中观根本慧论》的27堂课/堪布竹清嘉措仁波切著；哲也中译。台北市：德谦让卓文化事业股份有限公司。
37. 格鲁派六座上师瑜伽深修导引/色弥堪舒罗桑塔钦仁波切著；丹增卓津译。台北市：盘逸有限公司。
38. 三主要道教授选译/怙主帕绷喀怙仁波切等造论；宝法称，妙音佛学丛书翻译组译。台北市：盘逸有限公司。
39. 藏传佛教的基本教义研究/钱昭萍著。岭东通识教育研究学刊4(3)：页189—217
40. 西藏佛教的修行方法/许明银著。新世纪宗教研究，10(4)：页93—110。
41. 米滂《吉祥满愿·幼保仪轨》研究/林纯瑜著。辅仁宗教研究12(2)：页73—102。
42. 《大乘庄严经论：敬佛品》弥勒菩萨造论(五)—至尊堪千阿贝仁波切开示/《文殊杂志》编译小组译。文殊季刊12：页10—13。

43. 评 Samten G. Karmay and Jeff Watt（桑木旦·噶尔梅和杰夫·瓦特）eds.，《苯：神奇的字，西藏本土宗教》《Bon：The Magic Word，The Indigenous Religion of Tibet》（New York：Rubin Museum of Art；London：Philip Wilson Publishers，2007）林纯瑜。台湾东亚文明研究学刊 9（2）：247—252。

三、历史、地理

1. 六十年来国民政府之藏事措施/刘学铫著。中国边政 191：页 5—13。
2. 英国侵略西藏的最初动机及其后果/黄鸿钊著。一国两制研究 13：页 189—197。
3. 欧阳无畏对国民政府时期的西藏边务之见/徐桂香著。蒙藏季刊 21（4）：页 36—63。
4. 《致吐蕃臣民与僧众书》略探（上）/陈又新著。蒙藏季刊 21（2）：页 32—59。
5. 《致吐蕃臣民与僧众书》略探（下）/陈又新著。蒙藏季刊 21（3）：页 34—55。
6. 两岸民族学学术研讨会/财团法人蒙藏基金会主办，中央民族大学合办。台北市：蒙藏基金会。

四、文化、教育、出版、体育、民俗

1. 草草带你游西藏：一个人在彼端的旅行/草草著。新北市：和平国际文化出版。
2. 西藏·行旅/宁心编著。台北市：佳魁信息。
3. 跑马溜溜：川西康定行/陈亚南著。台北市：酿出版。
4. 突然就走到了西藏/陈坤著。香港：天地图书。
5. 冷西藏·热西藏/冯伟贤著；邬世雄摄影。台北市：商周文化。
6. 一个旅人：寂静荒芜里的神秘与绚丽——新疆、西藏线旅游摄影/杨桦著。台北市：上奇时代。
7. 朝圣：到印度佛教圣地该做的事/宗萨蒋扬钦哲诺布著；黎不修摄影；姚仁喜译。台北市：亲哲文化。
8. 国民政府在西藏兴办教育初探/徐桂香著。蒙藏季刊 21（1）：页 48—77。
9. 藏民的家屋与家屋内的社会动态：以云南五境通珠聚落为例/余舜德、郭奇正合著。民族学研究所资料汇编 22：页 1—18。

五、文学、艺术

1. 皇家风尚:清代宫廷与西方贵族珠宝/蔡玫芬主编。台北市:国立故宫博物院。
2. 法身梵像:西藏佛教艺术展/徐天福主编。台北市:国立历史博物馆。
3. 喜马拉雅野犬/沈石溪著。台北市:国语日报。
4. 大喇嘛与小老鼠/黛安娜·芭芭拉著;玛莉·玛菈尔绘;唐琳译。台北市:奥林文化。
5. 藏地寻秘(上下册)/吴学华著。台北市:二十一世纪出版社。
6. 图解唐卡/诺布旺典著。台北市:华威文化。
7. 嘎钦·阿顿:从山沟里走出来的藏画大师/韩书力著。艺术家449:页364—369。
8. 藏传佛教造像艺术:藏族画师桑珠/才旺堪布著。艺术家447:页138—143。
9. 藏传佛教金铜造像的流派与样式/金申著。国立历史博物馆馆刊,22(6):页42—54
10. 乾隆皇帝与梵华楼的兴建旨趣探讨/罗中展著。蒙藏季刊21(2):页60—79。
11. 关于喇嘛教的神像/长尾雅人著;金申译。国立历史博物馆馆刊。22(7):页33—43。
12. 在悲悯的彼岸:我读蔡振念作《西藏度亡诗》/莫云著。海星诗刊5:页29—32。
13. 论《西藏等三边赋》:清代边疆舆地赋之代表/李军著。师大学报·语言与文学类57(2):页93—123。
14. 西藏民族乐器“札年”的研究/李姿宽著。关渡音乐学刊16:页29—49。

后　记

经过《中国藏学年鉴》编辑部和中国藏学出版社的通力合作，《中国藏学年鉴2012》终于和广大读者见面了。这是继《中国藏学年鉴2009》《中国藏学年鉴2010》《中国藏学年鉴2011》之后的第四本，各部分编撰情况如下：

一、前言、后记（编辑部）

二、研究综述：

哲学宗教（高颖汉文部分、录目草藏文部分）

梵文研究（罗鸿）

政治法律（肖杰汉文部分、拉加当周藏文部分）

经济社会（杨晓纯）

生态环境（杨涛）

文化教育（永红汉文部分、才项多杰藏文部分）

语言文字（尹蔚彬汉文部分、才项多杰藏文部分）

文学（李连荣汉文部分、南加才让藏文部分）

艺术（杨鸿蛟汉文部分、南加才让藏文部分）

历史考古地理文献（班玛更珠）

藏医药（仲格嘉、罗辉）

台湾、香港藏学研究（周卫红、朱文惠）

三、学界动态（索珍、王茜）

四、藏学图书要目（周卫红、李慧汉英文部分、索南多杰藏文部分）

五、藏学论文资料要目（永青巴姆汉文部分、索南多杰、卓玛藏文部分）

六、台湾、香港藏学研究论著要目（周卫红、朱文惠）

七、图片（张莉文、张红）

张莉文、格桑负责联系工作。

2013年11月，各位年鉴编撰者陆续交稿，周炜、黄维忠、鲁虹负责审读、修改，并请有关学者对缺漏部分进行补充。

随后，《中国藏学年鉴》编辑部组织进行了《中国藏学年鉴2012》的审稿工作，由各学科专家分别对《中国藏学年鉴2012》各部分进行了审读修改，对目前年鉴编写中需要重点关注的几个问题和今后年鉴的发展规划进行了深入探讨。

编撰出版《中国藏学年鉴》工作是一项学科跨度大、牵涉面广、要求高、难度大的工作，尽管编辑部的全体同志尽了最大努力，但依然存在诸多不足，敬请各位学界同仁和各位读者悉心指正，我们定当在日后工作中不断完善。

《中国藏学年鉴》编辑部

2014年1月

DENGSHEN
YUEWU

重庆市民族宗教事务委
“十二五”重点文化

灯神乐舞

——秀山花灯人类学研究

XIUSHAN HUADENG RENLEIXUE YANJIU

◎崔鸿飞 著

中央民族大学出版社
China Minzu University Press

ISBN 978-7-5660-0325-6

9 787566 003256 >

定价：58.00元

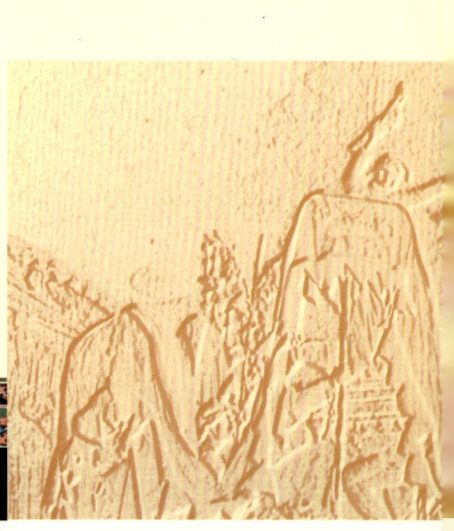